중요한 몸

중요한 몸

주디스 버틀러

이승준 옮김

김은주 감수/해제

성 의 담 론 적 한 계 에 관 하 여

Bodies That Matter:
On the discursive limits of "sex"

알렙

Bodies That Matter

by Judith Butler

감사의 말

이 책의 출판을 제안하고 지원해 주었으며 특유의 관대함과 지성으로 대해 준 모린 맥그로건(Maureen MacGrogan)에게 다시 한번 감사의 인사를 전한다. 또한 이 기획을 예리한 방식으로 제일 먼저 이해하고 글 전체를 우정을 담아 탁월하게 읽어준 조앤 스콧(Joan W. Scott)에게 깊이 감사드린다. 드루실라 코넬(Drucilla Cornell), 엘리자베스 그로스(Elizabeth Grosz), 마거릿 위트포드(Margaret Whitford) 같은 훌륭한 독자들을 둔 것은 내게 큰 행운이었으며, 이들이 이 책의 초고를 비평해 준 것이 내게 큰 도움이 되었다. 또한 이 기획이 형태를 갖추기 시작한 1991년 가을에 매력적인 대화를 나눠준 〈코넬 대학 세미나팀〉에게도 감사드린다. 라우틀리지 출판사도 책이 작성되는 전 과정에서 큰 도움을 주었다. 여러 동료 및 학생들이 이 책을 생각하는 데 도움을 주었는데, 그들은 어떤 때에는 초안을 읽고 탁월한 비평을 해주었으며 또 때로는 원고를 작성하는 일을 도왔다. 엘리자베스 아벨(Elizabeth Abel), 바이스 벤베누토(Bice Benvenuto), 테레사 브레넌(Teresa Brennan), 알렉산드라 차신(Alexandra Chasin), 윌리엄 코널리(William Connolly), 카린 코프(Karin Cope), 피터 유벤(Peter Euben), 칼라 프레체로(Carla Freccero), 넬리 퍼먼(Nelly Furman), 조나단 골드버그(Jonathan Goldberg), 사이먼 골드힐(Simon Goldhill), 도나 해러웨이(Donna Haraway), 수잔 하딩(Susan Harding), 게일 허샤터(Gail Hershatter), 모리스 캐플란(Morris Kaplan), 데브라 키츠(Debra Keates), 비디 마틴(Biddy Martin), 브리짓 맥도날드(Bridget McDonald), 맨디 머크(Mandy Merck), 마이클 문(Michael Moon), 나오미 쇼어(Naomi Schor), 이브 세지윅(Eve Kosofsky Sedgwick), 조쉬 샤피로(Josh Shapiro), 제임스 스웬슨(James Swenson), 젠 토마스(Jen Thomas), 팀 월터스(Tim Walters), 데이브 위튼버그(Dave Wittenberg), 엘리자베스 위드(Elizabeth Weed)에게 감사드린다. 대화 상대방을 무장 해제시킨 엘로이즈 무어 애거(Eloise Moore Agger)에게 감사를 전한다. 린다 앤더슨(Linda L. Anderson), 이네스 아자르(Ines Azar), 프란 바르트코브스키(Fran Bartkowski), 로버트 구딩-윌리엄스(Robert Gooding-Williams), 제프 누노카와(Jeff Nunokawa), 메리 푸베이(Mary Poovey), 에스티 보타우(Eszti Votaw)에게 내게는 없어서는 안 될 우정을 보내준 것에 감사드린다. 철저하고도 혹독하게 내가 지닌 생각과 겨뤄주었으며, 나를 도와 내 초기 입장을 일부 수정할 때 그것이 나의 목표에 더 잘 들어맞고 명확해질 수 있는 방법을 알려준 웬디 브라운(Wendy Brown)에게 감사드린다.

이 기획은 높이 평가되는 다양한 형태의 제도적 지원을 받았다.

이 책에 실린 세 개의 장은 1992년 봄에 버클리에 있는 캘리포니아 대학 영어학부 '베크먼 강의'[화학자이자 자선가인 아놀드 베크먼의 이름을 딴 특별 강의—옮긴이]에 쓰일 짧은 강의록으로 발표된 것이다. 캘리포니아 대학 버클리 캠퍼스의 동료들 및 학생들에게 가르침을 받을 기회를 얻은 것은 내게 큰 기쁨이었다. 또한 마찬가지로 1991년 가을 코넬 대학 〈인문학 학회〉의 선임 연구원으로서 나는 교수진과 학생들에게 이 책의 기획에 대해 값진 논평을 받았다. 1992년 4월 캘리포니아 대학 어바인 캠퍼스 〈인문학 연구소〉에 초청해 준 것을 포함해 다양한 방식으로 연구를 지원해 준 조너선 컬러(Jonathan Culler)에게 감사드린다.

존스 홉킨스 대학의 학생들은 나와 대화를 나눠준 귀중한 대담자들이었다. 그리고 존스 홉킨스 대학 〈인문학 센터〉 동료들은 내 연구를 뒷받침해 주었을 뿐만 아니라 내가 가장 고맙게 생각하는 학제 간에 이뤄진 풍부한 지적 삶을 제공해 주었다.

최근 몇 년간 세상을 떠나간 친구들과 가족들, 아버지 댄 버틀러(Dan Butler), 할머니 헬렌 그린버거 레프코위치(Helen Greenberger Lefkowich), 친구 린다 싱어(Linda Singer)와 케시 네이탄슨(Kathy Natanson)을 기리며, 변변치 못한 이 작업에 영향을 주고 지원을 해 주었으며 또 원고를 받아서 읽어준 동반자들인 동료들에게 이 책을 바친다.

머리말

나는 몸의 물질성을 사고하려고 이 책을 쓰기 시작했지만, 물질성을 생각하는 일이 나를 늘 다른 영역으로 옮겨놓는다는 것을 알게 되었다. 나는 이 주제[몸의 물질성]에 머물기 위해 나를 훈육했지만, 신체가 단순히 사유의 대상으로 고정될 수 없음을 알게 되었다. 신체는 자기 자신을 넘어서는 어떤 세계를 지시하는 경향이 있을 뿐만이 아니라, 또한 신체의 고유한 경계를 넘어서는 이러한 운동이, 즉 경계 자체가 움직인다는 것이 '신체란 무엇인가'를 논하는 데 있어 상당히 핵심적인 것처럼 보였다. 나는 이 주제의 경로를 계속해서 벗어났다. 내가 훈육에 저항한다는 것이 드러난 것이다. 나는 불가피하게도 이 주제를 고정시키는 것에 대한 저항이 이 책에서 다루려는 문제/물질(matter)의 본질이지 않을까라고 생각하기 시작했다.

그럼에도 불구하고 여전히 의심스러운 것은 나 자신을 돌아보면 이러한 갈팡질팡이 육체 문제들(corporeal matters)과 늘 일정 거리를 두려는 철학 훈련을 받은 자들, 비신체화된 방식으로 몸의 지형을 구획 짓고자 하는 자들이 겪는 직업적 어려움일지 모른다는 점이다. 그들은 한결같이 몸을 놓치거나, 더 나쁘게는 몸에 맞서서 글을 쓴다. 때때로 그들은 '바로 그 몸'이 젠더들로 다가온다는 것을 망각하곤 한다. 하지만 페미니스트 글쓰기 세대 이후의 오늘날에는 그와는 또 다른 어려움이 있을 수 있다. 이 세대는 여성의 몸을 글쓰기로 끌어들여 다양한 정도의 성공을 거두었으며, 때로는 글을 쓰는 것과 글로 쓰인 것 간의 언어적 거리를 나타내는 전치사나 표시태(marker)[관사·접사·조사 등 성이나 격을 나타내는 언어 단위——옮긴이]의 암시 없이도 여성적인 것을 직접적으로 쓰거나 아니면 그에 최대한 가깝게 쓰고자 했다. 이는 단지 그러한 트러블을 일으키는 번역을 읽어 내는 법을 익히는 문제일 수도 있지만, 그럼에도 불구하고 [나를 포함한] 우리 중 일부는 쓸 만한 유물을 약탈해 보려고 **로고스**로 되돌아가고 있는 자기 자신을 보았다.

로고스의 폐허로부터 이론화를 하는 것은 이런 질문을 불러일으킨다. "몸의 물질성은 어찌할 것인가?" 실제로 근래 들어 이 질문은 공식화되어 내게 되물어졌다. "몸의 물질성은 어쩔 거야, **주디?**" 내가 생각하기에 '주디(Judy)'라고 덧붙인 것은 그보다 더 형식적인 이름인 '주디스(Judith)'로부터 나를 떼어놓으려는 시도이자, 나로 하여금 신체적 삶——이 삶은 이론으로 제거될 수 없다——을 떠올리게 하려는 시도였다. 격한 짜증이 묻어나는 이 마지막 약칭에는 나를 제멋대로인 아이로, 즉 한차례 꾸짖은 다음 결국 가장 현실적이고 가장 거절하기 힘들며 가장 부인할 수 없다고 여겨지는 몸의 존재로 되돌려놓을 필요가 있는 아이로 (재)구성하려는 훈계조의 말투가 배어 있다. 어쩌면 이는 내게 1950년대 중반——당시는 그 이후의 횡령과 탈선을 예상할 수 없었던 주디 갈랜드라는 인물이 본의 아니게 일련의 '주디들'을 양산했던 때이다——에 구성되었던 겉보기에는 텅 빈 여성성을 떠올리게 하려는 노력이었을지 모른다.[1] 혹은 어쩌면 누군가 내게 '삶의 사실들[남녀의 이치]'을 가르치는 것을 잊어버린 것은 아닐까? 그러한 생생한 대화가 일어나는 순간 나는 나만의 상상적 사색에 빠져 길을 잃어버린 것은 아닐까? 그리고 내가 신체는 어떤 식으로든 **구축된다**는 이런 생각을 고집했다면, 어쩌면 나는 정말 오로지 말(言)만이 신체를 그 자신의 언어적 실체로부터 만들어 낼 힘을 가진다고 생각했던 것은 아닐까?

---

1) 주디 갈랜드(Judy Garland)는 영화 「오즈의 마법사」(1939)에서 주인공 도로시 역을 연기한 배우이다. 「오즈의 마법사」는 주디스 버틀러가 태어난 해인 1956년 추수감사절 연휴에 최초로 TV를 탔고 연례 행사로 추수감사절마다 방영되어 전미에서 그녀의 의상(하얀 블라우스, 파랑 체크무늬 앞치마, 빨강 루비구두, 양갈래로 딴 머리)을 핼러윈 의상으로 택하는 소녀들인 주디들(Judys)의 유행을 낳았다. 도로시가 흑백의 캔자스 시골농장에서 회오리를 타고 무지개 너머(Over the rainbow) 총천연색 세계로 날아가 다양한 친구들(뇌 없는 허수아비, 심장 없는 양철 나무꾼, 겁쟁이 사자, 먼치킨랜드의 난장이들)과 우정을 쌓으며 모험을 한다는 설정은 남성성이 없는 매혹적인 이들과 차별 없이 어울리는 세계를 떠올리게 했으며 이는 이후 동성애 운동의 상징적 코드가 무지개색이 되는 한 계기가 된다. 하지만 그녀의 어머니가 그녀의 성공을 위해 방송가 인사들을 상대로 성접대를 시킨 일이 미디어에 폭로되면서 명성에 금이 갔고, 이후 그녀는 금전적인 어려움을 겪으면서 세금을 체납하거나 여러 번의 자살 시도, 체중 조절을 위한 과다한 흡연, 상습 약물 복용에 따른 건강 악화로 47세(1969년)의 나이에 사망했다.

그저 누구든 나를 따로 불러내 얘기해 줄 수는 없었을까?

『젠더 트러블』에서 도입한 젠더 수행성 개념이 제기한 의문들로 인해, 문제/물질은 비록 더 멀어진 건 아니지만 훨씬 더 악화되었다.[2] 왜냐하면 내가 젠더들이 수행적이라고 주장하고자 했다면, 그것은 내가 생각한 것이 누군가 아침에 일어나 벽장이나 아니면 좀 더 열려 있는 공간[이동식 옷장]을 살펴보면서 낮 동안 입을 젠더를 골라 입고, 밤에는 그 옷을 제자리에 가져다 놓는다는 것을 의미할 수 있기 때문이다. 의지를 가진 그러한 도구적 주체 즉 자신의 젠더**에 대해** 결정하는 자는 분명 처음 젠더를 결정할 때에는 그 자신의 젠더가 아니고, 또한 자기 존재가 이미 젠더**에 의해** 결정되어 있다는 것을 깨닫지는 못할 것이다. 확실한 것은 이러한 이론은 선택하는 주체, 즉 인간주의적 형상을 복원시킬 것이라는 점인데, 그 자는 그러한 생각[의지를 가진 주체가 젠더를 선택한다는]과 상당히 대립하는 것처럼 보이는 구축을 강조하는 기획의 한복판에 서 있게 된다.

그러나 만일 자기의 젠더를 결정하는 주체가 없다면, 그리고 반대로 젠더가 주체를 결정하는 일의 일부를 이룬다면, 우리는 어떻게 젠더 실천을 비판적 행위성(agency)의 현장으로 보존하는 기획을 정식화할 수 있는가? 만일 젠더가 권력 관계를 통해 구축된다면, 구체적으로 말해 젠더가 다양한 신체적 존재들을 생산 및 규제하는 규범적 제약을 통해 구축된다면, 생산적 제약의 효과인 이

---

2) Judith Butler, *Gender Trouble: Feminism and the Subversion of Identity*, New York: Routledge, 1990. [한글본] 주디스 버틀러, 『젠더 트러블: 페미니즘과 정체성의 전복』, 조현준 옮김, 문학동네, 2008.

러한 젠더 개념으로부터 어떻게 행위성이 도출될 수 있는가? 만일 젠더가 자의적으로 입거나 벗는 인공물이 아니고, 따라서 어떤 선택의 효과가 아니라면, 우리는 어떻게 문화적 결정론의 덫에 빠지지 않고도 젠더 규범의 구성적·강제적 지위를 이해할 수 있는가? 의례화된 반복에 의해서 그러한 [젠더] 규범이 젠더의 효과뿐 아니라 성의 물질성도 생산 및 안정화시킨다는 점을 우리는 어떻게 정확히 이해할 수 있는가? 또한 이러한 반복, 이러한 재-접합(rearticulation)은 외견상 구성적인 젠더 규범을 비판적으로 교정할 계기를 구성할 수 있는가?

성의 물질성이 규범의 의례화된 반복을 통해 구축된다는 주장은 그다지 자명한 것은 아니다. 실제로 우리가 관습적으로 사용하는 '구축(construction)' 개념은 그러한 주장을 이해하는 방식에 방해가 되는 것 같다. 분명 신체는 살고, 죽고, 먹고, 자고, 고통과 쾌락을 느끼고, 질병과 폭력을 견딘다. 그래서 누군가는 회의적으로 선언할 수도 있다. 이러한 '사실들'은 단지 구축이라는 말로 일축될 수 없다고. 분명 이러한 일차적이고 반박할 수 없는 경험들을 동반하는 어떤 필연성이 있는 것이 틀림없다. 분명히 있다. 하지만 그러한 경험들을 반박할 수 없다는 것이 그 경험들을 긍정하는 것이 무엇을 의미하는지, 그리고 어떤 담론적 수단을 통해서 그 경험들을 긍정할 것인지를 알려주는 것은 아니다. 더욱이 구축되는 어떤 것이 인위적이며 반드시 필요한 것은 아닌 특성으로 이해되는 이유는 무엇인가? 우리는 구축을 무엇이라고 이해해야 하는가? 그것이 없다면 우리가 생각할 수도 살아갈 수 없고, 의미를 이해할 수도 없는 구축을, 또한 우리에게 있어 일종의 필연성을 획득한 바로 그 구축을 무엇이라고 이해해야 하는가? 몸의 특정한 구축은 구성적(constitutive)인가? 그러한 구축이 없으면 우리는 작동할 수 없으며, 또한 그러한 구축이 없으면 '나'도 없고, '우리'도 없는 것인가? 몸을 구축된 것으로 생각하는 것은 구축 자체의 의미를 다시 생각할 것을 요구한다. 그리고 특정한 구축이 구성적인 듯 보인다면, 즉 '그것이 없다면' 우리가 전혀 사유할 수 없는 그러한 존재의 특성을 갖는다면, 신체는 오로지 상당히 젠더화된 특정한 규제적 도식들의 생산적 제약 내에서만 나타나고, 또 그러한 제약을 견디면서 살아갈 뿐이라고 제시할 수 있다.

구축을 구성적 제약으로 보는 이러한 이해를 받아들인다면, 다음과 같은 비판적 질문을 제기하는 것이 여전히 가능하다. 즉 그러한 제약들은 어떻게 인식 가능한 신체 영역을 생산할 뿐만 아니라, 또한 마찬가지로 사유가 불가능하고 비체(鼻體)적이며 생존 불가능한 신체 영역을 생산하는가? 이 후자의 [사유 불가능하고 비체적이며 생존 불가능한] 신체 영역은 전자의 [인식 가능한] 신체 영역의 대립항이 아니다. 대립이란 결국 인식 가능성의 일부이기 때문이다. 이 후자의 신체 영역은 인식 가능성에 들러 붙어 있는 불가능성의 유령으로서, 인식 가능성의 바로 그 한계로서, 인식 가능성의 구성적 외부로서 전자의 영역에 출몰하는 배제되고 판독이 불가능한 영역이다. 그렇다면 우리는 어떻게 '필연적인' 신체 영역을 구성하는 바로 그 용어들을, 사유 불가능하고 생존 불가능한 다른 신체 영역을, 즉 같은 방식으로 중요하지 않은/문제가 아닌 신체 영역을 제공함으로써 바꿔 낼 수 있는가?

주로 페미니즘 이론 안에서 유통되었던 '구축'의 담론은 어쩌면 이 책의 과제인 몸의 물질성을 다루는 데에는 그다지 적절하지 않을 수 있다. 안정적인 참조점——젠더는 바로 이 안정적인 참조점 위에서 혹은 이 참조점과 관련해서 문화적으로 구축된다——으로 작용하는 담론 이전의 '성'은 없다고 주장하는 것으로는 충분하지 않다. 성이 이미 젠더화되어 있고, 이미 구축되어 있다고 주장하는 것은 아직까지는 성의 '물질성'이 강제적으로 생산되는 방식을 설명해 낸 것은 아니다. 신체를 '성별화된 것'으로 물질화하는 그러한 제약들은 무엇인가? 우리는 어떻게 성이라는 '물질', 좀 더 일반적으로는 신체라는 '물질'을, 문화적 인식 가능성의 한계를, 반복적이면서도 폭력적으로 설정하는 것으로 이해할 수 있는가? 어떤 신체가 물질/문제로 다가오며, 그 이유는 무엇인가?

그러므로 이 책이 제공하는 것은, 한편으로는 혼란을 야기했던 『젠더 트러블』의 몇몇 부분을 다시 생각하기 위함이며, 다른 한편으로는 물질/문제들을 성적 · 정치적으로 가공하는 이성애적 헤게모니의 작동에 관해 한 걸음 더 나아간 사유를 해보고자 하는 것이다. 이 책은 페미니즘과 퀴어 연구를 포함한 다양한 이론적 실천을 비판적으로 재접합하지만, 그렇다고 이 책이 미리 주어진 계획에 따르도록 의도되어 작성된 것은 아니다. 하지만 내 '의도'를 분명하게 하려는 시도인 이 책은 새로운 일련의 오해(misapprehension)들을 생산하는 운명을 걸머진 것 같기는 하다. 나는 이 책이 적어도 생산적인 작업으로 드러나길 바란다.

2부

일러두기

1. 각주에 추가한 옮긴이의 설명에는 문장 앞에 '[옮긴이]'라고 표기했다.

2. 원서에서 이탤릭체로 표시된 부분은 굵은 고딕으로, 대문자로 된 단어/
   구문은 엷은 고딕으로 표시했다.

3. 'body'(단수)는 '몸'으로, 'bodies'(복수)는 '신체'로 구별해 옮겼다. 책 제
   목에서처럼 'bodies'이지만 '몸'으로 번역한 경우도 있다.

4. 단행본은 겹낫표(『 』), 신문과 잡지 등 정기간행물은 겹화살괄호(《 》),
   단편소설, 영화, 희곡, 시, 선언문 등은 홑낫표(「 」), 방송 프로그램, 음악,
   미술 작품 등은 홑화살괄호(〈 〉)로 표시했다. 국내에 번역·출간된 도서는
   한국어로 옮긴 제목을 함께 적었다.

5. 인명, 지명 등 고유명사는 관례와 원어 발음을 존중해 그에 따랐다.

왜 우리의 몸은 피부에서 끝나야 하거나, 기껏해야 피부로 감싸인 다른 존재들을 포함하는 데 그쳐야 하는가?

—도나 해러웨이, 「사이보그 선언」

만일 우리가 정말로 몸 자체에 관해 생각한다면, 몸 자체의 경계란 있을 수 없습니다. (……) 몸의 체계성에 대한 생각들이 있는 것이며, 몸을 코드화하는 가치들이 있는 것입니다. 몸은 그 자체로는 생각될 수 없으며, 그래서 분명하게도 나는 그것에 접근할 수 없습니다.

—가야트리 차크라보르티 스피박, 「한 마디로」, 엘렌 루니와의 인터뷰

자연이란 없다. 오로지 자연의 효과들, 즉 탈자연화나 자연화만이 있을 뿐이다.

—자크 데리다, 『소여된 시간』

몸의 물질성이라는 문제를 젠더 수행성과 연결시킬 방법은 있는가? 그리고 '성' 범주는 그러한 관계 내에서 어떻게 형상화되는가? 먼저 성적 차이[이하 성차]가 종종 물질적 차이들의 문제로 소환된다는 점을 고려해 보자. 하지만 성차는 단순히 물질적 차이들——이 차이들은 어떤 점에서는 담론적 실천에 의해 표시되거나 형성되지 않는다——이 지닌 어떤 기능이 결코 아니다. 더욱이 성차가 담론적 구획 짓기와 분리될 수 없다고 주장한다고 해서 그것이 '성차의 원인은 담론이다'라고 주장하는 것과 같은 것은 아니다. '성' 범주는 처음부터 규범적이다. 즉 그것은 푸코가 '규제적 이상(regulatory ideal)'이라고 불렀던 바의 것이다. 그렇다면 이러한 의미에서 '성'은 하나의 규범으로 기능할 뿐만 아니라, 또한 자신이 지배하는 바로 그 신체를 생산하는 규제적 실천의 일부이기도

하다. 즉 '성'의 규제적 힘은 그것이 일종의 생산력, 말하자면 자신
이 통제하는 신체를 생산(구획·유포·차별)하는 권력일 때 분명하
게 드러난다. 따라서 '성'은 자신의 물질화를 강제하는 규제적 이
상이며, 이러한 물질화는 고도로 규제된 특정한 실천을 통해 발생
한다(혹은 발생하는 데 실패한다). 달리 말해 '성'은 시간을 통해 강
제적으로 물질화되는 이상[이념]적 구축물이다. '성'은 몸의 단순
한 사실이거나 정적인 조건이 아니라, 규제적 규범이 '성'을 물질
화하고 이 물질화를 규범의 강제적 반복을 통해 달성하는 하나의
과정이다. 이러한 반복이 필요하다는 것은 물질화가 결코 완전하
지 않다는 신호이며, 신체가 자신의 물질화가 추진되는 규범에 결
코 완전히 순응하지 않는다는 신호이다. 더 나아가 이러한 과정에
의해 열리게 된 불안정성 및 재물질화 가능성은 규제적인 법의 힘
이 자기 자신에게 등을 돌려 재접합을 낳을 수 있는 영역임을 우
리에게 알려주며, 이러한 재접합은 바로 그 규제적 법이 지닌 헤
게모니적 힘에 의문을 제기한다.

그러나 그렇다면 젠더 수행성이라는 생각은 어떻게 이러한 물
질화 개념과 관계 맺는가? 우선 수행성은 특이하거나 자의적인
'행위'가 아니라 오히려 반복과 인용의 실천으로 이해되어야 하
며, 담론은 이러한 실천에 의해 자신이 명명한 효과를 생산한다.
아래의 논의에서 더 분명해지리라고 내가 바라는 것은 '성'이라는
규제적 규범이 신체의 물질성을 구성하기 위해, 더 자세히 말해
이성애적인 정언명령의 강화에 기여하여 몸의 성을 물질화하거나
성차를 물질화하기 위해 수행적인 방식으로 작동한다는 점이다.

이러한 점에서 몸의 고정성, 몸의 윤곽, 몸의 움직임을 구성하는

것은 전적으로 물질적이긴 하지만, 이 물질성은 권력의 효과로, 말하자면 권력의 가장 생산적인 효과로 다시 사유될 수 있을 것이다. 또한 '젠더'를 물질——'특정한 몸(the body)'이나 그 몸에 미리 주어진 성으로 이해된——의 표면 위에 부과된 문화적 구축물[1]로 이해할 수도 없다. 오히려 '성' 자체가 그것의 규범성 안에서 이해된다면, 몸의 물질성은 그러한 규제적 규범의 물질화를 빼고는 생각될 수 없을 것이다. 따라서 '성'은 단지 누군가가 가진[소유한] 것이거나, 누군가가 무엇인지를 정적으로 기술하는 것이 아니다. '성'은 여러 규범 중 하나일 것이며, 그러한 규범에 의해 그 '누군가'는 문화적 인식 가능성의 영역 안에서 살아갈 자격을 부여받고 생존할 수 있게 된다.[2]

신체의 물질성을 이렇게 다시 정식화하면 관건이 되는 것에는 다음의 것들이 있다. (1) 신체라는 물질을 권력 역학의 효과로 다시 만들어 내기. 그 결과 신체라는 물질은 규제적 규범——이것은 신체의 물질화 및 그러한 물질적 효과의 의미화를 지배한다—— 과 분리될 수 없을 것이다. (2) 수행성을 반복적인 담론 권력으로

---

1) [옮긴이] 구축은 'construction'을 옮긴 것으로, '헌법'으로도 번역되는 'constitution (구성)'과 구별하기 위해 일관되게 '구축'으로 옮겼다. 통상 둘 다 '구성'으로 번역되기도 하지만, 전자가 건설(building)과 연관되는 건축학적 의미를 갖는 데 비해, 후자는 법, 제도, 조직의 구성과 관련된다. 이에 따라 흔히 구성주의로 번역되었던 'constructivism'을 '구축주의'로 옮기고, 'construction'이 구축의 과정을 거쳐 형성된 결과물을 지시할 때는 '구축물'로 옮겼다.

2) 확실히 성은 신체를 물질화하는 유일한 규범은 아니며, '성'이 신체에 대한 다른 규범적 필요조건을 제외하고도 하나의 규범으로 작동할 수 있는지 여부는 불분명하다. 이는 뒷부분에서 분명해질 것이다.

이해하기. 즉 한 주체가 그녀/그 자신이 명명한 것을 발생하게 만드는 행위로서가 아니라 자신이 규제하고 제약한 현상을 생산하는 그러한 반복적인 담론 권력으로 이해하기. (3) '성'을 문화적 규범으로 해석하기. 즉 성을 더 이상 젠더라는 구축물이 인위적으로 부과되는 몸의 소여(所與)가 아니라, 신체의 물질화를 지배하는 문화적 규범으로 해석하기. (4) 몸의 규범이 떠맡겨지고 전유되고 받아들여지는 과정을 다시 생각하기. 이때 몸의 규범은 엄밀히 말해 **한 주체에 의해** 체험되는 것이 아니라 오히려 주체 즉 말하는 '나'가 하나의 성을 떠맡는 과정을 거치는 덕분에 형성된다. (5) 성을 '떠맡는' 이러한 과정을 **동일시**의 문제나 담론적 수단과 연결하기. 이때 담론적 수단은 이성애적 정언명령이 특정 성별과의 동일시를 가능하게 하고, 다른 동일시를 폐제 및/또는 부인할 수 있게 한다. 따라서 주체들이 형성되는 이러한 배타적 모체는 비체적 존재들 즉 아직 '주체들'은 아니지만 주체 영역의 구성적 외부를 형성하는 이들의 영역을 동시적으로 생산할 것을 요구한다. 여기서 비체[3]는 엄밀히 말해 '살 수 없고' '거주할 수 없는' 사회적 삶

---

3) 비체화(abjection)(라틴어 아브지케레ab-jicere)는 말 그대로 버리다(cast off), 없애다(away), 내쫓다(out)를 의미하며, 따라서 차별이 이뤄지는 행위성의 영역을 전제하면서 그 영역을 생산한다. 여기서 '버리다'라는 말은 정신분석학의 폐기 (Verwerfung) 개념과 공명하며, 이때 폐기는 주체를 근거 짓는 폐제(foreclose)이자 그에 따라 그러한 근거를 하찮은 것으로 확립하는 폐제를 의미한다. '폐제'로 번역되는 정신분석학의 폐기 개념이 무의식을 생산하거나 또는 라캉 이론에서 실재계의 등록을 생산하는 제1 기표의 거절을 통해 사회성을 생산하는 반면, **비체화** 개념은 사회성의 용어 **내에서** 비하되거나 버려진 지위를 지칭한다. 실제로 정신분석학 용어 내에서 폐제되거나 거절되는 것은 엄밀히 말해 정신병을 위협[해롭다고

의 지대에 있는 이들을 지칭한다. 그럼에도 불구하고 이 지대에
는 주체의 지위를 누리지 못하는 이들이 밀집해 살고 있는데, 단
그들의 삶은 '살 수 없음'의 기호하에서 주체 영역의 경계를 설정
할 것을 요구받는다. 이 거주 불가능의 지대는 주체 영역의 한계
를 규정하는 일을 구성할 것이다. 다시 말해 이 지대는 두려운 동
일시의 현장을 구성할 것이며, 주체의 영역은 그러한 동일시에 맞
서 그리고 그러한 동일시로 인해 자기 자신의 자율성 및 자기 삶
에 대한 권리 주장의 경계를 설정할 것이다. 그렇다면 이러한 의
미에서 주체는 배제와 비체화의 힘을 통해 구성되며, 이렇게 주체
에 대한 구성적 외부이자 비체화된 외부를 생산하는 것은 결국 주
체 자신을 근거 짓는 거절[4]로서 주체 '내부'에 있다.

　주체를 형성하는 일은 '성'이라는 규범적 환영과의 동일시를 요
구하며, 이러한 동일시는 비체화의 영역을 생산하는 거절, 즉 그
것 없이는 주체가 출현할 수 없는 거절을 통해 발생한다. 바로 이
거절이 주체를 위협하는 유령인 '비체화' 및 비체화된 지위가 지

말]하지 않고는 사회적인 것의 장(場)에 재진입할 수 없는 것, 즉 주체 자체의 해
체이다. 내가 제안하고 싶은 것은, 사회성 내의 특정한 비체적 지대도 이러한 위협
을 전달하며 또 한 주체가 정신병적 해체의 전망으로 그 자신의 온전함이 위협받는
환상에 사로잡히는 거주 불가능의 지대를 구성한다는 점이다.("나는 그렇게 하거
나 그렇게 되기보다는 차라리 죽어버리겠다!") 이에 대해서는 "Forclusion", in Jean
Laplanche and J.-B. Pontalis, *Vocabulaire de la psychanalyse*, Paris: Presses Universitaires
de France, 1967, pp. 163-167. [한글본] 장 라플랑슈 · 장 베르트랑 퐁탈리스, 「폐
기」, 『정신분석 사전』, 임진수 옮김, 열린책들, 2005, 503-507쪽을 보라.

4) [옮긴이] 거절(거절하다)은 'repudiation(repudiate)'을 옮긴 것으로, 의미상 유사
한 단어들은 각각 '부인하다(disavow)', '거부하다(refuse/reject)', '부정하다(deny/
negate)', '논박하다(refute/rebut)', '반박하다(disfute)' 등으로 옮겼다.

닌 유의성[5]을 창출한다. 더욱이 어떤 주어진 성의 물질화는 주요하게는 **동일시 실천의 규제**와 관련되는데, 이는 성을 비체화와 동일시하는 일을 지속적으로 부인하기 위함이다. 하지만 이 부인된 비체화는 주체가 그 결과를 완전히 통제할 수 없는 거절 상태에 있음을 발판 삼아서, 성별화된 주체의 자기-근거적(self-grounding) 전제를 폭로하겠다고 위협할 것이다. 향후 과제는 이러한 위협과 혼란을, 영원한 실패의 파토스라는 형벌을 내린 사회적 규범과의 항구적 경합(contestation)으로 생각하는 데 있는 것이 아니라 상징적 합법성과 인식 가능성이라는 바로 그 용어를 재접합하는 투쟁에서 쓰일 결정적 자원으로 생각하는 데 있을 것이다.

　마지막으로 성 범주를 정치적 담론으로 동원하는 일은 어떤 점에서는 그 범주가 효과적으로 생산 및 폐제하는 바로 그 불안정성에 의해 출몰하게 될 것이다. 정체성 범주를 동원하는 정치적 담론이 정치적 목표를 위해 동일시를 키우는 경향이 있기는 하지만, 마찬가지로 **비**동일시의 지속성도 민주적 경합을 재접합하는 데 있어 결정적일 수 있다. 실제로 페미니즘 정치와 퀴어 정치가 사람들을 동원하는 것은 성차를 물질화하는 바로 그러한 규제적 규범과의 비동일시를 강조하는 실천을 통해서이다. 그러한 집단적 비동일시는 어떤 신체가 중요한지/문제인지, 그리고 어떤 신체가 중대한 관심사(matters of concern)로 아직 등장하지 않았는지에 대한 재개념화를 촉진할 수 있다.

---

5) [옮긴이] 유의성(誘意性)은 'valence'를 옮긴 것으로, 다른 사람을 끌어당기는 매력이나 힘을 지시하는 심리학 용어이다.

구축에서 물질화로

일부 젠더 '구축' 모델에서 전제하는 문화와 자연의 관계는 한 편에 자연에 작용을 가하는 사회적인 것의 문화나 행위성이 있고, 다른 편에 그 자체 수동적 표면이자 사회적인 것의 외부로, 하지 만 사회의 필연적 맞짝으로 전제되는 자연이 있다는 것을 의미한 다. 그래서 페미니스트들이 제기했던 한 가지 의문은 구축 행위를 일종의 각인하기나 부과하기로 형상화하는 담론은 암묵적으로 남 성주의적인 데 반해, 의미 부여라는 침투 행위가 일어나길 기다리 는 수동적 표면이라는 형상은 암묵적으로 혹은 어쩌면 상당히 명 백하게 여성적인 것은 아닌가 하는 것이었다. 성은 여성적이고, 젠더는 남성적이다?[6]

다른 페미니스트 학자들은 다시 사유되어야 할 것은 바로 자 연 개념이라고 주장했다. 그들에 따르면 자연 개념은 역사를 가 지며, 그런 자연을 생명이 없는 백지로, 말하자면 늘 이미 죽어 있 는 것으로 형상화하는 것은 기술적인 지배 수단의 출현과 연결된 다는 점에서 분명 근대적이기 때문이다. 실제로 몇몇 이들은 '자 연'을 일련의 역동적인 상호관계로 다시 생각하는 것은 페미니즘 의 목표와 생태주의의 목표 모두와 잘 어울린다고 주장했다(그리 고 몇몇은 이렇게 생각하지 않았다면 어울리기 힘들었을 질 들뢰즈의 작

---

6) Sherry Ortner, "Is Female to Male as Nature is to Culture?", in *Woman, Culture, and Society*, Michele Rosaldo and Louise Lamphere, Stanford: Stanford University Press, 1974, pp. 67-88. [한글본] 오르트너, 「여성은 자연? 남성은 문화?」, 배은영 옮김, 『한국여성신학』, 제15호, 1993, 22-33쪽을 보라.

업과 동맹을 맺었다). 자연을 이렇게 다시 생각하는 것은 또한 사회적인 것이 자연적인 것에 일방적으로 작용하고, 사회가 자연에 한도 및 의미를 투여한다고 보는 구축 모델에 의문을 제기한다. 가령 성과 젠더의 근본적 구분은 보부아르류의 페미니즘에게 결정적이었는데, 그만큼 최근 몇 년간 많은 비판을 받았다. 성/젠더 구분이 사회적인 것을 의미화하는 것, 알려진 것, 가치를 획득한 것으로 표시(mark)——먹칠(mar)은 아닐지라도——할 필요에 따라 자연적인 것을 인식 가능성 '이전'의 것으로 격하시킨다는 이유였다. 성과 젠더를 근본적으로 구분하는 것은 자연이 역사를 가진다는 점, 자연이 그저 사회적 역사만을 갖는 것은 아니라는 점, 하지만 또한 성이 자연 개념 및 그것의 역사와 관련해 애매하게 위치지어진다는 점 등을 놓친다. '성' 개념은 그 자체 트러블이 일어나는 지형인데, 이러한 트러블은 두 성별을 구별할 결정적 기준이 무엇인지를 두고 벌이는 일련의 경합을 통해 형성되는 것이니 말이다. 성 개념은 역사를 가지지만, 이 역사는 성이 각인의 현장 혹은 표면으로 형상화되면서 철저히 은폐된다. 또한 그러한 현장이나 표면으로 형상화되는 자연적인 것은 가치가 없는 것이라고 해석된다. 더욱이 자연적인 것은 자신에게 부여되는 가치를 떠맡는 동시에 자신의 사회적 성격도 떠맡는데, 이는 자연이 자연적이기를 스스로 포기한다는 것을 말한다. 이러한 견해에 따르면 자연적인 것의 사회적 구축은 사회적인 것에 의한 자연적인 것의 삭제를 전제한다. [자연과 사회의 관계를] 이렇게 해석하는 한에서, 성/젠더의 구분 역시 그에 보조를 맞춰 무너진다. 만일 젠더가 미리 주어진 문화 내에서 성이 떠맡는 사회적 의미——우리는 논증의 일관성을 위해 조금 꺼려지긴 하지만 '사회적인 것'과 '문화적인 것'이 상호 교환 가능하다고 볼 것이다──라면, 성이 자신의 사회적 성격을 젠더로 떠맡자마자 '성'에게 남는 것(그런 것이 있다면)은 무엇인가? 문제가 되는 것은 '떠맡음'의 의미이며, 이때 '떠맡겨진다는 것'은 '처녀성을 떠맡은 자'라는 말에서와 같이 더 고양된 영역으로 받아들여진다는 것이다.[7] 만일 젠더가 성이 떠맡는 사회적 의미들로 이루어진다면, 성은 추가적 속성으로서 사회적 의미들을 **축적**하는 것이 아니라, 오히려 성이 받아들인 사회적 의미들**에 의해 다시 위치 지어진다**. 성은 그러한 떠맡음의 과정에서 포기되며, 그래서 젠더는 성과 끊임없는 대립 관계에 놓이는 용어가 아니라, '성'을 흡수 및 대체하는 용어로 출현한다. 즉 젠더는 젠더로의 완전한 실체화를 표시하는 것으로 혹은 유물론적 관점에서 보면 완전한 **탈**실체화(*de*substantiation)를 구성하는 것으로 출현한다.

---

7) [옮긴이] '처녀성을 떠맡은 자' 즉 '성모[동정녀] 마리아'는 "The Assumption of the Virgin"을 번역한 것이며, 이는 뒤이은 말인 '더 고양된 영역으로 받아들여진다(taken up into a more elevated sphere)'와 의미상 연결된다. 가령 「루가복음」 24장 51절 "예수께서는 그들을 축복하시는 가운데, 그들에게서 떠나 승천하셨다(While he was blessing them, he left them and was taken up into heaven)"가 말해 주듯, '떠맡음(Assumption)'은 승천/'천국에 받아들여짐(taken up into heaven)'과 개념적으로 연결되며, 또한 라틴어 'assūmptiō'에서 유래한 'Assumption'은 통상 'Taking up'과 동일한 의미를 띠곤 한다. 이때 두 말의 의미 모두 '외부[더 지고한, 더 고상한 영역]에서 부과된 어떤 성질을 떠맡는다/받아들인다'는 점, 그리고 '그를 통해 더 높은 수준으로 떠맡겨지게/받아들여지게 된다'는 점을 함축한다. 나아가 이와 유사한 의미에서 추정이나 가정으로 번역되는 'presumption'은 '미리 받아들여짐', '참·거짓으로 판명되기 이전에 미리 주어진 것으로 간주되는 것'이라는 의미로 새겨 대체로 '상정(想定)', '상정하다'로 옮겼다.

　성/젠더 구분이 근본적인 언어 구축주의의 관점과 손을 잡으면, 문제는 훨씬 더 악화된다. [언어 구축주의에 따르면] 젠더에 선행한다고 지시되는 '성' 자체가 언어 및 구축에 선행하는 것으로서 언어 내에 제공된 선결 조건이나 구축물이 될 것이기 때문이다. 그러나 구축에 선행하는 것으로 정립된 이러한 성은 그러한 정립으로 인해 바로 그 정립의 효과, 즉 구축의 구축이 될 것이다. 만일 젠더가 성을 사회적으로 구축한 것이라면, 그리고 그러한 구축에 의존하지 않고서는 이러한 '성'에 접근할 수 없다면, 성은 젠더에 의해 흡수되는 것처럼 보일 뿐만 아니라 또한 '성'은 직접적으로 접근할 수 없는 언어 이전의 현장에 소급적으로 설치된 어떤 허구와 같은 것, 어쩌면 환상과 같은 것이 되는 것처럼 보인다.

　그러나 '성'이 완전히 사라진다고 주장하는 것은 옳은가? 즉 성이 진실인 것에 대한 허구이자 진실에 맞서는 허구라고 주장하는 것, 성이 실재하는 것에 대한 환상이자 실재하는 것에 맞서는 환상이라고 주장하는 것은 옳은가? 혹은 '성'이 허구라면, 성은 우리가 살아가는 데 필수적인 것 내에 있는 것이고 그것 없이는 삶 자체를 생각할 수 없기에 이 대립[성/젠더]을 다시 생각할 필요가 있지 않을까? 그리고 '성'이 환상이라면, 환영적인 장(場)이야말로 문화적 인식 가능성의 바로 그 지형을 구성하는 것은 아닐까? 그러한 전통적 대립을 다시 생각하는 일은 '구축주의'를 그것의 통상적 의미로 다시 생각하는 일을 수반하는 것이 아닐까?

　근본적 구축주의의 입장은 자기 자신의 기획을 반박하는 동시에 확증하는 전제를 생산하는 경향이 있었다. 만일 근본적 구축주의의 이론이 성을 자신이 영향을 미치는 현장이나 표면으로 고려할 수 없다면, 그것은 결국 성을 구축되지 않은 것으로 상정하며, 그래서 구축의 용어로 설명하지 못한 것을 무심코 구축의 경계로 설정함으로써 언어 구축주의의 한계를 스스로 인정하는 꼴이 될 것이다. 반면에 성이 인위적으로 고안된 전제이거나 허구라면, 젠더는 자신이 영향을 미치는 성을 미리 상정하는 것이 아니라 오히려 담론 이전의 '성'이라는 '잘못 붙여진 이름(misnomer)'을 생산하며, 그래서 구축의 의미는 '모든 것은 오로지 늘 언어이다'라는 식의 '언어적 일원론'의 의미가 된다. 그 결과 우리 대부분이 귀가 닳도록 들은 몹시 짜증나는 다음과 같은 논쟁이 뒤따른다. (1) "구축주의는 언어적 구축이 발생론적이고 결정론적이라고 이해되는 언어적 일원론의 입장으로 환원된다." 이렇게 상징하는 비평가들은 다음의 말을 듣게 될 것이다. "만일 모든 것이 담론이라면, 몸은 어찌할 것인가?" 혹은 (2) 구축이 어떤 주체를 전제하는 듯 보이는 언어 행위로 비유적으로 환원될 때, 그렇게 상정하는 비평가들은 다음의 말을 듣게 될 것이다. "만일 젠더가 구축되는 것이라면, 그러한 구축하기의 행위를 하는 것은 누구인가?" 그렇지만 물론 (3) 이러한 질문의 가장 적절한 정식화는 다음과 같다. "만일 주체가 구축되는 것이라면, 그 주체를 구축하는 자는 누구인가?" (1)의 경우 구축은 신에 필적하는 행위성의 자리를 차지했는데, 그러한 행위성은 자신의 대상이 되는 모든 것을 야기하면서도 또한 조성한다. 즉 구축은 자신이 명명한 것을 생겨나게 만들면서 그것을 완벽하게 구성하는 신의 수행문이거나, 이름을 붙이는 동시에 시작을 알리는 일종의 '이행적 지시작용(transitive referring)'인 것이다. 이러한 구축관에 따르면 뭔가가 구축된다는 것은 그러한 구축 과정을 통해 창조되고 규정된다는 것이기 때문이다.

(2)와 (3)은 문법의 유혹이 지배하는 것처럼 보인다. 비평가는 이렇게 묻는다. "거기에는 인간 행위 주체, 말하자면 구축 과정을 이끄는 어떤 주체[주어]가 있어야 하는 것이 아닌가?" 구축주의의 첫째 버전[(1)]이 인간의 행위성을 비웃으면서 구축이 결정론적으로 작동한다고 상정한다면, 구축주의의 둘째 버전[(2)와 (3)]은 구축주의를 도구적 행위를 통해 자신의 젠더를 만드는 주의주의(主意主義)적 주체를 전제하는 것으로 이해한다. 후자의 경우 구축은 일종의 조작 가능한 인공물로 이해되는데, 이러한 발상은 어떤 주체를 전제할 뿐만 아니라 또한 구축주의가 때때로 의문시했던 바로 그 인간주의의 주의주의적 주체를 복귀시킨다.

젠더가 구축물이라면, 그러한 구축을 실행하거나 수행하는 '나' 혹은 '우리'가 있어야 하지 않은가? 그러한 활동을 수행하고 그에 선행하는 행위자를 전제하지 않으면 어떤 활동이나 구축하기가 어떻게 있을 수 있는가? 그러한 주체 없이 우리는 어떻게 구축의 동기와 방향을 설명할 수 있는가? 나는 이에 답하면서 이 문제를 다른 관점으로 다시 인식하기 위해 문법에 대해 일정한 혐의를 두라고 제안할 것이다. 왜냐하면 젠더가 구축된다고 해서 그것이 반드시 [주어인] '나'나 '우리'——'앞(before)'이라는 말이 지닌 시공간적 의미에 따라 그러한 구축 '앞'이나 '이전'에 서 있는 자——에 의해 구축되는 것은 아니기 때문이다. 실제로 젠더에 복종하지 않거나 종속되지 않은 '나'나 '우리'가 있을 수 있는가는 불확실하다. 그에 반해 젠더화(gendering)는 다른 무엇보다도 구별 짓는 관계이며, 이것으로 인해 말하는 주체들이 발생한다. 젠더에 종속

(subjected)되지만 또한 젠더에 의해 주체화(subjectivated)되는 '나'는 이러한 젠더화 과정에 선행하는 것도 후속하는 것도 아니며, 오로지 젠더 관계 자체라는 모체 내에서만 그리고 그러한 모체로서만 출현한다.

그래서 이는 우리를 (2)의 반대 의견으로 되돌아가게 하는데, 그것은 '구축주의는 행위성을 폐제하고, 주체의 행위성을 미리 차지하고, 그래서 자신이 의문시하는 그 주체를 자기가 전제하고 있음을 발견한다'는 주장이다. 주체 자체가 젠더화된 관계의 모체 안에서 그리고 그러한 모체로서 생산된다고 주장하는 것은 주체를 없애는 것이 아니라, 단지 주체의 출현 및 작용의 조건에 대해 묻는 것이다. 이러한 젠더화의 '활동'은 엄밀히 말해 인간의 행위나 표현 혹은 의도적인 전유일 수 없으며, 또한 분명하게도 가면을 쓰는 문제도 **아니다.** 젠더화의 활동은 모든 의지가 우선 가능하게 되는 모체, 의지를 가능하게 만드는 문화적 조건이다. 이런 점에서 젠더 관계라는 모체는 '인간'의 출현에 선행한다. 아기를 '그것'에서 '그녀'나 '그'로 이동시키는 의학의 호명(초음파 검사가 최근에 나오긴 했지만)을 생각해 보라. 그러한 이름 붙이기 안에서 소녀는 '소녀가 되며', 이러한 젠더 호명을 통해 언어와 친족의 영역으로 들어간다. 그러나 이러한 소녀의 '소녀화'는 거기서 끝나지 않는다. 이와는 달리 그러한 근거 짓는 호명은 다양한 권위에 의해 반복되며, 이러한 자연화된 효과를 다시 강화하거나 그러한 효과와 겨루는 다양한 시간 간극 내내 반복된다. 이름 붙이기는 어떤 경계를 설정하는 것이자 동시에 규범의 반복된 주입이기도 한 것이다.

그러한 속성 부여나 호명은 '인간적인 것'의 자격을 갖는 것을 편성·한계 설정·지속시키는 그러한 담론의 장과 권력의 장에 기여한다. 우리는 이를 비체화된 존재들의 사례에서 가장 분명하게 본다. 그들은 고유하게 젠더화되어 나타나지 않는다. 즉 그들의 인간다움 자체가 의문시된다. 실제로 젠더의 구축은 **배제적** 수단을 통해 작동하는데, 이는 인간이 비인간에 대해 그리고 비인간에 맞서 생산될 뿐만이 아니라 엄밀히 말해 문화적 접합의 가능성이 거부된 일련의 폐제, 근본적 삭제를 통해 생산되는 식이다. 따라서 인간 주체들이 구축된다고 주장하는 것으로는 충분하지 않다. 인간적인 것의 구축은 더 '인간적인 것'과 덜 '인간인 것', 비인간적인 것, 인간적이라고 생각될 수 없는 것 등을 생산하는 차별적 작동이다. 이 배제된 현장은 '인간적인 것'을 자신의 구축적 외부로 경계 지으며, 그러한 경계들을 붕괴되거나 재접합될 수 있는 지속적 가능성으로 출몰시킨다.[8]

역설적인 것은 주체 구축을 작동시키는 삭제 및 배제에 대한 탐구는 더 이상 구축주의가 아니며 또한 본질주의도 아니라는 점이다. 담론에 의해 구축되는 것에는 '외부'가 있지만, 이 외부는 절대적인 '외부'가 아니다. 즉 담론의 경계를 넘어서거나 그 경계

---

8) 배제, 비체화, '인간적인 것'의 창출에 대한 이러한 문제 설정과 관련해 서로 다르지만 또한 서로 연관되는 접근 방식을 제시하는 것으로 다음을 참고하라. Julia Kristeva, *Powers of Horror: An Essay on Abjection*, tr. Leon Roudiez, New York: Columbia University Press, 1982. [한글본] 줄리아 크리스테바, 『공포의 권력』, 서민원 옮김, 동문선, 2001; John Fletcher and Andrew Benjamin, eds., *Abjection, Melancholia and Love: The Work of Julia Kristeva*, New York and London: Routledge, 1990; Jean-François Lyotard, *The Inhuman: Reflections on Time*, tr. Geoffrey Bennington and Rachel Bowlby, Stanford: Stanford University Press, 1991.

와 대결하는 존재론적인 '거기 있음(thereness)'이 아니다.[9] 구성적 '외부'인 이 외부는 담론의 가장 허약한 경계선에서/으로서 그러한 담론과 관련해서만 사유(그럴 수 있는 경우라면)될 수 있는 것이다. 따라서 구축주의와 본질주의 간의 논쟁은 탈구축[해체](deconstrution)의 논점을 완전히 놓친다. [탈구축의] 논점은 결코 "모든 것은 담론적으로 구축된다"인 적이 없었기 때문이다. "모든 것이 담론적으로 구축된다"는 주장은 그것이 언제 어디서 만들어지든 일종의 담론적 일원론이나 언어 만능주의에 속하는데, 담론적 일원론이나 언어 만능주의는 담론적 정당성의 바로 그 용어들 내에서 일어나는 배제, 삭제, 폭력적인 폐제, 비체화 및 파열적 회귀 등이 지닌 구성적 힘을 거부한다.

그리고 "주체를 제도화하고 유지하는 젠더 관계라는 모체가 있다"고 말한다고 해서 그것이 "주체를 자신의 결과로 생산하기 위해 단일하고 결정론적인 방식으로 작동하는 단일한 모체가 있다"고 주장하는 것은 아니다. 그 말은 그 자체로 다시 생각될 필요가 있는 문법 공식 내의 주체[주어]-위치에 '모체'를 설치하자는 것이다. 실제로 "담론이 주체를 구축한다"는 명제의 형식은 그것이 주체와 담론의 자리를 바꿔놓았다 할지라도 문법 공식의 주체[주어]-위치를 유지시킨다. 구축은 용어들 간의 단순한 자리 바꿈 그 이상을 의미하는 것이 틀림없다.

---

9) 언어의 지시성의 문제가 어떻게 몸을 지시하는 특정한 문제와 연결되는지, 그리고 그 경우 '지시'가 무엇을 의미할 수 있는지를 보여주는 매우 도발적인 독해에 대해서는 Cathy Caruth, "The Claims of Reference", *The Yale Journal of Criticism*, vol. 4, no. 1, Fall 1990, pp. 193-206을 보라.

　구축을 옹호하는 사람과 비판하는 사람이 있으며, 이들은 자기 입장을 구조주의의 노선을 따라 해석한다. 그들은 **문화**나 **담론** 혹은 **권력**과 같이 주체와 비인격적 힘들을 구축하는 구조들이 있다고 주장하곤 하는데, 여기서 그 용어들[문화 · 담론 · 권력]은 '인간적인 것'이 그 자리에서 축출된 이후 주체[주어]의 문법적 현장을 차지한다. 이러한 견해에서는 주체[주어]라는 문법적 · 형이상학적인 자리는 유지되는데, 그 자리를 차지하는 후보자가 매번 바뀌는 듯 보일 때조차 그렇다. 그 결과 구축은 여전히 선험적 주체에 의해 개시되는 일방적 과정으로 이해되며, 이는 활동이 있는 곳에는 그 뒤에 뭔가를 개시하는 의도를 가진 주체가 숨어 있다는 식의 주체 형이상학에 대한 상정을 강화한다. 이러한 견해에 기초해 담론이나 언어 혹은 사회적인 것이 의인화되며, 그러한 의인화 속에서 주체 형이상학이 재강화된다.

　이 두 번째 견해에서 구축은 어떤 활동(activity)이 아니라 어떤 행위(act), 즉 한번 발생하고 그 결과가 확고히 고정되는 것이다. 따라서 구축주의는 결정론으로 환원되면서 인간 행위성의 철수나 대체를 함축한다.

　이러한 견해는 푸코가 권력을 '의인화한다'고 비판받게 되는 오독에 영향을 미친다. 권력이 문법적 · 형이상학적 주체라고 잘못 해석되면, 그리고 인간주의적 담론 내에 자리 잡은 그러한 형이상학적 현장이 인간적인 것의 특권화된 현장이 되었다면, 권력은 활동의 기원으로서 인간적인 것을 대체하는 듯 보인다. 하지만 만일 푸코의 권력관이 주체의 문법과 형이상학의 붕괴 및 전복으로 이해된다면, 그래서 권력이 주체들의 형성과 유지를 편성한다면, 권력은 자신의 효과인 '주체'라는 용어로는 설명될 수 없다. 그래서 여기서 '구축'이라는 용어가 주체의 문법적 현장에 속한다고 주장하는 것은 더 이상 옳을 수 없다. 구축은 주체도, 주체의 행위도 아니며, '주체들' 및 '행위들'이 모두 나타나는 반복의 과정이기 때문이다. 행위하는 권력은 없으며, 다만 자신의 지속과 불안정성 안에 있는 권력인 반복된 행위하기만이 있을 뿐이다.

이러한 구축 개념을 대신해 내가 제안하고 싶은 것은 물질 개념으로 되돌아가자는 것인데, 이때 물질 개념은 현장이나 표면으로서의 물질 개념이 아니라, **우리가 물질이라 부르는 경계·고정성·표면의 효과를 생산하기 위해 시간이 흐르면서 안정화되는 물질화 과정**으로서의 물질 개념이다. 내 생각에 물질이 항상 물질화된다는 것은 푸코적 의미에서 규제적 권력의 생산적 효과, 실제로는 물질화하는 효과와 관련해 생각되어야 한다.[10] 따라서 문제가 되는 것은 "젠더는 어떻게 성에 대한 특정한 해석으로 그리고 특정한 해석을 통해 구성되는가?"(성이라는 '문제/물질'을 이론화하지 않은 채 남겨두는 질문)가 아니라, 오히려 "성 자체는 어떤 규제적 규범을 통해 물질화되는가?"이다. 또한 "성의 물질성을 미리 주어진 것으로 취급하는 것이 어떻게 그 자신이 출현하는 규범적 조건

---

10) 비록 푸코가 『성의 역사』 1권에서 사법적 권력 모델과 생산적 권력 모델을 구별하긴 하지만, 나는 두 모델이 서로를 전제한다고 주장했던 바 있다. Foucault, *The History of Sexuality*, Volume One, Tr. Robert Hurley, New York: Vintage, 1978. [한글본] 미셸 푸코, 『성의 역사 1: 지식의 의지』, 이규현 옮김, 나남출판, 2020. 주체의 생산——주체의 주체화(assujetissement)——은 주체를 규제하는 하나의 수단이다. 이에 대해서는 나의 글 "Sexual Inversions", in Domna Stanton, ed., *Discourses of Sexuality*, Ann Arbor: University of Michigan Press, 1992, pp. 344-361을 참고하라.

을 전제하고 강화하는가?"가 문제인 것이다.

그렇다면 결정적으로 구축은 한 주체에 의해 개시되어 일련의 고정된 효과들로 귀결되는 단 하나의 행위나 인과적 과정이 아니다. 구축은 시간 **속에서** 발생할 뿐만 아니라, 그 자체 규범의 반복을 통해 작동하는 시간적 과정이다. 즉 성은 이러한 반복 과정 안에서 생산되는 동시에 불안정하게 된다.[11] 반복적 관습이나 의례적 관습이 퇴적된 효과인 성은 자신의 자연화된 효과를 획득하지만, 또한 이러한 반복으로 인해 그러한 구축에서의 구성적 불안정성으로, 규범을 벗어나거나 초과하는 것으로, 그러한 규범의 반복적 노동에 의해서 전적으로 정의되거나 고정될 수 없는 것으로 말미암아 간극과 틈새가 열리게 된다. 이러한 불안정성은 바로 그

---

11) 이는 단순히 수행성을 행위들의 반복으로 해석하는 문제——마치 '행위들'이 시간 속에서 반복됨으로써 온전하고 자기-동일적인 것으로 남아 있고 그러한 반복에서는 '시간'이 '행위들' 자체에 외부적인 것으로 이해되기라도 하는 것처럼——가 아니다. 그와는 달리 어떤 행위 자체는 과거의 반복·퇴적·응결로, 그것은 엄밀히 말해 유사-행위의 지위에서는 폐제된 것이다. 이 점에서 하나의 '행위'는 늘 기억의 잠정적 실패이다. 뒤에서 나는 다음과 같은 라캉의 생각을 활용하고자 하는데, 그는 모든 행위는 반복, 즉 회상될 수 없는 것의 반복, 회복할 수 없는 것의 반복으로 해석되어야 하며, 따라서 행위는 주체의 탈구성/해체라는 유령이 출몰하는 것이라고 본다. 존 설과 J. L. 오스틴이 발화 행위를 이론화한 것에 응답하면서 정식화된 데리다의 반복 가능성(iterability) 개념은 또한 모든 행위가 그 자체 재인용이라는 것, 즉 선행하는 행위의 연쇄——이것은 현재적 행위에 내포되어 있으면서도, 그러한 현재성의 모든 '현재적' 행위를 영속적으로 고갈시킨다——를 인용하는 것을 의미한다. 지배(mastery)의 환상에 기여하는 반복(즉 주체를 건설하는 행위의 반복, 그리고 주체의 구축적 행위나 주체를 구성하는 행위라고 일컬어지는 행위의 반복)과, 그러한 지배의 환상을 깨뜨리고 그 한계를 설정하는 프로이트의 반복-강박 개념이 어떻게 다른가에 대해서는 아래의 주석 23을 보라.

반복 과정에서의 **탈**구성적 가능성이자, '성'이 안정화되는 바로 그 효과들을 허무는(undo) 권력이며, '성' 규범들의 강화를 잠재적으로 생산적 위기로 밀어넣는 가능성이다.[12]

---

12) 시간성 개념은 구별되는 '순간들'—이때 모든 순간들은 서로 동등하게 떨어져 있다—의 단순한 연속으로 해석되어서는 안 된다. 시간에 대한 공간화된 지도제작(mapping)은 특정한 산술적 모델을 그러한 공간화 은유에 반하는 일종의 지속으로 교체한다. 베르그송에서 하이데거에 이르는 철학자들이 주장했듯이 이러한 '시간 폭'을 서술하거나 명명하려는 노력은 공간적 지도제작에 몰두하는 경향이 있다. 따라서 구축의 시간성이 내포하는 **퇴적**의 효과를 강조하는 것이 중요하다. 시간성의 퇴적에서 '순간들'이라 불리는 것은 구별되거나 동등한 시간 단위가 아니다. '과거'는 그러한 '순간들'이 식별이 불가능할 정도로 축적되고 응결된 것이기 때문이다. 그러나 과거는 또한 구축으로부터 거부된 것, 억압된 것, 잊혀진 것, 회복할 수 없이 폐제된 것의 영역으로 이루어질 것이다. '구축'이라고 불리는 퇴적된 효과의 현상학적 구성 요소에 포함되지 않는 것, 즉 경계에 의해 외부화된 것은 그 요소에 포함된 것만큼이나 구축을 정의하는 데 있어 결정적일 것이다. 이러한 외부성은 어떤 '순간'과 구별이 불가능할 것이다. 실제로 '순간' 개념은 중단된 과거의 지속에 부과된 산술적 지배의 회고적 환상에 지나지 않을지 모른다.

구축이 근본적으로 반복의 문제라고 주장하는 것은 '구축'의 시간적 양상을 '우선적인 것'으로 만드는 것이다. 그러한 이론이 분산되고 한정된 순간들이라는 가정을 통해 시간의 공간화를 필요로 하는 한에서, 구축에 대한 이러한 시간적 설명은 '시간성 자체의 공간화'—우리는 이것을 하이데거를 따라 시간성의 시간으로의 환원으로 이해할 수 있다—를 전제한다. 권력의 **수렴적** 관계에 대한 푸코의 강조(이것은 잠정적으로는 반복 가능성에 대한 데리다의 강조와 대조될 수 있다)는 계보학적 과정의 진행에서 어떤 구축된 효과를 형성하는 권력 관계의 지도제작을 함축한다. 수렴 개념은 움직임과 공간을 모두 전제한다. 그 결과 수렴 개념은 위에서 지적한 역설—이 역설에서는 시간성에 대한 설명이야말로 '순간'의 공간화를 필요로 한다—을 피하는 것처럼 보인다. 반면에 수렴에 대한 푸코의 설명은 권력과 담론이 수렴한다고 얘기되는 그 '운동' 안에서 작동하는 것을 충분히 이론화하지 못한다. 그런 점에서 권력의 '지도제작'은 시간성을 충분하게 이론화하지 못한다.

의미심장하게도 반복 가능성에 대한 데리다의 분석은 시간적 '순간들' 간의 거리

급진적 구축주의 입장의 특정한 공식은 몹시 짜증나는 순간을
거의 강박적으로 되풀이해서 생산하는 것처럼 보인다. 구축주의

가 그것[순간]들의 공간적 연장에서 균일한 것으로 다뤄지는 단순한 반복과 구별되어야만 한다는 점이다. 시간의 '순간들'을 구별하는 '사이성(betweenness)'은 데리다의 용어법 내에서는 동일시할 수 있는 대상으로 공간화되거나 한정될 수 있는 것이 아니다. '순간'의 분산적 동일성을 포함하는 분산적 동일성에 관한 일체의 모든 주장을 침식시키고 이의를 제기하는 것은 바로 주제화가 불가능한 차연(différance) 개념이다. 순간들을 구별하는 것은 공간적으로 확장된 지속이 아니다. 만약 그렇다면 그것 역시 하나의 '순간'으로 간주되어 순간들 사이로 떨어지는 것을 설명하지 못할 것이기 때문이다. 이러한 '사이(entre)'는 '사이(between)'이자 동시에 '외부'이며, 서로 수렴하는 '주제화가 불가능한 공간'과 '주제화가 불가능한 시간' 같은 어떤 것이다.

구축을 다룬 푸코의 언어에는 '확대'·'확장'·'수렴' 등의 용어가 포함되며, 이 용어들은 모두 명시적으로 이론화되지 않은 시간 영역을 상정한다. 여기서 이 문제의 일부에는 푸코가 계보학적 효과에 대한 자신의 설명이 역사적으로 특정한 것이기를 바라는 듯 보이지만, 그는 시간성에 대한 철학적 설명보다 계보학에 대한 설명을 선호한다는 점이 있다. 「주체와 권력」에서 푸코는 권력 관계를 특징짓는 "논리적 연쇄의 (……) 다양성"을 언급한다. Michel Foucault, "The Subject and Power", Hubert Dreyfus and Paul Rabinow, eds., *Michel Foucault: Beyond Structuralism and Hermeneutics*, Chicago: Northwestern University Press, 1983. [한글본] 미셸 푸코, 「후기: 주체와 권력」,『미셸 푸코: 구조주의와 해석학을 넘어서』, 드레피스·라비노우 편집, 서우석 옮김, 나남, 1989, 297-319쪽. 또한 미셸 푸코, 「주체와 권력」,『미셸 푸코의 권력이론』, 정일준 편역, 새물결, 1994, 85-98쪽을 보라. 푸코가 반복 가능성 모델이 함축한 외관상의 선형성을 거부할 것이라는 점은 의심의 여지가 없다. 그것이 낡은 역사적 연쇄 모델의 선형성과 연결되어 있기 때문이다. 그러나 우리는 '연쇄'에 대한 [그의] 설명서를 받지는 못했다. 역사적으로 변하는 것은 바로 이 '연쇄' 개념인가? 아니면 연쇄 자체가 불변인 상태에서 연쇄의 배열(configuration)이 변하는 것인가? 특정한 사회적 형성과 시간성의 형상화는 어떤 점에서는 이 두 입장 모두를 수반하지 않는다. 여기서 우리는 사회 구축의 시간성을 이해하기 위해 피에르 부르디외의 작업을 참조해 볼 수 있다.

자가 언어적 이상주의자로 해석될 때, 구축주의자는 신체라는 실재, 과학과의 관련성, 출생·노화·질병·죽음으로 알려진 사실 등을 부인하는 것처럼 보이기 때문이다. 비판자는 또한 구축주의자가 확실한 육체-혐오자(somatophobia)라고 의심할 수 있으며, 또한 이 정신 나간 [구축주의] 이론가가 '구축'을 언급하지 않고도 수긍할 수 있는 최소한 성별적으로 구별되는 부분들·활동들·능력들, 호르몬 차이와 염색체 차이 등이 있음을 인정할 것이라고 확언할 수도 있을 것이다. 이 순간 나는 나의 대화 상대방에게 어떤 절대적으로 안심할 만한 말을 전하고 싶지만, 약간의 우려가 드는 것도 사실이다. '성'이나 그것의 '물질성'을 부정할 수 없다고 '수긍'하는 일은 늘 특정한 유형의 '성'이나 특정한 형태의 '물질성'을 수긍하는 것이다. 담론, 즉 그 안에서 그리고 그것을 통해 수긍이 발생하는 담론——그래 좋다, 이렇게 성이나 물질성을 수긍하는 일은 늘 한결같이 일어난다——은 그 자체 자신이 수긍하는 바로 그 현상을 형성시키지 않던가? '담론이 형성적이다'라고 주장하는 것은 담론이 자신이 수긍하는 것을 발생 및 야기하거나 혹은 철저하게 조성한다고 주장하는 것과 같은 말이 아니다. 오히려 그러한 주장은 순수한 몸에 대한 어떠한 지시도 없으며, 동시에 그 [순수한] 몸에는 추가적 형성이 없다고 주장하는 것이다. 이 점에서 성별화된 신체를 지시하는 언어적 능력은 부정되는 것이 아니라, '지시성(referentiality)'의 의미 자체가 변경되는 것이다. 철학적인 용어로 말하자면, 사실 진술적 주장은 늘 어느 정도는 수행적이다.

그렇다면 성과 관련해 만일 누군가 성의 물질성이나 몸의 물질성을 수긍한다면, 바로 그 수긍은 그러한 성을 물질화하도록 '수행적으로' 작용하는가? 나아가 그러한 성에 대한 반복된 수긍——
이는 발화나 글쓰기에서 반드시 발생한다는 것이 아니라 훨씬 더
불완전한 방식으로 '신호 보내질' 수 있다는 것이다——은 어떻게
그러한 물질적 효과의 퇴적 및 생산을 구성하는 것인가?

온건한 비판자는 '성'의 **몇몇 부분**은 구축되지만 다른 부분은
확실히 그렇지 않다는 점을 수긍할지 모르겠다. 그렇다면 당연히
그 비판자가 그나 그녀 자신을 발견하는 것은 구축된 것과 구축되
지 않는 것 사이에 선을 그어야 할 뿐만이 아니라 또한 '성'이 부
분들——이 부분들의 구별은 구축의 문제가 아니다——에서 나오
는 방식을 설명해야 할 의무하에서이다. 그러나 표면상에 드러난
그러한 부분들에 구획선이 그어짐에 따라 '구축되지 않은 것'은
다시 한번 의미화의 실천을 통해 한계 지어지게 되고, 그래서 성
의 몇몇 부분을 구축주의의 오염으로부터 보호하려고 의도된 바
로 그 경계가 이제는 반-구축주의자 자신의 구축에 의해 정의되
는 것이다. [그렇다면] 구축은 이미 만들어진 대상, 미리 주어진
사물에게 발생하는 어떤 것인가? 그리고 그것은 **어느 정도로** 발생
하는가? 아니 어쩌면 우리는 논쟁의 양 당사자 모두를 피할 수 없
는 의미화의 실천으로 지시하는 것은 아닌가? 즉 우리의 '지시'가
늘 이러한 선행하는 한계 설정을 전제하는——그리고 종종 숨기는
——방식으로 인해 우리가 차후에 '지시'하는 회피할 수 없는 구획
짓기와 한계 짓기의 실천으로 지시하는 것은 아닌가? 실제로 순
진하게든 직접적으로든 그러한 담론 바깥의 대상을 '지시'하는 것
은 늘 담론 바깥의 것에 선행하는 한계 짓기를 필요로 할 것이다.
그리고 담론 바깥의 것이 한계 설정되는 한에서 그러한 지시는 스

스로 자유로워지고자 하는 바로 그 담론에 의해 형성된다. 종종 모든 서술 행위에서 이론화되지 않은 전제로 실행되는 이러한 한계 설정은, 포함하면서도 배제하는 경계를 표시한다. 말하자면 우리가 차후에 지시하는 대상의 소재가 무엇이고 또 무엇이 아닌지를 결정하는 경계를 표시한다. 이러한 경계 표시하기는 어떤 규범적 힘, 실제로는 어떤 폭력을 지닐 것이다. 그것이 삭제를 통해서만 구성할 수 있으며, 특정한 기준 및 특정한 선별의 원리를 강제함으로써만 어떤 사물을 한정 지을 수 있기 때문이다.

'성'의 경계 내에 포함될 것과 포함되지 않을 것이 무엇인가는 다소간 암묵적인 배제 작용에 의해서 설정될 것이다. 만일 우리가 구조주의석 법칙이 지닌 고성성——이 고성성은 이성애석 모체 내의 이원적 분화 덕분에 '성별들'을 분리하고 한정 짓는다——을 의문시한다면, 그것은 그러한 경계의 외부 영역으로부터(어떤 '위치'로부터가 아니라, 헤게모니적 위치들의 구성적 외부에 의해 열리게 된 담론적 가능성으로부터)일 것이며, 또한 그것은 이성애화하는 상징계의 바로 그 논리 내부에서부터 붕괴를 일으키는 배제된 것의 회귀를 구성할 것이다.

이 책의 궤적은 그러한 붕괴의 가능성을 추적하지만, 구축주의를 그 자체로 옹호하기 위해서가 아니라 그것의 한계를 구성하는 삭제와 배제를 탐문하기 위해서 젠더에 대한 구축주의적 설명에 제기되었던 두 가지 상호 연관된 질문에 응답함으로써 간접적으로 그러한 붕괴의 가능성으로 나아갈 것이다. 이러한 비판은 수용된 문법에 스며든 유물론과 관념론 간의 일련의 형이상학적 대립을 전제하는데, 뒤에서 논하겠지만 그러한 문법은 담론적 수행성

을, 그것이 성의 물질화 안에서 작동하는 만큼 포스트구조주의적
으로 다시 작성하는 일에 의해 비판적으로 재정의된다.

인용성으로서의 수행성

　라캉의 어투로 누군가가 어떤 '성'을 떠맡는다고 말할 때, 그 말
의 문법은 잠에서 깨어 일어나 어떤 '성'을 떠맡을지 심사숙고하
는 '누군가'가 있다는 기대, 그리고 '떠맡음'이 매우 반성적인 선
택 개념과 재빨리 동일시되는 어떤 문법이 있다는 기대를 창출한
다. 그러나 이러한 '떠맡음'이 규제적인 이성애 장치에 의해, 즉
"강제적인 '성'의 생산을 통해 스스로를 반복하는 것"에 의해 **강요
된다**면, 성의 '떠맡음'은 처음부터 제약된다. 그리고 만일 **행위성**
이 있다면, 그 행위성은 역설적으로 규제적 법의 제약된 전유 안
에서/에 의해——즉 그 법의 물질화와, 규범적 요구의 강제적 전유
및 동일시 등에 의해——열리게 된 가능성들에서 발견되어야 한다.
그러한 성별화된 몸의 형성 · 제작 · 감당 · 유통 · 의미화 등은 법
에 순응하여 수행된 일련의 행동들이 아닐 것이다. 반대로 그것들
은 법에 의해 동원된, 말하자면 물질적 효과를 생산하는 법을 인
용하는 축적 및 위장, 그런 효과들의 체험된 필연성, 그러한 필연
성의 체험된 경합 등등에 의해 동원된 일련의 행동들일 것이다.
　따라서 수행성은 어떤 단일한 '행위'가 아니다. 왜냐하면 수행
성은 늘 하나의 규범이나 일련의 규범들의 반복이기 때문이며, 또
한 그것이 현재 안에서 유사-행위의 지위를 획득하는 한에서 수

행성은 반복되는 그러한 관습을 숨기거나 위장하기 때문이다. 더욱이 이러한 행위는 처음에는 연극적인 것이 아니다. 실제로 겉으로 보이는 이 행위의 연극성은 그 역사성이 위장된 채로 남아 있는 한에서만 생산된다. (그리고 역으로 행위의 연극성은 그 역사성이 완전히 폭로될 수 없다는 점이 주어질 때 일정한 불가피성을 획득한다.) 발화 행위 이론 내에서, 하나의 수행문은 자신이 명명한 것을 실행 및 생산하는 담론적 실천이다.[13] "빛이 있으라!"라는 수행문에 대한 성경의 번역에 따르면 그것은 **어떤 주체의 권력이나 그 주체의 의지**로 인해 하나의 현상이 존재로 명명되는 것처럼 보인다. 데리다는 수행문을 비판적으로 재정식화하면서 이러한 권력이 기원적 의지의 기능이 아니라, 항상 파생적인 것임을 분명히 밝힌다.

---

13) J. L. Austin, *How to Do Things With Words*, J.O. Urmson and Marina Sbisà, eds. Cambridge, Mass.: Harvard University Press, 1955. [한글본] J. L. 오스틴, 『말과 행위: 오스틴의 언어철학, 의미론, 화용론』, 김영진 옮김, 서광사, 2005, and J. L. Austin, *Philosophical Papers*, Oxford: Oxford University Press, 1961, 특히 pp. 233-252; Shoshana Felman, *The Literary Speech-Act: Don Juan with J. L. Austin, or Seduction in Two Languages*, tr. Catherine Porter, Ithaca: Cornell University Press, 1983; Barbara Johnson, "Poetry and Performative Language: Mallarmé and Austin", in *The Critical Difference: Essays in the Contemporary Rhetoric of Reading*, Baltimore: Johns Hopkins University Press, 1980, pp. 52-66; Mary Louise Pratt, *A Speech Act Theory of Literary Discourse*, Bloomington: Indiana University Press, 1977. 그리고 Ludwig Wittgenstein, *Philosophical investigations*, tr. G.E.M. Anscombe, New York: Macmillan, 1958, part 1 [한글본] 루트비히 비트겐슈타인, 『철학적 탐구』, 이영철 옮김, 책세상, 2019, 21-318쪽을 보라.

만일 수행적 발화의 공식(formulation)이 '코드화된' 발화나 반복 가능한 발화를 반복하지 않는다면, 다시 말해 모임을 열기 위해서 혹은 선박을 진수하거나 결혼식을 하기 위해서 내가 선언하는 상투어 (formula)가 반복 가능한 모델에 따르는 것과 동일시될 수 없다면, 말하자면 그것이 어떤 방식으로든 하나의 '인용'과 동일시될 수 없다면, 수행적 발화는 성공할 수 있는가? (……) 그러한 유형학에서 의도라는 범주는 사라지지 않을 것이다. 의도는 자신의 자리를 가질 것이다. 그러나 그러한 자리로 인해 그것은 더 이상 언표 행위[l'énonciation] 의 전체 장면 및 체계를 통제할 수 없을 것이다.[14]

담론은 권위 있는 관습을 인용함으로써 자신이 명명한 것을 발생시킬 권위를 어느 정도까지 획득하는가? 그/그녀가 조건 지어지고 동원되는 인용의 실천이 표시되지 않는 채 남아 있는 한에서, 하나의 주체는 자신의 담론적 효과의 저자로 나타나는가? 실제로 주체를 그/그녀라는 효과를 야기한 기원자로 생산하는 일은 정확히 이러한 위장된 인용성의 결과일 수 있지 않을까? 더욱이 만일 하나의 주체가 성 규범에의 종속을 통해, 말하자면 성 규범의 떠맡음을 필요로 하는 종속을 통해 존재하게 된다면, 우리는 그러한 '떠맡음'을 정확히 이런 식의 인용성의 양상으로 읽어 낼 수 있는가? 다시 말해 성 규범은 그것이 규범으로 '인용되는' 한

---

14) Jacques Derrida, "Signature, Event, Context", in *Limited, Inc.,* Gerald Graff, ed./ tr. Samuel Weber and Jefferey Mehlman, Evanston: Northwestern University Press, 1988, p. 18. [한글본] 자크 데리다, 「서명 사건 맥락」, 김우리 옮김, 『문화연구』, 제9권 1호, 2021, 95쪽.

에서 강력해지지만, 또한 자신이 강요한 규범들을 통해 자신의 권력을 도출한다. 그리고 우리가 성 규범의 '인용'을 그런 규범들과의 '동일시' 과정이나 그러한 규범에 최대한 가까이 다가가는 과정으로 읽을 수 있는 이유는 무엇인가?

나아가 규제적 도식에 의해 지배되는 동일시 실천을 통해 성별화된 몸은 정신분석학 내에서 어느 정도까지 보장되는가? 여기서 동일시[라는 말]는 의식을 가진 존재가 스스로 다른 존재를 본받는 모방적 활동으로 사용되지 않는다. 반대로 동일시는 그것으로 인해 자아가 처음 출현하게 되는 동화하려는/닮으려는 열정이다.[15] 프로이트가 주장했듯이, "자아는 무엇보다도 우선 신체적 자아이다", 더욱이 이 자아는 우리가 '상상적 형태학(imaginary morphology)'으로 재기술할 수 있는 "어떤 표면의 투영"이다.[16] 게다

---

15) 이에 대해서는 Mikkel Borch-Jacobsen, *The Freudian Subject*, tr. Catherine Porter, Stanford: Stanford University Press, 1988를 보라. 보쉬 야콥슨이 동일시가 자아에 선행하고 자아를 형성하는 방식에 대한 흥미로운 이론을 제시하기는 하지만, 그는 모든 리비도적 경험에 대해 동일시의 우선성을 단정하는 경향이 있다. 내가 주장하고 싶은 것은 동일시는 그 자체 열정적이거나 리비도적인 동화(assimilation)라는 점이다. Ruth Leys, "The Real Miss Beauchamp: Gender and the Subject of Imitation", in Judith Butler and Joan Scott, eds., *Feminists Theorize the Political*, New York: Routledge, 1992, pp. 167-214; Kaja Silverman, *Male Subjectivity at the Margins*, New York: Routledge, 1992, pp. 262-270; Mary Ann Doane, "Misrecognition and Identity", in Ron Burnett, ed., *Explorations in Film Theory: Selected Essays from Ciné-Tracts*, Bloomington: Indiana University Press, 1991, pp. 15-25; Diana Fuss, "Freud's Fallen Women: Identification, Desire, and 'A Case of Homosexuality in a Woman'", in *The Yale Journal of Criticism*, vol 6, no. 1, 1993, pp. 1-23.

16) Sigmund Freud, *The Ego and the Id*, James Strachey, ed; tr. Joan Riviere, New York: Norton, 1960, p. 16. [한글본] 지그문트 프로이트, 「자아와 이드」, 『정신분석학의 근

가 내가 주장하고 싶은 것은 이 상상적 형태학이 사회 이전이나 상징계 이전에 작동되는 것이 아니라 그 자체 인식 가능한 형태학적 가능성을 생산하는 규제적 도식을 통해 편성된다는 점이다. 이러한 규제적 도식은 시간에 구애받지 않는 구조들이 아니라, '중요한/문제가 되는 신체'를 생산하면서도 정복하는 역사적으로 수정이 가능한 인식 가능성의 기준이다.

만일 신체적 자아, 안정적인 윤곽에 대한 감각, 경계의 공간적 고정 등을 정식화하는 것이 이러한 동일시 실천을 통해 달성된다면, 그리고 정신분석학이 그러한 동일시의 헤게모니적 작동을 문서화한다면, 우리는 정신분석학을 몸의 형태 발생 수준에서 이성애적 모체를 설득하는 것으로 읽을 수 있는가? 라캉이 상징계 법의 '떠맡음' 혹은 '접근(accession)'이라 부르는 것은 일종의 법의 **인용**으로 읽힐 수 있으며, 그래서 '성'의 물질화 문제를, 수행성을 인용성으로 교정하는 일과 연결시킬 기회를 제공한다. 비록 라캉이 상징계 법이 한 주체가 성별화된 위치를 떠맡는 것에 앞서 준-자율적 지위를 가진다고 주장하긴 하지만, 이러한 규범적 위치인 '성별'은 그것이 야기하는 근사치를 통해서만 알려진다. 따라서 이러한 규범들의 힘과 필연성(상징적 기능으로서의 '성'은 일종의 계율이나 명령으로 이해되어야 한다)은 기능적으로 법에 가까이 다가가는 일이나 법의 인용에 **의존한다**. 가까이 다가가지 못하는 법은 법이 아니며 오히려 종교적 신념에 기반해 그것을 긍정할 자들에

___

본개념』, 윤희기 · 박찬부 옮김, 열린책들, 2003, 345-407쪽. 그중에서도 특히 365쪽을 보라.

게만 지배적인 법으로 남는다. 만일 '성'이 법이 인용되는 것과 동일한 방식으로 떠맡겨진다면——이것이 이후 이 책에서 지지받게 될 유비[성과 법의 유비]이다——, '성의 법'은 법으로서 반복적으로 강화되고 이상화되는데, 이는 자신이 명령한다고 얘기되는 바로 그 인용에 의해 법으로, 즉 앞서 있는 이상[이념]이자 가까이 접근할 수 없는 이상[이념]인 법으로 반복 및 생산되는 한에서만 그렇다. 라캉이 말한 '떠맡음'의 의미를 인용으로 읽음으로써 법은 더 이상 그 인용에 **선행하는** 고정된 형태로 주어지는 것이 아니라, 주체에 의해 실행된 필멸(必滅)의 [유한한] 근사치에 선행하고 그것을 초과하는 것으로서의 인용을 통해 생산된다.

이런 식으로 라캉에게서 상징계 법은 니체가 신 개념에 대해 정식화했던 비판과 동일한 종류의 비판에 종속될 수 있다. 이러한 선험적이고 이상적인 권력을 속성으로 가진 권력은 그 속성 자체로부터 파생되며 굴절된다.[17] 상징계 법이 성에 대해 타당성

---

17) 니체는 신이라는 이상이 실패와 비참함에 대한 인간의 감각과 '동일한 척도에서' 생산되었으며, 신의 생산은 실제로 그러한 비참함을 제도화하고 재실행한 이상이라고 주장한다. Friedrich Nietzsche, *On the Genealogy of Morals*, tr. Walter Kaufmann, New York Vintage, 1969, section 20. [한글본] 프리드리히 니체, 『선악의 저편, 도덕의 계보』, 김정현 옮김, 책세상, 2002. [특히 3논문 20절의 다음 구절을 참고하라. "금욕주의적 성직자는 주저 없이 인간 안에 있는 들개 무리 전체를 자신에게 봉사하도록 해왔고, 때로는 이 개를, 또 때로는 저 개를 풀어놓으면서, 완만한 슬픔으로부터 인간을 불러일으키고, 적어도 잠시만이라도 그의 숨막힐 듯한 고통이나 머뭇거리는 비참함을 쫓아버리는 동일한 목적에 언제나 이르렀으며, 또한 언제나 종교적 해석이나 '정당화' 아래 이를 행했다. 그와 같은 모든 감정의 무절제함은 후에 대가를 치르게 된다는 것, 이것은 명백한 일이다. (……) 그러한 치료법은 선량한 양심으로 사용되었던 것이며, 때로는 그가 만들었던 비참함 때문에 스스로 거의 부서

을 갖지 못한다는 바로 이러한 통찰이 영화 「파리는 불타고 있다」 (1991)에서 어느 정도 극(劇)화된다. 거울에 비친 이상은 하나의 이상으로 존속되기 위해 바로 그 거울에 의존한다. 비록 상징계가 정신병을 앓는 게 아니라면 위반될 수 없는 어떤 힘으로 나타나긴 하지만, 상징계는 정신병, 비체화, 영혼의 생존 불가능성 등으로 위협함으로써 성의 경계를 보장하는 일련의 규범화 명령으로 다시 사유되어야 한다. 나아가 이 '법'은 그것이 '여성적인 것'과 '남성적인 것'이라고 불리는 분화된 인용 및 근사치를 강요하는 한에서만 법으로 남아 있을 수 있다. 성에 대한 상징계 법이 성의 떠맡음으로부터 자율적이고, 또 그에 선행하는 분리 가능한 존재론을 향유한다는 상정은 '법의 인용이야말로 법을 생산하고 접합하는 메커니즘이다'라는 생각에 의해 위반된다. 그래서 상징계에 의해 '강제된' 것은 자기 자신의 힘의 책략을 반복 및 강화하는 상징계 법의 인용이다. 자신을 다르게 생산하기 위해 법을 '인용한다'는 것, 자신의 권력을 반복하고 흡수하기 위해 법을 '인용한다'는 것, 이성애적 모체를 폭로하고 그 필연성의 효과를 대체한다는 것이 의미하는 바는 무엇인가?

지는 체험을 하면서, 금욕주의적 성직자는 그 효용성과 필수 불가결성을 마음 깊이 믿어 그것을 처방했다는 것이다."──옮긴이] 라캉에게 있어 상징계 법이 법에 의해 구현되고 시행되는 성별화된 이상에 최대한 가까이 접근하지 못하는 '실패'를 생산한다는 것은 통상 법이 충분히 효과적이지 않으며, 법이 어떤 주어진 주체의 영혼(psyche)을 철저하게 구성하지 못한다는 식의 미래 전망적 신호로 이해된다. 그럼에도 불구하고 이러한 법 개념은 일탈적 근사치가 법의 작용 자체를 변경할 힘을 갖지 못하는 한에서, 바로 그 실패──법과 법의 실패한 근사치 간의 존재론적 거리를 질서 지우고 유지하지 못하는──를 어느 정도까지 생산하는가?

그러한 퇴적의 과정 혹은 우리가 **물질화**라고 부르는 것은 일종의 인용성, 즉 권력의 인용을 통한 존재 획득이나 '나'의 형성에서 권력과의 근원적 공모를 확립시키는 인용일 것이다.

이 점에서 '성'의 수행성의 외연인 행위성은 그/그녀가 반대하는 규제적 규범으로부터 완전히 동떨어져 존재하는 자유 의지를 가진 주체라는 생각 일체와 직접 맞닥뜨리게 될 것이다. 주체[예속]화(assujetissement)의 역설은 그러한 규범들에 저항할 주체가 그런 규범들로 인해 스스로 가능해진다는 것(생산되는 것은 아니지만)이다. 비록 이러한 구성적 제약이 행위성의 가능성을 폐제하는 것은 아닐지라도, 그것[구성적 제약]은 행위성을 권력과의 외적 대립 관계가 아닌, 권력에 내재하는 반복 혹은 재접합의 실천으로 위치시킨다.

수행성에 대한 이러한 재정식화의 결과, (a) 젠더 수행성은 규제적인 성 체제의 강제적이고 반복적인 실천과 동떨어져 이론화될 수 없다. (b) 담론/권력의 바로 그 체제에 의해 조건 지어진 행위성에 대한 설명은 자유 의지론이나 개인주의와 융합될 수 없고, 소비주의와는 더더구나 융합될 수 없으며, 그래서 어떤 식으로든 선택하는 주체를 전제하지 않는다. (c) 이성애 체제는 성의 '물질성'의 경계를 설정하면서 윤곽 짓기 위해 작동하며, 그러한 '물질성'은 부분적으로 이성애 헤게모니를 가진 규제적 규범들의 물질화를 통해 그리고 물질화로서 형성 및 지속된다. (d) 규범의 물질화는 규범이 떠맡게 되거나 전유되는 그러한 동일시 과정을 필요로 하며, 이러한 동일시는 주체의 형성에 선행하면서 그것을 가능하게 하지만, 엄밀히 말하자면 동일시는 주체에 의해 수행되는 것이 아니다. (e) 구축주의의 한계는 신체적 삶의 경계들에서 폭로되며, 여기서 비체화되거나 비합법화된 신체는 '신체'로 간주되는 것에 실패한다. 만일 성의 물질성이 담론 안에서 구획된다면, 이러한 구획 짓기는 배제되고 비합법화된 '성'의 영역을 생산할 것이다. 따라서 신체가 어떻게 어떤 목적으로 구축되는가를 생각하는 것이 중요한(important) 것처럼, 신체가 어떻게 어떤 목적으로 구축되지 **않는가**를 생각하는 것, 나아가 물질화하는 데 실패한 신체가 어떻게 규범을 물질화함으로써 '중요한/문제가 되는 신체'의 자격을 가진 신체에게 필수적인 '외부'(비록 필수적 지지대는 아닐지라도)를 제공하는지를 묻는 것은 중요할 것이다.

그렇다면 우리는 생존 가능한 몸의 자격을 가진 것의 형성에서 이성애 헤게모니가 작용한다는 것을 확인하기 위해서 신체라는 물질을 경유해 일종의 규제적 규범에 의해 지배되는 물질화를 생각할 수 있는가? 몸의 형성에서 그러한 규범의 물질화는 어떻게 비체화된 신체 영역, 기형(deformation)——이것은 충분한 인간 자격을 갖는 데 실패함으로써 그러한 규제적 규범을 강화한다——의 장을 생산하는가? 배제되고 비체화된 영역이 '중요한/문제가 되는' 신체의 자격을 갖는 것, '삶'으로 간주되는 생활 방식, 보호할 가치가 있는 삶, 구할 가치가 있는 삶, 애도할 가치가 있는 삶 등을 급진적으로 재접합하도록 강제할 상징계의 헤게모니를 생산한다고 말하는 것은 어떠한 도전을 하는 것인가?

이 책의 궤적

　이러한 연구에 집중하는 이 책의 글들은 다양한 글쓰기의 전통을 따른다. 플라톤의 『티마이오스』, 프로이트의 「나르시시즘에 관하여」, 자크 라캉의 저작들, 윌라 캐더의 소설들, 넬라 라슨의 소설 『패싱』, 제니 리빙스톤의 영화 「파리는 불타고 있다」, 그리고 최신의 성 이론과 성 정치에서의 논문들 및 급진민주주의 이론에서의 문헌들 등. 이 자료들의 역사적 범위가 의미하는 것은 단일한 이성애화라는 정언명령이 이 자료들 각각의 배경 맥락에서 지속된다는 점이 아니라, 각각의 맥락에서 불안정성——이 불안정성은 성별화된 몸의 현장을 고정시키려는 노력에 의해 생산된다——이 담론적 인식 가능성의 경계에 도전한다는 점을 제시하는 데에 있다. 여기서 논점은 논란의 여지가 없는 성이라는 현장을 담론을 통해 전달하는 일이 어렵다는 점을 말하는 데에만 있지 않다. 오히려 논점은 이성애적인 한 쌍 내에서 논란의 여지가 없는 '성'의 위상이 특정한 상징계의 작용을 보장한다는 점, 또한 그러한 논란이 상징계의 인식 가능성의 한계가 언제 어떻게 설정되는가에 의문을 제기한다는 점을 보여주는 데 있다.

　1부 1장-4장이 주요하게 관심을 갖는 것은 규제적 도식을 통한 '성별화된 형태학'의 생산이다. 1부 전체에서 나는 권력 관계가 어떻게 '성'과 '물질성'의 바로 그 형성 안에서 작동하는가를 보여주고자 한다. 처음 두 장은 계보학적 노력들로, 신체를 윤곽 짓는 권력 관계를 서로 다른 방식으로 추적한다. 1장 「중요한 신체」는 특정한 고전적 긴장 관계가 어떻게 오늘날의 이론적 입장들에 채택되는가를 보여준다. 이 장은 아리스토텔레스와 푸코를 간략히 고찰한 뒤에, 플라톤이 『티마이오스』에서 말한 코라(chora)를 숙고함으로써 이리가레의 플라톤 독해의 수정본을 제공한다. 코라는 물질성과 여성성이 어떤 물질성——모든 경험적인 것의 개념에 선행하면서 그 개념을 형태 짓는——을 형성하는 쪽으로 수렴하는 것처럼 보이는 현장이다. 2장 「레즈비언 남근과 형태학적 상상계」에서 나는 규범적 이성애가 어떻게 물질성과 상상계 사이에서 동요하는 신체적 윤곽을, 실제로는 바로 그 동요를 형태 짓는가를 보여주고자 한다. 1장과 2장 모두 몸의 물질성을 반박하려는 의도가 없다. 반대로 두 글 모두는 몸의 물질성이 틀 지어지고 형성되는 규범적 조건들——그중에서도 특히 차별적인 성 범주를 통해 형성되는 방식——을 확립하려는 부분적이면서도 서로 겹치는 계보학적 노력을 구성한다.

2장에서는 형태 발생의 문제와 관련해 또 다른 일련의 질문을 제기한다. 즉 동일시는 어떻게 프로이트가 '신체적 자아'라 불렀던 것을 생산하면서도 그와 경쟁하도록 기능하는가? 몸은 하나의 투영된 현상으로서 그러한 투영이 생겨나는 원천일 뿐만 아니라, 또한 몸은 늘 세계 내의 한 현상, 즉 그것을 주장하는 바로 그 '나'로부터의 소외이기도 하다. 실제로 '성'의 떠맡음, 특정하게 윤곽 지어진 물질성의 떠맡음은 그 자체 몸에 형태를 부여하는 것이자, 일련의 동일시 투영을 통해 발생하는 형태 발생이다. 누군가가 '있는' 그 몸이 어느 정도는 몸이라는 것, 즉 반사적이면서도 외재화하는 조건하에서 일정 부분 자신의 성별화된 윤곽을 획득하는 몸이라는 것은 동일시 과정이 성별화된 물질성의 형성에 결정적

이라는 점을 제시한다.[18]

프로이트와 라캉에 대한 이러한 수정은 3장 「환영적 동일시와 성의 떠맡음」에서도 다뤄진다. 3장에서는 사회적·정치적 중요성을 지닌 다음 두 가지 관심사가 다뤄진다. (1) 만일 동일시 투영이 사회적 규범에 의해 규제된다면 그리고 그 규범이 이성애적 정언명령으로 해석된다면, 규범적 이성애는 성이라는 신체적 물질을 윤곽 짓는 일종의 형태에 부분적으로 책임이 있는 것으로 보인다. (2) 규범적 이성애가 분명 신체적 윤곽의 생산이나 신체적 인식 가능성의 한계 설정에 작용하는 유일한 규제 체제가 아니라는 점을 고려한다면, 규제적 생산의 어떤 다른 체제가 신체의 물질성을 윤곽 짓는가를 묻는 것은 의미가 있다. 여기서는 인종에 대한 사회적 규제가 단지 성차나 섹슈얼리티와 완전히 분리가 가능한 권력의 다른 영역으로 등장하는 것이 아니라, 그러한 '추가'가 내가 지금까지 서술했듯 이성애적 정언명령의 일원론적 작용을 전복하는 것처럼 보인다. 규제적 이상의 등록기인 상징계는 또한 늘 인종적인 산업이며, 실제로는 **인종화하는** 호명의 반복된 실천이다. 나는 인종주의를 미리 주어진 인종에 기반한 차별로 이해하는 어떤 모델을 받아들이기보다는 '인종'이 부분적으로는 인종주의의 역사가 낳은 효과——인종주의의 경계와 의미는 시간이 흐르면서 인종주의에 기여하면서 구축될 뿐만 아니라 또한 인종주의와의 경합에 기여하면서 구축된다——로 생산된다고 주장했던 최근의

---

18) 나는 2장에서 라캉에 대한 비판, 즉 「거울 단계」의 반사 모델이 지닌 제한되고 남근-로고스 중심주의적인 함의를 강조하는 비판을 진지하게 받아들인다.

이론들을 따른다.[19] 인종적 차이를 성차의 파생적 결과로 환원하는 권력 모델(마치 성차가 인종적 접합과 관련해 자율적일 뿐만 아니라

19) 이에 대해서는 Michael Omi and Howard Winant, *Racial Formation in the United States: From 1960s to the 1980s*, New York: Routledge, 1986을 참고하라. 또한 Anthony Appiah, "The Uncompleted Argument: Du Bois and the Illusion of Race", in Henry Louis Gates, Jr., ed., *"Race", Writing and Difference*, Chicago: University of Chicago Press, 1986, pp. 21–37; Colette Guillaumin, "Race and Nature: The System of Marks", *Feminist Studies*, vol 8, no. 2, 1988, pp. 25–44; David Lloyd, "Race Under Representation", *Oxford Literary Review* 13, 1991, pp. 62–94; Sylvia Wynter, "On Disenchanting Discourse: 'Minority' Literary Criticism and Beyond", in Abdul R. JanMohammed and David Lloyd, eds., *The Nature and Context of Minority Discourse*, New York: Oxford University Press, 1990, pp. 432–469를 참고하라. 다시 한번 말하지만 인종이 생산 및 구축된다고 주장하는 것, 아니 심지어 인종이 허구적 지위를 갖는다고 주장하는 것은 인종이 인위적인 것이라거나 불필요하다고 제시하는 것이 아니다. 패트리샤 윌리엄스는 『인종과 권리의 연금술』을 인종에 대한 수사학적 구축이 생명력이 있음을 강조하는 다음의 구절로 끝맺는다. "메시지의 복잡성은 우리 존재 안에 내포되어 있다." Patricia Williams, *The Alchemy of Race and Rights*, Cambridge: Harvard University Press, 1991, p. 236. 「범주들에 대한 한마디」라는 제목을 가진 후기에서 그녀는 이렇게 언급한다. "흑인이라는 것이 내 삶에서 가장 강력한 사회적 속성이었지만, 그건 단지 내가 지속적으로 나 자신을 세계 속에 재배열하는 수많은 지배적인 서사나 주도적인 허구 중 하나일 뿐이다."(p. 256.) 여기에서 흑인이라는 속성은 여러 '주도적인 허구' 중 하나를 구성할 뿐만 아니라, '그것에 의해' 그녀의 반사적 재배열화가 진행되는 어떤 허구를 **동원하는** 것이기도 하다. 여기서 흑인이라는 속성은 비록 허구적이긴 하지만 '주도적'인 틀을 약속한다. 즉 지속적이고 강력한 틀일 뿐만 아니라 또한 역설적이게도 **그것에 의해** 그녀의 변형이 가능해지는 **자원**이자 수단을 약속한다. 내가 여기서 이러한 노선을 인용하는 것은, 인종을 구축물이나 속성이라고 부르는 것이 삶에서 인종의 힘이 실린 용어를 박탈할 어떠한 방법도 없음을 강조하기 위함이다. 반대로 인종은 정확히 정치적으로 포화된 담론 내에서 주도적이고 필수불가결한 힘이 되는데, 이 포화된 담론 내에서 쓰이는 용어[흑인]는 인종차별적인 용법에 **반대하여** 지속적으로 재의미화되어야 한다.

시간적 · 존재론적인 의미에서 다소간 더 선험적이기라도 하는 것처럼)
을 거절함으로써, 재생산의 장면들을, 따라서 성별화하는 실천들
의 장면들을 이성애적 정언명령이 주입되는 것으로 다시 사유할
뿐 아니라 인종 구별의 경계들이 보장되면서도 경합되는 것으로
다시 사유하는 것은 결정적인 것처럼 보인다. 특히 강제적 이성애
가 인종적 순수성의 헤게모니적 형태를 유지하는 데 기여하는 그
러한 시점에서 동성애에 대한 '위협'은 독특한 복잡성을 띤다.

인종주의, 동성애 혐오, 여성 혐오를 평행 관계나 유비 관계로
설정하는 권력 모델에 저항하는 것이 결정적인 것 같다. 인종주
의, 동성애 혐오, 여성 혐오 간의 추상적 · 구조적 등가성을 주장
하는 것은 그것들을 구축하고 정교화한 특정한 역사를 놓칠 뿐만
아니라 또한 이러한 권력 벡터들이 그들 자신을 접합할 목적으로
서로를 필요로 하면서 활용하는 방식을 거치는 중요한 작업이나 사
유를 지연시킨다. 실제로 이 모든 관념들[인종주의 · 동성애 혐오 ·
여성 혐오] 및 그들 간의 상호 관계를, 지리정치학적 차원이나 그
것들이 교차 순환하는 오늘날의 지류(支流) 모두에서 실질적으로
수정된 권력 개념 없이 생각한다는 것은 불가능할 것이다.[20] 한편

---

20) 이에 대해서는 다음을 참조하라. Gayatri Chakravorty Spivak, "Scattered
Speculations on the Question of Value" and "Subaltern Studies: Deconstructing
Historiography", in *In Other Worlds: Essays in Cultural Politics*, New York: Routledge,
1987. [한글본] 가야트리 차크라보르티 스피박, 「가치문제에 대한 단상들」, 「하위
주체연구: 역사기술을 해체하기」, 『다른 세상에서: 문화정치적 에세이』, 태혜숙 옮
김, 여성문화이론연구소, 2008, 316-358쪽, 398-441쪽; Gayatri Chakravorty Spivak,
"Can the Subaltern Speak?", in Cary Nelson and Lawrence Goldberg, eds,, *Marxism
and the Interpretation of Culture*, Urbana: University of Illinois Press, 1988. [한글본] 가

으로 한 권력 벡터를 다른 권력 벡터보다 더 중시하는 모든 분석은 의심할 여지 없이 다음과 같은 비판에 취약할 것이다. 즉 그러한 분석은 다른 권력 벡터를 무시하거나 평가절하할 뿐만이 아니라 그 자신의 벡터 구축이 진행되기 위해서 다른 권력 벡터의 배제에 의존한다고 말이다. 다른 한편으로 권력 벡터 일체를 아우를 수 있는 척 가장하는 모든 분석은 특정한 인식론적 제국주의에 빠질 위험이 있는데, 그러한 제국주의는 어떤 주어진 글쓴이가 오늘날의 권력이 지닌 복잡성을 완전히 대표하고 또 설명할 수 있다고 전제한다. 어떤 저자나 텍스트도 그러한 세계 반영의 상을 제공할 수 없으며, 그러한 상을 제공한다고 주장하는 이들은 바로 그 주장으로 인해서 의심스러워진다. 하지만 모방 기능의 실패는 그 나름의 정치적 쓰임새가 있는데, 텍스트를 생산하는 일이 세계로 간주할 만한 것을 재배열하는 하나의 방식일 수 있기 때문이다. 텍스트들은 저자나 세계 전체를 반영할 수 없으므로, 그것들은 부분

야트리 차크라보르티 스피박, 「서발턴은 말할 수 있는가?」, 『서발턴은 말할 수 있는가?: 서발턴 개념의 역사에 관한 성찰들』, 로절린드 C. 모리스 엮음, 태혜숙 옮김, 그린비, 2013, 42-139쪽; Tejaswini Niranjana, *History, Post Structuralism, and the Colonial Context*, Berkeley: University of California Press, 1992; Chandra Talpade Mohanty, "Cartographies of Struggle: Third World Women and the Politics of Feminism" and "Under Western Eyes: Feminist Scholarship and Colonial Discourses", in Chandra Mohanty, Ann Russo, and Lourdes Torres, eds., *Third World Women and the Politics of Feminism*, Bloomington: Indiana University Press, 1991, pp, 1-80. [한글본] 찬드라 탈파드 모한티, 「투쟁의 지도 그리기: 제3세계 여성과 페미니즘 정치학」, 「서구의 시선아래: 페미니즘 학문과 식민담론」, 『경계없는 페미니즘』, 문현아 옮김, 여성문화이론연구소, 2005, 73-131쪽, 35-71쪽; Lisa Lowe, *Critical Terrains: French and British Orientalisms*, Ithaca: Cornell University Press, 1991.

적 도발을 일으키는 독해의 장에 진입하는데, 그러한 장은 가독성을 획득하기 위해서 그 이전에 나온 일련의 텍스트들을 필요로 할 뿐만이 아니라, 자신들의 근본 전제에 의문을 제기할 일련의 전유와 비판을 개시한다(기껏해야 개시할 뿐이다).

오늘날의 권력을 그것이 지닌 복잡성과 상호 접합 속에서 사유하자는 이러한 요구는 심지어 권력의 상호 접합이 불가능한 순간에서조차 논쟁의 여지 없이 중요한 것으로 남는다. 하지만 그렇다고 모든 문화적 산물에 동일한 기준을 부과하는 것은 잘못을 범하는 것인데, 그러한 동일한 기준 부과가 바로 자신이 하는 통찰의 근본적 성격을 조건 짓는 텍스트의 부분성일 수 있기 때문이다. 이성애적 모체나 이성애적 헤게모니를 출발섬으로 삼는 것은 협소함의 위험에 빠질 수 있지만, 결국 이성애의 외견상의 우선성과 자율성을 권력의 형태로 양도하기 위해서는 그러한 위험을 감수할 필요가 있다. 이는 텍스트 내에서 발생하겠지만, 어쩌면 그것이 다양한 전유들에서 가장 성공적인 것일 수 있다. 실제로 내가 보기에 누군가는 자신이 잠정적 권위를 유지하는 글쓰기의 장보다는 한결같고 전망이 좋으며 더 크면서도 덜 숙달된 글쓰기의 장으로 들어가 글을 쓰며, 또한 결코 의식적으로 의도하지 않았던 영역에서 주어진 작업의 예상치 못한 재전유가 일어나는 것이 누군가에게는 가장 유용하다. 권력의 복잡성 내에서 작동하는 정치적 문제틀은 3장「환영적 동일시와 성의 떠맡음」의 끝부분에서 제기되며 또한 그 문제틀은 영화「파리는 불타고 있다」를 읽어 내는 4장「젠더는 불타고 있다: 전유와 전복의 문제」에서 더 진전되며, 6장「패싱, 퀴어링: 넬라 라슨의 정신분석학적 도전」에서 다시 한

번 다뤄진다.

2부 5장-8장에서 나는 방향을 바꿔 우선 윌라 캐더의 소설 선집을 다루는데, 여기서는 가부장적 상징계가 어떻게 젠더와 섹슈얼리티 모두에 대해 전복적인 재영토화를 허용하는지를 고찰한다. 섹슈얼리티가 젠더로부터 완전히 분리될 수 있다는 견해에 대해/에 맞서 나는 윌라 캐더의 소설이 다른 방식으로는 말하기 불가능했던 욕망을 가능하게 하기 위해 특정한 젠더 침범(trespass)을 실행한다고 제시한다. 캐더의 소설, 특히 「감상적이지 않은 토미」, 「폴의 사례」, 『나의 안토니아』 등에 대한 간략한 독해는 가부장적인 법의 재의미화 가능성의 문제를 다루는데, 그것들이 교차 동일시와 욕망의 현장인 이름과 특정 몸 부위의 작동을 탈안정화시키기 때문이다. 윌라 캐더에게 이름은 동성애를 굴절시키면서 동시에 노출하는 젠더와 몸의 온전함에 관한 관습적 관념을 탈안정화시키는 결과를 낳는다. 이런 식으로 그녀의 텍스트에 담긴 간계(cunning)는 이브 코소프스키 세지윅이 '벽장의 인식론'으로 능숙하게 분석했던 것을 진전시키는 사례로 읽히게 될 것이다.[21] 하지만 윌라 캐더에게서 젠더의 담론적인 접합은 레즈비언 욕망의 서사 및 서사화 가능성과 연결되는데, 이는 캐더의 소설이 특정한 접합의 방식——세지윅이 '캐더는 섹슈얼리티를 젠더와 분리시킨다'고 제시했던 방식——을 암암리에 의문시하기 때문이다.[22]

---

21) Eve Kosofsky Sedgwick, *Epistemology of the Closet*, Berkeley: University of California Press, 1990.

22) Eve Kosofsky Sedgwick, "Across Gender, Across Sexuality: Willa Cather and Others", *South Atlantic Quarterly*, vol. 88: no. 1, 1989, pp. 53-72.

넬라 라슨의 『패싱』에 대한 독해는 상징계를 젠더화된 인종적 정언명령의 벡터로 다시 서술하는 것이 왜 "성차가 몇 가지 점에서 인종적 차이에 선행한다"는 주장에 의문을 제기하는지를 고찰한다. 라슨의 글에서 '퀴어하다'라는 용어는 인종적 불안과 성적 불안 모두를 결집시키고, 또한 성적 규제가 어떻게 인종 경계의 규제를 통해 작동하는지, 그리고 인종 구분이 어떻게 사회적으로 위험한 특정한 성적 위반을 막도록 작동하는지를 질문하는 독해를 끌어낸다. 라슨의 소설 『패싱』은 상징계를 인종적으로 접합된 일련의 성적 규범으로 재이론화하는 방식을 제공하며, 또한 그러한 성적 규범의 역사성, 그 규범들이 갈등하고 수렴하는 현장, 그 규범들 간의 재접합의 한계 등을 모두 고찰하는 방식을 제공한다.

만일 수행성이 반복을 통해 효과를 생산하는 그러한 담론 권력으로 해석된다면, 우리는 어떻게 그러한 권력 생산의 한계, 그러한 생산이 출현시키는 제약을 이해해야 하는가? 이러한 사회적 · 정치적 한계들은 젠더 및 인종의 재의미화 가능성에 관한 것인가? 아니면 이러한 한계들은 엄밀히 말해 사회적인 것 외부에 있는 것인가? 우리는 이러한 '외부'를 담론적 정교화에 영속적으로 저항하는 것으로 이해해야 하는가? 아니면 그것은 특정한 정치적 욕망을 투영함으로써 설정 및 재설정된 가변적 경계인가?

『이데올로기의 숭고한 대상』에서 슬라보예 지젝이 제시한 혁신적인 정치적 담론 이론은 정치적 기표의 수행적 성격과 관련해서 라캉의 성차 문제를 다룬다. 라캉의 저서에 대한 독해와 그에 뒤이은 '퀴어'의 재의미화에 관한 글은 정치적 수행문 및 민주주의적 경합을 위한 정신분석학적 관점의 용도와 한계를 탐구한다. 지젝은 정치적 기표에 관한 이론을, 환영적 투영이 생성되는 현장을 통해 정치적으로 지지자들을 동원하는 결과를 가져오는 수행문으로 발전시킨다. 정치적 수행문에 대한 지젝의 정식화에서 핵심적인 것은 담론 분석에 대한 비판으로, 이는 상징화에 저항하는 것을, 즉 그가 '트라우마'와 '실재계'로 다양하게 부른 것을 표시하는 데 실패한 것을 다룬다. 그의 이론은 교훈적이고 혁신적이긴 하지만, 그럼에도 불구하고 그것은 문제화되지 않는 성적 적대에 부지불식간에 의지하는 경향이 있다. 그러한 성적 적대는 이성애적 모체를 영속적이고 경합이 불가능한 구조로 설치하며, 이 구조에서 여성은 담론 속 '얼룩(stain)'으로 작동한다. 따라서 이 구조를 의문에 붙이려는 이들은 실재계 즉 모든 논쟁의 외부에 있는 것과의 논쟁, 다시 말해 모든 담론을 조건 짓고 한계 짓는 오이디푸스화의 필연성 및 트라우마와 논쟁하는 것이다.

그럼에도 불구하고 담론의 수행적 성격과 정치적 동원의 권력을 연결시키려는 지젝의 노력은 상당히 가치 있는 것이다. 지젝이 명시적으로 수행성에 관한 이론을 에르네스토 라클라우와 샹탈 무페의 급진 민주주의 이론에서 표명된 헤게모니 이론과 연결시킨 것은 정치적 동원에 대한 일군의 통찰——그는 이 과정에서 정신분석학적으로 잘 알려진 이데올로기적 환상 이론에 의지한다——을 제공한다. 나는 지젝의 이론에 비판적으로 개입함으로써 수행성이 어떻게 인용성과 재의미화로 다시 생각될 수 있는지를 고찰하며, 또한 정신분석학이 이성애 규범이나 여성 혐오적 귀결들을 물신화하지 않는 헤게모니 이론의 설명력을 어디에서 유지할 수 있는지를 고찰한다.

　마지막 장에서 내가 제시하는 것은, '퀴어함(queerness)'이라는 논쟁을 부르는 실천이 인용의 정치의 사례일 뿐만 아니라 비체화를 정치적 행위성으로 바꾸는 특정한 교정 작업──이것은 '인용성'이 오늘날 정치적 약속을 지니는 이유를 설명해 준다──으로 이해될 수 있다는 점이다. '퀴어함'을 공적으로 주장하는 일은 동성애라는 비체화를 불복종과 합법성으로 재의미화하기 위해 인용성으로서의 수행성을 실행하는 것이다. 내 주장은 이것이 '역-담론'이어서는 안 된다는 것인데, '역-담론'에서 퀴어에 대한 불복종적 긍정은 그것이 극복하고자 하는 관점을 변증법적으로 다시 설치하기 때문이다. 오히려 이러한 비체화의 정치화는 '퀴어함'의 역사를 다시 쓰는 노력이자, 재의미화를 요구하도록 강제하는 노력이다. 내가 제시하는 것은 그러한 전략이 일종의 공동체를 창출하는 데 결정적이라는 점이다. 에이즈를 지닌 채 생존하는 것이 더욱더 가능해지는 공동체, 퀴어한 삶이 읽힐 수 있고 가치를 지니고 지지할 만하게 되는 공동체, 열정·상처·슬픔·열망이 생명없음과 경직된 배제의 다른 개념적 질서에서 쓰이는 인정의 용어로 고정되는 일 없이 인정되는 공동체 말이다. 이러한 작업에 '규범적' 차원이 있다면, 그것은 바로 상징계의 급진적 재의미화를 돕는 일에 있으며, 또한 세계 안에서 소중한 몸, 가치 있는 몸으로 간주되는 것의 바로 그 의미를 확장하기 위해 인용의 연쇄를 더 가능한 미래로 일탈시키는 일에 있다.

　상징계를 이러한 방식의 재의미화를 가능하게 하는 것으로 다시 만들어 내기 위해서는 상징계를 준-영속적 구조가 아니라 시간화된 의미화 규제로 생각할 필요가 있을 것이다. 이렇게 상징계를 규제적 담론의 시간적 역동성으로 다시 생각하는 일은, '성'의 지위를 언어적 규범으로 생각하기 위해 영미식의 젠더 설명에 맞서는 라캉의 도전을 진지하게 받아들이지만, 단 그러한 규범성은 푸코의 용어를 써서 '규제적 이상'으로 개조되어야 할 것이다. 이 기획은 영미식의 젠더 설명 또한 끌어오지만 그렇다고 정신분석학의 관점에서 분명한 가치를 갖는 것을 삭제하지 않으면서도 정신분석학의 설명 내에서 이성애화하는 규범의 구조적 정체(停滯)에 도전하고자 한다. 실제로 '성'은 규제적 이상이자 강제적이고 차별적인 신체의 물질화인데, 그것은 우리가 성의 '무의식'이라 부를 법한 것을, 자신의 잔여이자 외부로 생산할 것이다. 모든 형성적 운동이 배제를 필요로 하면서도 배제를 제도화한다는 이러한 주장은 억압과 폐제와 같은 정신분석학의 용어를 진지하게 받아들인다.

이런 의미에서 나는 푸코의 억압 가설에 대한 설명이 단지 사법 권력의 한 사례일 뿐이라는 점에 문제를 제기하면서도 그러한 설명이 '억압'이 생산력의 양상으로 작동하는 방식을 다루지 않는다고 주장한다. 푸코 자신이 비록 그 가능성을 거부했다 할지라도 정신분석학을 푸코식으로 재기술하는 일에 종속시키는 방법이 있을 수 있다.[23] 이 책은 푸코의 생각인 '규제적 권력이 자신이 통

---

23) 푸코는 정신분석학이 법적 형식, 즉 부정적 · 규제적 · 제약적인 억압적 법을 유지한다고 주장한다. 그리고 푸코는 법에 의해 '억압된다'고 얘기되는 욕망이 그 자체 법의 효과이자 산물, 선동된 결과가 아닌 곳이 어디인지 묻는다. 푸코는 라캉의 '욕망의 법'을 살짝 베일에 가려진 특성으로 만드는데, 푸코는 그러한 법의 발생적 효과를 정신분석 이론 내에서 설명하는 데에는 실패한다. 정신분석학을 이런 특성으

로 이해하면서 푸코는 동일한 권력 모델이 정신분석학의 입장에서 발견되어야 한다고 주장하는데, 그러한 입장은 억압된 섹슈얼리티에게 담론 이전의 지위를 부여하면서 욕망 자체를 금지의 **효과**로 이해한다.

> 본능의 억압이라는 관점에서 이루어진 분석을 욕망의 법칙이라는 관점에서 이루어진 분석과 구별한다는 것은 그들 각각이 권력을 인식하는 방식임을 분명하게 만든다. 둘 다 권력의 공통 표상에 의지하는데, 이는 권력을 이용하느냐, 권력이 욕망에 일치하느냐에 따라 두 가지 상반된 결과를 낳는다. 권력이 오로지 욕망에 대한 외적 지배력만을 가진 것으로 간주된다면 '해방'의 약속에 이를 것이고, 그게 아니라 권력이 욕망 자체를 구성하는 것이라면 '너는 이미 늘 덫에 걸려 있다'를 긍정하기에 이를 것이다.——*The History of Sexuality*, Volume One, pp. 82-83. [한글본] 미셸 푸코, 『성의 역사』 1권, 2001, 97-98쪽.

그런 다음 푸코는 라캉의 법을 법적 수행문으로 특징짓는다. "그것[권력]은 말한다. 바로 그것이 규칙이다."(p. 83[98쪽]) 이러한 법은 "단조롭다. (……) 그 자신을 반복할 운명에 처해 있는 듯 보인다." 여기서 푸코는 이러한 반복이 자기-동일적인 것의 반복이라고 상정한다. 따라서 푸코는 획일적이고 동일한 주체를 생산하기 위한 라캉 법의 수행적이고 반복적인 작업을 이해하고, 이 반복이 자기-동일적인 것의 반복이라고 상정한다. 따라서 푸코는 획일적 · 동질적인 주체를 생산하기 위한, 즉 규범화된 억압의 '주체들'을 생산하기 위한 라캉 법칙의 수행적 · 반복적인 작업을 이해하고 있다.

그러나 반복이 푸코가 함의하는 방식 그대로 라캉에게서 주체화되는 것은 아니다. 사실 반복은 주체화가 어떤 점에서는 발생하는 데 **실패했다**는 표시일 뿐만 아니라, 그 자체로 그 실패의 더 나아간 사례이다. 주체 안에서 반복하는 것은 근본적으로 주체의 형성으로부터 배제된 것이자, 주체 자체의 경계와 일관성을 위협하는 것이다.

이런 식으로 라캉은 프로이트가 『쾌락원리를 넘어서』에서 행한 반복 강박에 대한 분석을 따른다. 『쾌락원리를 넘어서』에서 프로이트는 특정한 형태의 반복 강박은 트라우마적 질료를 **지배하는** 환상에 따른 것이 아니라 오히려 자아 자체를 허물거나 그에 대한 애착을 버리려는 죽음 충동에 따른 것으로 이해되어야 한다고 주장한다. 라캉에게 반복은 바로 자아와 관련된 지배의 환상을 침식하는 것, 즉 '주체의 저항'이다. 그는 자아-형성 이전의 환상화된 자리를 되찾기 위한 이러한 노력을 반복

제하는 주체들을 생산한다는 점', '권력은 외부적으로 부과될 뿐
아니라 주체들이 형성되는 규제적 · 규범적 수단으로 작용한다는
점'을 출발점으로 받아들인다. 그래서 '특정한 규제적 규범이 어
떻게 '성별화된' 주체를 정신적 · 신체적 형성의 구별 불가능성을
확립하는 용어로 형성하는가'라는 질문은 정신분석학으로의 회귀
로 안내한다. 그리고 몇몇 정신분석학의 관점들이 '성'의 구성을
발달의 순간에 위치시키거나 준-영속적인 상징적 구조로 위치시
키는 곳에서, 나는 규제적 권력의 이러한 구성적 효과를 반복되거
나 반복할 수 있는 것으로 이해한다. 권력을 제약적 · 반복적 생산으
로 보는 이러한 인식에다, 권력 역시도 효과의 폐제, '외부'의 생산, 인
식 가능한 효과의 영역을 경계 짓는 살 수 없음과 인식할 수 없음의
영역 등을 통해 작동한다는 점을 덧붙이는 것은 결정적이다.

 '성'은 어느 정도까지 제약된 생산이고 강제적 효과인가? 성은
신체가 유지되는 용어와 신체가 유지되지 않는 용어를 규제함으
로써 신체로 자격을 가질 것에 한계를 설정하는가? 여기서 나의
목적은, '성'이라는 고유한 영역——이성애화하는 정언명령을 통
해 해당 영역이 보장되는 영역——으로부터 폐제되거나 추방되었

의 목적으로 설명하는데, 여기서 반복은 자아를 해체하는 것이다. "반복은 처음에
는 재생산이나 혹은 **행위 안에서** 현재를 만드는 것과 같이, 확실하지도 자명하지도
않은 형태로 나타난다." 모든 행위가 어떤 의미에서 **회복할 수 없는 것**의 반복이라는
점은 다음의 말에서 분명해진다. "행위, 진정한 행위는 그것 안에서 자명하게 파악
되지 않은 어떤 실재와 관련된다는 사실로 인해 늘 구조의 요소를 지닌다." Jacques
Lacan, *The Four Fundamental Concepts of Psychoanalysis*, ed. Jacques-Alain Miller, tr. Alan
Sheridan, New York: Norton, 1978, p. 49. [한글본] 자크 라캉, 『자크 라캉 세미나
11: 정신분석의 4가지 근본개념』, 맹정현 · 이수련 옮김, 새물결, 2008, 83-84쪽.

던 것이 어떻게 트러블을 일으키는 회귀로 즉시 생산될 수 있는지를, 즉 회피할 수 없는 법 작용의 실패에 영향을 미치는 **상상적** 경합으로서뿐만이 아니라, 또한 신체가 어쨌든 문제/물질로 다가오는 상징적 지평의 급진적 재접합을 위한 기회이자 혼란을 일으키는 것으로도 즉시 생산될 수 있는지를 이해하는 데 있다.

1부

내가 탈구축[해체]을 이해하자면, 탈구축은 오류의 폭로가 아니며 더더구나 다른 사람의 오류를 폭로하는 것이 아님은 분명합니다. 탈구축 속에서의 비판, 말하자면 가장 진지한 탈구축 속에서의 비판은 극도로 유용한 것에 대한 비판입니다. 즉 우리가 그것이 없다면 어찌할 도리가 없는 것에 대한 비판입니다.

──가야트리 차크라보르티 스피박, 「한 마디로」, 엘렌 루니와의 인터뷰

철학적 담론의 형상을 '재개방'할 필요성이 있는데, (……) 한 가지 방법은 체계성 자체를 가능하게 하는 조건을 탐문하는 것이다. 즉 담론적 발언의 일관성이 그것이 생산되는 조건을──그것이 담론 안에서 이러한 조건에 대해 무엇이라 말하든 상관없이──숨긴다는 것을 탐문하는 것이다. 가령 말하는 주체가 자신을 생산 및 재생산하기 위해 자양분을 끌어내는 '물질'이 있다. 이 물질에는 재현과, 철학에서 규정된 재현을 실현 가능하게 만드는 **시노그래피**[배경배치술](scenography), 즉 극장의 건축 양식, 시공간적 틀, 그 기하학적 조직, 소품, 배우, 각 배우의 위치, 배우들 간의 대화, 나아가 배우들의 비극적 관계 등이 있으며, 이는 종종 자주 숨겨지는 위에서 내려다보는 **거울**──이 거울은 로고스나 주체가 스스로를 복제하거나 스스로를 비출 수 있게 만든다──이 없이 이루어진다. 이 모든 것이 무대에 개입한다. 그것들은 해석되지 않는 상태로 있는 한에서 재현의 일관성을 보장한다. 따라서 그것들은 '현존'의 가치에 정박해 있는 곳을 떠나 각 담론의 형상 안에서 재상연되어야 한다. 각각의 철학자들에게 있어, 그 이름들이 철학사에서 몇몇 시대를 규정하는 사람들부터 시작해, 우리는 물질적 인접성과의 단절이 어떻게 이뤄지는지 지적해야 한다.(il faut repèrer comment s'opère la coupure d'avec la contiguité materielle[물질적 인접성과 관련해 어떻게 절단이 작동하는지를 식별할 필요가 있다]) 또한 그 체계는 어떻게 조립되는지, 반사적 경제는 어떻게 작동하는지를 지적해야 한다.

──뤼스 이리가레, 「담론의 권력」

1장 중요한 신체

    최근 몇 년간 페미니즘 이론 진영의 일부가 종종 요구한 것은 포스트구조주의의 언어적 관념론으로 특징 지어지는 것으로부터 몸을 되찾아야 한다는 것이었다. 다른 진영에는 철학자 지안니 바티모가 있는데, 그는 텍스트 유희로 이해되는 포스트구조주의가 **물질**의 해체를 현대적 범주로 표시한다고 주장했다. 그리고 그는 이제 포스트구조주의가 더 큰 윤리적·정치적 가치를 지닌 기획에 자리를 내주기 위해서 바로 이 잃어버린 물질을 재정식화해야 한다고 주장한다.[1] 이 논쟁에서 사용된 용어들은 난해하면서도 불안정한데, 두 경우 모두에서 '포스트구조주의'라는 용어로 지칭

---

1) Gianni Vattimo, "Au dela du matière et du text", in *Matière et Philosophie*, Paris: Centre Georges Pompidou, 1989, p. 5.

되는 사람이 누구이고 그에 해당하는 것이 무엇인지 알기 어렵기 때문이고, 나아가 어쩌면 '몸'이라는 기호하에서 무엇을 되찾아야 하는지를 알기가 훨씬 더 어려울 수 있기 때문이다. 하지만 몇몇 페미니스트들과 비판적인 이론가들은 이 두 기표['포스트구조주의'라는 용어와 '몸'이라는 기호]를 근본적으로 적대시하는 것처럼 보였다. 우리는 다음과 같은 경고를 듣는다. 모든 것이 담론이라면 몸에게는 무슨 일이 일어나는가? 모든 것이 텍스트라면, 폭력과 몸의 상처는 어찌할 것인가? 포스트구조주의 안에서는 그리고 포스트구조주의가 보기에는 어떠한 것이 **중요한가/문제인가?**

　내가 생각하기에 많은 이들은 페미니즘이 비판적 실천으로 나아가기 위해서는 여성 몸의 성별화된 특수성(specificity)에 자신의 기반을 둬야 한다고 보는 것 같다. 성 범주가 늘 젠더로 재기입될지라도, 여전히 성을 발생시킨 다양한 문화적 구축물에게는 그러한 성이 환원 불가능한 출발점으로 상정되어야 한다는 것이다. 그래서 성의 물질적 환원 불가능성에 대한 이러한 상정은 페미니즘 인식론과 페미니즘 윤리 그리고 다양한 종류의 젠더화된 분석을 근거 지으면서도 그것들에 권위를 부여하는 것처럼 보였다. 나는 이 논쟁의 용어를 전위시키려는 노력의 일환으로 '물질성'이 어떻게 그리고 왜 환원 불가능성의 기호가 되었는지를, 즉 성의 물질성은 어째서 오직 문화적 구축물만을 담는 것으로 이해되었으며, 따라서 성의 물질성은 왜 구축일 수 없는 것인지 등을 묻고 싶다. 이러한 [구축에서] 배제의 지위는 무엇인가? 물질성은 그것을 통해 그리고 그 위에서 구축이 작동하기에 구축 과정으로부터 배제된 현장이나 표면인가? 이는 혹시 그것[물질성] 없이는 구축이 작동할 수 없는 것인, 뭔가를 가능하게 하는 배제 혹은 구성적 배제인가? 구축되지 않은 물질성이라는 이 현장을 점유하는 것은 무엇인가? 구축 자체의 외부나 아래로서 이 현장을 형상화하는 것을 통해 어떤 종류의 구축이 폐제되는가?

다음으로 중요한 것은 문화적 구축에 대한 이론보다는 구축의 시노그래피[배경배치술]와 지형학(topography)에 대한 고려에 있다. 이러한 시노그래피는 우리가 구축성과 물질성을 필연적 대립 개념으로 상정한다면 접합되지 않은 채 있는 권력의 모체에 의해 그리고 그러한 권력의 모체로서 편성된다.

누군가는 물질성을 대신해 정치적으로 '환원 불가능한 것'으로 작동하는 다른 토대주의적 전제를 탐구할 수도 있을 것이다. 주체 개념을 토대적 전제로 상정하거나 혹은 성과 젠더를 안정적으로 구별하려고 애씀으로써 발생하는 이론적 곤란함을 되풀이하는 대신, 나는 페미니즘의 실천을 근거 짓는다고 얘기되는 그러한 환원 불가능한 특수성을 확립하기 위해 성이라는 물질 및 물질성에 의지하는 것이 정말 필수적인 것인지에 의문을 제기하고 싶다. 여성에 관해 말해야만 하는가 아닌가가 문제가 아닌 것처럼, 여기서 문제는 물질을 지시해야만 하는가 아닌가에 있지 않다. 어쨌든 이러한 말하기는 일어날 것이며, 또한 페미니즘적인 이유로 반드시 일어나야 한다. 여성 범주는 그것이 해체된다고 해서 쓸모없는 것이 되지 않으며, 그 용도가 더 이상 '지시체[언어가 지시하는 물질적 대상——옮긴이](referent)'로 물화되지 않는 것, 실제로 우리 중 누구도 미리 예측할 수 없는 방식으로 의미화되도록 열릴 가능성을 지닌 것이 된다. 분명한 것은 '여성'이라는 용어를 사용하는 것, 말하자면 누군가 그것에 의해 사용되고 위치 지어지는 것조차 전술적으로 사용하는 것, 그리고 그 용어를 배타적 조작 및 차별적 권력 관계를 탐문하는 비판에, 말하자면 '여성'에 대한 페미니즘적 소환(invocation)을 구축하고 한계를 설정하는 비판에 종속시키는 것이 가능해야 한다는 것이다. 서두에 인용한 스피박의 말을 살짝 바꿔보면, 바로 이것이 유용한 어떤 것에 대한 비판, 우리가 그것 없이는 아무것도 할 수 없는 것에 대한 비판이다. 실제로 내가 주장하고 싶은 것은 그것이 없으면 페미니즘이 자신의 민주화하는 잠재력을 상실하는 것에 대한 비판인데, 이는 페미니즘이 자기 자신을 작동시키는 배제에 참여하기——그러한 배제를 조사하거나 그러한 배제에 의해 변형되기——를 거부함으로써 이뤄진다.

이와 유사한 뭔가가 물질성 개념에 작용하는데, 그것은 '그것이 없으면 우리가 어떤 것도 할 수 없는 것'이다. 물질성에 의지한다는 것은 무엇을 의미하는가? 왜냐하면 물질이 하나의 역사(실제로는 하나 이상의 역사)를 가지며, 물질의 역사는 일정 부분 성차의 협상에 의해 규정된다는 것이 처음부터 분명하기 때문이다. 우리는 성차에 대한 우리의 주장을 근거 짓기 위해 담론 이전의 물질로 되돌아가려 하겠지만, 이는 오로지 물질이 그 용어가 제안될 수 있는 용도를 미리 형태 짓고 제약하는 성과 섹슈얼리티에 관한 담론으로 철저히 퇴적되어 있다는 점을 발견하기 위함이다. 더욱이 우리는 일련의 상처나 위반을 근거 짓거나 입증하기 위해 물질에 의지하고자 하는데, 이는 오로지 **물질 자체가 일련의 위반**——이것은 부지불식간에 오늘날의 [물질 개념에 대한] 소환(invocation)에서 반복된다——**을 통해 기초 지어진다**는 것을 발견하기 위함이다.

　실제로 이러한 '환원 불가능한' 물질성이 자신의 구성적 역사 안에서 문제적인 젠더화된 모체를 통해 구축된다는 점을 보여줄 수 있다면, 물질을 환원 불가능하게 만드는 담론적 실천은 자신의 자리에 그러한 젠더화된 모체를 존재론화하면서 동시에 고정시킨다. 만일 그러한 모체의 구성된 효과가 신체적 삶의 반박할 수 없는 근거로 간주되면, 그러한 모체의 계보학은 비판적 연구로부터 폐제되는 것처럼 보인다. "포스트구조주의가 모든 물질성을 언어적 소재로 환원한다"는 주장에 맞서, 물질을 탈구축[해체]한다는 것이 그 용어의 유용성을 부정하거나 제거하는 것은 아니라는 점을 보여주는 논증이 필요하다. 또한 "몸의 환원 불가능한 물질성이 페미니즘 실천을 위한 필수적인 선결 조건"이라고 주장하는 사람들에 맞서, 나는 그러한 소중한 물질성이 어쩌면 페미니즘에게 심각한 문제가 되는 여성적인 것의 배제나 비하를 통해 구성될 수 있다는 점을 제안한다.

　물론 여기에서 한편으로는 물질성을 **상정함**으로 인해서, 다른 한편으로는 물질성을 **부정함**으로 인해서 이론의 선택지가 소진되지 않는다는 점을 분명히 해둘 필요가 있다. 나의 목적은 이 두 가지[물질성을 상정하는 것과 부정하는 것] 중 어느 것도 하지 않는 것이다. 전제에 의문을 제기하는 일이 곧 그것을 제거하는 일과 같은 것은 아니다. 오히려 그러한 문제제기는 어떠한 정치적 이해관계가 그러한 형이상학적 자리 잡기(placing) 안에서 그러한 자리 잡기에 의해 보장되는지를 이해하기 위해서 자신의 형이상학적 거처(lodging)로부터 자유롭게 하기 위함이며, 그래서 그 용어가 아주 다른 정치적 목적을 차지하고 그에 기여하도록 허용하기 위함이다. 신체라는 물질을 문제화하는 일은 초기부터 인식론적 확실성을 상실하는 일을 수반할 수 있지만 확실성의 상실이 정치적 허무주의와 동일한 것은 아니다. 그와는 반대로 그러한 확실성의 상실은 어쩌면 정치적 사고에서 중대하고 전도유망한 어떤 이행을 지시할 수 있다. 이렇게 어느 한 곳에 자리 잡지 못하는 '물질'의 동요는 중요한/문제되는 신체를 위한 새로운 가능성, 새로운 방식을 개시하는 것으로 이해될 수 있다.

기호 이전에 위치가 정해진 몸은 늘 **앞서 있는 것**으로 **정립**되거나 **의미화**된다. 이러한 의미화는 그 자신이 행하는 절차의 **효과**로 바로 그 몸을 생산하는데, 그럼에도 불구하고 그리고 그와 동시에 그러한 몸은 자기 자신의 행동에 **선행하는** 것으로 발견한다고 주장한다. 만일 의미화에 앞서 의미화된 몸이 의미화의 효과라면, 언어의 모방적이거나 재현적 지위——이것은 기호가 신체의 필수적 거울로 뒤따라 나온다고 주장한다——는 전혀 모방적인 것이 아니다. 그와는 반대로 그것은 생산적·구성적이며 또 누군가는 **수행적**이라고까지 주장할 수 있다. 왜냐하면 이러한 의미화하는 행위는 그것이 일체의 모든 의미화에 선행하여 발견한다고 주장하는 그 몸의 한계를 설정하고 윤곽 짓기 때문이다.[2]

---

2) 여성의 신체가 겪는 물질적 상처를 생각하기 위해 포스트구조주의를 활용할 방법에 관한 진전된 논의로는 나의 글 「우연적 토대」 마지막 절을 보라. Judith Butler, "Contingent Foundations: Feminism and the Question of Postmodernism", in Judith Butler and Joan Scott, eds., *Feminists Theorize the Political*, New York: Routledge, 1992, pp. 17-19. [한글본] 주디스 버틀러, 「우연적 토대」, 단감/페미니즘 번역모임 옮김, 웹진 〈인-무브〉 https://en-movement.net/231. 또한 같은 책에 수록된 Sharon Marcus, "Fighting Bodies, Fighting Words: A Theory and Politics of Rape

이것은 신체의 물질성이 단순히 그리고 오로지 일련의 기표로 환원될 수밖에 없는 언어적 효과라고 말하는 것이 아니다. 이렇게 [신체의 물질성과 언어적 기표를] 구별하는 것은 기표 자체의 물질성을 간과한다. 또한 그러한 설명은 물질성을 처음부터 의미화와 결부된 것으로 이해하는 데 실패한다. 즉 물질성과 의미화가 서로 분리 불가능하다고 생각하는 것은 쉬운 문제가 아니다. 언어를 통해 언어 외부의 물질성을 위치 짓는 것은 그러한 물질성을 위치 짓는 것이며, 그렇게 위치 지어진 물질성은 그러한 위치 짓기를 자신의 구성적 조건으로 유지할 것이다. 데리다는 물질의 근본적 타자성의 문제를 다음과 같은 말과 타협시킨다. "나는 절대적 외부성이라는 '개념'이 있을 수 있다는 것조차 확신하지 않습니다."[3] 물질 개념을 갖는다는 것은 그 개념이 보장한다고 가정된 외부성을 상실하는 것이다. 언어는 단지 물질성을 지시할 수 있는가? 아니면 언어는 또한 물질성이 나타난다고 얘기될 수 있는 바로 그 조건인가?

물질이 개념이 되자마자 물질이기를 멈춘다면, 그래서 언어에 대한 물질의 외부성 개념이 늘 절대적인 것보다 덜한 어떤 것이

Prevention", pp. 385-403를 참고하라.

3) Jacques Derrida, *Positions*, ed., Alan Bass, Chicago: University of Chicago, 1978, p. 64. [한글본] 자크 데리다, 『입장들』, 박성창 옮김, 솔출판사, 1992, 92쪽. 뒤이어 그는 이렇게 쓴다. "나는 물질 개념이 형이상학적인지 비형이상학적인지는 말하지 않겠습니다. 이것은 물질 개념이 산출하는 작업에 달려 있으며, 당신도 알다시피 나는 글쓰기·문자(gram)·흔적·텍스트 등의 비관념적 외부성과 관련해, 그것들을 **작업**——헤겔과의 연계를 벗어나서 생각해야만 하는 가치 자체——과 결코 분리시키지 않을 필요성에 대해 끊임없이 주장해 왔습니다."(p. 65.[93쪽])

라면 이 '외부'의 지위는 무엇인가? 외부는 자기 자신의 철저하고 정합적인 체계성의 나타남을 야기하기 위해서 철학적 담론에 의해 생산되는가? 철학의 경계를 유지하고 확보하기 위해서 철학적 적절성(propriety)에서 내쫓겨진 것은 무엇인가? 그리고 이러한 거절은 어떻게 귀환할 수 있는가?

여성성이라는 물질들

여성성과 물질성의 고전적인 연합은 일련의 어원으로 추적될 수 있는데, 그것은 물질(matter)을 **어머니**(mater)나 **모체**(matrix)(혹은 자궁)와 연결하며, 따라서 재생산의 문제틀과 연결한다. 물질을 **생성**이나 **발원**(發源)의 현장으로 보는 고전적인 배열은 한 대상이 무엇이고 무엇을 의미하는가에 대한 설명이 그것의 기원적 원리에 의지할 필요가 있을 때 특히 중요해진다. 재생산과 명시적으로 연관되지 않는 경우 물질은 발원과 인과성의 원리로 일반화된다. 그리스어 휠레(hyle)는 그로부터 다양한 문화적 구축물이 만들어지는 나무나 목재를 의미하지만 또한 인과적이면서 동시에 설명적인 기원·발전·목적론의 원리이기도 하다. 물질-기원-의미성 간의 이러한 연결은 고전적인 그리스어 휠레가 지닌 물질성과 의미화의 분리 불가능성을 암시한다. 한 대상에게 중요한/문제되는 것(matter)은 그것의 물질(matter)이다.[4]

---

4) 질료/형상 구분이 어떻게 남성주의 정치를 표명하는 데에 필수적인 것이 되는지

라틴어와 그리스어 모두에서 물질(마테리아materia와 휠레hyle)은 단순하고 잔혹한 실증성이나 지시체[지시 대상]도 아니고 외부적 의미화를 기다리는 텅 빈 표면이나 석판도 아니다. 그 말들은 늘 어떤 의미에서는 시간화된다. '물질'이 미래를 상정하고 유도하는 **변형**의 원리로 이해된다면 이는 마르크스에게도 진실이다.[5]

에 대한 설득력 있는 분석으로는 마키아벨리를 다룬 웬디 브라운의 논의를 참고하라. Wendy Brown, *Manhood and Politics*, Totowa, N. J.: Rowman & Litdefield. 1988, pp. 87-91. [한글본] 웬디 브라운, 『남성됨과 정치』, 황미요조 옮김, 나무연필, 2021, 186-195쪽.

5) 이에 대해서는 마르크스의 포이어바흐에 관한 테제 1을 보라. 여기서 그는 그러한 대상의 객관성과 물질성의 일부로서 대상에 내재하고 대상을 구조화하는 실천 활동을 긍정할 수 있는 유물론을 요구한다. "이전의 모든 유물론(포이어바흐의 유물론을 포함해)의 주된 결점은 대상·현실·감각이 오로지 **객체 또는 직관**의 형식으로만 파악되지, **감각적인 인간 활동, 실천**으로 즉 주체적으로 파악되지 않는다는 점이다." Karl Marx, *Writings of the Young Marx on Philosophy and Society*, tr. Lloyd D. Easton and Kurt H. Guddat, New York Doubleday, 1967, p. 400. [한글본] 카를 마르크스, 「포이어바흐 테제」, 『독일 이데올로기 1권』, 이병창 옮김, 먼빛으로, 2019, 26쪽. 유물론이 실천을 대상들의 바로 그 질료를 구성하는 것으로 고려하고, 실천이 사회를 변혁하는 활동으로 이해된다면, 그러한 활동은 물질성 자체를 구성하는 것으로 이해된다. 그러나 실천에 고유한 활동은 어떤 대상을 이전 상태에서 이후 상태로 변형하는 것을 요구하는데, 이는 통상 자연 상태에서 사회 상태로 대상을 변형하는 것으로 이해되지만 또한 소외된 사회 상태에서 소외되지 않은 사회 상태로 변형하는 것으로도 이해된다. 어느 쪽이든 마르크스가 제안하는 이 새로운 유형의 유물론에 따르면 대상은 변형될 뿐만 아니라 또한 몇 가지 중요한 의미에서 대상은 변혁 활동 자체이며, 나아가 그 활동의 물질성은 이전 상태에서 이후 상태로의 이러한 시간적 운동을 통해 확립된다. 달리 말해 대상은 그것이 **시간적 변형**의 현장인 한에서 **물질화한다**. 그래서 대상들의 물질성은 어떤 의미에서도 정적·공간적이거나 주어진 것이 아니며, 다만 변혁 활동 안에서/으로서 구성된다. 물질의 시간성에 대해 훨씬 더 상세히 설명한 것으로는, Ernst Bloch, *The Principle of Hope*, tr. Neville Plaice, Stephen Plaice, and Paul Knight, Cambridge, Mass,: MIT Press, 1986. [한글본] 에른스트 블

모체는 어떤 유기체나 대상의 발전을 개시하고 알려주는 발생적이고 형성적인 원리이다. 따라서 아리스토텔레스에게 있어 "질료는 잠재태[dynameos], 형상은 현실태이다."[6] 재생산에서 여성은 질료에, 남자는 형상에 기여한다고 얘기된다.[7] 그리스어 휠레는 이미 나무에서 잘린 목재, 사용되는 과정에 있는 도구화되고 또 도구화할 수 있는 인공물이다. 라틴어 마테리아는 사물을 만드는 재료, 즉 집과 배에 들어가는 목재일 뿐만 아니라 아기에게 영양분을 제공하는 모든 것, 어머니 몸의 확장으로 작용하는 영양소 등을 지칭한다. 물질이 이 경우에서 인식 가능성의 원리를 제공하는 것을 발생 및 조성할 수 있는 특정한 능력을 투여받은 것으로 나타나는 한, 물질은 대체로 그 용어의 더 근대적인 경험적 전개로부터 벗

로흐, 『희망의 원리』(1-5권), 박설호 옮김, 열린책들, 2004와 Jean-François Lyotard, *The Inhuman: Reflections on Time*, pp. 8-23을 참고하라.

6) Aristotle, "De Anima", *The Basic Works of Aristotle*, tr, Richard McKeon, New York: Random House, 1941, bk.2, ch.1, 412a10, p. 555. 뒤에서 아리스토텔레스를 인용할 때는 이 편집본을 따르며, 그것의 표준 단락 번호만을 적을 것이다. [한글본] 아리스토텔레스, 『영혼에 관하여』, 유원기 옮김, 궁리, 2001, 123-124쪽.

7) 이에 대해서는 Thomas Laqueur, *Making Sex: Body and Gender from the Greeks to Freud*, Cambridge, Mass.: Harvard University Press, 1990, p. 28. [한글본] 토머스 월터 라커, 『섹스의 역사』, 이현정 옮김, 황금가지, 2000, 54쪽[해당 구절은 다음과 같다. "남성은 능동적이고 여성은 수동적이며, 생식에서 남성은 형식을 여성은 질료를 담당한다는 것이, 아리스토텔레스에게는 자명한 사실 즉 당연한 진리였다."——옮긴이]과 G.E.R. Lloyd, *Science, Folklore, Ideology*, Cambridge: Cambridge University Press, 1983를 참고하라. 또한 Evelyn Fox Keller, *Reflections on Gender and Science*, New Haven: Yale University Press, 1985. [한글본] 이블린 폭스 켈러, 『과학과 젠더』, 이현주 옮김, 동문선, 1996과 Mary O'Brien, *The Politics of Reproduction*, London: Routledge, 1981을 보라.

어나 있는 창조력 및 합리성의 특정한 힘으로 명확하게 정의된다. 물질로 있다는 것은 곧 물질화한다는 것을 의미하기 때문에 **중요한 신체**의 이러한 고전적 맥락 내에서 말하는 것은 어리석은 말장난이 아니다. 여기서 물질화의 원리는 정확히 그 몸과 관련해 '중요한' 것, 바로 그 인식 가능성이다. 이러한 의미에서 뭔가의 의미를 안다는 것은 그것이 왜 어떻게 중요한지 아는 것이며, 여기서 '중요하다는 것(to matter)'은 '물질화한다는 것(to materialize)'과 '의미있다는 것(to mean)'을 동시에 의미한다.

분명히 어떤 페미니스트도 신체의 '물질성'을 다시 생각하기 위해 아리스토텔레스의 자연 목적론으로 단순히 회귀하는 것을 권장하지 않을 것이다. 그렇지만 나는 몸과 영혼을 가르는 아리스토텔레스의 구별——이것은 아리스토텔레스와 푸코를 간단히 비교하는 일에 영향을 미친다——을 고려하고 싶은데, 이는 아리스토텔레스가 쓰는 용어법을 현대적으로 재배열할 수 있도록 제안하기 위함이다. 나는 이러한 간략한 비교의 말미에 푸코에 대한 제한된 비판을 제공할 것이며, 그런 다음 이리가레가 플라톤의 『티마이오스』에서의 물질성을 탈구축[해체]한 것을 두고 더 긴 논의를 이어갈 것이다. 이 두 번째 분석의 맥락에서 나는 젠더화된 모체가 어떻게 물질성을 구성하도록 작동하는지(비록 이 측면이 [플라톤만이 아니라] 아리스토텔레스에게도 분명히 존재하지만)를, 그리고 페미니스트는 물질성을 환원 불가능한 것으로 받아들이는 일에 관심을 가질 것이 아니라 왜 그러한 정식화의 비판적 계보학을 이끄는 일에 관심을 가져야 하는지를 분명하게 만들고 싶다.

아리스토텔레스/푸코

아리스토텔레스에게 있어 영혼은 물질의 현실태를 지칭하는데, 여기서 물질은 완전히 잠재적이면서 아직 현실화되지 않은 것으로 이해된다. 그 결과 그는 『영혼에 관하여』에서 영혼이 "자연스럽게 조직된 몸의 제1등급의 현실태"라고 주장한다. 그는 계속해서 말하길, "바로 이것이 우리가 영혼과 몸이 하나인지 여부를 묻는 질문을 불필요한 것으로 전적으로 무시할 수 있는 이유이다. 즉 그것은 밀랍과 인장이 밀랍에게 부여한 형태가 하나인지 여부, 또는 일반적으로 한 사물의 물질[휠레]과 그것이 어떤 물질[휠레]인지를 틀 짓는 형태가 하나인지 여부를 묻는 일이 무의미한 것과 같다."[8] 그리스어에는 '인장(stamp)'을 지시하는 말이 없고 '인장에 의해 부여된 형태'라는 말이 단일한 용어인 **'스키마**(schema)'에 포함된다. **스키마**는 형식, 형태, 모양, 외관, 차림새, 몸짓, 삼단논법의 격, 문법적 형식 등을 의미한다. 물질이 자신의 **스키마** 없이는 결코 나타나지 못한다면 그것은 물질이 특정한 문법적 형식 아래서만 나타날 뿐이고 물질의 인식 가능성의 원리, 물질의 특징적 몸짓 또는 일상적 차림새가 그 물질을 구성하는 것과 분리될 수 없음을 의미한다.

우리는 아리스토텔레스에게서 물질성과 인식 가능성을 가르는 명확한 현상학적 구별점을 발견하지는 못하지만, 다른 이유로 아

---

8) Aristotle, "De Anima", bk.2, ch.1, 412b7-8. [한글본] 아리스토텔레스, 『영혼에 관하여』, 127쪽.

리스토텔레스는 페미니즘이 되찾고자 하는 종류의 '몸'을 우리에게 제공하지 못한다. 인식 가능성의 원리를 몸의 바로 그 발달에 자리 잡게 하는 것이 그의 자연 목적론의 전략인데, 이 전략은 생물학을 근거 삼아 여성의 발달을 설명해 낸다. 이를 바탕으로 여성들은 특정한 사회적 기능은 수행해야 하고 다른 기능은 수행하지 않아야 한다고 주장되었으며, 실제로도 여성들은 재생산 영역으로 완전히 제한되어야 한다고 주장되었다.

우리는 문화적으로 가변적인 형식성 및 인식 가능성의 원리의 관점에서 아리스토텔레스의 **스키마** 개념을 역사화할 수도 있다. 역사적으로 우연적인 권력/담론의 연쇄로 신체의 **스키마**를 이해하는 것은 푸코가 『감시와 처벌』에서 죄수 몸의 '물질화'로 묘사한 것과 유사한 어떤 것에 도달하는 것이다. 이러한 물질화 과정은 『성의 역사』 1권 마지막 장에서도 문젯거리였는데, 당시에 푸코는 "신체에서 가장 물질적이고 생명력이 있는 것이 투여되었던 방식"을 탐구할 '신체의 역사'를 필요로 했다.[9]

---

9) Michel Foucault, *The History of Sexuality*, Volume One, p. 152. 원문은 다음과 같다. "Non pas donc 'histoire des mentalités' qui ne tiendrait compte des corps que par la manière dont on les aperçues ou dont on leur a donné sens et valeur; mais 'histoire des corps' et de la manière dont on a investi ce qu'il y a de plus matèrial, de plus vivant en eux", Michel Foucault, *Histoire de la sexualité 1: La volonté de savoir*, Paris: Gallimard, 1978, p. 200. [한글본] "따라서 신체를 우리가 알아채는 방식이나 우리가 의미와 가치를 부여하는 방식에 의해서만 신체를 고려할 '정신성의 역사'가 아닌 '신체의 역사'이며 이는 우리가 신체 안에서 가장 **물질적**이고 가장 생생한 것을 **투여**하는 방식에 대한 역사", 미셸 푸코, 『성의 역사 1』, 이규현 옮김, 나남출판, 2001, 162쪽[수정된 번역].

때때로 푸코에게 있어 몸은 그 몸을 투여의 현장으로 삼는 권력 관계와는 존재론적으로 구별되는 물질성을 가지는 것처럼 보인다. 하지만 우리는 『감시와 처벌』에서 물질성과 투여가 맺는 관계의 상이한 배열을 가진다. 거기에서 영혼은 몸을 길러내고 형성하는 권력의 도구로 간주된다. 어떤 의미에서 영혼은 몸 자체를 생산 및 현실화하는 권력을-담은 스키마로 작용한다.

우리는 푸코가 '영혼'에 대해 언급한 것을 아리스토텔레스의 정식화를 암묵적으로 재작업한 것으로 이해할 수 있다. 푸코는 『감시와 처벌』에서 '영혼'이 규범적 이상이자 규범화하는 이상이 되고, 그에 따라 몸이 훈련되고 형태 지어지고 배양되고 투여된다고 주장한다. 즉 영혼은 역사적으로 특정한 상상적 이상/사변적 이상(imaginary ideal/idéal speculatif)이며, 그 아래에서 몸은 효과적으로 물질화된다. 푸코는 감옥 개혁의 과학을 고려하면서 다음과 같이 쓴다. "우리가 해방으로 초대한다고 묘사한 그 인간은 스스로 존재하기보다는 이미 그 자체가 훨씬 더 심대한 예속의 결과이다. '영혼'이 그에게 깃들어 그를 존재하게 하는데, 그 자체가 권력이 몸에게 행사하는 지배의 요소이다. 영혼은 정치적 해부의 효과이자 도구이다. 영혼은 몸의 감옥이다."[10]

이러한 '예속' 또는 '아쉬즈띠쓰멍(assujettissement)'은 종속시키기일 뿐만 아니라 붙잡아 묶어놓기를 유지하기, 주체나 주체화(subjectivation)의 자리로 밀어넣기이다. 아리스토텔레스와 크게 다

---

10) Michel Foucault, *Discipline and Punish: The Birth of the Prison*, New York: Pantheon, 1977, p. 30; Michel Foucault, *Surveillance et punir*, Paris: Gallimard, 1975, p. 34. [한글본] 미셸 푸코, 『감시와 처벌』, 오생근 옮김, 나남출판, 2000, 60쪽.

르지 않게도 "영혼은 [죄수를] 존재하게 한다." 즉 푸코에 의해 권력의 도구로 묘사된 영혼은 몸을 형성하고 틀 짓고, 인장을 찍고, 그렇게 인장을 찍어서 존재하게 만든다. 여기서 '존재'는 인용부호 안에 들어가는데, 존재론적 무게는 미리 상정되는 것이 아니라 늘 부여되는 것이기 때문이다. 푸코에게 있어, 이러한 무게 부여는 오로지 권력 작용 내에서만 그리고 권력 작용에 의해서만 일어날 수 있다. 이러한 권력 작용은 그것이 예속하는 주체들을 생산한다. 즉 권력 작용이 주체들을 예속하는 것은 그 주체들의 형성적 원리로 효력을 발휘하는 강제적 권력 관계 안에서 그리고 그러한 강제적 권력 관계를 통해서이다. 그러나 권력은 신체를 형성 · 유지 · 지속 · 규제하는 일을 동시에 하는 것이므로, 엄밀히 말하자면 권력은 주체, 즉 자신이 구별하는 대상들인 신체에 작용을 가하는 주체가 아니다. 우리로 하여금 그런 식으로 권력이 주체라고 말하도록 강요하는 문법은 외부적 관계의 형이상학을 강화하는데, 그에 따라 권력은 신체에 작용을 가하는 것이지, 신체를 형성하는 것으로 이해되지 않는다. 바로 이것이 푸코 자신이 의문을 제기한 권력을 외부적 관계로 보는 관점이다.

푸코에게 있어 권력은 주체의 바로 그 물질성의 **구성** 안에서, 즉 주체화되는 '주체'를 형성하면서 동시에 규제하는 원리 안에서 작용한다. 푸코는 죄수 몸의 물질성뿐만이 아니라 감옥이라는 몸체의 물질성도 언급한다. 그가 말하기를, 감옥의 물질성은 그것이 권력의 벡터이자 도구인 한에서 확립된다.[11] 따라서 감옥은 그것

---

11) "중요한 것은 감옥의 환경이 아주 가혹하거나 아주 위생적이거나 아주 원시적이

이 **권력과 함께 투여되는** 한에서 **물질화**된다. 혹은 문법적으로 정확하게 말하자면, 물질화 이전에 감옥이란 존재하지 않는다. 감옥의 물질화는 권력 관계로의 투자(investiture)와 공존하며 물질성은 이러한 투여(investment)의 효과이자 척도이다. 감옥은 오로지 권력 관계의 장 안에서만 감옥이 되며, 더 구체적으로 말하자면 감옥이 그러한 관계로 투여되거나 포화되는 정도까지만 존재하게 된다. 하지만 더 구체적으로 말하자면 감옥은 그러한 관계로 투여되거나 포화되는 한에서만, 그러한 포화가 그 자체 바로 그 존재를 형성하는 한에서만 감옥이 된다. 여기서 몸은 그것 외부의 권력 관계에 의해 투여되는 독립적인 물질성이 아니라, 물질화와 투자가 공존하는 것 자체이다.

 '물질성'은 특정한 권력의 효과를 지칭하며 아니 오히려 형성 중에 있는 권력 혹은 효과를 구성하는 권력이다. 권력이 대상의 영역 즉 인식 가능성의 장을 당연한-것으로-간주된 존재론으로 구성함으로써 성공적으로 작용하는 한, 권력의 물질적 효과는 물질적 데이터 또는 제1의 소여로 받아들여진다. 이러한 물질적 긍정성은 담론과 권력 **바깥에서** 논쟁의 여지가 없는 지시체, 초월론적 기의로서 나타난다. 그러나 이러한 나타남은 권력/담론 체제가 가장 완벽하게 위장되고 가장 은밀하게 효과적인 바로 그 순간이다. 이러한 물질적 효과가 인식론적 출발점, 어떤 정치적 논증의 필수 요소로 받아들여질 때, 이러한 구성된 효과를 제1의 소여로

거나 아주 효율적인지 아닌지의 여부가 아니라 권력의 도구이자 벡터로서의 감옥의 물질성 자체였다." Michel Foucault, *Discipline and Punish*, p. 30; *Surveillance et punir*, p. 35. [한글본] 미셸 푸코, 『감시와 처벌』, 61쪽.

받아들임으로써 그에 의해 구성된 권력 관계의 계보학을 성공적으로 땅에 묻어두거나 가면을 씌우는 것, 바로 그것이 경험주의적 토대주의의 움직임이다.[12]

푸코가 물질화 과정을 담론과 권력의 투여로 추적하는 한, 그는 생산적이고 형성적인 그러한 권력의 차원에 초점을 맞춘다. 그러

---

12) 이것은 '물질성'을 그것의 원인인 '담론'의 효과로 만드는 데 있는 것이 아니다. 오히려 '효과'라는 개념을 교정함으로써 인과관계를 대체하는 데 있다. 권력은 자신의 효과 안에서 자신의 효과를 통해 확립되는데, 여기서 그러한 효과들은 권력 자체의 은폐 작용이다. 자신의 속성이나 양태 중 하나로 위장하는 '권력', 하나의 실사(substantive)로 간주된 '권력'은 존재하지 않는다. 이러한 위장은 인식적 장(場)과 일련의 '아는 자'의 구성 및 형성을 통해 작동하며, 이러한 장, 이러한 주체들이 담론 이전에 주어진 것으로 당연하게 받아들여지면, 권력의 은폐 효과는 성공한 것이다. 담론은 권력이 역사적으로 우연적인 사물의 형성적 권력으로서 주어진 인식적 장 내에서 설치되는 현장을 지칭한다. 물질적 효과의 생산은 권력의 형성적 또는 구성적 작용이며, 이 생산은 원인에서 결과로의 일방적 운동으로 해석될 수 없다. '물질성'은 담론을 통해 우연적으로 구성되는 그것의 지위가 삭제되고 은폐되고 가려질 때에만 나타난다. 물질성은 권력의 은폐된 효과이다.

'권력은 물질화한다' 즉 '권력은 물질적 효과의 생산이다'라는 푸코의 주장은 『감시와 처벌』에서 몸의 물질성으로 구체화된다. '물질성'이 권력의 효과이자 권력 관계들 간의 전이(轉移)의 현장이라면, 이러한 전이가 몸의 종속/주체화인 한에서는 바로 이 '아쉬즈띠쓰멍'의 원리가 '영혼'인 것이다. 규범적 이상/규범화하는 이상으로 간주된 '영혼'은 이러한 물질적 몸의 형성적이고 규제적인 원리로, 몸을 종속시키는 데 있어 가장 가까이 있는 도구성으로 기능한다. 영혼은 몸을 획일적인 것으로 만든다. 즉 훈육 체제는 잔혹한 의례의 지속적 반복을 통해 신체를 훈련시키며, 이러한 반복은 시간이 지남에 따라 감금된 몸의 몸짓 양식(gestural stylistics)을 생산한다. 『성의 역사』 1권에서 '성'은 서로 다른 권력의 축을 따라 획일적인 몸을 생산하려고 작동하지만 '영혼'처럼 '성'은 몸을 예속시키면서 주체화하는 것으로 이해되며, 말하자면 몸의 바로 그 문화적 형성의 원리로서 노예를 생산한다. 바로 이러한 의미에서 물질화는 규제된 반복 가능성의 퇴적 효과로 설명될 수 있다.

나 우리는 물질화할 수 있는 것의 영역을 제약하는 것이 무엇인지, 그리고 아리스토텔레스가 제시하고 알튀세가 재빨리 인용한 것처럼 물질화의 **양상들**이 있는지의 여부를 물을 필요가 있다.[13] 물질화는 근본적인 **인식 불가능성**—물질화에 철저히 저항하는 혹은 근본적으로 탈물질화된(dematerialized)—의 영역을 요구하고 제도화하는 인식 가능성의 원리에 의해 어느 정도까지 지배되는가? 담론과 물질성이라는 개념을 서로를 통해 작동시키려는 푸코의 노력은 그가 기술한 담론적 인식 가능성의 경제로부터 **배제되는** 것을 설명하지 못할 뿐만이 아니라, 또한 자기-지속적 체계로 기능하는 경제를 위해 **배제되어야만 하는** 것을 설명하는 데에도 실패하는가?

바로 이것이 뤼스 이리가레가 플라톤의 형상/질료 구별을 분석하면서 암묵적으로 제기했던 문제이다. 이러한 주장은 가장 잘 알려진 『반사경: 타자인 여성에 대하여』에 수록된 「플라톤의 휘스테

---

13) "……하나의 이데올로기는 늘 하나의 장치와 그것의 실천 또는 실천들 안에 존재한다. 이 존재는 물질적이다. 물론 하나의 장치 및 그 실천들 안에 있는 이데올로기의 물질적 존재는 도로포장용 자갈이나 소총의 물질적 존재와 동일한 양상을 갖는 것은 아니다. 그러나 신아리스토텔레스주의자로 취급될 위험을 무릅쓰고(마르크스가 아리스토텔레스를 매우 높이 평가했음을 명심하라), 나는 '물질은 다양한 의미에서 논의된다'고, 아니 오히려 물질은 서로 다른 양상으로 존재하며 그 모든 양상은 최종심급에서는 '물리적' 물질에 뿌리를 두고 있다고 말하겠다." Louis Althusser, "Ideology and Ideological State Apparatuses(Notes towards an Investigation)" in *Lenin and Philosophy and Other Essays*, New York: Monthly Review Press, 1971, p. 166(이 글은 *La Pensée*, 1970에서 최초로 출판되었다). [한글본] 루이 알튀세, 『레닌과 철학』, 이진수 옮김, 백의, 1997, 160쪽. [옮긴이] 같은 글의 다른 번역으로는 루이 알튀세, 「이데올로기와 이데올로기적 국가 장치」, 『재생산에 대하여』, 김웅권 옮김, 동문선, 2007, 388-389쪽을 보라.

라」에서 펼쳐지지만, 또한 그보다는 덜 알려진 같은 책에 수록된 「거울/얼음으로 된 어머니」라는 글에서도 예리하게 표명된다.

이리가레의 과제는 형상/질료의 구별도, 신체와 영혼의 구별이나 물질과 의미의 구별도 받아들이지 않는 데 있다. 그녀의 노력은 그보다는 그러한 이항 대립이 파괴적 가능성의 장을 배제함으로써 공식화된다는 것을 보여주는 데에 있다. 그녀의 사변적(speculative) 테제는 그러한 이항 논리가 그것의 화해된 방식에서조차 '여성적인 것'을 자신의 구성적 외부로 생산하는 남근 로고스 중심 경제의 일부라는 것이다. 형상/질료 구분의 역사에 대한 이리가레의 개입은 '물질'을 여성적인 것이 철학적 이항 논리로 인해 배제되는 현장이라고 강조한다. 여성적인 것에 대한 특정한 환영적 개념들이 전통적으로 물질성과 연관되기 때문에, 이 개념들은 남근 로고스 중심적인 자가 발생(autogenesis) 기획을 확인하는 거울 효과라는 것이다. 그리고 그녀가 주장했듯이, 그러한 반사적인(specular)(그리고 유령적인spectral) 여성 형상이 여성적인 것으로 받아들여지면, 여성적인 것은 바로 그 재현에 의해 완전히 삭제된다. 여성적인 것을 남성/여성의 이항 대립의 종속항으로 포함한다고 주장하는 경제는 여성적인 것을 배제하고, 또한 여성적인 것을 그러한 경제가 작동하기 위해 배제되어야 하는 것으로 생산한다. 뒤에서 나는 우선 철학 문헌과 대결하는 이리가레의 사변적 양식을 고찰한 다음, 플라톤이 『티마이오스』에서 '그릇'에 대해 논의한 바를 무례하고 도발적으로 읽어 내는 그녀의 시도로 돌아올 것이다. 이 장의 마지막 절에서 나는 그와 동일한 구절에 대한 나 자신의 무례하고 도발적인 독해를 제공할 것이다.

이리가레/플라톤

이리가레의 주장이 지닌 방대함과 사변적 성격은 늘 나를 불안하게 만들었다. 미리 고백하건대 비록 내가 이리가레에 필적할 정도로 자세하고 비판적 관심을 가지고 철학사를 읽고 또 읽은 페미니스트는 없다고 생각할지라도,[14] 그녀의 말은 그녀가 강조한 철학적 오류의 거창함을 모방하는 경향이 있다. 물론 이러한 모방은 전략적인 것이며 그녀가 철학적 오류를 다시 재연출하는 것은 우리로 하여금 그녀의 독해가 수행하는 차이를 이해하기 위해 그녀를 읽어 내는 법을 익힐 것을 요구한다. 그녀 안에서 철학적 아버지의 목소리가 울려 퍼지는가? 혹은 그녀는 그 목소리에 사로잡혀 교묘히 아버지의 목소리로 편입하는가? 만일 어떤 이유로든 이리가레가 아버지의 목소리 '안에' 있다면 그와 동시에 그녀는 또한 그 '외부'에 있는 것인가? 남근 로고스 중심적인 이항 대립을 온전하게 남겨두는 공간화된 '사이(entre)'와는 다른 어떤 것으로서의 두 가능성 '사이(between)'에 있는 것을 어떻게 이해해야 하는가?[15] 철학적 아버지와의 차이는 플라톤의 전략을 너무나 충실하게 복제하는 것처럼 보이는 모방 안에서 어떻게 다시 울려 퍼지

---

14) 이에 대해서는 Luce Irigaray, *An Ethics of Sexual Difference*, tr, Carolyn Burke, Ithaca: Cornell University Press, 1993; *Éthique de la différence sexuelle*, Paris: Éditions de Minuit, 1984를 보라.

15) 브리짓 맥도널드의 주장에 따르면, 이리가레에게 있어 "'사이(entre)'는 획일성이 분리되는 차이의 현장이다. (……) 모든 '사이'는 공유된 공간으로, 이 공간에서는 분화된 극이 분화되어 있을 뿐만 아니라, 또한 분화된 것으로 존재하기 위해 서로의 만남에 종속된다. (……)" Bridget McDonald, "Between Envelopes", 미간행 수고.

는가? 분명한 것은 이것이 '그의' 언어와 '그녀의' 언어 사이의 자리가 아니라는 것이며, 단지 지형학적인 주장에 안주하지 않는 파괴적 **움직임**일 뿐이라는 점이다.[16] 이것은 그의 자리를 대신 차지하는 것으로, 이는 그의 자리를 떠맡은 것이 아니라 그의 자리가 **점유될 수 있다**는 것을 보여주는 것이고, 그러한 떠맡음이 치러야 할 비용 및 그 움직임이 지닌 문제를 제기하는 것이다.[17] 플라톤의 용어를 재인용하는 과정에서 그러한 부계로부터 결정적으로 이탈하는 것은 언제 어떻게 수행되는가? 그녀의 과제가 플라톤을 충실하거나 적절하게 '읽는' 데에 있는 것이 아니라면, 어쩌면 그것은 플라톤의 사변적 초과를 모방하고 폭로하는 일종의 과잉-독해일 것이다. 내가 여기에서 그러한 사변적 초과를 반복——하지만 사죄하건대 그저 성의 없이——하는 한, 그 이유는 주어진 상처가 너무 오랫동안 말해지지 않은 채로 남아 있을 때에는 때때로 과장법을 쓰는 말대꾸가 필요하기 때문이다.

이리가레가 철학사를 다시 읽기 시작할 때, 그녀는 철학의 경계가 어떻게 확보되는지를 이렇게 묻는다. 철학 자체가 진전되기 위해 철학의 영역에서 무엇이 배제되어야 하는가? 그리고 배제된

---

16) 시간이나 공간 중 그 어느 것도 아닌 '간격(interval)' 개념에 대한 논의로는, 아리스토텔레스의 『자연학』 4권에 대한 이리가레의 독해를 참고하라. Luce Irigaray, "Le Lieu, l'intervalle", *Éthique de la différence sexuelle*, pp. 41-62.

17) 이것은 윌라 캐더의 소설에서 나타나는 아버지 이름의 점유와 관련될 것이다. 이에 대해서는 특히 윌라 캐더의 소설 「감상적이지 않은 토미」에서 토미가 그녀 아버지의 자리를 차지하는 것을 보라. 이는 이 책 5장에서 다뤄질 것이다. [한글본] 윌라 캐더, 「감상적이지 않은 토미」, 세라 오언 주잇, 케이트 쇼팽 외, 『실크 스타킹 한 켤레: 19, 20세기 영미 여성 작가 단편선』, 정소영 옮김, 문학동네, 2021, 123-135쪽.

것이 그 자체 자기-근거적이고 자기-구성적인 것으로 간주하는 철학적 기획을 부정적으로 구성하게 되는 이유는 무엇인가? 그런 다음 이리가레는 여성적인 것을 바로 이 구성적 배제라는 이유로 분리하고, 그 결과 그녀는 [여성적인 것을] 포함하기를 거부하는 철학 문헌을 읽는 방법을 찾는 쪽으로 스스로를 몰아간다. 이것은 쉬운 일이 아니다. 그 자신의 용어 내에서 나타나는 것은 **아니**지만 그럼에도 불구하고 그 자신의 독해 가능성을 읽어 낼 수 없는 조건을 구성하는 그러한 문헌을 우리는 어떻게 읽어 낼 수 있는가? 실제로 그 문헌의 '안'과 '밖'을 구성하는 나타나지 않는 것의 움직임을 가진 문헌을 우리는 어떻게 읽어 낼 수 있는가?

페미니즘 철학자들이 전통적으로 몸이 어떻게 여성적인 것으로 형태 지어지는지, 또는 여성들이 어떻게 물질성과 연관되는지(관성적—늘 이미 죽은 것—인지 아니면 다산적—영원히 살며 출산 능력이 있는 것—인지의 여부) 그리고 거기서 남성들은 어떻게 합리적 지배의 원리와 연관되는지를 보여주고자 했을지라도,[18] 이리가레는 사실상 여성적인 것이 바로 그러한 이항 대립 안에서, 그러한 이항 대립에 의해 배제된다고 주장하고자 한다. 이러한 의미에서, 여성들이 이러한 이항 대립의 경제 내에서 재현되는 때와 장소가 바로 그들이 삭제되는 현장인 것이다. 더욱이 그녀의 주장에 따르면, 물질이 철학적 서술 내에서 묘사될 때, 그 물질은 여성적인 것의 대체(substitution)이자 동시에 전위(displacement)인 것이다.

---

18) Elizabeth Spelman, "Woman as Body: Ancient and Contemporary Views", *Feminist Studies* 8:1, 1982, pp. 109-131를 보라.

우리는 여성적인 것이 철학과 맺는 관계를 철학이 제공하는 형상
으로는 해석할 수 없고, 오히려 이리가레가 주장했듯이 여성적인
것을 말할 수 없는 형상화 조건으로 내세움으로써 해석할 수 있으
며, 사실상 철학 용어 내에서는 **결코** 적절한 형태를 띨 수 **없고**, 그
러한 적절성(propriety)으로부터 여성적인 것의 배제가 철학을 가능
하게 하는 조건인 것이다.

그렇다면 여성적인 것이 이리가레에게는 오로지 '**말 오용**'——
즉 부적절하게 기능하는 그러한 형상들——에서만 부적절한 의미
의 전달로 나타난다는 것이 놀라운 일은 아니다. 다시 말해 여성
적인 것이 적절하게 속하지 않은 것을 묘사하고, 또한 여성적인
것이 배제된 바로 그 언어를 줄몰시키면서 흡수하려고 되돌아가
는 것을 묘사하는 고유명사[적절한 이름]의 사용으로 나타난다
는 것이 놀라운 일은 아니다. 이것은 이리가레의 급진적인 인용적
실천, 완전히 부적절한 목적을 위해 '적절한' 것에 대한 '말 오용'
의 찬탈(usurpation)을 부분적으로 설명한다.[19] 그녀가 철학뿐만 아
니라 정신분석학을 모방하고, 그러한 모방 안에서 사실상 그녀에
게 속할 수 없는 언어를 택하며, 단지 그러한 담론의 사용을 지배
하는 소유권(proprietariness)이라는 배타적 규칙에 의문을 제기할 뿐
이기 때문이다. 적절성과 소유를 둘러싼 이러한 경합이 바로 여성
적인 것에게 열려 있는 선택지인데, 이때의 여성적인 것은 배제된

---

19) 이에 대해서는 Elisabeth Weed, "The Question of Style", in Carolyn Burke, Naomi
　　 Schor, and Margaret Whitford, eds., *Engaging with Irigaray*, New York: Columbia
　　 University Press, 1994; and Elizabeth Grosz, *Sexual Subversion*, London: Routledge,
　　 1991을 보라.

부적절성으로, 부적절한 것으로, 소유 없는 것으로 구성된다. 실제로 이리가레가 니체에 관한 저작인 『바다의 연인』에서 주장했듯이, "여성은 본질이 있는 것도, 본질을 가지는 것도 아니다." 그리고 바로 이 경우가 그녀에게 있어서는 정확히 '여성'이 형이상학 담론에서 배제되는 이유이다.[20] 그녀가 고유명사, 심지어 단수 '여성'이라는 고유명사를 취한다면, 그것은 그 용어[여성]를 그것의 존재론적 전제로부터 요동치게 만드는 일종의 급진적 모방에 불과할 수 있다. 제인 갤럽은 탁월하게도 두 입술을 제유법과 '말 오

---

20) 이것은 나의 번역에 따른 것이다. 물론 이리가레가 뒤이은 문장에서 '본질' 개념이 여성적인 것에 낯선 것으로 남아 있다는 점에 기초해, 그리고 마지막 문장에서 그러한 존재의 진리가 대립 논리를 통해 만들어진다는 점에 기초해 '본질'이 아니라 '존재'라는 용어를 사용한다는 것은 분명하다. "그러나 여성적인 것은 그 자체 **하나**로 구성되어 있지 않다. 여성적인 것은 하나의 진리나 하나의 본질에 근거하면서 거기에 갇혀 있거나 혹은 하나의 진리나 하나의 본질 안에 갇혀 있지 않다. 진리의 본질은 여성적인 것에 대해 낯선 것으로 남아 있다. 그것은 존재를 갖는 것도 하나의 존재도 아니다. 그리고 그것은 남성적인 것의 진리에 여성적인 것의 진리를 대립시키지 않는다."("Elle ne se constitute pas pour autant en *une*. Elle ne se referme pas sur ou dans une vérité ou une essence. L'essence d'une vérité lui reste étrangère. Elle n'a ni n'est un être. Et elle n'oppose pas, à la vérité masculine, une vérité feminine") Luce Irigaray, "Lèvres voilées", *Amante Marine de Friedrich Nietzsche*, Paris: Éditions de Minuit, 1980, p. 92; Luce Irigaray, *Marine Lover*, tr. Gillian Gill, New York: Columbia University Press, 1991, p. 86.

'본질'을 그 자체 '말 오용(catachresis)'으로 보는 나오미 쇼어의 독해를 고려해 보자면, 우리는 [그녀에게] 본질의 담론이 전통 형이상학의 적절성 바깥에서 강화될 수 있는지 여부를 물을 수 있다. 그렇다면 여성적인 것도 본질을 향유할 수 있겠지만, 그러한 향유는 형이상학을 잃을 때에만 가능할 것이다. Naomi Schor, "This Essentialism Which Is Not One: Coming to Grips with Irigaray", *Differences: A Journal of Feminist Cultural Studies* 2:1, 1989, pp. 38-58.

용' 모두로 읽으면서 이를 분명하게 만드는데, 이 독해는 이리가레의 생물학적 본질주의의 언어를 수사적 전략으로 보는 해석을 제공한다. 갤럽은 이리가레의 비유적 언어가 언어 안에서 여성적인 것을 지속적인 언어적 부적절성으로 구성한다는 점을 보여준다.[21]

이리가레가 주장하듯이, 이처럼 소유적인 형이상학 담론에서 여성적인 것을 배제하는 것은 '물질'의 정식화 안에서 그러한 정식화를 통해 발생한다. 형상과 질료의 구별이 남근 로고스 중심주의 내에서 제공되는 한, 그러한 구별은 더 많은 물질성을 통해 표현된다. 달리 말해 모든 명시적 구별은 구별 자체가 수용할 수 없는 기입의 공간에서 발생한다. 기입의 **현장**으로서의 물질은 명시적으로 주제화될 수 없다. 그리고 이러한 기입의 현장 혹은 공간은 이리가레가 보기에는 그녀의 표현이 조건 짓고 가능하게 하는 '물질' 범주와는 동일하지 않은 **물질성**이다. 이리가레가 주장하길 바로 이 주제화할 수 없는 물질성이 바로 남근 로고스 중심 경제 **내에서** 여성적인 것의/여성적인 것을 위한 현장, 저장소, 실제로는 그릇이 된다. 중요한 의미에서 불분명하게 표현되는 이 두 번째 '물질'은 플라톤 경제의 구성적 외부를 지칭한다. 그것은 남근 로고스 중심 경제가 내적으로 일관성이 있는 것으로 자리 잡기 위해 배제되어야만 하는 것이다.[22]

---

21) Jane Gallop, *Thinking through the Body*, New York: Columbia University Press, 1990.

22) 엄밀히 말해 휠레로서의 물질은 플라톤 저작에서 중요한 것으로 나타나지는 않는다. 휠레라는 말은 대체로는 아리스토텔레스적인 것이다. 아리스토텔레스는 『형이상학』(1036a[324-326쪽])에서 휠레가 유비를 통해서만 인식될 수 있다고 주장한다. 휠레는 잠재태로 정의되며, 4원인 중 하나[질료인]로 분리된다. 또한 휠레는 개

형상/질료 구분 안에 포함될 수 없는 이러한 초과적 물질은 철학적 대립을 분석한 데리다의 '대리보충'처럼 작동한다. 데리다는 『입장들』에서 질료/형상 구분에 대해 사고하면서 또한 물질이 이항 대립 내의 한 극이자 동시에 그러한 이항 계사(繫辭)를 초과하는 것으로 즉 이항 계사(繫辭)의 비-체계화 가능성을 위한 형상으로서 이중화되어야 한다고 제안한다.

데리다의 견해가 물질이 언어의 급진적 외부를 표시한다고 주장하려는 비평가에게 다음과 같이 응답하는 것임을 고려하자. "그것은 다음과 같습니다. 당신이 말했듯이 이 일반 경제에서 **물질**이

체화의 원리로 묘사된다. 아리스토텔레스에게 있어 휠레는 때때로 '휘포케이메논(hypokeimenon)'[기저에 놓인 것](『자연학』1권, 192a[61-63쪽])과 동일시되지만, 그것은 하나의 사물로 생각되지 않는다. 아리스토텔레스가 휠레와 스테레시스[결여](steresis)를 구별하지 못한 플라톤을 비난했음에도 불구하고 그는 플라톤의 휘포도케(그릇) 개념을 휠레와 동일시했다.(『자연학』4권, 209b[149-151쪽]) 아리스토텔레스의 휠레처럼 휘포도케는 파괴될 수 없으며, "서출(庶出)적 추론"(『티마이오스』, 52a-52b[145-146쪽])에 의해서만 인식될 수 있으며, 그에 대한 어떠한 정의도 주어질 수 없다.("물질에 대한 정의는 없으며, 오로지 에이도스[형상]에 대한 정의만 존재한다."『형이상학』, 1035b[322-324쪽]) 플라톤에게 휘포도케는 코라가 놓이는 자리라는 의미를 띤다. 아리스토텔레스가 물질에 대한 명시적인 철학적 논의를 제공할 때에만 플로티노스는 플라톤의 물질론을 재구성하는 글을 쓴다. 이것은 이리가레가 「거울로 된 어머니」에서 플라톤/플로티노스를 비판적으로 인용하는 계기가 된다. Luce Irigaray, "Une Mère de Glace", in *Speculum of the Other Woman*, tr. Gillian Gill, Ithaca: Cornell University Press, 1985, pp. 168-179. [한글본] 뤼스 이리가레, 「거울/얼음으로 된 어머니」, 『반사경』, 심하은 · 황주영 옮김, 꿈꾼문고, 2021, 303-324쪽. [옮긴이] 플라톤과 아리스토텔레스 저작의 한글본은 각각 아리스토텔레스, 『형이상학』, 김진성 옮김, 이제이북스, 2007; 아리스토텔레스, 『자연학』, 허지현 옮김, 허지현연구소, 2022; 플라톤, 『티마이오스』, 박종현 · 김영균 옮김, 서광사, 2000를 참고했다.

근본적 타자성(구체적으로 말하자면, 철학적 대립과 관련된 대타자성)을 지칭한다면 그리고 그런 한에서 제가 글을 쓴다는 것은 '유물론적인 것'으로 고려될 수 있습니다."[23] 데리다와 이리가레 모두에게 있어 이러한 이항 논리로부터 배제된 것은 또한 배제의 방식으로 그것[이항 논리]에 의해 **생산되며**, 절대적 외부로서 분리될 수 없거나 혹은 완전히 독립적인 실존을 갖지 않는 것처럼 보인다. 물론 구성적 외부 혹은 상대적 외부는 그럼에도 불구하고 그 자신을 주제화할 수 없는 필연성으로서 그러한 체계에 **내적인** 일련의 외부로 구성된다. 그것은 비일관성, 혼란, 그 자신의 체계성에 대한 위협으로서 체계 내에서 출현한다.

이리가레는 질료/형상의 이항 논리를 동원하는 이러한 배제가 남성적인 것과 여성적인 것을 차별하는 관계라고 주장하는데, 이 관계에서 남성적인 것은 이항 대립의 두 항 모두를 차지하며, 여성적인 것은 결코 인식 가능한 용어로 불릴 수 없다는 것이다. 우리는 이항 논리 내에서 형상화된 여성적인 것을 **반사적인** 여성성으로, 그리고 그러한 이항 논리로부터 삭제되고 배제된 여성적인 것을 **초과적인** 여성성으로 이해할 수 있을 것이다. 그렇지만 이러한 이름 붙이기는 작동할 수 없는데, 왜냐하면 특히 후자의 양식[초과적 여성성]에서 여성적인 것은 엄밀히 말해 명명될 수 없을 뿐만이 아니라 실제로 여성적인 것은 어떤 명명의 양식이 아니기 때문이다.

이리가레가 보기에 그 무언가로 **있다**고, 그리고 존재론에 참여한다고 말해질 수 없는 '여성적인 것'은 모든 존재론을 가능하게

---

23) Jacques Derrida, *Positions*, p. 64. [한글본] 자크 데리다. 『입장들』, 92쪽.

하는 불가능한 필연성으로서 삭제 아래에 놓인다—그리고 여기서 문법은 우리를 실망시킨다—. 말 오용을 사용하자면, 여성적인 것은 자기-구성적이라고 주장하는 남근 로고스 중심주의 내에서 길들여지고 그래서 또 인식될 수 없는 것으로 제시된다. 부인되어 버린 여성적인 것의 잔여는 남근 로고스 중심주의가 **기입된 공간**으로 살아남는다. 즉 이 공간은 남성적인 의미화 작용의 표식을 받아들이는 반사적 표면으로, 스스로는 어떠한 기여도 하지 않으면서 남근 로고스 중심적인 자기-충족성의 (거짓) 반영 및 보장을 그저 되돌려줄 뿐이다. 형이상학적인 전통의 하나의 토포스/주제(topos)인 이러한 기입의 공간은 플라톤의 『티마이오스』에서는 휘포도케[그릇]——또한 코라(chora)로도 묘사된다——로 자신의 모습을 드러낸다. 코라에 대한 광범위한 독해가 데리다와 이리가레에 의해 제공되긴 했지만, 나는 여기서는 이행의 문제와 관련된 한 구절만을, 즉 하나의 형상이 그 자신의 감각 가능한 재현을 산출한다고 얘기될 수 있는 그러한 이행만을 언급하고 싶다. 우리가 이미 알고 있듯이, 플라톤에 따르면 모든 물질적 대상은 자신의 필연적 전제 조건인 하나의 **형상**(Form)에 참여함으로써만 생성된다. 그 결과 물질적 대상들은 **형상**들의 복제물이며, 또한 그것들이 형상들을 예시화하는 한에서만 존재한다. 하지만 이러한 예시화는 어디에서 발생하는가? 이러한 재생산이 일어나는 장소, 현장은 존재하는가? 형상에서 감각할 수 있는 대상으로의 변형이 일어나게 하는 매개는 존재하는가?

　플라톤은 『티마이오스』에서 제시한 우주 발생론에서 세 가지 자연을 언급하는데, 이때 설명되어야 하는 것은 첫째는 생성의 과정, 둘째는 생성이 일어나는 곳, 셋째는 생성된 사물이 자연적으로 생산된 닮음(resemblance)을 띠는 이유이다. 그러고는 부연 설명으로 보이는 한 구절에서 그는 다음과 같이 언급한다. 아마도 우리는 "수용 원리를 어머니와, 근원이나 원천을 아버지와, 그리고 그 사이를 매개하는 자연을 아이에 비유할 수 있다."(50d)[24] 해밀턴과 케어런스의 번역본에 따르면, 이 구절에 앞서 플라톤은 이러한 수용 원리를 '유모(nurse)'(40b)[25]로 지시하고 나서 다시 이것을 "모든 신체를 받아들이는 보편적 자연"으로 지시한다. 그러나 후자의 구절은 더 정확하게는 "거기에 있는 모든 신체(*ta panta somata*)를 받아들이는(*dechesthai*) 역동적인 자연(*physis*)"(50b[140쪽])으로 번역될 것이다.[26] 플라톤에 따르면, 이처럼 모든 것을 수용하는 기능을 지닌 그녀[자연]는 "늘 같은 것이라고 불려야 한다. 왜냐하면 그녀가 늘 모든 사물을 받아들이는 한에서 그녀는 그녀 자신의 본성(*dynamis*)에서 결코 벗어나지 않으며 또한 어떤 방식으로든 또 어떤 때든 그녀로 들어오는 일체의 사물의 형상과 같은 그러한 형상(*eilephen*)을 떠맡는다. (……) 즉 그녀[자연]로 들어오고

---

24) 이 뒤로 플라톤에 대한 모든 인용은 다음의 판본을 따를 것이다. Plato, *Plato: The Collected Dialogues*, Edith Hamilton and Huntington Cairns, eds., Bollingen Series 71. Princeton: Princeton University Press, 1961. [한글본] 플라톤, 『티마이오스』, 박종현 · 김영균 옮김, 서광사, 2000, 141쪽.

25) [옮긴이] 한글본 『티마이오스』에서는 이를 '양육자'로 옮기기도 한다. 플라톤, 『티마이오스』, 110쪽.

26) 『티마이오스』에서 '데코메논(dechomenon)'은 '밀랍 덩어리'로 묘사된다. 그래서 아리스토텔레스가 『영혼에 관하여』에서 물질을 묘사하기 위해 '밀랍' 이미지를 선택한 것은 그가 플라톤의 '데코메논'을 노골적으로 교정하는 것으로 읽힐 수 있다.

나가는 형상들은 그들 자신의 유형들(*diaschematizomenon*)에 따라 정형화된 영원한 실재들과 닮은 것들이다. (……)"(50c[140-141쪽])[27] 여기서 그녀[자연]의 적절한 기능은 받아들이기 즉 디케스타이(*dechesthai*), 갖기, 수락하기, 환대하기, 포함하기, 심지어 이해/포괄하기(comprehend) 등이다. 이처럼 휘포도케[그릇]로 들어가는 것은 일련의 형상, 더 정확하게는 형태(shape)이지만, 이러한 수용 원리, 이러한 퓌지스는 적절한 형태를 갖고 있지 않으며, 어떤 몸도 아니다. 아리스토텔레스의 휠레처럼, 퓌지스는 정의될 수 없다.[28] 사실상 수용 원리는 잠재적으로 모든 신체를 포함하며, 그래서 보편적으로 적용되지만 그것의 보편적 적용 가능성은 『티마이오스』에서 보편적 형상들을 예시했으며 그릇에 들어가는 저 영원한 실재들(즉 에이도스)과는 늘 조금도 닮아서는 안 된다. 여기에는 닮음(즉 미메타*mimeta*)의 금지가 있는데, 이는 이러한 자연이 영원한 **형상**들이나 그것들의 물질적 복제들, 감각 가능하거나 상상적인 복제들과 같은 것이라고 얘기될 수 없다는 것을 뜻한다. 그러나 특히나 이러한 퓌지스는 들어서는 것일 뿐이지 결코 들어가는 것이어서는 안 된다. 여기에서 '에이시에나이(*eisienai*)'라는 용어는 무언가를 향해

---

27) 여기서 '디아스키마티조메논(*diaschematizomenon*)'은 '유형에 따른 모델화'와 '형성(formation)'이라는 의미를 함께 지니는 개념으로, 이는 도식(schema)들이 형성적임을 나타내는 강한 의미를 암시한다. 이러한 특정한 논점에서 보면, 플라톤의 언어는 아리스토텔레스의 정식화(formulation)를 미리 형태 짓는다.

28) 피지스(physis)나 퓌시스(phusis)가 생식기를 의미하게 된 방식에 대한 논의로는 John J. Winkler, "Phusis and Natura Meaning 'Genitals'", in *The Constraints of Desire: The Anthropology of Sex and Gender in Ancient Greece*, New York: Routledge, 1990, pp. 217-220를 참고하라.

혹은 무언가로 나아가는 것, 어떤 접근이나 침투를 지칭한다. 또한 그 용어는 어떤 **장소**로 나아가는 것을 지칭하는데, 그렇기에 울타리를 뜻하는 코라는 다른 울타리로 들어가는 것일 수 없다. 은유적으로 그리고 어쩌면 동시 발생적으로 이러한 금지된 진입의 형상은 또한 '법정에 서는 것' 즉 공공 규범에 종속되는 것, '마음에 떠오르는 것' 혹은 '사유하기 시작하는 것' 등을 의미한다.

여기에는 바로 "그녀[자연]에게 들어가는 형상들과 같은 형상을 떠맡아서는" 안 된다라고 하는 규약도 있다. 그렇다면 이러한 그릇은 어머니나 유모의 몸과 같은 그 어떤 몸과도 같아질 수는 없는가? 플라톤 자신의 규약에 따르면 우리는 이러한 '자연'을 정의할 수 없으며, 자연을 유비를 통해 아는 것은 그것을 단지 '서출(庶出)[사생아]적 사유'를 통해서만 아는 것이다. 이러한 의미에서 이 자연을 알고자 하는 인간은 아버지 원리에 의해 박탈당하고 아버지 원리를 박탈당하며, 그래서 그는 부계 사회로부터의 이탈이자, 부계 혈통을 잇는 유비 관계로부터의 이탈인 서자(庶子)가 된다. 그리하여 은유나 유비를 제공하는 것은 그러한 자연과 인간 형식 간의 닮음을 전제한다. 바로 이 마지막 점이 플라톤의 언명을 받아들인 데리다가 코라를 이해하는 핵심으로 간주한 것인데, 그가 주장하길 그것[코라]은 그 자신이 야기한 모든 형상(figure)들로는 결코 붕괴될 수 없다. 데리다가 주장했듯이 그 결과 코라를 결정적으로 붕괴시키는 여성성과 코라의 연합을 받아들이는 것은 잘못일 것이다.[29]

---

29) 바로 이러한 대립이 언어의 **물질성**——누군가는 이를 기표의 물질성이라고 부를 것이다——을 고수하며, 데리다가 「코라」에서 자세히 설명하려고 한 것이다. Jacques Derrida, "Chora", *Poikilia. Études offertes à Jean-Pierre Vernant*, Paris, EHESS, 1987. 그

러나 단어의 그러한 물질성에 주의를 기울이는 것으로는 충분하지 않을 것이다. 핵심은 그것이 물질적이지도 이념적이지도 않은 것을 향하는 쪽으로, 그러한 구별이 발생하는 기입 공간으로서 이쪽과 저쪽 모두를 부정하는 것을 향하는 쪽으로 태도를 취한다는 데에 있기 때문이다. 관념론과 유물론을 양극으로 삼는 양자택일 논리를 가능하게 하는 것은 바로 그러한 양자 부정[의 논리]에 있다.

데리다는 이러한 기입의 공간을 제3의 젠더 또는 제3의 장르라고 말하고, 그는 위의 책 p. 280에서 이것을 '중립 공간'과 연관시키는데, 이것이 중립적인 이유는 그것이 성차의 극에 즉 남성적인 것이나 여성적인 것 중 어떤 극에도 참여하지 않기 때문이다. 여기서 그릇은 정확히 남성적인 것과 여성적인 것 사이의 구별을 불안정하게 만든다. 이 기입 공간이 서술되는 방식, 특히 기입의 행위가 그것에 작용하는 방식을 고찰해 보자. 그것은 "제3의 장르/젠더에서, 장소 없는 장소 즉 모든 것이 그것을 표시하지만 그 자신은 아무것도 표시되지 않는 장소라는 중립 공간에서" 이뤄진다. 위의 책 p. 281에서 데리다가 말하길, 소크라테스는 그가 어떤 누군가나 무언가인 한에서는 코라를 닮는다고 말할 것이다. "모든 경우에서 그는 자신의 장소, 즉 다른 어떤 장소도 아니지만 어쩌면 **장소 자체**이자 대체 불가능한 것인 자신의 장소를 차지한다. 대체 불가능하면서 또한 바꿀 수 없는 장소를⋯⋯."(이 해당 번역은 내가 한 것이다.)

이러한 관념론/유물론의 양극성은 의문시되었다. 그러나 그것이 미래에는 어떠한 문제도 없다고 주장하는 것은 아니다. 왜냐하면 우리는 이리가레의 주장, 즉 플라톤에게 기입 공간은 여성성을 형태 짓거나 형태를 왜곡하는 방식이며, 여성적인 것을 침묵시키는 방식이며, 여성적인 것을 무언의 수동적 표면으로 바꿔 버리는 방식이라는 주장을 평가해 낼 수 있기 때문이다. 플라톤에게 있어 그릇은 모든 것을 받아들이는 것이며, 또한 그것을 통해 특정한 침투적 생성이 작용하지만 그 자체로는 어떠한 침투나 생성도 있을 수 없는 것임을 상기하자. 이러한 의미에서 그릇은 남성적인 것의 불안정한 모방이 존재하지 않을 것임을 보증하는 것으로, 또한 여성적인 것은 무한히 침투할 수 있는 것으로 영속적으로 확실히 할 그러한 보증자로 읽힐 수 있다. 이러한 조치는 데리다에게서는 "모든 것이 그것을 표시하지만 그 자체로는 어떤 것도 표시되지 않은 장소 없는 장소"라는 언급으로 반복된다. 여기서 우리는 고유한/적절한 것에서 배제되어 고유한/적절한 것을 가능하게 하는 것이라는 바로 그 이유 때문에 그 자신의 어떠한 표시나 고유한/적절한 표시를 가질 수 없는 모

어떤 점에서 이리가레는 이러한 견해에 동의한다. 즉 유모·어머니·자궁의 형상은 그릇과는 완전히 동일시될 수 없다. 왜냐하면 그러한 형상들은 거울 형상들, 즉 그것들이 여성적인 것을 재현하려는 순간에 여성적인 것을 전위시키는 거울 형상들이기 때문이다. 플라톤의 글에서 그릇은 전적으로 주제화될 수도 형상화될 수도 없는데, 정확히 그것[그릇]이 모든 형상화 및 주제화를 조건 짓고 회피하기 때문이다. **이러한 그릇/유모는 인간 형태와의 닮음에 기초한 은유가 아니라, 인간의 경계에서 출현하는 비형상화[일그러짐](disfiguration)인데, 이는 그것이 인간의 바로 그 조건이자 인간의 기형/탈형태화(deformation)에 대한 집요한 위협이라는 의미에서 그렇다. 즉 그릇/유모는 어떤 형태나 형(形)(morphe)을 취할 수 없으며, 또한 그러한 의미에서 어떤 몸일 수 없다.**

든 기입의 표시 없는 조건을 발견하는가? 아니면 이러한 표시 없는 기입 공간은 표시가 삭제된 공간, 영속적인 삭제하에 남아 있도록 강제된 공간인가?

"그녀는 스스로를 그녀 '위에' 즉 '자신의 주체에게, 자신의 주체 자체에(à son sujet, à meme son sujet)' 기입하는 일의 총합이나 과정에 다름 아니다." 하지만 그녀는 이 모든 해석들의 **주체**나 **현존하는 담지자**가 아니며, 그녀는 이러한 해석들로 환원되지 않는다. 그것은 모든 해석을 초과하지만 그 자체는 어떠한 해석도 아닌 것이다. 하지만 이러한 서술은 왜 여기에서 해석에 대한 금지가 있는지를 설명하지 못한다. 이것은 아마도 형이상학의 영토 안이나 밖에 있는 처녀 자리(virgin spot)가 아닐까?

여기서 데리다는 그릇이 물질일 수 없다고 주장하길 원하지만, 『입장들』에서 그는 물질이 '두 번' 사용될 수 있으며, 그 중복된 효과로 인해 그릇은 정확히 형상/질료의 구분을 **초과**하는 것일 수 있음을 분명히 한다. 그러나 여기 물질과 어머니가 연결되는 곳, 여성성이 투여되고 그래서 삭제에 종속되는 그러한 물질성의 문제가 있는 곳에서, 그릇은 물질일 수가 없다. 왜냐하면 그릇은 자신이 배제된 이항 논리 안에서 다시 자신을 재설치하기 때문이다.

데리다가 그릇이 여성적인 것의 형상과 동일시될 수 없다고 주장하는 한에서, 이리가레는 그에게 동의하는 것처럼 보일 것이다. 그러나 그녀는 한 걸음 더 나아간 분석을 하는데, 여성적인 것이 그릇과 마찬가지로 자신의 형상화를 초과하며, 이러한 주제화할 수 없음이 여성적인 것을 불가능한 것으로 구성하면서도 또한 여성적인 것을 주제화되고 형상화될 수 있는 필연적 근거로 구성한다고 주장하기 때문이다. 줄리아 크리스테바가 이러한 코라와 어머니/유모 형상의 [경계] 붕괴를 **받아들인다**는 점은 상당히 중요하다. 그녀는 『시적 언어의 혁명』에서 이렇게 주장한다. "플라톤은 우리를" 이러한 "리듬이 있는 공간[의] (……) 과정으로 이끈다."[30] 이리가레가 코라와 여성적인 것/모성적인 것의 융합을 거부했던 것과는 달리, 크리스테바는 이러한 연합을 긍정할 뿐만 아니라 더 나아가 그녀 자신의 기호론이 상징적 법에 "선행하는"(p. 26[27쪽]) 것이라고 주장한다. "그러므로 어머니의 몸은 사회적 관계를 조직하는 상징적 법을 매개하는 것이자, 질서화하는 기호론적 코라의 원리가 되는 것이다."(p. 27[29쪽])

크리스테바가 이렇게 코라와 어머니 몸의 동일시를 주장했던 반면, 이리가레는 그러한 융합을 수행하는 그 담론이 '외부'——즉 코라의 형상에 의해 포획되지 **않는** 여성적인 것이 지속적으로 있

---

30) 이에 대해서는 Julia Kristeva, "The Semiotic Chora Ordering the Drives", in *Revolution in Poetic Language*, New York: Columbia University Press, 1984; abridged and translated version of *La révolution du language poétique*, Paris: Éditions du Seuil, 1974. [한글본] 줄리아 크리스테바, 『시적 언어의 혁명』, 김인환 옮김, 동문선, 2000, 25-33쪽을 보라.

는 곳——를 어떻게 변함없이 생산하는지를 묻는다. 여기서 우리가 물을 필요가 있는 것은 이런 것이다. 즉 여성적 '외부'에 대한 이러한 할당이 어떻게 언어 내에서 가능한가? 그리고 그것은 이리가레의 담론을 포함한 모든 담론 내에 일련의 구성적 배제——이러한 구성적 배제는 배제의 영역을 독점하는 것으로 여성적인 것의 한계를 설정함으로써 필연적으로 생산된다——가 있음을 말하는 사례가 아닌가?

이러한 의미에서 그릇은 단지 배제된 **것에 관한** 형상인 것만이 아니라 또한 어떤 형상으로 취해져 배제된 것을 대표하고, 따라서 여성적인 것이라는 기호 아래에서, 즉 유모-그릇의 형상에 저항하는 여성적인 것에서 형상화될 수 없는 채 있는 다른 일련의 모든 배제들을 수행하거나 실행한다. 달리 말해 하나의 형상으로 취해진 유모-그릇은 여성적인 것을 인간적인 것의 재생산에 필수적인 것으로, 하지만 그 자신은 인간이 아닌 것으로, 또한 어떤 식으로든 인간 형태의 형성적 원리——말하자면 그것을 통해 생산이 이뤄지는 것——로 해석되어서는 안 되는 것으로 얼어붙게 만든다.[31]

문제는 여성적인 것이 물질이나 보편성을 대표하는 것으로 만들어지는 것이 아니라 오히려 여성적인 것이 형상/질료와 보편/특수의 이항 논리 바깥으로 던져진다는 것이다. 여성적인 것은 이쪽 항도 저쪽 항도 아닐 것이며, 오로지 두 항의 영속적이고 변하지 않는 조건——주제화할 수 없는 물질성으로 해석될 수 있는 것

---

31) 플라톤의 재생산 지형학에 관한 아주 흥미로운 논의이자 정신분석학적인 고전적 사유의 좋은 사례로, Page DuBois, *Sowing the Body*, Chicago: University of Chicago Press, 1988을 보라.

──일 것이다.[32] 여성적인 것은 진입당하게 될 것이며, 그녀에게로 진입하는 것의 더 나아간 예를 내세울 것이지만, 그녀는 형성적 원리나 이 원리가 창출하는 것 중 어느 것도 닮지 않을 것이다. 이리가레는 바로 여기에 여성의 재생산 권력이 있다고 주장하는데, 이 권력은 남근 로고스 중심 경제에게 양도되어 그 경제 고유의 배제적이고 본질적인 작용으로 다시 만들어진다. 퓌지스가 코라로 표현된다면 플라톤에게서 그랬던 것처럼 퓌지스의 의미 안에 포함된 역동성과 잠재성의 일부분은 억제된다. 재생산에 공헌하는 여성성을 대신해 우리는 남근 **형상**을 갖는데, 남근 **형상**은 늘 더 나아간 자신의 판본만을 재생산하며, 또한 여성적인 것을 통해

---

32) 이리가레는 자신의 글 『믿음 자체(*La Croyance même*)』, Paris: Éditions Galilée, 1983에서 프로이트가 『쾌락원리를 넘어서』에서 제기한 '포르타[없어졌네]-다[여기있네] 장면'[아이가 실뭉치를 던지고 '포르타'라고 외치고 다시 잡아당기면서 '다'라고 외치는 놀이──옮긴이]을 재독해하는 과정에서 이와 유사한 논증을 전개한다. 이 글에서 이리가레는 한 아이가 자기 엄마가 떠나는 장면과 되돌아오는 장면을 반복하는 방식으로 실뭉치를 침대 밖으로 던졌다가 다시 감는 행동을 반복할 때, 그 아이가 야기한 상상적 지배 행위에 대한 탁월한 재독해를 제공한다. 이리가레는 이 훌륭한 놀이의 시노그래피를 도표화하고, 실뭉치를 감아들이고 숨기고 되돌리는 커튼과 침대보의 주름을 어머니의 대체물로 위치시킨다. 코라와 마찬가지로 '그녀', 즉 숨어서 그 장면을 지원해 주는 어머니는 현존과 부재의 놀이를 위한 부재하지만 필수적인 조건이다. "그녀는 거기에 있으면서 거기에 없었다. 그녀는 장소를 제공했지만 자신의 배(腹)를 제외하고는 그 자리에 없었다. 그렇지만 (……) 그녀는 실뭉치로 그녀와 그 사이에서 끊임없이 수혈을 하지만, 거기 곁에는 없다. 그녀는 현존에 들어갈 가능성을 제공하지만, 그 자리에는 없다."("Elle y était et n'y était pas, elle donnait lieu mais n'avait pas lieu, sauf son ventre et encore ⋯ Elle n'y était pas d'ailleurs, sauf dans cette incessante transfusion de vie entre elle et lui, par un fil creux. Elle donne la possibilité de l'entrée en présence mais n'y a pas lieu")(*La Croyance même*, p. 31)

재생산하면서도 여성적인 것으로부터 어떠한 도움도 받지 않으면서 그렇게 재생산한다. 이때 중요한 것은 이처럼 재생산 기능이 여성적인 것에서 남성적인 것으로 이행하는 것이 퓌지스의 지형학적 억제를 수반하면서 또한 코라이자 장소로서의 퓌지스의 은폐를 수반한다는 점이다.

물질이라는 말은 플라톤에게서는 이러한 코라나 휘포도케[그릇]를 묘사하는 것으로 나타나지는 않았지만, 아리스토텔레스는 『형이상학』에서 『티마이오스』의 이 부분이 그 자신의 휠레 개념과 아주 밀접하게 접합된다고 언급한다. 플로티노스는 이러한 제안을 받아들이면서 『엔네아데스』 제3권 6장 「신체화되지 않은 것의 부감각함」을 쓰면서 플라톤의 휠레 혹은 물질로서의 휘포도케 개념을 설명하려고 애쓴다.[33] 「거울로 된 어머니」에서 이리가레는 어쩌면 철학사가 좀처럼 겪어보지 못했던 선회를 감행하면서 플라톤을 아리스토텔레스의 '물질'을 통해 읽으려는 플로티노스의 노력을 받아들이고 재인용한다.

이 글에서 이리가레가 말하길, 플라톤에게 물질은 '불임적'이고, "임신은 하지 못하는 그저 수용성만 있는 여성 (……) 변함없이 남성적인 것에만 속하는 그러한 임신시키는 능력을 거세당한 [여성]"이다.[34] 이리가레의 독해는 『티마이오스』에서의 **형상들**의 우

---

33) Plotinus, *Plotinus' Enneads*, tr. Stephen MacKenna, 2nd ed., London: Faber & Faber, 1956.

34) Luce Irigaray, "Une Mère de Glace", in *Speculum*, p. 179; Speculum De L'autre Femme, Les Éditions de Minuit, 1974[이하 original], p. 224. [한글본] 뤼스 이리가레, 『반사경』, 323-324쪽.

주 발생론을 완전히 자기-구성된 부계의 남근적 환상으로 확립하며, 이러한 자가 발생 혹은 자기-구성의 환상은 여성의 재생산 능력에 대한 부인과 흡수를 통해 야기된다. 물론 '그릇'인 '그녀'는 보편자나 특수자가 아닌데, 플라톤에게 있어 명명될 수 있는 모든 것은 보편자 아니면 특수자이지만 그릇은 명명될 수 없기 때문이다. 사변의 면허를 취득하고 그 자신이 "기이하고도 예사롭지 않은 탐구"(48d[134쪽])라고 부른 것에 들어서는 플라톤은 적절하게 명명될 수 없는 것에 이름을 붙이는 쪽으로 나아가면서 그릇을 신체의 보편적 수용자로 묘사——그릇이 보편자일 수 없음(만일 그릇이 보편자가 되면 그것을 배제하는 저 영원한 실재들에 참여하게 될 것이기 때문이다)에도 불구하고——하기 위해 '말 오용'에 의지한다.

그릇을 도입하기 이전의 우주 발생론에서 플라톤은 만일 영혼의 물질성의 징표인 욕구가 성공적으로 지배되지 않는다면, 인간 영혼으로 이해된 영혼은 여성으로, 따라서 짐승으로 회귀할 위험이 있다고 제시한다. 어떤 점에서 여성과 짐승은 지배할 수 없는 정념의 바로 그 형상들이다. 만일 영혼이 그러한 정념에 참여한다면, 결과적으로 그리고 존재론적으로 그들에 의해 변형될 것이며, 바로 그 기호들로 즉 그 기호들이 형상화된 여성과 짐승으로 변형될 것이다. 이처럼 그릇 도입 이전의 우주 발생론에서 여성은 물질성으로의 하강을 재현한다.

그러나 이러한 그릇 도입 이전의 우주 발생론은 다시 쓰이는 쪽으로 향하는데, 왜냐하면 남성이 존재론적 위계의 최상위에 있고 여성이 남성의 빈약하거나 뒤떨어진 복사물이며 짐승이 남성 및 여성의 빈약하거나 뒤떨어진 복사물이라면 이 세 존재들 간에는 여전히 **닮음**──비록 그러한 닮음은 위계적으로 분배되어 있긴 하지만──이 있기 때문이다. 플라톤은 이후의 우주 발생론, 즉 그릇을 도입한 우주 발생론에서 남성적인 것과 여성적인 것이 서로 닮을 가능성을 명백하게 부인하고 싶어하며, 이러한 부인을 하기 위해 그 어떠한 형태와의 유사성도 금지된 여성화된 그릇을 도입한다. 물론 엄밀히 말해 그릇은 어떠한 존재론적 위상도 가질 수 없는데, 존재론은 형태들에 의해 구성되고, 그릇은 형태일 수 없기 때문이다. 그래서 우리는 어떠한 존재론적 규정도 없는 것에 대해서는 말할 수 없다. 그렇지 않고 우리가 말을 한다면, 우리는 언어를 부적절하게 사용하는 것이며, 어떠한 존재도 가질 수 없는 것에게 존재를 덧씌우는 것이다. 그래서 그릇은 처음부터 불가능한 말, 지칭될 수 없는 지칭인 것처럼 보인다. 역설적인 것은 플라톤이 바로 이 그릇이 늘 같은 것으로 불려야 한다고 계속해서 우리에게 말한다는 점이다.[35] 이러한 그릇이 근본적으로 부적절한 발화를, 즉 모든 존재론적 주장들이 중단되는 발화를 야기할 수밖에 없기 때문에 그것에 이름이 붙여지는 그 용어들은 일관되게 적용되어야 한다. 이는 이름을 이름 붙여진 사물에 꼭 들어맞게 만들기 위해서가 아니라 정확하게는 이름 붙여져야 할 것이 어떠한 적절한 이름도 가질 수 없고, 언어적 적절성의 영역을 제한하고 위협하고, 따라서 강제로 부과된 일련의 지명의 규칙에 의해 통제되

---

35) 이리가레는 『반사경』에서 기입 공간으로서의 **동굴**에 대해 이와 유사한 주장을 펼친다. 그녀에 따르면, "동굴은 늘 이미 거기에 있는 것의 재현, 남자들이 재현할 수 없는 근원적인 모체/자궁의 재현이다." Irigaray, in *Speculum*, p. 244; original, p. 302. [한글본] 『반사경』, 438쪽.

어야 하기 때문이다.

　플라톤은 어떻게 이처럼 그릇의 지칭할 수 없는 위상을 인정할 수 있고, 그것에 일관된 이름을 부여할 수 있는가? 지칭할 수 없는 것으로 지칭된 그릇은 지칭**될 수 없는가**? 아니 오히려 이러한 '[지칭]할 수 없음'이 '[지칭]해서는 안 되는 것'으로 기능하는 것은 아닌가? 재현할 수 있는 것에 대한 이러한 한계는 특정한 종류의 재현에 대한 금지로 읽혀야 하는가? 그리고 플라톤이 우리에게 그릇의 재현, 즉 그가 주장하듯이 특이하게 권위적인 재현으로 남아 있어야 하는 그릇의 재현을 제공하고 있기 때문에(그리고 그가 그릇의 근본적인 재현 불가능성을 주장하는 그러한 동일한 구절에서 이러한 재현을 제공하고 있기 때문에), 우리는 플라톤이 여성적인 것에 대한 단일한 재현에 권위를 부여하면서 지칭할 수 없는 것이 생산할 지명 가능성의 바로 그 확산을 금지하는 일을 의도한다고 결론 지어서는 안 되는 것인가? 아마도 이것은 어떤 더 나아간 재현을 담론으로부터 금지하도록 기능하는 담론 내에서의 재현이며, 여성적인 것을 재현할 수 없고 인식할 수 없는 것으로 재현하지만, [사실] 진술적 주장(constative claim)이라는 수사 속에서 자신을 물리치는 재현이다. 플라톤은 결국 그가 **정립**될 수 없다고 주장한 것을 **정립**한 것이다. 그래서 플라톤은 그가 정립될 수 없는 것이 유일한 하나의 방식으로 정립되어야 한다고 주장할 때, 한층 더 스스로와 모순된다. 어떤 점에서 그릇을 이름 붙일 수 없는 것으로 보는 이러한 권위적인 이름 붙이기는 이러한 장소를 기입의 공간으로 보증하는 제1의 기입 혹은 근거 지우는 기입을 구성한다. 이름 붙여질 수 없는 것에 대한 이러한 이름 붙이기 자체는 동시에 폭력적인 삭제이기도 한 이러한 그릇으로의 침투이며, 또한 그것[그릇]을 모든 더 나아간 기입을 위한 불가능하지만 필연적인 현장으로 확립하는 침투이다.[36] 이러한 의미에서 남근 형태의 대상 발생에 관한 이야기의 바로 그 **말하기**는 그러한 남근 형태학을 **실행**하며, 그 자신의 절차에 대한 우화(allegory)가 된다.

이처럼 여성적인 것을 재현의 경제로부터 배제하는 일에 대한 이리가레의 응답은 사실상 이렇게 말하는 것이다. "좋습니다. 어쨌든 나는 당신의 경제에 끼어들고 싶지 않습니다. 그리고 나는 당신에게 이러한 인식 불가능한 그릇이 당신의 체계에게 할 수 있는 것을 보여주겠습니다. 나는 당신의 체계에서 빈곤한 복제물로 있지 않을 것입니다. 하지만 그럼에도 불구하고 나는 당신이 당신의 체계를 구축한 바로 그 텍스트의 구절을 **모방**하고, 그것[체계]에 들어갈 수 없는 것이 이미 그 내부에 (그것의 필연적 외부로서) 있다는 것을 보여줌으로써 당신을 닮을 것입니다. 그래서 나는 체계 내부의 이러한 외부의 출현이 그것의 체계적 폐쇄성에 의문을 제기하고 또한 자기를-근거 지으려는 그것의 침투에 의문을 제기할 때까지 당신 작업의 몸짓을 모방하고 반복할 것입니다."

바로 이것이 나오미 쇼어가 "이리가레는 모방 자체를 모방한다"고 주장할 때 그녀가 의미한 바의 일부이다.[37] 이리가레는 모방을 통해 닮음에 대한 금지를 위반하는 동시에 복제로서의 닮음 개념을 거부한다. 그녀는 플라톤을 거듭해서 인용하지만, 인

---

36) 이렇게 생각하도록 도움을 준 젠 토마스(Jen Thomas)에게 감사드린다.

37) Naomi Schor, "This Essentialism Which Is Not One: Coming to Grips with Irigaray", p. 48.

용들은 정확히 그 인용들로부터 배제된 것을 드러내며, 또한 배제된 것을 보여주려 하면서 배제된 것을 체계 자체로 재도입하고자 한다. 이러한 의미에서 이리가레는 남근 경제를 반복하면서 전위하는 일을 수행한다. **바로 이것이 인용이다. 하지만 이 인용은 원본을 단순히 되풀이하거나 원본에게 노예화되는 것으로서가 아니라, 원본의 바로 그 항들 내에서 발생하는 것으로 보이는 불복종으로서의 인용이자, 플라톤이 스스로에게 주장한 것처럼 보이는 발원(origination)의 힘을 의문시하는 인용이다.** 그녀의 모방은 기원을 반복하는 효과를 가지는데, 이러한 반복 효과는 오로지 그러한 기원을 하나의 기원**으로** 전위하는 것일 뿐이다.

그리고 원본에 대한 플라톤의 설명이 그 자체로 어머니 기원의 **전위**인 한에서, 이리가레는 전위를 전위시킴으로써 그리고 그러한 기원을 남근 로고스 중심적인 권력의 특정한 책략의 '효과'라는 점을 보여줌으로써 바로 그러한 전위의 행위를 그저 모방할 뿐이다. 그렇다면 이리가레의 이러한 독해에 따르면, 모성적인 것으로서의 여성적인 것은 자신을 대안적인 기원으로 제공하지 않는다. 왜냐하면 여성적인 것이 도처에 있다고 혹은 모든 것이라고 얘기된다면, 바로 그것이 전위를 통해 생산되는 것이며, 역-전위의 가능성으로 회귀하는 것이기 때문이다. 실제로 누군가는 기존에 이리가레를 성격 규정했던 '무비판적 모성주의자(maternalism)'라는 말을 다시 떠올릴지도 모르겠다. 왜냐하면 여기서는 모성적인 것의 재기입이 남근적인 '철학적 공리(philosophemes)'의 언어를 통해 그리고 그러한 언어로 글을 씀으로써 발생하는 것으로 나타나기 때문이다. 이러한 텍스트 실천은 경쟁적인 존재론에 근거를 두는 것이 아니라, 아버지 언어 자체에 거주——실제로는 침투 · 점유 · 재배치——한다.

　누군가는 어쩌면 이런 식의 침투적 텍스트 전략이 이리가레의 「우리 입술이 함께 말할 때」에서 나타난 엄격하게 반-침투적인 표면의 에로스와는 다른 에로티시즘의 텍스트화를 제안하는 것은 아닌지의 여부에 대해 물을 수 있다. "너는 **내 안에** 있지 않다. 나는 너를 내 배(腹), 내 품, 내 머리에 포함하거나 보유하지 않는다. 내 기억, 내 마음, 내 언어에도 너는 없다. 너는 내 피부처럼 거기에 있다."[38] 진입과 보유의 에로티시즘에 대한 거부는 이리가레에게는 에로틱한 교환 형식들인 전유 및 점유와의 대립과 연결되는 듯 보인다. 하지만 이리가레가 수행하는 종류의 읽기는 그녀가 읽어 내는 텍스트에 그녀가 진입하길 요구할 뿐만 아니라, 특히 여성적인 것이 철학 체계 자체 내에서 내적 간극이나 틈으로 유지될 때 그녀가 그러한 보유를 부주의하게 사용하는 작업을 할 것을 요구하기도 한다. 그러한 전유의 독해를 하면서 이리가레는 플라톤의 경제가 폐제하고자 하는 바로 그 침투라는 유령을 역으로——혹은 다른 곳으로의 침투로—— 실행하는 것처럼 보인다. ("여성적 쾌락의 '다른 곳'은 모든 사변을 마주한 거울을 통해 **되건너가는**(crossing back/retraversée) 대가를 치를 때에만 발견될 수 있다."[39]) 수사학의 수준에서 이러한 '되건너가기'는 이리가레가 명시적으로 긍정하는 표

---

38) Luce Irigaray, "When Our Lips Speak Together", *This Sex Which Is Not One*, tr. Catherine Porter with Carolyn Burke, Ithaca: New York, 1985, p. 216; *Ce sexe qui n'en est pas un*, Paris: Editions de Minuit, 1977, p. 215. [한글본] 이리가레, 『하나이지 않은 성』, 이은민 옮김, 동문선, 2000, 287쪽.
39) *This Sex*, p. 77; *Ce sexe*, p. 75. [한글본] 『하나이지 않은 성』, 99-100쪽.

면의 에로스와는 대치되는 그러한 남근을 비판적으로 모방하는 에로티시즘——반복·전위·침투·노출에 의해 구조화된 에로티시즘——을 구성한다.

이리가레가 글 서두에서 인용한 구절에 따르면, 철학 체계는 '물질적 인접성과의 단절' 위에 세워졌으며, 물질 개념은 그러한 파열이나 절단(la coupure)을 구성하면서 은폐시킨다. 이러한 논증은 그 개념에 선행하면서 즉 물질에 선행하면서, 물질이 은폐하려 하는 어떤 인접성의 질서를 상정하는 것처럼 보인다. 이리가레가 윤리 철학의 역사를 가장 체계적으로 독해하는『성적 차이의 윤리』에서 그녀는 윤리적 관계가 기존의 호혜성 및 존중 개념을 재배열하는 인접성·근접성·친밀성의 관계에 기초해야 한다고 주장한다. 전통적인 호혜성 개념은 그러한 친밀성의 관계를 폭력적인 삭제·대체 가능성·전유로 특징 지어지는 관계와 교환한다.[40] 정신분석학적으로 볼 때, 그러한 물질적 인접성은 어머니의 몸과 아기 사이의 경계에 대한 즉 언어에서 기호의 환유적 근접성으로 다시 나타나는 관계에 대한 불확실한 분리로 이해된다. 질료나 형상과 같은 개념들이 그것들이 합성되는 환유적인 의미화 사슬을 부인 및 은폐하는 한에서, 그 개념들은 '모성적/물질적' 인접성과 단절하는 남근 로고스 중심적인 목적에 기여한다. 다른 한편 그러

---

40) 페미니즘적인 윤리 철학의 관점에서 이리가레의 위치를 매우 흥미로운 방식으로 재정식화하는 것으로, Drucilla Cornell, *Beyond Accommodation: Ethical Feminism, Deconstruction, and the Law*, New York: Routledge, 1991과 Gayatri Chakravorty Spivak, "French Feminism Revisited: Ethics and Politics", in *Feminists Theorize the Political*, pp. 54-85를 보라.

한 인접성은 은유적 등가성이나 개념적 통일성을 통해 일련의 대체를 설정하려는 남근 로고스 중심적인 노력을 좌절시킨다.[41]

마거릿 위트포드에 따르면, 물질 개념을 초과하는 이러한 인접성 개념은 그 자체 자연적 관계가 아니라 여성들에게 적절한/고유한 **상징적** 접합이다. 위트포드는 '두 입술'을 환유를 위한 형상으로,[42] 즉 "여성들 간의 수직적이고 수평적 관계를 위한 형상(……) 여성들의 사회성을 위한 형상"으로 간주한다.[43] 그러나 위트포드는 또한 여성 경제와 남성 경제가 결코 완전히 분리될 수 없음을 지적한다. 그 결과 인접성의 관계는 이 두 경제 **사이**에 존속하고, 따라서 여성적인 것의 영역에만 배타적으로 속하지 않는 것처럼 보인다.

그렇다면 우리는 플라톤과 동맹을 맺은 이리가레의 텍스트 실천을 어떻게 이해할 것인가? 그녀는 플라톤의 텍스트를 어느 정도까지 반복하는가? 다시 말해 그녀는 자신의 반사적 생산을 증대시키기 위해서가 아니라 그러한 반사경을 통해 그리고

---

41) 연속적 관계는 성별들, 즉 제1의 성과 제2의 성을 열거할 가능성을 파괴한다. 따라서 여성적인 것을 '연속적인 것으로/연속적인 것을 통해' 형상화하는 일은 남성적인 것/여성적인 것이라는 위계적 이항 논리에 암묵적으로 이의를 제기한다. 라캉은 여성적인 것을 수량화하는 것에 대한 이러한 반대 의견을 『세미나 20』에서 암묵적으로 주장한다. Jacques Lacan, *Encore: Le séminaire Livre XX*, Paris: Éditions du Seuil, 1975. 그것은 여성적인 것이 "하나가 아니라는" 하나의 의미를 구성한다. 이에 대해서는 Luce Irigaray, *Amante marine*, pp. 92–93을 보라.

42) Margaret Whitford, *Luce Irigaray: Philosophy in the Feminine*, London: Routledge, 1991, p. 177.

43) Ibid, pp. 180–181.

그러한 반사경으로 되건너가기 위해서 문제 설정상 인용 표시 내
에 남아 있어야 하는 여성적인 '다른 곳'까지 플라톤의 텍스트를
반복하는가?

이리가레에 따르면, 물질을 초과하는 물질은 늘 존재하며, 여기
서 전자의 물질은 자가 발생적인 형상/질료 짝이 번창하기 위해 부
인된다. 물질은 두 가지 양상으로 발생한다. 첫째는 남근 로고스 중
심주의에 기여하는 형이상학적인 개념으로 발생하며, 둘째는 그녀
에게 비판적 모방의 가능한 언어적 현장을 표시하는 우려스러울 정
도로 사변적이며 말 오용적인 근거가 없는 형상으로 발생한다.

> 따라서 모방의 놀이를 하는 것은 여성에게는 그녀 자신을 단순히
> 담론으로 환원되도록 허용하지 않고 그녀가 담론에 의해 이용당하
> 는 장소를 회복하려고 노력하는 것이다. 이것은 그녀가 '지각 가능한
> 것' 즉 '물질'의 편에 서 있기에 그녀 자신을 '관념들'에, 특히 남성적
> 논리 안에서 남성적 논리에 의해 정교화된 그녀 자신에 관한 관념들
> 에 다시 복종시키는 것을 의미하는데, 다만 이러한 재복종은 유희적
> 반복의 효과에 의해 비가시적인 것으로 남아 있다고 추정된 것, 즉
> 언어 안에서 여성적인 것의 가능한 작용을 은폐하는 것을 '가시적'으
> 로 만들기 위한 것이다.[44]

위의 인용 중 '언어 안에서 여성적인 것'이라는 생각에서 본질

---

44) Lucy Irigaray, "The Power of Discourse", in *This Sex Which Is Not One*, p. 76. [한글
본] 이리가레, 「담론의 권력」, 『하나이지 않은 성』, 98쪽.

주의로의 회귀가 있는 것은 아닐까? 하지만 그녀는 그에 뒤이어서 **모방하기**가 언어 안에서 여성적인 것의 바로 그 작용이라고 제시한다. 모방한다는 것은 바로 모방되는 것에 참여하는 것을 의미한다. 만일 언어적 모방이 남근 로고스 중심주의의 언어라면, 여성적인 것이 자신이 교정하려고 하는 남근 로고스 중심주의의 바로 그 용어들에 근본적으로 함축되어 있는 한에서 언어적 모방은 그저 한정적으로 여성적인 언어일 뿐이라는 것이다. 그녀는 계속해서 이렇게 말한다. "[모방의 놀이가 의미하는 것은] 여성들이 그러한 좋은 모방자들이라면 그 이유는 그녀들이 이러한 기능에 단순히 재흡수되지 않기 때문이라는 사실의 '베일을 벗기는 것'이다. **그녀들은 또한 다른 곳에 남아 있다.** 즉 '물질'이 지속하는 다른 경우로 남아 있다. (……)" 여성들은 남근 로고스 중심주의를 모방하지만, 그러한 담론의 모방적인 자기-복제에 의해 은폐된 것을 폭로하기도 한다. 이리가레가 보기에 단절되고 은폐된 것은 언어적 환유 작용, 즉 엄마와 아기가 맺는 최초의 근접성의 언어적 잔여처럼 보이는 인접성과 근접성이다. 바로 이러한 모든 모방——실제로는 모든 은유적 대체——에서의 환유적 초과는 남근 로고스 중심적인 규범의 매끄러운/경계 없는(seamless) 반복을 무너뜨리는 것으로 이해된다.

그럼에도 불구하고 이리가레가 주장한 것처럼 동일성의 논리가 환유의 반란에 의해 잠재적으로 무너질 수 있다고 주장하고, 그런 다음 이러한 환유를 억압에 맞서 반란을 일으키는 여성적인 것과 동일시하는 것은 여성적인 것의 장소를 돌연히 침입한 코라 안에서 그리고 그러한 코라로서 공고화시키는 것인데, 이때 코라는 형상화될 수 없지만 모든 형상화에 필수적인 것이다. 물론 그럼에도 불구하고 그것은 여성적인 것이 '항상' 외부이고 외부는 '항상' 여성적인 것인 그러한 방식에서 코라를 형상화하는 것이다. 이리가레는 바로 이러한 움직임을 통해 여성적인 것을 주제화할 수 없는 것, 형상화할 수 없는 것으로 위치 지우면서도, 또한 동시에 여성적인 것을 그러한 위치와 동일시함으로써 이러한 동일성——이것은 동일하지 않은 것으로 '있다'——을 생산하는 남근 로고스 중심적인 [권력]행사를 주제화·형상화하며 또 이용한다.

하지만 여기서 여성적인 것이 배제된 것의 영역을 독점한다는 생각을 거절할 만한 충분한 이유가 있다. 실제로 그러한 독점을 강화하는 것은 남근 로고스 중심적인 담론 자체에 의해 수행된 폐제의 효과를 배가시키는데, 이는 독점의 강화가 붕괴로서 작동하는 환유에서 언어적 현장을 발견했다고 명시적으로 주장하는 것에 반대하는 식으로 그러한 담론의 근거 짓는 폭력을 '모방'하기 때문이다. 결국 인식 가능성에 대한 플라톤의 시노그래피는 여성들·노예들·아이들·동물들의 배제에 의존하는데, 여기서 노예들은 자신의 언어를 말하지 못하는 이들로 특징 지어지며, 또한 자신의 언어를 말하지 못함으로 인해 그들의 이성 능력이 떨어지는 것으로 여겨지는 이들로 특징 지어진다. 이러한 이방인-혐오적인 (xenophobic) 배제는 인종화된 **타자**——즉 그들이 지닌 '본성'이 사적인 삶의 조건을 재생산하려고 애쓰는 과정에서 그들에게 할당된 과업 덕분에 덜 합리적이라고 간주되는 이들——의 생산을 통해 작동한다. 이처럼 합리적이지 못한 인간이라는 영역은 인간 이성의 형상을 제한해 그 '인간/남자'를 유년기가 없는 존재, 영장류가 아닌 존재, 그래서 먹고 싸고 살고 죽을 필요가 없는 존재로 생산한다. 그[남자]는 노예가 아니라 항상 재산을 보유한 자이며, 그가 쓰는 언어가 독창적이고 그래서 번역할 수 없는 것으로 남아 있는 그런 자이다. 이것은 비신체화의 형상이지만, 그럼에도 불구하고 그것은 하나의 몸의 형상, 남성화된 합리성을 벗어난 육체화하는(bodying) 형상, 하나의 몸이 아닌 남성 몸의 형상, 위기 속에 있는 형상, 자신이 완전히 통제할 수 없는 위기를 실행하는 형상이다. 이렇게 남성적인 이성을 비신체화된 몸으로 형상화하는 것은 다른 가능한 신체의 배제를 통해 그의 상상적 형태학이 만들어지는 그러한 형상화이다. 바로 이것이 다른 신체의 탈물질화를 통해 작동하는 이성의 물질화인데, 여성적인 것은 엄밀히 말하자면 어떠한 형(形)도, 어떠한 형태학도, 어떠한 윤곽도 없기 때문이다, 또한 여성적인 것은 사물의 윤곽을 그리는 데 기여하지만, 그 자체로 미분화(未分化)되어 있고 어떠한 경계도 없기 때문이다. 이성이 있는 몸은 이성을 적절하게 대표하지 못하는 신체나 그 복제물을 탈물질화하는데, 이것이 위기 속에 있는 형상이다. 왜냐하면 그러한 이성을 지닌 몸은 그 자체 남성성의 환영적 탈물질화이기 때문이다. 이러한 탈물질화는 여성 · 노예 · 아이 · 동물이 그 몸이 될 것을 요구하고 자신은 수행하지 못할 그러한 몸의 기능을 수행할 것을 요구한다.[45]

---

45) 산타크루즈의 어느 온탕 안에서 이 글의 초고를 검토해 준 도나 해러웨이는 이리가레를 읽을 때, 이리가레가 플라톤을 서구적 재현의 기원으로 강화시킨다는 점을 보는 것이 중요하다고 제안했다. 해러웨이는 마틴 버낼의 연구[한국어 번역으로는 『블랙 아테나』, 오홍식 옮김, 소나무, 2006이 있다──옮긴이]를 언급하면서 '서양'과 그것의 '기원'이 문화적 이질성, 특히 아프리카의 문화적 교류 및 영향력을 억누

이리가레가 여기서 늘 문제/물질들에 도움을 주는 것은 아니다. 그녀는 '다른 곳'을 여성적인 것으로 이상화하고 전유함으로써 여성들과 이들 다른 타자들을 환유적으로 연결하는 일을 행하지는 못하기 때문이다. 그러나 이리가레의 '다른 곳'의 그 '다른 곳'이란 무엇인가? 만일 여성적인 것이 남성주의적 이성의 경제로부터 배제된 유일하거나 일차적인 종류의 존재가 아니라면, 이리가레의 분석 과정에서 배제된 것은 무엇이고 또 누구인가?

부적절한 진입: 성적 차이의 프로토콜

지금까지의 분석은 성의 물질성이 아니라 물질성의 성을 고찰했다. 다시 말해 특정한 성차의 드라마가 펼쳐지는 현장으로서의 물질성을 추적했다. 이러한 설명의 취지는 몸의 **물질성**이나 성의 물질성으로 손쉽게 회귀하는 것에 대해 경고하는 데 있을 뿐만 아니라, 물질을 불러일으키는 것이 성적 위계와 성적 삭제의 퇴적된 역사를 불러일으키는 것임을 보여주는 데 있는데, 이러한 역사는 확실히 페미니즘 연구의 **대상**이어야만 하지만, 페미니즘

르면서 구축된다고 주장했다. 해러웨이의 주장은 옳은 것이지만, 이리가레의 논점은 유럽이 그리스에서 '기원'한다는 식의 폭력적 생산물을 폭로하는 데 있으며, 그렇기에 해러웨이의 관점과 양립 불가능하다고는 볼 수 없다. 내가 제안하는 것은 이러한 폭력이 플라톤의 교리 안에 재현적 기입의 '현장'으로 남아 있다는 점이며, 또한 플라톤과 이리가레의 '근거 짓는 배제들'을 읽어 내는 한 가지 방식은 '그러한 그릇에 무엇이 저장되어 있는가?'를 묻는 데 있다는 점이다.

이론의 **토대**로 삼기에는 상당히 문제적인 면이 있다. 물질로 회귀하는 것은 우리가 물질의 이중화와 모순 속에서 이제 막 시작한 성차의 드라마를 실행하는 **기호**로서의 물질로 회귀할 것을 요구한다.

그렇기에 『티마이오스』의 구절로 돌아가 보자. 여기서 물질은 그 자체 적절한 용어이자 부적절한 용어로, 즉 차별적으로 성별화된 용어로 이중화하고, 그리하여 물질 자체를 모호함의 현장으로, 남성적 형태를 띨 때는 어떠한 몸도 아닌 몸으로, 여성적 형태를 띨 때는 어떠한 몸도 아닌 물질로 인정한다.

그릇인 그녀는 "항상 모든 것을 받아들이고, 그녀 자신의 본성에서 결코 벗어나지 않으며, 어떤 식으로든 언제든, 그녀에게 진입하는 어떤 사물들과도 같은 형태를 떠맡지 않는다."(50b[140쪽]) 여기에서 금지된 것처럼 보이는 것은 동사 '에일레펜(eilephen)'——이것은 '어떤 형태를 떠맡다'에서와 같이 '떠맡는다'를 의미한다——에 부분적으로 포함되어 있는데, 이 동사는 연속적인 행동이자 동시에 일종의 수용성이기도 하다. 이 말은 다른 가능성들 중에서도 특히 '환대를 얻다', '환대를 조달받다', '환대를 손에 넣다', '환대받다'를 의미하며, 또한 **'아내를 가지다'**, **'한 여자를 임신시키다'**도 의미한다.[46] 이 말은 [아내를] '조달받다'를 암시하지만 또한 아내를 임신시키면서도 취할 수 있는 능력을 암시한다. 이러한 활동이나 자질은 앞서 인용한 구절에서는 금지되므로, 이러한 받을 수 있는 원리가 착수할 수 있는 '수용성'의 종류에는 한계가 설정되

---

46) H. G. Liddell and Robert Scott, *Greek-English Lexicon*, Oxford: Oxford University Press, 1957.

어 있다. '그녀가 결코 하지 말아야 할 것'(즉 '그녀 자신의 본성에서 벗어나는 것')을 의미하는 말은 '엑시스타타이 디나메오스(existhathai dynameos)'이다. 이것이 함의하는 바는 그녀는 결코 그녀 자신의 본성으로부터 튀어나오거나 그로부터 분리되거나 **전위**되어서는 안 된다는 것이다. 즉 자기 안에 담겨진[포함된] 것으로서의 여성은 문자 그대로 **전위로 인해 무질서**해져서는 안 되는 존재이다. 시엠프레(siempre) 즉 '결코~ 아니다(never)'와 '어떤 길도 없다(in no way)'는 이러한 '자연적 불가능성'에게 적절한 장소에 대한 정언명령·금지·입법·할당의 형식을 부여하는 고집스러운 반복이다. 만일 그녀가 오로지 늘 그녀에게 진입하는 것으로 얘기되는 것과 닮기 시작한다면 무슨 일이 일어나겠는가? 분명한 것은 여기에서 일련의 위치들이 형식으로의 침투라는 배타적 할당을 통해, 여성화된 물질성으로의 침투 가능성을 통해, 그리고 침투 가능한 여성성의 이러한 형상이 재생산으로 생겨난 존재와의 완전히 분리를 통해 보장된다는 점이다.[47]

이리가레는 앞서 언급된 『티마이오스』의 구절에서 '형식/형태(form/shape)를 떠맡다'를 '임신시키다'로 명확하게 읽고, 플라톤이 출산을 남성적인 것의 공로라고 말하기 위해 여성적인 것이 재생산 과정에 기여하는 일을 금지시키고 있다고 이해한다. 그러나 우리는 희랍어 '에일레펜'[떠맡다]이 지닌 또 다른 의미 즉 '아내를

---

47) 고대 그리스의 맥락에서 남성적 위치와 여성적 위치를 능동적 삽입과 수동적 수용이라는 성별 위치로 너무 성급히 환원하지 않는 것이 중요하다. 그런 식의 개념적 짝짓기에 반대하는 중요한 주장으로, David Halperin, *One Hundred Years of Homosexuality*, New York: Routledge, 1990, p. 30을 참고하라.

갖거나 취하다'를 고려할 수도 있을 듯하다.[48] 왜냐하면 그녀[여성]는 또 다른 물질성을 닮지 않을 것이며, 그래서 결코 그러한 물질성에로 진입하지 않을 것이기 때문이다. 이것이 의미하는 바는 그[남성]는 결코 그녀[여성]에 의해 혹은 사실상 다른 그 어느 것에 의해서도 진입당하지 않을 것이라는 점——**형상들**이 이러한 삼각관계에서 아버지에 비유된다는 점을 기억하라——이다. 그는 침투될 수 없는 침투자이며, 그녀는 한결같이 침투당하는 자이기 때문이다. 그리고 '그'는 상호 배타적이지만 또한 보완적인 그들의 위치를 확립하는 닮음에 대한 이러한 금지가 없다면 그녀와 구별되지 않을 것이다. 사실 그녀가 그 답례로 침투하거나 다른 곳에 침투한다면 그녀가 '그녀'로 남을 수 있을지, '그'가 차별적으로 확립된 그 자신의 동일성을 유지할 수 있을지 어떨지는 불분명하다. 이처럼 대명사의 분배를 조건 짓는 비-모순의 논리는 침투자로서의 이러한 배제적 위치를 통해 '그'를 확립하고, 침투된 자로서의 이러한 배제적 위치를 통해 '그녀'를 확립하기 때문이다. 그래서 결론적으로 말하자면 이러한 이성애적 **모체**가 없다면 이러한 젠더화된 위치의 안정성은 의문에 부쳐질 것으로 보인다.

누군가는 남성적인 것의 침투 불가능성을 보장하는 이러한 금지를 일종의 공황 상태로, 즉 그녀와 '마찬가지로' 나약해지게 되는 것에 대한 공황상태로 읽을 수도 있을 것이다. 혹은 남성적인

---

48) 뒤이은 내용은 고전주의적인 나의 독자 일부가 말했듯이, 나의 과도한 해석일 수 있다.

것의 남성적 침투가 권위를 부여받는다면 혹은 여성적인 것의 여성적 침투가 권위를 부여받는다면 혹은 남성적인 것의 여성적 침투가 권위를 부여받는다면 혹은 이 위치들의 역전 가능성이 권위를 부여받는다면 일어날 수 있는 일에 대한 공황 상태로 읽을 수도 있을 것―어쨌든 '침투'의 자격을 부여받은 것에 대한 전면적인 혼란은 차치하고서라도―이다. '남성적인 것'과 '여성적인 것'이라는 용어는 여전히 안정적인 방식으로 의미화할 수 있는가? 혹은 제 위치를 벗어난 침투에 대한 금기가 완화되면 이러한 젠더화된 위치가 심각할 정도로 불안정해지는 것은 아닌가? 만일 표면상 여성적인 두 젠더화된 위치들 사이에서 침투 관계를 갖는 것이 가능하다면, 이는 서구 형이상학이 계속 진행되기 위해 금지되어야 하는 그러한 종류의 닮음일 수 있겠는가? 그리고 그것은 자기 자신의 배제적 권리에 대한 남근적 확신을 침식시킬 남근적 자율성의 선별이나 전위와 같은 것으로 고려될 만한 것인가?

이것은 이리가레가 고려하지는 않았지만 그럼에도 불구하고 그녀의 비판적 모방 전략과 양립할 수 있는 역-모방인가? 우리는 서구 형이상학의 사변적이고 환영적인 시작을 동원하는 이러한 금기를 성적 교환(sexual exchange)이라는 유령―이것은 그 자신의 금지를 통해 레즈비언에 대한 공황 상태 혹은 어쩌면 더 구체적으로는 레즈비언의 남근화에 대한 공황 상태를 생산한다―으로 읽을 수 있는가? 아니면 이런 종류의 닮음이 사물의 질서를 지지하는 강제적인 젠더화된 모체를 교란하기 때문에 우리는 남근 경제의 외부나 틈새들에서 발생하는 이러한 성적 교환이 단순히 이성애적 기원의 '복사물'에 불과하다고 주장할 수는 없는 것인가? 분명한 것은 특수한 이성애 형태에 대한 이러한 법 제정(legislation)이 그것의 근원적이지 않은 위상을 충분히 잘 증명한다는 점이다. 그렇지 않으면 섹슈얼리티의 조직화를 둘러싼 경쟁의 가능성에 대해 처음부터 금지를 설정할 어떠한 필요성도 없을 것이다. 이러한 의미에서 플라톤이 인식 가능성의 영역에서 제외시킨 그러한 부적절한 닮음이나 모방은 남성적인 것을 닮은 것이 아니다. 그것은 남성적인 것을 기원으로 특권화하는 것일 수 있기 때문이다. 닮음이 가능하다면 그것은 남성적인 것의 '원본성'이 논쟁의 여지가 있기 때문이다. 다시 말해 결코 남성적인 것으로 재흡수되지 않는 남성적인 것의 모방은 원본성에 대한 남성[적인 것]의 주장을 의심스러운 것으로 드러낼 수 있다. 여기에서 남성적인 것이 레즈비언적 닮음이라는 유령을 불법화하는 금지를 통해 근거 지어지는 한, 그러한 남성주의적 제도, 그리고 그러한 제도가 코드화하는 남근 로고스 중심적인 동성애 혐오는 하나의 기원이 **아니라** 바로 그 금지의 **효과**일 뿐이며, 근본적으로는 그것이 배제해야만 하는 것에 의존하는 것이다.[49]

중요한 것은 이러한 금지가 물질성이 이중적 심급 즉 한편으로 **형상**의 복사본으로, 다른 한편으로 물질성——자기 복제적 메커니

---

49) 디오티마는 재치가 없어 보이는 소크라테스에게 이성애적 출산이 불멸성의 효과를 포함할 뿐만 아니라 생산한다는 것을 설명함으로써 이성애적 출산과 시간에 구애받지 않는 진리의 생산을 연결시키려 했다. 이에 대해서는 『향연』(206b-208b) [한글본] 플라톤, 『향연』, 강철웅 옮김, 이제이북스, 2011, 134-138쪽을 참조하라. 물론 디오티마의 연설은 이러한 이성애적 규범을 주장——이후에는 그것이 남성 동성애적 쟁점을 산출한다——한다고 얘기될 수 있는 대화의 수사학적인 맥락 안에서 읽힐 필요가 있다.

즘은 바로 이 물질성 안에서 이 물질성을 통해 작동한다──에 기
여하지 않는 것으로 설치되는 현장에서 출현한다는 점이다. 이러
한 의미에서 물질은 남근적 기입의 반사적 시노그래피의 일부이
거나 아니면 그러한 남근적 용어 내에서 인식 가능한 것으로 제공
될 수 없는 것이다. 바로 이러한 물질의 정형화(formulation)는 성차
의 조직화나 부인에 기여하면서 발생하기 때문에 우리는 물질을
그 자신의 기여 안에서 정의하고 도구화하며 할당하는 성차의 경
제에 직면하게 된다.

형상들의 접합에서 작동하는 섹슈얼리티의 규제는 성차가 바
로 그 물질의 정형화에서 작용한다는 점을 암시한다. 그러나 이것
은 단지 이성에 반대하여 정의되는 것만은 아닌 물질로, 여기서 이
성은 서로 상쇄하는 물질성을 통해 작용하는 것으로 이해되며, 남
성적인 것과 여성적인 것은 이러한 대립의 위치를 차지한다. 성차
는 또한 기입적 공간이라는 현장을 차지할 것, 즉 이러한 대립의 위
치들 바깥에서 자신들을 지지하는 조건으로서 남아 있어야 하는 것
의 정형화 및 무대로 작용한다. **형상들**은 무수한 배제를 필요로 하
기 때문에 단일한 외부란 없다. **형상들**은 자신들이 배제하는 것을
통해, 즉 동물이나 여자, 노예가 아닌 것을 통해 존재하면서 스스로
를 복제하며, 그들[동물, 여자, 노예]의 고유성(propriety)은 재산, 민
족적·인종적 경계, 남성주의, 강제적 이성애 등을 통해 획득된다.

일련의 역-모방이 이 네 영역[재산, 민족적·인종적 경계, 남성
주의, 강제적 이성애] 각각으로부터 출현하는 한 그것들은 서로
동일하지 않을 것이다. 주인 담론의 점유 및 역전이 있다면, 그것
은 여러 영역들로부터 나올 것이며, 이러한 재의미화 실천은 '이

성의 지배'라는 자기-복제적 가정을 뒤섞는 방식으로 수렴될 것이다. 만일 복사물이 말한다면 혹은 그저 물질적이기만 한 것이 의미화하기 시작한다면, 이성의 시노그래피는 그것이 늘 세워졌던 그러한 위기에 의해 뒤흔들리기 때문이다. 그리고 이리가레의 '다른 곳'이라는 그 다른 곳을 최종적으로 경계 설정할 방법은 없을 것이다. 모든 대립하는 담론이 그것의 외부를, 즉 그것의 비의미화하는 기입적 공간으로 설치될 위험이 있는 외부를 생산할 것이기 때문이다.

그리고 이것이 모든 진리-체제의 필연적이고 근거 짓는 폭력으로 나타날 수 있다고는 해도, 파토스의 그러한 이론적 몸짓에 저항하는 것은 중요하다. 바로 이 이론적 몸짓에서 배제는 단지 의미화의 슬픈 필연성으로 긍정되기 때문이다. 과제는 이러한 필연적 '외부'를 미래의 지평으로 재형상화하는 데 있는데, 이러한 미래의 지평에서 배제의 폭력은 영속적으로 극복되는 과정에 있다. 그러나 그와 똑같이 중요한 것은 외부의 보존, 즉 담론이 자신의 한계를 만나는 현장의 보존이다. 이 외부에서는 주어진 진리 체제에 포함되지 않는 것의 불투명성이 언어적 부적절성과 재현 불가능성의 파괴적 현장으로 작용하여 그러한 규범 체제의 폭력적이고 우발적인 경계들에 빛을 비추는데, 이는 정확히 그 체제의 연속성에 근본적인 위협을 가할 수 있는 것을 재현하지 못하는 그러한 체제의 무능력을 통해 가능해진다. 이러한 의미에서 급진적이고 포함적인 재현 가능성은 목표가 아니다. 즉 모든 주변적이고 배제된 위치를 주어진 담론 안에 포함하거나 그러한 담론으로 말하거나 그러한 담론을 도입하는 것은 단일한 담론이 어디에서도 자신의 한계를 만나지 못한다고 주장하는 것이며, 또한 그러한 담론이 모든 차이의 기호들을 길들일 수 있고 길들일 것이라고 주장하는 것이다. 만일 정치의 언어에 폭력이 필수적인 것이라면, 그러한 위반의 위험에는 또 다른 위험이 뒤따를 수도 있을 것이다. 말하자면 우리가 진행시키는 배제를 끝장내거나 지배하는 일 없이 소유——하지만 결코 완전히 소유하지는 못하는——하기 시작하는 위험이 뒤따를 수도 있을 것이다.

형태 없는 여성성

난처한 것은 플라톤의 환영적 경제가 사실상 여성적인 것에서 **형(形)**이나 형태를 박탈시키는 것처럼 보인다는 점이다. 왜냐하면 그릇으로서 여성적인 것은 영속적인 것이며 따라서 이름을 붙일 수 없는 살아 있지 않은 것, 형태 없는 비-사물이기 때문이다. 그리고 유모·어머니·자궁으로서의 여성적인 것은 제유법상 일련의 형상적 기능들로 붕괴된다. 이러한 의미에서 물질성에 관한 플라톤의 담론(우리가 휘포도케에 관한 담론을 그것으로 받아들일 수 있다면)은 여성의 몸을 인간 형태로 생각하는 일을 허용하지 않는 담론인 것이다.

우리가 몸의 물질성에 의문을 제기한다면 우리는 어떻게 신체적 상처에 대한 주장을 정당화할 수 있는가? 여기서 플라톤의 글을 통해 실행된 것은 바로 그 물질 개념을 근거 짓는 위반, 물질 개념을 동원하고 물질 개념을 유지하게 하는 위반이다. 더욱이 플라톤에게는 여성적이고 형태가 없는, 따라서 몸이 없는 물질성과 그러한 여성적 물질성을 통해 형성되는——하지만 여성적 물질성으로 형성되는 것은 아닌——신체 사이에는 괴리가 있다. 이미 받아들여진 물질성 개념을 불러들이고, 그러한 물질성 개념이 '환원 불가능한 것'으로 기능한다고 주장하는 한에서, 우리가 여성적인 것에 대한 구성적 위반을 확고히 하고 영속화한다고 할 수 있는가? 우리가 바로 그 물질 개념이 위반을 보존하면서도 다시 유통시킨다고 생각하고, 그래서 위반에 대한 보상에 기여하도록 그러한 물질 개념을 불러들인다면, 우리는 우리가 보상하고자 하는 바로 그 상처를 재생산할 위험이 있다.

『티마이오스』는 우리에게 신체를 제공하지 않는다. 다만 이성애적 성교와 남성의 자가 발생이라는 주어진 환상을 확고히 하는 그러한 신체적 위치의 형상들을 붕괴시키고 전위시킬 뿐이다. 그릇은 여성이 아니라, 이러한 형이상학적인 우주 발생론의 꿈-세계 안에서 여성들이 여성들로 되는 형상, 즉 물질의 구성에서는 대체로 요람에 싸인 채 남아 있는 형상이기 때문이다. 이리가레가 제안한 것처럼 물질의 전체 역사는 수용성이라는 문제틀과 밀접한 관계를 맺는 것 같다. 이러한 암묵적 형상들, 형태가 손상된 형상들을 그것들이 합성될 수 있게 도움을 주는 '물질'과 분리시킬 방법은 있는가? 그리고 우리가 물질의 역사 안에서 코드화된 성차의 역사를 겨우 식별하기 시작한 한에서, 물질 개념이나 신체의 물질성이 논쟁의 여지가 없는 페미니즘 실천의 근거로 기여할 수 있는지 여부는 근본적으로 불확실해 보인다. 이러한 의미에서 아리스토텔레스의 말장난은 여전히 물질의 물질이라는 이중성을 상기시키는 역할을 하는데, 이는 물질성의 성(性)에 의해 미리 부담이 지어지지 않은 성의 물질성이란 있을 수 없다는 것을 의미한다.

결말이 열려 있는 다음과 같은 몇 가지 질문이 남아 있다. 신체의 물질성을 묘사하려는 노력에서 미리 주어진 형태의 물질에 대한 상정이 인식 가능한 신체로 나타날 것과 인식 가능한 신체로 나타나지 않을 것을 미리 예시하는 것은 어떤가? 암묵적인 규범적 기준은 어떻게 신체의 물질을 형성하는가? 그리고 우리는 그러한 기준을 단지 신체에 대한 인식론적 부과로 이해하는 것이 아니라 신체가 훈련되고 형태 지어지고 형성되는 특정한 사회적인 규제적 이상으로 이해할 수 있는가? 만일 몸의 도식이 단지 미리 형성된 신체에 부과되는 것이 아니라 신체 형성의 일부라면, 우리는 어떻게 형태 발생 과정에서 금지의 생산 혹은 금지의 형성적 힘을 생각할 수 있는가?

여기서 문제는 단지 플라톤이 신체를 무엇이라고 생각했는지, 그리고 플라톤으로서는 근본적으로 생각이 불가능한 그 몸은 무엇인지에 있지 않다. 오히려 문제는 신체적 삶을 생산한다고 얘기되는 형태들이 인식 가능한 신체적 삶을 한정 지으면서 그러한 삶을 유령처럼 출몰시키는 배제된 영역의 생산을 통해 작동하는지의 여부에 있다. 금지의 힘이 무시무시한 귀환이라는 유령을 만들어 내는 한, 이러한 작동의 논리는 어느 정도는 정신분석학적이다. 그래서 우리는 몸의 경계가 성적 금기를 통해 만들어지는 방식을 묻기 위해 정신분석학 자체로 되돌아갈 수 있는가?[50] 신체의

---

50) 이에 대해서는 Mary Douglas, *Purity and Danger*, London: Routledge & Kegan Paul,

남근적 발생에 대한 플라톤의 설명은 남근을 성별화된 위치성이라는 제유적 징표로 상정하는 프로이트와 라캉의 설명을 어느 정도까지 미리 형태 짓는가?

만일 성별화된 신체의 경계 짓기, 형태 짓기, 형태 변형 등이 일련의 근거 짓는 금지, 일련의 강제된 인식 가능성의 기준에 의해 활성화된다면, 우리는 신체 자체와 거리를 두면서 이론적 위치나 인식적 자리 잡기의 유리한 지점으로부터 신체가 어떻게 나타나는지만을 고려하지는 않는다. 그와는 반대로 우리는 인식 가능한 성의 기준이 신체의 장을 구성하기 위해 어떻게 작동하는지를, 그리고 신체를 규제하면서 생산하는 특정한 기준을 얼마나 정확하게 이해할 것인가를 묻는 것이다. 금지를 제작하는[만들어 내는] 권력은 정확히 무엇으로 구성되는가? 금지를 제작하는[만들어 내는] 권력은 우리가 몸 자체라고 부르길 원하는 어떤 것과 근본적으로 분리될 수 있는 그러한 몸에 대한 영혼의 경험을 규정하는가? 아니면 그것은 형태발생에서 금지의 생산적 힘이 형(形)과 프시케[영혼] 간의 바로 그 구별을 지속 불가능하게 만드는 경우인가?

____

1978. [한글본] 메리 더글러스, 『순수와 위험』, 유제분 · 이훈상 옮김, 현대미학사, 1997와 Peter Stallybrass and Allon White, *The Politics and Poetics of Transgression*, Ithaca: Cornell University Press, 1986. [한글본] 피터 스털리브래스 · 앨런 화이트, 『그로테스크와 시민의 형성—경계이월의 정치학과 시학』, 이창우 옮김, 커뮤니케이션북스, 2019를 보라.

남근과 **음경**을 명확하게 분리하고 **남근** 기표의 의미를 통제하려는 라캉주의자들의 욕망은 바로 남근을 갖고자 하는 욕망, 즉 언어의 중심, 언어의 기원에 있고자 하는 욕망이 있다는 징후이다. 그리고 **남근**이라는 단어의 의미를 통제하지 못하는 그들의 무능력은 라캉이 상징적 거세라고 부르는 것의 증거이다.

──제인 갤럽, 「남근 너머」, 『몸을 통해 생각하기』

세상의 모든 종류의 사물은 거울처럼 행동한다.

──자크 라캉, 『세미나 II』

2장 레즈비언 남근과 형태학적 상상계[*]

　　뭔가를 약속하는 그럴싸한 제목을 설정한 뒤 나는 그에 걸맞은 만족스러운 글을 내놓을 수 없다는 것을 알았다. 어쩌면 남근이라는 약속은 어떤 식으로든 늘 충족되지 않는 것일지 모르겠다. 그렇다면 나는 처음부터 그러한 약속이 실패한다는 것을 인정하고 그 실패를 작업에 활용하면서, 남근 이상을 만족시키는 일보다 더 흥미로운 어떤 것이 내가 제시하는 분석에서 나올 수 있다고 제안하고 싶다. 실제로 그러한 [남근 약속의] 유혹을 어느 정도 경계하

---

[*] 이 장 앞부분은 1990년 12월 시카고에서 열린 〈현대 언어 학회〉 모임에서 「레즈비언 남근: 이성애는 존재하는가?」라는 제목으로 발표되었다. 이 장의 초고는 「레즈비언 남근과 형태학적 상상계」라는 제목으로 『차이들: 페미니즘 문화연구 저널』(*differences: A Journal of Feminist Cultural Studies*, vol. 4, no. 1, Spring 1992, pp. 133-171)에 수록되었다.

는 것은 좋은 일일 수 있다. 대신 내가 하고 싶은 것은 비판적 태도를 견지하면서 프로이트의 논문 「나르시시즘 서론」으로 돌아가 성감적인 몸 부위[성감대]의 경계를 규정하려 할 때 그가 만들어 내는 텍스트상의 모순을 생각해 보고자 한다. 레즈비언 남근이 이제부터 여러분이 읽으려는 글인 「나르시시즘 서론」과 큰 관련이 없는 것처럼 보일 수 있지만, 레즈비언 남근이 없었다면 이 글을 쓸 수 없었을 것이라고 나는 확신(당신과 약속?)한다.

「나르시시즘 서론」(1914)[1]은 리비도 이론을 설명하려고 노력하는데, 처음에는 그 용어와 가장 어울리지 않는 듯한 경험을 통해 리비도 이론을 설명한다. 프로이트는 신체적 고통을 고려하는 것으로 시작해 신체적 질병이나 부상당한 이들의 강박적인 자기-몰두를 고통에 대한 일종의 리비도 투여로 이해할 수 있는지 묻는다. 그리고 그는 더 나아가 누군가가 가진 신체적 불편함에 대한 이러한 부정적 투여를 일종의 나르시시즘으로 이해할 수 있는지 묻는다. 일단 나는 프로이트가 나르시시즘이 묘사하는 신체적 경험의 사례로 왜 질병을 선택했는지, 그런 다음 왜 건강염려증을 선택했는지, 게다가 나르시시즘이 왜 처음부터 부정적인 나르시시즘처럼 보이는지 등등의 질문을 유예하고 싶다. 그러나 나는 질

---

1) Sigmund Freud, "On Narcissism: An Introduction"(1914), *The Standard Edition of the Complete Psychological Works of Sigmund Freud*, vol. 14, tr. and ed. James Strachey, London: Hogarth, 1961, pp. 67-104; original: "Zur Einführung des Narzissmus", *Gesammelte Werke*, vol. 10, London: Imago, 1946, pp. 137-170. [한글본] 지그문트 프로이트, 「나르시시즘 서론」, 『정신분석학의 근본개념』, 윤희기 · 박찬부 옮김, 열린책들, 2004, 41-85쪽.

병과 성감성(erotogenicity)의 관계가 확립되면 다시 이 질문들로 되돌아올 것이다. 「나르시시즘 서론」에서 프로이트는 먼저 기질성 질병을 "사랑의 대상으로부터 리비도를 철회하고, [그리고] 자기에게 리비도를 퍼붓는 것"으로 간주한다.[2] 일련의 사례 중 첫 번째로 그는 치통의 에로티시즘에 관한 빌헬름 부쉬(Wilhelm Busch)의 「발두인 발라민(Balduin Bahlamin)」이라는 시의 한 행을 인용한다. "그의 영혼은 (……) 어금니의 아픈 구멍에 집중되어 있다."[3]

리비도 이론에 따르면, 집중은 입안 구멍 즉 구강(口腔) 내 목구멍을 성애화해 육체의 고통을 두 배로 증폭시키는데, 그것은 정신적으로 투여된 고통을 통해, 그리고 그 고통으로 인해 그렇게 되

---

2) Sigmund Freud, "On Narcissism: An Introduction"(1914), *The Standard Edition of the Complete Psychological Works of Sigmund Freud*, p. 82. [한글본] 프로이트, 「나르시시즘 서론」, 『정신분석학의 근본개념』, 57-58쪽. [버틀러가 인용한 부분과 「나르시시즘 서론」의 한글 번역서 간에 내용 차이가 있다. 해당 내용 전후의 한글 번역은 다음과 같다. "신체 내 장기의 통증과 불쾌감으로 고통을 받는 사람은 외부 세계의 대상이 자신의 고통과 아무런 관계가 없는 한, 그 대상들에 대한 관심을 포기한다는 것은 잘 알려진 사실이고 또 우리 역시 당연한 사실로 여긴다. 좀 더 면밀한 관찰을 통해 우리가 알아낸 것은 그런 사람은 사랑하는 대상에게서도 관심을 철회한다는 사실이다. 고통을 당하는 동안엔 사랑을 중단하는 것이다. 물론 이런 사실이 너무도 진부하다고 해서 그것을 리비도 이론으로 해석하지 못할 이유는 없다. 그렇다면 우리는 이렇게 말할 수 있다. 병으로 고통을 받고 있는 사람은 자신의 리비도를 자아로 집중시킨 뒤, 병에서 회복되면 다시 그 리비도를 밖으로 발산한다."──옮긴이]

3) 프로이트의 말을 직접 인용하면, "어금니의 좁은 구멍 안에 영혼이 홀로 깃들어 있다(Einzig in der engen Höhle, des Bachenzahnes weilt die Seele)", "On Narcissism", p. 82. 이보다 좀 더 잘 영역된 것도 있다. "어금니의 좁은 구멍에 영혼이 홀로 거주한다(Alone in the narrow hole of the jaw-tooth dwells the soul)." [한글본] 「나르시시즘 서론」, 58쪽.

는 것이다. 이것은 영혼 및 프시케의 고통 또는 영혼 및 프시케로 부터 온 고통이다. 프로이트는 이러한 리비도의 자기 투여의 사례 로부터 잠과 꿈과 같은 다른 사례들——두 사례 모두 지속적인 자 기-몰두로서 실행되는 것으로 간주된다——을 외삽(外揷)하고, 그 런 다음에는 건강염려증을 외삽한다. 따라서 신체적 고통의 사 례는 텍스트의 우회 및 잠과 꿈, 그리고 상상계를 거쳐 건강염려 증에 대한 유비에 길을 내주고, 마지막으로 신체적 상처와 상상 적 상처의 이론적 불가분성을 확립하는 논증으로 바뀐다. 이러한 입장은 결국 무엇이 몸 부위를 구성하고, 그리고 앞으로 살펴보 겠지만 특히 무엇이 성감대를 구성하는지를 규정하는 것으로 귀 결된다. 「나르시시즘 서론」에서 건강염려증은 하나의 몸 부위에 리비도를 퍼붓지만, 중요한 의미에서 그러한 몸 부위는 그 투여 (investiture) 전에는 의식에게는 존재하지 않았던 것이다. 실제로 프 로이트에 따르면 그러한 몸 부위는 그 투자를 조건으로 해서만 윤 곽이 그려지고 인식이 가능해진다.

  9년 뒤 프로이트는 『자아와 이드』(1923)[4]에서 신체적 고통이 몸 의 자기-발견의 전제 조건임을 아주 분명하게 밝힌다. 이 글에서 그는 자아, 즉 경계 지어진 자기 감각의 **형성**을 우리가 어떻게 설 명할 수 있는지를 묻고, 그것이 고통을 통해 부분적으로 이드로부 터 분화된다는 결론을 내린다.

---

4) Sigmund Freud, "The Ego and the Id", *The Standard Edition*, XIX, pp. 1-66. [한글본] 지그문트 프로이트, 「자아와 이드」, 『정신분석학의 근본개념』, 윤희기 · 박찬부 옮 김, 열린책들, 2004, 345-414쪽.

고통은 그 과정에서 중요한 역할을 하는 것으로 보이며, 고통스러운 질병을 겪는 동안 우리가 우리의 기관들에 대한 새로운 인식을 얻는 방식은 아마도 일반적으로 우리가 우리 자신의 신체에 대한 관념에 도달하는 방식의 [전형적] 모델일 것이다.[5]

라캉이 「거울 단계」에서 말한 주장을 예견하는 듯한 움직임으로 프로이트는 누군가의 자아 형성을 그가 자기 몸의 한 형태를 외부화시킨 관념과 연결한다. 따라서 프로이트의 주장에 따르면, "자아는 무엇보다도 신체적 자아이며, 이 신체적 자아는 단순히 표면적인 독립체(entity)가 아니라 그 자체로 표면의 투사(projection)이다."[6]

몸 부위를 상상적으로 구축한다는 것은 무엇을 의미하는가? 이것은 관념론적 테제인가? 아니면 정신적 몸과 신체적 몸의 불가분성을 주장하는 것인가?[7] 흥미롭게도 프로이트는 성감성의 [형성]과정을 신체적 고통에 대한 의식과 연계시킨다. "이제 어떤 몸

---

5) Sigmund Freud, "The Ego and the Id", *The Standard Edition*, XIX, pp. 25-26. [한글본] 지그문트 프로이트, 「자아와 이드」, 『정신분석학의 근본개념』, 365쪽.

6) 프로이트는 이런 각주를 단다. "다시 말해 자아는 궁극적으로 신체적 감각들, 주로 몸 표면에서 솟아나오는 감각들에서 유래된다. 따라서 자아는 몸 표면에 대한 정신적 투사로 간주될 수 있으며, (……) 또한 정신 장치의 표면들을 대표한다."(*The Standard Edition*, p. 26. [한글본] 「자아와 이드」, 365쪽) 프로이트가 자아의 발달에 대한 설명을 제공하고 자아가 몸의 투사된 표면에서 파생된다고 주장하긴 하지만, 그는 무심코 몸의 접합을 위한 조건을 **형태학**으로 확립하고 있다.

7) 정신분석과 관련된 심리학적 · 철학적 문헌 중에서 이 문제에 관해 광범위하고 유익한 논의를 하는 것으로, Elizabeth Grosz, *Volatile Bodies*, Bloomington: Indiana University Press, 1993. [한글본] 엘리자베스 그로스, 『몸 페미니즘을 향해: 무한히 변화하는 몸』, 임옥희 · 채세진 옮김, 꿈꾼문고, 2019를 보라.

부위를 택해 그것이 느끼는 성적 흥분의 자극을 정신에 전달하는 활동을 그 부위의 '성감성'이라고 하자."[8] 그러나 여기서 이것이 건강염려증의 경우처럼 그 대상에 고통을 전가해 그것을 그려내는 의식인지, 또는 기질성 질병——주의를 기울이는 의식에 의해 소급적으로 등록된——에 의해 야기된 고통인지는 근본적으로 불분명하고 결정 불가능하기까지 하다. 그러나 실재하는 고통인지 상상이 만든 고통인지 이처럼 애매한 것은 실재적 몸 부위와 상상적 몸 부위 간의 바로 그 동요로 정의되는 성감성과의 유비에서도 지속된다. 만약 신체 활동이 어떤 관념을 통해 전달됨으로써 성감성이 생산되는 것이라면, 그 관념과 그러한 전달은 현상학적으로 동시에 일어난다. 결과적으로 어떤 관념에 선행하면서 그 관념을 발생시키는 몸 부위에 관해 말할 수 없게 되는데, 왜냐하면 현상학적으로 접근 가능한 몸과 동시에 출현한 것이 바로 그 관념이며, 또한 그러한 접근 가능성을 보장한 것도 바로 그 관념이기 때문이다. 프로이트의 언어는 몸 부위가 그 '관념'보다 선행하는 인과적 시간성과 관계 맺지만, 그럼에도 그는 여기서 몸 부위의 불가분성과 그것을 정신적 경험으로 가져오는 환영적 분할을 확증한다. 이후 라캉은 『세미나 I』에서 이 후자의 노선을 따라 프로이트를 읽고 「두 종류의 나르시시즘」에서 "리비도 충동은 상상계의 기능에 집중된다"고 주장한다.[9]

---

8) Sigmund Freud, "On Narcissism", p. 84. [한글본] 「나르시시즘 서론」, 60쪽.

9) Jacques Lacan, *The Seminar of Jacques Lacan, Book 1: Freud's Papers on Technique, 1953-54*, tr. Alan Sheridan, New York: Norton, 1985, p. 122; original: Le Séminaire de Jacques Lacan, Livre I: Les écrits techniques de Freud, Paris: Seuil, 1975, p. 141. [한

그러나 우리는 이미 「나르시시즘 서론」의 몸 부위의 성감성에 대한 논의에서 이 후자가 공식화되기 시작한다는 것을 발견한다. 불안-신경증으로서의 건강염려증을 선호하는 논증에 바로 뒤이어서, 프로이트는 리비도적 자기-주의가 어떤 몸 부위를 하나의 부분으로 그려내는 것이라고 주장한다. "경미한 통증에도 민감하게 반응하면서 어떤 면에서는 변형되었지만 일상적 의미에서는 아직 질병에 걸린 것은 아닌 신체 기관의 원형[Vorbild]이 바로 흥분 상태의 생식기다."[10]

분명히 여기에는 단일한 생식기, 즉 하나의 성의 떠맡음이 있지만, 프로이트가 이에 대해 계속해서 쓰고 있듯, 그것은 자신의 적절한 자리를 상실하고 예상치 못한 곳에서 부풀어 오르는 것처럼 보인다. 이러한 사례는 처음에는 내가 이미 인용한 성감성에 대한 정의, 즉 "성적 흥분의 자극을 정신에 전달하는 해당 몸 부위의 활동"을 위한 계기를 제공한다. 그런 다음 프로이트는 다음과 같이 이미 익히 잘 알려진 것처럼 논의를 이어간다. "[우리가 익히 알아왔던 사실, 즉] 몸의 특정 부위, 즉 **성감대**는 생식기를 대체하는 역할을 하고 생식기와 비슷한 작용을 할 것이다."[11] 여기서 남성 생식기로 상정되는 '생식기'는 처음에는 불안-신경증을 통해 그려진 몸 부위의 사례인 듯하지만, '원형'으로서 그것[생식기]은

글본] 자크 라캉, 『자크 라캉 세미나 1: 프로이트의 기술론』, 맹정현 옮김, 새물결, 2016, 221쪽. 이후의 인용은 텍스트에 (I)로 표시되고 다른 세미나들에 대한 인용도 로마자로 표시될 것이다. 슬래시("/")는 각각 영어본과 프랑스어본 페이지를 가리킨다.

10) Sigmund Freud, "On Narcissism", p. 84. [한글본] 「나르시시즘 서론」, 59쪽.

11) Sigmund Freud, "On Narcissism", p. 84. [한글본] 「나르시시즘 서론」, 60쪽.

몸 부위가 상상적 투자를 통해 인식론적으로 접근 가능해지는 과정의 전형적인 사례이다. 이 생식기는 범형 또는 원형으로서 이미 프로이트의 글에서 다양한 다른 몸 부위나 몸 유형**을 위해** 대체했을 뿐만 아니라 다른 건강염려증 과정의 효과도 대체했다. 입 안의 갈라진 구멍, 기관의 질병이자 건강염려증을 모아놓은 것은 원형적인 남성 생식기로 종합되고 그 생식기에 의해 요약된다.

그러나 생식기가 수행한 이러한 대체의 붕괴는 뒤이은 문장에서 역전되고 지워지는데, 이 문장에서는 성감대가 생식기**를 위해** 대체물로 작용한다고 얘기된다. 후자의 경우, 이러한 자기-같은 생식기——일련의 대체의 결과이거나 효과인——는 **그것을 위해** 다른 몸 부위가 대체물로 작용하는 것처럼 보인다. 실제로 남성 생식기는 갑자기 그 자체 원래의 성감화의 현장이며, 이어서 일련의 대체나 전위를 위한 기회가 된다. 처음에는 이 생식기가 누적적인 사례**이면서** 이차적 예시화 과정을 일으키는 원형 또는 원래의 현장이라고 주장하는 것이 논리적으로 양립할 수 없는 것처럼 보인다. 첫 번째 경우에서 생식기는 일련의 대체의 효과이자 합이고, 두 번째 경우에서 생식기는 그에 대해 대체가 존재하는 기원이다. 하지만 어쩌면 이러한 논리적 문제는 이 생식기를 기원적인 이상화, 즉 상징적으로 코드화된 남근으로 이해하려는 소망의 징후일 뿐이다.

프로이트가 『꿈의 해석』에서 소환한 남근은 라캉에 의해 특권화된 기표로 여겨지며, 의미화를 일으키거나 발생시키지만, 그 자체는 이전의 의미화 사슬이 낳은 의미화 효과가 아니다. 남근의 정의를 제시하는 것——실제로는 외연적으로 그 의미를 고정하려는 시도──은 마치 누군가 남근을 **가지는** 것처럼 자세를 취하는 것이고, 따라서 설명되어야 할 것을 미리 가정하고 실행하는 것이다.[12] 어떤 의미에서 프로이트의 『꿈의 해석』은 특권화되고 생성적인 기표로서의 남근이 그 자체 일련의 성감대의 사례들**에 의해** 생성된 역설적 과정을 실행한다. 그런 다음 남근은 이러한 몸 부위에 성감성과 의미화를 부여하는 것으로 설정된다. 비록 우리가 프로이트 글의 환유적 미끄러짐을 통해 남근이 '기원'으로 설치된 방식, 더 엄밀히 말해 그러한 미끄러짐 과정으로 생산된 애매함을 억제하기 위해 '기원'으로 설치된 방식을 살펴보았다고는 하지만 말이다.

프로이트가 여기서 남근의 기능을 제한하려고 노력하면서 음경과 남근의 융합을 제안한다면, 생식기는 필연적으로 다음과 같은 이중적인 방식으로 기능할 것이다. 즉 하나는 생식기가 근접하는 것이 불가능한 척도이자 근원적인 척도를 제공하는 (상징적) 이상으로서, 다른 하나는 그러한 상징적 이상으로의 회귀를 달성하지 못한 실패로 표시되는 (상상적) 해부로서. 남성 생식기가 텍스트상의 동요의 현장이 되는 한, 그것은 음경과 남근의 구별을 무너뜨리는 일의 불가능성을 실행한다. (내가 전통적으로 '실재적 해부학'으로 기술되는 음경을 상상계에 맡겼다는 점에 주목하라.[13] 나는 이러한 위탁(또는 해방)의 결과를 이 글 후반부에서 다룰 것이다.)

프로이트는 마치 자신의 통제를 벗어난 일련의 구성적 애매함

---

12) Jane Gallop, *Thinking Through the Body*, New York: Columbia University Press, 1988, p. 126.

13) 이에 대해서는 Kaja Silverman, "The Lacanian Phallus", *differences: A Journal of Feminist Cultural Studies*, vol. 4; no. 1, 1992, pp. 84-115를 보라.

으로 인해 좌초하기라도 한 것처럼 원형 및 기원으로서의 남성 생식기들을 역설적으로 접합한 데 이어 또 다른 일관성 없는 주장을 목록에 추가한다. 그가 주장하길, "우리는 성감성을 모든 기관들의 일반적 특징이라고 규정할 수 있으며, 그래서 어떤 특정한 다른 몸 부위에서 성감성이 증가하거나 감소한다고 말할 수 있다."[14]

프로이트는 이 마지막 말에서, 마치 순수한 확신이 그 자체의 진실을 드러낼 것처럼, 어떤 주어진 몸 부위의 시간적·존재론적 우선성을 언급하기 위해 스스로를 강요해야 했던 것처럼 보인다. 모든 기관들의 속성이 되는 것은 **어떠한** 기관에도 필요하지 **않은** 속성이 되는 것이며, 그 속성은 **가소성**, **전이 가능성**, **도용 가능성**에 의해 정의된다. 어떤 의미에서 우리는 처음부터 이 떠도는 속성의 환유적 사슬을 따르고 있었던 것이다. 프로이트의 논의는 빌헬름 부쉬의 '어금니의 아픈 구멍'이라는 행으로 시작되었다. 즉 특정한 형상들의 충돌을 연출하는 형상, 구멍난 관통 도구, 치아를 가진 전도된 질, 항문, 입, 구멍 일반, 관통된 관통 도구라는 유령.[15] 물고, 자르고, 뚫고, 들어가는 것으로서 그 자체 이미 들어가고, 부서지는 것인 한, 그것[치아]은 애매함을 형상화하고, 그 뒤로 몇 페이지에서는 남성 생식기와 유비된 고통의 원천이 된 듯하

---

14) Sigmund Freud, "On Narcissism", p. 84. [한글본] 「나르시시즘 서론」, 60쪽.

15) 이러한 위협적인 입의 형상은 프로이트가 『꿈의 해석』에서 이르마(Irma)의 입을 기술한 것을 떠올리게 한다. 라캉은 그 입을 "제대로 말해서 이름 붙일 수 없는 무언가, 이 목구멍의 뒷부분, 복잡하고 위치 지을 수 없는 형태, 또한 그것을 최상의 시초적 대상으로 만드는 것, 모든 생명이 나오는 여성적 기관의 심연, 모든 것이 삼켜지는 입의 이러한 심연, 그리고 자그마치 모든 것이 끝나는 죽음의 이미지"(*II*, 164)라고 언급한다.

다. 이러한 형상은 즉시 실재적 고통이나 상상된 고통을 겪는 다른 몸 부위와 비유되고, 그런 다음 원형적 생식기에 의해 전위되고 삭제된다. 이 상처받은 침투의 도구는 그 자신의 취약하지 않음이라는 이상(理想)하에서만 고통받을 수 있으며, 프로이트는 그것을 먼저 원형으로, 다음에는 성감화의 근원적 현장으로 설치함으로써 그것의 상상적 권력을 회복하려고 한다.

그러나 프로이트는 음경에 대한 이러한 남근적 속성을 회복하는 과정에서 그 속성의 근본적인 전이 가능성을 수사학적으로 긍정하는 일련의 유비와 대체를 열거한다. 실제로 남근은 음경의 상상적 구축도 아니고 음경이 부분적 근사치인 상징적 유의성(valence)도 아니다. 이러한 정형화는 여전히 남근을 원형적이거나 이상화된 음경의 속성으로 긍정하는 것이다. 그러나 프로이트 자신의 글의 환유적 궤적에서 남근 구축의 모든 중심에서 나타나는 애매함은 어떠한 몸 부위에도 속하지 않고 근본적으로 전이 가능하며, 적어도 그의 글 내에서는 성감적 전이 가능성의 원리 그 자체라는 것이 분명하다. 더욱이 몸 부위가 모조리 현상학적으로 접근 가능해지는 것은 정신적인 것을 신체적인 것으로 대체하거나 건강염려증의 은유화하는 논리로 이해된 이러한 전이를 통해서이다. 여기서 우리는 성감성을 조건 지우는 고통/쾌락의 연쇄가 남근으로 지칭된 바로 그 해부학의 이상화에 의해 부분적으로 구성된다는 것을 이해할 수 있다.

따라서 이러한 독해에 따르면, 프로이트가 음경에 난 어금니의 아픈 구멍이라는 형상을 원형으로, 그리고 남근으로 해소하려는 텍스트화된 노력은 그가 기록하고자 하는 나르시시즘적 투여와 이상화의 과정 자체를 수사적으로 실행하고, 어떤 이상을 떠올리면서 그 애매함을 극복한다. 누군가는 몸 부위에 대한 정신적 이상화를 이전의 신체적 고통을 해소하려는 노력으로 읽기를 원할 수도 있다. 그러나 그러한 이상화가 성감성을 필연적인 실패 및 애매함의 장면으로 생산하고, 그래서 그러한 갈등 조건을 벗어나려는 헛된 노력으로 그러한 이상화로의 회귀를 촉진할 수도 있다. 이러한 갈등 조건은 어느 정도로 바로 그 섹슈얼리티의 반복적 추진력인가? 그리고 모든 몸이 정확히 그렇게 하는 맥락에서 '근사치이길 실패'한다는 것은 무엇을 의미하는가?

또한 누군가는 이러한 상징적 기능 혹은 이상화하는 기능에 대해 '남근'이라는 용어를 계속해서 사용하는 것은 어떤 몸 부위가 성감화의 현장이 될지를 미리 형태 짓고 가치를 부여하는 것이라고 주장할 수 있다. 이는 진지한 응답을 받을 만한 주장이다. 그와는 달리 남근의 전이 가능성으로 주장하는 것, 남근을 전이 가능하거나 가소적 속성으로 주장하는 것은 남근 **있음**(being)과 남근 **가짐**(having)의 구별을 불안정하게 만들고, 비모순율이 반드시 이 두 위치 사이에 성립하지 않는다고 제시하는 것이다. 실제로 '가진다는 것'은 상징적 위치에 있다는 것인데, 이는 라캉에게 있어 남성의 위치를 이성애적 모체 내에 제도화하는 것이며, 또한 언어 내에서 그 위치를 헛되고 부분적으로 점유하는 그러한 표시된 남성적 있음에 의해 부분적으로 헛되게 근사치화될 뿐인 이상화된 소유 관계를 가정하는 것이다. 그러나 이러한 소유의 부여가 그 자체 부적절하다면, 그리고 그것이 그러한 소유의 전이 가능성을 부정하는 것에 근거한다면(즉 이것이 전이 불가능한 현장으로의 전이거나 다른 전이를 발생시키는 현장이지만 그 자체는 어디에서도 전이되지 않는다면), 그러한 부정의 억압은 그러한 체계를 내적으로 구성할 것이고, 따라서 그 체계의 불안정화를 약속하는 유령으로 자리 잡을 것이다.

레즈비언 남근에 대한 모든 언급이 남성 원본의 유령적 표현처럼 보이는 한, 우리는 남성적인 것이 추정상 '원본성'을 갖는다는 식의 유령의 생산에 의문을 제기할 수 있다. 이런 의미에서 프로이트의 글은 플라톤의 『티마이오스』가 독해되었던 것과 거의 동일한 방식으로 남성주의적 '원본'을 강제적으로 생산한 것으로 읽힐 수 있다. 프로이트의 글에서 원본성에 대한 이러한 주장은 애매하게 생산된 일련의 대체를 역전시키고 삭제함으로써 구성된다.

몸 부위에 대한 이러한 상상적 가치화는 일종의 성애화된 건강 염려증에서 파생된 것으로 보인다. 건강염려증은 상상적 투여로, 프로이트 초기 이론에 따르면 몸-표면의 리비도적 투사를 구성하며, 이는 다시 몸-표면의 인식론적 접근 가능성을 확립한다. 건강 염려증은 여기서 몸의 **연극적** 묘사나 생산과 같은 것을 지칭하는데, 이는 자아 자체에 상상적 윤곽을 제공하고, 그것의 상상적 지위 또는 투사된 지위에서 완전히 불안정한 동일시의 계기가 되는 어떤 몸을 투사한다.

하지만 프로이트의 분석은 처음부터 엇나간 것이 확실하다. 신체적 고통이나 질병에 대한 자기-집착이 몸 부위에 대한 성감의 발견 및 유령 불러내기에 관한 유비가 되는 이유는 무엇인가? 『자아와 이드』에서 프로이트 자신은 섹슈얼리티를 질병**으로** 형상화한 것은 죄의식이라는 도덕주의적 틀을 구조화하는 현존의 징후라고 제시한다. 이 글에서 프로이트가 주장하길, 나르시시즘은 대상들에 굴복해야 하고, 이 병에 걸리지 않으려면 결국 사랑해야 한다. 상상된 죽음이라는 위협과 함께 **사랑에 대한 금지**가 있는 한, 사랑을 거부하고 그 금지에 속아 신경증적 질병에 걸리게 되는 큰 유혹이 따른다. 이 금지가 설치되면 몸 부위는 처벌받을 수 있는 쾌락의 현장으로, 따라서 쾌락과 고통의 현장으로 출현한다. 이런 식의 신경증적 질병에서 죄의식은 몸 표면을 가득 채우는 고통으로 나타나게 되며, 그래서 신체적 질병으로 보일 수 있다. 그렇다면 프로이트가 다른 종류의 고통에 대해 주장했듯이, **이러한** 식의 죄의식으로 인한 몸의 고통이 우리가 우리 자신의 신체 '관념'을 성취하는 방식과 유사하다면 어떻게 되는가?

어떤 의미에서 금지가 투사된 형태학을 구성한다면, 이러한 금지의 용어를 재작업하는 것은 가변적인 투사의 가능성, 몸 표면을 묘사하고 연극화[과장]하는 가변적 양식을 제시한다. 이것들은 그것 없이는 어떠한 자아도 있을 수 없는, 그래서 경험의 일시적인 중심[집중]화도 있을 수 없는 몸의 '관념들'일 것이다. 그러한 떠받치는 '관념들'이 금지와 고통에 의해 규제되는 한, 그 관념들은 규제적 권력의 강제적이고 물질화된 효과로 이해될 수 있다. 그러나 바로 이렇게 금지가 늘 '작용'하는 것은 아니기 때문에, 즉 사회적 이상을 완전히 준수하는 온순한 몸을 늘 생산하는 것은 아니기 때문에, 그것[몸의 관념]들은 관습적인 이성애적 양극성(polarity)을 의미화하지 않는 몸 표면을 묘사할 수도 있다. 따라서 이러한 가변적인 몸 표면 혹은 신체적 자아들은 더 이상 어떠한 해부학에도 적절하게 속하지 않는 속성들을 위한 전이의 현장들이 된다. 나는 대안적 상상력과 레즈비언 남근을 통해 생각한다는 것이 무엇을 의미하는지를 대체로 분명하게 하고자 하지만, 그에 앞서 우선 프로이트에 대해 주의할 점을 언급할 필요가 있겠다.

프로이트에게 있어서 성감대의 병리화는 죄책감에서 생산된 담론으로 읽힐 것을 요구하며, 건강염려증의 상상적이고 투사적인 가능성이 유용할지라도 그 가능성은 섹슈얼리티를 서술하는 과정에서 스며든 질병의 은유와는 분리될 것을 요구한다. 이것이 우리에게 지금 특히 절실한 것은 일반적으로 섹슈얼리티에 대한 병리화와 동성애를 그 자체로 병리학적 패러다임으로 특정하게 서술하는 것이 동성애 혐오적인 에이즈 담론의 증상이기 때문이다.

프로이트가 성감성과 질병 사이의 유비를 수용하는 한, 그는 기질성 질환에 대한 형상이 성감대에 대한 형상을 구축할 수 있게 하는 병리학적인 섹슈얼리티 담론을 생산한다. 의심할 여지 없이 이러한 혼동은 오랜 역사를 가지지만, 그것은 남성 동성애를 항상 이미 병리학적인 것으로 보는 동성애 혐오적 구축물 속에서 그 현대적 치환 중 하나를 발견한다. 이는 최근 제프 누노카와가 한 주장으로, 에이즈가 동성애 자체의 병리학으로 환영적으로 해석된다는 것이다.[16] 확실히 요점은 질병과 섹슈얼리티가 혼동되는 순간이 아니라, 오히려 그 혼동이 스스로를 유지하지 못하는 순간, 그리고 그가 우리에게 읽는 법을 가르쳐준 바로 그 방식에 따라 프로이트 자신을 읽지 못하는 순간을 [드러내기] 위해 프로이트

---

16) Jeff Nunokawa, "In Memorium and the Extinction of the Homosexual", *ELH* 58, Winter 1991, pp. 130-155.

를 읽는 것이다.("어떤 텍스트를 논평하는 일은 하나의 분석을 행하는
것과 같다."[17])

　동성애 금지를 포함해 금지는 죄의식의 고통을 통해 작동한다.
프로이트는 자신의 글 끝에서 이러한 연결에 대한 설명을 제공하
는데,[18] 그의 설명에 따르면 양심의 발생과 그것의 자기-단속의 가
능성은 동성애적 '카섹시스'의 '내입'이다.[19] 다시 말해 프로이트
가 자아의 '자존감(self-respect)'이라고 부르는 것을 지배하는 자아-

---

17) Jacques Lacan, I , p. 73. [한글본] 자크 라캉, 『세미나 I 』, 134쪽.

18) [옮긴이] 언급된 내용에 해당하는 프로이트의 주장은 다음과 같다. "자아 이상은
한 개인의 나르시시즘적 리비도를 구속할 뿐만 아니라, 상당한 양의 동성애적 리비
도도 구속한다. 이런 식으로 동성애적 리비도는 다시 자아로 귀속된다. 그런데 이런
이상을 실현시키지 못한 결과로 생겨난 불만족은 동성애적 리비도를 방출시키며,
그렇게 방출된 리비도는 죄의식(사회적 불안)으로 전환된다." 프로이트, 「나르시시
즘 서론」, 『정신분석학의 근본개념』, 85쪽.

19) [옮긴이] '카섹시스(cathexis)'는 "어떤 심리적 에너지가 표상이나 표상군, 또는 육
체의 일부분이나 대상 등에 달라붙는 것"을 의미한다. 이는 프로이트의 'besetzung'
을 영어로 번역한 것으로, '집중'이나 '주의집중', '투여' 등으로 옮겨지기도 한다.
라플랑슈·퐁탈리스는 이러한 심리적 에너지가 "내적인 원천으로부터 나오는 욕동
의 에너지"이며, "계속 압력을 행사함으로써 심리 장치에 그것을 변형시키는 임무
를 부과한다"고 설명한다. 라플랑슈·퐁탈리스, 『정신분석 사전』, 임진수 옮김, 열
린책들, 2005, 490-494쪽. 정신분석학에서 '내입(introjection)'은 '투사(projection)'
와 비교되는 개념이다. 투사가 "주체가 자기 속에 있는 자기가 모르거나 거부하는
특성, 감정, 욕망, (……) '대상'을 자기 밖으로 추방하여 타자(사람이나 사물) 속
에 위치시키는 작용"을 가리키는 데 반해, 내입은 "주체가 환상을 통해 대상이나
그 대상에 내재한 특질을 바깥에서 안으로 들여오는 것"을 의미한다. 가령 프로이
트는 「부정」(1925년)에서 쾌락-자아는 "모든 좋은 것을 내입하고, 모든 나쁜 것
을 자기 밖으로 투사한다"가 말하기도 한다. 라플랑슈·퐁탈리스, 『정신분석 사전』,
96-98쪽.

이상은 동성애 금지를 필요로 한다. 동성애에 대한 이 금지는 동성애 욕망이 자기 자신에게로 되돌아간 것이다. **양심의 자기 질책은 동성애 욕망의 반사적인 경로 변경이다.** 그렇다면 프로이트가 주장하듯이 고통이 윤곽을 그리는 효과를 가지고 있다면, 즉 고통이 우리가 적어도 우리 몸에 대한 어떤 생각을 갖게 되는 한 가지 방법일 수 있다면, 고통은 젠더를 제도화하는 금지가 몸을 고통으로 가득 채움으로써 작용하는 것일 수 있다. 이때 고통은 어떤 표면——즉 보상적 환상이자 물신숭배적 가면인 성별화된 형태학——의 투사로 정점에 도달한다. 그리고 만일 누군가를 사랑하거나 병드는 것 중 하나만 해야 한다면, 질병으로 나타나는 섹슈얼리티는 어쩌면 사랑에 대한 그러한 검열의 교묘한 효과일 수 있다. 이러한 **형(形)**의 생산은 금지된 사랑의 우화, 상실의 **통합**으로 읽힐 수 있지 않을까?

통합과 우울증의 관계는 복잡한데, 이에 대해서는 8장 「비판적으로 퀴어하기」에서 다시 다룰 것이다. 여기서는 몸의 경계들이 차별(differentiation)의 생생한 경험이며, 그러한 차별은 결코 젠더 차이나 이성애적인 엄마의 몸에 대한 문제에 중립적이지 않다고 말하는 것으로 충분할 것이다. 몸의 경계가 형성되기 위해서 몸에서 무엇이 배제되는가? 그리고 그러한 배제는 어떻게 몸의 경계를 일종의 내부 유령, 즉 우울증으로서의 상실의 통합으로 출몰시키는가? 몸 표면은 어느 정도로 그러한 상실의 은폐된 효과인가? 프로이트는 이러한 문제들이 필요로 하는 분석을 따르지 않으면서도 그것을 그려내는 일종의 지도를 제공한다.

만일 육체적인 것(physical)과 정신적인 것(psychical)을 다시 생각하려는 이러한 노력이 잘 이뤄진다면, 어쨌든 해부학을, 상상적 도식에 종속되어 가치화되거나 의미화되는 안정적인 지시대상으로 간주하는 일은 더 이상 가능하지 않다. 그와는 달리 해부학에 대한 접근 가능성 자체는 어떤 점에서는 이러한 상상적 도식에 의존하고 또 그와 일치한다. 이러한 일치의 결과로, 레즈비언들이 같은 성에 '속한다(of)'고 얘기될 수 있는지 어떤지, 또는 동성애가 일반적으로 같은 성을 사랑한다고 해석되어야 하는지 어떤지는 불분명하다. 만일 성이 항상 이런 의미로 도식화된다면, 그것이 모든 여성들에게 동일하게 유지될 것이라고 볼 필연적 이유는 없다. 정신적인 것과 물체적인 것(corporeal)의 불가분성은 과학 담론 내에서 관습적인 것으로 여겨진 것을 포함하는 몸에 대한 모든 서술이 그러한 상상적 도식의 순환과 입증을 통해 발생한다는 것을 시사한다.

하지만 몸에 대한 서술이 상상적 도식 안에서 그리고 그런 도식을 통해 발생한다면, 즉 이러한 서술이 정신적으로 그리고 환영적으로 투여된다면, 이러한 도식화를 벗어나는 몸 자체라고 우리가 부를 수 있는 무언가는 여전히 존재하는가? 이 질문에 대해 적어도 두 가지 대답이 제시될 수 있다. 첫째, 정신적 투사는 몸에 경계를 부여하고 따라서 몸에 통일성을 부여하여 바로 그 몸의 윤곽은 정신적인 것과 물질적인 것 사이에서 동요하는 현장이 된다. 몸의 윤곽과 형태학은 단순히 정신적인 것과 물질적인 것 사이의 환원 불가능한 긴장에 연루된 것이 아니라 **그러한 긴장 자체이다.** 따라서 영혼은 미리 주어진 몸이 나타나는 어떤 격자가 아니다. 그러한 정식화는 몸을 인식론적 대상으로서의 그것의 출현 양식을 확립하는 영혼을 통해서만 이용 가능한 존재론적 즉자(in-itself)로 형상화할 것이다. 다시 말해, 영혼은 그 몸을 알려주는 인식론적 격자가 되겠지만 영혼이 형태학을 형성하는 의미, 즉 육신화하는 의미는 상실될 것이다.[20]

몸에 대한 칸트의 정식화는 첫째, 하나의 상상적 형성체로서 더욱 현상학적인 등록기 안에서 교정될 필요가 있고, 둘째, 성차의 효과 및 징표로서의 의미화 이론을 통해 교정될 필요가 있다. 둘째 점에서 유지되는 현상학적 의미에 관해, 우리는 이 맥락에서 영혼을 그러한 몸이 주어지는 양식을 구성하는 것, 그러한 소여성의 조건과 윤곽을 구성하는 것으로 이해할 수 있다. 여기서 몸의 불질성은 그 불질성을 영혼으로 환원하거나 또는 영혼을 그 물질성이 생산되고/되거나 유래되는 일원론적 재료로 만드는 어떠한 의미에서도 영혼의 일방적 또는 인과적 **효과**로 개념화되어서는 안 된다. 이 후자의 선택지는 분명하게 유지될 수 없는 관념론 형태를 구성할 것이다. 몸에 속하는 '물질성들'의 배열을 수긍하

---

20) 육신화(somaticizing)는 증상-형성의 일부로 이해되지만, 형태학적 발달과 성의 떠맡음이 육신적 증상의 일반화된 형태일 수도 있다.

신체적 자아에 대한 확장된 논의를 제공하는 리처드 월하임은 통합적인 판타지들이 물체적 자기-재현과 정신적 발달에 있어 핵심적이라고 주장한다. 멜라니 클라인식의 접근 방식을 취하는 월하임은 통합적 판타지뿐만 아니라 내면화도 주체와 내면화된 대상들의 분리 가능성에 의문을 제기하게 한다고 주장한다. 신체적 자아라는 테제는 이러한 분리 불가능성의 테제이다. 이에 대해서는 Richard Wollheim, "The Bodily Ego", in Richard Wollheim and James Hopkins, eds., *Philosophical Essays on Freud*, New York and London: Cambridge University Press, 1982, pp. 124-138를 보라.

고 긍정하는 것이 틀림없이 가능한데, 이는 생물학, 해부학, 생리학, 호르몬 및 화학 성분, 질병, 연령, 체중, 신진대사, 삶과 죽음의 영역으로 의미화된다. 이것들 중 어느 것도 부인될 수 없다. 그러나 이러한 '물질성들'을 부정할 수 없다는 점은 그것들을 긍정하는 것이 무엇을 의미하는지를 함축하지 않으며, 실제로 어떠한 해석적 모체(matrix)가 그러한 필연적 긍정을 조건 짓고 가능하게 하며 제한하는지를 함축하지 않는다. 그러한 범주들[생물학, 해부학, 생리학, 호르몬 및 화학 성분, 질병, 연령, 체중, 신진대사, 삶과 죽음] 각각은 역사와 역사성을 가진다는 것, 그것들 각각은 그것들을 구별 짓는 경계선을 통해 구성된다는 것 따라서 그것들이 배제하는 것에 의해 구성된다는 것, 담론과 권력의 관계가 그것들 간에 위계 및 중첩을 생산하고 이러한 경계에 도전한다는 것은 이것들이 **지속적인 영역이면서 동시에 경합되는 영역**이라는 것을 의미한다.

우리는 이러한 경합되는 영역 내에 지속되는 것이 몸의 '물질성'이라고 주장하고 싶을 수도 있다. 그러나 여기서 지속되는 것은 **언어 안에서의 요구이자 언어에 대한 요구**라고 우리가 주장한다면, 즉 과학의 영역 내에서 촉발하고 야기하는 '그것', 설명·서술·진단·변형된다고 부르는 '그것', 혹은 살아온 경험의 문화적 망(fabric) 내에서 길러지고, 실행되고, 동원되고 잠재우는 '그것'이라고 우리가 주장한다면, 다양한 종류의 실행과 열정의 현장이라고 주장한다면, 우리는 같은 기능을 수행하고 다른 어떤 것을 열었을 것이다. 이러한 [언어 안에서의 요구이자 언어에 대한] 요구, 이러한 현장을 '그것 없이는' 어떠한 정신적 작용도 진행할 수 없는 '그것'으로서, 또한 그것 위에서 그것을 통해 영혼이 작동하는 것으로서 주장하는 것은 변함없이 그리고 지속적으로 영혼의 작동 현장인 것에 경계선을 긋기 시작하는 것이다. 영혼이 작용하는 텅 빈 석판이나 수동적인 매개체가 아니라, 오히려 처음부터 영혼의 행위를 동원하는 구성적 요구, 즉 그러한 동원인 구성적 요구, 그것의 변질되고 투사된 몸 형태로서 그러한 영혼으로 남는 구성적 요구에 경계선을 긋기 시작하는 것이다.

그렇다면 '신체'라는 개념을 의미화의 문제로 내던져 버리는 두 번째 요청에는 어떻게 답해야 하는가?

신체는 순수하게 담론적인가?

몸의 물질성을 '지칭한다'고 이해되는 언어적 범주들은 그 자체로 지시 대상——어떠한 주어진 기의에 의해 완전히 또는 영속적으로 해소되거나 포함되지 않는 지시 대상——에 의해 트러블을 겪는다. 실제로 그러한 지시 대상은 언어가 포획하지 못하는 일종의 부재나 상실로서만 지속되지만, 대신 언어가 반복적으로 포획하면서 경계를 설정하려고 시도하고 또한 실패하도록 강제한다. 이러한 상실은 언어 **안에 있으면서** 결코 완전히 언어**로 이뤄지지** 않는 끈질긴 부름이나 요구로서 언어 안에 자신의 자리를 잡는다. 언어 밖에서 물질성을 정립하는 것은 여전히 그러한 물질성을 정립하는 것이고, 그렇게 정립된 물질성은 그러한 정립을 자신의 구성적 조건으로 유지할 것이다. 언어 밖에서 물질성을 정립하는 것

은 그러한 물질성이 언어와 존재론적으로 구별되는 것으로 간주
되는 경우 언어가 근본적인 타자성의 영역을 지시하거나 그에 상
응할 수 있다는 가능성을 침식하는 것이다. 따라서 언어의 지시적
기능을 확보하기 위한 언어와 물질성 간의 절대적 구별은 그 기능
을 근본적으로 침식한다.

이는 한편으로 몸이 단순히 언어의 소재이거나, 아니면 반대로
신체가 언어와 아무런 관련이 없다는 것을 의미하지 않는다. 몸은
언제나 언어와 관련이 있다. 실제로 언어의 물질성, 즉 '물질성'을
지칭하는 바로 그 기호의 물질성은 '물질성이라는 말을 포함해 모
든 것이 항상 이미 언어이다'에 해당하는 것은 아니라는 점을 시
사한다. 그와는 달리 기표의 물질성(즉 기호와 그것의 의미화 효력을
모두 포함하는 '물질성')은 물질성을 통해서만 순수 물질성을 지시
할 수 있음을 함의한다. 따라서 우리가 물질성을 그 자신 안에서
그리고 그 자신에 대해 파악하기 위해서 언어 바깥으로 나갈 수
없다는 것이 아니라, 오히려 물질성을 지시하려는 모든 노력은 그
것의 현상적 성질(phenomenality) 속에서 늘 이미 물질적인 의미화
과정을 통해 이루어진다. 이런 점에서 언어와 물질성은 대립되는
것이 아닌데, 언어는 물질적인 것이자 동시에 물질적인 것을 지시
하며, 물질적인 것은 결코 그것이 의미화되는 과정에서 완전히 벗
어나지 못하기 때문이다.

그러나 언어가 물질성과 대립하지 않는다면, 물질성도 언어와
의 동일성으로 간단히 붕괴될 수는 없다. 한편으로 의미화 과정은
늘 물질적이다. 기호들은 (시각적·청각적으로) **나타남에 의해서**,
말하자면 물질적 수단을 통한 나타남에 의해서 작동하지만, 나

타나는 것은 그러한 비-현상적 관계들, 즉 의미화 자체를 암묵적으로 구조화하고 추진하는 차별의 관계들 덕분에만 의미화한다. 관계들은, 심지어 차연(差延) 개념조차도, 관계어들, 항들, 현상적 기표들을 제도화하고 필요로 한다. 하지만 기표들을 의미화하게 만드는 것은 결코 그것의 물질성만은 아닐 것이다. 그러한 물질성은 일련의 더 큰 언어적 관계들의 도구성이자 배열일 것이다.

기표의 물질성은 그것이 차별화하는 관계의 이념성에 의해, 즉 원칙적으로 한정할 수 없는 언어적 맥락의 암묵적 구조화에 의해 순수하지 않고 오염된 한에서만 의미화할 것이다. 역으로 기표 역시 삼상의 이념성이 극복하려고 하는 바로 그 물질성에 의해 구성적으로 오염된 한에서만 작용할 것이다. 기표의 물질성과 별개이면서도 또한 그와 관련된 것은 기의의 물질성과 기의를 통해 접근되지만 기의로 환원될 수 없는 지시체의 물질성이다. **지시체**와 **기의** 간의 이러한 근본적인 차이는 언어의 물질성과 그것이 의미화하고자 하는 세계의 물질성이 영속히 협상되는 현장이다. 이것은 메를로-퐁티의 '세계의 살' 개념과 유용하게 비교될 수 있을 것이다.[21] 지시체는 기의와 별개로 존재한다고 얘기될 수 없지만, 그럼에도 불구하고 그것은 기의로 환원될 수 없다. 그러한 지시체, 그

---

21) 이에 대해서는 메를로 퐁티의 "세계의 살"과, 「얽힘-교차」에서 만짐, 표면, 시각의 얽힘을 참고하라. Maurice Merleau-Ponty, *The Visible and the Invisible*, tr. Alphonso Lingis; Claude Lefort, ed. Evanston: Northwestern University Press, 1968, pp. 130-155. [한글본] 모리스 메를로 퐁티, 『보이는 것과 보이지 않는 것』, 남수인 옮김, 동문선, 2004, 187-222쪽을 보라.

러한 지속하는 세계의 기능은 지평으로서 지속하는 것이자 자신의 요구를 언어 안에서 그리고 언어에 대해 만드는 '그것'으로 지속하는 것이다. 언어와 물질성은 서로에게 충분히 스며들어 있으며, 그것들의 상호 의존성 안에서 교차하지만 결코 서로에게로 붕괴되지 않는다. 즉 서로로 환원되지 않는다. 하지만 어느 쪽도 다른 쪽을 완전히 능가하지 않는다. 언어와 물질성은 늘 서로 이미 내포되어 있고, 늘 이미 서로를 능가하며, 결코 완전히 동일하지도 완전히 다르지도 않다.

그렇다면 우리는 몸과 연관된 물질성의 종류, 몸의 육체성과 그것의 사회적·정치적 위지 지어짐을 포함하는 그것의 위치, 그리고 언어를 특징짓는 그러한 물질성을 어떻게 이해해야 할까? 우리는 '물질성'을 공통 감각으로 의미하는가, 아니면 이러한 용례들은 알튀세가 물질의 양상이라고 지시한 것의 사례인가?[22]

신체의 물질성과 언어의 물질성 간의 관계에 대한 질문에 답하려면 먼저 신체가 어떻게 물질화되는지, 즉 신체가 어떻게 **형**(形)──신체의 물질적 분리성이 표시되는 모양──을 떠맡는지에 대한 설명을 제시할 필요가 있다. 몸의 물질성은 당연한 것으로 간주되어서는 안 되는데, 어떤 의미에서 그것은 형태학의 발전을 통해 획득되고 구성되기 때문이다. 그리고 라캉의 관점에서 볼 때, 이상화된 친족 관계에 기반해서 차별의 규칙으로 이해된 언어는 형태학의 발전에 본질적이다. 우리가 언어적이고 육체적인 형태학

---

22) 이에 대해서는 Louis Althusser, "Ideology and Ideological State Apparatuses(Notes towards an Investigation)", p. 166. [한글본] 루이 알튀세, 「이데올로기와 이데올로기적 국가장치」,『재생산에 대하여』, 김웅권 옮김, 동문선, 2007, 388쪽을 보라.

의 발전에 대한 한 가지 설명을 사고하기 전에 먼저 크리스테바로 잠시 돌아가 라캉과의 대조 및 비판적 도입을 제시해 보도록 하자.

언어가 신체적 삶의 물질성에서 출현하는 것으로 이해될 수 있는 한, 즉 관계들의 물질적 집합의 되풀이와 확장으로서 이해될 수 있는 한, 언어는 대리 만족, 즉 전위와 응축의 주요한 행위이다. 크리스테바가 주장하길, 말해진 기표의 물질성 즉 소리의 발성이 지닌 물질성은 이미 상실된 엄마의 몸을 재설치하고 재포획하려는 영혼의 노력이다. 따라서 이러한 발성은 언어의 최고의 물질적 가능성을 위해 언어를 작동시키는 낭랑한 시[적 언어]에 일시적으로 재포획된다.[23] 그렇지만 여기에서도 그러한 물질적인 '더듬거리며 말하기(sputtering)'는 이미 정신적으로 투자되어 지배와 회복의 환상에 기여하는 데 사용된다. 여기서 분리 가능한 몸으로의 일체의 개체화 이전 또는 오히려 개체화와 동시에 신체적 관계의 물질성은 언어적 관계의 물질성으로 전위된다. 이러한 전위의 효과인 언어는 그럼에도 발성 자체를 동원하는 바로 그 회복이라는 환영적 목표 안에서 그러한 상실의 흔적을 지닌다. 그렇다면 여기서 그러한 (다른) 몸의 물질성은 의미화하는 소리의 물질성에서 환영적으로 다시 소환된다. 실제로 그 소리에 의미화하는 권력을 주는 것은 그러한 환영적 구조다. 따라서 기표의 물질성은 상실된 엄마 몸의 물질성이 전위된 반복이다. 이런 점에서 물질성은 반복

---

23) Julia Kristeva, *Desire in Language: A Semiotic Approach to Literature and Art*, Leon Roudiez, ed.; tr. Thomas Gorz, Alice Jardine, and Leon Roudiez, New York: Columbia University Press, 1980, pp. 134-136.

가능성 안에서 그리고 반복 가능성을 통해 구성된다. 그리고 언어의 지시적 충동이 그러한 상실된 기원의 현존으로 돌아가는 것인 한, 엄마의 몸은 말하자면 그 다음에 나오는 지시체를 위한 패러다임이나 형상이 된다. 이것은 부분적으로 라캉의 담론에서 주제화할 수 없는 엄마의 몸으로 수렴하는 실재계의 기능이다. 실재계는 상징화에 저항하고 상징화를 강요하는 것이다. 라캉의 교의에 따르면 '실재계'는 재현 불가능한 것으로 남아 있으면서, 그것의 재현 가능성의 유령은 정신병의 유령인 반면, 크리스테바는 상징계 '외부'에 있는 것을 기호학적인 것 즉 의미화의 시적 양식으로 재서술하고 재해석한다. 의미화의 시적 양식은 비록 상징계에 의존하지만 상징계로 환원될 수도 없고, 또 상징계의 주제화할 수 없는 대타자로 형상화될 수도 없다.

크리스테바에게 있어 언어의 물질성은 어떤 점에서 유아가 맺는 신체적 관계의 물질성에서 파생된다. 언어는 엄마의 몸과 환영적으로 동일시되는 그러한 향락(jouissance)의 무한한 전위와 같은 어떤 것이 된다. 의미화하려는 모든 노력은 이 상실에 코드를 부여하면서 그것을 반복한다. 더욱이 모성의 현존으로 이해되는 지시체 즉 실재계의 이러한 일차적 상실의 조건에서만 의미화가, 그리고 언어의 물질화가 일어날 수 있다. 엄마 몸의 물질성은 언어(일련의 이미 분화된 관계들) 내에서만 탈개체화된 융합, 주체의 분화와 출현 이전의 향락의 환영적 현장으로서 형상화될 수 있다.[24]

---

24) 이리가레는 이러한 최초의 물질적 관계를 물질적 인접성이나 근접성의 관점에서 공식화하는 것을 선호한다. 이에 대해서는 Luce Irigaray, "The Power of Discourse and the Subordination of the Feminine", in *This Sex Which Is Not One*, p. 75 [한글본]

그러나 이러한 상실이 **언어 내에서** 형상화되는 한(즉 언어 안에서 어떤 형상으로 나타나는 한), 그러한 상실 또한 거부된다. 왜냐하면 언어는 그것이 형상화하는 분리를 수행하면서 동시에 방어하기 때문이다. 그 결과 그러한 상실의 형상화 일체는 상실 자체를 반복하면서 동시에 거부할 것이다. 의미화를 생산하는 품사들 간의 분화의 관계 자체는 말하는 주체가 발생하게 되는 엄마 몸과의 분화 및 분리라는 일차적 행위의 **되풀이**이자 확장이다. 언어가 그것이 슬퍼할 수 없는 상실에 의해 동기가 부여되고, 그것이 인식하기를 거부하는 바로 그 상실을 반복하는 것처럼 보이는 한에서, 우리는 언어적 반복 가능성의 핵심에 있는 이러한 양가성을 의미화의 우울한 구석진 곳(recess)으로 간주할 수 있을 것이다.

의미화의 발생에서 엄마 몸의 우월성이라는 선결 조건(postulation)은 분명히 의심스럽다. 그러한 몸과의 분화가 일차적 또는 배타적으로 발화와의 관계를 개시하는 것이라고 보여줄 수 없기 때문이다. 주체가 형성되기 이전의 엄마 몸은 항상 그리고 오직 그러한 가설적 장면보다 그 정의상 이후에 나온 주체에 의해서만 알려진다. 「거울 단계」(1949)에서 신체적 경계의 발생에 대한 설명을 제공하려는 라캉의 노력은 나르시시즘적 관계를 일차적인 것으로 간주하고, 그래서 엄마 몸을 일차적 동일시의 현장으로 전위시킨다. 이것은 '거울 단계' 내에서 발생하는데, 추정상 유아를 거울 앞 자리에 고정시키는 지지대라는 장애물을 유아가 환희로

뤼스 이리가레, 「담화의 권력/여성의 복종」, 『하나이지 않은 성』, 이은민 옮김, 동문선, 2000, 96-97쪽을 보라.

극복한다고 이해될 때 그렇다. 모성의 의존성을 '지지대'와 '장애물'로 물화(物化)하는 것은 극복 속에서 환희를 일으키는 것으로 일차적으로 의미화되며, 거울 단계에서 모성적인 것과의 분화에 대한 담론이 있음을 시사한다. 말하자면 모성적인 것은 이론적 언어에 의해 이미 지워진 셈이고, 그러한 이론적 언어가 자신의 기능을 물화하고, 그것이 기록하고자 하는 바로 그 극복을 실행한다.

거울 단계가 **상상적** 관계를 포함하는 한, 그것은 정신적 투사의 관계이지만, 엄밀히 말해서 상징계의 등록기에서, 즉 언어에서 발화의 분화되는/분화하는 사용은 아니다. 거울 단계는 누군가 자신의 몸에 대한 생각이 어떻게 발생하는지에 대한 **발달적** 설명이 아니다. 그렇지만 그것은 표면에 **형**(形), 모양을 투사하는 능력이 누군가 자신의 신체적 윤곽에 대한 정신적(그리고 환영적) 정교화, 중심화 및 억제의 일부임을 시사한다. 이 정신적 투사 혹은 정교화 과정은 또한 누군가 자신의 몸에 대한 감각이 (단지) 다른 몸(엄마의 몸)으로부터의 분화를 통해서만 달성되는 것이 아니라 투사된 것으로서 신체적 윤곽에 대한 모든 감각은 필연적인 자기 분리와 자기 소외를 통해 분명하게 표현된다는 것을 함의한다. 이런 점에서 라캉의 '거울 단계'는 프로이트가 『자아와 이드』에서 신체적 자아를 도입한 것을, 그리고 나르시시즘 이론을 다시 쓴 것으로 읽을 수 있다. 여기서는 엄마나 이마고(imago)가 먼저 오는지 아니면 그것들이 완전히 구별되는지 어떤지가 문제가 아니라, 상상적인 신체적 윤곽의 정교화를 통해 발생하는 성적 분화와 동일시의 불안정한 역동성을 통해 개체화를 어떻게 설명할 것인지가 문제이다.

라캉에게 있어서 몸 아니 오히려 형태학은 상상적 형성체이지만,[25] 우리는 『세미나 II』에서 이러한 페르키피(percipi)[26] 또는 시각적 생산이, 그리고 그 몸이 언어——성적 차이에 의한 표시——에 복종함으로써만 환영적인 온전함을 유지할 수 있다는 것을 배운다. "인간의 페르키피는 지명의 지대 내에서만 유지될 수 있다."[27] 신체는 성별적으로 표시된 이름에 의해서 시간을 통해 지속되는 이상화하고 총체화하는 반사적 이미지를 통해서만 전체, 즉 총체성이 된다. 하나의 이름을 갖는다는 것은 상징계, 즉 이상화된 친족 영역, 아버지의 법과 근친상간 금지에 의해 지배되는 제재(制裁)와 금기를 통해 구조화된 일련의 관계 내에 위치 지어지는 것이다. 라캉에게 있어 이름들, 즉 이러한 아버지 법을 상징화하고 제도화하는 이름들은 몸의 온전함을 **지속한다**. 통합적인 몸을 구성하는 것은 자연적 경계나 유기적 텔로스가 아니라 이름을 통해 작용하는 친족의 법이다. 이런 의미에서 아버지 법은 여러 버전의 신체적 온전함을 생산한다. 이름 즉 젠더와 친족을 확립하는 이름은 정치적으로 투자되고 또 투자하는 수행문으로 작용한다. 따라서 이름을 얻는다는 것은 그 법 안으로 주입되는 것, 그 법에 따라 신체적으로 형성된다는 것이다.[28]

---

25) 「거울 단계」에서 상상계는 아직 상징계와 구별되지 않는데, 이는 이후 라캉의 글에서 구별될 것이다.

26) [옮긴이] 라틴에서 지감됨을 의미하는데, 라캉에게서 이것은 단순한 감각 지각을 의미하기보다는 상상적으로 형성되며 시각적 이미지로 나타난 상태를 지시한다.

27) Jacques Lacan, *II*, p. 177/202.

28) 우리는 모니크 위티그가 『레즈비언의 몸』에서 구사한 '재명명하기'와 관련된 전략을 라캉의 가정을 교정하는 것으로 읽을 수도 있다. 이름은 형태학적 구별성을 부여

형태학적 상상계를 다시 쓰기

의식은 이미지라고 불리는 것을 생산할 수 있는 어떤 표면이
있을 때마다 발생한다. 그것은 유물론적인 정의이다.
—라캉, *Seminar* Ⅱ, 49/65

인간이 세계와 맺는 관계에는 원래부터, 처음으로, 깊이 상처받은
것이 있다. (……) 그것은 프로이트가 우리에게 제시한 나르시시즘
이론에서 나오는 것이다. 이러한 프레임이 정의할 수 없는 것, **출구가
없는 것**을 도입하여 모든 관계, 특히 주체의 리비도 관계를 표시하는
한 (……)
—라캉, *Seminar* Ⅱ, 167/199

다음에 다뤄질 선택적인 라캉 읽기는 신체적 자아의 형성 및 그
것을 성으로 표시하는 것에 대한 나르시시즘 이론의 귀결을 탐구
할 것이다. 자아가 몸을 투사함으로써 영혼으로부터 형성되고, 자
아가 그러한 투사, 즉 반사적 (오)인식의 조건인 한에서, 자아는
변함없이 신체적 자아이다. 라캉이 '거울 단계'라고 설명하는 몸
의 이러한 투사는 투사와 오인(méconnaissance)의 동학을 통해 프로
이트의 나르시시즘 이론을 다시 쓴다. 그러한 다시 쓰기의 과정에
서 라캉은 몸의 형태학을 정신적으로 투자된 투사로 확립하고, 그

하고, 부계 혈통을 명백히 부인(disavow)하는 이름들은 (부계) 버전의 신체적 온전
함이 붕괴되고 다른 버전의 신체적 일관성이 재통합되고 재형성되는 계기가 된다.

몸의 이상화나 '허구'를 총체성과 통제의 중심지로 확립한다. 더욱이 라캉이 제안하길, 형태학을 확립하는 이러한 나르시시즘이면서 이상화된 투사는 대상의 생성 및 다른 신체의 인식을 위한 조건을 구성한다. 거울 단계를 통해 확립된 형태학적 도식은 바로 대상의 윤곽이 생산되는 형(形)의 바로 그 저장고를 구성한다. 대상들 및 그 밖의 것들 모두는 이러한 투사되거나 상상적인 형태학의 매개적 격자를 통해서만 나타나게 된다.

이러한 라캉의 궤적은 (적어도) 두 가지 이유에서 문제될 수 있음이 드러날 것이다. (1) 대상들 및 다른 것들의 세계가 나타나기 위한 인식론적 조건이 되는 형태학적 도식은 남성적인 것으로 표시되고, 따라서 인간중심적이고 남성중심적인 인식론적 제국주의의 기초가 된다(이것은 뤼스 이리가레가 라캉에 대해 제기한 비판 중 하나이며, 그녀가 여성적 상상계를 접합하려는 기획에 대한 설득력 있는 이유를 제공한다).[29] (2) 「거울 단계」에서 밑그림을 그린 통제의 중심으로서의 몸의 이상화는 라캉이 자신의 담론——「남근의 의미화」(1958)——에서 의미화를 통제하는 것으로서 남근을 바라보는 관점으로 재접합된다. 비록 라캉이 남근이 몸 부위 또는 상상의 효과일 것이라는 가능성을 명백히 비난하긴 하지만, 그러한 거절(repudiation)은 그가 이후에 글을 쓰는 과정에서 남근에 부여한 바로 그 상징적 지위의 구성 요소로 독해될 것이다. 몸 부위의 이상화로서, 라캉의 글 내에서 남근의 환영적 형상은 성감대

---

29) 이에 대해서는 마거릿 위트포드가 최근에 뤼스 이리가레와 여성적 상상계에 대해 탁월하게 논의한 Margaret Whitford, *Luce Irigaray: Philosophy in the Feminine*, London: Routledge, 1991, pp. 53-74를 보라.

에 대한 프로이트의 분석을 불안정하게 만든 것들과 유사한 일련의 모순을 겪는다. 레즈비언 남근은 라캉의 도식이 예상하지 못한 결과로, 겉보기에는 모순적인 기표로 개입한다고 얘기될 수 있는데, 이는 비판적 미메시스를 통해 라캉의 남근이 지닌 표면적으로는 기원적이면서 통제하는 권력에, 실제로는 그 권력이 상징계의 특권화된 기표로서 가설되었다는 것에 의문을 제기한다.[30] 레즈비언 남근으로 상징되는 움직임은 상징계의 수준 및 신체적 형태학의 수준에서 비모순율과 강제적 이성애의 입법화가 맺는 관계와 경합한다. 결과적으로 그것[레즈비언 남근의 논리]은 몸 부위들과 완전체, 해부학과 상상, 육체성과 프시케[영혼] 간의 분리를 구성하고 지속시키는 암묵적인 정치적 관계를 다시 사고하기 위한 담론적 현장을 열어젖히고자 한다.

라캉은 1953년 세미나에서 이렇게 주장했다. "거울 단계는 단순히 발달의 한 순간이 아니다. 거울 단계는 또한 주체가 자신의 이미지와 맺고 있는 관계 중 일부를 드러내기 때문에 범례적 기능을 가지고 있다. 그것은 자아의 원상(原象/Urbild)이기 때문이다."[31] 그보다 4년 앞서 출판된 「거울 단계」에서 라캉은 "우리는 거울 단계를 **동일시로** (……) 이해해야 한다"고 주장한 다음, 글의 후반부에서 자아는 그것의 형성적 동일시의 누적 효과라고 제시한다.[32] 미

30) Naomi Schor, "This Essentialism Which Is Not One: Coming to Grips with Irigaray", p. 48.

31) Jacques Lacan, *I*, p. 74/88. [한글본] 자크 라캉, 『세미나 I』, 135-136쪽.

32) "여기서는 거울 단계를 정신분석이 이 용어에 부여하는 온전한 의미에서 동일시로 이해하는 것으로 충분하다. 즉 주체가 어떤 이미지를 받아들일 때 주체에게 생

겨나는 변형 말이다.──이 단계에서 이미지는 분석 이론에서 '이마고'라는 고대적인 용어가 사용되는 것이 잘 보여주듯이 그러한 예정력(prédestination)을 갖고 있다." Jacques Lacan, "Le stade du miroir", *Écrits*, p. 90. [한글본] 자크 라캉, 「나 기능의 형성자로서의 거울 단계」, 『에크리』, 홍준기·이종영·조형준·김대진 옮김, 새물결, 2019, 114쪽. [이어지는 내용의 한글 번역은 다음과 같다. "따라서 여전히 동작의 무능과 젖먹이라는 의존 상태, 즉 유아 단계에 사로잡혀 있는 작은 인간이 환호하며 거울에 비친 자기 모습을 받아들이는 것은 내게는 타자와의 동일화의 변증법 속에서 대상화되기 전에 그리고 언어가 보편성 속에서 나에게 주체로서의 기능을 회복시켜 주기 전에 원초적 형태로 나(je)가 재촉되어 들어가는 상징적 모체를 전형적인 상황에서 드러내는 것처럼 보인다. 게다가 이 형태는 또한 이차적 동일화──이 이차적 동일화라는 용어로 나는 리비도의 정상화를 생각하고 있다──의 근원이 될 것이라는 의미에서, 잘 알려진 용어로 옮기자면 '이상적 자아'라고 불러야 할 것이다. 그러나 중요한 점은 이 형태는 자아로 알려진 심급을 이 심급이 사회적으로 결정되기 전에 어떤 단일한 개인에게 환원하는 것이 불가능한 것으로 영원히 남게 될 또는 보다 정확히 말하자면 주체가 나로서 자기에게 고유한 현실과의 불화를 해소하도록 해주는 변증법적 종합이 아무리 성공적이더라도 단지 점근선적으로만 주체-되기에 접근하게 될 어떤 허구적 방향 속에 위치시킨다는 것이다." 라캉, 『에크리』, 114-115쪽──옮긴이] 라캉은 이마고의 도입에서, 유아가 자기의 '반사적 이미지'를 환호하여 떠맡는[받아들이는] 쪽으로 나아간다. 이는 상징적 모체의 범형적[전형적인] 상황으로, 여기서 '나(je)' 또는 주체는 타자와의 동일시의 변증법에 앞서 원초적인 형태로 침전되었다고 얘기된다. 라캉은 여기서 '나(je)'의 형성과 '자아(moi)'의 형성을 구별하지 못한 채, 다음 문단으로 나아가는데, '이러한 형태(cette forme)'를 '나-이상(je-idéal)', 즉 자아-이상으로 지칭될 수 있는 것──이러한 번역은 나(je)와 자아(moi)의 혼란스러운 수렴을 야기한다──으로 더욱 상세히 설명한다. 이러한 형태를 '나-이상'이라고 부를 수 있다고 주장하는 것은 그러한 용어가 허용하는 설명적 용례에 달려 있다. 이 경우에 그러한 임시적 번역은 '잘 알려진 등록기'("un registre connu")에 집어넣을 것이다. 즉 프로이트로부터 알려진 환영적이고 일차적인 동일시, 라캉이 "이차적 동일시의 근원/그루터기(la souche des identifications secondaires)(……)"라고 서술한 것이다. 여기서 자아의 사회적 구축은 이미 부분적으로 구성된 자아와 대타자 간의 동일시의 변증법을 통해 발생하는 것처럼 보인다. 거울 단계는 바로 일차적 동일시, 즉 전-사회적(presocial)이며 (상국의 프로이트 수용에서, 특히 자아 심리학과 특정한 버전의 대상 관계에서 자아는 자신의 동일시보다 먼저 존재한다고 제안하는 것이 관례일 수 있는데, 이 개념은 "자아는 자기 바깥의 대상과 동일시한다"고 주장하는 문법에 의해 확인된다. 라캉의 입장은 동일시가 자아보다 **선행**할 뿐만 아니라 이미지와의 동일시 관계가 자아를 확립한다는 점을 시사한다. 더욱이 이러한 동일시 관계를 통해 확립된 자아는 그 자체 하나의 관계이며, 실제로 그러한 관계의 누적된 역사이다. 결과적으로 자아는 자기와 동일시한 실체가 아니라 자아의 중심을 자기 바깥, 즉 신체적 윤곽을 부여하고 생산하는 외부화된 이마고에 위치시키는 상상적 관계의 퇴적된 역사이다. 이런 의미에서 라캉의 거울은 기존의 자아를 반영하거나 재현하지 않지만, 오히려 자아 자신의 투사적 정교화를 위한 틀, 경계, 공간적 선긋기를 제공한다. 따라서 라캉이 주장하길, "몸의 이미지는 주체에게 자아와 관련된 것과 그렇지 않은 것을 위치 지

상적, 반사적인) '어떤 허구의 선을 따라' 규정된 동일시로, 이것은 (사회적이고 변증법적인) 이차적 동일시를 촉진한다. 이후에 이것은 라캉이 나르시시즘적 관계가 사회적 관계 및 대상들과의 관계(이것은 또한 언어적으로 매개된다는 의미에서 사회적이다)를 미리 형상화하고 틀 짓는다고 주장할 때 이는 분명해질 것이다. 어떤 의미에서 거울 단계는 통제 속에 있는 어떤 몸의 환영적 선긋기를 통해 자아에게 **형식**(form)이나 **형**(形)**을 부여한다**. 그래서 형식-부여라는 그러한 일차적 행위는 다른 신체들이나 대상들의 세계로 전위되거나 외삽되어, 그것들의 나타남의 조건('그루터기(la souche)': 쓰러지거나 잘려나간 것처럼 보이지만 비옥한 토양의 역할을 하는 나무의 몸통)을 제공한다. 쓰러지거나 잘려나간 이 나무는 사용할 준비가 되어 있으며, 1장에서 다룬 '휠레'로서의 물질의 의미와 공명한다. 이런 의미에서 라캉에게 있어 일차적 동일시는 물질과 분리 불가능하다.

을 수 있게 해주는 첫 번째 형식을 제공한다."[33]

그러므로 엄밀히 말해서 자아는 자기 외부의 대상과 동일시된다고 얘기될 수 없다. 오히려 그 자체 하나의 관계인 어떤 이마고와의 동일시를 통해 자아의 '외부'는 먼저 애매하게 경계 지어지고, 실제로 '외부'와 '내부'를 협상하는 공간적 경계가 상상계 안에서 그리고 상상계로서 확립된다. "거울 단계의 기능은 이마고 기능의 특수한 사례로, 그것은 유기체와 그것의 실재 간의 관계를 확립하는 것이다. 혹은 흔히 말하듯 내부 세계와 주변 세계 간의 관계이다."[34] 아이가 보는 반사적 이미지, 즉 아이가 생산하는 상상하기는 자기 자신의 몸(다른 것으로 나타남)에 시각적 온전함과 일관성을 부여하여 자신의 한계 지어지고 반사 이전의 운동성과 미발달된 운동 제어를 보상한다. 라캉은 계속해서 이 반사 이미지를 '나-이상' 및 주체와 동일시한다. 비록 그가 이후에 한 강의들에서는 이 용어들이 다른 근거에 의해 서로 구별된다고 말하긴 하지만 말이다.[35]

---

33) Jacques Lacan, *I*, p. 79/94. [한글본] 라캉, 『세미나 I』, 144쪽.

34) Jacques Lacan, "The Mirror Stage", *Écrits: A Selection*, tr. Alan Sheridan, New York: Norton, 1977, p. 4; original: "La fonction du stade du miroir s'avère pour nous dès lors comme un cas particulier de la fonction de l'imago qui est d'établir une relation de l'organisme à sa réalité—ou, comme on dit, de l'Innenwelt à l'Umwelt", *Écrits*, Vol. I, Paris: Seuil, 1971, p. 93. [한글본] "거울 단계의 기능은 내가 보기에 유기체와 그의 현실 또는 흔히 말하듯 내부 세계와 환경 사이의 관계를 수립해 주는 이마고들의 기능의 특수한 사례임이 입증된다." 라캉, 『에크리』, 117쪽.

35) 라캉은 이후에 자아를 주체로부터 분리하여 자아를 상상계라는 등록기와 연결하고 주체를 상징계라는 등록기와 연결한다. 주체는 상징계와 무의식의 구조/언어를 구성하는 것과 관련된다. 『세미나 I』에서 라캉은 "자아는 상상적 기능이지만 주체와 혼동해서는 안 된다"(p. 193. [한글본] 『세미나 I』, 349쪽)라고 썼다. "무의식은

여기서 중요한 것은, 아이가 보는 이러한 이상화된 총체성은 거울 이미지라는 점이다. 누군가는 그것이 자기 몸에 이상성과 온전함을 부여한다고 말할 수 있겠지만, 아마도 바로 그 몸의 감각이 이상성과 온전함의 이러한 투사를 통해 발생된다고 주장하는 것이 더 정확할 것이다. 실제로 이러한 미러링은 분열 및 통제 상실의 체험된 감각을 그러한 반사화라는 사건을 통해 온전함과 통제의 이상(즉 '푸이상스(la puissance)')으로 변형한다. 간단히 말해, 우리는 「거울 단계」에서 표현된 이러한 몸의 이상화가 라캉이 해부학의 이상화와 상징화로서 남근을 논한 맥락에서 부지불식간에 재출현한다고 주장할 것이다. 바로 이 지점에서, 몸의 이마고가 특정한 상실을 통해 구입된다는 것에 주목하는 것으로 충분할 것이다. 리비도적인 의존성과 무력함은 어떤 경계의 설치와 따라서 이상화된 신체적 자아를 생산하는 실체화된 중심을 통해 환영적으로 극복된다. 그러한 온전함과 통일성은 개체화의 경계에 의해 아직 제한되지 않은 변덕스러운 운동성이나 분산된 섹슈얼리티의 질서화를 통해 획득된다. "인간적 대상은 항상 첫 번째 상실이라

인간이 자기 자신을 자아로 인식하는 그러한 확실성의 원환을 완전히 회피한다. 이 장 바깥에는 나라고 말할 모든 권리를 가진 뭔가가 있다. (……) 그것은 바로 자아의 영역에서 가장 오해받는 것이며, [정신]분석에서는 고유하게 '나'라고 말하는 것으로 공식화된다." 이어서 라캉은 『세미나 II』에서 이렇게 말한다. "자아는 (……) 주체의 경험 내의 특수한 대상이다. 문자 그대로 자아는 대상이다. 우리가 여기서 상상적 기능이라고 부르는 어떤 기능을 채우는 대상이다."(p. 44). 그리고 그 뒤로 이렇게 말한다. "주체는 어느 누구도 아니다. 그것은 조각조각 분해된다. 그리고 그것은 타자의 이미지, 기만하고 실현된 이미지에 의해 **또는 마찬가지로** 자기 자신의 반사적 이미지에 의해 쑤셔 넣어지고 빨려 들어간다."(p. 54, 강조는 나의 것)

는 매개를 통해 스스로를 구성한다. 대상의 상실이라는 매개를 통해서가 아니라면 인간에게는 결실을 거둘 만한 어떠한 일도 일어나지 않을 것이다."[36]

---

36) Jacques Lacan, *II*, 136/165. 이러한 이마고와의 동일시는 '예기적(anticipatory)'이라고 불리며, 알렉상드르 코제브는 이 용어를 **욕망**의 구조에 사용한다. Alexandre Kojève, *Introduction to the Reading of Hegel*, tr. James Nichols; Allan Bloom, ed., Ithaca: Cornell University Press, 1980, p. 4를 보라. 예기적인 것으로서의 이마고는 미래의 투사이며, 아직 존재할 수 없고 어떤 의미에서는 결코 존재할 수 없는 신체적 통제에 대한 선견지명적이고 환영적인 이상화이다. "이 형태는 사회적 규정 이전에 자아의 행위성을 허구적 방향으로 위치시킨다." 그러한 경계의 동일시적 생산——경계 지어진 거울의 효과——은 자아를 허구적이고 이상화 · 중심화하는 공간적 통일성으로 확립한다. 이것은 **신체적** 자아의 개시, 형태학에 대한 그리고 '나'에 대한 경계 시어지거나 분리된 감각에 대한 현상학적인 접근이다. 물론 이것은 허구적이고 투사된 몸과 탈중심화되고 통일되지 않은 신체적 모체——이것으로부터 그러한 이상화하는 시선이 출현한다——간의 관계를 표시하는 측정 불가능성 때문에 정확히 오인을 구성한다. 프로이트를 라캉의 노선으로 다시금 다른 말로 표현하자면, 자아는 무엇보다도 먼저 신체적 자아로서의 이마고 안에서는 스스로가 자기 바깥에 있다고 오인한다.

　이 이미지는 자아를 **구성**할 뿐만 아니라, 자아를 **상상계**로 구성한다(라캉은 '자아 기능의 상상적 기원', 즉 상상계 안에서 구성된 1차 및 2차 동일시의 결과**로서** 자아를 거듭해서 언급한다). 다시 말해 자아는 상상적 생산이며, 이것은 주로 신체적 자아의 투사/생산을 통해 발생하며 주체의 기능 작용에 필수적이지만, 또한 똑같이 상당히 **취약하다**. 유아에게서 미발달된 운동 제어를 특징짓는 통제력의 상실은 성인에게는 '자아-이상'을 통제의 중심으로 소환함으로써 고요해지고 지연되는 그러한 과도한 섹슈얼리티 영역으로 지속된다. 따라서 이마고와의 완전한 동일시(여기서 '~과의 동일시'는 애매하게 '~의 생산'으로 수렴된다)를 이루려는 모든 노력은 실패하는데, 왜냐하면 그러한 자아에 의해 일시적으로 마구가 채워지고 경계 지어진 섹슈얼리티(누군가는 이것을 그러한 자아에 의해 '옴짝달싹 못하게 되었다'고 말할 것이다)가 그것에 의해 완전하거나 결정적으로 제한될 수 없기 때문이다. 말하자면 거울 프레임 밖에 남겨진 것은 바로 무의식으로, 이것은 거울 **속에서** 보여지는 것의

라캉이 『세미나 Ⅱ』에서 말하길, "조각난 몸은 대타자의 이미지
──그 몸 자신의 예기된 이미지──에서 자신의 통일성을 발견한다.
이는 양극을 이루지만 비대칭적 관계가 밑그림으로 그려지는 이중
적 상황이다."[37] 자아는 몸 자체의 반사적 이미지 주변에서 형성되
지만, 이 반사적 이미지는 그 자체 하나의 **예상**이자, 가정법적인
윤곽 그리기이다. 자아는 우선 무엇보다도 주체와 시간적으로 일
치할 수 없는 대상, 시간적 '엑스타시(ekstasis)'이다. 자아의 시간적
미래성과 그것의 페르키피로서의 외재성은 주체에 대해 자신의 타
자성을 확립한다. 그러나 이 타자성은 다음과 같이 애매하게 위치 지
어진다. 첫째, 자아를 하나의 실수이자 그 자신의 탈중심화하는 징표
(따라서 내부적 타자성)로 구성/발견하는 영혼의 회로 내에. 둘째, 다
른 대상들처럼 지각의 대상으로서, 따라서 주체와 근본적인 인식론
적 거리를 두고서. "자아는 (……) 주체의 경험 내의 특수한 대상이
다. 말 그대로 자아는 대상이다. 즉 우리가 여기서 상상적 기능이라
고 부르는 특정한 기능을 채우는 대상이다."[38] 상상계로서의 자아
즉 대상으로서의 자아는 주체의 내부도 외부도 아니지만, 그러한
공간화된 구별이 영속적으로 협상되는 영원히 불안정한 현장이다.

재현적 지위에 의문을 제기한다. 이런 의미에서 자아는 모든 경계가 그렇듯 **배제**를
통해 생산되며, 그럼에도 불구하고 배제된 것은 거울 내에 경계 지어져 '나타나는
것'의 부정적이고 필수적인 구성 요소이다.

37) Jacques Lacan, Ⅱ, 54/72.

38) Jacques Lacan, Ⅱ, 44/60. 자아를 소외된 대상으로 공식화하는 선행 연구로는,
Jean-Paul Sartre, *The Transcendence of the Ego*, tr. and intro., Forest Williams and
Robert Kirkpatrick, New York: Noonday, 1957. [한글본] 장 폴 사르트르, 『자아의
초월성』, 현대유럽사상연구회 옮김, 민음사, 2017을 보라.

바로 이러한 애매함이 자아를 아마고로 즉 동일시 관계로 표시한다. 따라서 동일시들은 결코 단순히 혹은 명확하게 **만들어**지거나 **성취되지** 않는다. 동일시들은 지속적으로 구성·경합·협상된다.

몸 자체의 반사적 이미지는 어떤 의미에서는 대타자의 이미지이다. 그러나 예상되고 애매하게 위치 지어진 몸이 자아에 대한 이마고와 경계를 제공하는 조건에서만 대상들은 지각에 도달한다. "대상은 늘 어느 정도 주체의 몸 이미지로 구조화된다. 주체의 반사, 즉 주체의 거울 단계[반사적 이미지]는 항상 모든 지각적 상[지각적 그림판(tableau perceptif)]의 어딘가에서 발견되며, 그것이 바로 그것[주체]에게 어떤 질을, 특별한 관성을 부여하는 것이다."[39] 여기서 우리는 자아의 사회적 구성에 대한 설명뿐만이 아니라 자아가 자신의 대타자와 분화되는 양식, 그리고 그러한 분화를 유지하면서도 트러블을 겪게 하는 이마고가 어떻게 **그와 동시에** 지각의 대상들을 발생시키는지에 대한 설명도 얻는다. "리비도 수준에서 대상은 나르시시즘인 관계의 격자를 통해서만 파악된다."[40] 그리고 이것은 우리가 자아의/로의 반사적 관계가 늘 '대타자'에 대한 관계와 애매하게 관련된다는 것을 볼 때 더욱 복잡해진다. 이 주장은 단순히 대상 발생의 나르시시즘적인 선결 조건이 아니라, 대신 나르시시즘과 사회성의 환원 불가능한 모호함을 제공하며, 이는 대상들의 인식론적 발생의 조건 그리고 대상들에 대한 접근의 조건이 된다.

---

39) Jacques Lacan, *Ⅱ*, 167/199.

40) Jacques Lacan, *Ⅱ*, 167.

공간적으로 경계 지어진 총체성으로서의 몸의 이상화——이것
은 시선에 의해 행사된 통제로 특징 지어진다——는 몸 자체의 자
기 통제로서 몸에게 대여된다. 이것은 남근을 그것이 생산하는 의
미화를 통제하는 것처럼 보이는 특권화된 기표로 이해하는 데 있
어 결정적인 것이 될 것이다. 라캉은 『세미나 Ⅱ』에서 이와 동일
한 것을 제시한다. "문제는 어떤 기관이 자아가 형성되는(bildet)
타자와의 나르시시즘적인 상상적 관계 '안에서 작용하는지'[안에
서 놀이에 진입하는지(entrent en jeu dans)] 아는 것이다. 자아의 상
상적 구조화는 몸 자체의 반사적 이미지, 즉 대타자의 이미지 주
변에서 형성된다."[41]

그러나 몸의 몇몇 부위는 신체적 이마고의 중심화하고 통제하
는 기능을 위한 징표가 된다. "특정한 기관은 그것이 자아가 타자
와 맺는 관계와 대상 세계의 구성을 모두 구조화하는 한에서, 나
르시시즘적 관계에 관심을 두게 된다."[42] 이러한 기관들은 이름이
붙여지지는 않았지만, 그것들은 무엇보다도 기관들이며 또한 그
것들은 나르시시즘적인 관계 안에서 역할을 하는 것으로 보인다.
기관들은 나르시시즘을 위한 징표 또는 추측된 토대로 작용하는
것이다. 이러한 기관들이 남성 생식기라면, 그것들은 특별히 남성
적 나르시시즘의 현장이자 징표로 기능한다. 더욱이 이러한 기관
들이 대타자 및 대상들의 세계와의 관계 구조를 제공한다고 얘기
되는 나르시시즘에 의해 작동되는 한에서, 이러한 기관들은 자아

<hr>

41) Jacques Lacan, Ⅱ, 94-95/119.
42) Jacques Lacan, Ⅱ, 95/119.

의 신체적 경계의 상상적 정교화의 일부가 되고, 자아의 온전함과 통제의 징표이자 '증거'의 일부가 되며, 자아가 세계로 접근하는 상상적인 인식 조건이 된다. 그러한 나르시시즘적 관계에 진입함으로써 기관들은 기관들이길 멈추고 상상적 효과가 된다. 누군가는 나르시시즘적 상상계에 의해 작동되는 과정에서 음경이 남근이 된다고 주장하고 싶을 수 있다. 하지만 흥미로우면서도 의미심장한 것은 「남근의 의미화」에서 라캉이 남근은 기관이거나 상상적 효과라는 것을 부정할 것이라는 점이다. 대신 그것[남근]은 '특권화된 기표'이다.[43] 우리는 라캉의 글에서 이 일련의 부정이 생산하는 텍스트상의 매듭으로 돌아갈 것이지만, 여기서는 이러한 나르시시즘적으로 연관된 기관들이 지각될 수 있는 모든 대상과 대타자의 조건 및 구조의 일부가 된다는 점을 주목하는 것이 중요할 것이다.

"나는 거울 단계로 무엇을 이해하려고 하는가? (……) [인간의] 몸 이미지는 그가 대상들에서 지각하는 모든 통일성의 원리이다. (……) 그의 세계의 모든 대상들은 늘 그 자신의 자아가 만들어 낸 방황하는 그림자를 둘러싸고 구조화된다."[44] 나르시시즘의 이러한 외삽 기능은 앞서 언급한 기관들이 나르시시즘적 관계에 의해 관여하여 모델이나 원리——이것에 의해 다른 모든 대상이나 대타자가 알려진다——가 되는 순간에 남근중심주의가 된다. 이 지점에서 기관들은 '특권화된 기표'로 설치된다. 이렇게 출현하는 남근 중

---

43) Jacques Lacan, "The Meaning of the Phallus", *Feminine Sexuality: Jacques Lacan and the École Freudienne*, tr. Jacqueline Rose, Juliet Mitchell, ed. New York: Norton, 1985, p. 82. 이 뒤로 인용되는 라캉의 말은 재클린 로즈의 영역본을 따른다.

44) Jacques Lacan, *II*, 166/198.

심주의의 궤도 내에서 "사랑 안에 있는 것[Verliebtheit]은 근본적으로 나르시시즘적이다. 리비도 수준에서 대상은 나르시시즘적 관계의 격자를 통해서만 파악될 수 있다."[45]

라캉은 기관들이 나르시시즘적 관계에 의해 '채택되고', 이러한 나르시시즘적으로 투자된 해부학이 모든 인식적 관계의 구조·원리·격자가 된다고 주장한다. 다시 말해 나르시시즘적으로 주입된 기관이 인식할 수 있는 모든 대상들을 형성하고 또 그에 접근할 수 있는 구조화 원리로 격상된다. 첫째, 인식론적 관계들의 발생에 대한 이러한 설명은 인식할 수 있는 모든 대상들이 인간 형성적이고 남성 중심적인 특성을 가질 것임을 함의한다.[46] 둘째, 이러한 남성중심적인 특성은 남근적일 것이다.

바로 이 시점에서 「거울 단계」에서의 반사적 관계들에 대한 설

---

45) Jacques Lacan, *II*, 167/199.

46) 라캉에게서 남근형태주의(phallomorphism)가 어떻게 작용하는지에 대한 훌륭한 분석으로, 그리고 그러한 남근형태주의에 대한 이리가레의 날카로운 비판을 상세히 설명하는 것으로, Margaret Whitford, *Luce Irigaray: Philosophy in the Feminine*, pp. 58-74 and 150-152를 보라. 위트포드는 이리가레의 비판을 통해 라캉의 「거울 단계」를 읽고, 거울 단계가 그 자체 근거로서의 모성을 미리 가정하는 것에 의존할 뿐만 아니라, 「거울 단계」에서 표현된 남근형태주의가 "남성 나르시시즘이 초월론적인 것(transcendental)으로 외삽되는 남성적 상상"(p. 152)을 승인한다고 주장한다. 위트포드는 또한 라캉에게서 남성적 상상에 대해 그리고 그에 맞서 여성적 상상을 확립하려고 노력한 이리가레를 뒤따른다. 남성적 상상의 권위를 박탈하는 기획에 내가 어느 정도 공감하는 것은 확실하지만, 나만의 전략은 남근이 다양한 기관들에 부착될 수 있다는 점과, 음경으로부터 남근을 효과적으로 분리하는 것이 남근형태주의에 대한 나르시시즘적 상처이자 이성애중심주의에 반대하는 성적 상상의 생산을 구성한다는 점을 보여주는 것에 있을 것이다. 나의 전략의 함의는 남성적 상상이든 여성적 상상이든 온전함[이 있다는 생각]에 의문을 제기하는 데에 있다.

명, 형태학이 인식론적 관계를 전제한다는 논증, 그리고 이후 「남근의 의미화」에서 남근이 특권화된 기표라고 주장하는 논점 이동 간의 관계를 고려하는 것이 타당하다. 「거울 단계」와 「남근의 의미화」는 사용되는 언어와 글의 목표가 두드러지게 차이가 난다. 전자의 글은 의미화의 관점에서 아직 이론화되지 않은 인식론적 관계에 관한 것이다. 후자의 글은 인식론적 모델에서 의미화 모델로의 전환(아니 오히려 인식론적 관계를 의미화의 상징적 영역 내에 새기기) 이후에 출현했던 것으로 보인다. 그러나 여기에는 또 다른 차이가 있는데, 그것은 어떤 역전으로 이해될 수 있을 것이다. 전자의 글에서 '기관들'은 나르시시즘적 관계에 의해 채택되고, 반사적 외삽을 통해 인식 가능한 대상들의 구조를 생성하는 환영적 형태학이 된다. 후자의 글에서 라캉은 특권화된 기표로 기능하고 의미화 가능한 것의 영역을 한정 짓는 남근을 도입한다.

　제한된 의미에서, 「거울 단계」에서 나르시시즘적으로 투자된 기관들은 「남근의 의미화」에서는 남근의 기능과 평행한 어떤 기능에 기여한다. 「거울 단계」가 인식 가능성의 조건을 확립한다면, 「남근의 의미화」는 의미화 가능성의 조건을 확립한다. 게다가 「남근의 의미화」가 발생하는 이론적 맥락은 의미화가 모든 인식 가능성의 조건이라는 것, 이미지는 기호(상징계의 맥락 내에서 상상계)에 의해서만 유지될 수 있다는 것이다. 「거울 단계」에서 나르시시즘적으로 투자된 기관들은 어떤 식으로든 남근 관념 안에서 그리고 남근 관념에 의해 유지되는 것으로 귀결하는 것처럼 보인다. 우리가 「거울 단계」가 상상적 관계를 기록하는 반면, 「남근의 의미화」는 상징계의 수준에서 의미화와 관련이 있다고 주장하더라도, 후자[상징계] 없이 전자[상상계]를 유지할 수 있는지, 그리고 어쩌면 더 중요하게는 후자(즉 상징계)는 전자[상상계] 없이 유지될 수 있는지 불분명하다. 하지만 라캉 자신이 남근이 해부학적 부분도 아니고 상상적 관계도 아니라고 주장하면서 이러한 논리적 결론은 좌절된다. 남근의 해부학적이고 상상적인 기원[을 받아들이는 것]에 대한 이러한 거절은 라캉 자신이 「거울 단계」에서 제공한 몸을 이상화하는 바로 그 계보학적 과정에 대한 설명을 거부하는 것으로 읽혀야 하는가? 우리는 어떤 기관, 어떤 몸 부위가 세계의 구조화 및 중심화 원리로 격상되는/세워지는 나르시시즘적 투자를 의문시하지 않고 남근의 우선성을 받아들여야 하는가? 만일 「거울 단계」가 상상계의 환유적 기능을 통해 부분들이 어떻게 전체를 나타나게 하는지, 탈중심화된 몸이 어떻게 하나의 중심을 가진 총체성으로 변형되는지를 드러낸다면, 우리는 어떤 기관들이 이러한 중심화 및 환유적 기능을 수행하는지 묻게 될 것이다. 「남근의 의미화」는 「거울 단계」가 암묵적으로 제기한 질문을 효과적으로 거부한다. 왜냐하면 남근이 그것의 상징적 기능 안에서 기관도 아니고 상상적 효과도 아니라면, 그것은 상상계를 통해 구축된 것이 아니며, 그것과 독립적인 지위와 온전함을 유지하기 때문이다. 물론 이것은 라캉이 그의 작업 전반에 걸쳐 상상계와 상징계를 구분했던 것과 일치한다. 그러나 만일 남근이 환유적 효과로 보여질 수 있다면, 그리고 남근이 부분, 기관을 나타내면서 그러한 부분의 상상적 변형이 몸의 중심화 및 총체화 기능을 나타낸다면, 남근은 **상상계의 변형적이고 반사적인 메커니즘을 통한 그것의 구축이 부정되는 한에서만 상징계**로 나타난다. 실제로 남근이 상상적 효과, 즉 소망하는 변형이라면, 남근의 **상징적** 지위만이 의문시되는 것이 아니라 상징계와 상상계의 구분 자체가 의문시된다. 만일 남근이 상징계의 특권화된 기표이고, 무엇이 의미될 수 있는지에 대한 한계 설정과 질서화의 원리라면, 이러한 기표는 상상이자 효과로서의 그 자신의 지위를 전면적으로 부정하는 상상적 효과가 됨으로써 자신의 특권을 획득한다. 이것이 상징계 내에서 의미화 가능한 것의 영역을 한계 설정하는 기표에 해당한다면, 그것은 상징계로서 의미되는 모든 것에 해당한다. 다시 말해 상징계의 기호 아래에서 작동하는 것은 의미화의 법칙으로 자연화되거나 물화된 바로 그 일련의 상상적 효과에 불과할 것이다.

「거울 단계」와 「남근의 의미화」는 (적어도) 두 가지 매우 다른 서사적 궤적을 따른다. 첫 번째 궤적은 탈중심화된 몸(조각난 몸)이 반사적 몸—즉 운동 제어의 중심으로 투자된 형태학적 총체성—으로 미리 성숙해 버린 상상적인 변형을 따른다. 두 번째 궤적은 상징계 내에서 성별화된 위치에 대한 신체의 차별적 '접근'을 따른다. 전자의 궤적에는 거울 앞에 선 몸에 대한 서사적 의존(recourse)이 있다. 후자의 궤적에는 법 앞에 선 몸에 대한 서사적 의존이 있다. 이러한 담론적 참조는 라캉의 용어로 말하면 발달적 설명이라기보다는 필연적인 발견적 허구로 해석되어야 한다.

「거울 단계」에서 [거울 앞의] 그 몸은 '조각난 것으로'[몸의 조각난 이미지(une image morcelée du corps)로] 형상화된다.[47] 라캉이 남

---

47) "거울 단계는 내적 압력이 기능부전으로부터 선취로—이 선취는 공간적 동일화의 유혹에 사로잡힌 주체에게는 조각난 신체 이미지로부터, 육체의 총체성의 '정형외과적' 형태라고 내가 부르는 것까지 연속되는 환상들을 만들어 낸다—그리고 주

근을 논할 때, 몸과 해부학은 부정을 통해서만 서술된다. 해부학, 특히 해부학적 몸 부위는 **남근이 아니라 남근이 상징하는 것일 뿐이다.**[48] 따라서 「거울 단계」(우리는 이를 '조각'이라고 불러야 할까?)에서 라캉은 형태학적 전체의 반사적이고 환영적인 생산을 통해 분할된 몸의 극복을 이야기한다. 「남근의 의미화」에서 그러한 드라마는 이론적 수행 자체의 서사적 운동에 의해 실행되거나 징후화되는데, 우리는 이를 간략히 '남근의 수행성'으로 사고할 것이다. 하지만 「남근의 의미화」를 「거울 단계」에서 서술된 반사적 환영을 징후화하는 것으로 읽는 것이 가능하다면, 의미화 실천으로서 암묵적인 '미러링' 이론을 제공하는 것으로 「거울 단계」를 다시 읽는 것도 가능하고 또 유용할 것이다.

몸이 거울 앞에서 '조각으로' 있다면, 미러링이 일종의 환유적 외삽으로 작용하여 그 조각 혹은 부분이 (거울 안에서 그리고 거울에 의해) 전체를 대신하게 된다. 혹은 다르게 말하자면, 부분이 전체를 대체하고, 그로 인해 전체를 위한 징표가 된다. 이것이 옳다

체를 소외시키는 정체성──이것이 주체의 정신적 발달 전체를 엄격한 구조로 표시할 것이다──이라는, 마침내 입게 되는 갑옷으로 서둘러 전개되는 드라마이다.", Jacques Lacan, *Écrits I*, pp. 93-94. [한글본] 라캉, 『에크리』, 118-119쪽. 조각난 몸이 지닌 특성이 일종의 갑옷이나 정형외과적인 지지대를 부착함으로써 환영적으로 극복된다는 점은 흥미롭다. 이는 몸의 인공적 확장이 몸의 성숙과 향상된 통제 감각에 필수적이라는 점을 시사하기 때문이다. 보호적이고 확장적인 형상을 띠는 갑옷 및 정형외과적인 것의 가능성은 남근의 일정한 잠재력이 거울에 비친 변형된 몸의 효과인 한, 이 잠재력은 남근을 강화하는 인공적 방법을 통해 구입된다는 것을 시사하는데, 이는 레즈비언 남근에게 분명한 결과를 가져오는 테제이다.

48) "남근은 그것이 상징하는 기관, 즉 음경이나 클리토리스는 더더욱 아닙니다." [p. 690] [한글본] 라캉, 『에크리』, 806쪽.

면, 아마도 「거울 단계」는 통제의 환영을 제도화하고 유지하는 환유적 논리를 통해 진행되는 것일 수 있다. 그렇다면 남근의 이론적 구축이 그러한 환유적 외삽인지 아닌지를 묻는 것은 의미가 있다. 음경의 이름을 '남근'으로 바꾸면 전자[음경]의 부분적 지위가 환영적이고 환유적으로 후자[남근]를 '특권화된 기표'로 발족시킴으로써 극복되는 것일까? 그리고 이 이름은 고유명사처럼 남성적 몸의 형태학적 구분점을 보장 및 유지하며, 이름 붙이기를 통해 페르키피를 유지하는 것일까?

라캉은 남근이 무엇인지를 '남근이 누구인가'와 구분하여 논하면서, 남근에 이름을 붙일 자격이 있는 사람, 이름이 어디에 어떻게 적용되는지 아는 사람, 이름을 명명할 위치에 있는 사람에 대해 정신분석에 종사하는 다양한 실무자들과 논쟁을 벌인다. 그는 남근을 '남근 단계'로 격하하거나 남근을 '부분 대상'으로 혼동 및 축소하는 것에 반대한다. 라캉은 특히 칼 아브라함(Karl Abraham)이 '부분 대상' 개념을 도입한 것에 대해 지적하긴 하지만,[49] 분명히 그가 가장 강력하게 반대한 것은 멜라니 클라인의 '내입된 몸 부위' 이론과 어니스트 존스(Ernest Jones)가 클라인의 입장을 영향력을 발휘해 수용한 일에 대한 것이었다. 라캉은 남근을 부분 대상으로 규범화하는 일을 미국 땅에서 정신분석을 타락시키는 일과 연관시킨다. '미국 이식 이후에 나타난 정신분석의 타락.'[50] 이러한

---

49) [옮긴이] "이 개념[부분 대상]은 아브라함이 도입한 이후 결코 비판받지 않았는데, 이는 이 개념이 우리 시대에 제공하는 편이를 생각할 때 매우 불행한 일입니다." 라캉, 『에크리』, 803쪽.

50) "[현재 방기되고 있는 남근적 단계에 대한 논쟁을, 아직 구해볼 수 있는 1928-

타락과 연관된 다른 이론적 경향은 '문화주의'와 '페미니즘'으로 불린다. 그는 특히 남근 단계를 억압의 효과로, 남근 대상을 징후로 간주하는 정신분석학의 입장에 반대한다. 여기서 남근은 일련의 속성들——부분 아님, 대상 아님, 징후 아님——을 통해 부정적으로 정의된다. 더욱이 이 각각의 속성들에 선행하는 '아님'은 '억압'으로 읽혀서는 '안 된다'. 다시 말해, **이러한 문헌상의 사례에서** 부정은 정신분석학적으로 읽혀서는 안 된다는 것이다.[51]

그렇다면 우리는 여기서 라캉의 글이 지닌 징후적 차원을 어떻게 읽을 수 있는가? 남근 단계를, 그리고 특히 남근을 부분 대상 또는 근사치 대상으로 형상화하기를 거부하는 것은 이상화, 즉 반사적인 것을 위해 타락을 극복하고자 하는 것인가? 이러한 정신분석학적인 [라캉의] 글들은 남근을 반사적 중심으로 미러링하는 데 실패하고, 그것들은 남근이 특권화된 기표로 가설되는 환유적 논리를 폭로할 위험이 있는가? 라캉이 세운 남근을 위한 입장이 거울 앞에서 탈중심화된 조각난 몸의 반사적이고 이상화된 미러링을 징후화한다면, 우리는 여기서 하나의 기관 혹은 몸 부위인 음경의 환영적 재작성을 남근으로 읽을 수 있다. 이는 남근의 대체 가능성, 의존성, 최소 크기, 제한된 통제, 부분성 등에 대한 가치 전

1932년까지의 텍스트들을 통해 다시 읽으면, 이론적 열정의 본보기가 우리에게 신선함을 선사한다는 것입니다.——옮긴이 추가] 미국에 이식됨으로써 초래된 정신분석의 타락은 그러한 이론적 열정에 대해 향수를 느끼게 합니다." Jacques Lacan, *Écrits I*, p. 77/687. [한글본] 라캉, 『에크리』, 803-804쪽.

51) Jacques Lacan, *Écrits I*, p. 79/687[690을 687로 잘못 기록했다——옮긴이]. [한글본] 라캉, 『에크리』, 806쪽.

도적 부정(transvaluative denial)이 야기한 움직임이다. 그렇다면 남근은 하나의 징후로 등장할 것이고, 남근의 권위는 원인과 결과의 환유적 역전을 통해서만 확립될 수 있을 것이다. 남근은 의미화의 가정된 기원이나 의미화 가능한 것이 아니라, 간소하게 [다뤄진] 억압된 의미화 사슬의 효과일 것이다.

하지만 이러한 분석은 몸이 거울 앞에서, 법 앞에서 조각난 채 있는 이유를 여전히 고려해야 할 필요가 있다. 왜 몸은 그것이 총체성이자 통제의 중심으로서 반사되기 전에 부분으로 주어져야만 하는가? 어떻게 이러한 몸은 조각과 부분으로 있게 되었을까? 조각이나 부분이라는 감각을 갖는다는 것은 그것들이 속한 전체에 대한 감각을 미리 갖는다는 것이다. 「거울 단계」는 어떻게 하나의 몸이 처음으로 자기 자신의 총체성의 감각을 갖게 되었는지 말하려고 하지만 거울 앞에 있는 몸을 부분이나 조각으로 있다는 바로 그 서술은 **이미** 확립된 전체 또는 통합된 형태학의 감각을 자기 자신의 선제 조건으로 삼는다. 조각으로 존재한다는 것이 통제받지 않고 존재하는 것이라면, 거울 앞의 몸은 남근이 없는 것, 즉 상징적으로 거세된 것이다. 그리고 거울로 구성된 자아를 통해 반사된 통제를 획득함으로써 바로 그 몸은 남근을 '떠맡거나' 혹은 '가지게 된다'. 그러나 남근은 말하자면 거울 앞에 조각난 몸에 대한 바로 그 서술에서 이미 작용하고 있다. 그 결과 남근은 자기 자신의 발생에 대한 서술을 지배하고, 그에 따라서 그것에 파생적 성격 혹은 투사된 성격을 부여할 수 있는 계보학을 차단한다.

라캉은 남근이 '상상의 효과가 아니다'라고 아주 명확하게 주장하지만,[52] 그러한 부정은 특권화된 기표로서의 남근이라는 바로 그 형성체의 구성 요소로 읽힐 수 있다. 즉 그러한 부정은 특권화를 용이하게 하는 것처럼 보인다. 남근은 상상의 효과로서 자아만큼이나 탈중심화되고 빈약할 것이다. 남근을 재중심화하면서 근거 지으려고 노력함으로써 남근은 특권화된 기표의 지위로 격상된다. 그리고 그것은 그 용어에 대한 부적절한 사용, 그 용어가 통제 불능이 된 방식, 그 용어가 가져서는 안 되는 기의, 잘못된 방식의 기의 등등의 기나긴 목록의 끝에 제공된다.

(……) 남근은 환상이 아닙니다. 그것이 상상의 효과라고 이해된다면 말입니다. 또한 그것[남근]은 대상(부분 대상, 내부 대상, 좋은 대상, 나쁜 대상 등)도 아닙니다. 이 용어가 어떤 관계에 포함된 실재를 강조하려는 경향이 있기 때문입니다. 남근은 그것이 상징하는 기관, 즉 음경이나 클리토리스는 더더욱 아닙니다. 그리고 프로이트가 고대인들을 나타냈던 시뮬라크르에서 고대인에 대한 준거를 가져온 것은 우연이 아닙니다.

—남근은 기표이기 때문입니다.[53]

---

52) "프로이트의 교의에서 남근은 환상이 아니다. 그것[환상]이 상상의 효과라고 이해된다면 (……)"(Rose, p. 79). [한글본] 라캉, 『에크리』, 806쪽.

53) [Rose, p. 79] "여기서 남근의 기능이 해명됩니다. 판타즘이 상상의 결과라면, 프로이트의 이론에서 남근은 판타즘이 아닙니다. 또한 대상이라는 용어가 어떤 관계에 내포된 현실을 지칭한다면, 남근은 그 자체로서 (부분적, 내적, 좋은, 나쁜 등등의) 대상도 아닙니다. 남근은 그것이 상징하는 기관, 즉 페니스나 클리토리스는 더더욱 아닙니다. 프로이트가 남근을 그것이 고대인들에게 의미했던 시뮐라크르에 준거시켰던 것은 아무 이유가 없는 것이 아니었습니다. 왜냐하면 남근은 시니피앙이기 때

라캉은 이 마지막 발표로 그 용어를 오용하는 떠도는 헛소리들을 제거하고, 남근을 통제의 현장(즉 '기의인 바의 효과를 전체적으로 지칭하는 것')으로 재정립하며, 따라서 라캉 자신을 남근의 의미를 통제하는 자로 위치시키고자 한다. 제인 갤럽이 주장했듯이(그녀를 인용하는 것은 남근을 그에서 그녀로 옮겨놓는 것일 수 있지만, 그렇게 되면 남근이 근본적으로 전이될 수 있다는 내 요점을 확증하는 것이기도 하다), "그리고 **남근**이라는 단어의 의미를 통제하지 못하는 그들의 무능력은 라캉이 상징적 거세라고 부르는 것의 증거이다."[54]

기표 남근으로부터 뒤따라 나온 의미화를 통제할 수 없다는 것이 상징적 거세의 증거라면, 거울 앞에서 '조각난' 통제 불능의 몸은 상징적으로 거세된 것으로 이해될 수 있고, (남근) 몸의 반사적이고 환유적인 이상화는 이러한 환영적 거세가 극복되는 보상 메커니즘으로 읽힐 수 있다. 프로이트가 자신의 글에서 성감대——이 부위는 또한 고통의 현장이기도 했다——의 확산을 막으려 한 노력과 다르지 않게도, 라캉은 남근을 특권화된 기표라고 선제적으로 주장함으로써 기표가 말 오용의 확산으로 미끄러지는 것을 피한다. 남근에 대해 특권화된 기표의 위상을 주장하는 것은 이러한 특권을 수행적으로 생산 및 야기한다. 그러한 특권화된 기표에

문입니다." *Écrits*, p. 690. [한글본] 라캉, 『에크리』, 806쪽.

54) Jane Gallop, *Thinking Through the Body*, New York: Columbia University Press, 1988, p. 126. [옮긴이] 인용된 문장 전체를 옮기면 다음과 같다. "남근과 음경을 명확히 분리하고, 기표 남근의 의미를 통제하려는 라캉주의자들의 욕망은 바로 남근을 갖고자 하는 그들의 욕망, 즉 언어의 중심, 언어의 기원에 있고자 하는 그들의 욕망의 징후이다. 그리고 **남근**이라는 단어의 의미를 통제하지 못하는 그들의 무능력은 라캉이 상징적 거세라고 부르는 것의 증거이다."

대해 공언하는 일은 그것의 수행이다. 그러한 수행적 주장은 바로 그 특권화된 의미화 과정을 생산 및 실행하는데, 그러한 특권은 그것이 지닌 가치를 떨어뜨리는 바로 그 대안들의 목록에 의해 잠재적으로 경합되고, 그러한 대안을 부정하는 것은 [특권화된 기표로서의] 남근을 구성 및 촉진한다. 실제로 남근은 몸 부위가 **아니고**(전체이고), 상상의 효과도 **아니다**(모든 상상적 효과의 기원이다). 이러한 부정은 구성적이다. 즉 그것들은 촉진하는 부인(否認)으로 기능하며, 그런 다음 남근의 이상화에 의해 삭제된다.

남근을 도입하고 제도화하는 부정의 역설적 지위는 문법 자체로 분명해진다. "남근은 그것이 상징하는 기관, 즉 음경이나 클리토리스는 더더욱 아닙니다." 여기 이 문장은 상상의 효과보다 '훨씬 덜' 남근이 기관이 아니라는 것을 암시한다. 따라서 여기서 라캉은 부정의 단계들을 제안한다. 남근은 기관이기보다는 상상의 효과일 가능성이 더 크다. 만일 남근이 둘 중 하나라면, 그것은 기관보다는 상상의 효과에 더 가깝다. 이것은 그것[남근]이 전혀 기관이 아니라고 말하는 것은 아니지만, '짝짓기(copula)'——이것은 언어적·존재론적 동일성을 주장한다——가 그들 간의 관계를 표현하는 가장 적절하지 않은 방식임을 의미한다. 음경과 남근 간의 가능한 모든 동일성의 최소화가 주장되는 바로 그 문장에서 그들 사이의 양자택일적 관계, 즉 **상징화**의 관계가 제시된다. 남근은 음경을 **상징한다**. 그리고 남근이 음경을 상징하는 한, 그것이 상징화하는 것으로서 음경을 유지한다. 즉 남근은 음경이 아니다. 상징화의 대상이 된다는 것은 엄밀히 말해 상징하는 것이 된다는 것이 아니다. 남근이 음경을 상징하는 한, 그것은 그것이 상징하는 것이 아니다. 상징화가 많이 일어날수록 상징과 상징화되는 것 사이에 있는 존재론적 연결은 줄어든다. 상징화는 상징화하는 것——또는 의미화하는 것——과 상징화되는 것——또는 의미화되는 것——사이의 존재론적 차이를 가정하고 생산한다. 상징화는 상징화되는 것이 상징계 자체와 맺는 존재론적 연결을 고갈시킨다.

하지만 이러한 상징 즉 남근이 늘 음경을 그것이 상징화하는 것으로 간주한다면, 존재론적 차이에 대한 이러한 특수한 주장의 지위는 무엇인가?[55] 남근이 자기 자신을 음경——여기서 음경은 특

---

55) 분명한 것은 라캉은 또한 클리토리스가 남근과 동일시될만한 기관으로 보는 것을 거절한다는 점이다. 하지만 음경과 클리토리스는 늘 다르게 상징화된다는 점에 주의하라. 클리토리스는 (자신이 가지지 않은) 음경 선망으로 상징되는 반면, 음경은 (상실의 공포를 가진) 거세 콤플렉스로 상징화된다. Rose, p. 75. [해당 내용을 옮기면 다음과 같다. "남성의 무의식 속의 거세 콤플렉스와 여성의 무의식 속의 페니스 선망", "왜 여자아이는 비록 일시적이나마 남근을 박탈당했다는 의미에서 거세되었다고 생각할까요? 여자아이는 누군가가 자기 남근을 잘랐다고 생각하는데, 우선은, 어머니가,——이는 중요한 점입니다——다음엔 아버지가 잘랐다고 생각합니다."——옮긴이] [한글본] 라캉, 『에크리』, 82쪽. 따라서 남근은 클리토리스를 음경을 갖지 않음으로 상징화하는 반면, 남근은 음경을 일종의 박탈로 이해된 거세의 위협을 통해 상징화한다. 음경을 갖는다는 것은 남근이 **아닌 것**을 갖는 것이지만, 바로 이러한 비-존재 덕분에 남근이 의미화할 수 있는 계기를 구성한다(이런 의미에서 남근은 의미화하기 위해 음경의 축소를 필요로 하고 재생산한다. 둘 사이에는 대체로 일종의 주인-노예 변증법이 있다).

음경을 가지고 있지 않다는 것은 이미 그것을 상실했다는 것이고, 따라서 남근이 자신의 거세할 수 있는 권력을 의미화하는 계기가 된다. 클리토리스는 음경-선망으로, 결여 즉 음경-선망을 통해 박탈할 수 있는 권력을 행사하는 결여로 의미화될 것이다. 여성들이 '있다'고 얘기되는 것처럼 남근이 '있다'는 것은 [전에는] 박탈당했다는 것이자 박탈하고 있다는 것이다. 여성들은 그들이 남근의 힘을 무심코 반영한다는 의미에서 남근이 '있다'. 바로 이것이 결여의 의미화 기능이다. 따라서 음경이

권화된 지시체라는 점이 부정된다——과 차별화시키는 한에서 남근이 음경을 상징화하는 이러한 결속의 특성은 무엇인가? 남근이 특권적인 방식으로 상징화하고 의미화하기 위해 음경을 부정 **해야만 한다**면, 남근은 단순한 동일성을 통해서가 아니라 확실한 (determinate) 부정을 통해 음경에 매이게 된다. 남근이 음경이 **아니고**, 음경이 그것이 **아니어야**만 하는 그러한 몸 부위로서 자격이 부여된다면, 남근은 상징화를 하기 위해서라도 근본적으로 음경에 의존한다. 실제로 남근은 음경 없이는 아무것도 아닐 것이다. 그리고 남근이 자기 자신의 구성을 위해 음경을 필요로 한다는 의미에서 남근의 동일성에는 음경이 포함된다. 즉 동일성의 관계가 그 둘 사이에 성립한다. 그리고 이것은 물론 논리적인 문제이기만 한 것은 아니다. 왜냐하면 우리는 남근이 논리적인 의미에서 음경과 대립할 뿐만이 아니라, 그 자신이 자신의 부분적이고 탈중심화되며 대체 가능한 성격의 거절(repudiation)을 통해 제도화된다는 것을 보았기 때문이다.

물론 의문은 있다. 왜 남근은 상징화하기 위해 그러한 특수한 몸 부위를 필요로 한다고 가정되는가? 그리고 왜 그것[남근]은 다른 몸 부위들을 상징화함으로써 작동할 수는 없는가? 레즈비언

있지 않은 그러한 여성 몸 부위는 남근을 가지는 데 실패하는 것이고 그래서 여성의 몸 부위는 엄밀히 말해 '결여'의 집합이다. 그러한 몸 부위는 현상화하는 일에 실패하는데, 여성의 몸 부위는 남근을 제대로 행사할 수 없기 때문이다. 따라서 남근이 상징화하는 방식(즉 음경 선망이나 거세로)에 대한 서술 자체는 차별적으로 표시된 몸 부위에 암묵적으로 의존하게 되며, 이는 남근이 같은 방식으로 음경과 클리토리스를 상징화하지 못한다는 것을 의미한다. 이 관점에서 클리토리스는 결코 남근을 '가지고 있다'의 사례로 얘기될 수 없다.

남근의 실행 가능성은 바로 이러한 전위에 달려 있다. 아니 더 정확히 말하자면, 남근의 전위 가능성, 즉 다른 몸 부위 혹은 몸과 유사한 다른 사물과의 관계 안에서 상징화할 수 있는 남근의 능력은 그게 없었다면 모순적인 공식이었을 레즈비언 남근에게 길을 내준다. 그리고 여기서 레즈비언 남근이 **가짐**의 질서와 **있음**의 질서를 넘나든다는 것은 분명할 것이다. 그것[레즈비언 남근]은 거세의 위협(이것은 그런 의미에서 여성들이 '있다'와 같이, 남근 '있음'의 한 방식이다)을 휘두르면서 동시에 거세 불안을 겪는다(그렇기에 남근을 '가지는 것'이라고, 남근의 상실을 두려워한다고 얘기된다).

남근이 음경 이외의 몸 부위를 상징화할 수 있다고 제시하는 것은 라캉의 도식과 양립 가능하다. 그러나 음경 이외의 특정한 몸 부위나 몸과 유사한 사물이 남근을 '가짐'이라고 상징화된다고 주장하는 것은 거세 불안과 음경 선망이라는 상호 배타적인 궤적을 의문에 붙이는 것이다.[56] 실제로 남성들이 남근을 상징적으로 '가진다'고 얘기된다면, 그들의 해부학도 그것[남근]을 상실한 것에 의해 표시되는 현장이다. 해부학적 몸 부위는 결코 남근 자체

---

56) 다음 장 「환영적 동일시와 성의 떠맡음」에서 나는 상징계 내에서 성별화된 위치의 떠맡음이 거세 위협——이 위협은 남성의 몸에게, 즉 남성성을 '떠맡기' 전에 남성으로 표시된 몸에게 말을 건다——을 통해 작동한다는 점, 여성의 몸은 이 위협의 신체화로 이해되어야 하며, 역으로 그 위협이 실현되지 않을 것임을 보증하는 것으로 이해되어야 한다는 점을 주장하고자 한다. 라캉이 이항적 성의 떠맡음에 중심적인 것으로 이해하는 이러한 오이디푸스 시나리오는 그 자체 위협의 위협하는 권력, 남성답지 못한 남자와 남근화된 여성성을 견디기 힘들어한다는 점에 기초한다. 나는 이 두 형상들에는 암묵적으로 동성애적 비체화라는 유령이 있다고 주장하는데, 이 유령은 분명 문화적으로 생산·유통·경합되며 또한 우발적인 것이다.

와 같은 잣대로 다뤄질 수 있는 것이 아니다. 이런 의미에서 남성들이 (이미) 거세되었으면서 동시에 음경 선망(더 정확히는 남근 선망으로 이해된)에 의해 추동된다고 이해될 수 있다.[57] 반대로 여성

---

57) Maria Torok, "The Meaning of Penis-Envy in Women", tr. Nicholas Rand, in *difference: A Journal of Feminist Cultural Studies*, vol. 4, no.1, Spring, 1992, pp. 1-39를 보라. 마리아 토록은 여성의 음경 선망이 자위 행위 금지를 증상화하고 자위 행위의 오르가즘적 쾌락으로부터의 굴절을 야기하는 '가면'이라고 주장한다. 음경 선망이 어떠한 만족도 얻을 수 없는 욕망의 양식이기 때문에, 그것은 표면적으로 더 이전의 자기-성애적 쾌락의 욕망에 가면을 씌운다는 것이다. 토록의 여성 성 발달에 대한 매우 규범적인 이론에 따르면, 경험되고 그리고 금지된(엄마의 개입에 의해) 자위 행위의 오르가즘적 쾌락은 먼저 만족할 수 없는 음경 선망을 생산하고, 다음에는 성인의 이성애 관계의 맥락에서 자위 행위의 오르가즘을 재발견하고 재경험하기 위해 그러한 욕망의 포기를 생산한다. 따라서 토록은 음경 선망을 여성의 성적 쾌락이 자기-성애에만 집중될 뿐만 아니라 이 쾌락이 주로 성차에 의해 일차적으로 **매개되지 않는다**고 가정하는 가면과 금지로 환원한다. 그녀는 또한 모든 교차-젠더화된 환영적 동일시의 가능성을 자위 행위의 이성애적 연쇄로부터의 굴절로 환원해, 일차 금지가 매개되지 않은 자기애(self-love)에 반대하는 것이 되도록 한다. 프로이트의 고유한 나르시시즘 이론은 자기-성애가 늘 상상적 대상-관계를 모델로 하고, 대타자가 자위 행위 장면을 환영적으로 구조화한다고 주장한다. 우리는 토록에게서 자위 행위의 쾌락을 금지하는 것이 자신의 주된 임무인 나쁜 엄마의 이론적 설치를 목격하는데, **나쁜 엄마**는 남성이 지닌 자위 행위의 성적 행복을 재발견하기 위해 극복되어야 한다(라캉에게서 그렇듯 엄마는 방해물로 형상화된다). 따라서 엄마는 이성애를 성취하면서도, 여성을 암시한다고 알려진 자아와 온전함으로의 회귀를 위해 극복해야만 하는 금지로 작용한다. 따라서 이러한 발달적인 이성애 찬양은 동성애의 암묵적 폐제나 레즈비언 섹슈얼리티를 자위 행위의 쾌락으로 축약하고 재지정하는 것을 통해 작동한다. 음경 선망은 말하자면 자위 행위의 황홀감(bliss)이라는 회복할 수 없는 기억과 그러한 쾌락의 이성애적 회복 사이에 갇힌 레즈비언 섹슈얼리티를 특징 지을 것이다. 다시 말해 음경 선망이 부분적으로 레즈비언 쾌락이나 다른 형태의 여성의 성적 쾌락——말하자면 이성애적인 발달의 궤적을 따라 멈춰 버린——을 위한 코드라면, 레즈비언주의는 '선망'이며, 따라서 쾌락으로부터의 굴절이

들이 남근을 '가지며', 남근 상실을 두려워한다고 얘기되는 한(그
리고 여기에는 그것이 왜 레즈비언 성교와 이성애적 성교——전자에서는
암묵적으로 이성애를, 후자에게서는 동성애를 의문시한다면서—— 모두
에서 사실이 아닐 수 있는지에 대해 [설명할] 어떠한 근거가 없다), 그들
[여성들]은 거세 불안에 의해 추동될 것이다.[58]

여러 이론가들이 레즈비언 섹슈얼리티가 남근 중심주의 경제
바깥에 있다고 제시했지만, 그러한 입장은 레즈비언 섹슈얼리티
가 현대적인 성 체제 내의 다른 모든 형태의 섹슈얼리티와 **마찬가
지로** 구축된다는 생각에 의해 비판적으로 반박되었다. 여기서 흥
미로운 점은 남근이 레즈비언 섹슈얼리티 안에서 구조화 원리로
지속되는지 여부가 아니라, 남근이 **어떻게** 지속되고, 어떻게 구축
되며, 그래서 이러한 형태의 구축된 성교 내에서 그 기표의 '특권
화된' 지위에 무슨 일이 일어나는가이다. 나는 레즈비언 섹슈얼리
티가 남근에 의해서만 구조화된다고 또는 심지어 주로 남근에 의
해 구조화된다고 주장하는 것이 아니며, '레즈비언 섹슈얼리티'와
같은 그러한 불가능한 단일체(monolich)가 존재한다고 주장하는

자 무한히 계속되는 불만족이다. 요약하면, 토록에게는 레즈비언 쾌락이 있을 수 있
는데, 왜냐하면 레즈비언이 '선망할 만한' 것이라면, 레즈비언은 이성애적 결합만이
풀어줄 수 있어 보이는 바로 그 쾌락 금지를 체화하고 실행하기 때문이다. 그렇기에
토록의 글이 일부 페미니스트들에게 유용하다고 여겨진다는 것은 나를 계속해서
놀라게 만들고 두렵게 만든다.

58) 레즈비언 주체성 안에서 나타나는 거세 불안에 대한 매우 흥미로운 설명으로 남
자같은 레즈비언에 대한 테레사 드 로레티스의 최근 작업, 그중에서도 특히 그녀가
'거울 앞에 선' 래드클리프 홀(Radclyffe Hall)에 대해 논의하는 부분을 보라. Teresa
de Lauretis, *Practices of Love*, Bloomington: Indiana University Press, 1994.

것도 아니다. 하지만 나는 남근이 그것이 관계되는 정상적 이성애의 장면과는 상당히 다른 동일시와 욕망의 애매한 현장을 구성한다고 제시하고 싶다. 라캉이 남근이 '은폐된[베일에 싸인]' 것으로만 작동한다고 주장한다면, 우리는 남근이 변함없이 수행하는 것이 어떤 종류의 '은폐'인지 되물어볼 수 있다. 그리고 레즈비언 성교 내에서 남근 문제와 관련하여 출현하는 '은폐'의 논리와 그에 따른 '노출'의 논리는 무엇인가?

분명한 것은 단 하나의 답은 없으며, 이 질문에 대한 답에 근접할 수 있는 문화적으로 짜임새를 갖춘 종류의 작업은 의심할 여지 없이 도처에서 발생할 필요가 있을 것이다. 실제로 '바로 그/특정한(the)' 레즈비언 남근은 허구이겠지만 아마도 이론적으로는 유용한 허구일 것이다. 왜냐하면 여기에는 정신분석학적으로 알려진 독해가 주의를 기울일 법한 환영적 특권의 모방, 전복, 재순환의 문제가 있기 때문이다.

만약 남근이 레즈비언 섹슈얼리티에 대한 페미니즘의 정설로부터 파문당한 것이자 '상실된 부분'이며, 동성애 혐오적이고 여성 혐오적인 구축물 안에서 레즈비언주의가 그렇듯 회피할 수 없는 불만의 기호라면, 그러한 성교에 남근을 가입시키는 것은 두 가지로 수렴하는 금지에 직면하게 된다. 첫째, 남근은 '올바른 마음[이성애](straight mind)'의 지속, 남성적이거나 이성애적인 동일시, 그리고 그에 따라 레즈비언의 특수성을 더럽히거나 배신하는 것을 의미한다. 둘째, 남근은 이성애를 극복할 수 없다는 것을 의미하고 레즈비언주의를 실재하는 것을 흉내내려는 헛되고/헛되거나 한심한 노력으로 구성한다. 따라서 남근은 거절의 페미니즘적 형태——'그것은 실재하는 것(레즈비언적인 것)이 아니다'——와 여성 혐오적 형태——'그것은 실재하는 것(올바른[이성애적인] 것)이 아니다'——에 의해 조건 지어지고 또 그와 직면하게 되는 위반적인 '고백'의 방식으로 레즈비언 성 담론에 진입한다. '폭로된[베일이 벗겨진]' 것은 바로 거절된 욕망이며, 이성애주의적 논리에 의해 비체화된 욕망이며 레즈비언주의를 위한 특별히 여성적인 형태학 둘레에 선을 긋는 노력을 통해 방어적으로 폐제된 욕망이다. 어떤 의미에서, 폭로되거나 노출된 것은 금지를 통해 생산된 욕망이다.

하지만 이러한 욕망의 환영적 구조는 그것이 '드러나는' 바로 그 순간에 '은폐[베일에 가려진 것]'로 작동할 것이다. 신체적 경계의 그러한 환영적 형태 변형은 그 자신의 취약함을 노출할 뿐만 아니라, 의미화하기 위해서라도 그 취약함과 덧없음에 **의존하는** 것으로 나타날 것이다. 레즈비언 섹슈얼리티 내에서 기표로서의 남근은 남성적인 형태학과 근본적으로 구별되는 여성적 형태학(이성애적인 상정을 통해 보장된 이항 논리)을 보장할 그러한 페미니즘 이론이 전달하는 수치심과 거절이라는 유령——이 유령은 남성적 형태학을 인간 몸의 유일하게 가능한 형상으로 고집할 남성주의 이론에 의해 더욱 널리 퍼지는 방식으로 전달된다——에 사로잡힐 것이다. 이러한 분리를 횡단하면서 레즈비언 남근은 이러한 금지의 교차로에서 역사적으로 생산된 욕망, 그 가능성을 조건 지우는 규범적 요구에서 결코 완전히 자유롭지 않은 욕망, 그럼에도 불구하고 그것[레즈비언 남근]이 전복하고자 애쓰는 욕망을 의미한다. 남근이 형태학의 이상화인 한에서, 남근은 부적절함(inadequation)이라는 필연적 효과를 생산하는데, 이는 레즈비언 관계의 문화적 맥락 속에서 추정상 실재하는 것으로부터 부적절하게 파생되었다는 의미에, 따라서 수치심의 원천이라는 의미에 빠르게 동화될 수 있다.

그러나 남근이 어떠한 몸도 적절하게 근사치에 다가갈 수 없는 이상화라는 바로 그 **이유 때문에**, 남근은 전이 가능한 환영이며, 남성적 형태학에 대한 그것의 자연스러운 연결은 공격적인 재영토화를 통해 의문에 붙여질 수 있다. 복잡한 동일시 환상들이 형태 발생에 영향을 미친다는 것, 환상들이 완전히 예측될 수 없다는 것은 형태학적 이상화가 신체적 자아와 욕망의 성향 모두의 구성에서 필수적이면서도 예측할 수 없는 구성 성분이라는 것을 시사한다. 그것은 또한 신체적 자아에 대한 상상의 도식이 반드시 하나만 있는 것은 아니며, 특정한 남성적 형태학과 여성적 형태학의 이상화와 타락을 둘러싼 문화적 갈등이 형태학적 상상계의 현장에서 복잡하고 갈등적인 방식으로 벌어질 것임을 의미한다. 레즈비언 남근이 작용하게 되는 것은 여성적 형태학의 타락, 여성적인 것에 대한 상상적이고 집중된(cathected) 타락을 통해서일 수 있다. 혹은 여성적인 것의 바로 그 타락을 뒤집으려고 하는 것은 일종의 반항에 의해 연료를 공급받는 그러한 핵심적인 남성적 비유(trope)의 거세 점유를 통해서일 것이다.

그러나 '남성적' 형태학과 '여성적' 형태학 모두의 안정성이 환영적 동일시의 교차에 의존하는 남근에 대한 레즈비언적 재의미화에 의해 의문에 붙여지는 방식을 강조하는 것은 중요하다. '여성적인 것'의 형태학적 구별점이 모든 남성성의 정화에 의존한다면, 그리고 이러한 신체적 경계와 구별점이 이성애적인 상징계의 법에 복무하여 제도화된다면, 그러한 거절된 남성성은 여성화된 형태학에 의해 **상정**되고, 여성적인 것에 그림자를 드리우고 여성적인 것을 좌절시키는 불가능한 이상으로 출현하거나 아니면 특정한 레즈비언 페미니즘이 스스로를 규정하는 것에 맞서 가부장적 질서의 폄하된 기표로 출현할 것이다. 어느 경우든 남근과의 관계는 구성적이다. 즉 동일시는 그[동일시]와 동시에 부인되는 것으로 이루어진다.

실제로 처음부터 '구별적인' 여성적 형태학의 생산을 가능하게 하고 알려주는 것은 바로 이 부인된 동일시이다. 신체적 자아의 정교화에서 교차-동일시의 구조화하는 현존을 고려하고, 이러한 동일시를 거절의 논리——이 논리에 의해 하나의 동일시는 늘 다른 동일시를 희생시킴으로써만 작동한다——를 넘어서는 방향으로 틀 지우는 것은 의심할 여지 없이 가능하다. 레즈비언 남근의 '수치심'은 그것이 레즈비언 욕망의 '진실'——이 진실은 거짓, 헛된 모방 또는 이성애 규범으로부터의 파생으로 형상화될 것이다——을 재현하기에 이를 것이라고 상정하기 때문이다. 그리고 고백적 반항이라는 대항-전략은 마찬가지로 레즈비언주의에 대한 지배적인 성 담론에서 배제된 것이 그것의 '진실'을 구성한다고 추정한다. 그러나 니체가 제시했듯이, '진실'이 서로에 대한 관계에서 함께 형상화된 일련의 실수에 불과하거나 라캉의 용어에 따르면 일련의 구성적 오인(誤認)에 불과하다면, 남근은 레즈비언 성교 과정에서 생겨난 다른 여러 기표 중 하나의 기표일 뿐이지, 기원적 기표인 것도 말할 수 없는 외부도 아닌 것이다. 따라서 남근은 늘 은폐[베일에 싸인 것]이자 고백으로 작동할 것이며, 남근을 포함하면서 초과하는 성감성으로부터의 굴절로, 형태학적 위반을 증명하는 따라서 성의 상상적 경계들의 불안정성을 증명하는 욕망의 노출로 작동할 것이다.

결론

남근이 상상의 효과(상징계의 특권화된 기표로 물화된)라면, 그것의 구조적 장소는 더 이상 성차의 이성애주의적 버전——여기에서는 남성들은 남근을 '가진다'고, 여성들은 남근이 '있다'고 얘기된다——에 의해 수반되는 상호 배제의 논리적 관계에 의해 규정되지 않는다. 이러한 논리적·구조적 장소는 음경 덕분에 누군가가 '가짐'으로 상징화된다고 주장하는 움직임을 통해 보장되는데, 그러한 구조적 유대(또는 결속)는 명시적으로 부정된 남근과 음경 간의 동일성 관계를 보장한다(그것은 또한 음경과 음경을 가진 사람의 환유적 붕괴를 수행한다). 상징화될 음경이 있는 한에서만 남근이 상징화한다면, 남근은 근본적으로 음경에 의존할 뿐만 아니라 음경 없이는 존재할 수도 없다. 하지만 이것은 사실인가?

남근이 기표——누군가의 특권이 경쟁하에 있는——로서 작동한다면 그리고 그 특권이 상징계 내의 논리적·구조적 관계의 바로 그 물화를 통해 보장되는 것으로 나타난다면, 그것이 작용하는 구조들은 라캉의 도식이 긍정할 수 있는 것보다 더욱 다양한 것이고 또 변경이 가능하다. 남근을 '가짐'이 팔, 혀, 손(혹은 양손), 무릎, 허벅지, 골반뼈, 의도적으로 도구화된 몸과 유사한 일련의 사물 등으로 상징화될 수 있다는 것을 생각해 보라. 그리고 이러한 '[남근] 가짐'이 '남근 있음'——그 자신의 의미화 효과(잠재적으로 거세하기로서의 남근적 레즈비언)의 양 부분인——과의 관계 안에서 존재한다는 것, 그것이 욕망의 대상인 여성(반사적 보증자를 제공하거나 철회하면서 거세할 수 있는 권력을 행사하는 자로서) 안에서 마주친다는 것, 이러한 장면이 역전될 수 있다는 것, 있음과 가짐이 혼동될 수 있다는 것 등은 정상적인 이성애 성교의 양자택일에 기여하는 비모순율을 뒤엎는다. 어떤 의미에서 남근을 박탈하고, 남근을 규범적인 이성애 성교 형태에서 제거하며, 남근을 여성들 사이에서 재순환 및 재특권화하는 동시적 행위들은 남근이 전통적으로 작동하는 의미화 사슬을 끊기 위해 배열된다. 레즈비언이 남근을 '가진다'면, 그녀는 그것을 전통적인 의미에서 '가지지 않는다'는 것도 분명하다. 그녀의 활동은 남근을 '가진다'는 것의 의미 안에서 위기를 더욱 부추긴다. '가짐'의 환영적 지위는 다시 선 그어지고, 양도 가능하고, 대체 가능하고, 가소적(plastic)이다. 그리고 그러한 성교 내에서 생산된 에로티시즘은 전통적인 남성적 맥락에서의 전위에 의존할 뿐만 아니라, 권력의 핵심적 형상들의 비판적 재배열에 의존한다.

확실히 남근은 현대적인 성 문화에서 특권화된 방식으로 작동하지만, 그러한 작동은 남근의 영속적인 재구성으로부터 독립적이지 않은 언어적 구조나 위치에 의해 보장된다. 남근이 의미화하는 한, 그것은 또한 늘 의미화되고 재의미화되는 과정에 있다. 이런 의미에서 남근은 라캉이 주장하듯이 의미화 사슬의 발단의 순간이나 기원이 아니라 반복 가능한 의미화 실천의 일부이며, 따라서 재의미화에 열려 있다. 즉 [남근은] 라캉의 상징계 내에서 적절한 구조적 장소를 초과하고 그러한 장소의 필연성에 이의를 제기하는 방식 및 장소 안에서 의미화하는 것이다. 남근이 특권화된 기표라면 그것은 반복됨으로써 그러한 특권을 획득한다. 그리고 섹슈얼리티의 문화적 구축이 그러한 기표의 반복을 강요할지라도, 그럼에도 불구하고 재의미화나 재순환으로 이해되는 바로 그 반복의 힘 자체에서 그러한 기표를 박탈할 가능성이 있다.

만약 남근의 기호 아래에서 의미화하게 되는 것이 여러 몸 부위, 담론적 수행문, 대안적 페티쉬 등이라면, '가짐'의 상징적 위치는 이미 권화된 해부학적(또는 비해부학적) 계기로서 음경으로부터 축출되어 있었다. 한 부위가 갑자기 전체를 대신하고 전체의 감각을 생산하거나 통제의 중심으로 형상화되는 환영적인 순간, 즉 어떤 종류의 '남근적' 규정이 의미가 근본적으로 생성되는 것처럼 보이는 덕분에 이루어지는 환영적인 순간은 남근의 바로 그 가소성, 그것이 라캉의 도식에 의해 놓이게 된 구조적 장소를 초과하는 방식, 그 구조가 하나의 구조로 남아 있으려면 **반복**되어야 하고 반복 가능한 것으로서 변이와 가소성에 열려 있게 되는 방식을 강조한다.[59] 남근이 레즈비언일 때, 그것은 권력의 남성주의적 형상이

---

59) 여기서 내가 레비스트로스의 비시간화된 구조 개념을 비판한 데리다의 견해에 동의한다는 점이 분명해질 것이다. 「구조, 기호, 놀이」에서 데리다는 구조에 그것의 구조성, 즉 구조가 지닌 특질을 부여하는 것이 무엇인지 묻고, 그러한 지위가 부여되거나 파생되는 것, 따라서 무-기원적인 것을 제안한다. 구조는 그것이 한 가지로 지속되는 한에서 구조'이다'. 그러나 그러한 지속성의 방식이 구조 자체에 어떻게 내재하는지를 어떻게 이해할 수 있을까? 구조는 시간을 통해 자기-동일성을 유지하는 것이 아니라 반복되는 한에서 '있다'. 따라서 구조의 반복 가능성은 그것이 지

기도 하고 아니기도 하다. 기표는 상당히 분열되어 있는데, 기표는 그것이 추진되는 남성주의를 상기시키면서 전위시키기 때문이다. 그리고 해부학의 현장에서 작동하는 한, 남근은 음경의 유령을 (재)생산하여 단지 그것의 사라짐을 실행하고, 그것의 영속적인 사라짐을 남근의 바로 그 계기로 되풀이하고 이용한다. 이것은 해부학——그리고 성차 자체——을 재의미화가 증식되는 현장으로 개방한다.

어떤 점에서 내가 여기서 제시하는 남근은 라캉에 의해 야기된 것이자 또한 그러한 형태의 이성애주의적 구조주의의 범위를 초과한다. 기표가 기의(남근/음경)와 같지 않다고 주장하는 것으로는 충분하지 않다. 두 용어[남근, 음경]가 그럼에도 불구하고 그 차이가 포함된 본질적인 관계에 의해 서로 묶여 있다 할지라도 말이다. 레즈비언 남근의 제공은 기표가 그것의 구조적으로 명령된 위치를 **초과해** 의미화되게 할 수 있음을 시사한다. 실제로 기표는 그러한 기표의 특권화된 지위를 **전위**시키게 되는 맥락들과 관계들 안에서 반복될 수 있다. 남근이 그것의 특권화된 계기로서 음경을 의미화하는 '구조'는 제도화되고 되풀이됨을 통해서만 존재하며, 그러한 시간화 덕분에 불안정하고 또 파괴적인 반복에 개방된다. 더욱이 만일 남근이 해부학을 자신의 계기로 취함으로써만 상징화된다면, 남근의 상징화를 위한 해부학적(그리고 비해부학적) 계기가 더욱 다

닌 동일성의 조건이지만 반복 가능성이 항들 간의 간격과 차이를 전제하기 때문에 이러한 불연속적인 시간성을 통해 구성된 동일성은 자기 자신과의 이러한 차이에 의해 조건 지어지고 경합된다. 바로 이것이 동일성을 구성하는 차이이자 그것의 불가능성의 원리이다. 따라서 그것은 차연으로서의 차이이며, 자기-동일성에 대한 모든 해결책의 지연이다.

양하고 예상하지 못한 것일수록, 그러한 기표는 더욱더 불안정해
진다. 달리 말해 남근은 자신의 상징화의 계기와 분리될 수 있는 어
떠한 존재도 갖지 못한다. 남근은 자신의 계기 없이는 상징화할 수
없다. 따라서 레즈비언 남근은 남근이 다르게 의미화할 계기(일련의
계기들)를 제공하고, 그렇게 의미화함으로써 무의식적으로 자기 자
신의 남성주의적이고 이성애주의적인 특권을 재의미화한다.

　프로이트에게 있어 신체적 자아 개념과 라캉에게 있어 몸의 투
사적 이상화 개념은 몸의 바로 그 윤곽, 즉 해부학의 한계 설정이
부분적으로 외재화된 동일시의 결과임을 시사한다. 그러한 동일시
과정은 그 자체로 형태 변형적 소망에 의해 동기화된다. 그리고 모
든 형태 발생에 고유한 그러한 간절한 바람은 섹슈얼리티를 구성할
뿐만 아니라 섹슈얼리티를 신체와 해부학이 영속적으로 재구성되
는 현장으로 확립하는 문화적으로 복잡한 의미화 사슬에 의해 준
비되고 구조화된다. 이러한 핵심적 동일시가 엄격하게 규제될 수
없다면 몸이 부분적으로 구성되는 상상계라는 영역은 구성적 동요
로 표시된다. 해부학적인 것은 그것의 의미화를 통해서만 '주어지
지만', 그것은 그러한 의미화를 초과해 의미화의 가변성이 수행하
는 것과 관련해 종잡을 수 없는 지시체를 제공하는 것처럼 보인다.
성차가 협상이 이뤄지는 의미화 사슬에 이미 늘 사로잡혀 있는 해
부학적인 것은 그것의 용어 밖에서는 결코 주어지지 않지만, 그것
은 또한 그러한 의미화 사슬을 초과하고 강제하는 것, 그러한 차
이의 되풀이, 지속적이고 지칠 줄 모르는 요구이기도 하다.

　동일시와 형태 발생의 이성애화가 역사적으로 우발적인 것——
헤게모니적이긴 하지만——이라면, 늘 이미 상상적인 것인 동일시

는 그것이 젠더 경계들을 가로지르기 때문에 성별화된 신체를 다양한 방식으로 다시 제도화한다. 이러한 젠더 경계들을 가로지름으로써 형태발생적 동일시는 성차의 지도 제작 자체를 재배열한다. 동일시를 통해 생산된 신체적 자아는 기존의 생물학적인 몸이나 해부학적인 몸과 **모방적으로** 관계 맺지 않는다(이전의 몸은 내가 여기에서 제안하는 상상의 도식을 통해서만 이용 가능해질 수 있으므로 우리는 즉각적으로 무한 퇴행이나 악순환에 사로잡힐 것이다). 거울 속의 몸은 하나의 몸, 말하자면 거울 앞에 있는 몸을 재현하지 않는다. 거울은 거울 '앞'의 재현할 수 없는 그러한 몸을 비추라고 부추김을 받지만 그 몸을 그것의 망상적 효과로 생산하는데, 이 망상이 우리로 하여금 그렇게 살도록 강제한다.

이런 의미에서 레즈비언 남근을 욕망의 가능한 현장이라고 말하는 것은 **실재적** 동일시에 반대하여 측정될 수 있는 **상상적** 동일시 및/또는 욕망을 지시하는 것이 아니다. 그와 반대로 그것은 단지 헤게모니적 상상계에 대한 대안적인 **상상계**를 촉진할 뿐이고, 그러한 주장을 통해 헤게모니적 상상계가 배제적인 이성애적 형태학의 자연화를 통해 스스로를 구성하는 방식을 보여줄 뿐이다. 이런 의미에서 여기서 사고되는 것이 **음경**이 아니라 레즈비언 **남근**이라는 점을 주목하는 것은 중요하다. 여기서 요구되는 것은 이를테면 새로운 몸 부위가 아니라 (이성애주의적인) 성차의 헤게모니적 상징계를 전위시키는 일이며, 성감적 쾌락의 현장을 구성하기 위한 대안적인 상상적 도식을 비판적으로 해방시키는 일이기 때문이다.

인간 주체가 스스로를 가능한 지식의 대상으로 만드는 일은 어떻게 일어나며, 이것은 어떤 합리성의 형태를 통해, 어떤 역사적 필연성을 통해, 어떤 대가를 치르고 일어나는가? 내 질문은 이런 것이다. 자신에 관한 진실을 말할 수 있기까지 주체는 얼마나 많은 대가를 치르는가?

— 미셸 푸코, 「진실을 말하는 데 얼마나 많은 대가를 치르는가」

3장 환영적 동일시와 성의 떠맡음[*]

성 정체성은 구축되는 것인가 구축되지 않는 것인가라고 물을
때, 우리는 은연중에 다소간 암묵적인 다음의 질문들을 제기한다.
섹슈얼리티는 처음부터 그렇게 엄격하게 강제되어 고정된 것으로
생각되어야만 하는 것인가? 섹슈얼리티가 처음부터 그렇게 강제
되는 것이라면, 그것은 정체성의 수준에서 일종의 본질주의를 구
성하는 것이 아닌가? 관건이 되는 것은 '선택'이나 '자유로운 놀
이'라는 관념이 낯선 것으로 나타날 뿐만 아니라, 생각할 수도 없

---

* 이 장의 일부는 1991년 4월 〈미국 철학 협회: 센트럴 디비전〉에서 처음 발표되었
다. 첫 번째 절의 내용은 Elizabeth Wright, ed. *Feminism and Psychoanalysis: A Critical
Dictionary*, London; Basil Blackwell, 1992. [한글본] 엘리자베스 라이트 외, 『페미니
즘과 정신분석학 사전』, 박찬부 외 옮김, 한신문화사, 1997, 「젠더」 편에 그 일부가
수록된 바 있다.

고 때로는 잔혹해 보이기까지 하는 상황에 직면하면서 **구성됨과 강제**라는 이러한 더 깊고 어쩌면 회복할 수 없는 의미를 묘사하는 방식에 있다. 구성되는 것이라는 섹슈얼리티의 특성은 섹슈얼리티가 자연적이고 정상적인 형태와 움직임을 갖는다는 주장, 즉 섹슈얼리티가 강제적 이성애라는 정상적 판타지에 근접하는 것이라는 주장에 대응하기 위해 소환되었다. 섹슈얼리티와 젠더를 탈자연화하려고 노력하는 사람들은 이성애주의적인 규범의 자연화와 물화를 통해 작동하는 강제적 이성애의 규범적 틀을 자신의 주요한 적으로 삼았다. 그러나 **탈자연화**를 하나의 전략으로 긍정하는 것에는 위험은 없는가? 일부 게이 이론가들이 계통발생적 본질주의로 돌아가는 것은 구성적 강제의 영역을, 즉 탈자연화 담론이 부분적으로 간과한 듯 보였던 영역을 고려하려는 욕망을 표시한다.

이 장에서 나는 (이성애적) 섹슈얼리티의 정상화가 제도화되는 거절의 논리로써 섹슈얼리티에서의 강제의 의미를 위치 지어 볼 것이며, 이어지는 다음 장 「젠더는 불타고 있다」에서는 탈자연화의 한계를 하나의 중대한 전략으로 사고할 것이다.

논쟁의 용어를 '구축주의 대 본질주의'로부터 다루기 힘들고 경합이 가능한 '깊이-자리 잡은' 강제 또는 구성적 강제가 어떻게 상징적 한계로써 제기될 수 있는가라는 좀 더 복잡한 문제로 옮기는 것이 유용할지도 모르겠다. 젠더의 수행성으로 이해되어 왔던 것——이것은 강제되지 않은 주의주의(主意主義)를 실행하는 것과는 거리가 멀다——은 정신병적인 것으로 등록된 그러한 정치적 강제라는 관념과 분리될 수 없다는 것이 증명될 것이다. 강제나 한계의 관념을, 생물학적 본질주의나 심리학적 본질주의 안에서 그러한 강제의 기반을 마련하는 형이상학적 노력과 분리하는 것이 어쩌면 유용할 것이다. 이 후자의 형이상학적 노력은 주의주의 및 자유로운 놀이와 무논리적으로 동일시되는 구축주의에 대해/에 반대해 강제에 대한 일정한 '증명'을 확립하고자 한다. 이러한 강제의 의미에 대한 형이상학적 현장이나 대의명분을 확보하기 위해서 성적인 본성에 의존하거나 섹슈얼리티의 선(先)문화적 구조화에 의존하려는 본질주의적 입장은 그 자신의 용어에서조차 매우 논쟁적일 여지가 있다.[1]

그러나 섹슈얼리티가 지닌 고정되고 강제된 성격을 강조하려는 그러한 노력은, 특히 섹슈얼리티의 구축된 지위를 주장해 왔던 사람들에게는, 수의 깊게 읽힐 필요가 있다. 섹슈얼리티는 간단히 만들어질 수도, 간단히 만들어지지 않을 수도 없기 때문이며, 또한 '구축주의'를 '그녀/그가 원하는 대로 그녀/그의 섹슈얼리티를 형성할 수 있는 주체의 자유'와 연관시키는 것은 오류일 수 있기 때문이다. 결국 구축은 인공물과 동일한 것이 아니다. 그와는 달리 구축주의는 살아 있으면서 욕망하는 특정한 존재가 그것 없이는 한치도 나아갈 수 없는 강제의 영역을 고려할 필요가 있다. 그리고 그러한 모든 존재는 상상하기 어려운 것에 의해서 강제될 뿐만이 아니라 근본적으로 생각할 수 없는 것으로 남아 있는 것에 의해서도 강제된다. 섹슈얼리티의 영역 안에서 이러한 강제는, 다

---

1) 여기서 우리는 비트겐슈타인의 사유방식을 따라 '섹슈얼리티가 강제된다'고 주장하는 일, 그리고 그러한 주장의 의미(sense)를 —— 그 주장의 의미(meaning)를 확보하기 위해 강제의 형이상학을 제공하는 식의 추가적인 불필요한 단계를 거치지 않고도 —— 이해하는 일이 매우 가능하다고 생각할 수 있다.

른 식으로 욕망하는 일을 근본적으로 생각할 수 없는 것, 다른 식으로 욕망하는 일을 근본적으로 참을 수 없는 것, 특정한 욕망의 부재, 타인들에 대한 반복적 강박, 몇 가지 성적인 가능성에 대한 지속적인 거절, 공황 상태, 강박적 끌림, 섹슈얼리티와 고통의 연쇄 등을 포함한다.

섹슈얼리티는 구축되는 것이거나 아니면 결정되는 것이라고 생각하는 어떤 경향이 있다. 즉 섹슈얼리티가 구축된다면 그것은 어떤 의미에서는 자유롭고, 섹슈얼리티가 결정된다면 그것은 어떤 의미에서는 고정된다고 생각하는 경향이 있는 것이다. 이 대립은 성과 섹슈얼리티가 떠맡아지는 조건을 고려하려는 모든 노력의 성패가 달린 그러한 복잡성을 설명해 주지 못한다. 구축의 '수행적' 차원이란 바로 이러한 규범의 강요된 되풀이이다. 그래서 이러한 의미에서 수행성에는 강제가 있을 뿐만 아니라, 오히려 강제는 바로 그 수행성의 조건으로서 다시 생각될 것을 요구한다. 수행성은 자유로운 놀이도 아니고 연극적인 자기-현시도 아니다. 수행성(performativity)은 단지 수행(performance)과 같은 것일 수 없다. 더더구나 강제가 필연적으로 수행성에 한계를 설정하는 것도 아니다. 오히려 강제는 수행성을 추진하고 유지하는 것이다.

여기서 나는 나 자신[의 논의]을 반복할 위험을 무릅쓰고 수행성은 반복 가능성의 과정 바깥, 즉 규칙화되고 강제된 규범들의 반복 바깥에서는 이해될 수 없다는 점을 제시하고자 한다. 그리고 이러한 반복은 한 주체**에 의해** 수행되는 것이 아니다. 이러한 반복은 주체를 가능하게 하며 그 주체의 시간적 조건을 구성한다. 이러한 반복 가능성은 '수행'이 단일한 '행위'나 사건이 아니라 의례화된 생산, 즉 강제하에서 강제를 통해 되풀이된 의례, 금지와 금기의 힘하에서 그러한 힘을 통해 되풀이된 의례, 배제의 위협과 더불어 되풀이된 의례, 심지어 생산의 형태를 통제 및 강요하는 죽음의 위협과 더불어 되풀이된 의례라는 점을 의미한다. 그러나 나는 그것[수행]을 완전히 사전에 미리 결정할 수는 없다고 주장할 것이다.

금지—승인되거나 승인되지 않은 성적 관행 및 제도(arrangement)를 효과적으로 생성하는—와 관계 맺는 이러한 수행성 관념을 우리는 어떻게 생각해야 하는가? 특히 법이 섹슈얼리티를 억압하는 것일 뿐만 아니라 섹슈얼리티를 **생성**하거나 적어도 그 방향성을 강요하는 금지인 경우, 우리는 섹슈얼리티와 법의 문제를 어떻게 추구할 수 있는가? 권력 바깥에는 어떠한 섹슈얼리티도 없으며, 권력은 자신의 생산 양식 안에서 규제로부터 결코 완전히 자유롭지 않다는 점을 고려했을 때, 규제 자체가 어떻게 섹슈얼리티에 대한 생산적·생성적인 강제로 해석될 수 있는가? 좀 더 구체적으로 말하자면, 생산하면서 동시에 강제하는 법의 능력은 모든 몸에게 하나의 성, 즉 언어 내에서 하나의 성별화된 위치를 보장하는 데 있어 얼마나 허약한가? 다시 말해 법의 능력은 어떤 의미에서는 하나의 주체로서, 즉 '나'—성별에 대한 물음을 집요하게 밀어붙이는 언어 내에서 그것의 성별화된 자리를 잡는 행위를 통해 구성되는 자—로서 말하려는 모든 신체에 의해 상정된 하나의 성별화된 위치를 보장하는 데 있어 얼마나 허약한가?

동일시, 금지, 그리고 '위치들'의 불안정성

성차에 관한 정신분석 담론의 도입, 페미니스트들의 자크 라캉의 작업으로의 회귀는 일정 부분 '성별화'가 일어나는 일종의 상징적 강제를 재천명하기 위한 노력이었다. 성은 단순히 해부학의 문제라고 주장하는 사람들에 대해 그리고 그들에 반대하여 라캉이 주장했던 것은 성은 우리가 처벌의 위협하에서 떠맡는 상징계의 위치, 즉 우리가 떠맡도록 강제된 위치──여기서 강제는 언어의 바로 그 구조 안에서, 따라서 문화적 삶의 구성적 관계 안에서 작동한다──라는 것이었다. 일부 페미니스트들이 라캉으로 눈을 돌렸던 것은 친족 관계의 근본적 재조직화가 영혼·섹슈얼리티·욕망의 근본적 재조직화를 의미할 수 있다고 주장하는 일종의 유토피아주의를 완화하기 위함이었다. 언어 내에서 성별화된 위치를 떠맡기를 강요하는 상징계가 모든 특정한 친족의 조직화보다 더 근본적인 것으로 간주되었다. 그래서 우리가 가족이라는 무대를 벗어나 친족 관계를 재배열할 수도 있지만, 여전히 우리는 더욱 깊이-자리 잡은 강제를 통해 그리고 구성적인 상징계의 요구들을 통해 구축된 자신의 섹슈얼리티를 발견한다. 이러한 요구들은 무엇인가? 이 요구들은 사회적인 것에 선행하는가? 혹은 친족, 정치에 선행하는가? 만일 그것들이 강제로서 작동한다면, 그것들은 강제로서 작동한다는 바로 그 이유로 고정되는가?

내가 제안하는 것은 성별화된 위치를 떠맡으라는 상징계의 요구와 그 요구가 함축하는 바를 고려하자는 것이다. 이 장은 성과 섹슈얼리티에 관한 강제의 전체 영역(한계 없는 작업)을 고려하지는 않지만, 구축할 수 있는 것과 구축할 수 없는 것의 한계로서 강제를 고려할 것을 일반적인 방식으로 제안하는 것이다. 오이디푸스 시나리오에서 '성'을 제도화하라는 상징계의 요구는 처벌의 위협을 동반한다. 거세는 처벌의 형상이며, 거세의 공포는 남성의 성을 떠맡도록 동기를 부여하고, 아직 거세되지 않았다는 공포는 여성의 성을 떠맡도록 동기를 부여한다. 젠더화된 처벌의 강제력을 구성하기 위해 차별적으로 작용하는 거세의 형상에는 적어도 두 가지 제대로 표현되지 않은 비체적 동성애의 형상, 즉 여성화된 패그(fag)와 남근화된 다이크(dyke)가 내포되어 있다. 라캉의 도식이 가정하는 것은 이러한 위치 중 어느 하나를 차지하는 일에 대한 공포가 언어 내에서 성별화된 위치——즉 이성애적 위치 지우기 덕분에 어떤 성별이 되는 성별화된 위치——의 떠맡음을 강요하는 것이며, 이러한 성별화된 위치는 게이와 레즈비언의 가능성을 배제하면서 비체들로 만드는 어떤 움직임을 통해 떠맡게 된다는 것이다.

이러한 분석의 요점은 성별화된 위치가 떠맡게 된 강제를 긍정하자는 것이 아니라, 그러한 강제의 고정성이 어떻게 확립되는지, 어떤 성적 (불)가능성이 성별화된 위치성의 구성적 강제로 기여했는지, 그리고 이러한 강제를 교정하는 일이 그 자신의 용어 내부로부터 발생할 가능성이 얼마인지를 묻자는 것이다. 성별화된 위치를 떠맡는다는 것이 상징계 내에 표시된 어떤 위치와 동일시하는 것이라면, 그리고 동일시하는 일이 그러한 상징계의 현장에 근접할 가능성에 대한 환상을 갖는 일을 포함한다면, 성의 떠맡음을 강요하는 이성애주의적 강제는 환영적 동일시의 규제를 통해 작동한다.[2] 오이디푸스 시나리오의 생명력은 자신이 가하는 위협의 바로 그 위협하는 권력에 의존하며, 그래서 남성적 여성화와 여성적 남근화의 동일시에 대한 저항에 의존한다. 그러나 비체적 동성애라는 유령 같은 형상을 하나의 위협으로 활용하는 그 법이 자신이 의도하지 않은 성애화(eroticization)의 현장이 된다면 무슨 일이 일어나겠는가? 금기가 바로 그것이 생산한 위반의 현장들로 인해 성애화된다면, 오이디푸스나 성별화된 위치성에게는 무슨 일이 일어나는가? 또한 상상적이거나 환상화된 동일시를, 상징계 법에 의해 명령된 인식 가능한 '성'의 사회적·언어적 위치와 확고히 구별하는 일에게는 무슨 일이 일어나겠는가? 동성애의 비체화에 동의하기를 거부하는 것은 성의 정신분석학적 경제를 비판적으로 다시 생각하는 일을 필요로 하는가?

라캉의 성 범주와 성차 개념에 대해 먼저 세 가지 결정적인 점이 제시되어야 한다. 첫째, 해부학적 관계와 언어적 관계를 동시에 지시하기 위해 '성차'를 사용하는 것은 라캉에게는 동어반복적 결속을 함축한다. 둘째, 라캉이 주체가 성과 성차의 결과로만 나타난다고 주장하면서도 주체는 언어 내에서 자신의 성별화된 위치를 성취하고 떠맡아야 한다고 주장할 때 또 다른 동어반복이 나타난

---

2) 내가 '환영적(phantasmatic)'이라는 용어를 쓸 때는 라플랑슈와 퐁탈리스가 그 용어를 '주체의 동일시 장소가 불안정하다'는 식으로 사용한 것——이에 대해서는 아래의 주석 7에 자세히 설명되어 있다——을 떠올리기 위함이다. 나는 규제적 도식과 관련해 주체의 상대적인 위치 지어짐을 전제하는 그러한 능동적인 상상하기에 대해 '환상(fantasy)'[및 판타지(phantasy/phantasm)——옮긴이]과 '환상을 갖다(fantasize)'라는 용어를 유지할 것이다.

다. 셋째, 라캉식의 성과 성차는 그가 규범적 이성애라는 검토되
지 않은 틀로 해부학 및 발달에 대해 서술한다는 것을 함축한다.

라캉이 '성' 범주에 대해 동어반복적인 설명을 제시한다는 주장
과 관련해 우리는 **'당연히** 그게 진실이지'라고 대답할 수도 있을
것이다. 실제로 그러한 동어반복은 '성'이 떠맡아지는 필연적 중
복(redoubling)의 바로 그 장면을 구성한다. 한편으로는 성 범주가
떠맡아진다. 즉 성별화된 위치, 말하자면 개인에 의한 전유가 이
미 존재하는 상징계 내에서 지속하는 성별화된 위치, 그리고 상징
계가 성[별]에 따라 개인의 신체를 종속시키면서 주체화하는 다
양한 순간들로 환원될 수 없는 성별화된 위치가 있다. 다른 한편
으로 성 범주는 이미 그러한 개별적인 몸을 표시한 것으로 상정되
는데, 말하자면 그 몸은 상징계의 법에 맡겨져 자신의 표시를 받
게 된다. 그러므로 '성'은 자신의 표시 이전에 먼저 몸을 표시하는
것이며 어떤 상징적 위치가 몸에 표시를 하기에 앞서 미리 무대에
올려진 것이다. 그러므로 이 후자의 [상징적 위치가 몸에 새기는]
'표시'는 성적인 위치를 하나의 몸에 소급적으로 귀속시키면서 몸
보다 늦게 나오는 것처럼 보인다. 이러한 표시이자 위치는 몸이
전적으로 의미 있게 되는 그러한 상징적 조건을 구성한다. 그러
나 여기에는 적어도 다음 두 가지의 개념적 매듭이 있다. 첫째, 몸
은 성별로 표시된다. 하지만 몸은 그러한 표시보다 먼저 표시된
다. 왜냐하면 첫 번째 표시가 있고 그것이 두 번째 표시를 위해 몸
을 준비하기 때문이다. 둘째, 몸은 언어 내에서 의미화될 수 있는
것으로 출현할 때에만, 즉 이러한 두 번째 의미로 표시됨으로써만
의미 있을 수 있다. 이것이 의미하는 것은 상징계에 앞서는 몸에

의 의존은 상징계 내에서만 일어날 수 있다는 점이며, 이는 표시에 선행하는 어떠한 몸도 없음을 함의하는 것처럼 보인다. 이 마지막 함의가 받아들여진다면, 우리는 하나의 몸이 어떻게 성 범주에 의해 표시되게 되는지에 관해 결코 이야기할 수 없는데, 왜냐하면 표시 이전의 몸은 오로지 표시를 **통해서**만 의미 있는 것으로 구성되기 때문이다. 아니 오히려 성의 표시자를 향하는 자신의 길을 표시하는 그러한 하나의 몸에 관해 우리가 말할 수 있는 이야기는 모두 허구적인 이야기, 어쩌면 필수적이기까지 한 허구의 이야기일 것이다.

라캉에게 있어 성 욕망은 금지의 힘을 통해 개시된다. 실제로 욕망은 정확히 법의 표시를 통해 향락과 구별되어 표시된다. 욕망은 환유적 경로를 따라 여행하며, 이는 법이 도래하기 전에 완전한 쾌락을 회복한다는 불가능한 환상에 의해 촉발되고 좌절되는 전위의 논리를 경유한다. 이처럼 환영적인 풍요로움이 있는 그 현장으로의 복귀는 정신병의 위험 없이는 일어날 수 없다. 그런데 이 정신병은 무엇인가? 그리고 그것은 어떻게 형상화되는가? 정신병은 한 주체의 지위, 즉 언어 내에서의 삶의 지위를 상실하리라는 전망으로 나타날 뿐만 아니라, 견딜 수 없는 검열하에서 즉 일종의 사형 선고하에서 다가오는 무서운 유령으로도 나타난다.

특정한 금기를 어기면 정신병이라는 유령이 생긴다. 하지만 우리는 '정신병'을 그것을 방지하는 바로 그 금지와 관련해 어느 정도까지 이해할 수 있는가? 달리 말해 어떠한 문화적 가능성이 살 수 있는 존재의 경계를 표시하면서 주체를 정신병적 파국(dissolution)으로 위협하는가? 정신병적 파국이라는 환상 자체는 이성애적 계약을 파기하는 그러한 성적 가능성들에 반대하여 어느 정도까지 특정한 금지의 효과가 있는가? 어떠한 조건하에서, 어떤 규제적 도식의 지배하에서 동성애 자체는 생생한 죽음의 전망으로 나타나는가?[3] 오이디푸스화된 동일시로부터의 일탈은 성적인

------

3) 바로 이러한 이미 유포되어 사용되는 비유, 즉 동성애를 사회적·정신적 죽음으로 비유하는 것은 동성애 혐오 담론이 에이즈를 체액 교류의 결과가 아니라 (규정상 안전하지 않은, 그 자체로 위험한 것으로 제시되는) 동성애의 결과로 이해하는 데에 이용하고 강화시킨다는 것은 분명하다. 여기서 제임스 밀러의 『미셸 푸코의 열정』(James Miller, *The Passion of Michel Foucault*, New York: Simon and Schuster, 1992. [한글본] 제임스 밀러, 『미셸 푸꼬의 수난』, 김부용 옮김, 인간사랑, 1995)은 동성애 비유를 그 자체 '죽음 소망'으로 활용하는데, 이는 안전한 섹스를 하는 동성애 관행과 그렇지 않은 동성애 관행을 적절하게 구별하지 못하는 것처럼 보인다. 밀러가 비록 동성애와 죽음 간의 엄격한 인과관계를 도출하기를 거부하긴 했지만, 그가 자신의 분석에 초점을 맞추고, '신중한' 서평——이 서평에는 특정한 이성애적 외설스러움이 냉정한 비판이라는 표제하에서 자유롭게 표현되어 있다——의 등장을 야기했던 것은 바로 이 둘[동성애와 죽음] 간의 은유적 연쇄이다. 이러한 경향에 대한 몇 가지 반례 중 하나로 웬디 브라운이 『차이들(*differences: A Journal of Feminist Criticism*)』 1993년 가을호에 기고한 밀러의 책에 대한 서평을 참고하라.

의미심장하게도 밀러는 다음 세 가지 분리된 개념을 융합시킨다. (1) 죽고 싶은 욕망으로 이해되는 '죽음 소망'이라는 대중적인 개념, (2) 유기체가 평형 상태(그 어디에도 없는 확장된 논증이 없이는 자기-소멸의 도취적인 초과와 조화되기 어려운)를 향하려 한다고 보는 **보수적**이고 퇴행적이며, 반복적인 경향으로 이해된 정신분석학의 '죽음 충동' 개념, (3) 조르주 바타이유가 도입한 '주체의 죽음' 개념과 푸코의 '저자의 죽음' 개념. 밀러는 이 마지막 개념이 생물학적 유기체의 죽음과 동일하지 않다는 점, 또한 푸코의 경우처럼 바타이유에게도 생기론적이고 생명을-긍정할 가능성으로 작동한다는 점을 이해하지 못하는 것처럼 보인다. 자기-지배를 자처하는 '주체'가 도구적 통제에 대한 주장을 통해 삶에 **저항**하고 삶을 길들인다면, 주체는 **그 자체** 죽음의 기호이다. 탈중심화되거나 정복된 주체는 주체의 밀폐되고 폐쇄된 회로를 넘어서 고조된 성애화의 가능성 및 삶을 긍정할 가능성을 개시한다. 푸코에게 있어서 저자의 죽음이 어떤 점에서는 글 쓰는 사람에 앞서 그를 동원하며,

이항 대립의 구조적 정체(停滯) 및 그것의 정신병과의 관계에 어느 정도로 의문을 제기하는가?

근친상간에 대한 원초적 금지가 앞서 개괄한 모델들과 일치하지 않는 전위와 대체를 생산할 때 무슨 일이 일어나는가? 실제로 한 여성은 다른 여성에게서 자기 아버지의 환상적 잔여를 발견할 수도 있고, 혹은 자기의 욕망을 한 남자 안에 있는 자기 어머니로 대체할 수도 있는데, 이 지점에서 이성애적 욕망과 동성애적 욕망의 특정한 교차가 동시에 작동한다. 원초적 금지가 성 욕망의 굴절을 생산할 뿐만 아니라 '성'과 성차에 대한 정신의 감각을 강화한다는 정신분석학의 상정을 우리가 받아들인다면, 그것은 다음과 같은 결론에 이를 것처럼 보인다. 즉 일관되게 이성애화된 굴절은 동일시가 그와 유사하게 성별화된 신체에 기초해서 영향받을 것을 요구하며, 또한 대립하는 성의 구성원들에 대한 성적 분리를 가로질러서 욕망이 굴절될 것을 요구한다. 그러나 한 남자가 자신의 어머니와 동일시하고 그러한 동일시로부터 욕망을 생산할 수 있다면(의심할 바 없이 이는 복잡한 과정이기 때문에 나는 이 과정을 여기서 정확히 기술해 낼 수는 없다), 그는 이미 안정된 젠더 발달에 대한 정신적 설명에 혼란을 겪은 것이다. 그리고 만일 그 동일한 남자가 다른 남자나 여자를 욕망한다면, 그의 욕망은

___

글 쓰는 사람을 그 사람에 대해 '글 쓰는' 언어와 연결시키는 그러한 글쓰기 개념의 시작인 것처럼, 바타이유에게 있어 '주체의 죽음'은 어떤 점에서는 삶을-고양시키는 성애화의 시작이다. 푸코가 사도마조히즘적 안무와 에로틱한 관계성을 통한 삶의 긍정을 명시적으로 연결한 것으로, "Interview with Foucault", *Salmagundi*, Winter 1982-83, p. 12을 보라.

동성애적인가? 이성애적인가? 아니 심지어 레즈비언적인가? 그리고 어떤 주어진 개인을 단일한 동일시로 제한한다는 것은 무엇인가? 동일시는 다양하면서도 논쟁의 여지가 있으며, 그래서 우리는 아주 강력하게 그러한 개인들, 즉 다양하면서도 동시적인 대체의 가능성을 조밀하거나 포화된 방식으로 반영하는 개인들을 욕망할 수도 있다. 여기서 대체는 금지를 통해 상실된(그리고 생산된) 사랑의 주요 대상을 회복하려는 환상에 연루된다. 그러한 무수한 환상들이 욕망의 현장을 구성하면서도 포화시킬 수 있게 되는 한에서, 그에 뒤따라 나오는 결론은 우리는 주어진 성과 동일시하는 위치에 있거나 **혹은** 그러한 성을 욕망하는 누군가와 동일시하는 위지에 있는 것 중 **어느 것도** 아니라는 것이다. 실제로 더욱 일반적으로 말해 우리는 동일시를 발견하는 위치에 있는 것도, 상호 배타적인 현상이 되기를 욕망하는 위치에 있는 것도 아니다.

　물론 나는 '나' 혹은 '우리'라는 문법을 마치 이 주어들이 다양한 동일시에 선행하고 그러한 다양한 동일시를 활성화하는 것처럼 사용하지만 이것은 문법적 허구——하지만 비록 이 허구가 내가 만들고 싶은 것과는 반대되는 해석을 강요할 위험을 무릅쓰고서라도 내가 기꺼이 사용하고자 하는 것——이다. 왜냐하면 성을 떠맡기 전에는 '나'란 없기 때문이고, 또한 불가능한 것은 아니지만 그렇다고 필연적인 동일시는 아닌 그런 떠맡음이란 없기 때문이다. 그럼에도 불구하고 내가 그것['나'라는 주어]을 아무런 의심 없이 사용하는 만큼이나 나는 이러한 시간성을 부정하는 문법을 사용한다. 나는 때때로 극도로 고통스러운 라캉의 글(나의 글도 어렵기는 매한가지다)을 너무 가깝게 복제하려는 욕망을 나 자신에게서는 찾을 수 없기 때문이다.

동일시한다는 것이 욕망과 대립하는 것은 아니다. 동일시는 욕망의 환영적 궤적이자 환영적 해소이며, 장소의 떠맡음, 대상의 영토화이다. 즉 욕망의 일시적 해소를 통해 동일성/정체성을 가능하게 하지만, 욕망으로 남아 있는——비록 거절된 형태 속에서만 그렇게 남아 있을지라도——어떤 대상의 영토화이다.

다양한 동일시에 대한 나의 참조는, 모든 사람이 그러한 동일시적 유동성이 있거나 그 유동성을 가짐으로써 강요받는다고 제시하는 것을 의미하지 않는다. 섹슈얼리티는 금지된 대상을 되찾으려는 환상뿐만 아니라 그러한 되찾음이 가져올 수도 있는 처벌의 위협으로부터 보호받고 싶은 욕망에 의해 동기가 부여된다. 라캉의 저작에서 이러한 위협은 흔히 **아버지의 이름**으로, 즉 적절하고 상호 배타적인 동일시와 욕망의 노선을 포함하는 적절한 친족 관계를 결정하는 아버지의 법으로 지칭된다. 그러한 금지에 의해 행사된 처벌의 위협이 너무 클 때, 우리는 우리로 하여금 우리가 처벌받을 수 있는 욕망을 보지 못하게 막을 누군가를 욕망할 수 있고, 또한 그 사람에게 우리 자신을 밀착시킴으로써 우리가 우리 자신을 사전에 효과적으로 처벌할 수도 있으며, 실제로 우리는 그러한 자기-처벌 안에서, 자기-처벌을 통해, 그리고 그러한 자기-처벌을 위해서 욕망을 생성한다.

또는 특정한 동일시 및 친연성이 만들어질 수도 있고, 특정한 동감의 연결이 증폭될 수도 있는데, 이는 정확히 상처나 공격성으로 너무 가득 차 있는 듯 보이는 어떤 위치, 그 결과 살 수 있는 정체성의 완전한 상실을 상상함으로써만 차지할 수 있는 어떤 위치에 대한 **비**동일시를 제도화하기 위해서이다. 따라서 동감하는 몸짓의 독특한 논리가 있는데, 이 논리는 누군가가 자기에게 행해진 상처로부터 관심을 돌리기 위해 다른 사람에게 가해진 상처에 반대하는 것이며, 그래서 이러한 몸짓은 누군가 **타자를 통해 그리고 타자로서** 자기 자신에 대해 느끼는 전위의 수단이 된다. 누군가 자기 이름으로 상처를 청원하는 것이 금지된다면(바로 그 비체화에 더욱 스며든 두려움으로 인해 혹은/그리고 부적절하게 분노를 늘어놓을 것 같아서), 우리는 다른 사람의 이름으로 청원하며, 아마도 형세를 역전시키고 자기 자신을 위한 주장을 할 사람들을 비난하는 데까지 나아갈 수도 있다. 이러한 '이타주의'가 나르시시즘이나 사기애의 선위를 구성한다면, 동일시의 외부석 현장은 필연적으로 나르시시즘의 강탈 및 상실에 수반되는 원한으로 가득 차게 된다. 이것은 이타주의라는 정치적 형태의 중심에 있는 양가성을 설명한다.

　그렇다면 동일시는 특정한 욕망들을 방지할 수 있거나 혹은 욕망을 위한 수단으로 작용할 수 있다. 즉 특정한 욕망들을 촉진하기 위해서는 다른 욕망들을 방지하는 것이 필요할 수 있다. 동일시는 욕망의 금지와 욕망의 생산이라는 이러한 양가성이 발생하는 현장이다. 하나의 성을 떠맡는 것이 어떤 의미에서 하나의 '동일시'라면, 동일시는 금지와 굴절이 지속적으로 협상되는 현장인 것처럼 보인다. 하나의 성과 동일시하는 것은 상상적 위협——이것은 상상적이면서도 강압적인데, 강압적인 이유는 그것이 상상적이기 때문이다——과 어떤 관계에 서게 된다는 것이다.

　「남근의 의미화」에서 라캉은 거세를 한쪽으로 치워두고 남성/

인간(Mensch)이 자기 성의 떠맡음에 내재하는 이율배반에 직면한 다고 말한다. 그런 다음 그는 이렇게 질문한다. "왜 그는 어떤 위협을 통해서만, 심지어는 결핍의 가면에서만 그 [성의] 속성을 취해야 하는가?"[4] 상징계는 그러한 몸의 위협을 통해, 상상적 위협 및 거세의 전개 및 생산을 통해, 즉 신체 일부의 결핍을 통해 몸을 성으로 표시한다. 이것은 앞으로 팔다리——상징계의 기입에 복종하기를 거부한——를 상실할 남성의 몸임에 틀림없는데, 상징계의 기입이 없다면 그 몸은 부정될 것이기 때문이다. 그러면 이러한 위협은 누구에게 전달되는가? 법 앞에서 떨고 있는 몸이 있어야 하고, 법에 의해 공포를 강요받을 수 있는 몸이 있어야 한다. 상징계의 기입을 준비하는 떨고 있는 몸을 생산하는 법이 있어야 하고, **우선적으로** 몸에 공포를 표시하고 그런 다음 공포를 다시 성에 대한 상징계의 낙인으로 표시하는 법이 있어야 한다. 법을 떠맡는다는 것, 법에 가입한다는 것은 상징계에 의해 표시되는 성적 위치에 대한 상상적 지지를 생산하는 것이지만, 또한 늘 그러한 위치에 근접하는 데 실패하는 것이며, 그러한 상상적 동일시와 처벌의 위협, 순응의 실패, 비체화의 유령으로서의 상징계 사이에서 거리를 느끼는 것이다.

물론 여자들은 늘 이미 처벌받고 거세된다고 얘기되며, 그녀들이 남근 규범과 맺는 관계는 남근 선망일 것이라고 얘기된다. 그

---

4) Jacques Lacan, "The Meaning of the Phallus", p. 75. 로즈(Rose)가 번역한 문장의 원문은 다음과 같다. "인간(Mensch)이 자기의 성을 떠맡는 데에는 내적 이율배반이 있다. 왜 인간은 위협을 통해서만, 심지어는 박탈을 가장하여 그 속성을 떠맡아야 하는가?", *Ecrits*, II, pp. 103-104. [한글본] 자크 라캉, 『에크리』, 801쪽.

리고 이런 일이 먼저 일어났음이 틀림없다. 왜냐하면 남자들은 이 거세의 형상을 살펴보거나 쳐다보고 거기에서 어떤 동일시에 공포를 느낀다고 얘기되기 때문이다. 그녀처럼 되기, 그녀 되기, 이 것은 거세의 두려움이고, 따라서 또한 음경 선망에 빠지는 것에 대한 공포이기도 하다. 어떤 성을 남성적이라고 표시하는 상징적 위치는 그것을 통해 남성의 성이 남근을 '가진다'고 얘기되는 위 치이다. 처벌의 위협을 통해, 즉 여성화의 위협을 통해, 상상적이 며 따라서 부적절한 동일시를 통해 강요된 위치이다. 그러므로 이 러한 '남근을 갖기'라는 위치와 동일시하려는 남성의 상상적 노력 에는 피할 수 없는 특정한 실패가 **전제되어** 있다. 즉 음경 선망을 갖는 것에 대한 실패 및 동경이 전제되어 있는데, 이는 거세에 대 한 공포의 **반대**가 아니라 오히려 **바로 그 전제**이다. 남근이 이미 분리 가능하지 않고, 이미 다른 곳에 있지 않으며, 이미 박탈되어 있지 않다면 거세가 두려워질 수는 없다. 거세 불안의 강박적 집 착을 구성하는 것은 단지 상실이 될 것이라는 유령이 아니다. **그것 은 늘 이미 상실되었다는 인정(recognition)의 유령이고, 한때 소 유되었을 수도 있다는 환상의 소멸, 즉 향수 어린 지시체의 상실이 다.** 남근이 그것과 동일시하려는 모든 노력을 초과한다면, 남근에 접근하지 못하는 이러한 실패는 남근에 대한 상상계의 필연적 관 계를 구성한다. 이런 의미에서 남근은 늘 이미 상실되었으며, 거 세의 공포는 환영적 동일시가 상징계와 충돌하여 분해될 것이라 는 공포, 그러한 상징계 권력에 대한 최종적인 복종은 있을 수 없 다는 인정에 대한 공포이다. 그리고 이것은 이미 작동하는 방식으 로 우리가 이미 만들었던 인정임에 틀림없다.

상징계는 결핍과 거세의 표시를 통해 하나의 몸을 여성적인 것
으로 표시한다. 하지만 상징계는 처벌의 위협을 통해 그러한 거
세에의 접근을 강제할 수 있는가? 만일 거세가 남성 주체를 위
협하는 바로 그 처벌의 형상이라면, 여성 위치의 떠맡음은 단지
처벌의 위협에 의해서만 강제되지는 않는다. (그녀의 운명은 겉보
기에는 이접 접속사 '또는'에 뒤이은 양자택일에 있는 듯하다. 하지만 프
랑스어에서 '브와흐(voire)'는 대립 접속사이기보다는 오히려 '심지
어(even)'나 '정말로(indeed)'로 더 잘 번역되는 강조 접속사이다.)
여성의 위치는 그러한 처벌의 형상적 실행으로, 그러한 위협의
바로 그 형상화로 구성되며, 따라서 남성적인 주체와 관련해
서만 결여로 생산된다. 여성 위치를 떠맡는다는 것은 거세의 형
상을 채택한다는 것, 또는 적어도 거세와의 관계를 협상한다는
것인데, 이는 남성적 위치에 대한 위협이자 남성적인 것이 남
근을 '가진다'는 보장을 동시에 상징하는 것이다. 보장이 거세
의 위협으로 인해 포기될 수 있다는 바로 그 이유 때문에 여성 위
치는 안심시키는 방식으로 채택되어야 한다. 따라서 이러한 '동일
시'는 **반복해서** 생산되며, 동일시가 **되풀이되어야** 한다는 요구 속
에서는 그것이 반복하는 데 **실패**할 가능성 및 위협이 지속된다.

그렇다면 여성 거세의 떠맡음은 어떻게 강제되는가? 처벌에 가
입하길 거부하는 사람에게 무엇이 처벌로 기여하는가? 우리는 이
러한 거부나 저항이 처벌 가능한 남근중심주의로 형상화될 것이
라고 기대할 수 있다. 여성적인 것의 상징적 위치에 근접하는 데
실패—상징계와 동일시하려는 모든 상상적 노력을 특징 지을 실
패—하는 것은 거세에 복종하는 데 실패하는 것, (거세된) 어머니

와의 필연적 동일시를 이루는 데 실패하는 것, 그리고 그러한 동일시를 통해 욕망하는 (상상적) 아버지의 전위된 버전을 생산하는 데 실패하는 것으로 해석될 것이다. 거세에 복종하는 데 실패하는 것은 그 반대인 홀로페르네스의 머리를 손에 든 거세자의 유령적 형상만을 생산할 수 있는 것처럼 보인다. 남근적 어머니에 의해 전형화되는 이러한 과도한 남근중심주의의 형상은 탐욕스럽고 파괴적인데, 이는 여성 위치에 애착을 느꼈을 때 남근이 지니는 부정적 운명이다. 여성 혐오 안에서는 특별히 중요한 이러한 구축은 '남근을 갖기'가 남성적 작용일 때보다는 여성적 작용일 때 훨씬 더 파괴적이라는 것을 암시한다. 이러한 주장은 남근이 지닌 파괴성의 전위를 징후화하며, 여성에게는 그것의 가장 죽음을 부르는 양상들을 제외하고는 남근을 떠맡는 다른 방법이 없다는 것을 의미한다.

남성 속성과 여성 속성을 떠맡기를 강제하는 '위협'은 전자의 경우는 여성적 거세와 비체화로의 하강이고, 후자의 경우는 남근중심주의로의 괴물스러운 상승이다. 이 두 지옥의 형상——즉 법에 의해 위협받은 처벌의 상태를 구성하는 형상——은 둘 다 부분적으로는 동성애적 비체화의 형상이나 젠더화된 사후 세계의 형상이 아닐까? 여성화된 '패그'와 남근화된 '다이크'? 그리고 이러한 윤곽이 없는 형상은 상징적 요구의 구조화하는 부재인가? 만일 한 남자가 '남근을 갖기'를 너무 근본적으로 거부하면 그는 동성애로 처벌받을 것이고, 만일 한 여자가 거세로서의 자신의 위치를 너무 근본적으로 거부하면 그녀는 동성애로 처벌받을 것이다. 여기서 언어에 내재되어 있다고 얘기된 성별화된 위치는 위계화되고 차별화된 반사적 관계를 통해 안정화된다. (그는 '자신의 가짐을 반영한' 그녀를 '가지며', 그러한 보증자를 제공하거나 철회할 권력을 갖는다. 그러므로 그녀는 거세된 남근, 즉 잠재적으로 위협하는 거세'이다.') 그러나 이러한 반사적 관계 자체는 모든 잘못된 동일시가 추구되는 관계 영역의 배제 및 비체화를 통해 확립된다. 다른 남자들을 위해 남근이 '있고' 싶은 남자들, 다른 여자들을 위해 남근을 '갖고' 싶은 여자들, 다른 여자들을 위해 남근이 '있고' 싶은 여자들, 다른 남자들을 위해 남근을 가지면서 남근이 되고 싶은 남자들——이들은 있음과 가짐의 양상들 사이에서뿐만 아니라 휘발성 있는 성교 회로 내 파트너들 사이를 옮겨다니는 어떤 장면 안에 있다——, 남근을 '가진' 여자를 위한 남근이 '있고' 싶은 남자들, 남근이 '있는' 남자를 위해 '남근을 가지고' 싶은 여자들 등등.

그리고 여기서는 남근이 경로를 벗어나 순환하기만 하는 것이 아니라는 점에 주목하는 것이 중요하다. 남근은 또한 부재하거나 아무런 차이가 없을 수도 혹은 다른 방식으로 성교의 구조화 원리를 약화시킬 수도 있다. 더욱이 나는 비체화의 두 형상 즉 이성애화된 남성성과 여성성의 전도된 버전만이 존재한다고 제안할 의도는 없다. 그와는 달리 이러한 비체화의 두 형상——라캉의 상징계 내에서는 불분명한 형상이긴 하지만 또한 조직화하는 형상——은 엄밀히 말해 이항 대립의 틀 자체를 초과하고 그와 경합할 수 있는 동일시와 욕망의 일종의 복잡한 교차를 폐제한다. 실제로 규범화된 이성애와 비체화된 동성애라는 이항 대립적 형상화로부터 폐제된 것은 바로 이러한 동일시 경합의 범위이다. 한편으로는 여성화된 남성 동성애가 있고 다른 한편으로는 남성화된 여성 동성애가 있는 이항 대립은 그 자체로 상징계 교환의 규정적 한계를 구성하는 제한적 유령으로 생산된다. 중요한 것은 이러한 유령들은 자신의 지속적인 헤게모니를 보호하기 위해 외부를 위협하는 것으로서의 그러한 상징계**에 의해** 생산된다는 점이다.

거세의 표시를 떠맡는다는 것, 무엇보다도 결여——여성적인 것의 영역을 무심코 지칭하는 결여——인 표시를 떠맡는다는 것은 그것들을 제한하라고 주장하는 상징적 도식에 의해서는 예측될 수 없는 일련의 위기들을 촉발할 수 있다. 만약 거세의 상징적 위치와의 동일시가 실패할 수밖에 없다면, 그리고 그것이 그러한 위치의 환영적 근사치를 반복적이면서도 헛되게 형상화할 수 있을 뿐이고 결코 그러한 요구에 그 자체 완전히 구속되지 않는다면, 법이 강요하는 것과 여성의 몸이 자신의 법에 대한 충성의 징표로 바친 동일시 사이에는 어떤 결정적인 거리가 항상 있다. 여성적인 것이라고 표시된 몸은 근본적인 불안함으로 혹은 환영적이면서도 미약한 쾌락으로 혹은 불안과 욕망이 뒤섞인 채로 결정적인 거리를 두고 자신의 표시를 차지하거나 그 표시에 거주한다. 만일 그녀가 거세된 것으로 표시된다면, 그녀는 그럼에도 불구하고 그 표시를 **떠맡아야만** 하는데, 여기서 '떠맡음'은 동일시에의 소망과 그것의 불가능성을 모두 포함한다.[5] 왜냐하면 만일 그녀가

---

5) '떠맡음(assumption)'(assomption) 개념에서 '떠맡다(assume)'라는 말의 신학적 뿌리에 주목하라. 여기서 동정녀는 천국으로 '떠맡겨진다[승천한다]'고 얘기된다. 이러한 신의 왕국으로의 흡수는 라캉에게 있어서 성을 획득하는 방식의 형상이 된다. '떠맡음'의 행위성은 분명 법으로부터 나온다. 그럼에도 불구하고 의미심장하게도 이러한 성의 떠맡음은 순결한 승천의 형상인 동정녀의 위쪽으로의 여행을 통해 형

자신의 거세를 떠맡고, 성취하고, 그에 호응해야 한다면, 처음에는 여기서 사회화의 어떤 **실패**, 즉 그 표시와 관련하여 그 표시를 벗어나고 넘어서 그러한 몸에게 어떤 과도한 발생이 일어나기 때문이다.[6] 표시에 의해 코드화되고 실행된 위협이나 처벌을 받는 것/사람——그에게서는 어떤 처벌의 공포가 지속적으로 강제되는데, 그는 아직 엄격한 규정의 준수를 하지 않거나 전혀 해본 적이 없는 사람이다——에게는 어떤 몸이 있다. 실제로 상징계의 법에 따라 자신의 거세를 수행하는 데 실패했던 몸이 있다. 말하자면 남근을 갖고자 하는 욕망이 포기된 적이 없으며 계속해서 [그 욕망을] 지속시키는 어떤 저항의 중심지, 어떤 방식이 있는 것이다.

만일 이러한 분석이 음경 선망이라는 비난을 불러일으킨다면, 그것은 또한 모든 선망하는 행위에서 동일시의 불안정한 상태를 다시 사고할 것을 강제한다. 선망의 바로 그 구조에는 상상적 동일시의 가능성, 즉 인식되면서도 차단되는 남근 '갖기'로의 교차의 가능성이 존재한다. 그리고 거세의 위치와의 여성적 동일시를

상화되며, 따라서 '성'으로 상승하는 순간 여성 섹슈얼리티의 금지를 가설한다. 따라서 성을 '떠안는다는 것(take on)'은 섹슈얼리티를 규제하는 동시에 더 구체적으로는 여성의 섹슈얼리티를 이상화된 섹슈얼리티와 더럽혀진 섹슈얼리티로 분리하는 것이다.

6) 동일시 '실패' 개념에 대한 중요한 용례로 다음을 참고하라. Jacqueline Rose, *Sexuality and the Field of Vision*, London: Verso, 1986, pp. 90-91; Mary Ann Doane, "Commentary: Post-Utopian Difference" in Elizabeth Weed, ed., *Coming to Terms: Feminism, Theory, Politics*, New York: Routledge, 1989, p. 76; Teresa de Lauretis, "Freud, Sexuality, Perversion", in Domna Stanton, ed., *Discourses of Sexuality*, Ann Arbor: University of Michigan Press, 1993, p. 217.

강요해야 하는 법칙이 있다면, 이 법칙은 동일시가 다르게 기능할 수 있다는 점, 남근을 '갖기'와 동일시하려는 여성의 노력이 그러한 요구에 저항할 수 있다는 점, 이러한 가능성이 포기되어야 한다는 점을 '알고' 있는 것으로 보인다. 비록 여성 위치가 이미 거세된 것으로 형상화되고 따라서 음경 선망에 종속된다 할지라도, 음경 선망은 상징계에 대한 남성적 관계를 표시할 뿐만 아니라 남근 갖기와의 모든 관계를 표시하는 것처럼 보이며, 어느 누구도 가질 수 없는 것에 근접하면서 그것을 소유하려는 헛된 노력을 표시하지만, 때때로 일시적인 상상계의 영역에서는 누구나 가질 수 있는 것처럼 보인다.

그러나 동일시는 어디에서 혹은 어떻게 발생하는가? 우리는 동일시가 일어났다는 것을 언제 확신을 가지고 말할 수 있는가? 중요한 것은 동일시는 결코 일어났다고 얘기될 수 없다는 점이다. 동일시는 사건들의 세계에 속하지 않기 때문이다. 동일시는 욕망된 사건이나 성취로 끊임없이 형상화되지만, 결국 성취되지 않는 것이기 때문이다. 동일시는 사건의 환영적 무대인 것이다.[7] 이러한

---

7) 이에 대해서는 Laplanche and Pontalis, "Fantasy and the Origins of Sexuality", in Victor Burgin, James Donald, Cora Kaplan, eds., *Formations of Fantasy*, London: Methuen, 1986을 보라. 이런 의미에서 환상은 이미 형성된 주체의 활동이 아니라 주체를 다양한 동일시 위치들의 무대에 세우면서 흩어지게 하는 활동으로 이해되어야 한다. 환상의 장면은 일차적인 만족으로의 회귀가 불가능하다는 점으로부터 파생된다. 그러므로 환상은 그러한 욕망 및 그 불가능성을 예행 연습하고, 기원으로의 회귀 가능성을 금지하는 것에 의해 구조화된 채 남아 있다. 이 글은 자신을 환상의 '기원'에 대한 설명으로 제시하지만 동일한 금지[기원으로의 회귀의 금지]하에서 어려움을 겪는다. 따라서 환상의 기원을 **이론적으로** 서술하려는 노력은 늘 기원

의 **환상**이기도 하다. 라플랑슈와 퐁탈리스가 서술하는 '근원적 환상' 개념은 욕망의 **어떤 대상**이 아니라 욕망을 위한 무대나 배경이다.

> 환상 속에 있는 주체는 대상이나 대상의 기호를 추구하지 않는다. 그[주체]는 이미지들의 연쇄에 스스로 사로잡혀 있는 것처럼 보인다. 그는 욕망된 대상에 대한 어떠한 재현도 형성하지 않으며 다만 그 무대에 참여하는 것으로 스스로 재현된다. 비록 가장 초기에 형성된 환상 속에 있는 그는 그 환상 안에 어떠한 고정된 장소도 할당할 수 없을지라도 말이다.(그래서 그렇게 [환상 안에 고정된 장소를 할당]한다고 주장하는 해석들의 치료법은 위험하다.) 결과적으로 주체는, 비록 늘 환상 안에 현존할지라도, 탈주체화된 형태 속에, 말하자면 문제되는 바로 그 연쇄의 통사론(syntax) 속에 그렇게 있을 것이다. 다른 한편, 욕망이 순전히 충동의 폭발이 아니라 환상 속으로 접합되는 한에서, 환상은 가장 원초적인 방어적 반응, 즉 자기 자신에 맞서 돌아서거나 대립·투사·부정으로의 회귀와 같은 방어적 반응을 위해 선호되는 장소(spot)이다. 이러한 방어들은 심지어 환상의 일차적 기능——즉 욕망 자체가 금지에서 비롯되는 한에서 욕망의 무대가 되는 것——과 불가분하게 연결되며, 그래서 그러한 갈등은 근원적 갈등일 수 있다.(pp. 26–27)

앞서 라플랑슈와 퐁탈리스는 환상은 근원적 대상이 상실되는 조건에서 출현하며, 이러한 환상의 출현은 자가-성애(auto-eroticism)의 출현과 일치한다고 주장한다. 그렇다면 환상은 근원적 대상과의 분리를 **은폐하는 것**과 **포함하는 것** 둘 다의 노력에서 유래한다. 결과적으로 환상은 그러한 상실의 위장(僞裝)이고, 그러한 상실된 대상의 상상적 회복과 접합이다. 의미심장하게도 환상은 어떤 **장면**으로 출현하는데, 이 장면에서는 회복이 '주체'를 욕망 및 욕망 대상의 위치에 가설하고 분배한다. 이런 식으로 환상은 상상적 장면을 무대에 세움으로써 욕망하는 주체와 그 대상 간의 구별을 무시하려 하는데, 그러한 장면에서 주체는 그 두 위치들을 전유하고 그 위치들에 거주한다. 이러한 '전유하기'와 '거주하기'의 활동, 즉 우리가 '환상 안에서의 주체의 위장'이라고 불렀을 법한 것은 주체 자신의 재배열을 야기한다. 자신의 욕망의 대상과 대립하는 주체, 즉 자신의 타자성 안에서 그러한 대상과 마주치는 주체라는 관념은 그 자체 이러한 환영적 장면의 효과이다. 주체는 상실을 통해서만 개체화된다. 이러한 상실은 결코 완전하게 마주치지 않는데, 그 이유는 환상이 상실된 대상의 위치를 차지하면서 출현하고, 또 그 상실에 거주하면서 통합하는 주체의 상의미에서, 동일시들은 상상계에 속한다. 동일시들은 가지런함, 충성의 환영적 노력이며, 모호하고 교차-육체적인 함께 거주하기이다. 동일시들은 '나'를 불안하게 하며, 모든 '나'의 구성 안에서의 '우리'의 퇴적이며, '나'의 바로 그 정형화 안에서 구조화하는 '타자성'의 현존이다. 동일시들은 결코 충분하게 그리고 최종적으로 이뤄지지 않는다. 동일시들은 끊임없이 재구성되며, 따라서 반복 가능성이라는 휘발성의 논리에 종속된다. 동일시들은 끊임없이 정렬·강화·삭제·경합되며, 때로는 양보하도록 강요받는다. 여기서 **저항**이 오로지 **실패**의 가능성으로만 연결된다는 것은 이 법 개념이 정치적으로 부적합하다고 보여질 것이다. 왜냐하면 그러한 정형화가 시사하는 것은, 실패를 생산하는 법과 명령이 스스로는 개정될 수 없거나 혹은 법과 명령이 그것들이 생성하는 저항으로 인해 떠올려질 수 없음을 말해 주기 때문이다. 권력의 현장으로서의 이러한 법의 지위는 무엇인가?

환영적인 노력을 반복 가능성의 논리에 종속된 것으로 이해하게 되면, 동일시는 늘 법과의 관계 속에서 발생하거나, 더 구체적으로는 처벌의 위협을 전달함으로써 작동하는 금지와의 관계 속에서 발생한다. 여기서 상징계에 의해 그리고 상징계를 통해 생겨

상적 회로를 확장하면서 출현하기 때문이다. 따라서 주체는 전위의 양식 속에서 분리의 결과로서, **어떤 장면으로서** 자신의 개체화 안에서 출현한다. 바로 그러한 분리가 주제화할 수 없는 트라우마이기 때문에, 그것은 자신의 분리성 안에서 그러한 주체를 분산시키면서 동시에 그것의 자가-성애의 영역을 확장하는 환상을 통해서만 하나의 주체를 개설한다. 환상이 주체의 연애를 **그 자체로** 조율하고, 상실된 대상의 타자성——그것을 또 다른 주체의 사례로 가설함으로써——을 회복하면서 부정하는 한, 환상은 통합이라는 자가-성애적 기획의 한계를 설정한다.

난 요구와 위협으로 이해된 법은 공포의 주입을 통해 섹슈얼리티의 형태와 방향을 강요한다. 만일 동일시가 자아를 생산하려고 한다면, 즉 프로이트가 주장하듯이 상징적 위치를 준수하여 '최초이자 가장 중요한 몸의 자아'를 생산하려고 한다면, 동일시 환영의 **실패**는 법에 대한 저항의 현장을 구성한다. 그러나 법을 되풀이하는 일에 대한 실패나 거부는 그 자체로 법이 만들어 내는 요구의 구조를 변화시키지 않는다. 법은 계속해서 자신의 요구를 만들어 내지만, 법을 준수하지 못한 실패는 상상계 수준에서는 자아 안에 불안정성을 생산한다. 법에 대한 불복종은 상상계의 약속, 특히 상상계와 상징계의 통약 불가능성의 약속이 된다. 그러나 법 즉 상징계는 그것이 놓인 '위치'에 대한 엄격한 준수를 강요할 권한에 의문이 제기될지라도, 온전하게 남아 있다.

저항에 대한 이러한 설명은 라캉의 몇몇 페미니스트 독자들에게 있어서는 엄격하게 대립되고 위계적인 성적 위치와 경합하기 위한 정신분석의 약속을 구성했다. 그러나 이러한 저항의 관점은 상징계의 지위를 불변의 법으로 간주하는 데 실패한 것인가?[8] 그

---

8) 금지, 더 정확하게는 **횡선**(bar)이 기본적인 것이라고 주장하는 라캉에 대한 독해로, Jean-Luc Nancy and Philippe Lacoue-Labarthe, *The Title of the Letter: A Reading of Lacan*, trans. Francois Raffoul and David Pettigrew, Albany: SUNY Press, 1992. [한글본] 장-뤽 낭시, 필립 라쿠-라바르트, 『문자라는 증서: 라캉을 읽는 한 가지 방법』, 김석 옮김, 문학과지성사, 2011을 참고하라. [해당 내용의 세부 내용은 다음과 같다. "기표와 기의라는 구별된 두 질서의 위치가 아마 소쉬르에게도 존재하기는 하지만 그 분리 불가능성 속에서 기호의 구성적인 관계라는 생각을 통해 계속 수정되기도 하는 기표와 기의의 대립을 강화한다. 그리고 또 한편으로는 더 근본적으로 의미화에 저항하는 횡선을 통해 두 영역이 분리된다는 것이 기호에 대한 소쉬르의

리고 그러한 법의 변이는 상징계에 기인한 강제적 이성애뿐만이
또한 라캉의 도식 내에서 상징적 등록기와 상상적 등록기 간의 구
별의 안정성과 분리성에 의문을 제기하는가? 불변의 법에 대한
저항이 강제적 이성애의 정치적 경합으로 **충분한지** 아닌지를 의
문시하는 것이 중요한 것처럼 보이는데, 이러한 정치적 경합에서
저항은 상상계에 안전하게 제한되며, 상징계 자체의 구조에 진입
하는 것이 금지된다.[9] 상징계는 상상계 내에서 저항을 길들임으로
써 어느 정도로 부지불식간에 경합 불가능한 위치로 상승되는가?
만일 상징계가 **아버지의 법**에 의해 구조화된다면, 상징계에 대한
페미니스트의 저항은 여성의 저항을 덜 지속되고 덜 효과적인 상
상계 영역으로 좌천시킴으로써 부지불식간에 아버지의 법을 **보호
한다**. 그러므로 이러한 움직임을 통해 여성의 저항은 자신의 특수

개념을 다소간 뒤집기도 한다. 여기서 최초로 소쉬르가 강조하는 것이 바로 '관계'
(혹은 상호성, 혹은 연합)인데 라캉은 여기에 저항을 도입한다. 최소한 우리가 말
할 수 있는 것은 이 저항이라는 것은 횡선, 즉 기의에 대한 기표의 관계를 넘는 것,
간단히 말해 의미화 자체의 생산이 자명하지 않다는 것이다. 소쉬르에 가해진 수정
은, 그러므로 사람들이 자주 말하는 것처럼 기표의 자율화에 대한 '우선적인 그리고
단순한' 생각에 머물지 않는다. 기표의 자율성은 실제적이지만 이차적이다. 그것은
——그리고 우리가 방금 여기저기 절에서 인용한 텍스트가 정확히 지시하는 것처럼
——저항 자체에 의존한다. 가장 중요한 것(기본적인 것)은 결국 횡선이다. 필립 라
쿠-라바르트, 장-뤽 랑시,『문자라는 증서』, 48-49쪽.(번역 일부 수정)——옮긴이]

9) 바로 이것이 내가 「예속과 저항: 프로이트와 푸코 사이에서」에서 정신분석학 및 푸
코와 관련해 추구한 문제이다. 이에 대해서는 "Subjection and Resistance: Between
Freud and Foucault", in John Rajchman, ed., *The Question of Identity*, New York:
Routledge, 1994. [한글본] 해당 글을 재편집해 수록한 것으로, 주디스 버틀러, 「예
속화, 저항, 재의미화: 프로이트와 푸코 사이에서」,『권력의 정신적 삶』, 강경덕 · 김
세서리아 옮김, 그린비, 2019, 125-155쪽을 보라.

성 안에서 평가되면서도 동시에 안심할 수 있도록 그 힘을 빼앗기게 된다. 상징계와 상상계의 근본적 분리를 받아들임으로써 페미니스트의 저항 용어는 성적으로 구별되고 위계화된 '분리된 영역들'을 재구성한다. 저항이 비록 구성적인 법 권력으로부터 일시적 탈출을 구성하긴 하지만, 저항은 그러한 동학에, 즉 상징계가 자신의 권력을 되풀이하고 그에 따라 자신의 성적 요구가 지닌 구조적 성차별주의와 동성애 혐오를 변경하는 동학에 진입할 수는 없다.[10]

---

10) 카자 실버만은 아버지의 법을 보편화하는 이성애주의적 함의에 혁신적 대안을 제공하여 상징계가 남근에 의해 지배되지 않는 재접합이 가능하다는 점을 제시한다. 그녀는 상징계의 법과 아버지의 법을 구별해야 한다고 주장한다. 실버만은 게일 루빈의 「여성 거래」을 인용하면서 근친상간 금지가 아버지의 이름과 혼동되어서는 안 된다고 주장한다. "레비스트로스, 프로이트, 라캉, [줄리엣] 미첼 중 어느 누구도 (……) 근친상간 금지—남자가 아닌 여자 혹은 여자와 남자 모두가 [교환의 선물로] 유통되는 것을 지시하는— 자체와 유사한 어떠한 구조적 정언명령도 근거로 제시하지 않는다. 그러한 정언명령은 그 누구에게서도 발견될 수 없다. 결과적으로 우리는 역사적 증거는 부족해도 '친족 구조의 법이 반드시 남근적일 필요는 없다'고 주장하기 위해서 근친상간 금지를 아버지의 이름에서 느슨하게 풀어내서 살펴보아야 한다." Kaja Silverman, *Male Subjectivity at Margins*, p. 37. 상징계의 재접합을 설명할 방법—강제적 이성애(및 여자의 교환)를 문화적 인식 가능성의 전제로 요약하지 않는—을 확인하려고 애씀으로써 나는 실버만의 기획에 분명 공감하는 면이 있다. 그리고 레즈비언 영역에서의 남근의 재접합은 그녀가 게이 남성 환상 속에서 기술한 남근의 **탈**구성의 '역전'을 구성할 수도 있다. 그러나 나는 남근에 대해 '아니오'라고 말하는 것, 따라서 그녀가 자크 랑시에르를 따르면서 '지배적 허구'라고 부르는 것 내에서 권력을 상징하는 것(p. 389)에 대해 '아니오'라고 말하는 것 자체가 권력 즉 저항으로서의 권력의 재정형화가 아니라는 것을 확신하지는 못하겠다. 하지만 나는 "남근이 계속해서 권력을 의미한다고 볼 필연적 근거는 없다"는 실버만의 견해에 동의하며, 단지 그러한 기표 연쇄가 남근 기표의 현장을 증식하고 확산시

상징계는 언어 내에서 성별화된 주체를 구성하는 규범적 차원으로 이해된다. 상징계는 일련의 요구, 금기, 승인, 명령, 금지, 불가능한 이상화 및 위협으로 구성된다. 즉 수행적 발화 행위, 말하자면 문화적으로 실행 가능한 성적 주체들의 장을 생산하는 권력을 행사하는 것으로, 다시 말해 주체화하는 효과를 생산하거나 물질화하는 권력을 지닌 수행적 행위로 구성된다. 그러나 권력의 어떤 문화적 배열이 이러한 규범적이고 생산적인 주체-구성의 작용을 조직하는가?

'성'은 늘 헤게모니적 규범의 되풀이로 생산된다. 이러한 생산적 되풀이는 일종의 수행성으로 읽힐 수 있다. 담론적 수행성은 그 자신의 지시체를 작용시키기 위해, 이름을 붙이면서 행하고 만들어 내기 위해 자신이 이름 붙인 것을 생산하는 것처럼 보인다. 하지만 역설적으로, 담론의 이러한 생산적 능력은 무로부터의 창조가 아니라, 파생물, 문화적 반복 가능성이나 재접합의 형태, **재**의미화의 실천이다. 일반적으로 말하면, 수행적인 것은 그것이 선언하는 것을 생산하도록 기능한다. 담론적 실천(수행적 '행위'는 유효한 것이 되기 위해 **반복**되어야만 한다)으로서 수행적인 것들은 **담론적 생산**의 중심지를 구성한다. 규제되고 승인받은 실천과 분리되는 어떠한 '행위'도 그것이 선언하는 것을 생산할 권력을 행사할 수 없다. 실제로 되풀이된, 따라서 승인받은 일련의 관습과 분리된 수행적 행위는 그것이 가능한 것으로 생산할 수 없는 효과를 생산하는 헛된 노력으로서만 나타날 수 있다.

키는 종류의 재접합을 통해 부분적으로 허물어질 수 있다는 점만을 덧붙이고자 한다.

라캉의 상징계에 대한 법적 정언명령을 탈구축[해체]적으로 읽는 것과의 관련성을 생각해 보자. 이름 붙이기를 통해 법에 영향을 미치는 권위자/판사(우리는 그를 '그'라고 부르자)는 그의 인격 속에 그러한 권위를 품고 있는 것이 아니다. 법의 이름으로 유효하게 말하는 자로서의 판사는 법이나 그의 권위의 발원지가 아니다. 오히려 그는 법을 '인용'하고, 법을 참고 및 재소환하고, 그러한 재소환 속에서 법을 재구성한다. 따라서 판사는 의미화 사슬의 한가운데에서 법을 받아들이고 재인용하면서 그리고 그러한 재인용 속에서 법의 권위에 반향(反響)하면서 그 자리에 앉게 된다. 법이 법령이나 승인으로 기능할 때, 법은 그것이 합법적으로 부과하고 보호하는 것을 생기게 하는 정언명령으로 작동한다. 법의 수행적 발화, 즉 법 담론 내에서 법전에 가장 자주 새겨진 '발언'은 일련의 이미 작동하는 관습을 교정함으로써만 작용한다. 그리고 이러한 관습들은 그것들 자신의 재소환이라는 반향-사슬 외에는 합법화하는 다른 어떠한 권위에도 근거를 두지 않는다.

역설적이게도 법을 말하거나 기입한 사람에 의해 **소환된** 것은 그 자신의 말을 구속력 있게 만드는 권위를 행사하고, 신의 말씀의 법적 현현(顯現)을 행사한 사람인 발화자라는 **허구**이다. 그렇지만 만일 판사가 법을 인용하고 있다면, 그는 스스로 자신의 구속력을 지닌 채 법을 투여한 권위자가 아니다. 그와는 달리 그는 그에 선행하는 권위적인 법 관습에 의지하려 한다. 그의 담론은 법의 재구성과 재의미화를 위한 현장이 된다. 하지만 그가 인용한 미리 현존하는 법, 그 법은 어디에서 자신의 권위를 끌어내는가? 근원적 권위, 제1의 원천이 있는 것인가? 혹은 오히려 권위의 근거가 영원한 **지연**으로 구성되는 것은 바로 그 인용이라는 실천 **안에**, 자신의 잠재적으로 무한한 퇴행 안에서인가? 다시 말해서, 권위 자체가 구성되는 것은 회복할 수 없는 과거에 대한 권위의 무한한 지연을 통해서인가? 결코 회복되지 않은 근거를 가리키는 것은 권위의 근거 없는 근거가 된다.[11]

하나의 성을 '떠맡는다는 것'은 발화 행위와 같은 것인가? 아니면 인용 전략이나 재의미화 실천과 같은 것인가?

'나'가 자신의 성별화된 위치에 의해 확보되는 한, 이 '나'와 그것의 '위치'는 **반복해서** 떠맡아짐으로써만 확보될 수 있다. 여기서 '떠맡음'은 단일한 행위나 사건이 아니라 오히려 반복 가능한 실천이다. 라캉이 주장했듯이 성별화된 위치를 '떠맡는다는 것'이 입법적 규범에 의지하고자 하는 것이라면, '떠맡음'은 그러한 규범을 **반복하는** 문제, 그러한 규범을 인용하거나 모방하는 문제이다. 그리고 인용은 규범에 대한 해석이자 동시에 규범 자체를 특권화된 해석으로 드러내는 기회가 될 것이다.

이는 '성별화된 위치들'이 장소성이 아니라 오히려 법적 영역, 즉 구성적 강제의 영역 내에서 제도화된 인용적 실천들임을 시사한다. 성을 체현하는 것은 일종의 법을 '인용하는 것'이겠지만, 성도 법도 자신들의 다양한 체현과 인용에 앞서 존재한다고 얘기될

---

11) 우리는 이러한 연결에서 프란츠 카프카의 우화 "황제의 칙명"을 생각해 볼 수 있다. 이 우화에서 법의 원천은 결국 추적할 수 없고 법의 금지 명령은 점점 더 읽어 낼 수 없게 된다. Franz Kafka, *Parables and Paradoxes*, New York: Schocken, 1958, pp. 13-16. [한글본] 프란츠 카프카, 『변신: 카프카 전집 1』, 이주동 옮김, 솔출판사, 2017, 239-240쪽.

수 없다. 법이 자신의 인용보다 먼저 나타나는 경우는 주어진 인용이 '법'으로 확립되게 되었던 경우이다. 더욱이 그것을 정확하거나 완전하게 '인용'하거나 사례화하는 데 실패한 것은 그러한 인용을 동원하는 조건이자 동시에 그것의 처벌 가능한 결과가 될 것이다. 법이 권위 있는 법으로 남아 있기 위해서 반복되어야 하기 때문에 법은 그 자신의 실패 가능성을 영속적으로 다시 제도화한다.

상징계의 과도한 권력 자체는 법이 체화되는 인용 사례에 의해 **생산된다**. 상징계의 법, 즉 (처벌의 위협을 통해) 성별화된 위치를 지배하는 규범 자체는 그것들과 동일시하려는 어떠한 상상적 노력보다도 더 크고 더 강력한 것이 아니다. 상징계가 권력으로 투여되는 방식을 우리는 어떻게 설명할 수 있는가? 동일시의 상상적 실천 자체는 이중 운동으로 이해되어야 한다. 상징계를 인용하는 가운데 동일시는 상징계의 법을 (재)소환하고 (재)투여하며, 자신의 상징적 사례화에 선행하는, 권위로 구성하는 것으로서 그 법에 의지하려고 한다. 그러나 상징계의 우선성과 권위는 그러한 순환적 회귀를 **통해** 구성되며, 그러므로 여기서는 위에서 말했듯 그러한 인용은 상징계가 지연시키는 바로 그 선행하는 권위를 효과적으로 발생시킨다. 따라서 인용을 그것의 (무한히 연기된) 기원에 종속시키는 것은 책략이자 위장이며, 그에 따라 선행하는 권위는 자신이 인용하는 동시대의 사례**로부터 파생된** 것임을 입증한다. 그렇다면 그러한 위치를 체화하거나 예시하려는 다양한 노력을 법제화하고, 시작하고, 동기를 부여하는 어떠한 선행하는 위치도 없다. 오히려 그러한 위치는 자신의 사례화 과정에서 생산된 허구이다. 그렇다면 이러한 의미에서 사례는 성별화된 위치의 우선성이라는 허구를 생산한다.

그렇다면 위에서 다룬 수행성에 대한 논의가 제시한 문제는 상징계가 정확히 성의 인용적 실천이 지시하는 일종의 법, 즉 실제로 인용 자체의 효과로서 생산된 일종의 '선행' 권위가 아닌지 여부이다. 그리고 더 나아가 이 경우에 인용이 거절을 필요로 하는지 어떤지, 일련의 거절을 통해 발생하는지 어떤지의 여부는 경합 가능성의 배제를 통해 이성애 규범을 소환한다.

성별화된 비체화의 형상들이 떠맡겨진 성별화된 위치를 거절**해야 한다**면, 성애적 카섹시스의 현장으로서의 그러한 형상들의 회귀는 상징계 내에서 경합된 위치성들의 영역을 재형상화할 것이다. 모든 **위치**가 차별을 통해 확보되는 한, 이러한 위치 중 어느 것도 규범적 이성애와 단순히 대립하여 존재하지 않을 것이다. 그와는 반대로 그 위치들은 그러한 상징계의 구성 요소를 재형상화하고 재분배하고 재의미화할 것이며, 이러한 의미에서 그러한 상징계의 전복적 재접합을 구성할 것이다.

그러나 『성의 역사』 1권에서 푸코의 논점은 훨씬 더 강력했다. 법률상의 법, 즉 규제적인 법은 일련의 행위·실천·주체를 한정 짓고 제한하거나 금지하려 하지만, 그러한 금지를 접합하고 정교화하는 과정에서 법의 저항, 재의미화 그리고 잠재적인 자기-전복을 위한 **담론의 기회**를 제공한다. 푸코는 대체로 법률상의 법을 지배하는 의미화 과정을 법이 지닌 추정상의 목적을 초과하는 것으로 이해한다. 따라서 금지적인 법은 담론 안에서 주어진 실천을 강조함으로써 그것이 제한하려는 바로 그 사회적 현상을 무심코

가능하게 하고, 재형상화하고, 확산시킬 수 있는 공적인 경합을 위한 기회를 생산한다. 푸코에 따르면, "나는 일반적으로 차단·거부·금지는 권력의 본질적 형태가 아니라 권력의 한계 즉 좌절되거나 극단적인 형태의 권력일 뿐이라고 말하고 싶다. 권력 관계는 무엇보다도 생산적이다."[12] 평범한 사례가 아닌 섹슈얼리티의 사례에서, 금지적인 법은 법의 감시 대상이 되는 실천 자체를 성애화시킬 위험이 있다. 금지된 실천을 열거하는 것은 그러한 실천을 공적인 담론 영역으로 가져올 뿐만 아니라, 그리하여 그러한 실천들을 잠재적인 성애적 사업으로 생산하고 따라서 비록 부정적인 방식이라 할지라도 그러한 실천들에 성애적으로 투여한다.[13] 더욱이 금지 자체는 성애화의 대상이 될 수 있으며, 그래서 법의 문책을 받게 되는 것은 프로이트가 사랑의 필수 조건이라고 불렀던 것이 된다.[14]

위에서 행한 상징계 분석에서 우리는 다루기 힘든 특정한 동일시가 그러한 경제 내에서 성별화된 위치를 떠맡기를 강요당하는

---

12) Michel Foucault, "End of the Monarchy of Sex", in Sylvere Lotringer, ed., *Foucault Live*, tr. John Johnston, New York: Semiotext(e), 1989, p. 147.

13) 법의 에로틱화가 어떻게 푸코의 의미에서 역-담론을 가능하게 하는지를 설명하는 것으로 나의 글 "The Force of Fantasy: Mapplethorpe, Feminism, and Discursive Excess", *Differences*, 2:2, 1990을 보라.

14) Sigmund Freud, "Observations of Transference-Love"(1915), Standard Edition, vol. 12; "Contributions to the Psychology of Love"(1910), tr. Joan Riviere, *Sexuality and the Psychology of Love*, New York: Collier, 1963, pp. 49-58. [한글본] 지그문트 프로이트, 「사랑을 선택하는 특별한 기준」, 『성욕에 관한 세 편의 에세이』, 김정일 옮김, 열린책들, 181-194쪽.

바로 그 처벌을 위한 형상으로 기능한다고 생각했다. 남근화된 다이크와 여성화된 패그는 이러한 젠더 처벌의 상태를 나타내는 두 가지 형상이지만, 그보다 더 확실한 형상인 남자를 거부하는 레즈비언 여성, 이성애라고 상정된 것에 도전하는 남성적인 게이 남자가 있으며, 전통적인 여성관과 남성관으로 특징 지어지는 다양한 여러 형상들이 그것들의 선명한 복잡성으로 인해 혼란스러워진다. 어쨌든 상징계의 이성애적 상정은 겉보기에는 전도된 동일시가 쾌락**보다는 오히려** 비체화를 효과적·배제적으로 알리는 것이며, 혹은 법에 맞서는 즐거운 반항——혹은 그 자신에 맞서는 법의 에로틱한 전회——의 가능성을 즉시 알리지 않으면서 비체화를 알리는 것이다. 그러한 상정은 법의 처벌 위협이 효과적으로 공포를 심어주는 정도——여기서 공포의 대상은 동성애화된 비체화에 의해 형상화된다——까지 법이 이성애적 분리를 따라 성별화된 주체를 구성할 것이다.

중요한 것은 금지의 에로틱한 재배열과 섹슈얼리티를 위한 새로운 문화적 형태의 생산이 상상계 내에서 일시적인 일이 아니라는 점인데, 이때 상상계는 상징계의 금지적 힘하에서 필연적으로 사라질 것이다. 비체화를 통해 그리고 비체화에 맞서 게이 및 레즈비언 섹슈얼리티의 재의미화 자체는 상상계 자체의 예기치 못한 재정형화이자 확장이다.

이러한 버전의 다르게 합법화된 성의 미래가 일부 사람들에 의해 단지 헛된 상상으로 해석된다는 것은 그것의 동성애 환상을 문화적으로 불가능하거나 일시적인 꿈·환상의 영역으로 제한하고 싶어하는 이성애 정신이 널리 퍼져 있음을 증명한다. 라캉은 동성애를 실현 불가능한 잠깐 지나가는 환상의 삶으로 격하시킴으로써 이성애주의 문화를 보존하는 그러한 보장자를 제공한다. 따라서 동성애의 실현 불가능성을 상징계에 있는 약점의 기호로 긍정하는 것은 상징계의 가장 교활한 효과를 그것이 지닌 전복의 기호로 착각하는 것이다. 반면에 동성애의 상징계로의 진입은 상징계 자체가 그러한 가입의 과정에서 근본적으로 바뀌지 않는 한 거의 변하지 않을 것이다. 실제로 동성애의 합법화는 그 용어의 규범성을 확대하고 변경하기 위해서라도 상징계의 기이한(queer) 재의미화를 위한 규범화의 힘에 저항해야 할 것이다.

거절의 논리를 넘어서는 정치적 제휴

정신분석 이론의 이러한 재정형화에서 성별화된 위치 자체는 동성애에 대한 거절 및 비체화와 정상적[규범적]인 이성애의 떠맡음을 통해 보장된다. 라캉에게 있어 '성별화된 위치'라고 불리는 것, 우리 중 일부는 더 쉽게 '젠더'라고 부르는 것은 그래서 문화적으로 불가능한 것의 영역 안에, 상상계의 영역——이 영역은 때때로 상징계와 경합하지만, 법의 힘을 통해 불법화된다—— 안에 비이성애적 동일시를 맡김으로써 보장되는 것처럼 보인다. 그래서 법 바깥과 법 이전에 있는 것은 처음부터 경합의 가능성을 문화적으로 생각할 수 없고 실행 불가능하게 만듦으로써 무력화하는 이성애주의적 경제에 의해 그리고 이성애주의적 경제를 통해 격하되었다. 내가 앞서 이성애에 '정상적인'이라는 수식어를 붙였던 이유는, 이성애가 동성애에 대한 그러한 전면적인 거절과 거부에 뿌리를 두고 있다는 것이 늘 혹은 반드시 일어나는 일은 아니기 때문이다.

이러한 도식에서 성의 떠맡음을 지배하면서도 또한 불안정하게 만드는 바로 그 거절의 논리는 동성애의 가능성을 일시적인 상상계의 영역으로 격하시키는 이성애적 관계성을 전제한다. 동성애는 완전히 거절되지 못한다. 왜냐하면 동성애는 즐겁게 해주면서도, 또한 늘 '오락거리'로 남을 것이기 때문이며, 상징계의 '실패'——성별화된 주체들을 충분히 또는 최종적으로 구성하지 못하는 실패——의 형상으로 역할하면서도 또한 언제나 지배적인 법의 맥락을 재접합할 아무런 권력도 가지지 못한 채 종속적인 반란의 역할을 하기 때문이다.

그러나 성별화된 위치가 동성애를 희생시켜 떠맡겨진다고, 아니 오히려 동성애의 비체화를 통해 떠맡겨진다고 주장하는 것은 무엇을 의미하는가? 이러한 정형화가 의미하는 것은, 동성애와 비체화의 결합이 있다는 것, 그리고 실제로 이성애적 동일시의 핵심에는 비체적 동성애**와의** 가능한 동일시가 있다는 것이다. 이러한 거절의 경제가 시사하는 것은 이성애와 동성애는 상호 배타적인 현상이며, 그래서 이성애와 동성애를 둘 중 하나는 문화적으로 실행 가능해지게 함으로써, 다른 하나는 일시적이고 상상적인 일이 되게 함으로써 그 둘을 일치하게 만들었다는 점이다. 동성애의 비체화는 그러한 비체화와의 동일시, 부인되어야만 하는 동일시, 누군가가 이미 그것을 했기 때문에 두려워하는 동일시, 그러한 비체화를 제도화하고 또한 유지하는 동일시 등을 통해서만 발생할 수 있다.

이러한 도식에 대한 대응에는 상징계 내에서 '위치들'을 확산시키는 것만 있는 것이 아니다. 오히려 그것을 통해 '위치들' 자체가 변함없이 떠맡겨지는 배제적 움직임을 탐문하는 것, 즉 전에 제시된 성별화된 위치에 대한 일종의 정상적[규범적]인 '인용'을 가능하게 하고 유지하는 거절의 행위를 탐문하는 것이 있다. 그러나 이렇게 규범화하는 이성애를 지배하는 거절의 논리는 다른 수많은 '성별화된 위치들'도 지배할 수 있는 논리이다. 이성애는 배제적인 논리에 대한 독점권을 갖지 않는다. 실제로 성별화된 위치들은 게이·레즈비언 정체성 위치들——이 위치들은 이성애적 **대타자**의 생산 및 거절을 통해 스스로를 구성한다——을 특징짓고 유지할 수 있다. 이 논리는 양성애를 인식하지 못하는 실패로 되풀이될 뿐만 아니라 또한 양성애를 일종의 충성의 실패나 헌신의 결여로 규범화하는 해석으로서, 즉 두 가지 잔인한 삭제 전략으로서 되풀이된다.

하나의 동일시가 다른 동일시를 희생한 값으로 구매되는 그러한 떠맡음에서는 어떠한 경제적 전제가 작동하는가? 만일 이성애적 동일시가 동성애와 동일시하는 것을 거부함으로써 발생하는 것이 **아니라**, 말하자면 결코 드러나서는 안 되는 비체적 동성애와의 동일시를 **통해** 발생한다면, 우리는 정상적인 주체 위치가 비체화된 동일시 영역에 좀 더 일반적으로 의존하고 또 그것을 통해 접합된다고 추론할 수 있는가? 한편으로는 백인성과 이성애 같은 헤게모니적 주체-위치가 있고, 다른 한편으로는 삭제되었거나 그게 아니면 접합할 만한 지위를 달성하기 위해 끊임없는 투쟁에 사로잡혀 있는 주체-위치가 있다는 점을 고려할 때 정상적인 주체-

위치는 어떤 일을 하는가? 분명한 것은 그것에 의해 주체들이 제도화되고 유지되는 그러한 권력의 격차는 상당히 크다는 점이다. 하지만 여기에는 어떤 위험이 있는데, 주체-위치의 접합을 **정치적 과제**로 삼는 몇몇 비체화의 전략들——헤게모니적 주체-위치를 통해/에 의해 행사된——은 종속되거나 삭제된 위치성에 있는 자들이 벌이는 접합의 투쟁을 구조화하고 포함하는 상황에 이를 수 있기 때문이다.

비록 게이-레즈비언 주체들이 유효한 방식으로 이성애를 비체화하려고 사회적 권력, 즉 의미화 권력을 행사하는 것은 아니라 할지라도(이러한 되풀이는 동성애의 비체화를 정규화했던 것과는 비교조차 할 수 없다), 그럼에도 불구하고 때때로 게이-레즈비언 성체성의 형성 내에는 이성애와의 구성적 관계를 부인하려는 노력이 있다. 이러한 부인은 표면적인 대립항인 이성애에 대해/에 맞서 게이-레즈비언 정체성을 **특수화**하려는 정치적 필요성으로 행해진다. 그러나 바로 이 부인은 역설적이게도 그것이 통합하려고 했던 자신의 지지층(constituency)을 약화시키기에 이른다. 그러한 전략은 이성애에 거짓 통일성을 부여할 뿐만 아니라, 또한 이성애적 주체화의 약점을 활용할 정치적 기회 및 이성애주의가 진전시키는 상호 배제의 논리를 반박할 정치적 기회를 상실하게 만든다. 더욱이 그러한 상호 관계에 대한 전면적인 부정은 이성애에 대한 거부——일정 정도는 거부된 이성애**와의** 동일시——를 구성할 수도 있다. 그렇지만 이러한 경제에서 중요한 것은 이를테면 이미 이루어진 이러한 동일시를 인정하는 것에 대한 거부, 특수한 게이 멜랑콜리의 영역을 무심코 지칭하는 거부, 인정받을 수 없는——따라

서 애도받을 수 없는──상실이다. 게이-레즈비언의 정체성-위치
가 일관된 모습을 유지하기 위해서는 이성애가 거부되거나 거절
된 자리에 계속 남아 있어야 한다. 역설적이게도 그 위치의 이성
애적 **잔재**는 특수한 게이 정체성의 매끄러운 일관성에 대한 주장
을 통해 **유지**되어야 한다. 여기서 분명해져야만 하는 것은, 주어진
위치와의 동일시를 근본적으로 거부하는 것이 어떤 수준에서는
동일시가 이미 발생했음을 시사한다는 점이다. 그러한 동일시란
이미 만들어졌지만 부인된 동일시, 즉 그 증상의 나타남이 동일시
──그것에 의해 게이-레즈비언 주체들이 공적 담론에서 의미화
하게 되는 동일시──에 대한 주장이자 과잉-결정인 그러한 부인
된 동일시이다.

　만일 그러한 일관성이 바로 그 주체-위치를 위협하는 비체화된
유령의 생산·배제·거절을 통해 생산된다면, 이는 일관된 정체
성-위치를 접합하는 데 드는 대가(代價)라는 정치적 문제를 제기
하는가? 실제로 정체성의 **비일관성**을 위험에 빠뜨림으로써만 연
결은 가능할 것이며, 이것이 바로 탈중심화된 주체만이 욕망할 수
있다는 리오 버사니의 통찰과 연관되는 정치적 논점이다.[15] 어떤

---

15) Leo Bersani, *The Freudian Body: Psychoanalysis and Art*, New York: Columbia
University Press, 1986, pp. 64-66, 112-113. [한글본] 리오 버사니, 『프로이트의 몸:
정신분석과 예술』, 윤조원 옮김, 필로소픽, 2021, 139-142쪽, 214-216쪽. [해당 내
용은 다음과 같다. "사고가 원래 욕망으로 구성된다면, 심리적 기제의 활성화는 이
미 사고를 위협하는 것이다. 과거에 경험한 쾌락의 조건들을 복제하려는 시도가 정
신의 집중 상태를 혼란시키고 교란하고 과부하를 초래한다는 의미에서 그렇다. 이
런 도식에서 섹슈얼리티는 순전히 육체적인 쾌락에 대한 어떤 가설이 아니라, 오히
려 애초부터 몸의 경험을 설명하지 못하고 몸의 경험에 적합한 개념들을 찾아내지

주어진 주체-위치의 구성적 동일시로 언명될 수 없는 것은 비하된 형태로 외부화될 위험이 있을 뿐만 아니라 또한 반복적으로 거절되고 그래서 부인의 정책에 종속될 위험이 있기 때문이다. 구성적 동일시들은 어느 정도는 늘 부인된 것들이다. 헤겔과는 반대로 주체는 자신의 형성 과정 전체를 반성할 수 없기 때문이다. 그러나 특정한 부인의 형태는 주체의 거절을 몇 번이고 계속해서 받아들이는 외재적이고 외부화된 비체화의 형상으로 다시 나타난다. 여기서 우리가 관심을 두는 것은 반복된 거절인데, 바로 이 거절에 의해 주체는 자신의 경계를 설정하고 자신의 '온전함'에 대한 주장을 구축한다. 이 반복된 거절은 망각된 과거 속에 한참 파묻혀 있는 동일시가 아니라, 거듭해서 평평하게 파묻혀야만 하는 동일시이며, 주체가 그녀/그의 경계를 부단히 유지하는 강박적 거절이다. (이러한 점이 그러한 [거절] 작용에 대한 우리의 이해 방식을 이끌 것이다. 이 [거절] 작용을 통해 백인성과 이성애는 모두 간절하게 보장되는데, 이는 6장 넬라 라슨의 『패싱』에 대한 논의에서 다뤄질 것이다.)

결론적으로 [정치적] 과제는 현존하는 상징계 **내에서**, 즉 문화적 생존 가능성의 현 영역 내에서 주체-위치들을 수적으로 늘리는 데에 있는 것이 아니다. 비록 그러한 위치들이 자유주의 국가 내에서 이용 가능한 권한 부여의 현장을 차지하기 위해서, 즉 의

료 서비스의 수혜자가 되고, 법적으로 존중받는 파트너십을 가지
며, 공적인 인정의 엄청난 권력을 동원하고 또 그 권력의 방향을
다시 설정하기 위해서 필요하긴 하지만 말이다. 그렇지만 그러한
위치를 차지한다는 것은 오늘날의 상징계 내에 자리 잡은 기존의
구조적 장소들로 거슬러 올라가는 문제가 아니다. 그와는 반대로
그람시적인 의미에서 특정한 '점유들'은 언표 행위의 가능성을 재
접합할 근본적인 방식을 구성한다. 다시 말해 그것[위치의 점유]
은 '주체-위치'가 발생하는 언표 행위에 앞서 존재하는 경우가 아
니다. 왜냐하면 특정한 종류의 언표 행위는 바로 그 '주체-위치
들'——이것에 의해 언표 행위가 표면적으로 가능해진다——을 해
체하기 때문이다. '위치'와 '언표 행위' 사이에는 근본적인 외부성
의 관계가 없다. 특정한 주장들은 상징계의 경계 자체를 확장하
고 상징계 내에서 전위를 생산(그리고 상징계 자체의 전위를 생산)하
는데, 이는 '위치'와 '구조적 장소'라는 어휘 전체를 시간화한다.
그렇다면 우리는 아무것도 없는 어떤 위치를 **확립하는** 언표 행위
에 대해, 또는 배제 및 전위의 지대——이것에 의해 이용 가능한 주
체-위치들이 그 자체로 확립되고 안정화된다——를 표시하는 언
표 행위에 대해 무엇을 해야 하는가?

주체-위치들이 거절과 비체화의 논리 안에서/를 통해 생산되
는 만큼, 정체성의 특수성은 연결의 상실 및 비하를 통해 획득되
고, 정체성을 차별적으로 생산하고 분할하는 권력의 지도는 더 이
상 읽을 수 없게 된다. 다원주의의 축과 나란히 주체-위치가 늘어
나면 더 큰 분파화, 즉 그들 사이에 어떠한 협상 수단도 없는 차이
의 확산을 생산할 수밖에 없는 배제적이고 비하하는 움직임이 늘

어나게 될 것이다. '생각하기'에 대한 오늘날의 정치적 요구는 정치 분야 내에서 역동적이고 상관적인 다양한 위치성을 연결——단순히 통합하는 것이 아니라——하는 상호 관계를 설계하는 데 있다. 더욱이 그러한 현장을 차지하는 방식을 **그리고** 그러한 현장들을 민주화하는 경합——여기서 그 현장들을 생산하는 배제적 조건은 보다 복잡한 연합의 틀의 방향에서 영속적으로 교정(비록 그러한 배제적 조건이 결코 완전히 극복될 수는 없기는 해도)된다——에 종속시키는 방식을 찾는 것이 결정적일 것이다. 그렇다면 일관된 정체성에 대한 정치적 주장이 종속된 다른 집단과의 정치적 동맹으로 교차하는 일이 일어날 기반이 될 수 있는지 어떤지 의문을 제기하는 것은 중요해 보이는데, 특히 그러한 동맹 개념이 의문에 붙여지는 바로 그 주체-위치 자체가 일종의 '교차'라고 이해하는 데 실패할 때, 또한 연합의 어려움이 겪는 생생한 무대로 이해하는 데 실패할 때 더욱 그렇다. 출발점으로서 일관된 정체성을 주장하는 것은 '주체'가 무엇인지 이미 알려져 있고, 이미 고정되어 있으며, 그러한 기존의 주체가 자신의 자리를 재협상하려고 세계에 들어올 수도 있다고 상정한다. 그러나 바로 그 주체가 자기 자신의 복잡성이라는, 즉 그 스스로 구성되는 동일시의 교차라는 대가를 치르고 자신의 일관성을 생산한다면, 그러한 주체는 자기 자신의 작용이 일어나는 분야를 민주화할 수 있는 일종의 경합적 연결을 폐제한다.

그렇게 주체를 재정형화하는 데에 있어 더 친절하고 온화한 정신분석 이론을 약속하는 것보다 더 성패가 달려 있는 것이 있다. 여기서 문제는 일관된 정체성을 유지하는 암묵적인 잔인함,

자기 학대도 포함하는 잔인함, 일관성이 허구적으로 생산 및 유지되는 굴욕과 관련된다. 이 질서의 어떤 것은 일관된 이성애의 생산에서 가장 명백하게 작용할 뿐만 아니라 일관된 레즈비언 정체성, 일관된 게이 정체성, 그리고 그러한 세계 내에서 일관된 부치(butch), 일관된 펨(femme)의 생산에서도 작용한다. 이들 각각의 경우에서 정체성이 대립을 통해 구축된다면, 그것은 또한 거부를 통해서도 구축된다. 만일 한 레즈비언이 이성애를 절대적으로 반대한다면, 그녀는 이성애의 구성적 불안정성을 알거나 그러한 불안정성을 살아내는 이성애자 여성이나 양성애자 여성보다 자신이 더 큰 이성애의 권력 속에 있음을 알게 될 수 있다. 만일 부치다움이 펨다움과 엄격한 대립을 요구한다면, 이것은 동일시의 거부인가, 아니면 전에 이미 만들어졌던 펨다움이나, 만들어지고 나서 부인된 펨다움과의 동일시——즉 부치를 유지하는 부인된 동일시, 그것이 없으면 부치로서의 부치는 존재할 수 없는 그러한 부인된 동일시——인가?

여기에서 핵심은 다른 새로운 동일시들을 떠맡는 일을 처방하는 데 있지 않다. 나는 전통적으로 거절되었던 동일시가 승인될 가능성에 궁극적인 정치적 희망을 투여하지 않는다. 물론 특정한 부인이 근본적으로 가능하다는 점, 그리고 어떠한 주체도 특정한 가능성을 부인하고 다른 가능성을 승인하지 않고서는 앞으로 나아갈 수도, 행동할 수도 없다는 점은 의심할 여지가 없다. 실제로 특정한 종류의 부인은 구성적 제약으로 기능하며, 그러한 부인은 의지로는 없어질 수 없다. 그러나 여기서 재정형화는 질서 속에 있다. 왜냐하면 엄밀히 말해 한 주체가 자신의 동일시를 부인하는 것이 아니라, 오히려 특정한 배제와 폐제가 주체를 제도화하고 주체 자신의 불안정화의 영속적 혹은 구성적인 유령으로 지속하는 것이기 때문이다. 모든 배제된 동일시를 포괄적 특징으로 변형시키려는 이상, 즉 모든 차이를 통일성으로 전유하려는 이상은 어떠한 외부도 없는 헤겔의 종합, 말하자면 모든 차이를 그 자체의 모범적 특징으로 전유함으로써 제국주의의 형상——낭만적이고 교활하며 모든 것을 소진하는 인간주의를 통해 스스로를 자리 잡게 하는 형상——이 되는 헤겔의 종합으로의 회귀를 표시할 것이다.

그러나 동일시의 강화에 뒤이은 잠재적 잔혹함을 통한 '생각하기'라는 과제가 남아 있는데, 이때의 동일시는 자신이 의존하고 있는 배제, 즉 거부되어야만 하는 배제를 인식할 수 있는 여유가 없으며, 존재하려는 그러한 강화된 동일시를 위해 쓰레기로, 비체화된 채 남아 있어야 한다. 바로 이것이 거부의 질서로, 이는 배제적 정체성을 엄격하게 차지하는 것에서 정점에 도달할 뿐만 아니라 그런 위치들에서 이탈하는 것으로 보이는 사람에게도 그러한 배제적 원리를 강요하려는 경향이 있다.

다층적으로 구성된 주체(모든 주체가 그렇듯)에게 배타적 동일시를 처방하는 것은 축소와 마비를 강요하는 것이다. 나를 포함해 일부 페미니스트들의 입장은 문제를 설정할 때 인종, 섹슈얼리티, 계급 또는 지정학적 위치 지우기/전위를 희생시키면서 젠더를 정치적 동원의 동일시 현장으로 우선시했었다.[16] 그리고 여기서 문

---

16) 서발턴의 '위치들'이 어떻게 생산이자 동시에 소멸인지를 설명하는 것으로,

제는 단순히 주체를 동일시들의 복수성으로 존중하는 것에 있지
않다. 이러한 복수적 동일시들은 늘 서로 중첩되면서 서로를 위한
매개체가 되기 때문이다. 가령 젠더 동일시는 인종 동일시를 거절
하거나 그것에 참여하기 위해서 만들어질 수 있다. '민족성'으로
간주되는 것은 섹슈얼리티를 틀 짓거나 섹슈얼리티를 성애화하며
혹은 그 자신이 성적 표시가 될 수 있다. 이것이 의미하는 것은 문
제는 마치 인종·섹슈얼리티·젠더가 완전히 분리 가능한 권력의
축이기라고 한 것처럼 그것들을 서로 연관시키는 것에 있지 않다
는 점이다. 다원주의 이론에 따라서 이 용어들을 '범주들' 또는 실
제로는 '입장들'로 분리하는 것은 그 자체 배제적 작용──이 작용
은 그러한 위치들에 거짓 획일성을 부여하며, 자유주의 국가의 규
제적 목표에 기여한다──에 기반을 둔다. 그리고 그것들[인종·
섹슈얼리티·젠더]이 분석적으로 별개의 것으로 간주되면, 실질
적으로 도달하는 결론은 계속적인 열거 즉 끝없이 늘어나는 목록
──이 목록은 그것이 연결하려고 하는 것을 사실상 분리한다──
을 생산하는 증식, 또는 '교차로(crossroads)'──글로리아 안잘두아
에 따르면 교차로에서는 범주들이 수렴하는데, 이는 하나의 주체
를 말하는 것이 아니라, 서로 안에서 서로를 통해 수렴하는 기표
들을 교정하려는 충족될 수 없는 요구를 말한다──를 사고할 수
없는 열거를 통해 연결하려고 하[지만 연결할 수 없]는 목록의 증

Gayatri Chakravorty Spivak, "Subaltern Studies: Deconstructing Historiography", in
Ranajit Guha and Gayatri Chakravorty Spivak, eds., *Selected Subaltern Studies*, London:
Oxford University Press, 1988, pp. 17-19.

식이다.[17]

분리 가능한 범주들과 같은 그러한 열거의 틀 내에서 나타나는 것은 오히려 서로**에 대한** 접합의 조건이다. 인종은 섹슈얼리티의 양상에서 어떻게 살아가는가? 젠더는 인종의 양상에서 어떻게 살아가는가? 식민지적 민족국가와 신식민지적 민족국가는 국가 권력 강화에서 젠더 관계를 어떻게 되풀이하는가? 어떻게 식민 통치의 굴욕은 음경 절제[거세](emasculation)(파농)로, 인종주의 폭력은 소돔화(잔모하메드)로 형상화되었는가? 그리고 '동성애'는 어디에서 어떻게 피식민지인에게 덧씌워진 섹슈얼리티가 되고 또한 동시에 서양 제국주의의 초기 신호가 되는가?(월터 윌리엄스) '동양'은 어떻게 베일에 싸인 여성으로 형상화되었는가?(리사 로우, 레이 초우) 페미니즘은 여자의 보편적인 가부장적 종속이라는 테제를 뒷받침할 여성 희생의 사례를 찾기 위해 어느 정도까지 '제3세계'를 약탈해 왔는가?(모한티)[18]

---

17) 이에 대해서는 Gloria Anzaldúa, *Borderlands/La Frontera*, San Francisco: Spinsters, Aunt Lute, 1987, pp. 77-91.

18) '인종은 어떻게 섹슈얼리티로 살게 되는가'라는 질문은 '인종'은 하나의 단일체가 아니라 차별적인 계급 양상으로 살게 된다고 주장하는 폴 길로이의 말과 공명한다. 이에 대해서는 Paul Gilroy, "'Race', Class, and Agency", in *'There Ain't No Black in the Union Jack'': The Cultural Politics of Race and Nation*, London: Hutchinson, 1987, pp. 15-42를 보라. 또한 다음의 글들을 참고하라. Abdul JanMohammed, "Sexuality on/of the Racial Border: Foucault, Wright and the Articulation of 'Racialized Sexuality'", in *Discourses of Sexuality*, pp. 94-116; M. Jacqui Alexander, "Redrafting Morality: The Postcolonial State and the Sexual Offences Bill of Trinidad and Tobago" and Chandra Talpade Mohanty, "Under Western Eyes: Feminist Scholarship and Colonial Discourses", in Chandra Talpade Mohanty, Ann Russo, Lourdes Torres, eds, *Third*

그리고 이용 가능한 담론적 가능성이 말 오용으로 이해된 '서발턴 여성성'——이들을 재현으로부터의 배제하는 일이 재현 자체의 조건이 되었다——에서 한계에 부딪힌 이유는 무엇인가?(스피박) 그러한 질문을 하는 것은 여전히 계속해서 '정체성' 문제를 제기하는 것이다. 하지만 이러한 문제 제기는 더 이상 미리 확립된 위치나 획일적인 독립체로서의 정체성이 아니라 정체성들이 구성 및/또는 삭제, 배열 및/또는 마비되는 역동적인 권력 지도의 일부로서 '정체성 문제'를 제기하는 것이다.

정체성 정치의 몇몇 형태에서 분명히 드러난 절망감은 정체성-위치가 주요한 정치적 정책**으로** 승격되고 또한 규제됨으로써 두드러진다. 일관된 정체성의 접합이 그 자신의 정책이 될 때, 정체성을 감시하는 활동(policing)은 정치의 자리를 차지하며, 그 안에서 정체성은 거절과 배제의 동학——이것에 의해 '일관된 주체들'이 구성된다——을 극복하려는 집단의 재접합과 권한 부여를 향한 더 넓은 문화적 투쟁에 기여하면서 역동적으로 작동한다.[19]

World Women and the Politics of Feminism, Bloomington: Indiana University Press, 1991, pp. 133-152 and pp. 51-80 [한글본] 찬드라 탈파드 모한티, 「서구의 시선 아래: 페미니즘 학문과 식민 담론」, 『경계없는 페미니즘: 이론의 탈식민화와 연대를 위한 실천』, 문현아 옮김, 여성문화이론연구소, 2005, 35-71쪽; Frantz Fanon, *Black Skin, White Masks*, New York: Grove Press, 1967. [한글본] 프란츠 파농, 『검은 피부, 하얀 가면』, 노서경 옮김, 문학동네, 2022; Rey Chow, *Woman and Chinese Modernity: The Politics of Reading Between East and West*, Minnesota: University of Minnesota Press, 1991; Lisa Lowe, *Critical Terrains: French and British Orientalisms*, Ithaca: Cornell University Press, 1991; Walter L. Williams, *The Spirit and the Flesh: Sexual Diversity in American Indian Culture*, Boston: Beacon Press, 1986.

19) 중요한 것은 이런 식의 복잡한 작업에서 성공하는 것은 개별 저자나 저작이 아니

앞서 얘기한 그 어느 것도 정체성이 부정되어야 하는 것, 극복되어야 하는 것, 삭제되어야 하는 것을 의미하지 않는다. 우리 중 어느 누구도 '당신 자신을 극복하라!'는 요구에 충분한 대답을 줄 수 없다. 구성적 제약——이것에 의해 문화적 생존 가능성이 성취된다——을 근본적으로 극복하라는 요구는 그 자체로 폭력의 형태일 것이다. 그러나 바로 그러한 생존 가능성 자체가 거절, 종속 또는 착취 관계의 결과일 때 협상은 점점 더 복잡해진다. 이러한 분석이 시사하는 것은 다양한 동일시가 형성되고 전위되는 모체 및 교차로는 그러한 비모순율——이것에 의해 하나의 동일시는 늘 다른 동일시의 값을 치르며 구매될 뿐이다——을 교정하도록 강제하는 식으로 차이의 경제가 이루어진다는 것이다. 정체성에 기반한 정치 집단의 구성원을 구성하는 복잡한 권력의 벡터를 고려할 때, 다른 동일시의 값을 치르며 하나의 동일시를 요구하는 연합의 정치는 그러므로 필연적으로 폭력적인 균열을, 즉 배제의 폭력을 통해 초래된 정체성을 찢어버리게 될 불화를 생산한다.

의심할 바 없이 결정적인 것은 문화적·정치적으로 구성된 정체성들을 삭제하거나 길들임으로써 그 자신의 동성애 혐오적이고 인종차별적인 헤게모니를 구성하는 공공 영역 안에서 종속된 정체성의 기호를 휘두르는 능력이다. 그리고 표시되지 않은 특권을 통해 작동하는 제국주의적인 인간주의의 허구를 폭로하기 위해

라, 오히려 서로 역동적인 관계를 맺으며 상이한 관점들을 고려하는 일을 증진시키는 책이다. 이런 식의 집단 저술 이벤트의 탁월한 사례로, Toni Morrison, ed., *Racing Justice, En-gendering Power: Essays on Anita Hill, Clarence Thomas, and the Construction of Social Reality*, New York: Pantheon, 1992를 보라.

그러한 특수성을 주장하는 것이 정언명령인 한에서, 우리는 정치
적 행동주의의 목적으로 훨씬 더 특수한 정체성의 접합을 만들어
낼 위험이 남아 있다. 따라서 정체성에 대한 모든 주장은 어떤 점
에서 헤게모니적인 권력 차이를 재강화하는 구성적 배제를, 즉 각
각의 접합이 진행되기 위해 강제로 만들어졌던 배제를 차분히 살
펴보는 쪽으로 나아가야 한다. 무엇보다도 특수한 정체성들로의
회귀를 촉발한 바로 그 배제적 움직임을 정체성 정치 수준에서 복
제하지 않기 위해서라도 이러한 비판적 성찰을 하는 것은 중요할
것이다.

　자유주의적 인간주의가 가진 자만이 그 자신의 폭력을 통해 문
화적으로 특수한 정체성들을 증식하도록 강요했다면, 포위 상태
로부터/를 통해 단련된 그러한 특수한 정체성들의 접합적 투쟁
내에서 성찰적 · 규범적으로 그러한 폭력을 상당한 차이 없이는
반복하지 않는 것이 더욱더 중요하다. 동일시들이 이동한다고 해
서 반드시 하나의 동일시가 다른 동일시에 대해 거절된다는 것을
의미하는 것은 아니다. 그러한 이동은 광범위한 일련의 연결들을
공언할 가능성에 대한 하나의 희망의 신호일 수 있다. 이것은 단
순히 다른 동일시의 위치에 대한 '동정'의 문제는 아닐 것이다. 왜
냐하면 동정은 하나의 동일시를 다른 동일시로 대체하는 것을 포
함하는데, 이는 한 동일시의 위치**로서** 다른 동일시의 위치를 식민
지화하는 일이 될 수도 있다. 그리고 그것은 등가성의 추상적 추
론——모든 사회적 정체성의 부분적으로 구성된 성격을 통찰하는
일에 기반을 두는——이 아닐 것이다. 동일시가 그것이 배제하는
것에 함축된 방식을 추적하고, 그것이 산출할 수 있는 미래 공동

체의 지도에 대해 그러한 함축의 선을 따르는 것이 문제가 될 것
이다.

우리 모두에게는 누군가 문을 두드려 문 너머로 "누구?"라고 물으면

(당연한 앎이기때문에) "나야"라고 대답하는 친구가 있다.

그리고 나서 우리는 "그다" 혹은 "그녀다"라고 인식한다.

──루이 알튀세, 「이데올로기와 이데올로기적 국가장치」

'법'의 목적은 법의 기원의 역사에서 절대적으로 마지막으로 사용되는 것이다.

그와는 반대로 (……) 사물의 기원의 원인, 그것의 궁극적 유용성의 원인,

사물의 현실적 사용과 목적의 체계에서의 위치는 별개의 세계에 놓여 있다.

존재하는 것은 무엇이든 어떻게든 생겨난 후 새로운 목적으로

거듭해서 재해석되고, 인수되고, 변형되고, 방향이 재설정된다.

──프리드리히 니체, 『도덕의 계보』

4장 젠더는 불타고 있다: 전유와 전복의 문제들

알튀세의 호명 개념에서 부르거나 말을 거는 이는 경찰이며, 이러한 부름이나 말걸기를 통해 하나의 주체가 사회적으로 구성된다. 법을 대표할 뿐만 아니라 "어이 거기!"라고 말을 거는 자인 경찰관은 법과 *그가 부른* 누군가를 묶어주는 효과를 낸다. 부르기 전에는 범죄 상태에 있지 않은 것처럼 보이는 이 '누군가'(이 사람에게 있어서 부름은 특정한 실천을 범죄로 확립시킨다)는 어떤 온전한 사회적 주체가 아니며, 온전히 주체화된 것도 아니다. 왜냐하면 그나 그녀는 아직 문책을 당한 것은 아니기 때문이다. 문책하는 자는 단순히 주체를 억압하거나 통제하는 것이 아니라, 주체라는 법적 · 사회적 **형성체**의 결정적인 부분을 형성한다. 부름은 **전부를** 형성하는 것[수행적인 것](performative)은 아니지만 형성적이다. 왜냐하면 바로 그 부름이 개인을 종속된 주체 지위로 들어서게 하기 때문이다.

알튀세는 이러한 '소리쳐 부름' 또는 '호명'을 일방적 행위라고, 즉 공포를 강제하는 동시에 비용을 들여 인정을 제공하는 법의 권력과 힘이라고 추측한다. 주체는 문책당함으로써 인정받을 뿐만 아니라, 또한 차이 없고 의심스럽거나 불가능한 존재라는 외부 영역에서 주체라는 담론적·사회적 영역으로 옮겨가게 됨으로써 특정한 사회적 실존의 질서를 획득한다. 그러나 이러한 주체화는 문책하는 발언의 직접적인 효과로 발생하는 것인가? 아니면 그러한 발언이 처벌의 공포를 강제하고, 그래서 그러한 강제로 인해 법에 순응 및 복종하게 만드는 권력을 행사해야만 주체화가 발생하는가? 법을 이용해서 말을 걸고 구성되는 다른 방식, 법을 점유하거나 점유하게 되는 다른 방식, 인정의 권력으로부터 처벌의 권력을 탈구시키는[벗겨내는] 다른 방식은 있는가?

알튀세는 이런 식의 구조 분석에 대한 라캉의 기여를 강조하면서, 오인의 관계가 법과 법이 강제하는 주체 사이에서 지속된다고 주장한다.[1] 그는 '나쁜 주체'의 가능성을 언급하긴 하지만 그러한 호명하는 법이 생산할 수 있는 **불복종**의 범위를 고려하지는 않는다. 법은 거부될 수 있을 뿐만 아니라, 법 자체가 일방적으로 작용하는 유일신적 힘에 의문을 제기하는 재접합을 강제당해서 파

---

1) Louis Althusser, "Ideology and Ideological State Apparatuses", pp. 170-177와 "Freud and Lacan", in *Lenin*, pp. 189-220. [한글본] 루이 알튀세, 「이데올로기와 국가기구」, 「프로이트와 라캉」, 『레닌과 철학』, 이진수 옮김, 백의, 1997, 125-182쪽, 183-213쪽을 보라.

열될 수도 있다. 주체의 획일성이 기대되는 곳, 주체의 행태상의
순응이 명령되는 곳에서는 순응을 패러디하는 형태로 법의 거부
를 생산할 수도 있는데, 그러한 법의 거부는 명령의 합법화에 의
문을 제기하고, 법 전달자의 권위에 맞서 법을 과장해서 반복하거
나 법을 재접합한다. 여기서 법에 의해 합법적 주체를 생산하려는
수행문 즉 부름은 법에 동기를 부여하는 훈육적 의도로 보이는 것
을 초과하면서도 혼란스럽게 하는 일련의 결과를 생산한다. 따라
서 호명은 그저 수행문——즉 호명이 지시하는 자의 존재를 만들
어 내는 권력을 지닌 담론 행위——으로서의 지위를 상실하고, 모
든 의도된 지시체를 초과하여 의미화함으로써 호명이 의도한 것
보다 더 많은 것을 만들어 낸다.

수행문의 이러한 구성적 실패, 담론적인 명령과 그것의 고유한
효과 사이의 이러한 미끄러짐은 그 결과 발생하는 불복종을 위한
언어적 기회 및 지표를 제공한다.

언어 사용 자체가 처음에 **하나의 이름으로 불림**으로써 가능해진
다는 점을 고려해 보자. 이름의 점유는 그것에 의해 누군가가 선
택의 여지 없이 담론 내에 위치하게 되는 것이다. 그러한 '부름'의
축적과 수렴을 통해 생산된 이 '나'는 그러한 [의미화] 사슬의 역
사성에서 스스로는 빠져나올 수 없다. 또는 그러한 사슬을 스스로
일으켜 대면할 수 없다. 마치 그러한 '나'가 나와 마주하는 대상
이기라도 하는 듯, 즉 내가 아니라 타자가 나를 만들었다는 듯 말
이다. 왜냐하면 호명하는 부름의 그물망(mesh)과 그 현장인 '나'에
의해 생산된 멀어짐이나 분리는 가야트리 스피박이 '가능케 하는
위반'이라고 지시한 것을 위반할 뿐만 아니라 또한 가능하게 하

기 때문이다. 자신의 구축물과 대립할 그러한 '나'는 어떤 의미에서는 늘 그러한 구축물로부터 끌어내져 그것의 대립물을 접합한다. 더욱이 '나'는 부분적으로 자신이 대립하려는 바로 그 권력 관계에 연루됨으로써 자신의 '행위성'이라고 불리는 것을 끌어낸다. 실제로 권력 관계에 **연루된다**는 것——'나'가 대립하는 권력 관계에 의해 가능해진다는 것——은 그 결과 권력 관계의 기존 형태로 환원될 수 없다는 것이다.

여러분이 주목해야 할 것은, 이러한 정식을 만들어 내면서 나는 따옴표로 표시한 이러한 '나'를 괄호 치지만 나는 여전히 여기에 있다는 점이다. 그리고 덧붙이고 싶은 것은 이것이 바로 내가 이러한 이론적 기획이 인격, 저자, 삶을 상실하게 했다는 특정한 의혹에 응답하면서 여러분을 위해 생산한 '나'라는 것이다. 이러한 주장을 긍정하거나 부정하면서, 아니 오히려 그러한 소거(evacuation)의 현장이라 불렸던 것에 응답하면서 내가 기술하는 것은 이런 식으로 괄호 친 '나'가 사회적으로 구성되는 존재의 구성적 양가성을 사유하는 데 있어 결정적이라는 점이다. 여기서 '구성'은 '주체화'를 가능하게 한다는 의미와 '주체화'를 위반한다는 의미 모두를 담고 있다. 만일 누군가가 해로운 용어로 불리거나 해로운 용어로 소리쳐짐으로써[만] 담론적 삶에 들어오는 것이라면, 어떻게 누군가가 호명의 자리를 [기꺼이] 점유할 수 있으며, 그러한 호명에 의해 누군가가 위반의 목적에 반대해 재의미화의 가능성을 지닌 채 이미 점유되겠는가?

이것은 '나'의 사용이나 혹은 자전적 서술 자체의 사용을 검열하거나 금지하는 것과는 같지 않다. 그와는 반대로 그것은 그러한 사용을 가능하게 하는 양가적인 권력 관계에 대한 탐구이다. 그러한 사용이 누군가의 바로 그 존재 안에서 반복된다는 것, 즉 패트리샤 윌리엄스가 주장하듯이 '누군가의 존재에 함축된 메시지'[2]라는 것, 그리고 바로 그러한 위반 조건에서 전복이 파생될 수 있도록 그러한 사용을 반복할 뿐이라는 것은 무엇을 의미하는가? 이러한 의미에서 '성' 범주는 '성차별주의' 또는 그 말을 호명하는 순간의 도구 또는 효과이고, '인종'은 '인종차별주의' 또는 그 말을 호명하는 순간의 도구 및 효과이며, '젠더'는 오로지 이성애주의를 위해서만 존재한다고 주장하는 것은 우리가 그러한 용어를 결코 사용해서는 안 된다는 것을 수반하는 것은 **아니다**. 마치 그러한 용어가 그 용어를 낳은 억압적 권력 체제를 늘 다시 강화할 수 있는 것처럼, 오로지 그렇게만 다시 강화할 수 있는 것처럼 보아서는 안 된다. 그와는 달리 그 용어들이 그러한 체제들 내에서 생산 및 제한된다는 바로 그 이유로 인해 그것들은 원래의 목적을 역전시키고 전위시키는 방향으로 반복되어야 한다. 우리는 누군가가 위반을 경험하게 되는 용어와 도구적 거리를 두지 않는다. 그러한 용어에 의해 점유되는 것, 하지만 그러한 용어를 스스로 점유하는 것은 상처의 연루·반복·재발의 위험이 있지만, 그것은 또한 누군가는 결코 선택하지 않은 상처를 동원하는 권력이자 호명의 권력을 작동시키는 기회이기도 하다. 우리가 위반을 파괴적인 반복 강박만을 유도할 수 있는 트라우마로 이해할 수 있는

---

2) [옮긴이] Patricia J. Williams, "On Being the Object of Property", *Signs*, Vol. 14, No. 1, 1988, pp. 5-24를 보라.

곳에서는(그리고 확실히 이것은 위반의 강력한 결과이다), 반복의 힘을 위반에 대한 긍정적인 반응의 바로 그 조건으로 인정하는 것도 똑같이 가능한 것처럼 보인다. 상처를 반복하는 강박이 반드시 동일한 방식으로 상처를 반복하는 강박이거나 혹은 그러한 상처의 트라우마적 궤도 내에 전적으로 머무는 강박은 아니다. 언어 안에서의 반복의 힘은 특정한 행위성——배경의 주인으로서 자아라는 허구와 연결되지 않는——이 선택의 **불가능성**에서 파생되는 역설적 조건일 수 있다.

이러한 점에서 플라톤에 대한 이리가레의 비판적 모방, 레즈비언 남근의 허구, 그리고 「파리는 불타고 있다」에서 친족의 재접합 등은 충실하게 반복하는 데 실패한 헤게모니적 권력 형태의 반복으로 이해될 수 있으며, 그러한 실패에서는 자신들이 위반하는 목적에 반하여 위반이라는 용어를 재의미화할 가능성이 열려 있다. 윌라 캐더의 아버지 이름의 점유, 백인으로 패싱하는 고통스럽고 치명적인 모방에 대한 넬라 라슨의 탐구, 그리고 비체화에서 정치화된 친연성으로 나아가는 '퀴어'의 재작업 등은 담론적 합법성의 한계에서 생산된 양가성의 유사한 현장들에 대해 탐문할 것이다.

이러한 의미에서 그러한 한 주체의 시간 구조는 교차적(chiasmic)이다. 실체적이거나 자기 규정적인 '주체'를 대신하는 이러한 담론적 요구들의 이음매는 글로리아 안잘두아의 말을 빌리면 '교차로', 즉 문화적 · 정치적인 담론적 힘의 교차로와 같은 것으로, 그녀의 주장에 따르면 '교차로'는 '주체' 개념을 통해서는 이해될 수 없다.[3] 자

---

3) 글로리아 안잘두아는 "메스티사[유럽인과 원주민의 혼혈을 의미하는 메스티소

신의 구축물보다 선행하는 주체는 없다. 그러한 구축물에 의해 주체가 규정되는 것도 아니다. 주체는 항상 연결체(nexus)이자, 문화적 충돌의 무-공간이다. 여기서는 '우리'를 구성하는 바로 그 용어를 재의미화하거나 반복하라는 요구를 즉각 거부할 수 없을 뿐만 아니라 또한 그 용어들이 엄격한 복종에 따를 수 있는 것도 아니다. 바로 이러한 양가성의 공간이 바로 그 용어들이 교정될 가능성을 개방하며, 그것에 의해 주체화(subjectivation)는 진전되거나 진전되는 데 실패한다.

양가적인 드랙

그렇기에 나는 이러한 정식화에 입각해, 영화 「파리는 불타고 있다」에 대한 고찰로 나아가고자 한다. 이 영화는 한 문화 안에는 주체들의 생산과 예속이 동시에 일어난다는 것을 제시하는데, 그것에 따르면 문화 안에서는 늘 모든 방법을 동원해 퀴어의 소멸을 예비하는 것처럼 보이지만, 그럼에도 불구하고 그러한 소멸의 규범——죽음을 불러오는 젠더와 인종의 이상(理想)——이 모방·교정·재의미화되는 공간이 생산되고는 한다. 「파리는 불타고 있다」에는 반항과 수긍 그리고 친족의 창출과 영예의 창출이 있는

(mestizo)의 여성형——옮긴이]가 서 있는 그러한 초점이나 받침점, 그러한 이음매(juncture)는 현상들이 충돌하는 경향이 있는 곳"(p. 79)이며, 그에 뒤이어 "메스티사의 의식 용은 그녀를 죄인으로 유지시키는 주-객 이중성을 무너뜨리는 것이다"라고 썼다. Gloria Anzaldúa, *Borderlands/La Frontera*, p. 80.

만큼 전복적이라고 볼 수는 없지만, 비너스 엑스트라바간자(Venus Xtravaganza)——그는 수술하지 않은 라틴계 성전환자이자, 크로스-드레서, 매춘부이며, '엑스트라바간자 하우스'의 구성원이다——의 죽음으로 이어지는 일종의 규범의 되풀이[반복]도 있다. 비너스는 어떤 일련의 호명에 응답하며, 법의 되풀이[반복]는 어떻게 그녀가 응답하는 방식으로 읽혀야 하는가?

비너스는, 아니 더 일반적으로 「파리는 불타고 있다」는 '지배적인 규범을 패러디하는 것으로 그러한 규범을 충분히 전위시킬 수 있는가'에 대해, '젠더의 탈자연화는 정말로 헤게모니적인 규범의 재강화를 위한 수단이 될 수 없는 것인가'에 대해 의문을 제기한다. 많은 독자들이 『젠더 트러블』이 지배적인 젠더 규범을 전복하는 한 가지 방법으로 드랙 퍼포먼스의 확산을 주장한다고 이해했지만, 나는 드랙과 전복은 필연적 관계를 맺지 않으며 드랙이 과장된 이성애 젠더 규범의 탈자연화나 재이상화에 조력하는 데 이용될 수 있다는 점을 강조하고 싶다. 내가 보기에 드랙은 기껏해야 특정한 양가성을 유발하는 현장으로, 그것은 누군가가 구성되는 그러한 권력 체제에, 따라서 누군가가 대립하는 바로 그 권력 체제에 연루되게 만드는 보다 일반적인 상황을 반영한다.

'모든 젠더가 드랙과 같다'거나 '모든 젠더는 드랙이다'라고 주장하는 것은 '모방'이 **이성애** 기획과 젠더 이항 대립의 핵심이며, 드랙이 선험적이고 근원적인 젠더를 전제하는 이차 모방이 아니라, 헤게모니적 이성애 자체가 자신의 이상화를 모방하려는 지속적이고 반복된 노력이라고 제시하는 것이다. 그것[헤게모니적 이성애]이 자기 자신의 원본성과 적절성에 대한 주장을 생산하고 신성화하기 위해 이러한 모방을 반복해야 한다는 것, [특정한 성적] 관행을 병리화하고 과학을 규범화하는 일을 수립한다는 것은 이성애적 수행성이 결코 완전히 극복할 수 없다는 근심——다시 말해 자기 자신의 이상화에 들어맞고자 하는 노력이 결코 최종적이거나 완전하게 성취될 수 없다는 근심——에 휩싸여 있다고 제시하는 것이며, 또한 이성애화된 젠더가 스스로를 생산하기 위해 배제되어야 하는 성적 가능성의 영역이라는 망령에 헤게모니적 이성애가 지속적으로 시달린다고 제시하는 것이다. 그래서 이러한 의미에서 드랙은 헤게모니적 젠더 자체가 생산되고 이성애가 주장하는 자연성과 원본성을 반박하는 모방적 구조를 반영하는 한에서 전복적이다.

하지만 내 생각에 여기에 중요한 단서를 추가해야만 한다. 즉 이성애 특권은 여러 가지 방식으로 작동하는데, 스스로를 자연화하는 방식이 그중 하나이고, 다른 하나는 스스로를 원본과 규범으로 만드는 것이 포함된다는 점이다. 그러나 이것들이 이성애 특권이 작동하는 유일한 방식은 아닌데, 왜냐하면 이성애가 자신의 원본성과 자연성의 결여를 인정하면서도 여전히 자신의 권력을 유지할 수 있는 그러한 영역이 있다는 것이 분명하기 때문이다. 따라서 이성애 문화가 스스로를 위해 생산하는 드랙의 형태들이 있다. 「빅터, 빅토리아」의 줄리 앤드루스, 「투씨」의 더스틴 호프만, 「뜨거운 것이 좋아」의 잭 레먼 등을 떠올릴 수 있는데, 이 영화들에서는 동성애적인 결말이 가능하리라는 근심이 영화의 서사적 궤적 내에서 생산되면서도 동시에 차단된다. 이 영화들은 주어진 일체의 드랙 퍼포먼스의 동성애적 초과를, 즉 겉으로는 보이지 않던 동성애를 발견하기 이전에 외형상으로는 그와 이성애적 접촉을 하고 있다는 식의 공포를 생산 및 포함한다. 바로 이것이 고도의 이성애적 오락으로서의 드랙이다. 그래서 나는 이 영화들이 동성애 혐오와 동성애 공황을 넘어서는 문화적 텍스트로 읽는 데 있어 분명 중요하긴 하지만 이 영화들을 전복적이라고 말하기는 꺼려지는 것이다.[4] 우리는 이 영화들이 이성애 경제——퀴어함의 침범에 맞서 자신의 경계를 지속적으로 단속해야 하는——를 위해 의례적인 느슨함을 제공하는 기능을 한다고, 그래서 동성애 공황에 대한 이러한 전위된 생산 및 해소가 실제로 자기-영속적 과업을 행하는 이성애 체제를 강화한다고 주장할 수 있다.

벨 훅스는 「파리는 불타고 있다」에 대한 자신의 도발적인 평론에서 몇몇 게이 드랙의 작품이 여성 혐오적이라고 비판하면서, 마릴린 프라이(Marilyn Frye)나 재니스 레이먼드(Janice Raymond)와 같은 페미니즘 이론가들의 생각에 일정 부분 동조했다.[5] 페미니즘 사상의 이러한 전통은 드랙이 여성에게 불쾌감을 줄 뿐만 아니라 조롱과 비하에 기반한 모방이라고 주장해 왔다. 특히 레이먼드는 드랙을 크로스드레싱 및 성전환의 연속선상에 놓고 그들 사이의 중대한 차이를 무시하면서, 각각의 관행에서 여성은 증오와 전유의 대상이며 어떠한 동일시도 그 대상을 존중하거나 격을 높여주

---

4) 이에 대해서는 Marjorie Garber, *Vested Interests: Cross-Dressing and Cultural Anxiety*, New York: Routledge, 1992, p. 40을 보라.

5) Bell Hooks, "Is Paris Burning?" *Z, Sisters of the Yam column*, June 1991: p. 61. [옮긴이] 벨 훅스의 「파리는 불타고 있는가?」를 수록해서 출판한 책으로, Bell Hooks, *Black Looks: Race and Representation*, South End Press, 1992, chap. 9., pp. 145-156을 보라.

는 일이 없다고 주장한다. 누군가는 그에 대한 반론으로 동일시는 늘 양가적인 과정이라고 생각할 수 있다. 오늘날의 권력 체제하에서 하나의 젠더와 동일시하는 것은 실현이 가능하거나 불가능한 일련의 규범들과 동일시하는 것을 포함하며, 그 규범의 권력과 지위는 지속적으로 근사치에 가까워지는 동일시에 선행한다. 이렇게 '남자가 되는 일'과 '여자가 되는 일'은 내적으로 불안정한 일이다. 그런 일들은 늘 양가성에 시달리는데, 왜냐하면 모든 동일시에는 비용이 발생하며 다른 일련의 동일시를 상실해야 하거나 우리가 선택하지 않은 규범의 근사치를, 우리를 선택하지만 우리가 점유·역전하는 규범의 근사치를, 또한 그 규범이 우리를 완전히 규정하는 데 실패하는 한에서의 재의미화되는 규범의 근사치를 강제당하기 때문이다.

드랙을 그저 여성 혐오로만 분석할 때의 문제는 그것이 M2F[남성에서 여성으로 성전환한 사람——옮긴이], 크로스드레싱, 드랙 등을 모두 남성 동성애 활동으로 간주——항상 그런 것이 아님에도 불구하고——할 뿐만 아니라 더 나아가 남성 동성애를 여성 혐오에 뿌리를 둔 것으로 진단한다는 점에 있다. 따라서 페미니즘 분석은 남성 동성애를 여성**에 관한 것**으로 만드는데, 누군가는 이러한 종류의 분석은 극단적으로는 사실상 전도된 식민화라고, 즉 여성 페미니스트 스스로가 남성 동성애 활동의 중심으로 들어가는 방식(또한 그래서 역설적이게도 급진적 페미니즘 위치[입장]의 중심에 이성애적 모체를 다시 각인하는 방식)이라고 주장할 것이다. 이러한 비난은 동성애 혐오자들이 누군가가 레즈비언이라는 사실을 알게 됐을 때 종종 내세우는 발언과 같은 종류의 논리를 따른다. 즉 레즈비언은 남성과 나쁜 경험을 가졌음에 틀림없거나 아직 올바른 남자를 발견하지 못한 사람이다라고 말이다. 이러한 진단은 이성애 메커니즘에서 몇 차례 실패를 겪었기 때문에 레즈비언 성향을 얻게 되었고, 그래서 이성애를 계속해서 레즈비언 욕망의 '원인'으로 설정하는 것이라고 상정한다. 레즈비언의 욕망은 정상 궤도를 벗어난 이성애적 인과관계의 치명적 효과로 프레임이 씌워진다. 이러한 프레임에서 이성애적 욕망은 언제나 진실이고, 레즈비언 욕망은 언제나 가면이거나 영원한 거짓일 뿐이다. 드랙에 반대하는 급진적 페미니즘의 주장에서 여성의 전위는 M2F 드랙의 목표이자 효과로 틀 지어진다. 레즈비언 욕망을 동성애 혐오적으로 기각하는 곳에서 남성들의 실망과 전위는 레즈비언 욕망의 원인이자 최종 진리로 이해된다. 이러한 견해들에 따르면, 드랙은 '여성들'의 전위와 전유──근본적으로는 여성 혐오에, 즉 여성에 대한 증오에 기반을 두는──에 불과한 것이며, 레즈비언은 남성들의 전위와 전유──근본적으로는 남성 혐오에, 즉 남성에 대한 증오의 문제가 되는──에 불과한 것이다.

　전위에 대한 이러한 설명은 아직까지는 또 다른 일련의 전위를 달성함으로써만 진전될 수 있다. 즉 이성애적 모체나 거절의 논리로 환원될 수 없는 욕망, 환상적 쾌락, 사랑의 형태가 그것이다. 실제로 사랑이 발견될 수 있는 유일한 장소는 표면적으로 거절된 **대상에 대한** 것으로, 여기서 사랑은 거절의 논리를 통해 엄격하게 생산된다고 이해된다. 따라서 드랙은 실망이나 거부로 인해 쓰라림을 겪은 사랑의 효과, 원래는 욕망했지만 지금은 증오하는 **타자**와의 통합일 뿐이라는 것이다. 그리고 레즈비언주의는 실망이나 거절로 인해 쓰라림을 겪은 사랑의 효과, 그리고 그 사랑에 대한 반동(反動) 효과, 그에 맞서는 방어, 또는 부치의 경우라면 원래는 사랑했던 남성 위치를 전유한 효과에 지나지 않다는 것이다.

이러한 거절의 논리는 이성애적 사랑을 드랙과 레즈비언주의의 기원이자 진리로 설정하고, 이 두 관행을 좌절된 사랑의 증상으로 해석한다. 그러나 전위에 대한 이러한 설명에서 전위되는 것은 그것이 거절하는 것에 의해서만 결정되지 않는 쾌락·욕망·사랑이 있을 수도 있다는 생각이다.[6] 이제 퀴어 관행의 이러한 환원과 비하에 반대하는 방법은 처음에는 퀴어 관행의 근본적 특수성을 주장하는 것, 즉 이성애적 욕망과는 근본적으로 다르면서 그와 **아무런 관련도 없는** 레즈비언 욕망이 있으며, 그러한 레즈비언 욕망은 이성애를 거절하는 것도, 전유하는 것도 아니며, 이성애를 유지하는 것과는 근본적으로 다른 기원을 갖는다고 주장하는 것일 수 있다. 또는 누군가는 드랙이 여성을 조롱하거나 비하하거나 전유하

---

6) 나는 사랑의 대상과 목표가 **부분적으로** 거절된 대상들과 목표들에 의해 형성된다는 정신분석학의 정식화를 받아들이는 반면, 동성애는 거절된 이성애에 불과하다고 주장하는 것은 그러한 통찰을 냉소적이고 동성애 혐오적으로 사용하는 것이라고 생각한다. 사랑의 한 형태로서 문화적으로 거절된 동성애의 위상을 고려했을 때, 동성애를 이성애의 역전이나 굴절로 환원하려는 주장은 이성애 헤게모니를 다시 강화하는 기능을 한다. 또한 바로 이것이 동성애적 우울증에 대한 분석이 이성애적 우울증에 대한 분석과 대칭적이라고 간주될 수 없는 이유이다. 후자[이성애적 우울증]가 문화적으로 강제되는 것과 달리, 전자[동성애적 우울증]는 강제적인 이성애주의 공동체들과 동일한 금지 권력을 행사할 수 없는 분리주의 공동체들을 제외하면 확실히 강제되는 것은 아니기 때문이다.

는 것과는 관련이 없다고 주장하고 싶은 유혹에 빠질 수도 있다. 즉 남성이 여성으로 드랙할 때 우리가 겪는 것은 젠더 자체의 불안정화——젠더 억압과 성 억압이 때때로 작동하는 정상성 및 원본성의 주장에 의문을 제기하면서 탈자연화하는 그러한 불안정화——이다. 그러나 상황이 두 주장 중 어느 하나에도 전적으로 해당되지 않는다면 어떤가? 분명 일부 레즈비언들은 자신들의 성 관행이 부분적으로 이성애의 거절에 뿌리를 둔다는 생각을 유지하기를 원했지만, 또한 이러한 거절이 레즈비언의 욕망을 설명하지 않으며 따라서 레즈비언 욕망의 숨겨진 '진리'나 근원적 '진리'와 동일시될 수 없다고 주장할 것이다. 그리고 드랙의 경우 아직까지는 다른 방식으로는 그렇다고 하기 어려운데, 내가 보기에 「파리는 불타고 있다」의 드랙 축제에는 패배감과 반항심이 모두 있으며, 우리가 보는 드랙, 결국 우리를 위해 틀 지어지고 영상에 담긴 드랙은 인종차별적이고, 여성 혐오적이며, 동성애 혐오적인 그러한 억압 규범들을 전유하면서 동시에 전복하는 것이 분명하기 때문이다. 이러한 양가성을 어떻게 설명해야 하는가? 이것은 우선 전유하고 그 다음 전복하는 것이 아니다. 때때로 그것은 동시에 이뤄진다. 즉 때로는 해소될 수 없는 긴장에 사로잡히고, 또 때로는 치명적이긴 하지만 전복적이지는 않은 어떤 전유가 발생한다.

「파리는 불타고 있다」(1991)는 제니 리빙스턴이 제작·감독한 영화로, 뉴욕의 할렘에서 아프리카계 미국인이나 라틴계 '남자들'이 모여 공연하는 '드랙 볼'[7]을 그린 작품이다. 드랙 볼은 참가자들

---

7) [옮긴이] 드랙 볼(drag ball)은 1980년대 뉴욕 할렘에서 열린 사교 춤의 경연장, 무

이 다양한 카테고리[종목]에서 경쟁하는 경연 대회다. 카테고리들은 다양한 사회적 규범을 포함하는데, 그 규범 중 다수는 '기업 임원'이나 아이비리그 학생이 드러내는 계급 기호로 백인 문화 안에 확립되어 있고, 몇몇은 여성적인 것——'하이 드랙'에서 '부치 퀸'까지를 포괄하는——으로 표시된다. 또 몇몇은 '밴지'[8]처럼 흑인 이성애자 남성의 거리 문화에서 나온 것이다. 그러므로 카테고리의

도회를 말한다. 참가자들은 주제에 맞게 치장해 드랙(drag)이나 보깅(voguing)을 선보이고, 심사위원들로부터 최고의 평가를 받은 참가자는 트로피를 수여받고 레전더리[전설](legendary)로 이름을 남기는 명예를 누린다. 볼이 열리는 공간인 볼룸(Ballroom)은 T자형(그리고 U자형) 무대에서, 심사위원들이 가로로 앉아(U자형 무대에서는 바깥면에 앉아서) 평가하고, 볼 참가자들은 세로로 이어진(U자형에서는 안쪽의) 런웨이를 걷는다. 모든 볼은 카테고리(Category)를 가진다. 크게 리얼니스(Realness), 뷰티(Beauty), 런웨이(Runway), 패션(Fashion), 보그 퍼포먼스(Vogue Performance), 다이너스티(dynasty) 등이 있으며, 각 카테고리는 참여자의 젠더 정체성을 엄격하게 제한한다. 가령 리얼니스 중 드랙 퀸(Drag Queen)에게만 열려 있는 볼의 경우 이성애자 남성이 얼마나 완벽히 생물학적 여성으로 패싱되는지가 중요하다. 보깅과 드랙은 볼룸의 대표적 의례들이다. 보깅은 댄스 배틀을 하는 것으로 패션 잡지 모델들의 사진 포즈를 연속 동작으로 취하는 율동을 보여 포징(posing)이라 불렸고, 그중에서도 《보그(*Vogue*)》지 모델의 포즈를 따라 한 것이 그 이름의 유래이다. 드랙은 규범적으로 한 사람에게 기대되는 섹스·젠더와 반대되는 성별의 스타일을 구현하는 퍼포먼스——'하이 드랙(high drag)'은 여성성을 극도로 과장하는 드랙을, '부치 퀸(butch queen)'은 평상시에는 시스젠더 남성이지만 무대에서는 남성처럼 보이는 여장을 하는 드랙을 지칭한다——로, 화장·가발·의상·몸짓·어조 등 젠더 고정관념의 장치들이 동원한다.

8) [옮긴이] 'Bangie'나 'Banjee'로 표기되는, '밴지'는 볼룸에서 사용되는 용어로, 대도시의 거리를 배경으로 거닐며 패션과 스타일을 추구하는 사람들을 지칭한다. 이는 대체로 뉴욕의 도시 문화와 관련이 있으며 뉴요리칸(Nuyorican)[뉴욕의 스페인어('Nueva York')와 푸에르토리코인('Puerto Rican')의 합성어], 즉 뉴욕 할렘에 거주하는 푸에르토리코인들의 라이프스타일에서 유래한다고 알려져 있다.

모든 규범이 백인 문화에서 나온 것은 아니다. 그중 일부는 비-백인 이성애자들의 것을 베낀 것이며, 또 다른 일부는 계급 규범에 초점을 두는데, 그러다 보니 이 경우에는 값비싼 여성 의류를 [몰래] '싹쓸이해' 오거나 훔쳐 오는 일이 필요해진다. 하지만 '군복 경연'[9]은 또 다른 합법성(legitimacy)의 등록기로 이행하는데, 이때는 남성성에 대한 수행적 몸짓——다른 카테고리들에서 여성성을 수행적·반복적으로 생산하는 일과 나란히 이뤄지는——의 순응을 연출한다. '리얼니스'[10]는 엄밀히 말하자면 누군가와 경쟁을 벌이는 카테고리는 아니다. 리얼함은 기존의 카테고리 내에서 어떤 주어진 퍼포먼스를 판단하는 데 사용되는 기준이다. 그렇지만 리얼니스의 효과를 결정하는 것은 믿음을 자아내는 능력, 자연화된 효과를 생산하는 능력에 있다. 이러한 효과 자체는 규범의 체현, 규범의 되풀이, 인종 규범과 계급 규범을 사칭하기 등

---

9) [옮긴이] 주로 남성들이 무대에 등장해 장교나 군악대, 의장대, 헌병대 등의 군복을 입고 런웨이를 걷는 경연이다. 참가자들은 장식된 탄띠, 화려한 깃털, 군화 방울, 지휘용 칼 등이 추가된 정복 의상을 착용하고, 절도 있는 제식 동작을 반복한다.

10) [옮긴이] 리얼니스(Realness)는 '드랙 볼' 경연의 카테고리[종목] 중 하나로, 번역하면 '실재 같음', '실재다움' 정도로 옮길 수 있겠지만, '볼 문화'가 지닌 은밀하고 독특한 성격을 고려한다면 근래에 사용되는 은어인 '찐이다', '리얼하다'와 같은 말로 옮기는 것도 가능하겠다. 그런데 버틀러는 본문에서 드랙 볼의 카테고리를 지칭하는 '리얼니스' 개념을 통해 퍼포먼스(수행)로 생산되는 허구적인 몸의 이상을 폭로하고 있어서 '볼 경연'의 카테고리로 사용될 때와 그것이 상징적·규범적 의미의 전복을 꾀하는 개념으로 사용될 때를 구별할 필요가 있다. 볼룸의 카테고리를 의미할 때는 '리얼니스'로, 비판적인 의미로 사용할 때는 '리얼함'이나 '진짜임'으로 옮겼다. 또한 마찬가지로 퍼포먼스(performance)도 볼룸의 공연 행위를 지시할 때는 '퍼포먼스'로, 공연하는 이들의 의례적이고 반복적인 몸짓을 의미할 때는 '수행'으로 옮겼다.

으로 빚어진 결과이다. 이러한 규범은 특수한 몸이 아닌 어떤 몸의 형상을, 그리고 퍼포먼스를 규제하지만 어떠한 퍼포먼스도 완전히 근사치에 도달하지 못하는 그러한 기준이 되는 형태학적 이상을 담고 있다.

의미심장한 것은 리얼함을 작동시키고 야기하는 퍼포먼스에는 **읽힐 수 없[어야 한]다는** 단서가 달린다는 점이다. [볼룸에서] '읽는다'는 누군가를 끌어내린다, 겉모습의 수준에서는 작동하는 데 실패한 뭔가를 폭로한다, 누군가를 모욕하거나 조롱한다 등을 의미하기 때문이다. 그렇다면 퍼포먼스가 작동한다[리얼하다]는 것은 읽는 것이 더 이상 가능하지 않다는 것 혹은 읽기나 해석이 보는 것처럼 투명하게 보인다는 것—여기서는 나타나는 것과 그것이 의미하는 것이 일치한다—을 의미하기 때문이다. 그와는 달리 어떻게 나타나는가와 어떻게 '읽히는가'가 [일치하지 않고] 갈라지면, 퍼포먼스의 기교는 기교로 읽힐 수 있다. 즉 이상(理想)이 그것의 전유에서 찢겨나간다. 그러나 읽기가 불가능하다는 것은 기교가 작동한다는 것, 리얼함의 근사치가 달성된 것처럼 보인다는 것, 퍼포먼스[수행]하는 몸과 퍼포먼스[수행]된 이상이 식별이 불가능한 것처럼 보인다는 것을 의미한다.

그러나 이러한 이상의 위상은 무엇인가? 그것은 어떻게 만들어지는가? 「파리는 불타고 있다」는 어떠한 읽기를 장려하는 것이며, 이 영화가 숨기는 것은 무엇인가? 규범의 탈자연화는 규범을 전복시키는 데 성공하는가 아니면 영원한 재이상화—그것이 가장 효과적으로 체현되는 바로 그 순간조차, 아니 정확히는 바로 그 순간에 억눌릴 수밖에 없는—에 기여하는 탈자연화인가? 비너스

엑스트라바간자가 처한 전혀 다른 운명들을 생각해 보자.[11] 그녀
는 밝은 피부색의 여성으로 '패싱'하지만, 완전하게 패싱하지 못
한 특정한 실패로 인해 동성애 혐오적 폭력에 취약한 것이 확실하
다. 결국 그녀는 어떤 고객——그녀가 자신의 '작은 비밀'[12]이라 부
른 것을 발견하게 된 고객 중 한 명은, 자신을 유혹했다는 이유로
그녀의 신체를 손상시켰다——에 의해 생명을 잃은 것으로 추정된
다. 반면에 윌리 닌자는 이성애자로 패싱할 수 있었다. 즉 그의 보
깅은 마돈나 등이 출현하는 '헷 비디오'[13] 영상에서 가장 두드러진

---

11) [옮긴이] 볼룸 무대에는 하우스라는 이름의 공동체가 존재한다. 하우스는 무대 위
　　에서 명성을 얻은 엄마[하우스를 이끄는 트랜스젠더 여성]가 이제 막 무대에 입성
　　한 이들[아이들]을 돌보고, 함께 볼을 준비하고 또 하우스 주최의 볼을 열기 위해
　　만들어진 것이다. 하우스에는 모종의 위계와 견제가 존재한다. 이 위계는 서로에 대
　　해 트집잡고 멸시하는 말을 건네는 '쉐이드(shade)'라는 행위를 통해 가시화된다.
　　「파리는 불타고 있다」에서는 '쉐이드'가 '리딩[읽기]'(reading)에서 나온 것이라고
　　밝히는 장면이 있다. 하우스의 형태로 결집해 볼에 참가하는 것은 1960년대 백인
　　퀴어 중심의 볼룸에서 흑인이 참여할 수 있는 틈을 마련하는 기반이 되었고, 이후
　　하우스 오브 엑스트라바간자(비너스 엑스트라바간자Venus Xtravaganza)의 등장으
　　로 히스패닉이, 하우스 오브 닌자(윌리 닌자Willi Ninja)의 등장으로 아시안이 볼룸
　　의 구성원으로 인정받게 되었다.

12) [옮긴이] 「파리는 불타고 있다」의 한 장면에서 엑스트라바간자는 드랙 볼에 참여
　　할 돈을 벌기 위해 한때 매춘을 한 적이 있다고 말했다. 몸을 더듬던 어떤 고객이 아
　　직 수술하지 않은 자신의 다리 사이에 있는 '작은 비밀'을 알고 분노에 휩싸여 "이
　　더러운 호모, 너는 괴물이야. 너는 에이즈 환자야"라고 소리치며 자신을 때리려 해
　　무서워 창문 밖으로 뛰어내렸다고 했다. 버틀러가 언급한 대로 그녀 신체의 어떤 부
　　위가 어떻게 손상됐는지 여부는 영화에서는 확인되지 않는다. 이후 그녀는 1988년
　　12월 21일 뉴욕에서 신원을 알 수 없는 누군가에 의해 교살되었으며, 죽은 지 3-4
　　일 지나고 호텔방에서 매트리스로 가려진 채 발견되었다.

13) [옮긴이] '헷 비디오(het video)'에서 '헷'은 퀴어 문화에서 이성애자를 칭할 때 사

자리를 차지했고, 그는 국제적인 규모에서 새로운 전설의 지위에 올라섰다. 패싱이 있고, 이어서 또 패싱이 있다. 윌리 닌자가 뜨고 비너스 엑스트라바간자가 죽은 것은 (흔히 말하듯) "우연이 아니다."

영화에서 그녀 즉 비너스 엑스트라바간자는 특정한 젠더 실체 전환(transubstantiation)을 하고자 하는데, 이는 인종차별, 동성애 혐오, 빈곤으로부터 영속적인 피난처를 약속하는 계급 특권과 인종 특권을 [가졌다고] 지칭할 상상의 남자를 찾기 위함이다. 그리고 비너스에게 있어 젠더가 인종과 계급**에 의해서 표시된다**고 주장하는 것만으로는 충분하지 않다. 젠더는 그 자격을 속성으로 부여하는 실제나, 기본적 기실, 인종, 계급 등이 아니기 때문이다. 이 경우 젠더는 인종과 계급의 연쇄 및 그러한 접합의 현장을 환영적으로 변형시키는 매개체이다. 실제로 「파리는 불타고 있다」에서 진짜 되기(becoming real), 진짜 여자 되기는, 비록 그것이 영화에 등장하는 모든 사람의 욕망은 아니지만([하우스의] 아이들 중 일부는 그저 리얼니스를 '행하기'만을 원하는데, 그것도 드랙 볼의 경계 내에서만 그렇다), 빈곤과 동성애 혐오로부터 구원하겠다는 환영적 약속의 현장을, 인종차별의 권위를 실추시키는 현장을 구성한다.

경연(우리는 이것을 '리얼니스 경연'으로 읽을 수 있다)은 리얼함에 근접하려는 환영적 시도를 포함하지만, 또한 리얼함을 **그 자체**

용되며, 헤테로섹슈얼[이성애](heterosexual)을 줄인 말이다. 포르노 비디오를 비롯해 통상 이성애자들이 즐겨보는 영상물을 지칭한다. 여기서는 특히 마돈나의 《보그》 뮤직비디오 영상을 지칭한다. 영상에서 윌리 닌자는 보깅을 하면서 포즈를 취한다.

로 환영적으로 제도화되고 유지되게끔 규제하는 규범들도 폭로한다. 리얼함을 규제하고 정당화하는 규칙들(이것을 상징계라고 불러도 될까?)은 어떤 메커니즘을 구성하는데, 그러한 메커니즘에 의해 승인받은 특정한 환상, 승인된 상상은 리얼함의 한도 범위(parameter)로 은밀하게 승격된다. 우리는 이것을 관습적인 라캉식 말투로 '상징계의 지배'라고 부를 수 있겠는데, 다만 상징계가 주체의 구성에서 성차의 우선성을 떠맡는다는 것만 빼면 말이다. 그러나 「파리는 불타고 있다」가 시사하는 것은 주체의 구성에 있어서 성차의 질서가 인종이나 계급의 질서보다 우선하지 않는다는 점이다. 또한 동시에 영화는 상징계가 인종차별적인 일련의 규범이라는 점, 리얼함의 규범——이것에 의해 주체가 생산된다——은 인종차별적으로 점철된 '성' 개념이라는 점(이것은 전체 정신분석 패러다임을 이러한 통찰 아래에 두는 일이 얼마나 중요한지를 알게 해준다)을 제시한다.[14]

---

14) 코비나 머서는 이 문제에 대해, 그리고 그것이 '양가성'이라는 정신분석학 개념과 맺는 관계에 대해 풍부한 연구를 제공했다. 이에 대해서는 Kobena Mercer, "Looking for Trouble", reprinted in Henry Abelove, Michèle Barale, and David M. Halperin, eds., *The Lesbian and Gay Studies Reader*, New York: Routledge, 1993, pp. 350-359. Originally published in Transition 51, 1991; "Skin Head Sex Thing: Racial Difference and the Homoerotic Imaginary" in Bad Object-Choices, ed., *How Do I Look? Queer Film and Video*, Seattle: Bay Press, 1991, pp. 169-210; "Engendered Species", *Artforum*, vol. 30, no. 10, Summer 1992: pp. 74-78 등등을 보라. 또한 정신분석, 인종, 양가성이 맺는 관계에 대해서는 Homi Bhabha, "Of Mimicry and Man: The Ambivalence of Colonial Discourse", in October 28, Spring 1984: pp. 125-133. [한글본] 호미 바바, 「모방과 인간: 식민지 담론의 양가성」, 『문화의 위치』, 나병철 옮김, 소명출판, 2005, 177-191쪽을 보라.

리얼함의 규범——즉 상징계의 규범——이라는 환영적 지위에 근접하면서도 그것을 폭로하는 이러한 이중 운동은 이 영화의 '디제틱한 움직임'[15]에 의해 강화된다. 영화에서는 이른바 '진짜' 사람들이 값비싼 매장을 오가는 장면이 나오는데, 이는 볼룸의 드랙 장면과 교차 편집된다.

드랙 볼의 리얼니스 연출에서 우리는 어떤 주체의 환상적 구성을 목격하고 생산한다. 이 주체는 합법화 규범——이것에 의해 그 주체 자신이 비하되었다——을 반복하고 모방하며, 자기 자신의 반복을 강제 및 방해하는 지배 기획 안에 설립된다. 이러한 주체는 자신의 동일시에서 물러서서 오늘날 각각의 동일시를 어떤 식으로 작동시킬지를 혹은 작동시켜야 할지 말아야 할지를 도구적으로 결정하지 않는다. 그와는 반대로 이 주체는 일관적이지 않으며 끌어모인 동일시들의 겹침(imbrication)이다. 이 주체는 그것이 행하는 수행의 반복 가능성 내에서 그리고 그러한 반복을 통해 구성되는데, 이러한 반복은 그것이 생산되는 리얼함의 규범을 합법화하는 동시에 불법화하기 위해 작동한다.

이 주체는 리얼함을 추구하면서 생산되는데, 동일시를 동원하

---

15) [옮긴이] '디제틱한 움직임'(diegetic movement: 원문에서는 diagetic으로 오기되어 있다)은 등장인물이 경험하고 마주치는 이야기로 인해 생성된 영화 내에서의 행위를 지칭한다. 그런 점에서 영화의 요소는 '디제틱'하거나 '비-디제틱'할 수 있다. 이 용어는 일반적으로는 영화 안에서 소리와 관련하여 사용된다. 가령 영화의 대부분의 사운드트랙은 비디제틱한데, 이것은 관객에게는 들리지만 등장인물에게는 들리지 않는 상황을 지시한다. 반대로 '디제틱한 음향(diegetic sound)'은 영화 속 인물이 만들어 내는 음악이나 소리로, 음악을 소재로 한 영화의 사운드트랙은 디제틱하다.

는 환영적 추구는 모든 동일시 움직임을 구성하는 환영적 약속, 말하자면 너무 심각하게 받아들여지면 오로지 실망과 비동일시로 귀결될 수 있는 약속을 강조한다. 비너스의 경우 그녀가 죽었기 때문에(아마도 고객 중 한 명이 그녀 몸에 남아 있던 성기를 발견하고 살해한 것으로 보인다) 환상은 상징계로 번역될 수 없다. 이 살해는 그러한 현상——성의 재의미화 가능성을 개방할 것을 요구하는——을 근절할 상징계에 의해 수행된 것이다. 비너스가 여성이 되기를 원하지만 라틴계라는 점을 극복할 수 없다면, 비너스는 정확히 유색인 여성이 취급받는 방식으로 상징계에 의해 취급받는다. 따라서 그녀의 죽음은 사회적 권력 지도에 대한 비극적 오독을 입증하는데, 이 오독은 환영적인 자기 극복을 위한 현장들이 끊임없이 실망으로 해소되는 바로 그 권력 지도에 의해 연출된 것이다. 백인성의 기표들과 여성성의 기표들——또한 계급 특권을 통해 구축된 헤게모니적 남성성의 몇몇 형태들——이 환영적 약속의 현장이라면, 유색인 여성과 레즈비언은 어디에서나 이러한 장면에서 배제될 뿐만 아니라 또한 어떤 동일시의 현장을, 즉 다양한 형태의 드랙, 성전환, 헤게모니적인 것에 대한 무비판적 모방 등으로 이뤄지는 실체 전환을 집단적·환영적으로 추구하면서도 지속적으로 거부되고 비체화되는 동일시 현장을 구성한다는 것이 분명하다. 이러한 환상이 일정 부분 여성처럼 되는 것과 [하우스의] 일부 아이들의 경우에 흑인 여성처럼 되는 것을 포함한다는 것은 흑인 여성을 하나의 특권의 현장으로 그릇되게 구성한다. 그들[흑인 여성]은 한 남자를 붙잡고 그의 보호를 받을 수 있는데, 이는 물론 남자의 지원 없이 살아가는 싱글맘인 무수한 가난한 흑인 여성의 상황을 부정하는 것으로 작동하는 '불가능한 이상화'이다. 이런 의미에서 '동일시'는 부정, 부러움——흑인 여성의 환영에 대한 부러움——, 그리고 부정을 생산하는 이상화 등으로 구성된다. 그에 반해 흑인 남성 퀴어가 헤게모니적인 이성애 문화에 의해 여성화될 수 있는 한에서, 드랙 볼의 수행적 차원에는 그러한 여성화의 중대한 **교정**, 말하자면 패곳(faggot)과 여성 사이에 **이미** 만들어진 동일시의 점유, 패곳의 여성화, 흑인 패곳의 여성화, 패곳의 흑인 여성화가 있다.

따라서 수행[퍼포먼스]은 일종의 말대답이며 이는 대체로 처음 공격당할 때 쓰인 용어에 의해 제약을 받는다. 백인 동성애 혐오적 헤게모니가 흑인 드랙 볼 여왕을 여성으로 간주한다면, 그러한 헤게모니에 의해 이미 구성된 그 여성은 여성이라는 용어의 재접합을 위한 기회가 될 것이다. 그러한 연출의 초과를 몸으로 체화하는 드랙 볼 여왕은 여성을 능가하는 여성일 것이며, 그런 혼란스럽고 유혹적인 과정 속에서 관객의 시선은 어느 정도 이러한 헤게모니를 통해 구조화되어야 하며, 과장된 무대 연출을 통해 비체화에 끌려들어갈 관객은 그에 저항하면서도 극복하기를 원하는 것이다. 이러한 연출의 환영적 초과는 여성이라는 현장을 에로틱한 교환 경제 내에서 시장성 있는 상품으로 구성할 뿐만 아니라,[16] 또한 말하자면 부와 사회적 특권, 보호[안전보장] 등에 접근할 수 있는 특권화된 소비자이기도 한 그러한 상품으로 구성한다. 이것

---

16) 이에 대해서는 Linda Singer, *Erotic Welfare: Sexual Theory and Politics in the Age of Epidemic*, New York: Routledge, 1992를 보라.

은 가난한 흑인 및 라틴계 게이 남성의 역경뿐만이 아니라, 가난한 흑인 및 라틴계 여성——그들은 드랙 볼 장면이 이상화된 동일시의 현장으로 고양시킨 비체화 인물[형상]들이다——의 역경에 대한 철저하게 환영적인 형상 변환(transfiguration)이다. 내 생각에 이러한 동일시의 움직임을, 마치 분리된 유형학이 있기라도 하는 양, 흑인 남성의 여성 혐오로 환원하는 것은 너무 단순하게 보는 것일 것이다. 왜냐하면 가난한 흑인 남성의 여성화——가장 신랄하게 표현하자면 가난한 흑인 게이 남성의 여성화——는 이미 시작된 비체화의 전략이며, 더 커다란 억압 헤게모니에 속하는 인종차별주의, 동성애 혐오, 여성 혐오, 계급주의 등이 복잡하게 얽혀 있는 구축물에서 비롯된 비체화의 전략이기 때문이다.

그람시가 주장했듯이, 이러한 헤게모니는 **재접합**을 통해 작동하지만, 이 헤게모니는 역사적으로 진지로 구축되거나 진지를 구축하는 재접합의 축적된 힘이 대안적인 문화적 배열——더 강력한 체제로부터 나오거나 그러한 체제에 맞서는——을 건설하려는 더 취약한 노력을 압도하는 곳이다. 그러나 중요한 것은 선행하는 헤게모니가 그에 맞서는 '저항'으로/을 통해 작용하기에 엄밀히 말하자면 주변화된 공동체와 지배적인 공동체의 관계가 대립적이지 않게 된다는 점이다. 이 경우 지배적인 규범을 인용한다고 해서 그러한 규범을 전위시키는 것은 아니다. 오히려 그러한 인용은 지배적 규범에 종속당한 이들의 바로 그 욕망과 수행을 통해 그러한 지배적 규범을 가장 고통스럽게 반복하는 수단이 된다.

분명한 것은 성의 탈자연화는 그것의 다양한 의미에서 헤게모니적 제약으로부터의 해방을 의미하지 않는다는 점이다. 비너스

가 온전한 여성이 되고 싶은 욕망, 남자를 만나고 싶은 욕망, 교외
에 세탁기가 딸린 집을 갖고 싶은 욕망 등을 말할 때, 우리는 어쩌
면 과연 그녀가 수행한 그리고 꽤 잘 수행한 젠더와 섹슈얼리티의
탈자연화가 이성애라는 규범적 틀을 교정하는 것으로 끝나는지
아닌지에 대해 의문을 제기할 수 있다. 영화 끝부분에서 그녀의
죽음에서 나타나는 고통은 탈자연화에는 잔인하고 치명적인 사회
적 제약이 있음을 시사하기도 한다. 그녀가 젠더·섹슈얼리티·
인종을 수행적으로 교차시키는 만큼, 규범[정상]적인 여성성과 백
인성이라는 특권을 재기입하는 헤게모니는 비너스의 몸을 **재**자연
화하고 이전의 교차에 교차선을 긋는, 즉 그녀의 죽음을 삭제하는
최후의 권력을 행사한다. 물론 「파리는 불타고 있다」는 비너스를
되돌려 놓으며——말하자면 가시성으로 되돌려 놓으며(되살려 놓
은 것은 아니지만)——, 그리하여 일종의 영화적 수행성을 구성한다.
역설적이게도 「파리는 불타고 있다」는 비너스에게뿐만이 아니라
다른 드랙 볼 아이들에게도 명성과 인정을 가져다주는데, 이 아이
들은 그저 국지적인 전설의 지위를 획득할 수 있을 뿐이지만 또한
더 폭넓은 인정을 갈망하고 있는 것으로 영화 안에서 그려진다.

　물론 카메라는 정확히 바로 이러한 욕망에 부응하고, 그래서 전
설의 지위에 대한 약속으로서 영화 내에 암묵적으로 설치된다. 그
렇지만 카메라가 기록할 뿐만 아니라 또한 자극하는 욕망의 궤적
속에서 카메라가 차지하는 위치를 살펴보고자 하는 영화상의 노
력은 존재하는가? 「파리는 불타고 있다」에 대한 비평문에서 벨 훅
스는 카메라의 위치뿐만이 아니라 백인 레즈비언 영화감독인 제
니 리빙스턴(그녀는 다른 맥락에서는 '예일대 출신의 백인 유대인 레즈

비언'이라고 불리는데, 이러한 호명은 또한 이 저자를 그런 사람으로 정리해 버린다)의 위치——그녀가 그 안으로 들어가 촬영한 드랙 볼 공동체와 관련한——에 대해서도 의문을 제기한다. 벨 훅스는 이렇게 말한다.

> 제니 리빙스턴은 내부를 들여다보는 외부자로서 자신의 주제에 접근한다. 백인 여성/레즈비언 영화감독으로서의 그녀의 현존은 「파리는 불타고 있다」에서는 '부재'하기에, 관객들은 흑인 게이 '원주민들'의 삶을 민족지학적으로 다룬 다큐멘터리 영화를 보고 있다고 상상하기 쉽다. 관객들은 자신들이 보는 작품이 리빙스턴의 고유한 관점이나 입장에 따라 틀이 짜이고 형태를 갖추게 되었다는 것을 인식하지 못할 것이다. 이러한 현실을 영화적으로 가면 씌움으로써(우리는 그녀가 던지는 질문은 듣지만 결코 그녀를 보지는 못한다) 리빙스턴은 헤게모니적인 백인성이 흑인성을 '재현하는' 방식에 맞서기보다는 오히려 조금도 진보적이거나 대항-헤게모니적인 것은 없는 제국적 감시자의 위치를 취한다.

같은 글 뒷부분에서, 벨 훅스는 「파리는 불타고 있다」에서 영화감독의 문화적 위치가 부재하는지 어떤지뿐만이 아니라 '순진한' 민족지학적 시선이라는 식민주의적 비유를 써서 이러한 부재가 이 영화의 초점과 효과를 암묵적으로 형성하도록 작용했는지 어떤지에 대해 의문을 제기한다. 훅스가 주장하길, "너무 많은 비평가들과 인터뷰 대담자들은 (……) 마치 그녀가 어쨌든 그들의 경험을 더 많은 대중에게 알림으로써 이러한 주변화된 흑인 게이 하위문화에 호의를 베푼 것처럼 행동한다. 그러한 입장은 그녀가 이 작업을 통해 받은 실질적인 보상을 모호하게 만든다. 이 영화 속 수많은 흑인 게이 남성들이 대스타가 되고픈 욕망을 표현하기 때문에 이들 '가난한 흑인 영혼들'에게 자신들의 꿈을 실현할 방법을 제공하는 후원자 역할에 리빙스턴을 위치시키기 쉽다."[17]

벨 훅스는 자신의 견해를 「파리는 불타고 있다」에 나오는 흑인 남성들에 제한하지만 엑스트라바간자 하우스의 구성원 대부분은 라틴계이며, 이들 중 일부는 밝은 피부를 갖고 있으며 일부는 크로스드레싱 및 패싱에 참여하고 일부는 볼에만 나오고 일부는 여성성 및/또는 백인성으로의 완전한 실체 전환을 하기 위한 생명 프로젝트에 참여하고 있다. '하우스들'은 일정 부분 인종적 선을 따라 조직된다. 이것을 강조하는 것은 중요한데, 리빙스턴이든 훅스든 친족 관계의 접합에 있어 인종성의 위치와 힘을 고려하지는 않기 때문이다.

전설의 지위로의 실체 전환, 즉 젠더와 인종의 이상화된 영역으로의 실체 전환이 드랙 볼 문화의 환영적 궤적을 구조화하는 만큼, 리빙스턴의 카메라는 환영적 성취——더 많은 관객, 국내적·국제적 명성——를 약속하며 이들의 세계에 들어온다. 리빙스턴이 카메라를 들고 있는 백인 소녀라면, 그녀는 욕망의 대상이자 수단이다. 그럼에도 불구하고 한 명의 레즈비언으로서 그녀는 분명히 「파리는 불타고 있다」에 등장하는 게이 남성들과 일정한 종류의 동일시 유대를 유지하며 또한 친족 체계로서 '하우스들'·'어머

---

17) Bell Hooks, "Is Paris Burning?", Z, *Sisters of the Yam column*, June 1991, p. 63.

니들'·'아이들'——이것들은 드랙 볼 무대를 유지하면서 그 자체로 스스로를 조직한다——로 가득 차 있는 듯하다. 리빙스턴의 몸이 카메라에 비유적으로 나타난다고 얘기될 수 있는 한 가지 사례는 옥타비아 생 로랑이 움직이는 모델들이 사진사에게 포즈를 취하듯 자세를 잡을 때이다. 우리는 그녀가 정말 대단하다고 말하는 목소리를 듣는데, 그것이 리빙스턴을 대신해 영화를 촬영하는 남자인지 아니면 리빙스턴 자신인지는 확실하지 않다. 이 갑작스러운 카메라의 영화 안으로의 침범이 암시하는 것은 카메라의 욕망, 즉 카메라에 동기를 부여하는 어떤 욕망인데, 여기서 카메라를 이용해 남근적으로 조직된 한 명의 백인 레즈비언은 (비신체화된 시선의 지위로 승격되어 에로틱한 인정을 약속하면서) 흑인 M2F 성전환자를 에로틱하게 만든다. 아직 수술 전으로 추정되는 이 성전환자는 감각 지각적으로는 한 명의 여성으로서 '일'한다.

옥타비아가 제니 리빙스턴 같은 소녀라는 말이 의미하는 바는 무엇인가? 그런 주장으로 인해 백인 레즈비언이라는 범주, 아니 실제로는 백인 레즈비언이라는 '위치'가 붕괴되는 것인가? 이것이 이국적인 백인 시선을 위한 흑인 성전환자의 작품이라면, 그것 또한 레즈비언 욕망의 트랜스-성애화가 아닌가? 리빙스턴은 리빙스턴 자신의 카메라를 위해 옥타비아를 여성이 되도록 선동하고, 이로써 리빙스턴은 '남근을 가지는' 권력, 즉 그러한 여성성을 수여하는 능력, 옥타비아를 모델 여성으로 성수를 뿌려주는[세례를 주는] 능력을 떠맡는다. 그러나 옥타비아가 그러한 인정을 받아들이고 그러한 인정에 의해 생산되는 만큼 카메라 자체는 남근적 도구로서 힘을 얻는다. 더욱이 카메라는 수술 도구이자 수술 자체,

즉 실체 전환이 일어나는 매개체로 작동한다. 그리하여 리빙스턴은 남성을 여성으로 변화시키는 권력을 가진 자가 되는데, 변화되는 자는 리빙스턴 시선의 권력에 의존해 여성이 되고 여성으로 남게 된다. 그렇다면 레즈비언 욕망의 트랜스-성애화에 대해 질문한 다음, 우리는 좀 더 구체적으로 이렇게 물을 수 있다. 「파리는 불타고 있다」가 상영한 흑인 남성과 라틴계 남성을 여성화하려는 욕망의 지위는 무엇인가? 이것은 다른 무엇보다도 주체들, 즉 그들로 인해 백인 여성들이 사회적으로 위험에 처해진다고 상상되는 그 주체들의 시각적 화해라는 목적에 부합하지 않는가?

카메라는 일종의 실체 전환을 약속하는가? 카메라는 경제적 특권과 사회적 비체화의 초월성을 약속하는 징표인가? 벨 훅스가 물은 바 있듯이, 이 영화가 성공한다 하더라도 그들이 기록하는 삶은 실질적으로 변화되지 않는다고 할 때, 그러한 약속을 지키는 일을 성애화한다는 것은 무엇을 의미하는가? 그리고 카메라가 그러한 실체 전환을 위한 수단이라면, 카메라를 휘두르며 그러한 욕망을 끌어내고 활용하는 사람이 떠맡는 권력은 무엇인가? 이것은 그 자신의 환상, 즉 영화감독이 자신이 기록한 것을 변형시키는 권력을 휘두르는 것이 아닌가? 그리고 카메라의 권력에 대한 이러한 환상은 이 영화를 구조화하는 민족지학적 자만심과 직접적으로 반대되는 것이 아닌가?

벨 훅스가 이러한 문화 내에서 중립적 시선을 견지한다는 민족지학적 자만심은 항상 백인의 시선, 표시되지 않은 백인 시선, 즉 자신의 관점을 전능한 자인 양 행세하는 시선, 마치 어떠한 관점도 없다는 듯 자신의 관점을 가정하고 실행하는 시선일 것이라고 주장하는 것은 옳다. 그러나 이렇게 카메라를 레즈비언 욕망의 도구이자 효과로 생각한다는 것은 무엇을 의미하는가? 내가 보고 싶었던 것은 리빙스턴의 영화적 욕망에 대한 질문이 「파리는 불타고 있다」 자체에 주제로 반영되고, 그녀의 그러한 프레임으로의 침입이 '침입들'로 나타나며, 카메라가 그것이 부추길 수밖에 없는 욕망의 궤적에 **연루되어 있다**는 것이었다. 카메라가 암묵적으로 실체 전환의 도구로 형상화되는 한, 카메라는 의미화의 장을 통제하는 남근의 자리를 떠맡는다. 따라서 카메라는 비신체화된 시선, 즉 신체를 생산하는 권력을 갖고 있지만 그 자체로는 어떠한 몸도 아닌 시선이라는 남성적 특권을 거래한다.

그러나 이 영화적 시선은 단지 백인적이고 남근적이기만 한 것인가, 아니면 이 영화에는 카메라를 위한 탈중심화된 장소 또한 존재하는가? 벨 훅스는 「파리는 불타고 있다」에서 서로 경쟁하는 서사의 두 가지 궤적을 지적하는데, 하나는 드랙 볼 대회에 초점을 맞추고 다른 하나는 참가자의 삶에 초점을 맞춘다. 그녀는 드랙 볼 대회의 관객이 이 남자들이 드랙 볼 바깥의 자기 삶에 대해 이야기하는 고통스러운 인물상을 누그러뜨리는 데에 도달한다고 주장한다. 그리고 그녀의 해석에 따르면, 드랙 볼 대회는 즐거운 환상의 삶을 재현하며, 드랙 볼 바깥의 삶은 이 대회가 환영적으로 극복하려고 하는 고통스러운 '현실(reality)'이라는 것이다. 벨 훅스는 "리빙스턴의 영화에서는 남성들이 드랙 볼 너머의 가족 및 공동체 세계와의 연결에 관해 말하도록 요청받은 경우가 전혀 없다. 영화의 내러티브는 드랙 볼을 그들의 삶의 중심으로 만든다. 그런데 이것을 누가 결정하는가? 이것은 흑인 남자들이 자기의 현실을 보는 방식인가, 아니면 리빙스턴이 구축한 현실인가?”

분명한 것은 이것이 리빙스턴이 그들의 ‘현실’을 구축한 방식이며, 우리가 얻는 그들의 삶에 대한 통찰은 여전히 드랙 볼에 묶여 있다는 것이다. 우리는 다양한 하우스들이 드랙 볼을 준비하는 방식에 대해 들으며, 또한 우리는 ‘싹쓸이’를 본다. 또한 우리는 남자들로서 드랙 볼 무대를 걷는 사람들, 드랙 볼의 경계 내에서 드랙을 하는 사람들, 드랙 볼과 거리에서 항상 크로스-드레싱을 하는 사람들, 그리고 성전환에 거역하는 사람들, 다양한 방식으로 성전환을 하는 사람들 사이에서 차이를 본다. 드랙 볼을 둘러싼 친족 체계의 열거에서 분명해지는 것은 ‘하우스들’, ‘어머니들’, ‘아이들’이 드랙 볼을 지탱할 뿐만 아니라 드랙 볼 자체가 일련의 친족 관계——엇나감[가출], 빈곤, 집 없음에 직면하여 하우스에 속한 사람들을 관리하고 유지하는——를 이루는 계기라는 점이다. 이 남자들은 서로를 ‘어머니’ 삼고, 서로를 ‘하우스’로 삼으며, 서로를 ‘부양’하는데, 이러한 용어들을 통해 가족을 재의미화하는 것은 헛되거나 쓸데없는 모방이 아니라 사회적 · 담론적 공동체를 이루는 것, 즉 서로를 결속시키고 돌보고 가르치고 보호하고 유능하게 하는 공동체를 이루는 것이다. 바로 이것이 의심할 바 없이 이성애 가족이라는 특권 바깥에 있는 누군가(그리고 그곳에서 고통받는 ‘특권’ 내에 있는 사람들)가 보고, 알고, 배울 필요가 있는 친족의 문화적 재정교화이며, 이성애 ‘가족’ 바깥에 있는 누구도 이 영화의 절대적 외부인으로 만들지 않는 [영화의] 과제이다. 중요한 것은, 우리의 배제와 비체화에 영향을 미치는 바로 그 용어의 재의미화를 통해 단련된 친족의 정교화 안에서 그러한 재의미화가 공동체를 위한 담론적·사회적 공간을 창출한다는 점, 또한 더 나은 가능한 미래를 향해 그들을 바꾸는 지배 용어의 전유를 우리가 본다는 점이다.

이러한 의미에서 「파리는 불타고 있다」는 유효한 반란이나 고통스러운 재복종을 기록한 것이 아니라, 이 둘의 불안정한 공존을 기록하고 있다. 「파리는 불타고 있다」는 바로 그 역–점유(reverse-occupation)——그럼에도 불구하고 하우스의 아이들이 수행하는——를 폐제함으로써, 자기 권력을 행사하는 바로 그 규범을 성애화하고 모방하는 고통스러운 쾌락을 증명한다.

이러한 지배 문화의 전유는 지배 문화의 용어에 종속된 채 있기 위해서가 아니라, 지배의 용어를 고쳐 쓰고자 하는 전유, 그 자체가 일종의 행위성인 고쳐 쓰기, 담론 안에서 담론으로서의 권력, 수행 안에서 수행으로서의 권력, 다시 만들기 위해 그리고 때로는 성공하기 위해 반복하는 권력이다. 그러나 이 영화는 자신의 관객을 행위에 연루시키지 않고는 이러한 효과를 성취할 수 없다. 이 영화를 본다는 것은 그러한 '수행'의 양가성을 우리 자신과 관련된 것으로 설정하는 물신화 논리에 진입한다는 것을 의미한다. 민족지학적 자만심이 수행을 이국적 페티시가 되게 한다면, 즉 관객이 스스로를 부재하게 만드는 것이 되게 한다면, 이성애적 젠더 이상(理想)의 상품화는 그러한 경우에 완성될 것이다. 그러나 이 영화가 누군가 보는 것을 신체화하거나 신체화하지 못하게 하는 양가성을 확립한다면 젠더를 규범화하라는 헤게모니적 요구와 그것의 비판적 전유 **사이에는** 일정한 거리가 생기게 될 것이다.

상징적 반복들

「파리는 불타고 있다」에서 그리고 이 영화에 의해 재현되고 가려진 성소수자들의 문화에서 친족이라는 상징적 용어의 재의미화는 '상징계의 외관상의 정적인 작용이 얼마나 전복적 반복과 재의미화에 취약해지는가'라는 문제를 제기한다. 윌라 캐더의 소설에서 이러한 재의미화가 어떻게 작동하는지 이해하려면 성별화된 신체의 형성에 대한 정신분석학의 설명을 요약하는 것이 필요하다. 윌라 캐더의 소설로 전환하는 것은 프로이트에게는 신체적 자아의 문제이고 라캉에게서는 성적 분화의 위상 문제를, 이름 붙이기의 문제, 특히 소설에서 이름이 지닌 힘의 문제에 집중하는 것을 포함한다. 자아가 늘 신체적 자아라는 프로이트의 주장은 이 신체적 자아가 가시적/시각적인 타자성의 장에 투사된다는 더 깊은 통찰로 정교화된다. 라캉은 가시적 투사 또는 상상적 형성으로서의 몸은 이름에 복종하지 않고는 유지될 수 없다고 주장하는데, 여기서 '이름'은 성적 분화의 법칙인 **아버지의 이름**을 나타낸다. 라캉은 '거울 단계'에서 자아가 '허구적 방향으로' 생산되며 자아의 윤곽과 투사가 허구의 정신적 작품이라고 말한다. 이러한 허구적 방향성은 성적으로 분화된 허구를 '위치들'로 정당화하는 상징계의 출현을 통해 정지되고 고정된다. 시각적 허구로서 자아는 필연적으로 **오인**의 현장이다. 상징계에 의한 자아의 성별화는 상상적 형성으로 이해되는 이러한 자아의 불안정성을 억제하려고 한다.

여기서는 이러한 안정화 기능에 영향을 미치기 위해, 특히 성별화된 위치를 고정하기 위해 언어가 어디서 어떻게 출현하는지 묻는 것이 결정적인 것처럼 보인다. 그러한 위치를 고정하는 언어의 능력, 즉 그것의 상징적 효과를 실행하는 언어의 능력은 상징계 영역 자체—의미화 가능성이나 인식 가능성의 영역—의 영속성과 고정성에 달려 있다.[18] 라캉에게 있어 이름이 제때에 신체적 자아를 확보하고 그것[신체적 자아]을 시간을 통해 동일하게 만들고 이름의 이러한 '수여' 권력이 보다 일반적으로 상징계의 수여 권력에서 파생된다면, 상징계에서의 위기는 그 이름의 이러한 정체성-수여 기능에서, 그리고 상징계에 의해 추정적으로 수행된 성에 따른 신체의 윤곽의 안정화에서 위기가 동반될 것이다. **인식 가능성의 한계를 구성하는 것에 대한 위기로 이해된 상징계의 위기는 이름의 위기, 그리고 이름이 수여한다고 얘기되는 형태학적 안정성의 위기로 등록될 것이다.**

남근은 하나의 제유(synecdoche)로서 기능한다. 왜냐하면 남근이 음경의 형상인 한에서 남근은 하나의 몸 부분의 이상화와 고립을 구성하고 더 나아가 그 부분에 상징적 법의 힘을 투여하기 때문이다. 신체가 그것들이 차지한 상징적 위치에 따라 구별되고 그러한 상징적 위치가 남근을 갖거나 남근이 있는 것으로 구성된다면, 신체는 그에 따라 위치가 '있거나' 위치를 '가짐'을 지시하는 **아버지의 법**에 종속됨으로써 구별되고 그러한 분화 속에서 유지된다. 남자들은 '남근을 가짐'에 가까워짐으로써 남자들이 된다. 즉 남자들은 하나의 '위치'에 가까워지도록 강제되는데, 이 위치 자체는

---

18) 라캉의 상징계를 정적이고 불변적인 것으로 해석하는 것에 반대하는 주장으로, Teresa Brennan, *History After Lacan*, London: Routledge, 1993을 보라.

남성성이 그것의 '부분'으로 제유적으로 붕괴된 결과이자 그 귀결로서 그러한 제유가 상징계의 지배적 상징으로서 이상화된 결과이다. 그렇다면 상징계에 따라 성의 떠맡기는 이러한 제유적 환원의 근사치를 통해 발생한다. 이것이 바로 하나의 몸이 성별화된 통합을 남성적인 것이거나 여성적인 것으로 떠맡는 수단이다. 몸의 성별화된 통합은 역설적으로 이상화된 제유(남근을 '가짐' 또는 남근이 '있음')로 축소되는 동일시를 통해 성취된다. 법에 복종하는 데 실패하거나 혹은 법의 명령과는 반대되는 방식으로 그러한 법을 차지한 몸은 따라서 상징계에서 그것의 확실한 발판, 그것의 문화적 중력을 상실하고, 그것의 상상적 미약함, 그것의 허구적 방향으로 다시 나타난다. 그러한 신체는 성의 이해 가능성을 지배하는 규범들과 경합한다.

상징계와 상상계의 구별은 안정적인 구별인가? 그리고 이름과 신체적 자아의 구별은 무엇인가? 성을 지칭하는 언어적 징표로 이해되는 이름은 그것의 허구성을 **은폐하는** 역할만 하는 것인가? 아니면 **그러한 신체적 자아의 허구적이고 불안정한 지위가 이름에 트러블을 일으키고, 그 이름을 지시성의 위기로 노출하는** 경우가 있는가? 더욱이 몸의 부분들이 자신의 남근적 이상화로 환원되지 않는다면, 즉 몸의 부분들이 다른 종류의 환영적 투여를 위한 벡터가 된다면, 남근이 작동하는 제유적 논리는 어느 정도까지 자신의 분화 능력을 상실하게 되는가? 달리 말해 남근 자체는 음경이 남근으로 이상화되거나 거세의 장면으로 애도되고 그래서 불가능한 보상의 양식으로 욕망되는 등 환상적 투여의 규제와 축소를 전제한다. 이러한 투여가 규제 완화되거나 실제로 감소하더라도 남근을 갖는 것/남근이 있는 것은 어느 정도까지 여전히 성의 분화를 보장하는 것으로서 기능할 수 있는가?

월라 캐더의 소설에서 이름은 젠더의 불확실성을 지칭할 뿐만 아니라 성별화된 형태학의 형상화에도 위기를 생산한다. 이런 의미에서 캐더의 소설은 상징계 자체의 불가능한 요구에 따라 상징계를 창설하면서 해체하는 것으로 읽힐 수 있다. 이름과 부분이 서로 다르고 상충되는 일련의 성적 기대치를 생산할 때 무슨 일이 일어나는가? 젠더화된 신체와 몸의 부분들에 대한 불안정한 서술은 어느 정도까지 이름의 지시성에, 즉 이름이 은폐하고자 하는 바로 그 허구로서의 이름 자체의 지시성에 위기를 초래하는가? 라캉의 상징계가 지닌 이성애주의가 경직되고 미리 규정된 일련의 동일화에 의존한다면, 그리고 그러한 동일화가 정확히 캐더의 소설이 상징적으로 투사된 이름을 통해 그리고 그 이름과는 반대로 작동하는 것이라면, 상징계의 우연성과 '성'으로 자격을 부여받은 것의 이성애주의적 한계는 인식 가능성의 고정된 한계로서만 나타나는 것의 허구적 기반을 작동시키는 재접합을 겪는다.

월라 캐더는 아버지 법을 인용하지만 충성의 가면하에서 전복을 동원하는 장소 및 방식 안에서 그렇게 한다. 이름들은 그것들이 확보할 것으로 기대되는 여성성과 남성성을 갖춘 인물들을 완전히 젠더화하지 못한다. 이름은 문화적 인식 가능성의 용어들 내에서 몸의 동일성을 유지하는 데 실패한다. 즉 몸의 부분들은 어떠한 공통 중심에서 분리되고, 서로 멀어지고, 분리된 삶을 영위하며, 단일한 섹슈얼리티로 환원되길 거부하는 환영적 투여의 현장이 된다. 그리고 자살을 강요하거나, 동성애 에로티시즘을 희생

하거나, 동성애를 폐쇄함으로써 규범화하는 법이 우세한 것처럼
보이지만, 법의 삶은 법의 목적론을 능가하여, 에로틱한 경합과
그 자신의 용어의 파괴적 반복을 가능하게 한다.

2부

'위험한 교차' 이것은 세계 도처의 표지판들에 그려져 있다.

──윌라 캐더, 「톰 아웃랜드의 이야기」

5장 '위험한 교차': 월라 캐더의 남자 이름들[*]

월라 캐더의 소설에서 그녀가 젠더나 섹슈얼리티를 어떻게 바라보는지를 알아내기란 쉽지 않다. 캐더는 자신이 여성이나 레즈비언과 어떤 관계를 맺고 있는지를 명확히 밝히지 않았던 것으로 보인다. 그래서 캐더의 독자가 보기에 그녀를 하나의 이름에 위치시키고 그렇게 단정짓는 것은 그녀의 글에 일정한 폭력을 가하는 것인데, 그녀가 쓴 글의 일관된 특징 중 하나는 이름을 통해 젠더

[*] 나에게 월라 캐더의 작품과 그녀의 글을 퀴어적으로 읽는 것이 가능하다는 점을 알려준 이브 세지윅과 마이클 문(Michael Moon)에게 감사의 말을 전하고 싶다. 특히 1991년 5월 툴란대학교에서 열린 〈문학 이론 세미나〉에 감사 인사를 드리고 싶은데, 이브 세지윅은 나를 이 세미나의 강의자로 초청해 마이클 문과 만나는 행운을 누리게 했다. 또한 1993년 봄 하버드대학교에서 개최된 〈문학 및 문화 연구 센터〉에 참석한 청중들에게도 감사를 드리고 싶은데, 그들은 내가 이 장을 쓰는 데 도움이 되는 여러 제안을 해주었다.

와 섹슈얼리티를 불안정하게 만드는 것이기 때문이다. 쟁점이 되는 것은 이름을 어떻게 동일시의 현장으로 즉 동일시의 역학이 작동하는 현장으로 읽을 것인가, 또한 이름을 어떻게 교차-동일시를 재이론화하는 계기로, 더 정확히 말해 모든 동일시 실천에서 작동하는 교차를 재이론화하는 계기로 읽을 것인가에 있다.

이렇게 소설의 이름과 관련해 어떻게 동일시를 읽을 것인가라는 질문은 윌라 캐더를 받아들이는 사람들 대부분이 문제로 삼지 않았던 것이다. 몇몇 페미니스트들의 주장에 따르면, 캐더는 남성과 동일시되는 작가, 화자(話者)를 남자로 상정하거나 남자 주인공을 전면에 내세운 이야기를 쓰는 작가이다. 페미니스트 전기 작가 샤론 오브라이언은 『윌라 캐더: 출몰하는 목소리』에서 캐더가 초기(그녀가 자신을 '윌'이라고 부르던 시기)에는 자신을 남자와 동일시하다가 작품을 쓰면서 여자와 동일시하는 쪽으로 이동했으며, 그래서 초기에는 아버지와 삼촌에게 충성하던 캐더가 이후로는 자기 어머니의 조상에 충성하면서 그와 동일시하는 쪽으로 옮겨갔다고 주장한다.[1] 오브라이언은 "캐더 생애의 궤적은 시간이 흐를수록 자신을 한 명의 여성이자 여성 작가로 긍정하는 쪽으로 나아갔다고 읽힐 수 있다"는 자신의 주장을 설명하면서 캐더가 어머니와 동일시하면서 어머니와의 유대를 강화시킨다고 추정한

---

1) Sharon O'Brien, *Willa Cather: The Emerging Voice*, New York: Ballantine, 1987, pp. 13-32. 오브라이언의 논지에 반발하면서 캐더가 지속적으로 여성에게 적대감을 보였다는 점에 초점을 두는 흥미로운 글로는 Jeane Harris, "A Code of Her Own: Attitudes toward Women in Willa Cather's Short Fiction", *Modern Fiction Studies*, vol. 36, no. 1, Spring 1990, pp. 81-89를 보라.

다. 오브라이언은 다음같이 상정하면서 캐더의 이러한 심리적 이동을 추적한다. "정신적 동일시는 저자가 만들어 내는 인물을 통해 읽힐 수 있다", "인물들은 이러한 동일시를 모방적으로 반영한다", "동일시는 충성심과 친연성을 나타내 주는 기호──이른바 해소되지 않은 공격성이나 최소한 양가성을 나타내주는 기호가 아니라──이다" 등. 오브라이언이 캐더의 작품에서 레즈비언주의가 중요하다는 점을 인정하긴 하지만, 그녀는 그러한 섹슈얼리티를 말하는 데 있어 교차-동일시의 장소[가 되는 이름]를 고려하지는 않는다. 실제로 오브라이언은 레즈비언주의가 여성과의 사랑이자 모성과의 동일시 유대를 강화하는 것이라고 추정할 뿐이다. 또한 최근에 허마이오니 리가 쓴 전기 『윌라 캐더: 이중적 삶』에서는 교차-동일시와 교차-드레싱[남장(男裝)]이 캐더가 글을 쓰는 모습의 일부로 그려지지만, 이러한 교차-젠더화된 동일시는 캐더의 섹슈얼리티 문제와는 강제로 분리된다.[2] 여기서 교차-드레싱과 교차-글쓰기는 성적인 것을 실행한 것이라기보다는 단지 자기를 남들에게 보여주기 위한 자발적 연출 행위로 읽혀야 하는 것처럼 보인다.

이브 세지윅은 캐더의 소설 『교수의 집』(1925)에서 나타나는 교차-동일시를 더욱 복잡하게 읽어 내는 해석을 제시하는데, 이 소설에서는 두 남성의 동성애 관계가 말 그대로 이성애 가족의 배치──거의 죽음에 이를 정도로 무미건조한──라는 서사적 틀 내

---

2) Hermione Lee, *Willa Cather: Double Lives*, New York: Vintage, 1989, pp. 10-15.

에 포함되어 있다.[3] 세지윅에 따르면 윌라 캐더는 두 가지 '교차-옮김(cross-translation)'을 만들어 내는데, "하나는 젠더를 교차시키고 다른 하나는 섹슈얼리티를 교차시킨다."[4] 캐더는 남자들의 위치와 남성 동성애의 위치를 떠맡는다. 이러한 떠맡음을 어떻게 이해해야 할까? 그것은 어떤 대가를 치르며 수행되는가? 세지윅에 따르면, "이러한 이중적 굴절에서 가시화되는 것은 잔혹한 억제의 그림자로, 이러한 억제가 이뤄지는 윌라 캐더의 시대와 문화에서는 레즈비언의 사랑 자체가 자유롭게 가시화되지 못했다."[5] 여기서 세지윅이 제공하는 것은 굴절된 사랑의 선택지, 즉 '이중 옮김을 통해 표현되는 사랑인가' 아니면 '직접적이고 투명하게 눈에 띌 가능성을 갖는 사랑인가'라는 선택지이다. 세지윅이 '레즈비언 진실'이라고 말하는 후자는 그러한 진실을 구성하는 일이 가능하기 이전에 이미 합법적인 역사적 담론 안에 존재하는 것처럼 보인다.[6]

하지만 『벽장의 인식론』에서 벽장이라는 장치를 구성하는 그러한 부재가 잔혹한 억제의 현장이라고 주장하면서 금지의 결과인 부재가 특정한 종류의 독해를 요구하는 일련의 '에둘러 표현함(indirection)', 대체, 텍스트의 동요 등으로 지속된다고 주장하는

---

3) Eve Kosofsky Sedgwick, "Across Gender, Across Sexuality: Willa Cather and Others", *The South Atlantic Quarterly*, vol. 88, no. 1, Winter 1989, pp. 53-72.
4) Eve Sedgwick, 위의 글, p. 68.
5) Eve Sedgwick, 위의 글, p. 69.
6) Eve Sedgwick, 위의 글, p. 69.

것 역시 세지윅이다.[7] 캐더가 『교수의 집』의 톰 아웃랜드라는 인물을 통해 남성 젠더로의 옮김을 수행하고 있다고 해석하는 세지윅은 또 다른 토미의 존재를 간과하는데, 토미는 캐더의 글 「감상적이지 않은 토미」(1896년)에서 젊은 여성으로, 더 정확히 말해 선머슴(tomboy)으로 등장한다. 「감상적이지 않은 토미」에서 이름은 하나의 젠더를 반영하지 않고 특정한 교차의 현장 즉 젠더 전이의 현장이 되며, 이는 캐더에게 있어 이름은 젠더 동일시의 교환──젠더와 섹슈얼리티를 실체화하는 일이 가면을 쓰는──이 일어나는 무대가 아닐까라는 문제를 제기한다. 적절한 역사적 재현을 기다리는 레즈비언 섹슈얼리티의 근원적 '진실'이 있다는 식의 가정(假定)은 그것을 재현하는 담론들에 앞서 미리 온전한 형태로 구성된 비역사적 섹슈얼리티를 상정하는 것이다. 이러한 추측은 레즈비언 섹슈얼리티를, 역사적 어휘──레즈비언 섹슈얼리티를 삭제시키려는──를 통해 생산된 특정한 가면쓰기의 **실천으로써** 읽어 낼 기회를 놓치는 데에서 기인한다. 내가 주장하고 싶은 것은 캐더가 자신의 소설에서 레즈비언 섹슈얼리티를 분명하게 드러내는 일을 억누르는 데 효과적으로 작용한다고 얘기되는 그러한 금지가 바로 캐더 소설의 구성 및 교환의 계기라는 점이다. 캐더의 글에서 레즈비언주의를 읽어 낼 가능성이 있다는 점이 [그녀의 글을] 끝없는 위험에 처하게 한다고 보기보다는 오히려 캐더의

---

7) Eve Kosofsky Sedgwick, *Epistemology of the Closet*, Berkeley: University of California Press, 1990. 이 중에서도 특히 "무지"의 복수화 및 구체화를 논의하는 부분(p. 8)과 게이와 레즈비언 청년을 "소여된 것의 담론 구조에서의 공백"으로 현상학적으로 기술하는 부분(p. 43)을 참고하라.

글 안에서 레즈비언 섹슈얼리티가 그것을 읽어 낼 가능성에 대한 끝없는 도전을 통해 생산된다고 보는 것이 더 올바를 것이다. 에이드리언 리치는 이러한 도전에 대해 이렇게 언급한다. "(……) 윌라 캐더에게 있어, 레즈비언의 표식(marker)은 말이 없다."[8] 이런 점에서 세지윅이 캐더 안에 고립시킨 '굴절'은 레즈비언주의라는 위반의 기호일 뿐만 아니라 굴절된 섹슈얼리티——옮김과 전위로 구성된——로서의 레즈비언주의의 바로 그 조건이자 가능성이다. 캐더의 글에서 이러한 섹슈얼리티는 결코 이성애와 근본적으로 구별되는 어떤 진실의 자격을 갖지 않는다. 그것[레즈비언주의]은 거의 어떤 곳에서도 모방적으로 형상화되지 않으며, 희생과 전유가 수렴되는 교환으로 읽혀야 하며, 그곳에서 이름은 금지된 취득과 고뇌에 찬 양도가 일어나는 양가적 현장이 된다.

부담스러운 이름들

캐더는 1918년 소설 『나의 안토니아』를 '나'가 등장하는 프롤로그로 시작하는데, 이때의 '나'는 전에 소개된 적도 없고, 실제로 이름이 붙여진 적도 없는 화자이다.[9] 이 프롤로그는 실제로 '소개/서문(introduction)'으로 불리는데, 원저자가 아닌 다른 어떤 사람, 아

---

8) Adrienne Rich, "For Julia in Nebraska", in *A Wild Patience Has Taken Me This Far*, New York: Norton, 1981, p. 17.

9) Willa Cather, *My Ántonia*, Boston: Houghton Mifflin, 1988. [한글본] 윌라 캐더, 『나의 안토니아』, 전경자 옮김, 2011.

마도 짐 버든이라 불리는 저자의 자기 소개로 쓰인 것일 수 있다. 짐 버든을 이렇게 저자로 임명하는 일은 익명의 '나'[10]를 생산하고 이후 점차 소멸시키는 일과 함께 이루어진다. 실제로 캐더가 글을 시작하며 우리에게 짝지어 주는 것은 익명의 화자[나]와 이름이 부여된 화자[짐 보든], 즉 우연히 만나는 두 인물, 실제로 '오랜 친구들'인 두 인물이며, 그들은 한 문장 안에서 과거 시점과 현재 시점이라는 관습을 횡단하는 것처럼 보인다. "지난여름 무더위가 한창일 때, 짐 버든과 나는 우연히 같은 기차를 타고 아이오와주를 횡단하고 있었다." 여기에는 [미리 주어진] 배경이 있고 이미 교차의 문제가 있다. 그리고 다음 문장에서는 불확실성이 반복되는데, 이 문장은 특정한 현재의 관계에서 그것이 단지 기억에 불과한 것은 아닌지를 묻는 질문으로 묘하게 미끄러진다. "그와 나는 오랜 친구이다. 우리는 같은 네브라스카 마을에서 함께 자랐고, 서로에게 할 말이 참 많았[던 것 같]다."

우리가 알게 된 이 우정을 나누던 관계는 두 사람 각자 따로따로 뉴욕에 살고 있고 짐 버든이 아내——익명의 화자는 그녀를 싫어한다——를 가진 것처럼 보이는 현재 시점까지 존속하지는 못한다. 우리가 알게 된 이 아내는 멋진 외모를 갖고 있지만 '감수성이 떨어지고', 활력이 넘치지만 '뭔가에 열광할 수는 없는' 인물이다. 그러나 그들을 분리시키는 이 인물은 글이 써지는 과정에서 그들을 묶어 주는 또 다른 인물 즉 창가에 있는 짐 버든이 석양이 불타오르는 풍경에서 불러내는 것처럼 보이는 인물인 안토니아로 교

---

10) Willa Cather, *My Ántonia*, pp. 1-2. [한글본] 윌라 캐더, 『나의 안토니아』, 9-11쪽.

체된다. 불타오르는 지평선은 차츰차츰 불타오르는 인물, 즉 '나'
와 '짐'을 결속시킬 뿐만 아니라 짐 버든이 '나'와 전위되는[자리
를 바꾸는] 계기가 되는 욕망의 인물로 변한다. "우리가 기억하는
다른 그 누구보다도, 이 소녀는 우리에게 시골, 우리의 처지, 우리
유년기의 모든 모험을 의미하는 것처럼 보인다."[11] 그리고 짐 버든
이 우리의 이름 없는 화자와의 우정을, 즉 화자가 완전히 사라지
기 직전에 소중했다고 주장한 우정을 쇄신한다고 말한 것은 안토
니아에 대한 환영적인 기억 복구를 통해서이다. 그리고 이렇게 말
하고 있는 '나'는 가속화되어 읽어 내기가 힘든 익명성으로 물러
나고, 따라서 뉴욕행으로 불타오르는 기차의 관점에서 보면 뒤로
밀려나 버리는 관점인 네브래스카와 나란히 놓인다. 희미해지는
지평선으로 인해 가려지는 '나'는 이 이야기의 주제를 벗어난 조
건이 된다. 즉 이 조건은 화자의 권위가 이 대명사에서 저 대명사
로 옮겨 다니다 짐 버든이라는 인물로 전이하는 것을 통해 자리
잡게 된다. 따라서 이러한 전이는 남자 이름으로 뒷받침되는 남성
적 인물 안에서 그리고 그 인물에 의해 모호하게 언급되는 '나'의
일시적 해법이다. 하지만 '짐 버든'이라는 이름은 그러한 해법의
무게를 짊어지는 부담스러운 특성을 알리고, 그의 언급 능력은 그
근거인 것처럼 보이는 화자의 궤적에 의해 간헐적으로 중단될 것
이다.[12] 우리는 이러한 이름 안에서의 권위 및 욕망의 전이를 어떻

---

11) *My Ántonia*, p. 2. [한글본] 『나의 안토니아』, 10쪽.

12) [옮긴이] 버틀러는 '부담스러운', '짐을 짊어지어 버거운' 등을 나타내는 형용사
인 burdensome이 『나의 안토니아』의 화자 '나'에서 목소리를 옮겨 간 '짐 버든'
(Jim Burden)이라는 이름을 특징적으로 보여준다면서 말놀이를 하고 있다. 맥락상

게 읽어야 하는가?

우리는 『나의 안토니아』에서 수면 아래로 가라앉는 '나'를, 익명성이라는 관습이 남성 저자라는 전통적 관습과 타협하게 되는 현장으로 읽을 수 있다. 이러한 '나'는 물러나는 표시, 즉 익명성으로의 후퇴를 실행하는 표시, 스스로를 삭제하는 대명사 표시이며, 그리하여 이성애 관습이라는 바로 그 모체 내에서 글의 주제를 벗어난 혼란으로서 다시 나타나는 무언(無言)의 조건이 된다.

화자의 권위를 넘겨주는 '나'가 이상적 독자로 형상화하는 인물은 전위된 동일시를 통해 즐거움을 얻는 그 사람이다. 따라서 안토니아라는 인물에 대한 짐 버든의 정념(passion)은 '나'에게 전달되는데, '나'의 그녀[안토니아]에 대한 정념은 그[짐 버든]의 정념을 통해 다시 깨어난다. "나는 그녀를 전혀 볼 수 없었지만 짐 버든은 오랜 세월 후에 그녀를 다시 만났고 그에게 엄청나게 의미있는 우정을 다시 새롭게 갖게 되었다. 짐의 마음은 그날 그녀로 가득 채워졌다. 그는 나로 하여금 그녀를 다시 보게 했고, 그녀의 존재를 느끼게 했으며, 그녀에 대한 나의 옛 정서를 모두 되살아나게 했다."[13] 여기서 '나'의 욕망의 계기처럼 보이는 것은 바로 짐 버든이 형상화한 안토니아이며, 이렇게 전위를 행할 수 있음은 표면상으로는 욕망을 짐 버든에서 익명의 독자로 전이시킨다.

따라서 이 이름 없는 '나'의 정념은 짐 버든의 정념을 따르는 것처럼 보이지만, 이 '나'가 '나' 자신의 정서(affection)를 발화하는 바

---

burdensome은 '부담스러운'을 나타내는 말이기도 하면서 동시에 '버든스러운'을 지시하는 말이기 때문이다.

13) *My Ántonia*, p. 2. [한글본] 『나의 안토니아』, 10-11쪽.

로 그 순간 짐 버튼이 처음으로 입을 여는데, 이로써 짐 버튼은 그 뒤에 이어진 두 단락과 나머지 글 전체에서 오롯이 그의 차지가 될 저자의 기능을 떠맡는다. 그러므로 '나'의 욕망——이것은 짐 버튼의 판타지가 지닌 권력에 귀속된다——의 표시는 짐 버튼을 이후 글을 구성할 [익명의 '나'가] 바라는 몽상(夢想)의 원천이자 기원으로 임명함으로써 직접적으로 가려진다. 짐 버튼이 이 욕망을 가리는 것일까? 아니면 이것이 '나'의 가려짐, 말하자면 그렇게 '내' 욕망의 짐을 짊어진 '나'의 가려짐일까? 짐 버튼이 말할 때, 그것은 수신인이 없는 담화이고, 청자에게 무관심한 몽상이며, 한때는 화자이던 '나'를 글 내에서 감수성이 있는 독자의 위치로 내던지면서, 본의 아니게 글을 쓴 화자의 권위를 강화시킨다. "'나는 틈틈이 내가 안토니아에 대해 기억한 것을 적어 놓았어.' 그가 내게 말했다. (……)" '나'는 이제 받아쓰기를 하는 중개자로 기능하지만, 여기서 인용의 전략으로 완전하게 가면을 쓴 '나'는 그의 발언을 기록하고 따라서 그러한 발언에 표시되지 않은 권위를 수여한다. 짐 버튼이 화자인 '나'를 가리는 것처럼 보임에 따라 '나'는 짐 버튼의 발화를 읽어 낼 수 없는 처지가 된다. 반면에 그의 발화는 이제 인용하는 사람에게서, 즉 인용 안에서 아니 오히려 **인용으로서** 행위하는 자로 전위된 이름없는 사람에게서 소급적으로 그 기원과 근거를 획득하는 하나의 인용이다. 실제로 익명의 화자는 이 미래의 글을 위한 이상적 독자를 형상화하고 그래서 짐 버튼은 이러한 '나'에게 그녀/그가 '반드시 그것을 봐야만 한다'고 조언한다. 이 조언은 그가 직접적으로 말을 거는 유일한 기회일 것이다. 카프카인 줄 알았다고 농담을 던지며 그 글을 언급하고, 그래서 저자를 한 명의 열렬한 독자로 만들고, 그러한 자기희생적인 저자로서 짐 버든과 교차되기를 거부하며, 그리하여 짐 버든이라는 이름을 그러한 희생의 효과이자 징표로 생산하면서 말이다. 그러나 짐 버든이 이러한 화자의 자리를 차지한 것인지 아닌지 혹은 화자가 이제 더 완전히 짐 버든을 점유——바로 그 희생의 논리를 통해 실행된 점유——한 것인지 아닌지는 불분명하다.

우리는 이 「서문」을 통해 익명의 화자와 짐 버든 간에 감정적 거리가 있는 또 다른 이유로 짐 버든이 서부 철도 회사 중 한 곳의 법률 고문이 되었다는 것을 알게 되는데, 이는 익명의 화자가 법과 어느 정도 거리를 두는 인물이거나, 그게 아니면 일종의 감시를 받는 인물임을 암시하는 것 같다. 반면에 짐 버든은 법을 대표한다. 짐 버든의 법적 지위는 그가 법과 관련된 봉투——이것은 서명자인 짐 버든에게 법의 인장을 찍고 합법의 무게를 짊어지게 한다——에 담긴 원고를 들고 화자의 아파트에 도착한 「서문」 끝에서 재차 확인된다. "여기에 안토니아에 관한 일이 있어." "나는 단지 그녀의 이름이 내 머리에 떠올리게 만든 거의 모든 것을 적어 놓았어." 그는 "내 생각에 그것은 어떤 형식도 없어." 그런 다음 "그것은 어떤 제목도 없어."라고 말한다. 그리고 화자를 앞에 두고 짐 보든은 '안토니아'라는 제목을 쓰더니 이내 눈살을 찌푸리며 그것을 지운다. 그리고는 그는 적절한 이름이 있다고 말하고 '나의 안토니아라고 쓰고 '만족해'한다.[14]

따라서 짐 버든이 붙인 제목은 윌라 캐더의 책 제목으로 수렴하

---

14) *My Ántonia*, p. 2. [한글본] 『나의 안토니아』, 11쪽.

고, 그러한 반복은 행위하는 자를 전위시키는데, 그에 따라 짐 버든은 그 글에서 화자를 대신했던 것으로 보인다. 우리는 이것이 결국 윌라 캐더의 글이라는 것을 알고 있는데, 이는 짐 버든이 말한 것을 받아 적는 익명의 인물이 바로 캐더 자신이라는 것을 의미한다. 이상화된 여성 독자, 즉 한 남자가 쓴 글을 받아 그대로 옮겨 쓰는 사람을 연상시키는 '감수성이 있는' 독자, 감수성을 지닌 자로 형상화된 윌라 캐더는 먼저 이러한 여성적 관습을 통해 자기를 감춘 다음 마침내 그녀가 양도한 것처럼 보이는 글을 '점유'하기 위해 사라진다. 바꿔 말해 그녀는 저자의 권리를 법을 대표하는 사람에게 전이시킴으로써 권리 주장을 무대에 올린다. 자신의 분신을 만들어 행한 이러한 전이는 일종의 사기로, 이는 그녀가 그저 양보한 것처럼 보이는 그 글에 대한 권리 주장을 용이하게 만든다.

내 생각에 허위의 전이는 그녀의 글 내에서 되풀이되는 움직임이며, 욕망의 작용을 가능하게 하면서도 그와 동시에 감추는 그러한 동일시의 교차를 위한 형상이다. 이것이 바로 내가 잠시 뒤 그녀의 단편 소설 「감상적이지 않은 토미」의 맥락에서 고려하고자 하는 교차이다. 「감상적이지 않은 토미」에서 동일시는 늘 양가적 과정, 즉 장악하는 것이자 동시에 박탈이고 희생인 어떤 위치를 차지하는 것이다.[15] 실제로 이것은 사기치는 선물이자 명백한 희

---

15) "Tommy the Unsentimental", in *Willa Cather: 24 Stories*, ed., Sharon O'Brien, New York: Penguin, 1987, pp. 62-71. [한글본] 윌라 캐더, 「감상적이지 않은 토미」, 『실크 스타킹 한 켤레: 19, 20세기 영미 여성 작가 단편선』, 버지니아 울프 외, 정소영 옮김, 문학동네, 2021, 122-135쪽.

생인데, 여기서 여성의 저자다움은 남성의 저자다움을 위해 양보하는 것처럼 보인다. 뒤에서 제시하겠지만 이러한 권리 양도는 정밀한 교환으로 해소되는데, 그것은 「감상적이지 않은 토미」에서는 남성이 짊어지는 빛의 생산이 된다. 캐더의 글이 종종 전위된 동일시를 통해 남성의 저자다움을 이상화하는 것처럼 보인다면, 그것은 동일시의 전위가 바로 그녀 소설을 가능하게 하는 조건이기 때문일 것이다.

짐 버든의 저자다움은 캐더 자신의 책 제목을 글자 그대로 반복함으로써만 떠맡아진다. 이는 어떤 의미에서는 캐더가 문학적이자 법적인 용어로 그 제목을 유지하고, 그래서 짐 버든이 져야 할 부담인 저자다움을 그러한 제복으로 유지한다는 점을 시사한다. 따라서 반복과 인용으로서의 짐 버든의 저자다움은 누군가로부터 파생된 것으로 이해되고 그래서 감수성이 있는 여성 청자는 완전한 통제권을 유지한다. 그런데 소설 작가라는 파생된 지위가 부담이라면 어찌할 것인가? 이러한 저자다움의 무게나 저주는 무엇인가? 그리고 우리는 어떻게 짐 버든을, 캐더의 지정된 대리자이자 법의 상징으로서, 바로 그 대체를 필요로 하는 금지의 힘으로 만들 수 있는가?

안토니아는 보헤미안이며, 그녀는 캐더의 소설에 나오는 다른 보헤미안 소녀들처럼 1848년 내전 후 네브래스카에 정착한 오스트리아 제국의 '보헤미아'라 불리는 땅에서 유래된 독일어권 공동체에 속해 있다.[16] 영어권에서 '보헤미안'이라는 말은 15세기에

---

16) [옮긴이] 보헤미아 왕국은 1804년 신성 로마 제국의 황제 프란츠 2세가 오스트리

시작된 프랑스어 용례로 거슬러 올라가는데, 보헤미아 출신으로 알려진 집시들은 15세기에 유럽 서부 지역에 도착하기 시작했다. 1848년에 영국의 소설가 새커리는 이 말의 의미를 주어진 공동체 내에서 망명 중인 사람으로 옮기기 시작했다. 그는 『허영의 시장』을 쓰면서 '야생'과 '방랑'으로 간주되는 젊은 여성들에게 이 말을 적용했다.[17] 새커리는 1860년대에 이 말을 다시 '문학적인 집시'를 지시하는 데 적용했으며, 새커리는 그들을 내전[미국의 남북전쟁]의 수사학을 새롭게 바꿔 관습에서 '탈퇴'한 자로 묘사했다. 이후 이 말은 사회적 관습을 경멸하는 사람이나 『옥스포드 영어 사전』의 설명대로 '자유롭게 방랑하거나 불규칙한 삶에 이끌린 사람'을 지시하는 것으로 확장되었다.[18]

캐더의 글에서 첫 번째로 소개된 안토니아는 언어적 망명과 방향 상실의 상황에서 영어—특히 이름들이 지시하는 방식—를 익히려는 갈망으로 충만하다. 안토니아가 짐 버든을 만났을 때 그녀는 그의 **어깨**를 치며 "이름? 이름 무엇?"이라고 묻는다.[19] 짐의

아 제국을 선언하면서 오스트리아 제국의 일부가 되었다. 이후 보헤미아 민족 문화 연구와 부흥 운동이 있었고, 나폴레옹 전쟁으로 오스트리아 제국이 약화되면서 민족주의가 점차 강화되었다. 보헤미안들의 독립운동은 1848년 3월 혁명으로 나타났으며 얼마 지나지 않아 진압되었다.

17) [한글본] 윌리엄 메이크피스 새커리, 『허영의 시장』, 서정은 옮김, 웅진지식하우스, 2011.

18) "보헤미아"에 대해서는 또한 Sedgwick, *Epistemology of the Closet*, pp. 193-195와 세지윅이 인용한 Richard Miller, *Bohemia: The Protoculture Then and Now*, Chicago: Nelson-Hall, 1977을 보라.

19) *My Ántonia*, p. 19. [한글본] 『나의 안토니아』, 35쪽.

이름을 알기 위해서이기도 하지만, 또한 짐 버든의 제유적 붕괴를 짐을 짊어지는 현장인 그의 어깨로 나타내기 위해서이기도 하다. 그런 다음 안토니아는 나무들과 풍경을 돌아보며 "이름? 이름 무엇?"을 되풀이해서 묻는다. 그러나 어떤 이름도 만족스러워하지 않은 듯 보인다. 언어적 불만족의 현장을 확산시키는 안토니아의 이러한 끝없는 이름들의 추구를 우리는 어떻게 읽어야 하는가? 마치 만족스럽게 이름 붙여지거나 이름 불릴 수 없는 것이 겉으로는 만족스러워 보이는 그런 모든 이름 붙이기 행위를 초과하기라도 하는 것처럼, 마치 짐 버든이 생산하고 점유한 이름이 아니라 안토니아 자신이 자신만만하게 이름을 붙이는 정복할 수 없는 초과를 위한 인물이 되기라도 하는 것처럼, 결코 만족스럽지 않은 이름들에 대한 무한한 갈망으로 커지는 인물이 되기라도 하는 것처럼 끝없이 이름을 추구하는 이 안토니아를 우리는 어떻게 읽어야 하는가?[20]

짐 버든은 안토니아에게 영어 단어를 떠먹여 줌으로써 이러한 언어적 욕구를 달래주려 한다. 그러나 이러한 전유는 제대로 작동하지 않으며 개념적 숙달을 획득하기보다는 더 큰 혼란을 초래하는 상황을 낳는다. 이러한 잘못된 연결에 관한 형상으로 읽을 수 있는 것을 탐구하면서 짐 버든과 안토니아는 구멍이 난무하는

---

20) 섹슈얼리티를 분명하게 표현하는 데 있어 이름 붙이기의 한계를 문제삼는 것에 대해 나는 거트루드 스타인을 읽어 낸 카린 코프에 빚지고 있다. 이에 대해서는 Karin Cope, "'Publicity Is our Pride': The Passionate Grammar of Gertrude Stein", *Pretext*, Summer 1993을 보라.

'자갈 침대'와 마주한다.[21] 그런 다음 짐 버튼은 눈에 보이는 풍경의 이러한 틈새들에서 무엇이 나타나는지 기록한다. "나는 웅크린 자세로 뒤로 걷고 있었는데, 그때 안토니아의 비명소리가 들렸다. 그녀는 내 맞은편에 서서 내 뒤를 가리키며 보헤미아 말로 뭐라 뭐라고 외쳤다. 주변을 둘러보니, 마른 자갈 침대 중 하나에 내가 지금껏 봤던 것 중에서 제일 큰 뱀 한 마리가 있었다. 놈은 추운 밤을 지내고 나서 햇볕을 쬐고 있었고, 안토니아가 비명을 지를 때에는 잠을 자고 있었던 것이 분명했다. 내가 돌아섰을 때, 놈은 'W'자 모양과 같은 느슨한 파도 안에 누워 있었다. 놈은 움찔하더니 서서히 몸을 감아올리기 시작했다. 그 놈은 그저 크기만 큰 뱀이 아니라 서커스에서 볼 수 있는 괴물이라고 나는 생각했다."[22] 줄임말인 'W'는 이 글에 윌라의 약어를 도입하고, 그녀를 그 문자 [W] 모양의 느슨한 파도와 연결해, 문법적 형태학의 문제를 욕망의 움직임을 지닌 뱀의 형태학적 형상과 접속시킨다.[23] 그러나 구멍에서의 부분적 출현, 이 서사를 뒷받침하는 허구를 통한 이러한 파열은 단지 재미있고 무서운 구경거리, 즉 "서커스에서 볼 수 있는 괴물"일 수 있다.

---

21) *My Ántonia*, p. 31. [한글본] 『나의 안토니아』, 53쪽.

22) *My Ántonia*, p. 31. [한글본] 『나의 안토니아』, 53-54쪽.

23) 여기서 캐더는 셰익스피어를 모방하고 있는 것처럼 보인다. 젊은 여성이었을 때 캐더는 자신을 '윌'이나 "윌리엄"이라 불렀을 뿐만 아니라, 이 글에서 그녀는 셰익스피어 자신이 자주 그랬던 것처럼 약어 'W'를 소환한다. 이에 대해서는 Phyllis C. Robinson, *Willa: The Life of Willa Cather*, New York: Doubleday, 1983, pp. 31-32와, Joel Fineman, "Shakespeare's Will: The Temporality of Rape", *Representations*, no. 20, Fall 1987, pp. 25-76을 참고하라.

더욱이 뱀의 출현은 '나'와 '그'의 분리——이번에는 짐 버든이라는 '나'와 뱀이라는 '그[놈]' 사이의 분열——를 다시 무대에 올리는 계기이다. 짐 버든은 뱀의 움직임을 매혹과 공포에 사로잡혀 구술하는데, 이는 그들 간의 차이를 의문에 붙인다. "놈의 끔찍한 근육질, 놈의 혐오스럽고 유동적인 움직임이 왠지 나를 역겹게 만들었다. 놈은 내 다리만큼 굵었고, 맷돌로도 놈으로부터 나온 역겨운 생명력을 꺾을 수 없을 것만 같았다." 따라서 뱀의 혐오스러움은 짐 버든의 다리를 역겨운 생명력의 도구로 형상화하면서 화자인 '나'(아마도 여전히 짐 버든인)로 전이되고, 그래서 짐 버든은 자기 몸을 자기-혐오와 자기-파괴의 대상으로 형상화한다. 그러나 이 "서커스에서 볼 수 있는 괴물"이 'W'——이것은 이 글에서 이름 붙이기를 초과하고 조건 짓지만 아직 이름이 불리지 않는 윌라(Willa)의 괴물스러움을 거세까지는 아니어도 적어도 짧게는 축약하고 있다——의 형태를 떠맡았기 때문에, 그것은 뱀이, 「프롤로그」에서의 안토니아와 다르지 않게도, 윌라로부터 '역겹고 생명력 있는 다리'——짐 보든의 것으로 보이지만 또한 마찬가지로 환영적인 남근 전이의 자유롭게 떠다니는 팔다리로 해석될 수 있는——로의 지독한 남근 숭배의 전이를 촉진하는 것처럼 보인다.

유비의 두 항들은 점점 더 불안정해진다. 짐 버든과 뱀을 구분 짓는 거리는 짐 버든이 뱀을 예감하면서 가까워지기 시작한다. "이제 놈은 자기의 길이를 확 늘이며 튀어오를 거야." 하지만 튀어오른 것은 뱀이 아니라 진짜로 뱀의 참수를 수행하는 짐 버든이며, 이는 그가 두려워한 바로 그 남근 숭배를 실행함으로써 선점하는 것이다. "나는 삽을 들고 놈의 머리를 향해 달려가서 정말로 놈의 목을 쳤고, 잠시 후 놈은 물결 모양의 고리를 이루며 내 발 주위를 둘러쌌다."[24] 짐 버든은 계속해서 뱀의 "추한 머리"를 "납작해지게" 두들겼지만 "놈의 몸은 계속 감겨지고 구불구불해지고 주름이 접히며 스스로 쓰러졌다." 따라서 뱀은 짐 버든의 살해 시도에 저항하며, 이 저항은 뱀이 문자 'w'처럼, 글쓰기 자체의 형태학적 움직임처럼, 그러한 주름 접히고 구불구불한 방식으로 또 다른 중요한 'w'를 계속해서 의미화하는 행위로 읽힐 수 있다. 이 또 다른 'w'는 결국 짐 버든을 그것의 효과로서 유지 및 생산하는 것이며 그 결과 짐 버든은 그것을 파괴할 아무런 힘도 없게 된다. 이러한 의미에서 짐 버든은 "서커스에서 볼 수 있는 괴물"이 되고 윌라와 그녀의 잠재적 괴물스러움은 눈에 띄지 않는 'w', 즉 글쓰기라는 파도의 움직임으로, 특히 그녀 서명의 축약된 징표를 구성하는 구불구불하고 주름 접히고 스스로 쓰러짐으로 물러난다. 그렇기에 'w'는 캐더의 화자에 의해 가장 완전히 가면을 쓰게 되는 용어인 '여성'을 의미할 것이다.[25]

---

24) *My Ántonia*, p. 32. [한글본] 『나의 안토니아』, 54쪽.

25) 1908년 윌라 캐더에게 보낸 편지에서 세라 온 주잇은 캐더, 특히 「갈매기의 길 위에서」(1908)에서의 캐더가 남자로서 남자 주인공에 관해 글을 쓰는 서사적 장치라고 그녀가 이해했던 것에 대해 이의를 제기한다. "연인이 가능한 한 그 일을 잘 해내는 것은 여자가 남자의 캐릭터로 글을 쓸 때—내 생각에는 그것은 늘 가장무도회 같은 일임에 틀림없습니다—입니다. 그리고 당신은 대체로 그 일을 스스로 해낼 수 있었을 테죠. 여자도 똑같이 그러한 보호자의 방식으로 그녀를 사랑할 수 있습니다. 여자는 심지어 그런 [연인의] 삶에서 그녀를 떼어 놓고 싶을 만큼 그녀를 어떤 식으로든 잘 돌볼 수도 있습니다. 하지만 오! 그 느낌은 얼마나 가깝고, 얼마나 부드럽고, 얼마나 진실하겠습니까! 바닷바람이 종이 위에 적힌 바로 그 글자들 사이로 스며들겠죠." Letters of Sarah Orne Jewett, ed. *Annie Fields*, Boston:

고유한 이름[고유명]을 제시하는 'W'는 대문자로 표기된다. 이 'W'는 단축된 윌라(Willa)(그녀는 자기 생애 초기에 '윌(Will)'이라는 이름을 써서 이러한 단축을 습관적으로 수행했다)일 뿐만 아니라 짐 버든이 수행하는 거세/참수 장면을 미리 실행한 것이다. 축약어 'W'는 분명 축소된 것이지만 이러한 축소는 또한 가면쓰기 전략의 조건이며, 더 정확하게는 금지──이것은 남성화된 괴물스러움으로서 그 자신이 행할 수 있는 섹슈얼리티를 형상화하지 못하게 막는다──에 맞서 그리고 그러한 금지로 작동하는 특정한 종류의 서사의 조건이다. 짐 버든이 1인칭 위치에 들어서면서 「프롤로그」에서의 '나'가 네브래스카의 풍경으로 물러나는 것처럼, 고유한 이름의 이러한 축소는 화자 내에서/화자를 통해 저자-주체가 환영적으로 재분배되는 조건이다. 따라서 그것은 마치 화자가 그러한 용어를 써서 가면 쓴 '나'를 역으로 재현하는 것 같은 것이 아니다. 반대로 '나'의 불투명성은 이러한 재분배의 영속적 조건이다. 바로 이것이 자신의 욕망에 반하는 금지에 의해, 즉 일련의 화자 전위[위치 바꿈]를 생산하는 금지에 의해 불투명성으로 구성된 '나'이다. 이때 화자 전위는 어떤 이름이 만족**할 수 있는가**

<hr>

Houghton-Mifflin, 1911, pp. 246-247.

세라 온 주잇의 소설, 특히 「마샤의 숙녀(Martha's Lady)」(1897)와 『뾰족한 전나무 마을(*The Country of the Pointed Firs*)』(1896)은 캐더의 소설과 유사하게 젠더와 섹슈얼리티의 문제를 다룬다. 그리고 캐더의 『나의 안토니아』의 익명의 화자와 짐 버든의 관계는 주잇의 『뾰족한 전나무 마을』에서 이야기를 받아들이는 화자와 이야기를 말하는 자의 관계와 평행선을 그린다. 주잇의 소설 『뾰족한 전나무 마을』과 캐더의 「감상적이지 않은 토미」(두 글은 같은 해인 1896년에 출판되었다)는 둘 다 서사적이면서 에로틱한 선물하기(gift-giving)와 희생의 역동성을 탐구한다.

라는 문제를 지속적으로 제기할 뿐만 아니라 또한 만족할 수 있는 이름을 말하는 일을 금지하는 효과를 야기한다. 만족하리라고 예상될 법한 이름인 안토니아는 그러한 전위를 되풀이할 유일한 계기일 수 있다. "이름? 이름 무엇?"

물론 동성애가 말 못하는 이름이자 말할 수 없는 이름과 연관지어지게 된 것은 오스카 와일드의 기소로 인한 것이었다.[26] 캐더에게 있어서는 감히 그 이름을 말할 수조차 없는 사랑이 사랑이 되는데, 이 사랑은 그러한 말 못함의 현장에서 이름을 증식하고, 이러한 전위로 허구의 가능성을 확립하며, 그러한 금지를 되풀이하면서, 동시에 **실제로는 그러한 반복과 전복의 가능성들을 위해 금지를 작동시키고 이용하는 것이다.**

따라서 이름은 일종의 금지로 기능할 뿐만 아니라 뭔가를 행할 수 있는 계기로도 기능한다. 이름이 상징적 질서와 사회적 법 질서——이 질서는 성차 및 강제적 이성애의 제도를 통해 실행 가능한 주체들을 법률로 정한다——의 징표라는 점을 생각해 보라. 이러한 [성차 및 강제적 이성애] 제도들은 자신의 헤게모니에 의문을 제기하기 시작하는 가능성들을 낳기 위해 어떤 방식으로 자기 자신에 맞서 작동될 수 있는가?

---

26) [옮긴이] 오스카 와일드는 여성과 결혼해 자녀도 둘이 있었지만, 동성애자이기도 했다. 결혼 이후 오스카 와일드는 로버트 로스를 만나 비로소 남성과의 육체 관계를 알게 되었다고 한다. 이후 와일드는 퀸즈베리 후작의 막내아들인 앨프리드 더글러스를 만났고, 퀸즈베리 후작에 의해 소년을 추행했다는 혐의로 고발되었다. 소송 직후 와일드는 동성애를 했다는 죄로 기소당하게 되고 강제노역을 포함한 2년 형을 받아 교도소에 수감되었다.

라캉은 『세미나 II』에서 "이름 붙이기는 두 주체가 동시에 동일한 대상을 인정하기로 합의하는 협약을 구성한다"고 말한다. 이름의 이러한 사회적 기능은 늘 어느 정도는 다양하고 일시적인 일련의 상상적 동일시를 안정화하려는 노력인데, 라캉이 보기에 이러한 상상적 동일시는 자아의 회로를 구성하지만 아직 상징계 내의 주체를 구성한 것은 아니다. 라캉에 따르면, "대상들이 주체와의 나르시시즘적 관계만을 갖는다면", 말하자면 대상들이 황홀경(ecstasy)을 일으키고 상상적인 동일시를 위한 장소일 뿐이라면, "대상들은 오직 순간적인 방식으로만 지각될 것이다. 단어 즉 이름이 부여된 단어는 동일한 것이다." 상상적 관계, 즉 나르시시즘적 동일시를 통해 구성된 관계는 늘 허약한데, [이러한 상상적 동일시 관계에서] 자기 자신이라고 규정되는 것은 외부의 대상이기 때문이다. 다른 곳에서 동일시하는 자아와 그 자아를 규정하는 현장인 다른 곳 간의 거리를 좁히지 못하는 이러한 실패는 그러한 동일시를 구성적 불일치 및 실패의 유령으로 출몰시킨다. 사회적 협약이자 실제로는 사회적 기호 체계의 일환인 이름은 상상적 동일시의 허약함을 무시하고 그것에 사회적 지속성과 합법성을 수여한다. 따라서 자아의 불안정성은 이름을 통해 지정된 상징적 기능에 의해 포섭되거나 안정화된다. 라캉이 주장하길, 인간 주체의 "시간이 지남에 따른 영속적 나타남"은 "엄밀히 말해 오로지 이름이라는 중재자를 통해서만 인식될 수 있다. 이름은 대상의 시간이다."[27]

---

27) [옮긴이] Jacques Lacan, *The Seminar of Jacques Lacan, Book II : The Ego in Freud's Theory and in the Technique of Psychoanalysis 1954-1955*, tr. Sylvana Tomaselli, New York: Norton, 1991, p. 169. 인용된 내용의 맥락을 소개하면 다음과 같다. "대상들에 이름

슬라보예 지젝이 『이데올로기의 숭고한 대상』에서 이름의 이데올로기적 차원으로 강조한 것은 바로 이렇게 시간을 넘어 주체의 동일성[정체성]을 보장하는 이름의 기능이다. 지젝이 주장하길, 철학자 크립키가 고유명의 지위를 고정 지시어[엄격한 지시자]로 이해한 것은 라캉에게서 이름이 지닌 동일성[정체성]-수여 기능과 나란히 놓인다.[28] 지젝이 보기에, 고유명은 어떠한 내용도 정교화하지 않는다. 고유명은 그러한 동일성[정체성]에 대한 어떠한 서술도 암묵적으로든 명시적으로든 제공하지 않은 채 동일성[정체성]을 지시하는 말하기의 기능이다. 라캉과 마찬가지로 크립키도 고유명을 시간을 넘어 대상의 동일성[정체성]을 보장하는 것으로 이해한다. 고유명은 지시적이며, 그것이 지시하는 동일성[정체성]은 어떠한 일련의 서술로도 대체될 수 없다. 그렇기에 라캉

을 붙이는 권력은 지각 자체를 구조화한다. 인간의 페르키피는 이름 붙이기의 지대 내에서만 유지될 수 있다. 인간은 이름 붙이기를 통해 대상들이 일정한 일관성을 유지하게 만든다. 대상들이 주체와의 나르시시즘적 관계만을 갖는다면, 대상들은 오직 순간적인 방식으로만 지각될 것이다. 단어 즉 이름이 부여된 단어는 동일한 것(the identical)이다. 단어는 주체와의 동일시에서 이미 늘 해소될 준비가 되어 있는 대상의 공간적 독특성에 응답하는 것이 아니라, 시간적 차원에 응답하는 것이다. 대상은 하나의 순간에 인간 주체의 가상, 즉 인간 자신의 분신으로 구성되지만, 그럼에도 불구하고 대상은 시간이 지남에 따라 나타남의 일정한 영속성을 지닌다. 하지만 모든 대상은 소멸하기 때문에 그 영속성은 무한히 지속되지는 않는다. 일정한 시간 길이 동안 지속되는 이러한 나타남은 엄밀히 말해 오로지 이름이라는 중재자를 통해서만 인식될 수 있다. 이름은 대상의 시간이다. 이름 붙이기는 두 주체가 동시에 동일한 대상을 인정하기로 합의하는 협약을 구성한다."

28) Slavoj Žižek, *The Sublime Object of Ideology*, London: Verso, 1989, pp. 87-102. [한글본] 슬라보예 지젝, 『이데올로기의 숭고한 대상』, 이수련 옮김, 새물결, 2013, 149-172쪽.

의 다음 구절은 크립키에게도 적용될 수 있다. "단어, 이름이 부여
된 단어는 동일한 것이다."

의미심장하게도 크립키와 라캉은 둘 다 어떤 **협약**을, 즉 이름에
게 그것이 명명하는 것에 지속성과 인식 가능성을 수여할 권력을
투여하는 사회적 합의를 실체화하는 데 동의한다. 그리고 두 경우
모두, 이름은 늘 **아버지의 법**에 기초한 사회적 협약이고, 남근적
인 통제의 명목상의 지대로서 시간을 넘어 지속되는 **부계명**(父系
名)임을 의미하는 부계적 조직화이다. 따라서 지속적이고 실행 가
능한 동일성[정체성]은 부계명에 의한 종속과 예속화를 통해 구
매된다. 그러나 이러한 부계명은 여성들을 의례적으로 교환함으
로써만 보장될 수 있기 때문에, 여성에게는 특정한 부계명 동맹의
이행, 따라서 이름 안에서의 변화가 필요하다. 그래서 여성들에게
있어, 고유성[적절성]은 교환이 가능한 이름을 가짐으로써, 이름
들의 교환을 통해서 성취되며, 이는 이름이 결코 영속적이지 않음
을, 이름을 통해 보장된 동일성[정체성]은 늘 부계성(父係性)과 결
혼이라는 사회적 요건에 의존한다는 점을 의미한다. 따라서 [소유
권의] 박탈은 여성에게 있어 동일성[정체성]의 조건이다. 동일성
[정체성]은 정확히 이름의 전이 안에서/를 통해 보장되는데, 이때
이름은 전이나 교체의 현장이고, 그래서 정확히 늘 비영속적이고
자기 자신과 다른 것, 자기 자신 이상인 것, 자기-동일적이지 않은
것이다.

지젝이든 크립키든 그들이 '이름은 그것이 명명하는 것의 영속
성을 보장한다'고 얘기할 때 그들의 마음에 이러한 문제의식이 없
었던 것은 분명하다. 여자 이름의 변화 가능성은 부계명을 영속적

으로 나타나게 하는 데 있어 본질적이고, 실제로 부계성을 지속시
킴으로써 환영적 영속성을 보장하는 데 있어 본질적이다. 더욱이
고유명은 지시적인 것, 말하자면 이름에 합법성을 수여하는 사회
적 협약이 그것의 남성중심주의와 이성애적 특권에 의문을 제기
하지 않는 한에서만 서술적이지 **않은** 것으로 생각될 수 있다. 고
유명이 부계명으로 정교화되면, 그것은 사회적 협약 혹은 상징계
의 축약어로 읽힐 수 있는데, 이러한 상징계는 부계의 사회 구조
에서 자신들의 위치를 통해 이름 붙여진 주체를 구조화한다. 그렇
다면 이름 붙여진 주체의 지속가능성은 고유명의 기능이 아니라
부계명의 기능, 위계적 친족 체제의 축약된 심급이다.

부계명으로서의 이름은 법을 담지할 뿐만 아니라 또한 법을 제
도화한다. 이름이 명명된 주체를 보장하고 구조화하는 한, 이름은
예속화의 권력을 휘두르는 것처럼 보인다. 즉 주체를 금지의 토
대, 말하자면 성별화된 사회적 위치성의 강제적 법제화를 통해
주체들을 구분짓는 일련의 법의 토대 위에 생산하는 것이다. 짐
버튼이 자신의 법률 봉투 위에 자기 글의 제목으로 '나의 안토
니아'를 쓸 때 그는 이름을 소유격과 결합해, 사라지는 부계명으
로 흔히 의미되는 것을 명시적으로 제시한다. 그의 고유한 부계명
자체는 이름의 짐(burden)이자 부계명이 실어 나르는 부담[버튼]
스러운 투여이다. 이는 『교수의 집』의 톰 아웃랜드(Tom Outland)와
도 다르지 않은데, 그의 부계 혈통은 알려지지 않았고, 그의 성씨
아웃랜드는 사회적 결속의 부계명 징표가 예상되는 현장에서 [땅
(land)의 바깥(out)이라는 이름이 말해 주듯] 망명과 초과의 비유를
대체한다. 캐더에게서 부계명의 전유와 전위는 부계명의 동일성

[정체성]-수여 기능이라는 사회적 토대를 전위시키고 지시체의 문제를 경합이 이뤄지는 젠더적 의미와 성적 의미의 현장으로 열어 놓는다.

캐더가 1896년에 출판한 단편소설의 제목 「감상적이지 않은 토미」는 그 자체 제임스 매튜 배리의 소설 제목 『감상적인 토미』의 역전이며, 배리의 역전——감상적 소설 및 그것이 지닌 여성성과의 연합의 전통에 반대하는 '역전'의 전통을 작동시키는——의 특정한 역전을 나타낸다.[29] 캐더의 소설은 젊은 여성 토미 셜리(Tommy Shirley)에 관한 이야기인데, 부계명의 예상을 역전시키는 그녀의 바로 그 이름은 소년의 이름을 앞에 놓을 뿐만 아니라 또한 샬럿 브론테의 신조어 '셜리'를 소녀 이름으로 택하고 다시 그것을 부계명으로 만든 것이다.[30] 캐더가 자기 소설에서 그 이름을 쓸 당시에는 '톰'과 '토미'라는 용어에 여러 가지 의미가 쌓여 있었다.[31] 16세기 이래로 '톰'은 '손재주가 서투른 톰(Tom All-Thumbs)' 또는 '진실한

---

29) 이에 대해서는 Sedgwick, "sentimentality", in *The Epistemology of the Closet*, pp. 193-199를 참고하라. 또한 오브라이언이 '캐더가 잡지 《홈 먼슬리(*Home Monthly*)》에 이 소설[「감상적이지 않은 토미」]을 출판함으로써 감상적 소설을 모방하고 전복한다는 것', '잡지의 편집자들이 받아들일 수 있는 공식에 순응하지만 그것은 단지 그 과정에서 감상적 관습을 조롱하기 위한 것일 뿐이라는 것'이라고 주장하는 다음의 글도 참고하라. O'Brien, *Willa Cather: The Emerging Voice*, pp. 228-231.

30) 위의 주석 25을 보라.

31) 샬럿 브론테가 "셜리"를 자신의 소설 『셜리』(1849)에서 최초로 여성의 이름으로 쓴 것은 분명하다. 캐더는 이 소설에서 "만들어 낸 것"을 첫째, '토미'를 소녀의 이름으로 확립함으로써, 둘째 셜리를 부계명으로 확립함으로써, 유지 및 역전시키는 것처럼 보인다. 샬럿 브론테에 대한 이러한 인용은 이름이 젠더와 모방적으로 관계 맺는 것이 아니라 젠더 예상의 전복으로 기능한다는 점을 제시한다.

혓바닥의 톰(Tom True-Tongue)'처럼 남성적인 것을 가리키는 준-고 유명으로 기능했다. 또한 19세기에 '톰'은 광대나 가면 쓴 사람, 아첨 떠는 사람 등을 가리키는 이름(「엉클 톰」에서의 '톰'이 인종을 표시하는 것같이)이거나, 매춘부나 관습에 저항하는 소녀를 가리키는 이름이었다. 이 마지막 두 가지 의미는 16세기에는 소년들에게만 쓰이던 말인 선머슴과 관련되어 있지만, 17세기에는 소녀들, 특히 '노는 여자애'를 특징짓는 말이 되었다. 그러다가 19세기 초에는 선머슴의 육체적 야생성은 '자신들의 성이 지닌 연약함을 침범하는 여성들(『옥스포드 영어 사전』)과 연관되었고, 1888년 즈음 선머슴은 다른 소녀들에게 '천박한 애정 신호'를 보여주는 이들과 연결되었다. 또한 1860년대에는 '토미 샵'이라는 가게가 있었는데, 여기서는 노동 임금이 돈이 아닌 물건으로 지불되고 '토미'는 그러한 거래를 위한 이름이었다. 그리고 1895년에는 관습에 대한 반항이 여자 톰, 즉 톰보이[선머슴]와 매춘부로 나타나는데, 『시카고 어드밴스(Chicago Advance)』는 이를 이렇게 선언한 바 있다. "에-로틱하고 토미-로틱한(tommyrotic) 현실주의자라고 유머러스하게 불렸던 모든 학교는 (……) 예술에서의 진보를 위해서는 도덕 관념의 제거가 필요하다고 주장한다."[32]

이러한 이행의 역사는 이름 안에서 울려 퍼지고, 윌라 캐더는 자신의 이야기를 하나의 대화로 시작한다. 이 대화에서는 두 개의 목소리가 어떤 한 남자의 상대적 무능력에 대해 숙고하며 말한다. 문단이 진행되는 동안 이름들이 등장하지만 토미의 젠더는 표시

---

32) *Oxford English Dictionary*, second edition.

되지 않은 상태로 남아 있다. 즉 토미는 일련의 이성애적 관습 내에서 말하는 한 남자를 떠맡는다. 이 대화는 제시카의 욕망 즉 제시카가 고려 중인 남자인 제이 엘링턴이 비난받을 만한 사람인지 아닌지에 관한 것으로, 말하는 과정에서 토미는 그가 전혀 비난받을 만한 사람이 아니라고 제시한다.[33] 그 문단 끝에서 토미는 그녀에게서 등을 돌리는데, 이는 제시카의 욕망으로 보이는 모순적인 태도뿐만 아니라 또한 제시카와 관련된 화장 용품——토미가 여성 관습을 이해하는 인식론적 한계 같은 것을 구성하는 것처럼 보이는 화장 용품——에 '당황했기' 때문이다.

전혀 명백하지 않은 것이 마치 사실인 것처럼 솔직하지 않게 드러나는 것은 다음 문단의 시작 부분뿐이다. "말할 필요도 없이 토미는 소년이 아니었다. 비록 그녀의 예리한 회색 눈동자와 넓은 이마가 소녀 같지 않았고, 이제 막 자란 활동적인 사내아이의 마른 형상을 갖고 있었지만 말이다. 그녀의 진짜 이름은 '시어도시아'이지만, 토마스 셜리가 은행을 자주 비우는 사이 그녀는 그의 일을 도맡았고, 사우스다운의 모든 사람들이 그녀를 '토미'라고 부를 때까지는" 관련 업무의 문서에 'T. 셜리(T. Shirley)'라고 서명했다.[34]

아버지는 이 이야기에서 이름으로만 등장한다. 그의 이름을 떠

---

33) [옮긴이] 해당 대화에서 토미는 이렇게 말한다. "글쎄, 남자를 좋아하고 말고는 장점이나 능력에 좌우되는 것 같진 않아. (……) 제이 엘링턴은 호감이 가는 사람이고, 가진 거라고는 달랑 그것뿐이지만 어쨌든 그건 좋은 면이니까." 「감상적이지 않은 토미」, 124쪽.(번역 일부 수정)

34) "Tommy the Unsentimental", p. 63. [한글본] 「감상적이지 않은 토미」, 124쪽.

맡으면서 토미는 그가 부재중인 자리를 떠맡고 뒤덮는다. 이때 이름은 부계 권위를 (가면을 쓰고) 환영적으로 전이하는 현장이 될 뿐만 아니라, 토마스 셜리라는 이름은 그 이름이 가면 쓴 바로 그 자에 대한 역전과 전유를 수행한다. 아버지의 이름을 떠맡는 것은 단지 아버지에 대한 딸의 동일시적 충성에 있지 않고 공격적인 전유이기도 하기 때문이다. 이름의 반복은 부계명을 여성화하고, 그래서 남성적인 것을 교환에 종속되는, 종속적·우발적인 것으로 위치시키는 것이다. 그 이름은 시간이 지남에 따라 정체성의 특이성을 확보하는 것이 아니라 오히려 금지, 고유성, 교차-젠더의 전유 등으로 이동하는 하나의 벡터로 기능한다.

이름은 부재의 자리를 차지하고, 그러한 부재를 뒤덮고, 그러한 비워진 위치를 재영토화한다. 이름이 상실과 교체, 환영적 동일시의 현장으로 등장하는 만큼 이름은 정체성을 안정시키는 데 실패한다. 토미의 아버지가 부재하기에 그녀는 그의 자리에서 사인하고 그의 서명을 전유하는데, 토미의 은행 회계자의 권위는 그러한 전위의 과정을 통해 생산된다.[35] 그러나 역전은 여기서 끝나지 않는데, 토미의 동일시는 희생이 없지 않기 때문이다. 그녀는 제이 엘링턴 하퍼를 엄청나게 좋아한다고 스스로 말하지만, 또한 이러한 애정이 어리석은 일이라는 것을 잘 알고 있는 것으로 묘사

---

35) 신용의 노선으로 서명(署名)을 논의하는 것으로, 서명의 시간성에 기초해 니체의 『이 사람을 보라』를 읽는 데리다의 독해를 참고하라. Jacques Derrida, "Otobiographies: The Teaching of Nietzsche and the Politics of the Proper Name", in Peggy Kamuf ed., *The Ear of the Other*, tr. Avital Ronell, Lincoln: University of Nebraska Press, 1985, pp. 1-40.

된다. "그녀가 표현했듯이 그녀는 그[제이 엘링턴]와 같은 종류의 사람이 아니었고 결코 그럴 수도 없었다." "토미의 어머니 자리를 차지"했다고 묘사된 마을의 일곱 명의 **노인들** 역시 이 무언의 지식을 보유하고 있는 듯 보인다.[36] 그리고 그 노인들은 토미가 그녀가 지닌 분별력을 잃고 제이 엘링턴과의 사랑에 빠지지 않을 것이라고 확신하는 듯 보이지만, 그럼에도 불구하고 그들은 다른 선택지처럼 보이는 것——토미가 동부에 있는 학교에서 제시카를 달고 돌아왔을 때 명백하게 드러난 것——으로 마음이 심란하다.

다시 돌아온 토미에 대해 유일하게 불만스러운 것은 그녀가 학교를 다니며 애정을 키우게 된 소녀, 얌전하고 뽀얗고 일하는 것에 열의가 없으며 바이올렛 향수를 뿌리고 양산을 쓰고 다니는 소녀를 하나 데려왔다는 것이었다. **노인들**은 토미처럼 반항적인 소녀가 그녀의 성(性)과 같은 성을 가진 누군가를 상냥하고 친절하게 대하는 것

---

36) [옮긴이] 일곱 명의 노인들(Old Boys)에 대한 캐더의 설명은 이렇다. "그녀[토미]와 가장 가까운 사람들은 아버지의 오랜 사업 동료들이었다. 그들은 세상 경험이 많은 나이 지긋한 남자들로, 토미를 아주 좋아하고 자랑스러워했다. 제이 엘링턴 하퍼라면 절대 알아채지 못할, 혹은 알아채더라도 그것이 얼마나 드문 자질인지 몰라서 귀중하게 여길 수도 없을 그런 올곧고 진실한 정신을 그들은 알아보았던 것이다. 나이든 투자자와 사업가들은 늘 톰 셜리의 여식에 대해 일종의 책임감을 느꼈고, 어머니를 대신해 보통은 남자가 처녀에게 거론하기 꺼리는 여러 주제에 대해서도 조언자의 역할을 자처했다. (……) 일곱 명의 영감들은 대부분 이런저런 것을 배우고, 아니다 싶은 많은 것을 버려 가며 이 세상을 반백 년 살아온 명민한 사람들이었기 때문에 그녀가 들여야 하는 시간은 갈수록 늘어났다." 윌라 캐더, 「감상적이지 않은 토미」, 126쪽.

은 나쁜 징조, 세상에서 가장 나쁜 징조라고 말했다.[37]

　여기서 삼인칭 화자의 목소리와 **노인들**의 목소리는 합쳐지기 시작해 제시카를 "일하는 것에 열의가 없다"고 간주하는 부정확한 사람들로 남게 된다. 하지만 토미는 처음부터 제시카를 멸시하며, 그들 간에 애정이 얼마나 있는지 상관없이 토미는 처음부터 지속적인 거절——욕망의 금지 작용 즉 욕망의 희생을 필요로 하는 욕망의 금지 작용——을 하는 것처럼 보인다. 앞부분에서 토미는 자기는 사우스다운에서는 대화를 할 수 있는 여자를 찾기가 어려웠다고 주장했다. 왜냐하면 그들은 '아기와 샐러드'에만 관심이 있는 것처럼 보였기 때문이다.[38] 그래서 숙녀 제시카 양의 화장 용품은 토미를 당혹스럽게 만드는 계기이자 토미가 그녀에게서 등을 돌리는 계기인 것이다. 제시카는 화자와 **노인들**에 의해서뿐 아니라 토미 자신에 의해서도 평가 절하된다. 실제로 [노인들의 말과 다르게] 이 글에서 토미의 상냥함과 친절함을 알려 주는 증거는 없다. 이야기가 전개되는 내내 제시카는 토미에 의해 점점 더 가치가 하락해 간다. **노인들**의 판단은 토미 자신의 판단으로 반복된다. 실제로 제시카의 가치 하락[비하]은 토미의 욕망의 조건이자 그 욕망의 덧없음을 보증하는 것이며, 또한 토미가 결국 실행하는 그녀의 희생에 대한 서사적 근거처럼 보인다.

---

37) "Tommy the Unsentimental", p. 66. [한글본] 「감상적이지 않은 토미」, 128쪽.

38) [옮긴이] "친한 여자는 거의 없었다. 그 당시 사우스다운에는 흥미로운 면이 있거나 아기와 샐러드 말고 다른 데 관심을 보이는 여자가 별로 없었기 때문이다." 「감상적이지 않은 토미」, 126쪽.

토미가 제시카를 마을로 데려오는 계기라는 점에서 제이 엘링턴은 제시카에 대한 토미의 욕망을 구성하는 것처럼 보인다. 자본을 더 효과적으로 모을 수 있게 하는 인물인 토미로 인해 은행에서 전위된[쫓겨난] 제이 엘링턴은 제시카에 대한 관심을 키움과 동시에 자신의 은행 자산에 대한 통제력을 잃는다. 그의 투자자들인 보헤미안들이 어느 날 아침 문 앞에 다시 들이닥치고 제이 엘링턴은 자신이 처한 곤경에서 구해달라고 토미에게 전보를 보낸다. 중요한 것은 토미가 제이 엘링턴의 은행을 보증할 만큼의 대출금을 자기 은행에 충분히 비축해 두었다는 점이다. 그녀는 현금을 들고 와서 부도를 막는다. 토미는 제이 엘링턴의 보증인이자 서명인으로 행농하는 것이다. 실제로 토미는 이제 자신의 아버지와 제이 엘링턴 둘 다를 위해 서명을 한다.

제이 엘링턴은 보헤미아인들에게 포위당했으며, 그들과 어떤 무언의 관계를 유지하고 있던 토미는 제이 엘링턴이 가진 재산을 싹 다 긁어 가겠다는 보헤미아인들의 요구를 뿌리칠 수 있는 특별한 힘을 갖고 있다. 토미는 제이를 은행을 잃는 일뿐만 아니라 제시카를 잃는 일에서 '구해 준다.' 토미는 그 소녀[제시카]를 길가에 두고 온 장소를 제이에게 알려 준 다음 그에게 그녀를 데려오려면 빨리 떠나라고 조언한다. 캐더의 이야기에서 자본의 성공은 동성애의 희생을 요구하는 것으로, 더 정확히 말해 자본을 위해 토미가 동성애**에 대해** 실행하는 교환을, 토미의 욕망의 자기-부재——이것은 지불 능력를 가진 은행과 정상적인 이성애의 미래 모두를 얻도록 보증하는 역할을 한다——를 요구하는 것으로 보인다. 토미는 돈과 욕망 모두를 '구해 내고', 그것들을 소모하는 데 실패하면서 '뒤로 남겨 두지만'[비축하지만], 자기의 신용을 높이고 자기 서명의 권력을 강화한다. 무엇이 이러한 이름을 빚지게 만드는가? 그리고 토미가 제시카를 희생시킨 것이라면 그녀는 그 대가로 무엇을 받는가?

그러나 우리가 이 기묘한 교환을 고려하기에 앞서, 제시카의 욕망이 중대한 사색의 현장이 되는 삼각관계의 장면으로 돌아가 보자. 사실 제시카의 욕망은 헤아리기 어려운 것으로 형상화되며, 또한 비록 이야기가 진행되면서 독자들은 제시카가 어느 쪽을 더 선호하는지를 알게 될 테지만 그녀의 욕망은 중요한 방식으로 교환의 효과로 구성된다. **노인들** 중 한 명은 이 문제를 이렇게 묘사한다. "그 비열한 놈[제이]의 마음은 조그만 얼치기[제시카]에게가 있지. 올바르고 적절한 일이며 사물의 영원한 적합성에 부합하는 일이지. 하지만 치료할 수 없게 눈이 멀어 버린 또 다른 소녀[토미]가 있지. 그녀는 그로 인해 온갖 고초를 겪지. 소용없어, 난 그녀를 도울 수 없어. (……)"[39] 검사가 오스카 와일드에게 "감히 그 이름을 말할 수조차 없는 사랑"을 한 죄를 물은 재판이 있은 지 1년 뒤, 캐더는 그러한 죄명이 지닌 문법적 억양을 "치료할 수 없게 눈이 멀어 버린"이라는 말로 다시 무대에 올린다. 그러나 캐더가 다시 무대에 올려 도입한 것은 검사의 기소 문구가 분명

---

39) "Tommy the Unsentimental", p. 66. [한글본] 「감상적이지 않은 토미」, 129쪽. [옮긴이] "그녀는 그로 인해 온갖 고초를 겪지"라는 문장은 "she gets all the rub of it"을 번역한 것이다. 중요한 것은 숨겨진 의미인데, 직역해 보면 "그녀는 그로 인해 모든 문질거림을 얻지"가 되고, 이는 여성 간의 성적 행위를 의미하는 '밴대질(tribadism)'을 연상시키는 말이기도 하다.

히 결여한 어떤 미규정성이다. 이것은 치료될 수도 있고 안 될 수도 있는 눈멀어 버림이다.[40] 토미의 욕망은 숙명이기보다는 결과가 불확실한 도박으로 형상화된다. 그리고 그러한 불확실성은 다음의 문구로 강조되는데, 이 문구는 토미의 피할 수 없는 [마음의] 상처를 예측하는 것으로 가정되기도 하지만, 또한 밴대질이 주는 쾌락의 이익도 인정하는 말이다. 즉 결국 그녀는 "그로 인해 온갖 고초를 겪지[모든 문질거림을 얻지(gets all the rub of it)]."

　제이 엘링턴은 자신을 토미의 아버지가 대변하게 해달라는 요청의 전보를 토미에게 보낸다. 하지만 그녀의 아버지는, 마치 정의(定義)상 그런 것처럼, 영구히 부재하며 그래서 토미는 그의 자리에 올라선다. 토미는 현금을 긁어모아 자기 자전거에 올라탄다. 자전거는 제이 엘링턴의 버림받은 거주지에 제시간에 도착할 유일한 방법이었다. 제시카는 자신도 옆에 있던 자전거를 타게 해달라고 간청하고 토미는 이를 허락한다. 하지만 토미는 자전거에 올라탄 뒤로는 그녀를 무시하면서 앞으로 나아가고 결국 제시카를 견딜 수 없는 고통의 순간까지 몰아간다. "제시카는 있는 힘껏 페

---

40) 해블록 엘리스는 1890년대에 눈멈과 성의 역전을 분명하게 연결시키는데, 캐더는 그의 이론에 대해 알고 있었을 것이다. 그는 또한 눈먼 사람은 성적 '수줍음'과 '겸손'을 느끼기 쉽다고 주장했는데, 이는 금지된 욕망과 시력 저하 사이의 연관성을 암시한다. 이에 대해서는 Havelock Ellis, *Studies in the Psychology of Sex*, Vol. I, Philadelphia: Davis Co., 1928, p. 77; *Studies in the Psychology of Sex*, Vol. II, part 6, "The Theory of Sexual Inversion", Philadelphia: Davis. Co., 1928, pp. 317-318. [한글본] 해블록 엘리스, 『섹스의 심리학』, 정명진 옮김, 부글북스, 2020, 309-310쪽과 해블록 엘리스, 존 애딩턴 시먼즈, 『성의 역전』, 박준호 · 이호림 · 임동현 · 정성조 옮김, 아모르문디, 2022, 289쪽을 보라.

달을 밟아야 한다는 것이 어떠한 종류의 감정의 여지도 남겨 주지 않는다는 것을, 아니 속이 울렁거리는 눈부신 열기를 견뎌 내는 것 말고는 어떠한 감수성의 여지도 없다는 것을 곧 깨달았다. (……) 제시카는 멈춰서 약간의 물을 마시지 않으면 이 눈물의 골짜기를 더 버텨 낼 수 없다는 느낌을 갖기 시작했다. 그녀는 토미에게 이러한 가능성을 제안하지만 토미는 '시간이 너무 많이 걸려'라고 고개 저을 뿐 자기 자전거 핸들 위로 몸을 숙인 채 자기 앞에 놓인 길에서 눈을 떼지 않았다.”[41] 제시카의 욕망이 아직 결정되지 않은 상태에서, 토미의 자전거 몰기는 지금껏 토미를 향했던 제시카의 욕망이 성공적으로 방향을 틀게 되는 근거가 된다.

제시카 양의 머리를 스치고 간 건 토미가 아주 불친절하다는 것뿐만이 아니었다. 또한 자전거에 아주 못되게 걸터앉은 그녀는 공격적인 남성처럼 보였고, 어깨를 구부리고 그렇게 펌프질할[페달을 밟아 댈] 때는 전문가처럼 보이기도 했다. 허나 바로 그때 제시카 양은 그 어느 때보다도 숨 쉬기가 어렵다는 것을 알게 됐고, 강 건너편 절벽이 [뱀처럼] 구불구불 움직이며 치맛춤[스커트 자락을 펄럭이며 추는 춤——옮긴이]을 추기 시작했다. 그리고 이 젊은 숙녀는 더 중요하고 개인적인 숙고에 사로잡혔다.[42]

거의 오르가슴에 이른 것처럼 묘사된 제시카 양이 그 어느 때

---

41) “Tommy the Unsentimental”, p. 68. [한글본] 「감상적이지 않은 토미」, 131쪽.

42) “Tommy the Unsentimental”, pp. 67-68. [한글본] 「감상적이지 않은 토미」, 129쪽.

보다도 숨 쉬기 어렵다는 것을 알게 된 바로 그 순간, 제시카는 토미에게서 나오는 힘——쳐다보기도 싫지만 그럼에도 불구하고 그녀에게서 멀리 떨어지기 위해 자전거에 올라타게 만드는 힘——으로 앞으로 나아가게 된다. 실제로 구불구불 움직이고 치맛춤을 추는 듯 보이는 시각(視覺)의 그러한 이동을 유지하고 그것에 연료를 공급하는 것은 바로 토미의 운동력, 즉 남성적인 것과 여성적인 것을 모두 품은 인물, 환상——토미의 환상이 아니라 아마도 제이 엘링턴의 환상——에 기여하기 위해 이리저리 떠다니는 그러한 남근을 재도입하는 인물인 토미의 운동 능력이다. 토미의 자전거 페달질은 제시카가 감당하기에는 너무 생생한 섹슈얼리티의 폭로에 가까우며, W-모양 뱀이라는 서커스에서 볼 수 있는 괴물을 연상시키는 보기 흉한 공격성에, 치료될 수 없는 눈 멀어 버림을 역전시키려고 위협하는 노골적인 폭력에 가깝다. 섹슈얼리티의 이러한 나타남이 일종의 불치의 눈 멀어 버림으로 형상화된다면, 이는 헛되이 부정되는 숙명인 것인가? 아니면 오히려 보여지면서 동시에 부정되는 것으로 가시적인 것의 경계를 규정하는 것인가? 캐더는 그러한 섹슈얼리티의 진실이 아니라 그러한 섹슈얼리티를 구성하는 시각의 문화적 동요를 드러나게 할 만큼, 그리고 그러한 섹슈얼리티가 번창하는 부정을 폭로할 만큼 충분하게 우리를 그러한 가시성에 가까이 데려가는가? 그리고 제시카가 토미의 그러한 펌프[페달]질 자세를 보는 것이 견딜 수 없다면, 제시카 양은 레즈비언주의——치료될 수 없는 일의 영원한 적합성에 눈이 멀어 버리는——에 기인하는 것을 보기를 거부하는 자로 유형화되는 것이 아니라, 동성애 혐오적인 시각의 실패——자신이 보는 것을 보기를 거부하는 것이며 그래서 정확히 그 자체 보기를 거부하는 것에 그러한 눈 멀어 버림의 속성을 부여하는 것——를 더 적절하게 특징짓는 것이 아닐까?[43]

역설적이게도 제시카는 신체의 압박으로 인해 자전거에서 내려 제이를 '구해줘'라며 토미를 먼저 보내고, 스스로를 이러지도 저러지도 못하는 상품으로 구성하면서, 누가 남근적 동일시를 맛볼 것인지, 누가 소녀를 얻을 것인지를 놓고 벌이는 토미와 제이 간의 거래를 조건 짓는다. 왜냐하면 이 이야기에는 남근을 갖는 것이 욕망의 희생을 지칭하는 이접[양자택일]적 관계, 즉 오로지 동성애 혐오적인 법의 경제의 맥락에서만 작동하는 방정식이 있기 때문이다. 토미의 '부치스러운 행실'은 그녀를 이성애 모체——그녀의 욕망을 합법화하면서 유지할 수 있게 하는—— 안에 자리 잡게 하는 데 실패한다. 토미가 유능한 사람이 될수록, 토미가 남성적 위치에 더 '근접'할수록, 그녀의 사회적 거세는 더욱 확실해진다. 따라서 토미는 은행을 구해 내고, 제이 엘링턴에게는 '제시카가 너를 기다리고 있다'고 말하며, 은행에 있는 제이의 책상 뒤 위

---

43) 여성이 자전거를 타는 것이 적절한지에 대한 공적인 논쟁은 1890년대 내내 언론을 통해 공론화되었는데, 이러한 논쟁은 자전거를 너무 많이 타는 것이 여성의 건강에 해로운지 어떤지 그리고 그것이 여성의 섹슈얼리티를 부적절하게 자극하는 것은 아닌지의 문제를 다루었다. 자전거를 둘러싼 논란을 '신여성'의 시절 동안 여성의 독립심이 커지는 것에 대한 공포의 증가와 연결시키는 문헌을 다루는 것으로, Patricia Marks, *Bicycles, Bangs, and Bloomers: The New Woman in the Popular Press*, Lexington: Kentucky University Press, 1990, pp. 174-203와 Virgil Albertini, "Willa Cather and the Bicycle", *The Platte Valley Review*, Vol. 15 no. 1, Spring 1987, pp. 12-22를 참고하라.

치, 늘 부재하는 또 다른 아버지의 자리 즉 어떠한 심급도 존재하지 않는 부성의 이상이라는 자리를 차지한다. 그런 다음 아버지들이 하는 일을 하면서 제이에게 소녀[제시카]를 양도한다. 따라서 토미는 제이 엘링턴이 자기 자신의 것을 가질 수 있게 하기 위해 그녀의 감상성을 희생시키는 교환을 주관(主管)한다.

한 남자의 믿을 만한 허구를 구축하려는 캐더의 노력을 조롱하기라도 하는 것처럼, 제이 엘링턴은 길을 떠나기 전에 토미에게 "너는 나조차도 거의 남자로 만들 뻔했다"라고 말한다. 그리고 제이 엘링턴을 이러한 남성의 위치로 환원시키는 방식으로 읽지 말기를 경고하기라도 하듯 토미는 "글쎄, 난 확실히 성공하지 못했지"[44]라고 답한다. 그가 가고 난 뒤 토미는 제이 엘링턴이 떨어뜨린 흰 꽃을 집어 들고, 그래서 소설은 감상을 고백할 가능성을 암시한다. 하지만 어떤 감상인가? 그것은 이 소설이 만들어 내면서도 또한 철회하는 어떤 고백에 대한 예상이다. 캐더의 소설에서 제 위치를 벗어난 꽃은 '댄디한 사람'의 관습에 사로잡히는 모티브가 된다. 캐더가 1905년에 쓴 「폴의 사례」에서는 젠더로 트러블을 겪는 폴이 자신의 단추 구멍에 빨간 카네이션을 달고 있다고 얘기된다. "[그의 학교] 교사들이 어느 정도 느낀 이 후자의 장식은 정학 처분을 받은 소년이 응당 가져야 할 뉘우치는 정신을 적절히 나타내지 못했다."[45] 오스카 와일드의 재판에서 부수적으로

---

44) "Tommy the Unsentimental", pp. 70. [한글본] 「감상적이지 않은 토미」, 134쪽.

45) Willa Cather, "Paul's Case", *Five Stories*, New York: Vintage, 1956, p. 149. [한글본] 윌라 캐더, 「폴의 사례」, 『그녀들의 이야기』, 구원 옮김, 코호북스, 2020, 59쪽. [옮긴이] 해당 내용의 맥락을 위해 옮겨 보면 이렇다. "그는 일주일 전에 정학을 당했고,

확인된 것은, 프랑스에서는 동성애자들이 자신들이 짝이 없음을 알리려고 녹색 카네이션을 착용한다는 것, 오스카 와일드는 스스로 이 꽃을 착용함으로써 이 관행에 노골적으로 동참했다는 것이다. 제이 엘링턴이 흰 꽃을 달았다가 떨어뜨렸다는 것이 의미하는 것은 무엇인가? 이것은 그 어떤 사람도 읽어 낼 수 없는 베일에 싸인 암시인가? 아니면 실제로 **노인들**이 "얌전하고 뽀얗고 일에 열의가 없다"고 묘사한 제시카 자신의 귀환인가? 그렇다면 우리는 다음의 말을 어떻게 읽어야 하는가? "토미는 그것[꽃]을 집어 들고 잠시 입술을 깨문 채 서 있었다. 그리고 난 뒤 그것을 벽난로 안으로 던져 놓고 돌아서서 자신의 얇은 어깨를 으쓱거렸다."[46] 제이(Jay)는 제시카를 축약한 '제이(J)'와 같은 발음으로 읽을 수 있다. 여기서 캐더는 감상의 순간을 어긋나게 하면서도 가능하게 하는 문법적 벽장인 이니셜 '제이(J)'를 통해 제시카의 상실에 대한 슬픔을 축약하는 것일 수 있다.

그래서 이 소설의 마지막 말은 따옴표 표시로 나타나고, 처음에 이야기를 시작하는 젠더화되지 않은 목소리를 다시 무대에 세운다. 누가 말하는지, 그러한 따옴표가 인용인지 아닌지, 그것은 믿을 만한 것인지, 아이러니한 것인지, 패러디적인 것인지, 그리고

교장을 찾아온 그의 아버지는 아들을 통 이해할 수 없다고 하소연했다. 폴은 사근사근한 표정으로 미소 지으며 교무실에 들어갔다. 그의 옷은 다소 작아진 듯했고 여미지 않은 코트의 황토색 벨벳 깃은 너덜너덜하고 헤졌다. 그런데도 그는 왠지 말쑥해 보였다. 그는 단정히 맨 검은색 넥타이에 오팔 핀을 꽂았고 단춧구멍에는 빨간 카네이션을 달았다. 교사들은 두 번째 장식이 정학을 당하고 뉘우치고 있는 소년의 참회하는 마음에 썩 어울리지 않는다고 생각했다."

46) "Tommy the Unsentimental", pp. 71. [한글본] 「감상적이지 않은 토미」, 135쪽.

누구에게 말을 건 것인지 등은 의문에 붙여진다. "그들, 아니 최소한 그들의 절반은 지독한 바보들이다. 그들(they)은 저녁 식사 외에는 아무것도 생각하지 않는다. 하지만 아, 우리는 '그들의 절반(em)'을 얼마나 좋아하는가!"[47]

이때 '그들(they)'은 '그들(them)'의 절반처럼 보인다. 그래서 그들은 남자들일 수도 여자들일 수도 있다. 순간의 만족 그 이상을 생각하지 못하며 그래서 은행을 운영할 수 없는 제이 엘링턴 하퍼 같은 남자일 수도 있고, 아기와 샐러드만 생각하는 것처럼 보이는 여성일 수도 있다. 그들을 좋아하는 것처럼 보이는 '우리'는 누구인가? **노인들**이 사물의 영원한 적합성에 따라 옳다고 주장하는 것처럼 남자를 좋아하는 여자들인가? 아니면 남자들과의 동일시의 순간──여자들은 이 순간에 지독한 바보들, 토미'들'이 어디에서나 사랑을 준다고 비난받는 바보들로 구축된다──인가?

결국 그러한 인용은 출처가 명시되지 않은, 하지만 거리를 둔 채 암시된 토미에게 어떠한 속성도 부여하지 않는다. 그것의 고유한 문단으로 인해 시각적으로 분리된 그 말들은 국지적으로 반복 가능한 진실의 재순환을 안심시키는 말들이며, 우리가 상징계의 중얼거림으로, 그 진실들을 말할 하나의 주제를 찾기 위한 중얼거림으로 이해할 수 있는 말들이다.

이 이야기는 젠더화되지 않은 일련의 목소리들을 인용하면서 시작한다. 이 목소리들의 대화에서는 남성 객체가 어떠한 고유명에도 닻을 내리지 않은 채 있으며, 토미와 이름 없는 '그(he)' 사이

에서 미끄러지고 있는 듯 보인다. 그래서 이 이야기는 대명사조차 불확정적으로 만듦으로써 우리가 레즈비언 진실의 철회로 읽을 수 있는 움직임, 또는 세지윅이 선호하는 다른 용어로는 '굴절'이나 '시각의 지연'으로, 말하자면 치유될 수 없는 눈 멀어 버림일 뿐만 아니라 바로 그 섹슈얼리티를 주제상 폐제시킬 수 있는 형상화에서의 엇나가기로 읽을 수 있는 움직임처럼 보이게끔 결론짓는다.

토미는 전적으로 상실감에 빠진 상태로 있는 것이 아니다. 그녀는 은행과 이성애에 동시에 자금을 조달하고 두 제도 모두가 자신에게 빚을 지게 만드는 대출을 제공한다. 토미는 즉각적인 소비로서의 이성애적 욕망에 의지해[돈을 대](banking on) 그녀 자신을 교환의 회로에서 배제하고 자신의 배제가 해낼 수 있는 교환에서 이익을 얻는다. 따라서 토미는 감독관인 아버지의 책상에 자리를 잡지만, 이러한 이상화된 통제라는 위치는 또한 동시에 욕망의 희생이자, 욕망을 희생하여 성취한 것이며, 토미를 이 삼각관계에서 소비 가능한 제삼자로 구성하면서 그것 없이는 이성애적 장면이 일어날 수 없는 지출의 현장이자, 부재하는 매개자의 현장인 것이다.[48]

---

48) 캐더의 여성 혐오가 낳은 효과는 「감상적이지 않은 토미」를 사랑과 상실의 서사로 보는 독해의 신뢰를 크게 떨어뜨린다는 점이다. 제시카가 처음부터 가치 하락되어 있다는 점은 마지막 '희생'이 불필요한 일처럼 보이게 한다. 이 점에서 토니 모리슨이 캐더의 『사피라와 노예 소녀』에 대해 날카롭게 가한 비판을 고려하는 것이 특히 유용한 듯하다. 토니 모리슨이 주장하길, 캐더의 서사에 대한 신뢰감은 되풀이되고 확대되는 인종차별로 인해 침식된다. 여성 노예-소유주인 사피라와 헌신적인 노예의 딸 낸시의 관계는 개연성이 결여되고 있고, 낸시와 그녀의 어머니의 관계는 결코

「감상적이지 않은 토미」가 그려 내는 서사의 궤적은 일종의 희생, 즉 아버지의 **자리**를 전유함으로써 토미에게 발생하는 희생으로 읽힐 수 있다. 그리고 세지윅의 말을 떠올려 여기에 '잔혹한 억제'가 있다면 그것은 욕망의 반사적 희생, 레즈비언 사랑의 가치 하락으로 정점에 이르는 이중적-방향의 여성 혐오이다. 이는 욕망을 말살시키기 위한 전략이 될 때에는 교차-동일시라는 대가를 치르는 것일 수 있지만, 그러한 이름이 금지를 자리 잡게 하고 그러한 금지가 동일시와 욕망의 폐제를 동시에 합동 연주할 때에는 어쩌면 가장 고통스럽게 아버지의 자리와 동일시하는 대가를 치르는 것일 수 있다. 여기서 '토미'는 어떠한 것도, 어떠한 정체성도 지시하지 못하는 이름이 되지만, 또한 동성애 금지로 생산된 전유와 박탈을 조장하는 이름, 그리하여 빼앗긴 것이 또한 양도되는 현장이자, 레즈비언 욕망의 비영속성[일시성]이 제도화되는 현장으로서의 이름이 된다. 하지만 토미는 제이 엘링턴에게 대출해 줌으로써 계속해서 비축하고[구해 내고](save), 그녀 자신을 미래의 제물로 바침으로써, 돌아올 수익이나 미래의 만족을, 어떠한 보장도 없어서 어쩌면 기대에 불과한 보상을 기다리는 것이다.

신뢰할 만하게 재현되어 있지 않은데, 사피라처럼 캐더도 그녀의 만족감을 채워줄 노예 소녀를 생산했기 때문이다. 이러한 전위는 캐더의 교차-젠더화된 서사의 전위와 공명하며, 허구적 전위가 어디까지 거절의 전략으로 읽힐 수 있는가라는 의문을 제기한다. 이에 대해서는 Toni Morrison, *Playing in the Dark: Whiteness and the Literary Imagination*, Cambridge: Harvard University Press, 1992, pp. 18-28를 보라.

정학 처분을 받은 신체

윌라 캐더의 소설을 레즈비언 텍스트로 읽는다면, 손쉽게 요약될 수 없는 일련의 복잡한 문제를 개시하게 된다. 그러한 도전은 종종 고통스럽게도 그 글이 조롱하는 바로 그 이성애 규범 내에서 발생하기 때문이다. 우리가 지금 '레즈비언'이라고 부르고 싶은 유혹을 받게 되는 바의 그것이 그 자체 섹슈얼리티의 일정한 전이, 즉 전이하는 섹슈얼리티를 온전하게 남겨 두지 않는 그러한 전이가 발생하는 담론의 현장에서/을 통해 구성된다면, 그것은 참되고 적절한 역사적 재현의 순간을 기다리는 어떤 일차적인 진실이 아니며, 그렇게 기다리는 사이에 단지 대체의 형태로만 나타나는 진실일 뿐이다. 아니 오히려 대체 가능성은 이러한 레즈비언 섹슈얼리티를 위한 하나의 조건이다. 그것[레즈비언]은 의심할 여지 없이 누구에게나 일어날 수 있지만 여기서는 일정한 이름 붙이기의 금지가 낳은 특정한 역사적 결과이다. 다시 말해 그러한 금지가 생산한 바로 그 전위—즉 이름에 대한 금지가 낳은 바로 그 시각의 굴절—를 통해 그럼에도 불구하고 끈질기게 말한 이러한 사랑의 이름을 말 못하게 가로막는 금지가 낳은 특정한 역사적 결과인 것이다.

말 못하는 이름이 생산하는 것, 말하자면 캐더에게서 시각의 굴절을 생산하는 것은 신체의 윤곽 잡기나 분할하기가 금지와 맺는 관계를 읽어 내는 한 가지 방법을 제시한다. 신체는 부분들의 집합으로 나타나고, 부분들은 거의 자율적인 의미를 부여받은 것으로 나타나며, 따라서 이상적인 몸—남성의 몸처럼 보이지만 또한 결정적인 순간에는 젠더들 사이에서 동요하는—의 통합을 비유적으로 좌절시킨다. 「폴의 사례」에서 남학생 폴에 대한 소개는 그가 '정학 처분을 받은' 인물임을 분명히 밝힌다. 정학은 당했지만 완전히 퇴학당한 것은 아닌 폴은 법의 일시적 외부에 거해 있다. 즉 그는 법에 의해서 그러한 외부성 안에 놓여 있다. 그러나 또한 여기서 '정학'은 그의 지위에 대한 어떤 결정으로, 이는 세지윅이 '폴의 경계에 놓인 성적·젠더적 지위'라고 부른 것이 의문에 붙여지는 이 소설의 알레고리[우화]이다. 폴이 지역 학교 당국에 소환되었을 때, 그가 입은 옷은 몸에 잘 안 맞는, 더 정확히는 더 이상 몸에 맞지 않는 것으로 묘사되는데, 몸과 옷 간의 이러한 통약불가능성은 예상과는 다르게 "상냥하게 미소짓는" 몸의 행실로 요약된다. 이러한 봄의 행실은 "그에게는 댄디한 뭔가가 있다", "정학 처분을 받은 소년이 응당 가져야 할 뉘우치는 정신을 적절히 나타내지 못했다고 교수진이 어느 정도 느낀" 그 '장식'——이는 오스카 와일드를 연상시키는 [외투 단추 구멍에 끼운] '카네이션'을 담고 있다——으로 제시된다.[49]

그러나 몸에 '딱 맞게' 적절하게 의미화를 한다는 것은 무엇인가? 정학 처분을 받고 빨간 카네이션을 꽂고 다니는 일의 '걸맞지 않음'이 부적절한 종류의 기표를 제시하는 것이라면, 어쩌면 그 인물은 뒤이은 서사를 위한 하나의 알레고리[우화]로 읽힐 수 있을지 모른다. 이 이야기가 댄디에 관한 것인 만큼이나 한계지대——이 지대에서 댄디한 인물은 또한 캐더에게 있어서는 레즈비언의 한계적 곤경을 실어 나른다——에 관한 것이라면, 우리는 '폴'

---

49) Willa Cather, "Paul's Case", p. 149. [한글본] 윌라 캐더, 「폴의 사례」, 59쪽.

을 '그 시절의 소년들'을 모방적으로 반영한 것이기보다는 세지윅이 '젠더와 섹슈얼리티를 **가로지르는** 통로'라고 묘사한 것을 전달하면서도 또한 혼란스럽게 만드는 능력을 지닌 인물로 읽을 수 있다. 그러나 내가 덧붙이고 싶은 것은 바로 이 '가르지르는'이 어떤 '너머'로, 즉 '남성 동성애자'라는 대리적 인물을 활성화하기 위한 '여성'이나 '레즈비언'의 허구적 초월성으로 읽혀서는 안 된다는 점이다. 캐더에게 있어 소년·남성 인물들은 그러한 교차의 잔재를 보유하며, 그래서 그들이 간혹 벌인 성과 젠더의 일관성에 맞서는 눈부신 저항은 그러한 '위험한 교차'——「톰 아웃랜드의 이야기」에 나온 문구를 빌리자면——를 만들어 내는 일이 완전하게 혹은 최종적으로는 불가능하다는 것에서 비롯한 것이기 때문이다.[50]

　19세기에서 20세기의 전환기의 레즈비언들에게 '교차'와 '패싱'이 가지는 역사적 중요성과 캐더가 초창기에 가명으로 글을 쓰는 일을 선호했다는 점을 고려한다면, 어쩌면 우리가 캐더에게서 발견하는 것은 그러한 사회적 관행의 서사적 구체화이며, 또한 저자가 동원하고 유지한 허구적 방향을 결국 해독하거나 환원할 수 없게 만듦으로써만 성공하는 저자의 '패싱'이다.[51] 그러므로 폴을 등장하게 하는 '정학'은 '폴'이 말하는 젠더와 섹슈얼리티를 의심하게 하며, 폴이 체화한 섹슈얼리티가 어떤 벡터에 있는가라는 의문을 '해결하겠다'는 독해를 혼란스럽게 만든다. 한 명의 인물인

---

50) Willa Cather, "Tom Outland's Story", *Five Stories*, p. 66.
51) 캐더가 초창기에 쓴 가명들의 목록에 대해서는 O'Brien, *Willa Cather*, p. 230을 보라.

‘폴’은 그러한 전이의 현장이 될 뿐만 아니라 또한 그것이 전이하는 젠더나 성적 요소에 대한 어떠한 해법도 불가능하게 하는 현장이 된다.

폴의 몸은 통상적인 의미로 일관되기를 거부한다. 그럼에도 불구하고 함께 매달려 있는 신체의 부분들은 불협화음을 일으키는 것처럼 보이는데, 바로 그 신체의 부분들이 규제[정상]적 규범을 떠맡는 일을 행복하면서도 간절하게 거부하기 때문이다. 첫 문단에서 그의 외투가 너무 커 보이고 심지어 ‘너덜너덜’하게 보인다고 제시됨으로써 그의 몸과 더 이상 맞지 않았듯, 둘째 문단에서 폴의 몸은 단지 부분들로만 제시되고, 그 자신과 분리된 채 거해 있으며, 또한 그를 등장시킨 ‘금지’에게 빼앗겨 있다. 그는 “키가 크고”, “말랐으며”, “아주 비좁은 어깨와 빈약한 가슴을 지니고 있다.”[52] 여성적인 ‘히스테리’의 압박이 주목되지만, 우리가 예상할 수 있듯이 이렇게 심한 증상을 보이는 상태, 통제를 넘어선 움직임이 신체를 사로잡은 그러한 의식 상태를 의미하는 것은 아니다. 그와는 반대로 이 소설에서 히스테리는 일종의 초-의식(hyper-consciousness)이다. “그의 눈은 일정한 히스테리적 광채로 인해 도드라졌고, 그는 의식적이고 연극적인 방식으로 그 눈을 사용해 [청]소년 특유의 공격성을 자아냈다.”[53] 여기서 공격성은 일종의 속임수나 거짓말로 더 정교해지며, 폴을 이성애자로 보고자 하는 규범적 기대는 그러한 규범에서 그가 스스로 벗어나 있음으로

---

52) Willa Cather, “Paul’s Case”, p. 149. [한글본] 윌라 캐더, 「폴의 사례」, 59쪽.

53) Willa Cather, “Paul’s Case”, p. 150. [한글본] 윌라 캐더, 「폴의 사례」, 59쪽.

인해 좌절된다. 히스테리적 광채는 짐작컨대 여성들에게는 해롭지 않다. 아니 적어도 여성들에게는 해롭지 않을 거라 예상된다. 하지만 히스테리가 연극화된다는 것은 무의식의 기표로서의 위치에서 단번에 멀리 떨어진 여성적인 것에 대한 일정한 예행 연습을 암시한다. 이는 '의지'가 부여된 히스테리이기 때문이고, "비정상적으로 큰" 그 동일한 눈이 또한 심지어 "벨라도나[진통제로 쓰이는 독초──옮긴이] 중독"을 연상시키기도 하지만, 그 눈은 사실이라고 믿기에는 어쩐지 너무 연극적이고, 너무 "유리 같은 반짝임"으로 채워져 있다. 만일 문자 그대로 약물인 '아름다운 여인'이 큰 눈을 연상시키는 중독 물질이라면, 아마도 폴은 약물인 '아름다운 여인'이든 실재 아름다운 여인이든 그것들에 중독될 리 없으며, 그의 욕망이 지닌 절박함은 여성에 대한 그의 욕망──정학 처분을 받은 상태에서는 레즈비언이 될──이 지닌 절박함을 연상시키면서 굴절시켰을 것이다.

　말하자면 '두 눈'은 철저한 조사를 받으면서 감시당하고, 몸(비좁은 어깨, 빈약한 가슴, 나이에 맞지 않은 큰 키로 이루어진)과 점점 더 분리되고 분리가 가능한 것으로 나타난다. 이 이야기를 주의 깊게 보는 익명의 화자는 우리를 위해 '비정상적으로 큰' 두 눈을 기록하고, 따라서 그것이 묘사하는 바로 그 조심스러움에 참여한다. 화자의 이야기는 일종의 초-의식, 두 눈 구석구석을 샅샅이 살피는 확대된 탐색으로, 이는 '폴'을 결국 해독하리라는 기대감을 높이지만 폴은 그러한 만족을 거부하기만 할 뿐이다. 따라서 감시하는 '눈들'은 그러한 기록으로 그려진 두 눈에 거울처럼 비추어지지만, 이러한 '미러링'은 자서전적인 고백이기보다는 그러한 [처벌의] 지연의 되풀이다.

화자는 폴의 몸에서 기호를 관찰하지만, 그 기호는 읽어 낼 수 없는 것처럼 보인다. 비록 그의 학교 교사들이 그의 몸을 너무나 많은 무례함의 기호들로 읽어 내지만 화자는 이러한 기호들을 극도로 자의적이고 혼란스러운 것으로 요약한다. 몸의 부분들은 마치 몸의 중심이 고정되지 않기라도 하는 듯 흩어지면서도 혼란스럽게 여러 방향으로 갈라지면서 의미화하는 것처럼 보인다. "그는 미소를 지으며 심문을 견디며, 그의 창백한 입술은 벌어져 하얀 치아를 드러냈다. (그의 입술은 계속해서 씰룩이고 있고, 그는 경멸적이면서도 몹시 짜증을 나게 하는 것인 눈썹을 치켜세우는 버릇이 있었다.)"[54] 자발적인 동시에 비자발적인("입술이 (……) 씰룩이고 있고", "눈썹을 치켜세우는", 이어서 "외투 단추를 만지작거리는 손가락 그리고 모자를 쥔 다른 손이 가끔 홱 움직이고") 폴의 몸은, 의도적인 히스테리의 모순 어법이 그렇듯, 그를 심문하는 사람들의 감시에서 자신을 방어하기 위해 파열된다. 따라서 그를 특징짓는 것은 방어이자 불안으로, 이 특징들은 자신이 규제하려는 신체를 완전히 통제할 수 없는 그러한 감시하는 시선에 의해 활력을 얻는다. 화자는 다양한 의미화 특징들이 일종의 미끼이자 심문의 맹공격에 맞서는 보호책이라고 제시하면서 폴의 얼굴을 일종의 전략적 전투로 묘사한다. "그의 계획된 미소는 그를 버리지 않았다. (……)" 규제적 법률에 대한 전략적 대응으로서 폴의 몸짓은 그 법에 반하면서도 그 법을 통해 형성되어 기회가 있을 때마다 그러한 규범을 준수하

---

54) Willa Cather, "Paul's Case", p. 150. [한글본] 윌라 캐더, 「폴의 사례」, 60-61쪽.

면서도 또한 탈출한다. "폴은 사람들이 그를 감시하면서 뭔가를 알아내려고 애쓰는 듯한 느낌을 가진 것처럼, 늘 미소를 짓고 있었고, 늘 주위를 두리번거렸다."

캐더 고유의 서사의 젠더화된 표면처럼, 폴의 현전[모습]은 사람들의 기대에 정확히 거역함으로써 사람들을 미치게 만든다. 캐더는 폴의 "의식적 표현"을 "소년다운 명랑함과는 가능한 한에서 거리를 두는" 것으로 묘사하면서 그러한 표현이 소년다운 슬픔과 일치할 수 있게끔, 혹은 마찬가지로 가능한 한 여성적 교활함과 일치할 수 있게끔 제시한다. 후자의 독해는 그러한 '표현'이 "통상 건방짐이나 '영리함'에 기인한다"고 얘기될 때 훨씬 더 큰 신뢰를 얻는다. 폴은 심문하는 이들이 그에게서 위반에 대한 어떤 고백을 뽑아내려 할 때 말로 대답하는 대신 자신의 수수께끼 같은 특징을 제시한다. 여성에게 하는 특수한 발언이 정중한 것인지 무례한 것인지 묻는 질문에 폴은 선택을 거부하고, 순응하는 것도 위반하는 것도 아닌 그러한 '유예된 법의 지대'를 차지한다.[55]

"나가 봐도 된다는 말을 듣자 그는 우아하게 인사하고 밖으로 나갔다. 그의 인사는 스캔들을 일으키는 빨간 카네이션의 반복과

---

55) Willa Cather, "Paul's Case", p. 151. [한글본] 윌라 캐더, 「폴의 사례」, 61쪽. [옮긴이] "심문이 진행되는 동안 교사 한 명이 소년의 주제넘은 말을 되풀이했고, 교장은 그 말이 여성에게 하기에 정중한 말 같으냐고 물었다. 폴은 어깨를 으쓱했고, 그의 눈썹이 꿈틀거렸다. '모르겠어요.' 그가 대답했다. '정중하려고 한 말도 아니고 무례하려고 한 말도 아니예요. 그냥 생각 없이 말하는 제 말버릇 같아요.' 교장은 그런 버릇은 버리는 게 좋지 않겠느냐고 물었다. 폴은 싱긋 웃으며 그런 것 같다고 답했다. 그만 가도 된다는 말을 듣자 폴은 우아하게 인사하고 나갔다. 교사들은 그 인사가 빨간 카네이션과 마찬가지로 패씸하다고 여겼다."

같았다." 그의 인사가 스캔들을 일으키는 것은 결국 그것이 법을 준수하는 매우 '정중한' 관습을 통해 정확히 그 자리를 차지하는 남색(男色)에의 초대, 엉덩이를 반항적으로 치켜세우는 것이기 때문일 것이다. 여기서 반복되는 것은 그렇게 추정되는 범죄적 섹슈얼리티를 가리면서도 또한 뒤로 미루는 몸동작인데, 이 동작은 그렇게 범죄를 만들어 내는 법에 반하면서도 또 그 법을 통해 발생하는 것이다.

폴이 뉴욕으로 도망쳐 예일대를 다니는 청년과 함께 지냈을 때——이는 당시에도 일시적 동성애의 분명한 신호였다——[56] 그는 꽃이 자랄 때까지 불완전한 채로 있는 방 하나를 차지한다. 스캔들을 일으키는 빨간 카네이션의 이러한 반복은 정학 처분에서 일시적으로 해방되는 것처럼 보인다.

따라서 꽃은 폴 버전의 거울 단계를 위한 장면을 준비한다. "그는 옷 입는 데 거의 한 시간을 보냈고 화장실 거울로 몸 치장의 모든 단계를 주의 깊게 살펴보았다[감시했다]. 모든 것이 아주 완벽했다. 그는 그가 늘 그렇게 되고 싶었던 바로 그런 종류의 소년이었다."[57] 폴이 이제 스스로를 **감시하는** 자의 자리를 떠맡는다는 것

---

56) [옮긴이] "일요일 아침에는 폭설이 쏟아져서 아무 데도 갈 수 없었다. 폴은 느지막하게 아침 식사를 했고 오후에 과격한 샌프란시스코 출신 소년과 말을 텄는데, 그 소년은 예일 대학교 신입생이었고, 일요일에 잠깐 '모험을 하러' 뉴욕으로 내려왔다고 했다. 그 젊은이는 폴에게 도시의 밤을 구경시켜 주겠다고 제안했고, 두 사람은 저녁 식사 후 나가서 다음 날 아침 7시까지 호텔로 돌아오지 않았다. 그들의 우정은 샴페인과 함께 은밀하고 따뜻하게 시작했지만 엘리베이터에서의 작별은 대단히 냉담했다." 윌라 캐더, 「폴의 사례」, 84-85쪽.

57) Willa Cather, "Paul's Case", p. 167. [한글본] 윌라 캐더, 「폴의 사례」, 81쪽.

은 피츠버그 안팎에서 그를 쫓아다니던 가학적인 '감시자들'의 전위를 구성한다. 그의 즐거움은 감시와 거울 사이에서 분할되고, 몸은 이상화되고 투사되며 그 자신의 투사적 욕망의 원 안에 갇힌다. 그러나 근본적인 자기 발원(發源)이라는 환상은 부채라는 대가를 치르고 무법자가 되고 마침내 도망치는 자기 자신을 발견할 때에만 유지될 수 있다. 「폴의 사례」의 끝부분에서 카네이션이 다시 나타나고, "그들의 빨간 영광은 끝났다"고 얘기된다.[58] 폴은 "패배하는 게임 (……) 세상이 돌아가게 하는 설교들에 맞서는 이러한 반란"을 인식한다. 여기서 「감상적이지 않은 토미」를 결론 지우는 설교적 발화, 즉 여자들은 확실히 '그들의 절반(em)'을 좋아하기 때문에 남자 없이는 뭔가를 해낼 수 없다는 상징적 중얼거림은 무심하면서도 동시에 치명적인 금지의 힘, 폴의 죽음에서 정점에 이르는 것을 실어 나른다. 그가 달리는 기차에 뛰어내린다지만 감시의 기능은 이미 그 전에 추격하고 박해하는 인물들에 의해 다시 자리 잡는다. 그 결과로 일어나는 불안은, 마치 그의 입술이 그의 치아를 내버리려 애쓰는 것처럼, 그의 몸을 갈라지는 부분들로 뒤틀어버린다. "그는 다가오는 기관차를 지켜보며[감시하며] 서 있었다. 그의 치아는 딱딱 부딪치고 그의 입술은 겁에 질린 미소를 지으며 그것들에게서 멀리 떨어지고 있다. 한두 번 그는 마치 그가 감시를 당하기라도 하는 양 신경질적으로 옆으로 시선을 돌렸다."[59]

폴은 가학적 감시자를 지켜보고[감시하고], 달리는 기차에 뛰어

---

58) Willa Cather, "Paul's Case", p. 174. [한글본] 윌라 캐더, 「폴의 사례」, 89쪽.

59) Willa Cather, "Paul's Case", p. 174. [한글본] 윌라 캐더, 「폴의 사례」, 90쪽.(번역 수정)

들며, "메커니즘을 만드는 그림", "불안하게 만드는 시각"을 파괴하면서 동시에 자기 몸을 오르가슴적 탈주와 이완으로 방출해 준다[해방시킨다]. "그는 자기 가슴을 치는 뭔가를 느꼈다. 그의 몸은 헤아릴 수 없을 정도로 점점 더 위로 멀리 그리고 빠르게 공중으로 재빨리 던져졌고, 그의 팔다리는 젠틀하게[부드럽게] 이완되었다."

금지의 심문에서 풀려난 그 몸은 자기 자신의 해체를 통해서만 스스로 자유로워진다. "사물의 거대한 계획 속으로 되돌려 떨어진 폴"이라는 이 마지막 인물은 법의 궁극적 힘을 확인해주지만, 이 힘은 그것이 폐제하려고 하는 에로티시즘을 자신도 모르게 유지한다. 이것은 그의 죽음인가 아니면 그의 에로틱한 방출[해방]인가? "폴은 뒤로 떨어졌다." 다른 사람에 의한 것인지 자기 자신에 의한 것인지 모호하게 떨어진 그의 행위성(agency)은 체포되었고 아마도 결국 굴복당했을지 모른다.

정체성, 즉 '타자성이라는 비일관적 과정을 지시하지 않는 것'과 마찬가지로, 똑같음이라는 일관적인 패턴을 지시하지도 않는 정체성이 삶을 인위적으로 조작한 부산물이 아닌 다른 것으로 간주될 수 있을까?

—트린 민하

6장 패싱, 퀴어링: 넬라 라슨의 정신분석학적인 도전[*]

수많은 이론적 질문들이 페미니즘, 정신분석, 인종 연구 간의 관계를 생각하려는 노력에 의해 제기되었다. 성차를 분명하고 근본적인 일련의 언어적·문화적 관계들로 이론화하는 대부분의 페미니스트 이론가들은 정신분석을 이용했다. 가령 철학자 뤼스 이리가레는 성차의 문제가 **우리 시대의 문제**라고 주장한 바 있다.[1] 이렇게 성차에 특권을 부여하는 것은 성차가 다른 형태의 차이보다 더

---

* 이 장은 엘리자베스 아벨, 바바라 크리스티안, 헬렌 모글랜이 후원한 「아프리카계 미국인의 맥락에서 본 정신분석: 페미니즘적 재구성」이라는 컨퍼런스의 일환으로 1992년 10월 산타크루즈 대학에서 했던 강연 원고를 개정한 것이다.

1) Luce Irigaray, *Éthique de la difference sexuelle*, p. 13. [옮긴이] 이 책은 아직 한글로 번역되지 않았는데, 관련 주장은 뤼스 이리가레, 「성차의 윤리학」, 노최영숙 옮김, 『여/성이론』 2호, 2000, 264-276쪽에서 확인할 수 있다.

근본적인 것으로 이해되어야 할 뿐만이 아니라, 오히려 다른 형태의 차이가 성차로부터 **유래**될 것이라는 점을 의미한다. 또한 이러한 관점은 성차가 자율적인 관계 및 선언(選言)[배타택일]적 분리의 영역을 구성하므로, 성차가 다른 권력 벡터들을 통해 혹은 다른 권력 벡터들**로서** 표명되었다고 이해되면 안 된다는 점을 전제한다.

그에 반해 성적 위치의 떠맡음, 즉 인간을 '남성'이나 '여성'으로 선언적으로 분리하여 배열하는 것이 동성애 금기를 지닌 이성애적 상징을 통해 발생할 뿐만 아니라, 또한 일정 부분 혼혈 금기를 통해 작동하는 일련의 복잡한 인종적 명령들을 통해 발생한다고 생각하는 것은 무엇을 의미하겠는가? 게다가 우리는 어떻게 동성애와 혼혈을, 인종적으로 순수한 생식을 직접적으로 규제하는 규범[정상]적 이성애로 수렴하는 것이자 동시에, 규범[정상]적 이성애의 구성적 외부로서 이해할 것인가? 그렇다면 마르크스를 내 식으로 말해, 종(種)의 재생산이 재생산 관계**의** 재생산으로, 즉 영속성을 통한 헤게모니의 추구 속에서 종의 인종화된 버전의 카섹트된[사랑하는 대상을 향해 온 에너지를 집중시키는──옮긴이] 현장으로, 다시 말해 규범[정상]적 이성애를 필요로 하고 또 그에 복무하여 규범[정상]적 이성애를 생산하는 현장으로 접합될 것이라는 점을 떠올려 보자.[2] 역으로 이성애의 재생산은 인종과 인종 재생산이 어떻게 이해되는지에 따라 다른 형태를 취할 것이다. 분

---

2) 프로이트의 『토템과 타부』는 종의 재생산 담론과 인종 담론이 분리 불가능하다는 점을 입증해 준다. 우리는 이 글에서 사용된 '발전' 개념을 이중적으로, 즉 (a) 진보된 문명 상태를 향한 운동이자, (b) 일부일처의 이성애 내에서 이루어지는 성기 중심의 섹슈얼리티의 '성취'로 생각해 볼 수 있다.

명 '인종', '섹슈얼리티', '성차'를 분리된 분석적 영역들로 유지할
충분한 역사적 근거들이 있다 할지라도, 우리가 그것들의 수렴뿐
만이 아니라, 그중 하나가 다른 것을 통하지 않고는 구성될 수 없
는 그런 장소들을 어디에서, 어떻게 읽어 낼 수 있을지를 물어볼
아주 긴급하고 중요한 역사적 이유들 역시 존재한다. 이것은 권
력, 종속, 행위성, 역사성 등의 구별되는 영역들을 병렬로 나열하
는 것과는 다른 것이며, 또한 우리가 표시하려는 관계들을 어떻게
생각할지 대체로 아직 상을 잡지 못했음을 의미하는, 저 유명한
쉼표들로 분리된 속성들의 목록(젠더, 섹슈얼리티, 인종, 계급)과도
다른 것이다. 그렇다면 성차의 우선성을 긍정하기 위해서가 아니
라 성차가 표명되고 떠맡아지는 권력의 수렴적 양상들을 분명하
게 표현하기 위해, 넬라 라슨의 글을 매력적인 정신분석학적인 떠
맡음[전제]들로 읽는 방식은 존재할까?

넬라 라슨의 『패싱』에 나오는 장면을 떠올려 보라.[3] 이 장면에서
아이린은 클레어를 보러 자기 집 계단을 내려가고, 클레어는 뭔
가를 바란다는 식으로 거실에 서 있다. 아이린이 클레어를 우연히
본 순간, 갑자기 나타난 아이린의 남편 브라이언 역시 클레어를 본
다. 클레어를 본 아이린은 그녀가 아름답다고 생각하지만 동시에 클
레어를 본 브라이언도 그녀를 아름답다고 생각하리라고 생각한다.
이 이중적인 생각은 이후에 중요한 것으로 밝혀질 것이다. 화자의
목소리는 심정적으로 아이린에게 기울어 있지만, 아이린이 말하

---

3) Nella Larsen, *Passing*, in *An Intimation of Things Distant: The Collected Fiction of Nella Larsen*, Charles Larson, ed., forward by Marita Golden, New York: Anchor Books, 1992, pp. 163-276. [한글본] 넬라 라슨, 『패싱』, 서숙 옮김, 글빛, 2006.

기가 불가능하다고 보는 경우들에는 그녀의 관점을 초과한다.

의도했던 것보다 조금 늦게 아래층으로 내려간 그녀는 서둘러 거실로 갔는데, 거실에는 브라이언이 기다리고 있었고, 그 역시 거기서 클레어를 발견했다. 클레어를 본 그녀는 숨이 턱 막혀 내뱉어지지 않은 자신의 감탄사를 기억했다. 세련되고 빛나고 향기롭고 눈부신 클레어는 반짝이는 검은 호박단으로 만든 멋진 가운을 입고 있었고, 길고 폭이 넓은 치마는 그 여자의 날씬한 황금빛 발 주변으로 우아한 주름을 지으며 늘어져 있었다. 그 여자는 반짝이는 머리를 부드럽게 뒤로 빗어 넘겨 목덜미에 작은 쪽을 지었다. 두 눈은 검은 보석처럼 빛나고 있었다.[4]

아이린의 감탄사는 결코 말해지지 않고, 마치 감정을 억누르기라도 하는 것처럼, 자기의 방식을 말로 만들지 못한 일종의 바라보기로서 유지되고 보존된다. 그녀는 말하려 했지만, 목메임이 그녀의 목소리를 억누른 것처럼 보인다. 그녀가 본 것은 기다리고 있는 브라이언, 또한 클레어를 보고 있는 브라이언, 그리고 클레어 자체이다. 서술의 문법은 누가 누구를 욕망하는가의 문제를 확정하지 못한다. "그녀는 거실로 달려갔는데, 거실에는 브라이언이 기다리고 있었고, 그 역시 거기서 클레어를 발견했다." 클레어를 본 사람은 아이린인가 브라이언인가? 아니면 그들이 함께 클레어를 본 것인가? 그들이 그녀에게서 본 것은 무엇인가? 말하자면 그

---

4) Nella Larsen, *Passing*, p. 233. [한글본] 넬라 라슨, 『패싱』, 137-138쪽.

들은 더 이상 서로를 본 것이 아니라, 클레어를 향한 그들 각자의 욕망을 서로에게 거울처럼 비춘 것인가? 아이린은 자신의 감탄을 전할 말을 억누르고자 한다. 실제로 감탄사는 숨을 뺏겨 질식된다. 다시 말해 감탄사가 목구멍을 메워 그녀의 말하기를 좌절시킨다. 화자는 아이린이 했을 법한 말을 하려고 등장한다. "세련되고 빛나고 향기롭고 눈부신……." 화자는 그렇게 아이린의 목구멍에 붙잡혀 있는 말을 진술한다. 그 말은 넬라 라슨의 화자가 아이린 자신이 감행할 수 있는 것 이상을 드러내는 기능을 제공하고 있음을 시사한다. 아이린이 말할 수 없는 자신을 발견하는 대부분의 경우에서, 화자는 말을 제공한다. 그러나 소설의 끝에서 클레어가 어떻게 죽는지 상세히 묘사하기에 이르자, 화자는 아이린만큼이나 말하지 못한다는 것을 보여준다.

무엇이 말해질 수 있고 무엇이 말해질 수 없는가의 문제, 무엇이 공공연하게 드러날 수 있고 무엇이 드러날 수 없는가의 문제가 작품 전체에서 제기되고, 또 그것은 피부색과 욕망이 모두 공적으로 노출될 위기라는 더 큰 문제와 연결된다. 의미심장한 것은, 비록 백인 행세를 하는 클레어가 아름다움을 뽐낼 뿐만 아니라 자기를 감추기도 한다는 점(실제로 클레어는 항상 바로 그 아름다움의 자태 **안에** 자신을 숨기고 있다)을 아이린이 안다고 할지라도, 아이린이 그녀가 묘사한 바로 그 클레어의 아름다움에 감탄한다는 점이다. 자기 피부색에 대한 클레어의 부인은 아이린으로 하여금 클레어와 거리를 두게 하고, 클레어의 편지에 답장하기를 거부하게 하며, 자기 삶에 그녀가 끼어들지 못하게 한다. 비록 아이린이 클레어의 백인 패싱[백인 행세]에 대해 도덕적 반대의 목소리를 낸다고 할지라도, 분명 클레어처럼 아이린도 수많은 동일한 사회적 관습들에 패싱하며 참여한다. 실제로 오랫동안 떨어졌다 재회하는 장면에서, 그 둘 모두는 옥상 카페에서 백인으로 패싱한다. 하지만 아이린이 보기에 클레어는 너무 지나친데, 가끔 그런 게 아니라, 평생, 그리고 혼인해서도 백인 패싱을 했다는 점에서 그렇다. 클레어는 일종의 어떤 성적 대담함을 몸으로 드러내는데, 아이린은 그에 맞서 클레어가 결혼에 얽매여 있지 않아서 그렇다고 자신을 방어한다. 그리고 아이린은 클레어에게 마음이 끌려 그녀가 되길 원하면서도, 또한 그녀를 원하는 자기 자신을 발견한다. 아이린을 황홀하게도 하고, 또 새로워진 맹렬함으로 클레어에 대한 그녀의 도덕적 비난을 부채질하게도 하는 것은 바로 이러한 위험의 감수이다. 이러한 위험의 감수는 인종 교차와 연결되기도 하고, 성적인 불륜과 연결되기도 하는 것이다.

브라이언과 클레어가 불륜을 저지르고 있다고 확신한 뒤에, 아이린은 클레어가 평범하기 짝이 없는 데이브 프리랜드를 파티에서 유혹하고 그와 통하는 장면을 목격한다. 이러한 유혹은 결혼의 신성함과 인종 간 구획의 투명함 모두에 의문을 제기하는 것을 통해 작동한다.

클레어의 허스키한 음성을 통해 그들이 나눈 대화의 파편들이 그녀에게로 둥둥 흘러들어왔다. "……늘 당신을 찬양했어요…… 오래 전부터 당신에 대해 아주 많이…… 모두가 그렇게 말해요…… 당신이 아니면 어느 누구도……" 그리고 같은 말이 계속되었다. 그는 펠리스 프리랜드의 남편이자 통찰력과 가차없는 아이러니를 보여주는 소설들의 저자였지만, 그녀의 말에 완전히 사로잡혔다. 그따위 실없는 소리에 빠져들다니! 이 모두는 클레어가 우윳빛 눈꺼풀을 경탄할 만한 검은 눈동자 위로 내리깔고는 갑자기 치켜뜨면서 애무하는 듯한 미소로 바꾸는 눈 속임수를 가졌기 때문이다.[5]

여기서 클레어를 에로틱하게 보이게 하는 것은 바로 패싱 자체의 눈 속임수로, 그것은 경탄할 만한 검은색을 우윳빛으로 덮어씌우고, 갑작스레 비밀을 허용하며, 미소를 애무로 마술적으로 변형시킨다. 그것은 변화 가능성 자체이자 변신의 꿈인바, 이런 변화할 수 있음은 그러한 유혹의 능력을 이루는 [피부] 하얌이 제공한 일정한 자유, 일단의 이동성을 의미한다. 이때 클레어를 보는 아이린 자신의 시각은 말문이 막히기도 하지만, 또한 그녀가 찻잔을 떨궈 산산조각 내 수다떠는 소리가 중단되게 하는 분노로도 이어진다. 찻잔의 차는 흰색의 구속들에서 갑작스레 풀려난 어두운색 자체로 형상화되어, 분노의 물결처럼, 피처럼 카펫 위로 퍼져나간다. "그녀 안에 분노가 끓어올랐다. 가벼운 충돌음이 있었다. 그녀 발 주위 바닥에 찻잔이 산산조각 나 있었다. 어두운 얼룩들이 밝은 깔판을 물들였다. 퍼져갔다. 수다가 중단됐다 다시 계속됐다. 그녀 앞에서 가정부 줄리나가 하얀 파편들을 주워 모았다."[6]

이렇게 산산조각이 난 컵은 이 소설의 이야기를 끝내는 폭력을 예감하게 한다. 그 장면에서 클레어는 그녀의 피부색이 '드러나

______

5) Nella Larsen, *Passing*, p. 254. [한글본] 넬라 라슨, 『패싱』, 173-174쪽.

6) Nella Larsen, *Passing*, p. 254. [한글본] 넬라 라슨, 『패싱』, 174-175쪽.

는’ ‘아프리카계 미국인 모임’에 참석했다 백인 인종주의자 남편 벨루에게 발견되는데, 이것은 그녀를 순식간에 정말 말 그대로의 사망에 이르게 한다. 아이린이 클레어 옆에서 그녀의 팔에 손을 얹고 애매하게 서 있을 때, 클레어는 창밖으로 떨어져 길바닥에서 숨을 거둔다. 그녀가 투신한 건지 떠밀린 건지는 애매하게 남아 있다. “그 다음 무슨 일이 일어났는지, 아이린 레드필드는 그 이후에 자신에게 기억을 절대 허용하지 않았다. 전혀 분명하지가 않았다. 한순간 클레어는 황금색 붉은 화염처럼 힘차게 타오르는 존재로 거기 있었다. 다음 순간 그녀는 사라졌다.”[7]

이 순간에 앞서, 벨루는 사교모임이 열리는 할렘가 아파트 계단에 올라가 거기서 클레어를 발견한다. 그녀가 거기에 있다는 건 벨루로 하여금 그녀가 흑인임을 확신하게 하기에 충분하다. 라슨의 이 소설에서 검은색이 시각적 표시인 것만은 아니다. 왜냐하면 아이린과 클레어는 둘 다 밝은 피부 톤을 띨 뿐만 아니라, 또한 무엇이 보일 수 있으며, 무엇이 시각적 표시일 수 있는가는 표시되지 않은 육체들과 연관지어 표시된 육체를 읽어 낼 수 있는가의 문제이기 때문이다. 이때 흑인 티가 나지 않은 육체들은 정상적인 백인으로 넘겨짚게 해준다. 클레어가 패싱을 하는 이유는 그녀가 밝은 피부 톤을 띠기 때문일 뿐만 아니라, 또한 그녀가 자신의 흑인성을 대화로 끌어들이기를 거부하고, 그래서 그녀가 백인이라는 헤게모니적 상정에 대립할 만한 대화 상의 징표를 허락하지 않기 때문이다. 아이린 자신은 백인성을 정상으로 상정하고 그

---

7) Nella Larsen, *Passing*, p. 271. [한글본] 넬라 라슨, 『패싱』, 212-213쪽.

러한 떠맡음에 의문이 제기되지 않는 대화들에 그녀가 참여하는 한에서는 '패싱'을 하는 것처럼 보인다. 아이린이 침묵을 통해 수행하는 흑인성과의 이러한 분리는 이 소설의 끝에서 역전된다. 거기서 그녀는 아프리카계 미국인들과 어울리는 것이 분명한 사교 모임에서 벨루의 백인 시선에 노출된다. 그녀의 피부색이 읽힐 수 있게 되는 것은 이름 붙이기를 조건 짓는 사교 모임이라는 상황에서뿐이다. 벨루는 그 모임 전에는 그녀가 흑인이라는 것을 '볼' 수 없다. 그래서 그는 그녀의 얼굴에다 대고 자기는 결코 흑인들과 어울려 다니지 않을 것이라는 인종차별주의를 거리낌없이 주장한다. 만일 그가 그녀와 어울린다면, 그녀는 흑인일 수 없다. 그러나 그녀가 흑인들과 어울려 다닌다면, 그녀는 흑인이 된다. 거기서 흑인성의 기호는 말하자면 근접성을 통해 좁혀지고, '인종' 자체가 근접성을 통해 옮겨질 수 있는 전염병으로 형상화된다. 여기에 추가된 상정은 만일 벨루가 흑인들과 어울려 지냈다면, 그 자신의 백인성의 경계들이 더 이상 쉽게 고정되지 않을 것이며, 당연히 그의 자녀들의 백인성의 경계들도 그럴 것이라는 점이다. 역설적인 것은 그 자신의 인종차별적인 열정이 그러한 교제를 **필요로 한다**는 점이다. 즉 그는 흑인들 없이는 백인일 수 없으며, 그가 흑인들과 맺는 관계를 거듭해서 부인하지 않고는 백인일 수 없다. 오로지 이러한 부인을 통해서만 그의 백인성이 구성되며, 또한 그러한 부인의 제도화를 통해서만 그의 백인성은 끊임없이 하지만 간절하게 재구성된다.[8]

---

8) 이것은 '인종'이 수행적인 것으로 해석될 수도 있다는 하나의 감각을 제시한다. 벨

벨루의 발화는 인종 경계에 대한 이러한 간절함에 의해 과잉-
결정된다. 그는 클레어가 흑인임을 알기 전에는 종종 그녀를 '니
그(Nig)'라고 부르며, 그래서 이러한 비하와 부인의 용어는 그들
사이에 일종의 사랑의 말장난으로 통용되는 것처럼 보인다. 클레
어는 그 용어로 그녀 자신이 에로틱해지는 척하면서 그 말을 허락
하고, 마치 그 용어가 그녀에게는 가장 불가능한 호명이라도 되는
양 행동한다. 벨루가 클레어를 '니그'라고 부르는 것은 그가 뭔가
를 알고 있다거나 혹은 그가 말한 언어에서 모든 걸 알고 있다는
뉘앙스를 풍기지만, 그가 그녀를 그렇게 부를 수 있고, 또 그녀의
남편으로 머물러 있다면 그가 진실을 알 도리는 없다. 이 점에서
클레어는 물신(物神)을 욕망의 대상으로 규정한다. 이에 관해 누
군가 이렇게 말한 바 있다. "나는 이것이 있을 수 없다는 점을 아
주 잘 알지만, 나는 이것을 늘 한결같이 욕망한다." 이와 등가적인
의미를 함축하는 공식은 이렇다. "이것이 있을 수 없다는 바로 그
이유 때문에 나는 그것을 더더욱 욕망한다." 클레어의 흑인성이
적재적소에서 흥분의 이국적인 원천이기도 하고, 또 동시에 부정
해야 할 것이기도 하다는 점에서 물신의 대상은 바로 클레어 자신
이다. 여기서 벨루의 '이름 짓기'는 그가 가지고 있지 않다고 주장
하는 지식으로 구멍이 숭숭 뚫려 있다. 즉 그는 그녀가 점점 더 검

루는 백인성이 지닌 성적 장벽들의 의례화된 생산을 통해 자신의 백인성을 생산한
다. 이러한 간절한 반복은 경계 지워진 백인성이라는 물질적 효력을 축적하기는 하
지만, 그런 경계는 그것이 지닌 허약한 위상을 시인하는 것이다. 왜냐하면 그런 경
계는 그것이 배제하는 '흑인성'을 필요로 하기 때문이다. 이런 점에서, 지배적인 '인
종'은 반복과 배제를 통해 (**물질화된다**는 감각 속에서) 구성된다.

어지고 있다고 지적하지만, 그의 비하 용어는 그로 하여금 뭔가를 보게도 하지만 동시에 보지 못하게도 한다. 그 용어는 벨루의 욕망을 일종의 부인으로 유지시키는데, 그것은 클레어에 대한 그의 욕망의 양가성뿐만이 아니라, 또한 그가 자기 자신의 인종적 정체성의 깨지기 쉬운 경계들을 구성하는 에로틱한 양가성을 구조화한다. 앞에서 제시한 그의 주장을 재정식화해 보면 이렇다. 그가 비록 아프리카계 미국인들과는 결코 어울리지 않을 것이라고 주장한다 할지라도, 그는 성적 만족을 위해 [흑인과의] 교제와 그것의 부인을 필요로 한다. 그의 성적 만족은 자기 자신의 인종적 순수성을 과시하려는 자신의 욕망과 분리가 불가능하다.

사실 흑인과 백인의 불확실한 경계는 바로 그가 성애화하는 것, 바로 그가 클레어를 자신이 지배하는 이국적인 대상으로 만들기 위해 필요로 하는 것처럼 보인다.[9] 울부짖다(bellow)와 비슷한 그의 이름 벨루(Bellew)는 그 자체 하울링[늑대의 울음소리]이며, 그가 이상화하면서도 혐오하는 인종적으로 애매한 여성의 면전에 내지른 간절한 백인 남성의 기나긴 하울링이다. 클레어는 정복되어야만 하는 인종적 애매함이라는 유령을 재현한다. 그러나 '벨루'는 또한 화염과 광채에 불을 붙이는 도구인데, 이 광채는 어떤 점에서는 그녀의 이름 그대로 '빛나는' **클레어이다**. 그녀가 발하는 빛

---

9) 이는 어느 정도는 식민 지배자를 닮아야 하지만, 너무 많이 닮는 것은 금지되는 피식민 주체의 상황과도 같다. 이러한 역학 관계에 대한 보다 풍부한 서술로는 Homi Bhabha, "Of Mimicry and Man: The Ambivalence of Colonial Discourse", in *October* 28, Spring 1984, p. 126을 보라. [한글본] 호미 바바, 「모방과 인간」, 『문화의 위치』, 나병철 옮김, 소명출판, 2005, 186쪽.

은 그가 그녀에게 불어넣은 삶에 의존하며, 그녀가 발하는 빛의 소실 또한 마찬가지로 그가 불어넣은 힘의 기능이다. "한순간 클레어는 황금색 붉은 화염처럼 힘차게 타오르는 존재로 거기 있었다. 다음 순간 그녀는 사라졌다. 공포의 숨 넘어가는 소리. 그 위로 들리는 인간의 소리 같지 않은, 극도의 고통 속의 짐승 소리. '니그! 나의 신! 니그!'" 벨루는 울부짖는다(Bellew bellows). 그리고 그 순간 클레어는 창가에서 사라진다.[10] 그의 마지막 말은 비하[니그!]와 신성시[나의 신!] 사이에서 동요하긴 하지만 시작과 끝은 비하의 말투로 이루어져 있다. 그러한 동요의 힘은 클레어를 빛을 발하게 하고 타오르게 하지만, 또한 그녀의 빛을 잃게 하고, 그녀의 불꽃을 꺼지게 한다. 클레어는 백인의 외양을 띠기보다는 오히려 일종의 성적 미끼로서 흑인과 백인 사이에서 동요하는 외양을 띰으로써 보고 싶은 것만을 보는 벨루의 욕구를 이용한다. 벨루가 마지막에 외친 이름은 그러한 동요를 끝내지만, 또한 그것은 죽음에 이르게 (혹은 그렇게 보이게) 하는 판결로도 기능한다.

클레어의 팔 위에 마지막으로 보였던 것이 결국 아이린의 손이었기에, 화자는 아이린의 서술할 수 없는 트라우마에 휩쓸려 들어간 것처럼 보인다. 그래서인지 아이린이 할 수 없는 말을 해주곤 하던 화자는, 우리가 클레어를 창밖으로 날려 길바닥에서 죽음에 이르게 한 것이 누구의 작용인지 알기를 기대하는 그런 결정적인 순간에는 자리를 비우고 뒤로 물러난다. 아이린이 클레어의 죽음에 죄책감을 느낀다는 점이 아이린이 그녀를 밀었다고 생각할 충

---

10) Nella Larsen, *Passing*, p. 271. [한글본] 넬라 라슨, 『패싱』, 213쪽.

분한 이유가 되지는 않는다. 왜냐하면 우리는 그저 일어나리라고 기대하는 누군가의 죽음에 대해, 비록 그런 바람이 죽음을 야기한 근접한 원인이 아니라고 생각할 때조차도, 쉽게 죄책감을 느끼기 때문이다. 서술에서의 공백은 클레어가 뛰어내렸는지, 아이린이 떠밀었는지, 아니면 벨루의 말의 힘이 말 그대로 그녀를 창밖으로 떨어지게끔 울부짖은 것인지 열린 결말로 남게 한다. 내가 제시하고 싶은 것은 바로 이러한 결론의 공백과 그것을 둘러싼 삼각구도가 정신분석에 대해, 특히 "사람을 죽이는 판단들"의 사회적·심리적 위상에 대해 다시 생각하게 해준다는 점이다. 판단을 죽음에의 노출로 이어주는 연결고리가 섹슈얼리티와 인종이라는 서로 얽혀 있는 벡터들을 통해 작동한다면 우리는 그것을 어떻게 설명해야 할까?

클레어의 추락. 이것은 공동의 산물인가? 아니면 적어도 그 원인들이 완전히 알려지거나 추적할 수 없이 남겨져야만 하는 행동인가? 클레어의 추락은 애매하게 실행된 어떤 행동인데, 이 행동에서 아이린과 클레어의 행위성은 상당히 혼재되며, 행위성의 이러한 혼재는 백인 남성의 모욕하는 발화와 관련해서 발생한다. 라슨이 말한 [『패싱』의 3부 제목인] 이 '종말'을 우리는 끓어오르는 분노, 산산조각이 난 백색 파편 더미, 산산조각이 난 백인성의 껍데기 등으로 읽을 수 있다. 클레어의 백인성의 껍질이 산산조각이 난 것처럼 보인다고 할지라도, 그것은 벨루 역시 마찬가지이다. 실제로 바로 그 껍데기에 의해 이 백인의 인종적 순수성의 기획이 유지된다. 왜냐하면 벨루는 결코 흑인들과 교제하지 않겠다고 생각하지만, 그는 자기의 '니그' 없이는, 그가 저항해야만 하는 [흑

인과의] 교제라는 미끼 없이는, 그가 복종시키면서도 거부해야만
하는 인종적 애매함이라는 유령 없이는 백인일 수 없기 때문이다.
실제로 그는 인종적 경계선을 재생산하는데, 그는 그 선에 의해서
흑인 여성들을 욕망의 필수적이면서도 불가능한 대상으로, 그리
고 그 자신의 백인성이 간절하고 지속적으로 보호되는 것과 연관
된 물신으로 만들어 냄으로써 자신의 백인성을 보호하고자 한다.

　어쨌든 1929년에 출판되고 할렘 르네상스의 전통에 속하며, 그
래서 당시의 사회문화적 세계의 맥락에서 그에 맞게 읽혀야만 하
는 라슨의 소설을 정신분석학적 용어로 생각하려고 하는 것에는
분명 위험 요소들이 있다. 많은 비평가들이 이 소설을 혼혈의 사
회적 지위에 대한 비극적 이야기로 읽었던 반면, 다른 이들은 이
소설의 백미가 그것이 가진 심리학적 복잡성에서 찾아져야 한다
고 주장했다. 내가 생각하기에, 우리가 바바라 크리스찬, 글로리
아 헐, 헤이절 카비, 암릿짓 싱, 그리고 메리 헬렌 워싱턴 등이 밝
힌 바 있었던 이 소설의 역사적·사회적 특수성과, 다른 한편 클
라우디아 테이트, 체릴 윌, 메리 메이블 유맨즈, 데보라 맥도웰 등
이 논했던 이 텍스트에서의 교차 동일시 및 질투의 심리학적 복잡
성 중에 어느 하나를 선택할 필요는 없을 것이다.[11] 테이트와 맥도

---

11) 이 글에서 저자들을 별도의 언급 없이 다룰 경우에는 그들이 쓴 다음의 글들
　　을 인용한 것이다. Houston A. Baker, Jr., *Modernism and the Harlem Renaissance*,
　　Chicago: Chicago University Press, 1987; Robert Bone, *The Negro Novel in America*,
　　New Haven: Yale University Press, 1958; Hazel Carby, *Reconstructing Womanhood:
　　The Emergence of the Afro-American Woman Novelist*, London and New York: Oxford
　　University Press, 1987; Barbara Christian, *Black Women Novelists: The Development of a
　　Tradition 1892-1916*, Westport, Ct: Greenwood Press, 1980 and "Trajectories of Self-

웰이 제시했듯이, 비평가들은 이 이야기가 인종에 관한 이야기로, 특히 혼혈에 대한 비극적 장르의 일부로 읽혀야 하는가, 아니면 심리학적 콤플렉스로 읽혀야 하는지, 그래서 맥도웰과 카비가 주장했듯이 흑인 여성들의 섹슈얼리티가 이국적인 것이 되거나, 원시주의의 아이콘으로 옮겨질 때 그녀들의 섹슈얼리티를 재현하기 어렵다는 점을 비트는 풍자로 읽혀야 하는가 등으로 의견이 갈렸다. 실제로 라슨 자신은 바로 이 딜레마에, 즉 흑인 여성들의 섹슈

Definition: Placing Contemporary Afro-American Women's Fiction", in Marjorie Pryse and Hortense J. Spillers, eds., *Conjuring: Black Women, Fiction, and Literary Tradition*, Bloomington: Indiana University Press, 1985, pp. 233-248; Henry Louis Gates, Jr., *Figures in Black Words, Signs, and the "Racial" Self*, New York and London: Oxford University Press, 1987; Nathan Huggins, *Harlem Renaissance*, New York and London: Oxford University Press, 1971; Gloria Hull, *Color, Sex, and Poetry: Three Women Writers of the Harlem Renaissance*, Bloomington: Indiana University Press, 1987; Deborah E. McDowell, "Introduction" in *Quicksand and Passing*, New Brunswick: Rutgers University Press, 1986; Jacquelyn Y. McLendon, "Self-Representation as Art in the Novels of Nella Larsen", in Janice Morgan and Colette T. Hall, eds., *Redefining Autobiography in Twentieth-Century Fiction*, New York: Garland, 1991; Hiroko Sato, "Under the Harlem Shadow: A Study of Jessie Faucet and Nella Larsen", in Arno Bontemps, ed., *The Harlem Renaissance Remembered*, New York: Dodd, 1972, pp. 63-89; Amritjit Singh, *The Navels of the Harlem Renaissance*, State College: Pennsylvania State University Press, 1976; Claudia Tate, "Nella Larsen's Passing. A Problem of Interpretation", *Black American Literature Forum*, 14:4, 1980, pp. 142-146; Hortense Thornton, "Sexism as Quagmire: Nella Larsen's Quicksand", *CLA Journal* 16, 1973, pp. 285-301; Cheryl Wall, "Passing for What? Aspects of Identity in Nella Larsen's Novels", *Black American Literature Forum*, vol. 20, nos. 1-2, 1986, pp. 97-111; Mary Helen Washington, *Invented Lives: Narratives of Black Women 1860-1960*, New York: Anchor-Doubleday, 1987.

얼리티가 이국적인 것이 되는 결과를 피하기 위해 그것의 재현을 억제하려는 딜레마에 사로잡혀 있던 것으로 보인다. 우리는 바로 이러한 억제를 『패싱』에 1년 앞서 출판된 중편소설 「퀵샌드」에서 읽어 낼 수 있다.[12] 여기서 주인공 헬가의 금욕은 자신이 '밀림' 소속으로 묘사될까 두려워하는 것과 직접적으로 연관된다. 맥도웰에 따르면, "흑인 여성 소설가들은 자신들의 130년 역사가 시작된 이래로, 조심스럽고 과묵하게 섹슈얼리티를 다뤄 왔다. 이는 분명 흑인 여성들의 성적 충동(libidinousness)에 관한 역사 전체에서 끊임없이 지속된 사회적, 문학적 신화들의 네트워크와 연결되어 있다."[13]

---

12) [옮긴이] 넬라 라슨의 「퀵샌드[모래늪](Quicksand)」는 헬가 크레인이라는 백인에 가까운 피부색을 가진 흑인 혼혈 여성이 자신의 정체성을 찾아 직장인 앨라배마의 한 대학을 떠나 시카고·할렘·덴마크 등을 전전하다 다시 할렘과 앨라배마로 돌아와 심신이 지쳐 버린 자신을 발견하는, 혼혈 여성의 수난과 좌절을 다룬 소설이다. 『퀵샌드』는 라슨의 자전적 삶이 투영된 소설로 라슨처럼 주인공 헬가 역시 덴마크 계열 백인 어머니와 흑인 아버지 사이에 태어났다. 대학에서 강의하던 헬가는 흑인들만 다니는 대학 낵소스(Naxos)의 획일적이고 엄격한 교육 방식에 환멸을 느끼고 대학을 나온다. 할렘으로 간 헬가는 그곳에서 흑인의 인종적 격상(racial uplift)을 위해 노력하는 흑인 여성 앤 그레이를 만나 함께 지내지만, 앤은 겉모습과 달리 백인의 문화와 가치를 내재화한 여인이다. 헬가는 자신이 할렘에 완전히 속하지 못하고 타자화된다고 느낀다. 헬가는 덴마크로 가서 새로운 삶을 살고자 했지만, 코펜하겐에서의 삶도 헬가를 타자화하기는 마찬가지였다. 다시 할렘에 온 헬가는 앤이 자신이 좋아했던 낵소스의 앤더슨 교장과 결혼하는 소식을 듣고 순간적으로 목사 플레전트 그린과 결혼해 버린다. 작품의 끝부분에서 헬가는 잘못된 선택으로 인해 다섯 아이를 임신하는 등 힘든 삶을 살아간다. 헬가는 소설 제목처럼 자신이 만든 모래늪에 서서히 빠져들어 간 것이다.

13) Deborah E. McDowell, "'That nameless⋯ shameful impulse': Sexuality in Nella Larsen's *Quicksand and Passing*", in Joel Weixlmann and Houston A. Baker, Jr., eds., *Black Feminist Criticism and Critical Theory: Studies in Black American Literature*, vol. 3,

동일시, 욕망, 질투, 분노를 아우르는 아이린과 클레어의 갈등은 1929년에 이 글이 생산된 섹슈얼리티와 인종의 역사적으로 특정한 제약 속에서 맥락화되어야 한다. 비록 여기에서 나는 매우 조잡한 방식으로만 분석할 수 있긴 하지만, 어쨌든 그러한 분석의 방향을 간략하게 제시하고 싶다. 나는 맥도웰과 카비의 견해 모두에 동의하는데, 이 소설이 인종에 '관한 것'인지, 아니면 섹슈얼리티와 성적 갈등에 '관한 것'인지 어떤지를 선택할 필요가 없을 뿐만 아니라, 그 두 영역이 불가분하게 연결되어 있으며, 따라서 이 글은 성적 갈등의 인종화를 읽어 내는 방법을 제공하기 때문이다.

클라우디아 테이트는 "인종은 (……) 이 소설의 가장 우선하는 관심사가 아니다", 그리고 "이 이야기의 진짜 추동력은 아이린의 감정의 격동"과 클레어의 죽음을 둘러싼 심리학적 애매함이라고 주장한다. 테이트는 그녀 자신의 심리학적 설명을, 이 소설을 흑인 여성들의 패싱을 다룬 "진부한 멜로드라마"로 축소하는 이들과 구별시킨다.[14] 클레어의 죽음의 애매함을 강조함으로써, 테이트는 이 소설의 서사적 복잡성과 정신적 복잡성을 선명하게 부각한다. 테이트에 뒤이어 체릴 월은 이 이야기의 심리학적 애매함을 그것의 인종적 의의와 분리하길 거부한다. 그녀는 "라슨의 가장 탁월한 통찰은 특정한 흑인 여성들이 직면하는 심리적 딜레마 안

Greenwood, Fla.: Penkevill Publishing Company, 1988, p. 141. 이 글의 일부는 *Quicksand* and *Passing*의 '서문'으로 재편집되었다. 이 글에서 맥도웰에 대한 이후의 모든 인용은 이 비평문에서 가져온 것이다.

14) Claudia Tate, "Nella Larsen's *Passing*. A Problem of Interpretation", *Black American Literature Forum*, 14:4, 1980, pp. 142-146.

으로 들어간 것"이라는 점[테이트]에 동의하면서, "혼혈인들의 비극이 문학적 관습인"처럼 보이는 것은 또한 "인종차별주의와 성차별주의를 다루는 저자가 지불해야 하는 심리학적 비용을 증명해 주는 수단"이라고 주장한다. 월에게 있어, 클레어라는 인물은 '타자성'에 대한 아이린 자신의 투사로부터 완전히 분리되어 존재하지 않는다. 실제로 월에 따르면, 클레어에 대한 아이린의 성적 관계는 벨루의 것과 크게 다르지 않은 종류의 '이국주의(exoticism)'에 참여한다. 아이린은 클레어의 매혹적인 두 눈에서 "무의식적인 것, 알 수 없는 것, 성적인 것, 순종적인 것"을 보는데, 월에 따르면, "이것들이 아이린이 자기 내부에서 거부하는 그런 영혼의 측면들을 상징화한다."[15] 데보라 맥도웰은 클레어와 아이린 사이에서 갈등을 겪는 동성 에로티시즘(homoeroticism)를 강조함으로써 이러한 심리학적 복잡성과 투사에 대한 설명을 특징짓는다. 맥도웰이 말했듯이, "아이린의 관점은 표면적으로는 클레어의 패싱에 대한 설명이며, 인종 정체성과 인종에의 충실이라는 문제와 관련된 듯하지만, 그러한 표면의 안전 장치 아래에는 클레어에 대한 아이린의 성적 욕망의 자각이라는——비록 명확하게 명명된 것은 아니지만——보다 위험한 이야기가 있다." 나아가 맥도웰은 아이린이 사실상 클레어에 대한 그녀 자신의 욕망을 그녀의 "클레어와 브라이언의 불륜에 대한 상상"으로 전위시키며, 그래서 마지막 장면에서 "클레어의 죽음은 아이린의 클레어에 대한 성적 감정의 죽

---

15) Cheryl Wall, "Passing for What? Aspects of Identity in Nella Larsen's Novels", *Black American Literature Forum*, vol. 20, nos. 1-2, 1986, pp. 97-111.

음을 나타낸다"고 주장한다.[16]

이 텍스트 내에서 침묵당한 동성애의 위상을 이해하기 위해서는, 따라서 그에 뒤이은 전위, 질투, 그리고 죽이고 싶다는 바람 등을 이해하기 위해서는 이러한 억압을 앞에서 언급했던 흑인 여자의 섹슈얼리티의 묘사에 대한 특정한 사회적 제약들의 측면에서 보는 것이 아주 중요하다. 헤이절 카비가 자신의 비평 「재현의 퀵샌드들」에서 서술했듯이,

> "인종과 계급 모두에 대한 라슨의 재현은 흑인 여자의 섹슈얼리티의 프리즘을 통해 구조화된다. 라슨은 흑인 섹슈얼리티를 이용해 먹은 기나긴 역사에 대응하여, 아프리카계 미국인들의 소설에서 관능의 억압이 정념의 억압, 여자의 섹슈얼리티와 욕망의 억압이나 부정에 이르게 된다는 점을 인식했다. 그러나 물론 흑인 여자의 섹슈얼리티의 재현은 그것이 인종주의 사회 내에서는 원시적이고 이국적인 것으로 정의될 위험을 안고 있다. (……) 인종주의의 성 이데올로기들은 흑인 여성을 자유분방한 성적 존재로 그려내는데, 그에 대응해 흑인 여성 작가들은 자신들의 도덕성을 방어하는 데 초점을 두거나, 섹슈얼리티를 다른 영역으로 전위시켰다."[17]

이에 반해 맥도웰은 라슨이 베시 스미스와 마 레이니 같은 흑인

---

16) Deborah E. McDowell, "Introduction" in *Quicksand and Passing*, New Brunswick: Rutgers University Press, 1986, pp. xxvi–xxix.

17) Hazel Carby, *Reconstructing Womanhood: The Emergence of the Afro-American Woman Novelist*, London and New York: Oxford University Press, 1987, p. 174

블루스 여가수들에게서 발견되는 성적 노골성에 저항한다고 보지만,[18] 그럼에도 불구하고 섹슈얼리티를 공개적이게 만들어, 이국적인 것으로 이용해 먹도록 활용되는 문제를 두고도 씨름하고 있다고 본다.[19] 어떤 점에서 이 이야기에서 레즈비언 욕망의 갈등은 거의 말해지지 않고, 발화 뒤로 물러나 있기도 하지만, 항상 발화를 멈추게 하거나 방해할 조짐을 보이는 것으로도 읽힐 수 있다. 이런 점에서 이 이야기에서 동성애에 대한 침묵은 클레어의 흑인성에 대한 판독 불가능성으로 수렴한다.

이러한 수렴을 특징짓기 위해, 먼저 이 이야기 자체에서 주기적으로 사용되는 '퀴어링(queering)'이라는 용어로 돌아가 보자. 여기서 퀴어링은 발화가 억눌리고 단절될 정도로 발화로의 분노의 분출과 연결된다. 그런 뒤에는 클레어와 아이린이 제일 처음에 시선을 교환하는 장면, 즉 서로를 거의 잡아먹을 정도로 응시하는 장면으로 돌아가 보자. 『패싱』에서의 대화들은 억압적이지는 않지만, 고통스러운 사회적 관계들의 표면을 구성하는 것처럼 보인다. 클레어로 하여금 '패싱'하도록 허용하는 것은 바로 그녀가 대화에서 뒤로 물러나는 일이며, 또한 아이린이 대화에서 머뭇거릴 때, 언어 표면에서의 이런 갑작스러운 공백을 화자는 '퀴어'나 '퀴어

---

18) Deborah E. McDowell, "Introduction" in *Quicksand and Passing*, p. xiii. [옮긴이] 베시 스미스(Bessie Smith, 1894–1937)와 마 레이니(Ma Rainey, 1886–1939)는 미국의 초창기 블루스 가수이자 블루스 레코딩 가수들이다.

19) 주웰 고메즈는 흑인 레즈비언 섹슈얼리티가 아주 자주 교회 좌석 뒤에서 번성했음을 알려준다. 이에 대해서는 다음을 참고하라. Jewelle Gomez, "A Cultural Legacy Denied and Discovered: Black Lesbians in Fiction by Women", *Home Girls: A Black Feminist Anthology*, Latham, NY: Kitchen Table Press, 1983, pp. 120–121.

링’으로 지시한다. 이 당시에는 ‘퀴어’가 아직 동성애를 의미하지는 않았지만, 아마도 성적인 것을 포함했을 법한 정상성으로부터의 이탈과 연관되는 일련의 의미들을 아우르는 것처럼 보인다. 그것은 ‘모호한 기원을 가진’, ‘아프거나 나쁜 감정 상태’, ‘똑바르지 않은’, ‘모호한’, ‘비뚤어진’, ‘별난’ 등의 의미들을 포함한다. 동사로서 ‘퀴어하다’는 다음과 같은 의미의 역사를 갖고 있다. ‘놀리거나 조롱하다’, ‘어찌할 바를 모르다’, 또한 ‘사기치다’와 ‘속이다’도 있다. 라슨의 글에서, 클레어를 백인으로 키운 고모할머니들은 그녀가 자신의 인종을 언급하지 못하게 금지시키는데, 그들은 그것을 ‘퀴어하다’고 묘사한다.[20] 또 다른 패싱을 하는 흑인 여성인 거트루드가 흑인들에 대한 인종적 비방을 들었을 때, 라슨은 이렇게 쓴다. “거트루드 쪽에서 억눌린 듯한 퀴어한 작은 소리가 났다. 콧방귀인지 낄낄거리는 건지.”[21] 그런 소리는 퀴어한 어떤 것, 적절한 대화나 흘려듣는 이야기에는 일어나지 않는 어떤 것이다. 브라질로 여행가고 싶어 하는 브라이언의 갈망은 정도를 벗어난 갈망을 암시하는 “오래되고, 퀴어하며, 불행하게 안절부절못하는” 것으로 묘사된다.[22]

라슨이 퀴어함을 잠재적으로 문제를 일으킬 섹슈얼리티의 분출과 연결시키는 것은 분명해 보인다. 즉 아이린은 자기 아들들인 테드와 주니어가 학교에서 섹스에 관한 생각을 주워듣지 않을까 걱정한다. 아이린은 이렇게 말한다. “우리 아이들이 ‘어떤 것들,

---

20) Nella Larsen, *Passing*, p. 189. [한글본] 넬라 라슨, 『패싱』, 48쪽.

21) Nella Larsen, *Passing*, p. 202. [한글본] 넬라 라슨, 『패싱』, 75쪽.

22) Nella Larsen, *Passing*, p. 208. [한글본] 넬라 라슨, 『패싱』, 88쪽.

어떤 일들에 대해 퀴어한 생각들을 주워듣게 되겠죠. 나이든 아이들한테서 말이죠.' '퀴어한 생각들?' 브라이언이 반복했다. '섹스에 관한 생각을 말하는 것이오, 아이린?' '네-에. 좋은 것들이 아닌, 끔찍한 농담들이나 뭐 그런 것들.'"[23] 때때로 분노가 대화의 사회적 표면을 가로막을 때, 대화는 '퀴어해'진다. 브라이언과 클레어가 불륜을 맺고 있다고 확신하기에 이르자, 아이린은 라슨에 의해 이런 식으로 묘사된다. "아이린은 외쳤다. '하지만 브라이언, 난(……)' 그러다가 자기 속에서 확 달아오른 맹렬한 분노에 놀라서 말을 중단했다. / 브라이언이 머리를 휙 돌렸다. 야릇한 놀라움으로 그의 눈썹이 올라갔다. / 자신의 목소리가 **퀴어해졌다**는 것을 그녀는 깨달았다."[24] 숨겨진 채 있어야만 하는 것을 누설한다를 의미하는 용어인 '퀴어링'은 언어 내에서 섹슈얼리티와 인종의 노출로, 언어의 억압적 표면을 붕괴시키는 노출로 작동한다. 자신의 흑인 친구 펠리스와 거리를 걷다 클레어의 남편과 마주쳤을 때, 아이린은 자신이 전에 그 남자 앞에서 '패싱'을 했다고 펠리스에게 고백한다. 라슨은 이렇게 쓴다. "펠리스가 천천히 말했다. '아! 너 '패싱'을 했던 거니? 이를 어째, 내가 퀴어해버렸구나."[25]

이 마지막 사례에서, 퀴어링은 패싱을 노출해 '망쳐놓은 것'을 의미한다. 즉 바로 이 행동으로 인해 인종적으로나 성적으로 억압적인 대화의 표면은 분노에 의해, 섹슈얼리티에 의해, 피부색의 고수에 의해 폭발된다.

---

23) Nella Larsen, *Passing*, pp. 219-220. [한글본] 넬라 라슨, 『패싱』, 108쪽.

24) Nella Larsen, *Passing*, p. 249. [한글본] 넬라 라슨, 『패싱』, 164쪽.

25) Nella Larsen, *Passing*, p. 259. [한글본] 넬라 라슨, 『패싱』, 187쪽.

아이린과 클레어가 몇 년간 떨어져 있다 처음 만난 카페에서, 그 둘 모두는 백인으로 패싱하고 있는 중이었다. 그리고 각자가 서로를, 나아가 서로가 흑인임을 인식하기에 이르는 과정은 동시에 그들이 서로의 눈에 성적으로 끌리는 과정이기도 하다. 화자는 아이린이 클레어를 "매력 있어 보이는 여자 (……) 검은색에 가까운 짙은 저 두 눈과 우윳빛 피부에 주홍색 꽃처럼 넓은 입 (……) 지나치게 도발적인 기색"으로 보았다고 보고한다.[26] 아이린은 자신이 클레어에 의해 응시되고 있다고 느끼고 역으로 그녀를 뚫어지게 응시한다. 왜냐하면 아이린은 클레어가 "자신의 계속되는 관찰을 상대가 알았다고 하여 당황하는 기색이 전혀 없었다"는 점에 주목했기 때문이다. 그 뒤 아이린은 "상대가 계속 쳐다보는 통에 얼굴이 붉어지는 것을 느껴 시선을 아래로 떨궜다." "그녀[아이린]는 의문스러웠다. 나에게 저렇게 집요한 관심을 표하는 이유가 뭐지. 택시에서 서두르느라 모자를 거꾸로 썼나?" [자기 모습에 문제가 없음을 알고는] 아이린은 이번에는 처음부터 클레어의 응시를 일종의 검열이자, 노출의 위협이라고 간주하고 우선 유심히 살펴보면서 의혹의 시선을 되돌려보지만, 곧이어 완전히 유혹되어 버린 자신을 발견한다. "아이린은 다시 그 여자를 슬쩍 보았다. 여전히 자기를 보고 있다. 얼마나 나른하고 이상한 눈인가!" 아이린은 감시당하는 것에 저항하지만, 그 뒤로는 상대의 시선에 빠져들고, 그와 동시에 자신이 그녀[클레어]의 매력적인 미소에 '항복'했음을 인정하려 하지 않는다.

---

26) Nella Larsen, *Passing*, p. 177. [한글본] 넬라 라슨, 『패싱』, 24쪽.

이러한 양가성은 이 서사의 진행에 고통을 준다. 이 만남에 뒤이어 아이린은 클레어를 자기 삶에서 떼어놓으려 하고, 그녀의 편지에 답장하기를 거부하며, 그녀를 어디에도 초대하지 않겠다고 다짐한다. 하지만 그녀는 클레어의 유혹에 사로잡힌 자신을 발견한다. 아이린은 클레어와 동일시되는 것을 견딜 수 없는 것일까? 아니면 클레어에 대한 자신의 욕망을 견딜 수 없는 것일까? 그녀가 클레어의 패싱과 자신[의 상황]을 동일시하지만, 그것을 부인할 필요가 있는 이유는, 클레어가 배신한 '인종'을 자기가 유지하려 하기 때문일 뿐만 아니라, 또한 클레어에 대한 자신의 욕망이 그렇게 격상된 인종을 위한 방어막으로 작동하는 가족을 배반할 것이기 때문이 아닐까? 실제로 이것은 도덕적인 가족관으로, 이는 어떤 열정의 기호와도, 심지어 결혼생활의 열정이나, 아이들에 대한 어떠한 열렬한 애착과도 대립한다. 아이린이 클레어를 미워하게 되는 이유는, 그녀가 거짓말로 패싱을 하고 그래서 인종을 배반했기 때문이기도 하지만, 또한 클레어의 거짓말이 클레어에게 잠정적인 성적 자유를 보장하고, 그래서 아이린이 자기 안에서 부정하는 열정을 그녀 자신에게 거울처럼 비춰 주기 때문이기도 하다. 아이린이 클레어를 미워하는 이유는, 클레어가 그러한 열정을 갖고 있을 뿐만 아니라, 또한 클레어가 아이린 안의 그러한 열정을, 실제로는 클레어에 **대한** 열정을 일깨워 주기 때문이다. "클레어가 아이린에게 보내는 표정에는 찾아내려 간절히 더듬거리는 무언가가, 희망이 없는, 그러나 너무나도 굳게 결심한 무엇인가가 있었다. 그것은 마치 아이린 자신의 영혼 속에 있는 헛된 탐색과 굳은 결심의 이미지처럼 보였으며, 클레어 켄드리에 관해 그녀 안에서 커지고 있었던 의심의 감정과 양심의 가책을 증가시켰다." 그녀는 자기 자신을 불신하는 만큼 클레어를 불신하지만, 이러한 간절한 더듬거림은 또한 그녀를 끌어들이는 무엇이다. 다음 문장은 이렇게 [그녀의 마음을] 읽어 낸다. "그녀는 항복했다."[27]

아이린이 클레어에 저항할 수 있다면, 그것은 '인종'의 이름으로 그렇게 하는 것이다. 여기서의 '인종'은 듀보이스의 '격상(uplift)' 개념과 결부되는데, 이는 남성주의적일 뿐만 아니라, 또한 라슨의 이야기에서 위쪽으로의 계급 이동으로 해석되는 '진보'의 관념을 지칭한다. 그런데 텍스트상에서 '피부색'에 대한 찬사적 수사로 인해 종종 논란이 되는 이러한 도덕적 '인종' 개념은 또한 부르주아적 가족 생활의 이상화를 요구한다. 이 이상화에서 여성들은 자신들의 자리를 가족 안에 둔다. 가족 제도는 또한 인종차별적 구축물과 착취에 취약해지게 될 섹슈얼리티의 공개적 노출로부터 흑인 여성들을 보호한다. 가족을 퀴어할[망칠] 섹슈얼리티는 일종의 위험 요소가 된다. 여행하고 싶은 브라이언의 욕망, 나이 든 아이들의 농담, 이 모두는 인종의 이름으로뿐만 아니라, 계급 이동, 남성 지위로의 격상, 부르주아 가족 등과 연결되었던 인종적 진보 개념의 이름 아래에서, 공개적으로 발화되지 않게끔 일방적으로 억눌려져야만 한다. 아이러니하게도 듀보이스 자신은 라슨의 『퀵샌드』를, 칼 반 베흐텐과 같은 후원자들이 장려하고자 했던 성적인 이국주의(異國主義)를 넘어서 흑인 소설을 한 차원 높

---

27) Nella Larsen, *Passing*, p. 231. [한글본] 넬라 라슨, 『패싱』, 132-133쪽.

였다는 이유로 극찬한다.[28] 라슨이 투쟁하고 있다는 점, 즉 한편으로는 그러한 이국적이고 인종차별적인 연출에 의해 생산된 갈등과, 다른 한편으로는 듀보이스가 전형적인 것으로 만든 도덕적 명령들이 생산한 갈등과 투쟁하고 있다는 점을 인식하지 못하고, 듀보이스 자신은 그녀의 작품들을 격상 자체의 사례로 극찬했던 것이다.[29] 그와는 달리 우리는 『패싱』이 흑인 여성들을 격상시킨 대가로 애매한 죽음/자살이라는 비용을 치렀다면, 『퀵샌드』는 일종의 결혼에서의 죽음으로 그러한 비용을 치른 사례라고 주장할 수 있다. 그런 점에서 『패싱』과 『퀵샌드』는 모두 흑인 여성들의 성적 자유의 불가능성을 해소해 준다.[30]

---

28) 이러한 후원이 갖는 인종차별적 함의에 대한 분석으로는 다음을 참고하라. Bruce Kellner, "'Refined Racism': White Patronage in the Harlem Renaissance", in *The Harlem Renaissance Reconsidered*, pp. 93-106. [옮긴이] 칼 반 베흐텐(Carl Van Vechten, 1880-1964)은 미국의 작가이자 사진작가로, 할렘 르네상스를 후원하기도 했으며 미국의 작가인 거트루드 스타인이 남긴 작품의 관리자이기도 했다. 그는 할렘 르네상스를 이끈 소설 『흑인 천국』(1926)의 저자로도 잘 알려져 있다.

29) 맥도월에 따르면, "듀보이스는, 예컨대 《위기》[〈전미 유색인 지위 향상 협회〉의 기관지——옮긴이]에 클로드 맥케이(Claude McKay)의 『고향 할렘으로 돌아오다』와 라슨의 『퀵샌드』의 서평을 동시에 실으면서, 라슨의 소설에는 '세련되고, 사려 깊으며, 용기 있는 작품'이라는 찬사를 보내지만, 맥케이의 소설에 대해서는 글 속에서 '술에 취해, 전투적으로 치른 난잡한 성교'에 대한 강조가 몹시 '구역질이 난다'면서, 그것은 몸을 씻고 싶은 (……) 느낌을 주게 한다고 비난했다." 맥도월이 인용한 글은 다음과 같다. W.E.B. Du Bois, *Voices of a Black Nation: Political Journalism in the Harlem Renaissance*, Theodore G. Vincent, ed., San Francisco: Ramparts Press, 1973, p. 359. 이에 대해서는, McDowell, "'That nameless…shameful impulse': Sexuality in Nella Larsen's *Quicksand* and *Passing*", p. 141을 보라.

30) 실제로 [『퀵샌드』의 주인공] 헬가 크레인은 그러한 방식에서, 그녀를 듀보이스와의 비극적 동맹 속에 위치시킨 성 감정을 묘사하기 위해 '원시'와 '밀림'이라는 말

『패싱』에서 심리적으로 억압되었던 것은 라슨의 글에 영향을 미친 흑인 여성들의 섹슈얼리티에 대한 사회적 제약들의 특정한 성격과 연결되어 있다. 만일 카비가 주장했듯, 흑인 여성들의 몸이 계속해서 백인 인종차별주의 내에서 정복의 장소였기 때문에 라슨의 작품이 쓰일 당시 흑인 여성들의 성적 자유를 기대하는 것이 그녀들을 강간을 포함한 공공연한 성폭행에 취약하게 했다면, 가족의 잣대 바깥에 있는 동성애와 성생활에 대한 정신적[심리적] 저항은 일정 부분 [흑인 여성들을] 위태롭게 하는 공개적 노출에 대한 저항으로 읽혀야만 한다.

아이린이 클레어를 욕망하는 한, 그녀는 클레어가 수행하는 침범을 욕망하면서도 또한 그러한 침범이 수반하는 불충(不忠)으로 인해 그녀를 증오한다. 아이린 자신이 클레어의 인종 침범, 가족 및 일부일처제에 대한 클레어의 명백한 불충을 성애화하는 한, 아이린 자신은 이중 구속에 처한다. 즉 한편으로 남성주의와 계급주의에 무비판적인 '인종' 이데올로기로부터 자유롭게 되리라는 전망과, 다른 한편으로 흑인 여성의 섹슈얼리티를 빼앗으려고 애쓰는 백인 인종차별주의의 폭력 사이에 사로잡힌다. 그래서 클레어를 향한 아이린의 정신적[심리적] 양가성은 이러한 역사적인 이중 구속에 자리매김될 필요가 있다.[31] 그와 동시에 우리는 라슨의

을 계속해서 사용한다.

31) 정신분석학적인 갈등, 근친상간이라는 문제, 그리고 노예제 이후의 아프리카계 미국인 가정의 특정한 역사를 화해시키려는 시도에 대해서는 다음을 참고하라. Hortense J. Spillers, "'The Permanent Obliquity of the In(pha)llibly Straight': In the Time of the Daughters and the Fathers", in Cheryl Wall, ed., *Changing Our Own*

글 내에서 흑인 여성들이 맺는 연대의 맹아적 가능성이 지도처럼 펼쳐 보여진다는 것을 알 수 있다. 클레어와 아이린 간의 동일시는 아직 체험되지 않았지만 앞으로 도래할 정치적인 연대의 약속으로 읽힐 수 있다.

맥도웰이 지적했듯이, 아이린은 브라이언이 클레어와 불륜을 저지른다고 상상하는데, 이러한 상상은 클레어**에 대한** 아이린의 욕망의 강화와 일치한다. 아이린은 클레어에 대한 자신의 욕망을 브라이언을 통해 패싱한다. 즉 아이린에게 있어서 브라이언은 클레어에 대한 그녀의 욕망을 완성하지만, 또한 브라이언을 통해 분명하게 표현된 것이 바로 **그녀 자신**의 욕망임을 인정하는 것에서 방향을 바꾸게 하는 환영적 기회가 된다. 브라이언은 그렇게 그녀가 관계를 끊은 동성애를 떠안고, 그 결과 아이린의 질투는 클레어를 두고 벌이는 브라이언과의 경쟁으로서 이해될 수 있을 뿐만 아니라, 또한 그녀가 반복적으로 만든 열정의 희생——즉 브라이언을 통해 그녀의 욕망을 전위시키거나 노선 변경하는 일을 수반하는 희생——의 고통스러운 결과로 이해될 수 있다. 브라이언이 아이린의 욕망에 따라 행동하는 것처럼 보이는 것은 (비록 이점이 [글의 흐름상] 중요한 것으로 확인되지는 않으며, 그래서 아마도 아이린이 자기 편의대로 확신한 상상에 불과한 것일지 모르지만) 그러한 질투의 일부분이 그가 합법화된 성적 위치에 놓여 있으며, 그러한 성적 위치로 인해 그녀가 그에게 투여했던 욕망을 그가 실행할 수 있다는 것에 대한 분노였으며, 또한 그녀가 그에게 작용하게끔

Words, New Brunswick: Rutgers, 1989, pp. 127-149.

맡겨놓은 욕망을 그가 감히 행하는 것에 대한 분노였음을 암시한다. 이것이 아이린 역시 브라이언을 욕망할 가능성을 감소시키지는 않지만, 이 글에서는 그녀가 그에게 열정적인 애착을 보인다는 증거는 거의 없다. 실제로 그녀가 그를 지키려고 아우성치는 것은 그의 열정에 반대하는 것이자 부르주아적 이상의 보존에 있는 것이다. 그녀의 질투가 관습적인 이성애적 서사의 길을 따르는 것일지도 모른다. 하지만 우리가 앞서 캐더에게서 보았듯이, 그것이 레즈비언 열정이 그러한 경로로 나아간다는 해석을 폐제하는 것은 아니다.

프로이트는 '질투'의 특정한 형태에 대해 쓴 바 있다. 그에 따르면, 질투는 관심이 다른 곳에 가 있는 이성애 파트너를 갖고 싶은 욕망으로 먼저 나타나지만, [그 질투는 사실] 폐제된 동성애를 완성하기 위해서 그런 방황하는 파트너의 자리를 차지하려는 욕망에 의해 동기화된 것이다. 프로이트는 이것을 '망상적 질투'라고 부른다. "망상적 질투는 (……) 자신의 경로로 나아갔던 동성애의 잔여물이며 따라서 당연히 편집증의 고전적인 형태에 속한다. 이 질투는 지나치게 강한 동성애적 충동에 대항하려는 시도로서, 남자의 경우는 다음의 공식으로 설명될 수 있을 것이다. '**나**는 그를 사랑하지 않아. **그녀**가 그를 사랑해!'"[32] 그리고 여성의 경우, 그리고 『패싱』의 경우에서는 이런 공식이 적용될 수 있다. "나 아이린

---

32) Siemund Freud, "Some Neurotic Mechanisms in Jealousy, Paranoia and Homosexuality", *SE*, Vol. 18, 1922, p. 225. [한글본] 프로이트, 「질투, 편집증, 그리고 동성애의 몇 가지 신경증적 메커니즘」, 『정신병리학의 문제들』, 황보석 옮김, 열린책들, 2010, 176쪽.

은 그녀 클레어를 사랑하지 않아. 그 브라이언이 그녀를 사랑해!"

정신분석학을 인종의 용어로 재정식화하는 일이 필요하게 되는 것은 바로 여기, 즉 희생에 대한 설명에서이다. 나르시시즘을 다룬 논문에서, 프로이트는 남자아이는 일정 부분 그 자신의 나르시시즘을 희생시킴으로써 사랑을 시작하고, 엄마의 이상화는 외부로 전이된 그의 나르시시즘에 불과하며, 엄마는 그러한 상실된 나르시시즘을 나타내고 그러한 나르시시즘의 귀환을 약속하지만, 결코 그 약속을 이행하지는 않는다고 주장한다. 엄마가 이상화된 사랑의 대상으로 남아 있는 한, 그녀는 그의 나르시시즘을 떠안기 때문에, 그녀는 그의 전위된 나르시시즘이며, **그녀가 그것[그의 나르시시즘]을 담지하는** 한에서, 그녀는 **그것을 그에게 허용하지 않는 자**로 지각된다. 그 결과 이상화는 항상 이상화하는 자아의 대가로 발생한다. 자아 이상은 자아로부터 단절된 결과로 생산되고, 거기서 자아는 이러한 이상의 형성 및 외부화 속에서 일정 부분 자신의 나르시시즘을 희생당하는 것으로 이해된다.

따라서 이상에 대한 사랑은 항상 양가성을 띨 것이다. 왜냐하면 이상은 자아가 자신의 사랑을 강제하는 만큼 자아를 비난한다. 나는 여기서는 이러한 설명의 논리를 프로이트가 초점을 두는 남자아이와 엄마 간의 드라마로부터 분리하고 싶다. (프로이트의 초점을 축소하려는 것이 아니라, 다른 가능한 초점들을 두드러지게 하기 위해서 말이다.) 그래서 이상화 과정에서 나타나는 양가성이라는 귀결을 강조하고 싶다. 내가 이상화하는 자는 나에게 있어서는 나 자신이 그자에게 투여했던 자기애를 떠안는 자이다. 그에 따라서 나는 그자를 증오한다. 왜냐하면 그/그녀는 내가 그/그녀에게 내 자리를 내주었다 할지라도, 내 자리를 차지했기 때문이다. 그렇지만 나는 그 자를 필요로 하는데, 왜냐하면 그/그녀는 나 자신의 자기애의 귀환을 약속하는 것으로 나타나기 때문이다. 따라서 자기애, 자부심은 이상의 장소에서 보존되면서 극복된다.

이러한 분석을 내가 제기하려 했던 섹슈얼리티의 인종화에 관한 문제들과 어떻게 관련 지을 수 있을까? 자아-이상과 그것의 파생물인 초자아는 그것에 의해 사회적 이상들이 정신[심리]적으로 유지되는 규제적 메커니즘이다. 이런 식으로 정신(psyche)의 사회적 규제는 인종적이고 젠더화된 금지 및 규제들, 그리고 그것들의 강제된 정신적 전유들의 접점(juncture)으로 읽힐 수 있다. 프로이트는 다음과 같이 사변적으로 논증한다. 즉 이러한 자아-이상은 초자아를 위한 토대를 깔며, 초자아는 정신적 '감시' 활동으로 체험되며, 그러한 관점으로부터 자아는 '감시당하고 있다'고 경험한다. "그것[초자아]은 실제적 자아를 끊임없이 감시하고 그러한 [자아-]이상의 기준에 맞추어 평가한다."[33] 따라서 초자아는 허구에 의해 체화된 척도 · 법 · 규범을 나타내며, 그것의 유일한 특징이 감시하는 것인, 즉 판단하기 위해서 일종의 집요한 조사, 간파, 폭로에의 노력으로 감시하며, 자아를 따라다니며 괴롭히고, 자아에게 그의 실패를 떠올리게 하기 위해 감시하는 어떤 존재의 형상이다. 그리하여 자아는 보여진 존재의 정신적 경험을 지칭하며, 초자아는 자아를 보고, 감시하고, 폭로하는 일을 한다. 그런데 이

---

33) [옮긴이] 지그문트 프로이트, 「나르시시즘 서론」, 『정신분석학의 근본개념』, 윤희기 · 박찬부 옮김, 열린책들, 2004, 76쪽.

러한 감시 행위가 자아-이상인 바의 그런 이상화와 같은 것은 아니다. 즉 감시 행위는 자아-이상 및 자아로부터 뒤로 물러나, 후자[자아]를 전자[자아-이상]에 비춰 측정하고, 늘 항상 자아를 결여로 발견한다. 초자아는 자아의 척도이자 내부화된 판관일 뿐만 아니라, 또한 프로이트가 **양심**이라고 부른 금지의 활동, 정신적 규제 행위이다.[34]

프로이트에게 있어, 이러한 초자아는 일정 부분 사회적으로 수용되는 규범·표준·이상을 재현한다. 즉 그것은 그에 의해 사회적 규제가 진행되는 정신적 행위성이다. 그러나 초자아가 단지 특

---

34) 의미심장한 것은 프로이트가 양심은 동성애적 리비도의 승화로, 금지된 동성애적 욕망은 완전히 파괴되지 않는다고 주장한다는 점이다. 즉 금지된 동성애적 욕망은 금지 자체에 의해 만족된다. 이런 점에서 양심의 가책은 동성애적 욕망의 전위된 만족에 다름 아니다. 그런 욕망에 따른 죄책감은 기묘하게도, 그러한 욕망이 보존되는 바로 그 방식인 것이다.

이렇게 죄책감을 욕망을 잠가 두거나 보호하는 방식으로 보는 것은, 백인의 죄책감이라는 주제에 있어 중요한 함의를 갖는 것일지 모르겠다. 왜냐하면 백인의 죄책감이 그 자체 인종차별주의적인 열정의 만족인지 아닌지의 문제, 그리고 백인의 죄책감이 지속적으로 수행하는 인종차별주의의 되살아남이 그 자체 백인의 죄책감이 표면상 혐오하는 인종차별주의의 바로 그 만족이 아닐까 하는 문제가 존재하기 때문이다. 백인의 죄책감이—그것이 자기 연민으로 상실되지 않는다면—자기 자신의 독실한 체하는 가식을 유지하기 위해 인종차별주의를 **요청하는** 마비된 도덕화를 생산하기 때문에, 또한 바로 백인의 도덕화가 그 자체 인종차별주의적 열정에 의해 자양분을 얻기 때문에, 그것[백인의 죄책감]은 결코 차이를 가로지르는 공동체를 건설하거나 긍정하는 토대일 수가 없다. 백인 인종차별주의에서 면책되고자 하는 욕망에 뿌리를 둔, 스스로를 면책으로 생산하려는 이러한 전략은 사실상 백인 공동체가 인종차별주의의 수렁에 빠져 있을 것을 요청한다. 증오는 그저 외부로 전이되고, 그 결과 보존되지만, 그렇다고 극복된 것은 아니다.

정한 규범이기만 한 것은 아니다. 그것은 그에 의해 성(性)들이 구별되고 자리 잡게 되는 규범들의 집합이다. 따라서 프로이트가 말했듯이, 초자아는 먼저 사회적으로 이상화된 '남성들'과 '여성들'을 생산하는 데 복무하여 섹슈얼리티를 규제하는 하나의 금지로서 등장한다. 바로 이것이 라캉이 자신의 상징계 개념——즉 '남성성'과 '여성성' 개념에 일치하도록 강제하는 언어 자체에 의해 전달되는 법의 집합——을 발전시키기 위해 개입했던 지점이다. 그래서 많은 정신분석학적 페미니스트들은 이러한 주장을 그들 자신의 작업의 출발점으로 삼았다. 그들은 다양한 방식으로, 성차가 언어만큼 우선적이라고, 성차라는 전제 없이는 어떠한 말하기나 글쓰기도 없다고 주장했다. 그리고 이로부터 내가 문제삼고 싶은 두 번째 주장이 나왔다. 즉 그것은 성차는 인종적 차이를 포함한 다른 종류의 차이들보다 더 우선적이라거나 더 근본적이라는 것이다. 너무나도 많은 정신분석학적 페미니즘을 백인 페미니즘으로 특징짓게 했던 것은 바로 이러한 인종 차이에 대한 성차의 우선성이라는 주장이다. 왜냐하면 여기서는 성차가 더 근본적일 뿐만이 아니라, 또한 그 자체로는 인종에 의해 표시되지 않는 '성차'라 불리는 관계가 있다는 식의 떠맡음이 있기 때문이다. 그러한 관점에 의해 하얌은 인종 범주로 이해되지 않는다는 것이 분명하다. 하지만 그것은 자신의 이름을 말할 필요가 없는 또 다른 권력이다. 그리하여 성차가 인종 차이보다 더 근본적이라고 주장하는 것은 실질적으로 성차가 백인의 성차라는 것, 또한 하얌이 인종 차이의 형태가 아니라는 것을 떠맡는 것이다.

라캉의 용어 내에서, 언어로 전달된 이상이나 규범들은 성차를 지배하면서, 상징계의 이름 아래로 나아가는 이상이나 규범들이다. 그러나 근본적으로 다시 생각할 필요가 있는 것은 어떠한 사회적 관계들이 이러한 상징계를 구성하며, 인종화된 젠더, 젠더화된 인종, 인종적 이상의 섹슈얼리티화, 혹은 젠더 규범들의 인종화 등과 같은 일련의 수렴적인 역사적 형성체들이 어떻게 섹슈얼리티의 사회적 규제 및 그것의 정신적 접합 모두를 구성하는가이다. 노르마 알라르콘이 주장했듯이, 유색 여성들이 "다양한 설명을 요구받고", 여러 이름들로 불리며, 그런 다양한 호명 속에서, 그리고 그런 다양한 호명에 의해 구성된다면, 이것은 상징계, 즉 사회적으로 제도화된 규범들의 영역이 **인종화하는 규범들**로 구성된다는 것을 의미하며, 나아가 그런 인종화하는 규범들이 젠더 규범들과 나란히 존재할 뿐만 아니라, 서로를 통해 접합된다는 것을 의미한다.[35] 그러므로 성차를 인종 차이보다 우선적인 것으로 만들거나, 그러한 문제와 관련해서 그 두 차이들을 사회적 규제나 사회적 권력과 완전히 분리가 가능한 두 축으로 만드는 것은 더 이상 가능하지 않다.

어떤 점에서는 바로 이것이 넬라 라슨이 『패싱』에서 제시한 정신분석학에 대한 도전이다. 그리고 여기서 나는 문학적 서사를 이론이 발생하는 장소로 생각하자는 바바라 크리스찬의 조언을 따르면서,[36] 다음과 같은 점을 간단히 덧붙이고자 한다. 나는 일정 부

---

35) Norma Alarcón, "The Theoretical Subject(s) of *This Bridge Called My Back* and Anglo-American Feminism", in Gloria Anzaldua, ed., *Making Face, Making Soul-Haciendo Caras*, San Francisco: Aunt Lute, 1990, pp. 356-369.

36) Barbara Christian, "The Race for Theory" in *The Nature and Context of Minority*

분 라슨의 『패싱』을, 명시적으로 인종과 관련되는 방식으로 정신분석 이론을 다시 작성하는 데 있어 중요한 함의들을 갖는 욕망, 전위, 질투 어린 분노의 이론화로 간주한다. 만일 프로이트에 의해 묘사된 감시 행위가 감시하는 판관, 즉 일련의 이상들을 체화한 판관으로 형상화되고, 이 이상들이 상당한 정도로 사회적으로 제도화되어 유지된다면, 이러한 감시 행위는 사회적 규범들이 정신[영혼]에 낙인을 찍고, 그것을 자살에 이르게 할 수 있는 판결에 노출시키는 수단이다. 실제로 프로이트가 언급했듯이, 초자아가 완전히 억제되지 않은 채 있다면, 그것은 자아로부터 욕망을 완전히 박탈할 것이다. 이 박탈은 정신적 죽음으로서의 박탈이며, 그래서 프로이트가 주상했듯이, 자살에 이르게 될 것이다. 만일 우리가 프로이트의 '초자아'를 사회적 규제의 정신적 힘으로 재고한다면, 그래서 우리가 젠더와 인종과 같은 권력의 벡터들을 포함하는 용어들로 사회적 규제를 재고한다면, 사회적 생존에 관한 결론을 갖는 방식으로 정신[영혼]을 정치적으로 접합하는 것이 가능해질 것이다.

우리가 보기에 클레어는 생존할 수 없는 것처럼 보이고, 그녀의 죽음은 일정한 상징적 질서인 젠더·섹슈얼리티·인종의 성공을 특징 지으며, 또한 그녀의 죽음은 잠재적 저항의 현장들을 특징짓기 때문이다. 아이린의 흑인 가정부 줄리나는 깨진 찻잔의 하얀 조각들을 주워 모으면서, 이 파편들로 무엇을 만들 수 있을까라는 질문을 던질지도 모른다. 우리는 넬라 라슨의 글에서 클레어

Discourse, New York: Oxford University Press, 1990, pp. 37-49.

와 아이린 둘 다의 잔여물을 구성하는 이 산산조각이 난 백색 조
각을, 토니 모리슨의『술라』가 이어붙인다고 읽을 수 있을 것이다.
즉 클레어를 술라로, 아이린을 넬로 바꾸고, 그들 사이의 죽음을
초래한 동일시를 넬의 마지막 외침("소녀, 소녀, 소녀소녀소녀")에서
의 결합의 약속으로 재형상화하면서 말이다.[37]

　라슨의『패싱』마지막 부분에서, 계단을 올라가 클레어를 '본'
벨루는 그녀의 흑인성의 정도가 백인성의 이상에 반한다고 여기
면서 그녀의 결여를 발견한다. 비록 클레어가 그로부터 자유로워
지기 위해 [패싱이] 폭로되길 바랐다고 말했다고는 해도, 그녀 역
시 경제적 안락함을 위해 그와 그의 규범에 애착을 가지고 있었
다. 비록 한 사람으로 형상화되었을지라도, 그녀의 피부색의 노출
이 그녀의 죽음으로, 말 그대로의 '사회적 죽음'으로 곧장 나아가
는 것은 우연이 아니다. 뿐만 아니라 아이린도 클레어가 자유로워
지는 것을 원치 않는다. 아이린이 브라이언을 놓칠 수 있기 때문
일 뿐만 아니라, 또한 그녀 자신의 성적 자유를 멈춰 세우려면 클
레어의 성적 자유를 멈춰 세워야 하기 때문이다. 클라우디아 테이
트의 주장에 따르면, 이 마지막 장면은 의미심장할 정도의 양가성
이 있는데, 그것이 클레어가 말 그대로의 죽음에 이르는 것만큼이
나 아이린의 '심리학적 죽음'을 구성하기 때문이다. 아이린은 창
문 밖으로 넘어가(pass) 죽은 클레어에게 도움의 손길을 건네는 것
처럼 보인다. 헨리 루이스 게이츠가 제시했듯이, 여기에서 패싱은

---

37) Toni Morrison, *Sula*, New York: Knopf, 1973, p. 174. [한글본] 토니 모리슨,『술라』,
　　송은주 옮김, 문학동네, 2015, 249쪽.

이중적 의미를 담고 있다. 피부색의 경계를 넘나든다는 의미와 죽음 쪽으로 넘어간다는 의미, 즉 일종의 죽음[이 세계에서 저 세계로 넘어감](passing on)으로서의 패싱을 담고 있는 것이다.[38]

아이린이 자기 자신의 열정을 공격하고 소멸시켰던 것처럼, 클레어의 섹슈얼리티를 억누르려고 클레어를 공격한다면, 그녀는 울부짖는 백인 남성의 눈으로 그것을 하는 셈이다. 즉 그의 말, 그의 폭로, 그의 감시는 그들을 갈라놓아 서로 등 돌리게 한다. 이런 점에서, 벨루가 백인성이라는 규제적 규범의 권력을 말하는 데 반해, 아이린은 그러한 처벌의 판결과 자신을 동일시한다. 클레어는 그녀 자신과 아이린 모두에게 아주 비싼 대가를 치르게 한 자유의 약속인 것이다. 엄밀히 말하자면 '폭로된' 것은 클레어의 인종이 아니라, 백인성이라는 은폐된 보편성에 의거해 특수성의 공적 기호로 낙인찍히고 손상된 채 생산된 흑인성이다. 클레어가 벨루를 배반한 것이라면, 그것은 어느 정도는 그녀가 역으로 그녀의 백인 남편을 속이는 데 은폐의 권력을 썼기 때문이며, 또한 성적 배반이기도 한 그에 대한 그녀의 배반이 백인의 인종적 순수성이 필요로 하는 빈약한 경계선을 폭로함으로써 그러한 순수성을 재생산하려는 열망을 침식했기 때문이다. 벨루가 백인의 인종적 순수성을 간절하게 재생산한다면, 그는 그러한 순수성이 보장되는 혼혈 금지와, 이성애·성적 충성·일부일처제의 구조를 필요로 하는 금지를 생산한 것이다. 그래서 만일 아이린이 열정을 희생시킨

---

38) Henry Louis Gates, Jr., *Figures in Black Words, Signs, and the "Racial" Self*, New York and London: Oxford University Press, 1987, p. 202.

대가로, 그리고 격상의 이름으로 흑인 가족을 유지하고자 한다면, 그녀는 일정 부분 흑인 여성의 지위가 가족 바깥에 놓이는 것을 피하고, 벨루가 재현한 백인 남성중심주의에 의해 성적으로 비하되고 위험에 처해지는 것을 피하기 위해 그렇게 한다. (예컨대 그녀는 클레어에게 창녀 취급을 받게 될 수 있으니, 혼자 '흑인 복지 기금'을 위한 댄스 파티에 오지 말라고 말한다.) 벨루의 감시, 그가 휘두르는 폭로의 권력은 역사적으로 깊게 뿌리내린 백인 남성 시선의 사회적 권력이지만, 또한 그의 남성성이 인종적 순수화의 의례로서 이성애를 통해 행해지고 보장되는 권력이다. 그의 남성성은 그의 백인성의 신성화(神聖化)를 통하지 않고는 보장될 수 없다. 벨루는 욕망의 대상으로서 흑인 여성이라는 유령을 필요로 한 반면, 그는 자신의 백인성의 영토적 경계를 허물 수 있는 [흑인과의] 교제를 피하기 위해 이러한 유령을 파괴해야만 한다. 이러한 의례적 추방은 『패싱』의 끝에서 아주 분명하게 극적으로 표현된다. 그때 폭로하면서도 위태롭게 하는 벨루의 시선과 클레어의 추락사는 아이린이 뻗은 외관상의 도움의 손길과 동시에 일어난다. 자기 남편을 잃을까 두려워하면서 그녀 자신의 욕망을 두려워하는 아이린은 모순적인 사회적 장에 위치 지어진다. 즉 이 두 선택지는 그녀를 공적인 영역에 던져 놓을 우려가 있는데, 그 영역에서는 그녀 역시 말하자면 동일한 나쁜 역경에 처해지게 될 것이다. 그러나 아이린은 클레어도 그녀처럼 억눌려 있다는 것, 클레어의 자유가 아이린을 희생시킨 대가로는 획득될 수 없다는 것, 그들이 결국 서로의 마음을 사로잡는 것이 아니라, 그들 모두가 그런 상징적 울부짖음("니그! 나의 신! 니그!Nig! My God! Nig!")의 동요하는 숨소리에 사로잡힌다는 것을 깨닫지 못한다.

벨루의 울부짖음이 상징적 인종화로 읽힐 수 있다면, 즉 아이린과 클레어가 모두 흑인 여성의 섹슈얼리티를 지배하는 일련의 상징적 규범들에 의해 호명되는 방식으로 읽힐 수 있다면, 상징계는 '남근 권력'에 의해 조직될 뿐만 아니라, 또한 인종적 열망과 인종적 순수화의 성애화된 의례들에 의해 집중적으로 유지되는 '남근 중심주의'에 의해 조직되는 것이다. 아이린의 자기희생은 그런 식의 성적 폭행의 대상이 되기를 피하려는 노력으로, 즉 그녀로 하여금 무미건조한 가족 생활에 매달리게 하고, 그러한 안전을 의문에 붙이게 하는 어떠한 열정의 출현도 파괴하는 노력으로 이해될 수 있다. 그래서 그녀의 질투는 이러한 사회적 권력 지도 내부에서 그리고 그에 의해 편성된 정신적 사건으로 읽혀야만 한다. 클레어에 대한 그녀의 열정이 파괴되어야만 했던 이유는 단지 그녀가 자기 자신의 섹슈얼리티가 생존하기에 적합한 장소를 찾을 수 없었기 때문이다. 계급 이동을 통한 안전의 약속이 쳐놓은 덫에 걸려든 아이린은 그녀를 위협했던 권력의 조건을 받아들였고, 결국 권력의 도구가 되었다. 백인 남성이 흑인 여성들에게서 자신의 '대타자'를 발견하고 경멸하는 장면보다 더욱 곤혹스러운 것은 이러한 극적인 장면이 그것의 모든 고통 속에서, 백인 규범의 호명이 그 규범이 정복할(정복하는) 이들에 의해 반복되고 실행되는 방식을 보여준다는 점이다. 바로 이것이 '인종'의 수행적 실행으로, 이는 그것이 영향을 미치는 범위 안에 있는 모든 인물을 동원한다.

그럼에도 불구하고 이 이야기는 상징적 폭력을 폭로하기 위해서 상징적 권력을 다시 점거한다. 상징적 권력은 역으로, 그리고 그러한 폭로 과정에서 말(言)들의 강력한 전통을 추진하기 시작했는데, 이 말들은 이야기 자체 안에서는 생존할 수 없었던 바로 그 사람들의 삶과 열정들을 유지하리라고 약속했다. 비극적이게도 '패싱'과 '폭로'의 논리는 넬라 라슨 자신의 작가 경력을 괴롭히기에 이르렀고, 실제로 작가 경력을 끝장냈다. 왜냐하면 그녀가 1930년에 「성역(聖域)」이라는 단편소설을 발표하고 표절로 고발, 즉 작품의 원작자 '패싱[행세]'을 했다고 '폭로'되었기 때문이다.[39] 이러한 비난조의 폭로에 대한 그녀의 대응은 익명성으로 물러나는 것이었으며, 그 뒤로 그녀는 이러한 익명성에 숨어 자신을 드러내지 않았다. 『퀵샌드』의 주인공 헬가가 그랬듯, 아이린은 그러한 '살아 있는 죽음'으로 슬그머니 들어갔다. 아마도 대안이 있었다면, 그것은 '퀴어링한 분노'를 더 이상 자기 자신이나 클레어를 향해서가 아니라, 그러한 선회를 강제하는 규제적 규범들을 향해 돌리는 것, 즉 부르주아적인 가족의 열정 없는 약속과 인종차별주의의 울부짖음——사회적·정신적 반향을 지니고, 특히 그것

---

39) '패싱'이라는 주제와 라슨에 대해 제기된 표절 시비 사이의 연관관계를 나에게 알려준 바바라 크리스찬에게 감사를 전한다. [옮긴이] 1930년에 발표된 「성역(Sanctuary)」은 1919년 영국에서 출판된 영국 작가 셰일라 케이-스미스(Sheila Kaye-Smith)의 단편소설 「아디스 부인(Mrs. Adis)」과 기본 줄거리와 일부 설명 및 대화가 동일하다는 취지의 표절 시비에 휘말렸다. 미국 내 일부 비평가들은 두 작품 사이의 일부 유사점이 있지만, 「아디스 부인」이 계급에 초점을 둔 것과 달리, 「성역」은 인종에 초점이 있으며, 「아디스 부인」보다 훨씬 더 정치적 색채가 강하다는 평가를 내린 바 있다. 나중에 라슨은 자신의 글이 젊었을 때 2년간 몸담았던 간호사 시절 환자로부터 들은 이야기를 각색한 것이라고 밝힌 바 있다.

이 끌어들인 죽음의 의례들을 지닌——을 향해 돌리는 것에 있었
을지 모른다.

이 끌어들인 죽음의 의례들을 지닌——을 향해 돌리는 것에 있었

을지 모른다.

상징계에서 거부된 것이 실재계에서 되돌아온다.

──자크 라캉, 『정신병』

그녀는 엄밀히 말해 술어에 의해 표시되지 않고 술어를 근거 짓는다.

즉 그녀는 이러저러한 질(質)의 적용을 통해 규정되지 않는다.

그녀는 담론 아래에서 '그녀 자신의 내부에' 존속한다.

또한 지금껏 제1 질료로 불려왔던 것으로서 존속한다.

──뤼스 이리가레, 『바다의 연인』

7장 실재계와 논쟁하기

수행성이 언어 안에서 인간 의지를 효과적으로 표현한다는 통념과는 반대로, 이 장은 수행성을 담론 권력의 특정한 양상으로 재구성하고자 한다. 담론이 일련의 **효과들**을 물질화하기 때문에, '담론' 자체는 그 '효과들'이 곧 권력의 벡터들인 복잡하고 수렴적인 사슬들로 이해되어야만 한다. 이 점에서 담론 안에서 구성되는 것은 담론 안에 고정되거나 담론에 의해 고정되는 것이 아니라, 차후의 행동을 위한 조건이자 기회가 된다. 이것은 **어떠한** 행동도 담론적 효과에 기반을 둬야 가능하다는 것을 의미하지 않는다. 그와는 달리 일정하게 반복되는 담론 생산의 사슬들은 단지 반복 (reiteration)들로 읽힐 수 없다는 것을 의미한다. 왜냐하면 그러한 사슬들이 물질화했던 효과들은 그것이 없다면 담론 안에서의 어따한 담지체[의미](bearing)도 그 외부에서 취해질 수 없는 것들이기 때문이다. 그리하여 자신의 효과들을 물질화하는 담론 권력은 인식 가능성의 영역에 한계를 설정하는 담론 권력과 공명한다. 그러므로 '수행성'을 자의적이고 임의적인 선택으로 읽는 것은 담론의 역사성, 특히 규범들의 역사성(정언명령적인 발언으로 촉발되고 위장된 반복의 '사슬들')이 자신이 명명한 것을 실행하는 담론 권력을 구성한다는 점을 놓치게 된다. 이런 식으로 '성'을 정언명령으로 생각하는 것은 하나의 주체가 그러한 규범에 의해 호명되고 생산된다는 것, 그리고 이런 규범——그리고 이 규범을 자신의 징표로 삼는 규제적 권력——이 그러한 명령의 효과로서 신체들을 물질화한다는 것을 의미한다. 하지만 이러한 '물질화'가 인위적이지는 않다고 할지라도, 완전히 안정적인 것은 아니다. 왜냐하면 '성별화'되는 혹은 '성별화'가 되게 하는 정언명령은, 완전히 지속하는 것도 또 완전히 소진될 수도 없는 남성 동일시와 여성 동일시라는 차별화된 생산 및 규제를 필요로 하기 때문이다. 더 나아가 이러한 정언명령, 이러한 명령은 '구성적 외부'——물질성의 바로 그 경계선들을 보장하지만, 그런 이유로 또한 경계선들을 보장하는 데 실패하는 '말할 수 없는 것', '실행할 수 없는 것', '서사화할 수 없는 것'——를 필요로 하고, 또 제도화한다. 수행성의 규범적 힘, 즉 '존재'로의 자격 부여를 확립하는 수행성의 권력은 반복만이 아니라, 또한 배제를 통해서도 작동한다. 그리고 신체들의 경우에, 그러한 배제들은 자신의 비체적 경계선들로서 혹은 철저하게 폐제된 바의 것, 즉 살 수 없는 것, 서사화할 수 없는 것, 트라우마적인 것으로서 의미화에 [유령처럼] 출몰한다.

확실하거나 일관된 정체성을 확립하려는 의도를 가진 정치적 용어들은 담론적 수행성의 이러한 실패로 인해, 자신이 지시하는 정체성을 최종적이고 완전하게 확립하는 데 어려움을 겪는다. 반복 가능성은 그러한 용어들의 자기-동일적이지-않은 지위를 강조한다. 즉 구성적 외부가 의미하는 것은, 정체성이 자신이 견딜 수 없는 바로 그것을 항상 필요로 한다는 점이다. 페미니즘 논쟁 안에서 점점 늘어나고 있는 문제는 '여성들'이라는 범주를 떠맡는 정치를 정식화하려는 명백한 필요와, 여성 범주와 종종 정치적으로 연결되곤 하는 요구──즉 여성 범주를 문제시하고, 그 범주의 비일관성, 내적 불일치, 구성적 배제 등을 따져 물으려는 요구──와 화해시키는 것이었다. 최근에 정체성 용어들은 완전한 인정을 약속하는, 하지만 상이한 방식으로 약속하는 것처럼 보였다. 정신분석학적인 맥락에서, 정체성 범주가 그 약속을 이행하기 **불가능하다는 것**은 일련의 배제들의 결과인데, 이때 배제는 그와 같은 정체성 범주들이 현상화하고 재현한다고 추정되는 바로 그 주체들을 근거 짓는다. 우리가 정체성 주장들을 정치적 동원을 위한 집결지로 이해하는 한, 그러한 주장들은 단결·연대·보편성의 약속을 견지하는 것처럼 보인다. 그래서 그 결과 우리는 정체성에 대한 적의와 원한을, 그러한 약속의 이행에 실패하고 그에 뒤따라 나오는 불화와 불만의 기호들로 이해할 수 있다.

슬라보예 지젝의 최근 저작은 정체성에 대한 **환영적** 약속을 정치적 담론 내부에서의 집결지로서뿐만 아니라, 약속 불이행의 불가피성으로도 강조한다. 이런 점에서 그의 저작은 정체성 주장들을 환영적 현장들로, 불가능한 현장들로, 따라서 강제하기냐 약속

불이행이냐의 양자택일로 재사유하는 길을 열어놓는다.[1]

지젝은 상징적 법과 실재계는 앞쪽에, 상상계는 뒤쪽에 근거 지으면서, 알튀세의 이데올로기 개념과 라캉의 상징계 사이에서 작업한다. 또한 그는 자신이 담론성에 대한 포스트구조주의적 설명과 대립한다는 점을 분명하게 밝히며 라캉의 상징계를 이데올로기로 재사유할 것을 제안한다. 이 장에서 나는 지젝의 입장을 다시 진술해 보려고 노력하면서 '이데올로기'라는 용어를 사용할 것이다. 하지만 나는 여기서 다음과 같은 점을 분명히 하려고 애쓸 것인데, 내 생각에 지젝의 이론을 재작성하는 일은 포스트구조주의로의 이동을 가능하게 한다는 점, 그리고 '여성적인 것'을 실재계의 담론 및 범주와 관련해 비판적으로 재사유하는 일이 필요하다는 점이 그렇다. 내가 앞서의 장들 중 일부에서 정신분석학이 젠더·인종·섹슈얼리티의 복잡성을 정교화하려는 오늘날의 담론들과 생산적 관계를 맺는 쪽으로 끌어들여질 수 있다고 주장했다면, 이 장에서는 정신분석학의 한계를 강조하려고 노력할 것인바, 그 한계란 정신분석학이 자신의 토대가 되는 금지들 및 그 금지들의 이성애 명령들을 불변항으로 간주한다는 점에 있다. 이러한 작업에서 중심적인 것은 정치적 기표들을 집결지가 되게 하기 위해, 즉 환영적인 투여와 기대의 장들이 되게 하기 위해 담론에서 배제되어야만 하는 것을 다시 이론화하는 일일 것이다. 그래서 나의 문제의식은 이렇다. 어떻게 구성적 배제들은 겉보기에는 덜

---

1) Slavoj Žižek, *The Sublime Object of Ideology*. [한글본] 슬라보예 지젝, 『이데올로기의 숭고한 대상』, 이수련, 새물결, 2013.

영속적이면서도 더 역동적이게 되는 것일까? 어떻게 배제된 것은 정치 안에서 정신병이나 정신병의 형상으로가 아니라 정치적 의미화 영역에서 폐제되어 침묵하게 되는 것으로 회귀하는 것일까? 어떻게 그리고 어디에서 사회적 내용은 '실재계'의 장으로 속성이 부여되고, 그래서 말할 수 없는 것으로 위치 지어지게 되는가? 원칙상 모든 담론은 배제를 통해 작동한다고 주장하는 이론과 그러한 '외부의' 특정한 사회적·성적 위치들에 속성을 부여하는 이론 사이에는 아무런 차이도 없는 것인가? 정신분석학에 대한 특정한 사용이 일정한 사회적·성적 위치들을 인식 가능성의 영역으로부터 (영원히) 폐제하는 것으로 작용하는 한, 정신분석학은 자신이 따져 묻는 바로 그 규범화하는 법에 기여하여 작동하는 것처럼 보인다. 어떻게 그러한 사회적으로 스며든 배제의 영역들은, 그 영역들의 위상과는 달리 문제가 된다고 얘기될 법한 존재들에 대해 '구성적인 것'으로 다시 만들어지는가?

기호의 정치

지젝은 푸코와 데리다를 포함한 포스트구조주의에 속한 입장처럼 보이는, 자신이 '담론 이론'이라 부르는 것과 대립하여, 정치적 대중 동원에서 담론의 중심성을 강조하는 동시에 모든 담론 구성 행위의 한계들 역시 강조한다. 주체는 선행 담론들의 일방적인 효과가 아니며, 그래서 푸코가 밑그림을 그린 주체화 과정이 정신분석학적으로 다시 사유될 필요가 있다고 한다는 점에서 지젝은

분명 옳다. 지젝은 라캉을 따라 '주체'가 폐제(foreclosure/Verwerfung)
작용을 통해 언어 안에서 생산된다고 주장했다. 주체의 형성에서
거부되거나 거절되는 것이 그 주체를 계속해서 규정한다는 것이
다. 이처럼 주체의 외부에 남아 있는 것은 주체를 근거 짓는 폐제
작용에 의해 외부에 놓이고, 일종의 규정하는 부정성으로 존속한
다.[2] 그 결과 주체는 결코 일관되지 않으며 또한 결코 자기-동일
적이지도 않은 것이 된다. 왜냐하면 주체는 주체의 불연속성과 불
완전성을 구성하는 일련의 규정하는 폐제 및 억압들[3]을 통해 근거
지어지고 또한 실제로는 계속해서 다시 근거 지어지기 때문이다.

　주체를 담론적으로 구성하는 모든 이론이 폐제의 영역, 즉 주
체 자체가 출현하기 위해 거절되어야만 하는 것의 영역을 설명해
야만 한다는 점에서 지젝은 분명 옳다. 그러나 지젝은 어떻게, 어
떤 목적으로 상징화로부터 폐제되어 상징화할 수 없는 것으로 남
아 있는 것을 지칭하는 라캉의 실재계 개념을 전유하는가? 상징
적 담론 안에서는 상징화할 수 있는 것과 상징화할 수 없는 것의
한계를 정하기가 수사학적으로 어렵다는 점을 고려해 보자. 한편
으로 상징화의 한계들은 자신의 잠정적 체계성을 배제를 통해 생
산하는 상징화 자체가 필요하다. 다른 한편으로 이러한 한계들이
어떻게 이론에 의해 설정되는가가 문제로 남아 있다. 왜냐하면 무

---

2) 바로 이 '부정성'을 이론화하면서, 지젝은 라캉의 '결여' 개념과 헤겔의 '부정성' 개
　념을 올바르게 연결시킨다.

3) 프로이트는 신경증 고유의 부정과 정신병 고유의 부정을 구별하기 위해 억압
　(Verdrängung)과 폐제[배제](Verwerfung)를 구별한다. 이러한 구별은 실재계(라캉
　이 '폐제를 통해 생산된다'고 주장하는)와 함께 뒤에서 논의될 것이다.

엇이 그러한 한계를 서술하는 사람의 권위를 구성하는가의 문제가 항상 있을 뿐만 아니라, 또한 그렇게 설정한 한계들은, 무엇이 담론적으로 인식 가능한 존재 방식으로 자격을 부여하고 또 무엇이 부여하지 못하는가와 같은 우연적 규제의 문제와 연결되기 때문이기도 하다.

상징화할 수 **없는** 것, 말할 수 없는 것, 읽을 수 없는 것의 생산은 또한 항상 사회적 비체화의 전략이다. 하물며 배제와 폐제를 통한 주체의 규제적 생산들로 이해된 사회적으로 우연한 주체-형성 규칙들과, **어떠한** 주체가 발생하는가를 통해 폐제의 불변하는 메커니즘을 구성하는 일련의 '법'이나 '구조'를 구별하는 것이 가능하겠는가? 이 후자의 경우에서 폐제의 법이나 규제 메커니즘이 비역사적이고 보편적인 것으로 간주되는 한, 이러한 법은 자신이 가입한 담론적·사회적 재접합들에서 제외된다. 내가 주장하고 싶은 것은, 법이 성별화된 위치성들을 자신들의 인식 가능성 속에서 생산 및 규범화하는 것으로 이해되는 한에서 이러한 제외는 지극히 당연한 귀결이라는 점이다. 법이 자신의 상징적 규범성 안에서 성적 적대의 트라우마적 생산에 관여하는 한, 법이 이러한 관여를 할 수 있는 것은 오로지 그 법 조항을 구조화하는 권한을 초과하는 섹슈얼리티의 문화적 조직들을 문화적 인식 가능성으로부터 제외할(그리고 문화적으로 비체적이게 만들) 때뿐이다. 물론 위험을 감수해야 할 것은 '주체 생산'의 우연적인 규제 메커니즘들이 이 메커니즘들이 야기한 바로 그 담론 재접합 과정에서 제외된 보편적 법들로 물화(物化)될 수 있다는 점이다.

그럼에도 불구하고 지젝의 분석에서 가장 설득력 있게 남아 있는 정신분석학의 사용은 '여성'·'민주주의'·'자유'와 같이 대중 동원 및 정치적 쟁점화를 위한 집결지인 정치적 기표들을 환영적 투여, 환영적 약속과 같은 개념과 연결시킨다는 것이다. 그의 이론은 정치적 기표들과의 **동일시**와 정치적 기표들이 지닌 능력——이데올로기적 장을 통합하는 것, 그리고 그 기표들이 재현한다고 주장하는 지지자들을 구성하는 능력——이 맺는 관계를 분명하게 해준다. 정치적 기표들, 특히 주체 위치를 지칭하는 기표들은 서술적이지 않다. 말하자면 정치적 기표들은 미리 주어진 지지자들을 재현하는 것이 아니라, 다양한 종류의 환영적 투여를 담지하게 되는 텅 빈 기호들이다. 어떠한 기표도 근본적으로는 재현적일 수 없다. 왜냐하면 모든 기표는 영속적인 **오인**의 장소이기 때문이며, 통일에 대한 기대, 즉 결코 성취될 수 없는 완전하고 최종적인 인정(認定)에 대한 기대를 생산하기 때문이다. 역설적인 것은 자신들이 명명한 지지자를 완전히 서술하지 못하는 그러한 기표들의 실패——손쉽게 떠올릴 수 있는 실패로는 '여성들'이 있다——가 바로 이 기표들을 환영적 투여와 담론적 재접합의 현장으로 구성한다는 점이다. 기표들의 실패가 기표를 정치적 재기호화의 새로운 의미와 새로운 가능성에 개방하는 것이다. 내가 보기에는 바로 이러한 열린 결말의 수행적인 기표의 기능이야말로 급진민주주의의 미래성(futurity) 개념에 있어 결정적이다.

나는 이 장의 결론으로 향하면서, 정치적 기표에서의 환영적 투여가 그 기표들의 역사성과 관련해 사유될 필요가 있다는 점을 보여주는 하나의 방식을 제시할 것이다. 나는 또한 에르네스토 라클라우와 지젝 양자에게 있는 수행성의 위상과 관련된 하나의 논중을 제공할 것이다. 즉 그러한 수행성은, 만일 데리다의 인용 가능성 개념을 다시 사유한다면, 급진민주주의 이론이 가치 있는 것으로 발견할 정치적 기표들의 수행적 성격에 대한 정식화를 제공할 것이다.

담론과 우연성의 문제

알튀세의 이론을 라캉을 통해 작동시키려는 지젝의 노력에서 결정적인 것은, 담론 자체가 사회적 장을 총체화하는 데 늘 실패하는 한, 어떠한 담론적 호명이나 구성의 노력도 우연성에 사로잡혀 실패하게 된다고 하는 정신분석학적 통찰이다. 실제로 사회적 장을 총체화하려는 어떠한 시도도, 그 자체로는 언어에서 직접적으로 상징화될 수 없는 트라우마의 징후이자, 트라우마의 효과 및 잔여로 읽힐 수 있다. 이러한 트라우마는 실재를 일관되거나 균일하게 설명할 권리를 주장하는 일체의 담론적 형성체를 분열시키거나 우연적으로 만들 영속적 가능성으로 존속한다. 그것은 항상 '실재'에 대한 어떠한 설명도 포함하지 못하는 실재계로 잔존한다. 실재계는 모든 담론적 형성체를 우연성이나 결여로 구성한다. 이러한 실재계 자체는 이론적으로는, 언어가 자신이 명명하는 것을 효과적으로 생성한다고 봄에 따라 일종의 담론 일원론으로 해석되는 푸코의 언어주의와, 그 자체로 정신이나 무의식의 거부를 나타내는 발화 행위에서 의도의 투명성을 전제하고 그래서 모든 '의도'에 선행하면서도 모든 '의도'를 넘어서 있는 언어에 저항하면서 그것을 구조화하는 하버마스의 합리주의와 대립한다.

지젝의 관점에 따르면, 모든 담론적 형성체는 그 자신의 담론적이거나 상징적인 용어들 내에서는 수용할 수 없는 것과 관련해서 이해되어야만 한다. 이러한 트라우마적 '외부'는 정신병의 위협을 제기하며, 그 자체로는 인식 가능성에 대한 언어적 충동을 자극하고 그래서 결국 좌절시키는, 배제되었지만 위협적인 가능성이 된다. 그의 입장은 에르네스토 라클라우와 샹탈 무페가 『헤게모니와 사회주의 전략』[4]에서 제안했던 알튀세를 비판적으로 재정식화하는 작업과 분명하게 연결되는데, 그중에서도 특히 모든 이데올로기적 형성체가 구성적 적대를 통해 구성되면서도 동시에 그와 대립하여 구성되며, 따라서 일련의 우연적 관계를 은폐하거나 '봉합'하려는 노력으로 이해되어야 한다는 생각과 연결된다. 이러한 이데올로기적 봉합이 결코 완전하지 않기 때문에, 즉 자신을 **필연적이거나 포괄적인** 일련의 연결들로 확립할 수 없기 때문에, 이러한 봉합은 완전한 규정의 실패에 의해, 그리고 이데올로기적 장 안에서 자신의 영속적인 (그리고 그렇게 약속하는) 불안전성으로서 출현하는 구성적 우연성에 의해 표시된다.

역사적 사건들이나 사회적 관계들의 인과론에 맞서서, 급진민주주의 이론은 정치적 기표들이 우연적으로 관계 맺어지며, 헤게모니는 이렇게 우연적으로 관계 맺어진 정치적 기표들의 부단한 재접합에, 즉 어떤 필연적 근거도 갖지 않으며 재접합 과정을 통

---

4) 이에 대해서는 다음을 보라. Ernesto Laclau and Chantal Mouffe, *Hegemony and Socialist Strategy*, London: Verso, 1985. [한글본] 에르네스토 라클라우, 샹탈 무페, 『헤게모니와 사회주의 전략』, 이승원 옮김, 후마니타스, 2013.

해 그 자신의 필연성의 '효과'를 지속적으로 생산하는 사회구조에 있다고 주장한다. 그래서 이데올로기는 모든 정치적 기표들을 서로 연결하는 것으로 해석될 수 있을 것이다. 이때 정치적 기표들의 통일은 필연성의 출현을 야기하지만, 그러한 기표들의 비동일성에는 우연성이 드러난다. 즉 이데올로기에 대한 급진민주주의적 재정식화(여전히 항상 그 자체로 이데올로기적인)는 이러한 기표들이 서로 관계 맺어 끊임없이 재접합되어야 한다는 요구에 있다. 여기에서 구성적 적대 및 규정의 비종결성(nonclosure)으로 이해되는 것은 모든 담론적 형성체를 지탱하는 우연성에 의해 보장된다.

모든 이데올로기적 형성체가 지닌 불완전성은 급진민주주의 기획의 '정치적 미래성'이라는 개념에서 핵심적이다. 모든 이데올로기적 구성체가 이러한 연쇄들의 **재**접합에 종속된다는 것은, 정치적 이슈의 집결지가 되는 새로운 주체-위치, 새로운 정치적 기표, 새로운 연쇄의 생산을 열리게 함으로써, 민주주의의 시간적 질서를 계산할 수 없는 미래[5]로 구성한다.

---

5) 정치적 장 내에서의 모든 담론 형성체의 필연적 불완전성에 의해 열려진 비-이데올로기적으로 강제된 미래성 개념은 급진민주주의 기획을 데리다의 작업과 연결시킨다. 나는 이후에 탈구축[해체]——그중에서도 특히 데리다——에 대한 지젝의 강력한 비판이 미래성과 관련해 지젝 자신의 이론을 위치 지우는지 아닌지, 그리고 위치 지운다면 어떤 식으로 위치 지우는지의 문제를 다룰 것이다. 내가 하려는 주장은 '우연성'을 라캉의 실재계 개념으로 근거 짓는 일은 사회적 장을 영속적인 정지 상태로 생산한다는 점이며, 이러한 입장은 그를, 데리다와 드루실라 코넬의 작업 및 라클라우·무페 식의 급진민주주의의 일부 측면들에서 발견되는 계산할 수 없는 미래성 개념보다는 알튀세의 '영속적 이데올로기'론에 훨씬 더 가깝게 배열시킨다는 점이다.

라클라우와 무폐에 따르면, 이러한 정치적 쟁점화는 정치적인 것의 담론 영역을 안정화하는 구성적 배제들──이 위치들은 재현 가능성으로부터 그리고 정의나 평등의 사고로부터 배제되어 왔다 ──이 기존 정치 형태와 관련해서 그 맥락 안에 포함된다고 불리는 것으로 확립되는 한, 즉 무폐가 공동체의 아직-동화될-수-없는 **지평**의 일부분으로 지시하는 포함을 위한 일련의 **미래** 가능성들로 확립되는 한, 급진민주주의에 기여할 것이다.[6] 급진적 포함이라는 이상(理想)은 불가능하지만, 그럼에도 불구하고 바로 이러한 불가능성이 정치적 주체-위치들 및 기표들의 확장, 연결 및 부단한 생산 등을 자극하는 미래의 이상화로서 정치적 장을 지배한다.

대중을 동원하는 정치적 장의 이러한 불완전성을 보장하는 것처럼 보이는 것은 일체의 모든 의미화 실천 전체에서 구성적인 것으로 남아 있는 우연성이다. 이러한 우연성 개념은, 라클라우·무페가 『헤게모니와 사회주의 전략』에서 발전시켰으며, 라클라우가 『우리 시대의 혁명에 대한 성찰들』 1장에서 좀 더 정교화시킨 '구성적 적대' 개념과 직접적으로 연결된다.[7] 이 후자의 저작에서 라클라우는 **모순적인** 사회 관계들의 위상과 **적대적인** 사회 관계들의 위상을 구별한다. 전자의 사회 관계들이 논리적 필연성에 의거

---

6) 이에 대해서는 다음을 보라. Chantal Mouffe, "Feminism, Citizenship, and Radical Democratic Politics", in *Feminists Theorize the Political*, pp. 369-384. [한글본] 샹탈 무페, 「여성주의와 시민권, 급진민주주의 정치」, 『정치적인 것의 귀환』, 이보경 옮김, 후마니타스, 2007, 121-143쪽.

7) 이에 대해서는 라클라우의 계몽적인 글, "New Reflections on the Revolution of our Time", in *New Reflections on the Revolution of our Time*, London: Verso, 1991를 참고하라.

해 관계를 부정한다면, 권력에 기초를 두며 우연적인 것으로 간주된 후자의 사회 관계들은 결과가 예측될 수 없는 일종의 사회적 긴장이다. 이 글에서 라클라우는 노동자의 구조적 지위나 '정체성'을 특징짓는 관계를 초과하면서도, 사회 관계들이 나아갈 방식에 대한 내재적이거나 인과적인 설명의 가능성을 배제하는 생산 관계들이 있다고 강하게 주장한다. 그의 말에 따르면, "이러한 구성적 외부는 모든 적대 관계의 고유한 특성이다."[8] 여기서 모든 사회적 서술이나 예측이 총체적이지 않고 또 예측에도 실패하게끔 보장하는 것은 정체성의 '외부'를 구성하는 다른 **사회적 관계**들인 것처럼 보인다. "(……) 적대는 생산 관계 **내에서** 출현하는 것이 아니라, 생산 관계와, 생산 관계 외부의 사회적 행위자의 정체성 사이에서 출현한다."[9] 달리 말해, 생산 관계에 의해, 그리고 오로지 이러한 맥락 내에서만 정체성의 한계를 정하려는 모든 시도는 어떤 배제를 수행하며, 따라서 구성적 외부를 생산한다. 이때 데리다의 '대리보충(supplément)' 모델로 이해된 구성적 외부는 그에 선행하는 객관화(objectivation)가 함의하는 긍정성과 포괄성에의 주장을 **부정한다**. 라클라우의 말을 빌리면, "적대하는 힘은 엄밀한 의미에서 나의 정체성을 부정한다."[10]

그렇다면 문제는 그러한 적대하는 힘들에 의해 행해진 우연성이나 부정성이 사회 관계의 일부분인지, 아니면 그러한 우연성이나 부정성이 실재계──즉 사회적인 것과 상징계의 바로 그 가능

---

8) Ernesto Laclau, "New Reflections on the Revolution of our Time", p. 9.

9) Ernesto Laclau, "New Reflections on the Revolution of our Time", p. 15.

10) Ernesto Laclau, "New Reflections on the Revolution of our Time", p. 18.

성을 구성하는 폐제——에 속하는지 여부이다. 앞에서 살펴보았듯이, 라클라우는 적대와 우연성 개념을, 모든 긍정적이거나 객관주의적인 규정이나 예측을 초과하는 사회적 장 **내부에 있는** 개념, 즉 사회적인 것 내부에 있지만 정립된 정체성 '외부'에 있는 대리 보충 개념과 연결시키는 것처럼 보인다. 내가 생각하기에는, 지젝에게는 이러한 우연성이 그것이 영속적으로 사회적인 것 자체의 외부에 있는 방식으로 라캉의 실재계와 연결된다. 그리고 앞서 언급한 글에서, 라클라우 역시도 동일시의 생산을 설명하면서 '결여' 개념에 대해 논증한다.[11] 라클라우의 주장에 따르면, 만일 '외부'가 데리다의 대리 보충 논리와 연결된다면,[12] 그것을 라캉의 '결여' 개념과 양립할 수 있게 하려면 어떠한 조치가 취해져야 하는지가 불분명하다. 실제로 나는 뒤에 이어질 논의에서, 지젝의 글 안에 있는 라캉의 '결여' 개념을 대리 보충의 논리——이것은 금기·상실·섹슈얼리티가 지닌 특정한 사회적 성격을 다시 생각하는 일 역시 포함한다——에 따라 읽으려고 시도할 것이다.

지젝이 라클라우의 저작에서 이데올로기에서 담론으로의 이동이 부분적인 '퇴행'을 이룬다고 이해하고,[13] 라클라우가 지젝이 '헤겔을 보존하는 것'[14]에 이의를 제기하는 것처럼 보이지만, 그들은

---

11) Ernesto Laclau, "New Reflections on the Revolution of our Time", p. 44. 라클라우는 이렇게 쓴다. "헤게모니적 관계는 결여 범주를 출발점으로 떠맡음으로써 생각될 수 있다." 이에 대해서는 다음을 참고하라. "Psychoanalysis and Marxism" in *New Reflections on the Revolution of our Time*, pp. 93-96.

12) Ernesto Laclau, "New Reflections on the Revolution of our Time", p. 84. n. 5.

13) Ernesto Laclau, "New Reflections on the Revolution of our Time", p. 250.

14) Slavoj Žižek, *The Sublime Object of Ideology*, p. vii. [한글본] 『이데올로기의 숭고한 대

이데올로기가 주체 안의 구성적 '결여'를 은폐하려는 노력으로 담론적으로 부상한다는 점에 동의한다. 여기서 결여는 어떤 때에는 '구성적 적대' 개념과 등가가 되고, 다른 때에는 어떠한 주어진 사회적 적대보다도 더 근본적인 부정성으로, 즉 모든 특정한 사회적 적대가 미리 전제하는 부정성으로 이해된다. 이데올로기 영역 내부에서 정치적 기표들을 한꺼번에 봉합하는 것은 그것에 의해 야기되는 우연성이나 '결여'를 은폐하고 탈구시킨다.[15] 이러한 결여나 부정성은, 정확히 그것이 담론 내에서 모든 본질주의 및 기술주의(descriptivism)에 대한 저항을 구성하기 때문에, 급진민주주의 기획에 핵심적이다. 예컨대 여성들의 '주체-위치'는 결코 '여성들'이라는 기표에 의해 고정되지 않는다. '여성들'이라는 용어는 미리 존재하는 지지자들을 기술하지 않으며, 오히려 정치적 장 내에서 다른 기표들과 관련해 끊임없이 재협상되고 재접합되는 그러한 지지자들의 바로 그 생산 및 정식화의 일부분이다. 모든 담론의 고정(fixing)에서 나타나는 이러한 불안전성은 정치적 기표를 위한, 목적론적으로 억제되지 않은 미래성의 약속이다. 이 점에서

상』, 13쪽.

15) 여기서 지젝과 라클라우 또한 결여가 존재나 실체의 효과를 향하는 욕망 및/혹은 경향을 생산한다는 헤겔의 추정(assumption)에 수렴하는 것처럼 보인다. 라클라우가 다음과 같이 주장할 때, '~하는 경향이 있음(Tending)'의 위상이 전혀 문제시되지 않는다는 점에 주목하라. "(……) 우리는 그 역설이 모든 사회적 행위를 지배한다는 점을 발견한다. 즉 자유(freedom)는 사회가 구성을 구조적인 대상적 질서로 성취하지 않기 때문에 존재한다. 그러나 어떠한 사회적 행동도 그러한 불가능한 대상의 구성을, 그에 따라 권리로서의 자유(liberty) 자체의 제거를 **향하는 경향이 있다**." Ernesto Laclau, "New Reflections on the Revolution of our Time", p. 44.

자기 자신을 필연적인 것으로 확립하려는 모든 이데올로기적 형성체의 실패는 자신의 민주적 약속의 일부분이며, 재접합의 장소로서의 정치적 기표의 근거 없는 '근거'인 것이다.

그렇다면 시급한 문제는 이러한 '우연성'이 어떻게 이론화되는가에 있는데, 이는 어쨌든 '우연성'을 설명할 이론은 의심의 여지 없이 또한 항상 그러한 우연성을 통해, 그리고 그러한 우연성과는 반대로 정식화될 것이기 때문에 어려운 문제이다. 실제로 자신이 설명하려는 바를 거부하거나 은폐하도록 강제되지 않는 '우연성'의 이론은 존재할 수 있는가?

이러한 우연성이나 부정성의 정식화에 관련해 다음과 같은 여러 질문들이 나온다. 이러한 우연성을 나타내는 데 라캉의 실재계는 어느 정도로 이용될 수 있는가? 바로 그 대체는 어느 정도로 이러한 우연성을 담론 이전의 **것으로** 물화되는 사회적 의미화로 포화되는가? 말하자면 지젝의 작업에서 실재계에 대한 **어떠한** 해석이 라캉 저작(corpus)으로부터 전유되는가? 만일 실재계가 상징화될 수 없는 거세 위협으로, 즉 그로 인해 끊임없이 은폐되는 바로 그 상징화들을 야기하는 근원적 트라우마로 이해된다면, 이러한 오이디푸스 논리는 어느 정도로 이데올로기적 규정들에서의 일체의 모든 '결여'를, 오이디푸스 위기를 통해 제도화된 남근의 결여/상실로 미리 형상화하는가? 실재계를 거세 위협으로 정식화하는 것은 오이디푸스적으로 초래된 성차별을 담론 이전의 수준으로 확립하는가? '우연성'이나 '결여'의 기호 아래로의 이러한 일련의 성적 위치성들의 **고정**은 어떤 주어진 담론 구성체나 이데올로기적 구성체의 **비고정성**이나 불완전성을 보증한다고 가정되는가? 이러한 '우연성'을 실재계와 연결시킴에 따라, 그래서 실재계를 거세 위협을 통해, 즉 **아버지 법**을 통해 초래된 트라우마로 해석함에 따라, 이 '법'은 우연성을 모든 이데올로기적 규정들로 설명할 수 있는 것으로 정립되지만, 그것이 보장한 동일한 우연성 논리에는 결코 종속되지 않는다.

'아버지 법'은 거세 위협을 통해 트라우마와 폐제를 초래하며, 그리하여 모든 상징화가 출현하는 것에 맞서 '결여'를 생산한다. 하지만 거세의 법으로서 법의 바로 이러한 상징화는 우연적인 이데올로기적 정식화로 간주되면 **안 된다**. 거세의 법, 그리고 실재계의 트라우마 및 '실체적 정체성'[16]과 관련해 우연성을 고정함에 따라 지젝의 이론은 자신의 우연성이 갖는 '우연성'을 텅 비운다. 실제로 그의 이론은 '법'을 모든 이데올로기적 형성체들에 선행하는 것으로 가치화하는데, 그 결과 법은 남성적인 것을 담론 및 상징계 내에 위치시키고, 여성적인 것을 '담론 회로 바깥의' '얼룩(stain)'으로 위치시키기 위한 사회정치적 함의들을 지닌다.[17]

만일 상징화가 그 자체 여성적인 것의 배제 및/혹은 비체화를 통해 한계가 설정된다면, 그리고 이러한 배제 및/혹은 비체화가 라캉의 실재계 이론에 대한 지젝의 특정한 전유를 통해 보장된다면, '상징화할 수 있는 것'으로 자격을 부여받은 것이 어떻게 여성적인 것을 근원적 트라우마로 **탈**상징화함으로써 스스로 구성되는가? 여성적인 것의 배제/비체화를 통해 자기 고유의 의미화를 가

---

16) *The Sublime Object of Ideology*, p. 72. [한글본] 『이데올로기의 숭고한 대상』, 127쪽.

17) *The Sublime Object of Ideology*, p. 75. [한글본] 『이데올로기의 숭고한 대상』, 132쪽.

설하는 이론에 의해 어떤 한계들이 정치적 기표로서의 '여성들'을 자리 잡게 하는가? 그리고 모든 이데올로기적 형성체들에서의 우연성을 거세 위협——이러한 위협과 그것이 제도화하는 성적인 차별은 헤게모니 특유의 담론적 재접합에 종속되지 않는다——에 의해 생산된 '결여'와 동일시하는 이론의 이데올로기적 위상은 무엇인가? 만일 이러한 법이 필연적이고, 그래서 그것이 담론적 형성체들과 이데올로기적 형성체들 안에 모든 우연성을 보장하는 것이라면, 이러한 우연성은 비-이데올로기적 필연성으로서 미리 앞서 법으로 제정되며, 따라서 어떠한 우연성도 갖지 않는다. 실제로 상징적 법의 전(前)-이데올로기적 위상에 대한 강조는 그러한 법의 이름으로 우연성의 폐제를 구성한다. 이 우연성의 폐제가 상징화할 수 있는 것의 영역 및 담론으로의 진입이 허용된다면, 오이디푸스 시나리오와 거세의 위상에 의문을 제기하거나 적어도 그것들의 재접합을 야기할 수 있을테니 말이다. 오이디푸스 시나리오를 페미니즘적 정신분석의 다양한 현대적 기획들(또한 정신분석에 맞서 '역사화하는'[18] 페미니즘뿐만이 아니라)과 재접합하는 그러한 기획의 중심성을 고려해 볼 때, 이러한 폐제는 잠재적으로 반페미니즘적인 결론들을 지닌 중대한 이데올로기적 조치인 것처럼 보인다. 페미니즘적 정신분석의 중요한 여러 재정식화들은 논란의 여지가 있는 거세 위협의 중심성을 출발점으로 삼고 있다. 더욱이 또한 그들은 지젝의 실재계와 관련해서 상징계에 거의 배타적인 초점을 두는 것 이상으로 혹은 그에 반하여 라캉의 **상상계**의

---

18) *The Sublime Object of Ideology*, p. 50. [한글본] 『이데올로기의 숭고한 대상』, 96쪽.

역할을 강조한다. 그뿐만이 아니라 비이성애적인 정신적 형성체들에서 오이디푸스 관계의 치환(permutation)을 고려해 보면, 오이디푸스적 장면을 담론——이것은 오이디푸스적 장면을 오늘날의 재접합들에 종속시킨다——안으로 받아들이는 것이야말로 아주 결정적인 것처럼 보인다.

지젝의 글은 여러 가지 점에서 실재계에 대한 이러한 도전들을 염두에 두고 있는 것처럼 보인다. 그래서 우리는 그의 글 내에서 '실재계'가 푸코의 도전,[19] 페미니즘의 도전,[20] 포스트구조주의의 도전[21] 등으로부터 보호되거나 보호받을 필요가 있는 것처럼 보인다고 하는 것이 무엇을 의미하는지를 물어볼 수 있을 것이다. 만일 '실재계'가 그 자체로 그러한 이론적 기획들에 의해 위협받는다면, 우리는 어떻게 실재계에 대한 '방어'를 (정신분석학적으로) 이해해야 하는가? 만일 '실재계'가 위협받긴 하지만, 그 자체로 거세 위협으로 이해된다면, 지젝의 글은 어느 정도로 일련의 후속 '위협들'에 맞서 거세 '위협'을 보호하려는 노력으로 읽힐 수 있는가? 그의 글 안에서 이러한 후속 위협들(푸코 · 페미니즘 · 포스트구조주의)은 거세 위협 자체의 징표들로서 작동하며, 그리하여 실재계 이론이 특정한 전위에 맞서 방어되어야만 하는 남근 징표(이것은 그의 글 전체에서 '실재계라는 바위'라는 문구로 반복적으로 읊조려진다)가 되는, 거세 위협에 대한 위협들로 작동하는가? 만일 거세 '위협'이 보호되어야 한다면, 무엇이 거세 위협을 **보장하는가**? 거

---

19) *The Sublime Object of Ideology*, p. 2. [한글본] 『이데올로기의 숭고한 대상』, 23쪽.

20) *The Sublime Object of Ideology*, p. 50. [한글본] 『이데올로기의 숭고한 대상』, 96쪽.

21) *The Sublime Object of Ideology*, p. 72. [한글본] 『이데올로기의 숭고한 대상』, 127쪽.

세 위협은 법을 안전하게 보호하기 위해서 보호된다. 하지만 만일 이 위협이 보호를 필요로 한다면, 그러한 법의 힘은 이미 아무리 보호하려 한들 극복할 수 없는 위기에 처한 것이다.

라캉은 「남근의 의미화」에서 이러한 거세 위협이 남근을 '갖는 것'과 관련해 남자의 성의 떠맡음을 도입하고 유지한다고 말한다. 그에 따라 여자의 '성'은, 남성적인 것을 영원히 위협하는 '상실'로 정립함으로써, 그러한 위협을 남근 '있음'으로 체화하는 것을 통해 떠맡아진다. 이러한 차별의 안정성과 고정은 지젝의 실재계를 문제삼는 그런 위치들로 인해 어느 정도로 위협받는가?

더욱이 결정적인 것처럼 보이는 것은 상징적 법의 작용을 보고하고 단언하는 지젝의 글의 수사학적 위상에 관해 묻는 일이다. 의미심장한 것은, 지젝의 작업에서 발견되는 종종 탁월한 전유들에서는 라캉 자신의 원문이 고려되지 않는다는 점이다. 여기서는 언어 자체를 제도화하는 폐제의 **언어**로 글을 쓰는 것이 문제가 된다. 즉 폐제의 언어로 그리고 폐제의 언어에 대해 어떻게 글을 쓸 것인가? 그리고 어떻게 폐제의 충만한 힘을 벗어나는 것—그리고 그것의 전위를 구성하는 것—이 텍스트의 간극들, 균열들 및 환유적 운동들로 읽힐 수 있는 그러한 방식으로 글을 쓸 것인가? 라캉 자신의 이론적 저술에서 보이는 이러한 고집스러운 언어적이고 해석학적인 집착을 고려해 보면, 지젝에게 다음과 같이 묻는 것은 의미 있는 일이다. 『이데올로기의 숭고한 대상』에서 텍스트상의 명제들과, 그것이 발화하고 '방어하는' 법이 맺는 관계는 무엇인가? 실재계에 의해 지칭되는 근원적 폐제에 대한 텍스트상의 방어는 그 자체 상징적 법의 **재**접합인가? 지젝의 글은 그러한 법과의 동일시를 행하며, 또한 그러한 법 안에서, 그 법으로 말하는 가?『이데올로기의 숭고한 대상』의 원문은 어느 정도로 그것이 방어하는 법에 대한 일종의 글쓰기로 그리고 그 법으로 읽힐 수 있는가? 여기서 언어의 '우연성'은 법——법의 수사적 특성은 평서문의 양식에 의해 길들여진다——을 말하는 텍스트상의 실천 안에서, 그리고 그것에 의해 지배되는가? 그리고 이러한 지배의 기획은, 정치적 기표들이 어떻게 작동하는지에 대한, 좀 더 구체적으로 말해 욕망의 불가능한 'X'와 연결되는 정치적 수행성의 해석에서 어떻게 작동하는지에 대한 지젝의 명시적인 설명에서 어느 정도로 다시 출현하는가?

실재계라는 바위

지젝은 그가 '포스트구조주의'라고 부르는 것에 대한 자신의 비판을 특정한 종류의 물질에 대한 주술(呪術), 즉 상징화와 담론에 저항할 뿐만 아니라, 그의 설명에 따르면 바로 포스트구조주의가 스스로 저항하고 '해체'하려 하는 것인 '바위'나 '알맹이(kernel)'에 대한 주술을 통해 시작한다. 이러한 고체성(固體性)은 라캉의 실재계를, 즉 상징화로 해석된 담론의 외부를 형상화한다. 또한 이러한 고체성은 지젝에게는 형상화할 수 없는 것으로 남아야만 하는 것의 이론적 방어를 강화하는 형상이며, 그래서 고체성은 그것이 보장하려 하는 불가능성을 수행한다고 얘기될 수 있다. 따라서 바위는 형상화할 수 없는 것을 형상화하며, 그래서 말 오용으로서 출현할 뿐만 아니라, 또한 그가 한편으로 어떤 때에는 상징화로, 다른 때에는 '담론'이라 부르는 것과, 다른 한편으로 그가 '실재계'라고 부르는 것——이때 '실재계'는 어떠한 상징화도 가능하지 않는 것으로 지칭된다—— 사이의 경계를 보장한다고 가정되는 것으로서 출현한다. 내가 보기에 의미심장한 것은 '바위'나 '알맹이' 혹은 때로는 '실체'인 이 '실재계'가 또한 때때로 같은 문장 안에서 '상실'이나 '부정'이기도 하다는 점이다. 다시 말해 하나의 형상으로서 실재계는 실체에서 해체로 미끄러지며, 그로 인해 '결여' 및 '결여' 자체를 도입하는 법과 융합하는 것처럼 보인다. 실재계가 법이라면, 그것은 법의 고체성이자, 이러한 법의 논란의 여지가 없는 지위 및 그것이 전달하는 위협이다. 실재계가 상실이라면, 그것은 이러한 법의 효과이며, 정확히 말해 이데올로기적 규정들이 뒤덮으려는 것의 효과이다. 실재계가 법의 위협적 힘이라면, 그것은 트라우마이다.

실재계에 관한 증거는 문법적으로는 동격의 형식 안에서 제시된 전위와 대체의 사례들의 목록에 있는데, 이러한 전위와 대체는 의미화하는 모든 사물들의 트라우마적 발원(發源)을 보여주려 한다. 바로 이것이 의미화가 다시금 전위하고 실행할 때에만 은폐하려고 하는 트라우마와 상실이다. 지젝에 따르면, 의미화 자체는 최초에는 **약속**과 **회귀**의 형태, 즉 기표 안에서 그리고 기표에 의해서는 주제화할 수 없는 상실의 회복이라는 형태를 취한다. 그 길을 따라 기표는 전적으로 기표로 남아 있기 위해 회귀를 약속하지만 회귀에 실패하는 것을 파괴해야만 한다. 왜냐하면 실재계는 그러한 약속의 실현이 불가능한 현장이며, 실재계의 의미화로부터의 배제가 바로 그 자신의 조건이기 때문이다. 즉 차단된 향락의 현장으로 회귀하리라는 약속을 이행할 수 있는 기표는 자기 자신을 하나의 기표로서 파괴할 것이기 때문이다.

　내가 관심을 가지는 것은 지젝이, 그 자체 '바위'와 '결여'로 형상화된――내가 생각하기에는, 실체와 그것의 해체 사이에서 동요하는 가운데 형상화된, 그리고 그러한 동요로서 형상화된―― 실재계로 회귀하리라는 언제나 이행되지 않는 약속으로서의 기표에서, 환영적인 투여와 기대들을 위한 집결지인 정치적 기표로 이동한다는 점이다. 지젝에 따르면, 정치적 기표는 텅 빈 용어이자, 비-재현적 용어로, 그것의 의미론적 공백은 일련의 환영적인 투여들이 생겨나는 기회가 된다. 또한 정치적 기표는 그러한 투여의 현장이 됨으로써 그것이 '재현'하는 것처럼 보이는 바로 그 정치적 지지자들을 결집 및 동원, 실제로는 생산하는 그런 권력을 행사한다. 그래서 지젝에 따르면, 정치적 기표는 그것이 언어 자체의 개시에 의해 폐제되는 즐거운 만족으로 회귀하리라는 약속으로 작용하는 한에서, 그러한 환영적 투여들을 발생시킨다. 왜냐하면 이러한 환상화된 쾌락으로의 회귀란 있을 수 없기 때문이다. 또한 그러한 회귀는 언어와 주체 모두를 근거 짓는 금지의 파괴를 포함할 것이기 때문이며, 상실된 기원이라는 현장은 주제화할 수 없는 트라우마의 현장이기 때문이다. 그 결과 그러한 회귀를 이루리라는 기표의 약속은 항상 이미 파괴된 약속이지만, 그럼에도 불구하고 정치적 쟁점화 외부에 남아 있어야만 하는 것, 그리고 지젝에 따르면, 항상 동일한 것으로 남아 있어야만 하는 것에 의해 구조화되는 약속이다.

우리는 법이자 동시에 그러한 법에 의해 세도화된 상실인 이 바위의 형상을 어떻게 이해할 것인가? 바위로서의 법은, 하나님은 "나의 반석이자 나의 구세주입니다"라고 말하는 히브리인의 기도에서 발견되는 것이다. 이 기도문은 '반석[바위]'이 이름 붙일 수 없는 야훼, 유일신의 원리임을 암시한다. 그러나 이러한 바위는 또한 여성 환자들이 음경 선망을 겪고 있다는 제안에 그녀들이 저항하고 있음을 보여주는, 프로이트의 「끝낼 수 있는 분석과 끝낼 수 없는 분석」 결론부에서 출현하는 형상이기도 하다. 프로이트에 따르면, "우리는 종종 음경에 대한 소망 및 남성적 항의와 함께 모든 심리적 층을 관통하여 '암반(der gewachsener Fels)'에 도달했고 우리의 작업이 끝났다는 인상을 받는다. 이것은 아마 사실일 것이다. 왜냐하면 생물학적인 것은 실제로 정신적인 것의 토대가 되는 암반 역할을 하기 때문이다."[22] 그럼에도 불구하고 흥미로운 것은, 이것이 시간을 통해 퇴적된 어떤 기반(ground)의 형상이라는 점이며, 그래서 어떤 기반이 아니라, 이러한 기반에 의해 은폐된 선행 과정의 효과라는 점이다. 우리가 앞으로 지젝에게서 살펴볼 것은, 이러한 기반은 하나의 기반으로서 보장되거나 보호된다고 말해지며, 항상 일련의 위협들과의 관계에서 위치 지어지며, 따라서 우연적인 기반이자, 방어를 필요로 하는 일종의 소유물이자 영토인

---

22) Sigmund Freud, "Analysis Terminable and Interminable", in *Therapy and Technique*, tr. Joan Riviere, New York: MacMillan, 1963, p. 271; *Gesammelte Werke*, Vol 16. [한글본] 프로이트, 「끝낼 수 있는 분석과 끝낼 수 없는 분석」, 『끝낼 수 있는 분석과 끝낼 수 없는 분석: 정신분석 치료기법에 대한 논문들』, 이덕하 옮김, 도서출판b, 2004, 378쪽. 이 인용된 구절에 주목하게 해준 카린 코프에게 감사의 말을 전한다.

것이다.[23]

지젝은 이러한 '바위', 거세의 법, 구세주 등을 탈안정화하는 것처럼 보이는 여러 위치들을 검토한다. 그는 또한 이러한 바위 형상, 단단한 알맹이가 계속해서 등장하는 '사례들'의 목록을 제시한다. 이 사례들을 한꺼번에 연결하는 것은 무엇인가? 실제로 무엇이 사례가 되는 것을 구성하는가? 그리고 포스트구조주의적인 '해체'의 위력과 거리를 두는 이러한 이론적 노력에서 무엇이 법을 구성하는가? 이 목록은 인상적인데, 여기에는 포스트구조주의자들, 역사화하는 페미니스트들, 사드-마조히즘적인 푸코주의자들, 파시스트들 등이 있으며, 특히 파시즘의 경우에는 반-유대주

---

23) 흥미로운 점은, 실체 형이상학 내에서의 형상인 기반은 또한 후설에 의해, 인식 대상의 노에마적 중핵(nucleus)을, 즉 하나의 대상에서 **그것의 속성들의 변화와 상관없이** 자기-동일적인 것으로 남아 있는 것을 묘사하는 데 사용된다. 라클라우에게서, 이러한 알맹이/중핵에 대한 후설적 용법은 다음과 같은 서술들에서 분명하게 나타난다. "사건의 시간성의 공간화(spatialization)는 반복을 통해 발생한다. 즉 자신의 변이의, 미리 주어진 구조의 내적 계기인 불변하는 중핵으로의 환원을 통해 발생한다." Ernesto Laclau, "New Reflections on the Revolution of our Time", p. 41. 만일 서술된 바의 것이 그럼에도 불구하고 후설의 『이념들』의 모델에 기초한 그것의 가능한 상상적 변이들을 통해 존속하는 노에마적 중핵이라면, 이런 식의 '중핵'의 용법은 라클라우와 지젝이 반대하고 싶어하는 반-기술주의적 입장을 지지하는 것처럼 보인다.

세 번째 세미나인 『정신병』에서, 라캉은 정신병을 "관성의 알맹이"(p. 32)라고 말한다. 이러한 '알맹이(*le noyau*)'는 아버지의 이름에 대한 반항을, 그것이 거부하는 바로 그 상징화하는 과정과 연결된 채 남아 있는 거절을 형상화한다. 그러한 실체적 진리의 우선성과 상징적 부성(父性)과 관련한 정신병의 배타적 이론화라는 쟁점에 대해서는 Nicolas Abraham and Maria Torok, *L'Écorce et le noyau*, Paris: Flammarion, 1987을 참고하는 것이 유용할 것이다.

의 파시즘을 그 전형으로 이해한다.

지젝에 따르면, "포스트구조주의의 근본적 제스처는 모든 실체적 동일성을 파괴하고 그 견고한 일관성 뒤에서 상징적인 과잉 결정의 상호작용을 폭로하는 것이다. 간단히 말해 실체적 동일성을 비실체적이고 차별적인 관계들의 네트워크로 분해하는 것이다. 증상 개념은 바로 그것에 대한 필연적인 대위점인 향유의 실체, 실재적 알맹이로, 이 알맹이를 둘러싸고 기표적 상호작용이 구조화된다."[24]

이 논의에 앞서, 지젝은 "정신분석에 대한 마르크스주의적 페미니즘의 비판", 특히 "정신분석이 오이디푸스와 핵가족 삼각형의 결정적 역할을 고수하는 것이 가부장적 가족이라는 역사적으로 조건지어진 형태를 보편적인 인간 조건의 특징으로 변형시킨다고 보는 생각"[25]과 관련해 이러한 저항적 알맹이를 끌어들인다. 그러고 나서 지젝은 실재계라는 바위를 말하게 하는 하나의 형상을 통해 다음과 같은 질문을 던진다. "가족 삼각형을 역사화하려는 이러한 노력은 정확히 '가부장적 가족'을 통해 스스로를 알리는 '단단한 알맹이'를, 법이라는 실재계를, 거세의 바위를 **회피하려는** 시도가 아닌가?" 만일 법이라는 실재계가 정확히 말할 수 없는 것이라면, 즉 상징화로부터 폐제된 트라우마적 현장이라면, 일정한 관심을 가져야만 실재계는 말을 하며, 법이라는 실재계로서의 자격을 부여받는다. 내가 보기에는 바위로부터 말을 받는 자, 산에서

---

24) *The Sublime Object of Ideology*, p. 72. [한글본] 『이데올로기의 숭고한 대상』, 127쪽.

25) *The Sublime Object of Ideology*, p. 50. [한글본] 『이데올로기의 숭고한 대상』, 96쪽.

내려와 말을 우리에게 가져다주는 자는 바로 지젝이다. 여기에서는 '법이라는 실재계'가 법의 위협하는 힘, 법 자체이지만, 법이 강제로 도입하는 상실은 아닌 것처럼 보인다. 상실은 하나의 실체로 형상화될 수 없기 때문이다. 왜냐하면 상실은 항상 그리고 은밀하게만 실체의 외양에 의해 은폐되는 것으로 규정될 것이며, 사회적 장 내에서는 결코 달성되지 않는 실체에의 욕망을 담지한, 기표적 효과들을 통해 그러한 간극을 은폐하려는 욕망을 생산하는 것으로 규정될 것이기 때문이다. 그래서 우리가 실체의 형상을 반박의 여지가 없는 형상으로, 특히 의문시할 수 없는 법—여기서 법은 거세의 법으로 이해된다—의 위상으로 간주하지 않는다면, 실체의 형상은 여기에서는 '잘못 위치 지어진 것'으로 나타난다.

그렇다면 이러한 알맹이가, 일체의 모든 역사적이거나 사회적인 특정한 성격들에 선행하는 가족의 구성 요소인 그러한 성적 적대로서 중심적으로 출현한 이유는 분명하다. 가부장적 가족과 관련해, 지젝 역시 특정한 규정들을 무시하는 성급한 보편화에 대해 경고한다. 그의 언어는 최대한 열심히, "우리로 하여금 다양한 역사화들/상징화들을 관통해 동일한 것으로 회귀하는 실재적인 알맹이를 보지 못하게 하는 성급한 역사화"의 위험, 위협들로 돌아온다.

이어지는 문단에서, 그는 똑같이 성급한 역사화의 노력을 하는 다른 사례를 제시하는데, 그 사례 또한 앞에서 말했듯, 동격(apposition)을 통해 '거세의 바위'와 등가적이게 되는 법이라는 '실재계'를 회피하려는 시도이다. 이 사례란 바로 '강제수용소'인데, 이 사례의 정형화 안에 있지만 다른 형태를 띠는 일련의 사례들이 동일한 등가성의 원리를 증명할 의도로 출현한다. "이런 현상을 구체적인 이미지('홀로코스트', '굴락'……)[이 말줄임은 등가적인 '사례들'을 늘리는 것을 의미하기도 하지만, 또한 이 사례의 특정한 성격에 아무런 차이도 없음을 의미하는 것이기도 하다. 이 사례는 법을 '입증'할 때에만 흥미를 끌기 때문이다]와 결부시키고 그것을 구체적인 사회 질서(파시즘, 스탈린주의……)의 산물로 축소시키려는 모든 상이한 노력들이, 우리가 여기서 모든 사회 체계들 안에서 동일한 트라우마적 알맹이로 돌아오는 우리 문명의 '실재'로서 다루고 있는 사실을 회피하려는 너무나도 많은 시도들이 아니라면 도대체 무엇이겠는가?"[26]

이러한 인용의 효과는 이러한 사회적 형성체들(가족·강제수용소·굴락) 각각이 동일한 트라우마의 사례를 제시하며, 또한 이러한 트라우마의 현장 각각과 관련해 역사적으로 구조화되는 것은 상실되고 은폐된 지시체——이것은 그러한 사회적 형성체들의 트라우마가 띠는 위상이다——와 그 자체로는 무관하지만 존재론적으로는 구분된다는 점을 주장한다는 데 있다. 이러한 '동일한 트라우마적 알맹이' 덕분에, 그러한 사회적 형성체들은 트라우마들로서 서로 등가적이며 그래서 역사적인 것과 트라우마적인 것은 철저하게 구분되게 된다. 실제로 역사적인 것은 트라우마의 문제와 최대한 무관한 것이 되며, 가족 제도 혹은 강제수용소나 굴락의 형성체를 이해하려는 정치적이거나 역사적인 노력은 이 구성체들의 '트라우마적' 성격에 대해 설명할 수 없다. 그래서 실제로 그것들에 관해 고유하게 트라우마적인 것은 자신들의 사회적 형

---

26) *The Sublime Object of Ideology*, p. 50. [한글본] 『이데올로기의 숭고한 대상』, 96쪽.

성체에 속하지 않는다. 내가 생각하기에 바로 이것이 라클라우가 모든 사회적 규정들에서의 **우연성**으로 지시하는 것, 즉 일체의 주어진 사회적 형태의 총체화를 가로막는 결여이다. 그러나 실재계가 이러한 결여를 보장하는 한, 실재계는 사회적 형성체들(정체성·공동체·관습 등) 사이의 일체의 모든 질적 차이를 형식적 등가성으로 환원하는 자기-동일적인 원리로서의 자세를 잡는다.

여기서 **일체**의 **모든** 사회적 형성체들의 우연성을 보장하는 것으로 정신분석학으로부터 가져온 결여 개념이 그 자체로 전(前)사회적 원리——권력·사회성·문화·정치에 대한 모든 고려의 대가로 보편화된——인지 아닌지를 묻는 것은 결정적인 것처럼 보인다. 이때 전(前)사회적 원리는 사회적 실천들의 상대적 폐쇄성 빛 개방성을 규제한다. 지젝의 정신분석은 트라우마의 역사적으로 특정한 성격을 이론화하라는 압력에 응답할 수 있는가? 또한 앞에서 언급한 사회적 현상들을 구조화하는 특정한 배제, 절멸, 그리고 생각조차 할 수 없는 상실 등을 위한 구조(texture)를 제공하라는 압력에 응답할 수 있는가? 그 예들이 이러한 맥락에서 그저 사례들인지, 혹은 그 예들이 법이 자기 자신의 지속적인 연속성을 반추하는 일련의 현상들을 질서 지우고 종속시키는 수단들인지가 불분명하다. 그 예들은 법을 증명하는가? 혹은 그 예들은 그것들이 그래서 사후 효과로서 그것 자체가 법 자신의 지속의 기호들로서 생산했던 예들을 복창(復唱)하는 바로 그 법에 의해 질서 지어지고 등가적이게 되는 한에서 '예들'이 되는가? 만일 법의 우선성과 보편성이 이러한 예들의 효과들로서 생산되었다면, 이 법은 이러한 예들에 근본적으로 의존한다. 이러한 예들의 각 지점에서 법은, 비록 그 예들이 법의 차이 없고 등가적인 '사례들'이자 효과들이라고 주장될지라도, 예들을 나열한 목록의 **효과**로서 이해되어야만 한다.

더욱이 '사례'로 간주되는 것은, 그것들 사이에서 끌어낸 등가성의 관계라 할지라도, 결코 차이 없는 질료가 아니다. 만일 트라우마가 동일하다면, 그래서 트라우마가 거세의 위협과 연결되고, 그러한 위협이 성별화된 위치성(거세에 대한 차별적 관계를 통해 발생하는 '소년'과 '소녀'의 생산)의 호명으로 가족 내에서 알려지게 된다면, 가족에서 유래하며, 굴락, 강제수용소 및 다양한 형태의 정치적으로 끔찍한 쇼들에서 다시 나타나는 것은 바로 그러한 성별화된 트라우마이다.

「담론 분석을 넘어서」라는 글에서, 지젝은 더 나아가 이러한 트라우마를 남성들과 여성들에게 있어 '실존'(하나의 주체로 있기, 남근을 갖기)과의 비대칭적 관계 안에서 증상화된 것으로 경계를 설정한다. 즉 "『헤게모니와 사회주의 전략』의 기본 명제('사회는 존재하지 않는다')가 라캉의 명제 '여자는 존재하지 않는다(la Femme n'existe pas)'를 떠올리게 하는 것은 우연이 아니다." 이러한 비실존은 이어지는 문장에서 다시 "일정한 트라우마적 불가능성"으로 묘사된다. 여기서 트라우마적인 것은 여성의 비실존, 즉 그녀의 거세의 사실이라는 점이 분명해진다. 이것이 바로 "상징화될 **수 없는** 일정한 틈새"이다.[27] 우리는 어쩌면 여성의 거세에 관한 대

---

27) Slavoj Žižek, "Beyond Discourse Analysis", in Ernesto Laclau, *New Reflections on the Revolution of Our Time*, London: Verso, 1990, p. 249.

화가 왜 여기에서 멈춰야 하는지를 물을 수 있다. 이것은 담론의 필연적 한계인가? 아니면 일련의 위협적인 결론들을 피하기 위해 강제된 것인가? 그래서 만일 우리가 이러한 필연적 한계에 관해 질문을 제기한다면, 우리는 무심코 거세의 위협 자체가 되는 것인가? 왜냐하면 여성이 존재했다면 이러한 논리에 따르면 그녀는 오로지 거세하기 위해 존재할 수 있는 것처럼 보이기 때문이다.

　라캉의 실재계 이론에 대한 지젝의 해석은 적어도 다음 세 가지 함의를 갖는데, 나는 그것을 대체로 지시하기만 할 것이다. 첫째, 위협하는 법의 힘으로 이해되는 실재계는 필연적 상실을 초래하는 처벌의 위협인데, 이때 상실은 오이디푸스 논리에 따라 여성적인 것, 즉 담론 교환의 회로 바깥에 있는 것(지젝은 이를 "담론 회로에 포함될 수 없는 (……) 활기 없는 얼룩"[28]이라고 부른다)으로, 따라서 정치적 기표로 이용할 수 없는 것으로 형상화된다. 텍스트 내에서 페미니즘이 명명되는 경우, 페미니즘은 주로 여성 거세에 대한 일정한 저항을 증상화함으로써 알맹이를 '회피'하려는 노력으로 묘사된다. 둘째, 지젝이 실재계를 상징화할 수 없는 것으로 서술하고, 담론 분석이나 언어-게임을 옹호하는 사람들에 맞서 실재계를 불러내려고 주술을 읊는 반면, 라캉의 세 번째 세미나인 『정신병』에서 실재계에 대한 고려는 약간 다른 독해를 제시한다. 『정신병』에서 라캉은 "상징계에서 거부된 것이 실재계에서 되돌아온다"고 반복해서 언급하고, 그리고 그러한 거부가 '배제(Verwerfung)'(폐제나 거절)로 이해되어야만 한다고 상술한다. 라캉

---

28) *The Sublime Object of Ideology*, p. 75. [한글본] 『이데올로기의 숭고한 대상』, 132쪽.

의 정식화는 거부와 거부된 것 모두의 장소와 관련해 애매하게 남
아 있다. 즉 "상징계에서 거부된 것"은 상징계 "안에 있는" 일련의
기표들이 거부(refusal)의 양태로 혹은 실제로는 찌꺼기(refuse)로 있
음을 제시한다. 프랑스어는 그것을 좀 더 분명하게 만드는데, 왜
냐하면 그것은 다음과 같이 상징적 질서**에 대해** 거부된 것이 아
니라 그러한 질서 안에서 거부된 것이기 때문이다. 즉 "상징계
내에서 거부된 것(Ce qui est refuse *dans* l'ordre symbolique——강조는 나의
것)"이기 때문이다. 만일 거부된 것이 실재계 안에서(*dans le réel*) **다
시 나타난다**(*resurgit* or *reparait*)면, 그것[거부된 것]은 먼저 자신의 거
부 및 실재계 안에서의 재출현에 선행해서 상징계 안에서 나타났
던 것처럼 보인다.[29]

　마이클 월쉬는 자신의 도발적인 논문 「실재계를 읽기」에서, 실
재계를 세운 배제나 폐제의 과정을 "주체의 상징적 질서화로부터
근본적 기표들의 배제"[30]의 문제로 서술한다. 다시 말해 이러한 근
본적 기표들은 상징화의 일부였으며 그래서 다시 상징화될 수 있
지만, 자신들이 투여되었던 트라우마를 피하기 위해 상징화로부
터 분리되었던 기표들이다. 따라서 이러한 기표들은 탈상징화되
지만, 이러한 탈상징화 과정은 상징화 **안에서** 틈(hiatus)의 생산을
통해 발생한다. 월쉬는 또한 배제(Verwerfung)라는 용어(라캉은 세

---

29) Jacques Lacan, *The Psychoses: The Seminar of Jacques Lacan Seminar III 1955-1956*, Edit.
　　Jacques-Alain Miller, trans. Russell Grigg, W.W. Norton & Company, 1993, pp. 21-
　　22.

30) Michael Walsh, "Reading the Real", in Patrick Colm Hogan and Lalita Pandit eds.,
　　Criticism and Lacan, Athens: University of Georgia Press, 1990, pp. 64-86.

번째 세미나 『정신병』에서 이 용어를 신경증을 유발하는 억압을 넘어서고 그에 맞서는 정신병을 유발하는 거절을 묘사하는 데 사용한다)가 프로이트에 의해 늑대인간의 거세 거절을 묘사하는 데 사용된다는 점을 상기시킨다.[31] 상징적 부성(父性)에 대한 이러한 저항은 그러한 부성의 상징적 힘을 다시 허가할 기표들의 거절 안에서 증상화된다. 이 기표들은 단지 억압되었지만 하나로 꿰어질 수 있는 기표들이 아니다. 그것들은 자신들의 상징화로의 재진입이 주체 자체의 실타래를 풀 그런 기표들이다.

여기서 제시된 폐제 개념은 폐제된 것이 하나의 기표, 즉 상징화된 것이라는 점, 그리고 그러한 거절의 메커니즘이 인식 가능성의 경계선들을 단속하는 것으로 상징계 내에서 발생한다는 점을 함축한다.[32] 어떠한 기표들이 주체의 매듭을 풀고, 정신병을 위협하는 자격을 부여받는가는 이러한 분석에서는 확정되지 않은 채

---

31) Michael Walsh, "Reading the Real", p. 73.

32) 지젝은 이렇게 주장한다. "실재계는 언어의 고유한 한계, 또는 언어로 하여금 자기 동일성에 이르지 못하게 하는 풀 수 없는 주름이다. 거기에 상징계와 실재계 간의 근본 역설이 있다. 그 둘을 분리하는 횡선은 **엄격히 상징계 안**에 있다." 그는 이 '횡선(bar)'을 다음과 같이 설명한다. "라캉이 '여성은 존재하지 않는다'고 말할 때 그가 의도한 것이 바로 이 점이다. 대상으로서의 여성은 상징적 우주 속에 있는 어떤 횡선의 물질화에 다름 아니다. 돈 지오바니(Don Giovanni)의 경우를 보라." Slavoj Žižek, *For They Know Not What They Do*, London: Verso, 1991), p. 112. [한글본] 슬라보예 지젝, 『그들은 자기가 하는 일을 알지 못하나이다』, 박정수 옮김, 인간사랑, 2004, 297쪽. 또한 그가 쓴 다음의 저작 역시 참고하라. *Looking Awry: An Introduction to Jacques Lacan through Popular Culture*, Boston: MIT Press, 1991, pp. 1-66. [한글본] 슬라보예 지젝, 『삐딱하게 보기: 대중문화를 통한 라캉의 이해』, 김소연·유재희 옮김, 시각과 언어, 1995, 17-140쪽.

남아 있다. 이러한 분석은 다음과 같은 것을 제시한다. 즉 어떤 주체가 결코 말하거나 알 수 없으면서도 여전히 하나의 주체로 남아 있는 영역을 구성하는 것은 가변적으로 남아 있다는 점, 즉 우연적인 권력 관계들에 의해 다양하게 구조화된 영역으로 남아 있다는 점이다. 실재계에 대한 지젝의 해석은, 거세 위협에 의해, 그리고 그 위협 자체에 의해 야기된 트라우마인 이러한 '결여'를 금지를 통해 생산하는 모든 담론 체제에는 획일적으로 작동하는 불변하는 법칙이 있다는 점을 전제한다. 그러나 만일 우리가 모든 담론 구성체가 '외부'를 구성하는 것을 통해 발생한다는 점에 동의한다면, 그에 따라 우리는 거세의 트라우마로서의 그러한 외부의 **불변하는** 생산에 (그리고 모든 역사적 트라우마에 관한 모델로서의 거세의 일반화에) 구속되지 않게 된다. 게다가 우리가 (a) 어떠한 주어진 담론 체제에서도 상징화할 수 없는 것을 생산하려고 애쓰는 폐제의 여러 메커니즘들이 있을 수 있으며, 그리고 (b) 그러한 생산 메커니즘들이——불가피한 것일지라도——여전히 항상 담론 및 권력이 띠는 특정 양상들의 역사적 작용들이라는 점을 깨닫는다면, 그것은 역사적 트라우마 및 상징화 가능성의 한계들과 정신분석이 맺는 관계를 생각하려는 노력을 촉진할 수도 있다.

(c) 실재계에 대한 저항은 여성의 거세라는 사실에 대한 저항이거나 남자들에게는 그러한 거세 위협을 구조화하는 권력에 대한 부정이기 때문에, 실재계를 해체하려는 이들(이들은 페미니스트들, 포스트구조주의자들, 그리고 다양한 종류의 역사주의자들로 지칭된다)은 상징계 내에서 그리고 상징계로서 거세의 차별적 힘과 그것의 영원한 위상을 침식하려는 경향이 있다. 이러한 '법'이 필요로

하는 것은 거세가 여성들에게 '이미 일어났던 일'이며, 여성 위치의 접합 안에 상실을 설치(installation)하는 것인 반면, 남자들에게 거세는 항상 일어날락 말락 하는 것으로, 즉 남근을 상실하리라는 근심과 공포로 나타난다는 점이다. 이때 두려움을 느끼게 되는 상실은 구조적으로 여성적인 것에 의해 상징화되며, 그에 따라 여성적인 것 되기(becoming feminine)의 공포, 여성적인 것으로 비체화 되기의 공포인 것이다. 따라서 이러한 비체화의 가능성은 성차의 접합을 지배하고, 그래서 실재계는 이러한 상실이 일어나는 일시적 장소와의 관계 속에서 성(性)들을 구별하는 영원한 구조인 것이다. 2장 「레즈비언 남근과 형태학적 상상계」에서 주목했듯이, 남근 가짐과 남근 있기는 이러한 노선을 따라 하나의 대립으로 규정된다. 상실에 대한 남성적 근심은 가짐의 불가능성을, 즉 이미 항상 상실한 남근을 가짐──이는 '가짐'을 불가능한 이상으로 만든다──을 지칭하고, 그러한 가짐의 유예로, 결코 갖지 못하는 것을 가지는 가짐으로 남근에 근접한다. 근심의 현장으로서의 남근 가짐은 이미 공포에 사로잡힌 상실이며, 바로 이러한 비체화에서의 남성적 함의에 대한 인정이 여성적인 것이 [남근 가짐을] 유예하는 데 기여한다.

남성적인 것이 비체화된 여성적인 것으로 붕괴하리라는 위협은 그것이 이성애적인 욕망의 축을 해체한다고 위협한다. 즉 그러한 붕괴의 위협은 동성애적인 비체화의 현장을 점유하는 공포를 담고 있다. 실제로 우리는 『이데올로기의 숭고한 대상』 서론에서 푸코가 "그들 자신의 주체성 양식을 구축하는 주변적인 삶의 방식에 너무나 매료된" 인물, 그래서 괄호에 넣어진 "(예컨대 사도마조히즘적이고 동성애적인 우주. 이에 대해서는 푸코, 1984를 보라.)"[33] 인물로 소개되고 그렇게 치부될 때, 그러한 비체화의 인물[형상]을 받아들인다. 사도마조히즘적 삶의 방식의 '우주'라는 환상은 사도마조히즘적인 푸코라는 인물이 전 지구적인 위협의 일부라는 식의 의미를 담는 것일지 모른다. 이 위협은 역사화하는 경향 및 일정하게 희석된 포스트구조주의와의 연결로 간주되어, 겉보기에는 소중하게 여겨진 실재계에 대한 이러한 환영적 위협의 일부가 된다. 만일 이 글이 실재계의 트라우마를 옹호하고, 실재계가 인도하는 정신병의 위협을 옹호하는 것이라면, 그래서 만일 그것이 다양한 종류의 위협에 대해 그리고 그에 맞서 후자의 위협[정신병의 위협]을 옹호한다면, 그것은 이 글이 다양한 사회적 위치들에 이러한 위협을 투여함으로써, 그래서 글 자체를 '페미니즘', '푸코', 그리고 '포스트구조주의'의 도전들을 '회피'하려는 것으로 구성함으로써 이 위협을 증대하는 것처럼 보인다.

무엇이 '위협'이고, 누가 어떤 수단에 의해 그 위협을 '회피하

---

33) [옮긴이] 지젝, 『이데올로기의 숭고한 대상』, 23쪽. 지젝이 언급한 푸코의 글은 Michel Foucault, *Power/Knowledge: Selected Interviews and Other Writings 1972-1977*, edit/trans. Colin Gordon, New York: The Harvester Press, 1980. [한글본] 미셸 푸코, 『권력과 지식』, 콜린 고든 편집, 홍성민 옮김, 나남출판사, 1991을 지시하는 것인데, 지젝은 1980년에 영어로 번역 발행된 이 책을 푸코가 사망한 해인 1984년으로 기록하고 있다. 지젝은 해당 부분을 『이데올로기의 숭고한 대상』 초판(1989)(버틀러가 인용하고 있는 책)에서 "(the sadomasochistic homosexual universe, for example: see Foucault, 1984)"로 표기했었는데, 그와 달리 2008년에 발간된 재판에서는 그중 "for example: see Foucault, 1984"를 삭제하고 1980으로 표기된 푸코의 책(콜린 고든이 편집 번역한)으로 수정한 내용을 주석으로 처리했다.

고' 있는가? 지젝의 글은, 페미니스트들과 포스트구조주의자들이 '부정'과 '도피'로 형상화되고, 지젝은 법의 담지자이자 대변인으로 형상화되는 이러한 동학의 역전을 수사적으로 수행하고 있지 않은가? 혹은 지젝의 글은 성차별을 그것이 있던 장소——여성들이 항상 (존재하지 않는) 남성의 증상이 될 그런 장소——에 두기 위한, 그리고 원초적 절단의 결과인 아리스토파네스의 '결여의 신화'가 상상적인 완성 및 회귀의 현장으로 이성애를 필연적으로 요청하는 장소에 두기 위한 법의 주술이 아닐까?

사회적으로 인식 가능한 것의 '외부'가 있다고, 그리고 이러한 '외부'가 항상 있을 것이라고 주장하는 것은 늘 사회적인 것을 부정적으로 정의하는 것이겠다. 내 생각에 지젝과 나의 의견이 합치하는 것은 바로 이 지점이다. 역사 전체에서 변함없이 작용하는 이데올로기 이전의 '법', 담론 이전의 '법'에 대한 주술을 통해 그러한 외부의 한계를 설정하는 것, 더 나아가 그러한 법이 종속을 존재론화하는 성차별을 보장하도록 기능하게 만드는 것은 좀 더 오래된 의미에서 '이데올로기적인' 조치인데, 이 조치는 이데올로기를 '물화'로서 다시 생각하는 것을 통해서만 이해될 것이다. **항상 '외부'가 있다는 것, 그리고 실제로는 '구성적 적대'가 있다는 것은 올바른 것처럼 보인다. 그러나 상징적 인식 가능성의 '내부'와 '외부' 사이의 경계선들을 보장하는 어떤 법에 특성과 내용을 제공하는 것은, 요청을 받은 특수한 사회적·역사적 분석을 선취하는 것이고, 여러 가지 법의 수렴 효과를 '하나의' 법으로 합치는 것이며, 그래서 지젝·라클라우·무페 등이 촉진한 민주주의 기획에 핵심적인, 그러한 경계에 대한 미래의 재접합의 바로 그 가능성을 차단하**

는 것이다.

지젝이 주장하듯이, 만일 "실재계 자체는 자신의 직접적인 상징화에 어떠한 지원도 제공하지 않는"다면,[34] 우리를 위해 실재계를 상징화하는 메타 이론적인 주장의 수사학적 위상은 무엇인가? 실재계가 결코 상징화될 수 없기 때문에 이러한 불가능성은 상징화의 영원한 파토스를 구성한다. 이것은 어떠한 실재도 없다고 주장하는 것이 아니라, 오히려 실재계는 의미화될 수 없다는 것을, 말하자면 실재계는 모든 의미화의 핵심에서 저항으로서 나타난다는 것을 주장하는 것이다. 그러나 이러한 주장을 하는 것은 곧 '상징화'와 '실재계' 사이의 근본적인 통약 불가능성의 관계를 단언하는 것이며, 바로 이러한 단언이 이미 그 관계의 첫 번째 항에 함축되어 있지 않다는 것은 불확실하다. 이처럼 바로 그러한 단언이 정직하지 못하게 권리 주장을 하려고 하는 것이 어떠한 메타 상징화의 위상인지는 불확실하다. 실재계가 상징화에 저항한다고 주장하는 것은 여전히 실재계를 일종의 저항으로 상징화하는 것이다. 전자의 주장(실재계는 상징화에 저항한다)은 오로지 후자의 주장('실재계가 상징화에 저항한다'는 것은 하나의 상징화이다)이 참일 때에만 참일 수 있다. 하지만 두 번째 주장이 참이라면, 첫 번째 주장은 필연적으로 거짓이다. 실재계를 저항의 양태로 가정하는 것은 여전히 실재계를 일정한 방식으로 술어화하는 것이며, 또한 실재계의 실재성을 정확히 그것을 [술어화]하는 어떤 공언된 언어적 능력과 분리하는 것을 당연하게 간주하는 것이다.

---

34) *The Sublime Object of Ideology*, p. 97. [한글본] 『이데올로기의 숭고한 대상』, 165쪽.

상징화에 저항함에 따라, '실재계'는 모방적 재현주의의 정반대로서, 즉 재현하려는 모든 노력들이 실패해야만 하는 현장으로서 언어와 외부적 관계를 맺으면서 기능한다. 여기서 문제는 이러한 틀 안에서는 언어와 실재계 사이의 관계를 정치적으로 쟁점화할 어떠한 방법도 없다는 점이다. 상징화할 수 없는 것이라는 점에서 '실재계'로 간주되는 것은 그러한 폐제를 허용하고 생산하는 언어 영역에 대해 늘 상대적이며, 그래서 일련의 구성적 배제들을 생산하고 단속함으로써 그러한 효과를 성취한다. 비록 모든 담론적 형성체가 배제를 통해 생산된다고 할지라도, 그것이 모든 배제들이 등가적이라고 주장하는 것은 아니다. 필요해진 것은 어떻게 문화적인 인식 불가능성의 생산이 정치적 장을 규제하도록 다양하게 동원되는지를, 즉 누가 '주체'로 간주되고, 또 누가 '주체'로 간주될 필요가 없는지를 정치적으로 평가할 방법이다. 실재계를 담론에 대한 불가능한 '외부'로 얼어붙게 하는 것은 언제나 파악하기 어려운 지시체——즉 '이데올로기의 숭고한 대상'——에 대한 영원히 충족될 수 없는 욕망을 도입하는 것이다. 그렇지만 언어와 실재계가 맺는 이러한 관계의 고착 및 보편성은 실재계/실재성의 구별을 우연적인 권력 관계들의 도구이자 효과로 간주하는 식의 분석을 차단하는 '정치 이전의 파토스'를 생산한다.

수행적 기표들 혹은 땅돼지를 '나폴레옹'이라고 부르기

지젝이 상징화에 대한 지시체의 영속적인 반항을 확립하기 위해 라캉의 '실재계'를 사용하는 것은 모든 지시하기가 결국 그것이 열망하는 지시체를 환영적으로 생산하기(그리고 상실하기)에 이른다는 점을 의미한다. 지젝은 자신의 정치적 수행 이론을 발전시키기 위해 라캉의 '기표의 행위성(agency)'을 회복하고자 한다. 솔크립키의 '고정 지시어' 개념을 라캉의 '누빔점[고정점](point de capiton)' 개념으로 교체함으로써, 지젝은 의미 일체가 텅 비어 있는 순수한 기표가 그럼에도 불구하고 급진적인 의미론적 풍요의 현장인 척한다고 주장한다. 의미론적인 공백의 현장에 의미론적 초과가 있다는 이러한 가정은 "하나의 이데올로기를, 그것의 기의가 지닌 환유적 미끄러짐을 멈추게 함으로써 전체화하는" 이데올로기적 계기이자 담론적 사건이다.[35] 지젝은 이러한 용어들은 자신들이 언표하는(enunciate) 현상을 생산하기 위해 지시를 하는 것이 아니라 수사적으로 작용하는 것이라고 주장한다.

그 자체로서 그것은 그저 하나의 '순수 차이'에 불과하다. 그것의 역할은 순수하게 구조적이며, 그 본성은 순수하게 수행적이다. 그리고 그것의 의미화는 그 자신의 언표 행위와 일치한다. 간단히 말해 그것이란 '기의 없는 기표'이다. 따라서 어떤 이데올로기적 건축물에 대한 분석에서 결정적인 일보를 내딛는 순간은 그것을 한데 묶는 요

---

35) *The Sublime Object of Ideology*, p. 99. [한글본] 『이데올로기의 숭고한 대상』, 167쪽.

소('신', '나라', '정당', '계급' 등)의 휘황찬란한 광채 이면에서 이뤄지는 이러한 자기 지시적이고 동어반복적이며 수행적인 조작을 간파할 때이다.[36]

이름 붙이기에 관한 이러한 반-기술주의적 견해가 지닌 함의는 '정체성을 구성하는' 수행성으로서 이름 붙이기의 유효성 **그리고** 근본적 우연성 모두를 수반한다. 그 결과 이름은 자신의 근본적인 가변성을 확증함과 동시에 하나의 정체성을 동원한다. 이름은 여러 자유롭게 떠다니는 기표들을 '정체성'으로 들여와 질서 지우고 제도화한다. 즉 이름은 그 대상을 효과적으로 '봉합한다.' '주체의 위치들'에 기반을 둔 정치를 위한 집결지 혹은 일시적 종결점(이른바 지젝이 라캉을 경유해 매듭점(nodal point) 또는 누빔점이라고 부른 것)으로서, 이름은 정치 집단들의 형성을 위한 우연적이고 개방적인 조직화 원리를 지칭한다. 바로 이러한 점에서 반-기술주의는 반-본질주의적인 정체성 정치를 위한 언어 이론을 제공한다.

만일 기표들이 환영적 투여의 현장들이 됨으로써 정치적으로 대중을 동원하게 되면, 그 기표들은 무엇과 더불어 투여되는가? 실재계를 위한 약속어음——위조된 것——으로서 이러한 기표들은 하나의 회귀, 즉 상징화를 발생시키기 위해 폐제되어야만 하는 것으로의 회귀, 언어가 그 자체로 자신의 폐제에 기초를 둔다는 바로 그 이유 때문에 언어 안에서 명명되거나 서술될 수 없는 '추측된 향유'로의 회귀를 위한 환영적 기회들이 된다. 실제로 언어는

---

36) *The Sublime Object of Ideology*, p. 99. [한글본] 『이데올로기의 숭고한 대상』, 168쪽.

그러한 폐제나 일차적 금지를 통해서만 발생한다. 그래서 언어는 상실된 지시체의 현장에서 지시체의 **전위**, 기표들의 증식에 의해 작동한다. 실제로 의미화는 이러한 지시체의 상실을 필요로 하며, 지시체가 회복할 수 없는 것으로 남아 있는 한에서만 의미화로 작용한다. 만일 지시체가 회복되게 된다면, 이는 정신병이나 언어의 실패에 이르게 될 것이다.

결국 지젝이 우리에게 제시하는 것은 정치화에 대한 하나의 설명으로, 이러한 정치화는 정신병과 언어 자체의 상실 없이 의미화 안에서 지시체로의 회귀라는 (불가능한) 약속을 건넨다. 수행문들이 그들 자신의 **지시체**인 한에서 그것들은 의미화하면서도 지시하는 것처럼 보이며, 그리하여 지시체와 의미화——폐제의 수준에서 생산되고 유지되는——의 분리를 극복하는 것처럼 보인다. 중요한 점은 지시체로의 이러한 환영적 회귀가 불가능하다는 점이며, 그래서 정치적 기표가 정신병 없이 이러한 회귀의 약속을 건네는 한, 그것은 자신의 약속을 이행할 수 없다는 점이다. 환영적 투여에는 늘 불이행이나 비동일시가 뒤따른다. 그래서 정치 조직들의 운동은 자신들의 당파에 빠져 지젝이 서술한 방식으로 기호가 결집하거나 통합하지 못하는 조직들이 되는 것처럼 보인다. 당파화는 기표에 의해 약속된 통일이 사실상 환영적인 것이었다는 인식에서 비롯되며, 그리하여 **비**동일시가 나타난다. 정치의 결집력은 살 수 있고 말할 수 있는 정신병이 가능하다는 정치의 암묵적인 약속이다. 정치는 말할 수 없는 상실을 다룰 수 있다는 식의 약속을 건네는 것이다.

라클라우와 무페를 따라, 지젝은 정치적 기표들을, 정치화 이전의 이데올로기의 장 안에서 자유롭게 떠다니면서도 불연속적인 것으로 간주한다. 이러한 정치적 기표들이 정치화되고 또 정치적 영향력을 발휘하게 될 때, 그것들은 이데올로기적인 삶의 또 다른 이질적이거나 자유롭게 떠다니는 요소들에게 우연적이지만 효율적인 통일의 지점을 제공한다. 이름이 자아에게 (자아를 언어에서의 주체로 개조함으로써) 정당성과 지속성을 부여해 준다는 라캉의 견해를 따라, 지젝은 정치의 이러한 통합적 용어들이 **고유명**의 모델로 기능한다고 생각한다. 즉 엄밀히 말해 그 용어들은 어떠한 주어진 내용이나 객관적인 상관어를 서술하는 것이 아니라, 그것들이 지시하는 것처럼 보이는 사회적 현상들을 제도화하고 유지하는 고정 지시어로 작용한다. 이러한 점에서 정치적 기표는 자신의 지지자를 창출하고 유지함으로써 자신의 정치적 유효성과, 정치적 장을 정의하는 자신의 권력을 획득한다. '여성'이나 '민주주의'와 같은 용어들의 권력은 **이미** 존재하는 정치적 실재[현실]를 적절하거나 철저하게 기술하는 능력으로부터 나오는 것이 **아니다**. 그와는 반대로 정치적 기표는 일련의 연결들을 정치적 실재로 제도화하고 지속함으로써 정치적으로 유효하게 된다. 이런 점에서 지젝이 보기에 정치적 기표는 **재현적** 용어라기보다는 **수행적** 용어로 작동한다. 역설적인 것은 기표의 정치적 유효성이 그것의 재현적 능력에 있지 않다는 점이다. 즉 그 용어[정치적 기표]는 기존의 주체들이나 그들의 이해관계를 조금도 재현하거나 표현하지 않는다. 기표의 유효성은 정치적 장을 구조화 및 구성하며, 새로운 주체-위치들과 새로운 이해관계를 창출해 내는 그것의 능력에 의해 확립된다.

지젝의 『이데올로기의 숭고한 대상』의 영어판 서문에서 라클라우는 지젝의 이론이 수행적인 이름 이론을 제공하며, 또한 이러한 수행성이 정치 이론과 헤게모니 이론에 있어 결정적이라고 주장한다. 그는 지젝이 크립키를 수정한 내용을 간략히 고찰하는데, 그 내용은 이렇다. 이름은 그것이 지시하는 것처럼 보이는 것을 소급적으로 구성한다. 이름은 이전에는 어떠한 관계도 맺지 않고 공존했던 요소들을 통일성이나 정체성으로 한데 모은다. '정체성'의 기표들은 그것들이 재현하는 것처럼 보이는 바로 그 사회적 운동들을 효과적으로 혹은 수사적으로 생산한다. 기표는 미리 주어지거나 이미 구성된 정체성을 지시하지 않으며, 또한 정체성 기표 이전에 존재하거나 그것의 타당성의 척도로서 작용하는, 지시적이거나 본질적인 일련의 순수한 사실들을 지시하지도 않는다. 본질주의적인 정치학의 주장에 따르면, 주어진 정체성이나 지지자를 서술하는 일련의 필연적 특성들이 존재하며, 이러한 특성들은 어떤 점에서는 그것들을 명명하는 기표 이전에 고정되어서 활용이 가능하다. 지젝에 따르면, 이름은 미리 주어진 대상을 **지시하지** 않는다. 그리하여 라클라우는 이러한 비-지시성이 '대상 자체의 담론적 구축'을 함축한다고 결론 짓는다.

그런 뒤에 라클라우는 급진민주주의 정치를 위한 결론을 다음과 같이 끌어낸다. "헤게모니 이론이나 정치 이론에 미칠 영향을 쉽게 가늠할 수 있다." 만일 이름이 담론 이전에 주어진 대상에 속한다고 상정되는 미리 주어진 일련의 특성들을 지시했다면, "사회적 정체성들의 정치적 구성을 위한 공간을 열어줄 수 있는 담론적 헤게모니의 변이 가능성"은 있을 수 없을 것이다. "하지만 만일 대상들에 대한 이름 붙이기 과정이 바로 그 대상의 구성 행위 자체에 해당하는 것이라면, 그 대상들의 기술적 특징은 근본적으로 불안정해질 것이며, 각종 헤게모니적 재접합들에 열려 있게 될 것이다." 그런 뒤 라클라우는 이 해설을 다음과 같은 의미심장한 말로 끝맺는다. "이름 붙이기의 본질적으로 수행적인 특성은 모든 헤게모니와 정치의 전제 조건이다."[37]

라클라우가 변이와 재접합을 강조함으로써 이미 확립된 사회적 정체성들의 장을 동요시킬 수행적 가능성들을 강조하는 반면, 지젝 자신의 이론은 이 의미화하는 이름들의 고정되고 경직된 위상을 강조하는 것처럼 보인다. 지젝은 이러한 **누빔점들**을 정치적 장의 안정된 통일적 구조들로 지시한다. 라클라우는 지젝의 이론에서 기표의 **수행성**을 강조하는데, 이는 지시체의 고정성으로부터 해방된 수행적 언어 사용에 내포된 의미화의 가변성을 긍정하는 것이다. 그러나 크립키와 라캉 사이를 가로지르는 지젝의 이론은 정치적 기표들이 고유명처럼 기능하며, 그러한 고유명은 고정 지시어 모델에 따라 작동한다고 상정한다. 그렇지만 고정 지시어에 대한 검토는 엄밀히 말해 외관상 이름의 수행성에 의해 약속된 변이와 재접합은 불가능해진다고 제시한다. 실제로 수행문들이 고정[경직]되게 작동한다면, 즉 **수행문들이 주변 상황에도 불구하고 자신들이 언표하는 것을 구성하기 위해** 작동한다면, 그러한 이름들은 언어의 수준에서 기능적 본질주의를 구성한다. 지시체로부터

---

37) "Preface", in *The Sublime Object of Ideology*, pp. xiii–xiv. [한글본] 『이데올로기의 숭고한 대상』, 15–16쪽.

해방되어, 고정된 수행문으로 기능하는 고유명은 결코 덜 고정되지 않는다. 결국 정치적 기표들을 수행적 이름 이론의 모델에 따라 이해하려는 지젝의 노력은 반본질주의적인 급진민주주의 기획이 필요로 하는 일종의 변이 및 재접합을 제공할 수 있는지 어떤지는 지극히 불분명하다.

고유명이 **아버지**가 그 이름을 허가하는 일에서 비롯되고, 또한 '명명하는' 아버지 기표의 수행적 권력이 성씨의 기능에서 비롯된다는 것은 적지 않은 의미를 갖는다. 여기서 크립키가 그가 '고정 지시어'라고 부른 것과 '비-고정 지시어 혹은 우연적 지시어'라고 부른 것을 구별한다는 점이 중요하다.[38] 후자의[비-고정 혹은 우연적] 지시어들은 지시는 하지만, 모든 가능 세계에서 지시한다고 얘기될 수는 없는 것들이다. 왜냐하면 그 지시어들이 발생한 세계는, 우리에게 '가능 세계'의 영역을 구성하는 세계와는 그 구조나 조성에서 상당히 다를 수도 있었을 어떤 기회가 있기 때문이다. 반면 고정 지시어들은 "필연적으로 존재하는 것"을, 즉 "존재할 수 있거나 존재했을 수 있는 모든 경우의 대상"[39]을 지시한다. 그래서 크립키가 '**이름들**은 고정 지시어들이다'라고 주장할 때, 그가 의미한 것은 개인의 이름들이며, 그는 그 예로 '닉슨'이라는 **성씨**를 든다. 그리고 닉슨이라는 예는 "고유명은 고정 지시어들이다"라는 테제를 뒷받침하는 데 사용된다. 그는 이어서 '헤스

---

38) Saul Kripke, *Naming and Necessity*, Cambridge, Mass.: Harvard University Press, 1980, p. 45[이 인용 페이지는 오기된 것이다. 정확하게는 p. 48——옮긴이]. [한글본] 솔 크립키, 『이름과 필연』, 정대현 · 김영주, 서광사, 1986. 61쪽.

39) Kripke, *Naming and Necessity*, p.48. [한글본] 크립키, 『이름과 필연』, 61쪽.

페로스[금성]'에 뒤이어 '아리스토텔레스'를 예로 든다. 따라서 모든 이름이 고정 지시어들일 수는 없다. 사실상 **일련의 서술들에 의해 대체될 수 있는** 이름들은 자격을 부여받지 못한다. "만일 이름이 일군의 기술구에 대한 기술과 **동일한 것을 의미**한다면, 그 이름은 고정 지시어가 아닐 것이다."[40] 이 논의는 이어서 고유명들을 스트로슨을 인용해 '개체들'[41]과, 어니스트 네이글을 인용해 '사람(people)'[42]과 연결한다.

고정 지시어들로 개인들을 지시하는 고유명들에 대한 논의와, 그것들로 대상들을 지시하는 '금'과 같은 용어들에 대한 논의[43] 사이에 크립키는 '최초의 세례[명명식](primal baptism)'라는 개념을 도입한다. 이름 붙이기 자체의 패러다임을 형성하는 바로 이 활동[최초의 세례]과 관련해서, 우리는 개체들을 지시하는 고정 지시어와 대상들을 지시하는 고정 지시어 간의 연결, 실제로는 '인과적 연결'을 이해하기 시작한다. 사실 원래 인간들을 위해 마련된 '최초의 세례'는 사물들에 적용하기 위해 그러한 시원적 맥락으로부터 외삽(外揷)된다. 한 인격체의 고유명은 지시체를 **고정시키는** 데에 도움을 주는 일련의 예비적 서술[기술]들에 의해 최초로 **지시하기에 이른다**. 그에 뒤이어 하나의 지시체는 고정되게 그리고 자신의 서술 형태들과 무관하게 지시하기에 이른다. 그러나 인격체를 지시하는 고유명들이 도입되어야만 우리는 그 뒤에 '첫 세

---

40) Kripke, *Naming and Necessity*, p.57. [한글본] 크립키, 『이름과 필연』, 70쪽.

41) Kripke, *Naming and Necessity*, p.61. [한글본] 크립키, 『이름과 필연』, 74쪽.

42) Kripke, *Naming and Necessity*, p.68. [한글본] 크립키, 『이름과 필연』, 82쪽.

43) Kripke, *Naming and Necessity*, p.116-117. [한글본] 크립키, 『이름과 필연』, 133~136쪽.

레[명명]식'[44]이라는 개념을 제공받게 된다. 비판적으로 생각해 보면, 이러한 세례[명명]의 장면(모든 이름 붙이기를 위한 모델이 소급적으로 고정 지시어가 될 수 있다)은 한 사람을 종교적 계보로의 호명을 통해 그 사람에 대한 하나의 지시체의 고정, 즉 하나님 아버지가 아담에게 수행한 근원적 이름 붙이기로 거슬러 올라가 부계를 주입하면서도 동시에 반복하는 '이름 붙이기'의 고정이다. 따라서 지시체의 '고정'은 근원적 고정의 '인용'이며, 또한 신의 이름 붙이기 과정의 반복인데, 그로 인해 아들에 이름을 붙이는 것은 신의 허가를 받은 인간[남성] 공동체 내에 그가 실존하기 시작했음을 알린다.

의미심장한 것은 크립키가 이러한 '첫 세례[명명식]' 개념이 어떠한 시간과 장소에서도 발생하지 않으며, 이런 점에서 첫 세례[명명식]라는 우화는 그 우화가 모방하는 신의 이름 붙이기 행위라는 허구적 공간을 공유한다는 점을 인정한다는 점이다. 크립키는 또한 이러한 이름 붙이기가 사적으로 발생할 수 있는 것이 아니라(우리가 신의 명명 행위의 고독한 개입이라고 상정하는 것과는 반대로), 항상 사회적이거나 공동체적인 성격을 가져야만 한다고 주장한다. 이름은 시간 속에서 고정되는 것이 아니라, 시간을 통해 재차 고정되는 것이다. 다시 말해 이름의 반복을 통해 고정되는 것이다. 이름은 "소통의 사슬"[45]을 통해 "연결고리에서 연결고리로 전달된다."[46] 바로 이런 것이 크립키의 인과적 소통 이론을 특징짓게 한다.

---

44) Kripke, *Naming and Necessity*, p.96. [한글본] 크립키, 『이름과 필연』, 112쪽.

45) Kripke, *Naming and Necessity*, p.91. [한글본] 크립키, 『이름과 필연』, 107쪽.

46) Kripke, *Naming and Necessity*, p.96. [한글본] 크립키, 『이름과 필연』, 112쪽.

또한 이것은 크립키의 모델에서 언어 사용자들 간의 '연결고리'의 문제를 제기한다. 크립키에 따르면, "이름이라는 것이 '연결고리에서 연결고리로 전달될' 때, 내가 생각하기에, 이름의 접수자는 그가 그 이름을 알아들었을 때 그것을 전달한 사람과 동일한 지시체로 그 이름을 사용하려고 해야만 한다."[47] 따라서 이러한 사회적 동의라는 상정은 고정 지시어의 양식으로 자신의 지시체를 고정하기 위해서 고유명을 위한 선결 조건으로 삽입된다. 그러나 우리는 이에 대해 이렇게 물음을 던질 수 있다. 사회적 의도의 이러한 동질성을 보장하는 것은 무엇인가? 그래서 크립키 자신도 알고 있듯이, 만일 어떠한 보장자도 없다면, 이 이론을 도출시킨 동질적 의도라는 허구는 무엇인가?

크립키는 [사회적 의도의 동질성에 대해] 어떠한 보장자도 없다는 점을 알고 있는 것처럼 보인다. 왜냐하면 그는 고유명의 부적절한[고유하지 않은] 사용이나 말 오용의 예를 다음과 같이 제시하기 때문이다. "만일 내가 '나폴레옹'이라는 이름을 듣고 그것이 나의 애완용 땅돼지에 알맞은 이름이라고 결정한다면 나는 이 조건[이름의 전달자와 접수자가 같은 대상을 지시해야 한다는 것]을 충족시키지 못할 것이다." 그렇지만 이러한 부적절한[고유하지 않은] 언어 사용은 적절한[고유한] 언어 사용의 가능성 안에 내재해 있고, 실제로 그것[부적절한 언어 사용]을 넘어서면서도 그에 대항하고 또 그것을 통해 적절한 언어 사용은 계속해서 스스로를 적절하게 반복한다. 그것[말 오용]은 또한 언어 사용자들

---

47) Kripke, *Naming and Necessity*, p.96. [한글본] 크립키, 『이름과 필연』, 112쪽.

의 공동체 전체를 연결하는 것처럼 보이는 의도의 동질성에서 출발했음을 나타낸다. 그러나 바로 이 이름의 반복 가능성—이름이 자신의 지시체를 명명하고 고정하기 위해 반복되어야만 하는 필연성—으로 인해, 이러한 말 오용의 위험이 지속적으로 재생산된다. 그리하여 바로 이 이름의 반복 가능성이 사슬—지시체가 미리 앞서 있다는 것을 의미하는—로부터 말 오용의 일탈을 생산한다. 더 나아가 그리고 그 결과로, 이것은 말 오용의 영구적 위험이 지시체를 "고정하지 못하게 하는 것"은 아닌가라는 의문을 제기한다. 또한 내 생각에 이것은 그에 뒤이어 다음과 같은 의문도 제기한다. 지시체 자체는 항상 자신의 이러한 사용의 규제로 인해, 즉 규범적 언어 사용의 사슬로부터의 이러한 말 오용의 일탈을 비합법화함으로 인해 아주 약하게만 고정되는 것이 아닐까?

세례[명명식]는 그것이 아담의 시원적인 이름 붙이기 행위를 **모방하는** 한에서만, 그래서 모방적 반복을 통해 **다시금** 그러한 기원을 생산하는 한에서만 '최초의' 혹은 '첫 번째' 행위가 된다. 반복의 이러한 특성은 크립키의 '연결고리' 개념에서 나타나는데, 연결고리 개념은 공동체 [구성원들이 가진] 의도의 동질성—인과적 지시 이론은 이 동질성에 의존한다—을 구성한다. 모든 언어 사용자는 이전의 언어 사용자로부터 올바른 의도를 배워야만 한다. 그래서 올바른 의도가 이러한 사슬을 따라 올바르게 전해진다고 상정되는 한에서만 이름은 계속해서 고정 지시어로 기능한다. 달리 말해 신의 수행문을 모방적으로 반복하는 세례 행위들 간의 연결고리는 하나의 계보로 이어졌다고 간주되는 공동체 구성원들 간의 연결고리이다. 이러한 계보 속에서 이름들이 되물림되고, 의도의 획일성이 보장된다. '소통의 사슬'로 이해되는 이 후사[공동체 구성원들 간]의 일련의 연결고리들에는 언어 공동체 구성원들 사이에서 발생하는 이름들의 가르침만이 아니라, 또한 그 자체 명시적인 지시(가령 "이것은 아리스토텔레스이다")라고 간주되는 그러한 '첫' 세례 순간의 반복도 있다.

더욱이 세례는 이름 붙이기 행위——이 행위는 지시를 보장하고, 그래서 성씨(surname)는 이름(first name)을 감싸안거나 포함하는 데까지 확장된다——일 뿐만이 아니라, 또한 그 자체로 성씨의 작용이기도 하다. 부여된 이름이나 교회명[세례명]은 부계명 안에서 제시된다. 즉 세례는 이름이 부계에 편입되는 한에서 이름을 고정시킨다. 크립키에 따르면, 지시체는 공동체가 동질적인 의도를 갖는다고 추정함으로써 보장된다. 이러한 생각은 지명(指名)(바벨탑 이전에 붙여진)에 대한 아담의 설명과 신의 의지가 연속적인 통일을 이룬다는 생각과 강하게 연결되어 있다. 그러나 이러한 생각은 다음과 같은 결론에 이르기도 한다. 즉 지시체의 고정은 그러한 허구적 동질성**의** 강제적 생산, 실제로는 그러한 공동체**의** 강제적 생산이다. 지시체를 고정시키는 동의——이 동의는 [오랜] 시간에 걸쳐 일어나는 연속적인 거듭 동의하기이다——는 그 자체 지시체가 동일한 방식으로 고정된다는 조건하에서 재생산된다. 그래서 만일 이러한 반복이 세례와 같은 것이라면, 즉 신의 수행문의 반복이자, 또한 아마도 신의 통일성 속에서의 신 의지의 연장이라면,[48] 지

---

48) 비록 세례가 성씨와는 반대로, 태어난 뒤에야 개인의 이름이나 '교회'명[세례명]을 부여하는 것일지라도, '교회'명을 부여함으로써 세례는 교회 및 그 권위에 가입하는 것[첫발을 들이는 것] 혹은 문자 그대로 '몸을 담그는 것'[침례]이 된다. 홉스

시체를 반복적으로 고정시킴으로써 [그런 것이 있다고] 추정되는 신의 왕국을 부계적으로 연장하는 자는 바로 하나님 아버지[신 = 아버지](God the father)이다.

말 오용의 배제, 즉 땅돼지를 '나폴레옹'이라고 이름 붙이는 일의 금지는 '소통 사슬'의 안정성을 보장해 주고, 그래서 의도의 '획일성'을 규제 및 생산한다. 따라서 말 오용은 고정 지시어가 극복하려 하는 영속적 위험이지만, 또한 아무리 최선을 다해도 늘 의도를 벗어나 생산하게 되는 그런 영속적인 위험이다. 그렇다면 더 큰 문제는 "모든 헤게모니와 모든 정치에 있어 본질적인 수행성"이라는 라클라우의 개념이 고정 지시어로 해석될 수 있느냐——지젝이 라캉 이론의 수정을 통해 제시했듯, 이때 수행성은 그와 동시에 말 오용으로 해석되는 일이 없어야 한다——의 여부에 있다. 헤게모니를 앞으로 나아가게 만드는 것은 바로 말 오용에, 땅돼지를 '나폴레옹'이라고 부름으로써 수행되는 신 · 아버지 주권에 대한 모독에 있는 것이 아닐까?[49]

는 세례를 "신의 왕국에 받아들여질 이들이 충성을 맹세하는 성사(聖事)"(이 인용은 『옥스퍼드 영어사전』 "리바이어던" 항목에서 가져왔다)로 서술한다. 흥미로운 것은 이름(first name)의 부여가 신의 부계 질서에 가입하는 것이라는 점이다. 아담의 이름 붙이기는 「창세기」에 거명된 모든 사물들을 신의 왕국에 가입하게 하는 것이자 그렇게 되도록 기원하는 것이다. 그래서 세례는 아담이 사람들에게 이름을 붙이는 것을 계승하는데, 그에 따라 세례받은 이들은 신의 계보에 가입하게 된다. 이 문제를 다룰 수 있게 적절한 때에 도움을 준 리사 로우(Lisa Lowe)에게 고마움을 전한다.

49) 말 오용은 정신병의 언어에서 나타나는 라캉이 '신조어'라고 지시하는 것에 의해 생각될 수 있다. 땅돼지를 나폴레옹이라고 이름 붙이는 식의 말 오용이 담론 내에서 상징적 부성(父性)에 대한 저항을 구성하는 한, 그것은 정신병적 발화를 정치적으

그래서 크립키에 따르면 고정 지시어에 대한 어떠한 사용도 하나의 이름을 사용하도록 올바르게 가입된 언어 사용자가 있다는 것——즉 몇 세대에 걸쳐 전해지고, 이름의 적합한 고정을 보장하는 역사적 협정이 되는 적절한[고유한] 의도의 계보에 가입된 언어 사용자가 있다는 것——을 전제하는 것처럼 보인다. 비록 이름이 지시체를 기술하지 않고도 자신의 지시체를 '고정'시킨다고 얘기될지라도, 분명한 것은 소통 사슬을 통해 전수된 가르침들이 고정 행위 자체에 전제되기 때문에, 그 가르침이 올바른 의도와 올바른 용법으로 가동하는 한에서 이름은 고정이 되면서도 또한 고정을 할 수 있게 된다는 점이다. 올바른 의도를 가진 언어 사용자들의 그러한 역사적 사슬에 가입하기 위해, 우리는 우선 그 공동체로 들어가는 세례를 받아야만 하며, 바로 이러한 점에서 언어 사용자의 세례는 어떠한 대상의 세례명(baptismal designation)보다도 선행한다. 게다가 언어 사용자가 언어를 적절하게 사용하는 이들의 공동체에 채용되어야만 하는 한에서, 언어 사용자는 다른 언어 사용자들과 상관적으로 연결되어야만 한다. 즉 언어 사용자는 사회적 전달 계통——적절한 언어적 의도들은 이 선을 따라 통과된다——을 보장하는 일정한 친족 계통에 위치 지어져야만 한다. 그리하여 이름 붙여진 사람이 대상에 이름을 붙이며, 이런 식으로 동질적 의도를 가진 공동체로의 '가입'이 확장되는 것이다. 만일 이름이 대상을 고정한다면, 그것은 또한 그 대상을 아버지 권위의

로 배열할 수 있게 한다고 이해될 수 있다. 라캉에게서 '신조어'는 정신병의 지표이다. 왜냐하면 하나의 단어는 배제된 기표를 은폐하려고 만들어지기 때문이다. 즉 말 오용과 신조어는 모두 봉합의 언어적 양상으로 해석될 수 있다.

계보에 '가입시킨다.' 따라서 고정하기는 결코 고정시키는 가부장적 권위 없이는 발생하지 않는데, 이것은 지시체가 아버지 권위의 계통이 그것을 보장하는 한에서만 보장된다는 것을 의미한다.

세례 개념이 중요해 보이는 것은 바로 여기이다. 왜냐하면 세례가 신의 왕국으로의 가입인 한에서, 즉 '교회명'의 수여인 한에서, 세례는 신적 부성(父性)이 이름 붙여진 자에게로 확장되는 것이기 때문이다. 그리고 아담의 지명(指名) 방식이 세례 자체를 위한 모델인 한에서, 고정 지시어를 통한 지시체 고정에서 반복되는 것은 바로 신의 수행성이다. 만일 고정 지시어가 통일된 의도로, 즉 언어를 적절하게 사용하려는 의도로 성씨[아버지 성]을 생산 및 전달하는 것을 필요로 한다면, 그것은 이러한 전달 계통을 [오랜] 시간에 걸친 안정적인 친족 생산을 통해, 즉 엄격한 부계 계통을 통해(아버지 신의 의지는 이 계통을 따라 몇 세대에 걸쳐 전해진다), 그리고 말 오용의 배제를 통해 보장할 수 있다.

여기서 부계적 친족 형태가 전제되는 한에서, 그리고 성씨 자체가 고정 지시어의 패러다임인 한에서, 다음의 내용을 고려하는 것은 결정적인 것처럼 보인다. 즉 이름에 어떠한 변화도 없다는 조건에서만 하나의 고정 지시어는 [오랜] 시간에 걸쳐 한 사람을 계속해서 '고정'시킨다. 그렇지만 만일 이름이 동일하게 머물러야 하고, 또 친족이라는 요구를 만족시켜야 한다면, 족외혼 및 그에 따른 여자들의 교환은 불가피해진다. 성씨의 작동은 그것의 불변성과 영속성을 보장하는데, 엄밀히 말해 이것은 여자들이 자기들이 맡은 아내와 딸의 역할 속에서 자기들의 이름을 포기하는 것, 그래서 또 다른 성씨의 영속성과 경직성을 보장하는 것, 또한 이

성씨의 영원성을 안전하게 보장하기 위해 며느리로 구매되어 들어가는 것 등을 필요로 한다. 그리하여 여자들의 교환은 성씨라는 고정 지시어를 위한 선결 조건이다.

성씨는 그 자신의 경직성·고정성·보편성을, 아내와 딸을 성씨[아버지 성]의 자기 영속화의 현장으로 지칭하는 일련의 친족 계통 내에서 보장한다. 여자들의 이름에 성씨를 붙임으로써, 그래서 성씨의 권위를 교환 및 확장——이것이 바로 **결혼이라는 사건**이다——함으로써, 아버지 법은 성씨가 갖는 정체[동일]성과 권위를 '수행한다.' 그러므로 이름의 이러한 수행적 권력은 아버지 경제와 분리될 수 없는데, 바로 이 아버지 경제 안에서 이름의 수행적 권력이 작동하며, 또한 그 권력이 제도화하면서 그에 기여하는 성차별 권력이 작동하기 때문이다.

그렇다면 지금까지의 분석은 지젝이 크립키를 전유하는 문제의식, 즉 '고정 지시어' 교의를 라캉의 누빔점에 종속시키고, 나아가 라클라우·무페의 헤게모니 개념으로 이러한 정치적 수행문을 활용한 문제 의식과 어떻게 연관되는가? 이름들이 지시하는 방식에 대한 설명에서 확인되듯이 비록 크립키가 반기술주의자라 할지라도, 바로 그런 이유로 인해 그는 고정 지시어를 수행성으로 설명하는 데 찬성하지 않는다. 크립키에 대한 라캉주의적 수정에 기초한 수행성 이론은 아버지의 권위를 다른 등록기에 재기입하는가? 그것이 아니라면 자기도 모르게 아버지의 기표 권위를 재기입하지 않은 어떠한 대안들이 수행성의 작동을 헤게모니로 이해하는 데 이용될 수 있는가?

지젝은 이렇게 말한다. "적어도 표준적인 버전의 반기술주의에서 간과되고 있는 점이 있는데, 모든 반(反)사실적 상황에서 모든 기술적 특징들의 변화를 통해 한 대상의 동일성[정체성]을 보장하는 것은 바로 **이름 붙이기 자체의 소급적 효과**라는 사실이 그것이다. 대상의 동일성[정체성]을 지탱하는 것은 바로 이름 자체, 기표 자체인 것이다."[50] 그리하여 지젝은 이름의 지시 기능을 '**수행**

---

50) Slavoj Žižek, *The Sublime Object of Ideology*, p. 95. [한글본] 지젝, 『이데올로기의 숭고한 대상』, 161쪽. 크립키는 『이름과 필연』에서 이름이 '고정 지시어'로 기능하는 한, 이름은 결코 이름 붙여진 사람에 대해 제공된 하나의 기술 혹은 일련의 기술들과 같은 뜻을 갖거나 동일한 것으로 이해될 수 없다고 주장했다. 하나의 이름은 경직[고정]되게, 즉 보편적이며 예외 없이 한 인격체를 지시한다. 즉 그 사람에 대한 기술들이 어떤 식으로 변하든 상관없이, 혹은 지젝의 언어를 빌리면 '모든 반(反)사실적 상황'과는 상관없이 한 인격체를 지시한다. 고정 지시어에 대한 설명이 전제하는 것은 이름이 어떤 특정 시점에는 인격체에게 부착된다는 점이다. 하지만 이름은 인격체가 먼저 기술적 형태들에 기초해 동일시되는 조건하에서만 그들에게 부착될 수 있는 것처럼 보인다. 자신에게 이름이 부여된다는 사실보다 선행해서 존재한다고 얘기될 수 있는 자기-동일적인 인격체는 있는가? 이름은 어떠한 기술과도 동떨어져 인격체의 자기-동일성을 지시 및 전제하는가? 혹은 이름은 인격체의 자기 동일성을 구성하는가?

따라서 첫 세례에서 이름은 일종의 영원한 딱지나 꼬리표로 기능한다. 크립키는 이 첫 순간에, 말하자면 엄밀히 말해 이 꼬리표가 어디에 놓이는지를 확인하는 순간에 손에 꼬리표를 쥐고 있는 자(허구적 인물? 아직 이름 붙여지지 않은 자? 이름 붙일 수 없는 자? 야훼?), 즉 이름 붙이기를 한 자는 몇 가지 예비적인 기술들에 의지할 필요가 있음을 인정한다. 따라서 세례의 순간에는 이름 붙이기 행위를 위한 기술적 토대가 있음에 틀림없다. 그리고 크립키는 인격체들이 몇 가지 '한정 기술구 (definite descriptions)'의 담지자들이며, 유전자 서열처럼 시간과 환경을 통해 자신들의 정체성을 보장한다는 점을 인정한다. 그렇지만 인격체에게 이름을 고정시키기 위해 어떠한 잠정적인 서술들이 참고되든, 그리고 인격체를 구성하는 어떠한 본질적 속성이 발견되든, 기술이나 속성은 그 이름과는 동의어가 아니다. 그리하여 비록 이름 붙이기 즉 최초의 세례가 기술들에 의지한다고 할지라도, 그러한 기술은 고정

적'이리고 재기술한다. 게다가 이름은 수행적 기표로서 지시의 불
가능성을 표시하며, 그에 준하여 이름은 지시체를 불가능한 욕망
의 장소로 표시한다. 지젝에 따르면, "모든 가능 세계에서 동일하
게 머무는 대상에서의 그러한 '잉여'는 '그것 안에 있는 그것 이상
의 것', 즉 라캉이 말하는 **대상 a**이다. 우리가 이 대상 a를 실증적
인[구체적인] 실재에서 찾는다면 이는 부질없는 일이다. 그것은
실증적 일관성을 전혀 갖고 있지 않기 때문이다. 즉 그것은 단지
공백, 즉 기표의 출현에 의해 실재 속에 열린 불연속성의 대상화
일 뿐이기 때문이다."[51]

하나의 용어가 수행적인 한에서, 그 용어는 단지 지시하는 것이
아니라 어떤 방식으로든 그것이 언표하는 것을 구성하려고 행동
한다. 한 수행문의 '지시체'는 수행문 자체가 요구하고 그에 참여
하는 일종의 **행동**이다. 반면에 고정 지시어는 지시체의 타자성과
지시체 자체가 지닌 '지표 기능(indexical function)'의 투명성을 상정
한다. "이것은 아리스토텔레스이다"라는 말은 아리스토텔레스를
존재하게 하는 것이 아니라, 명시적인 지시를 통해 언어 외부에
있는 아리스토텔레스를 드러내는 것이다. 바로 이런 점에서 수행
성과 고정 지시어가 둘 다 반기술주의를 함의하는 용어라는 사실

지시어로 기능하지 않는다. 즉 고정 지시어는 이름의 유일한 기능이다. 이름에 앞서
인격체를 구성하는 일군의 기술은 가능 세계를 가로질러 그 인격체의 정체성을 보
장하지 못한다. 오로지 이름만이 고정 지시어로서의 자신의 기능 안에서 그러한 보
장을 제공할 수 있다.

51) *The Sublime Object of Ideology*, p. 95. [한글본] 지젝,『이데올로기의 숭고한 대상』, 161–
162쪽.

에도 불구하고, 수행성은 고정 지시어와 같을 수 없다.

지젝이 라캉을 통해서 고정 지시어론을 수정함으로써, 고정 지시어의 지시체는 영원히 상실되고 그에 따라 불가능한 욕망의 대상으로 구성되는 반면, 크립키에게 지시체는 영원히 보장되며 그것의 욕망은 머지않아 충족된다. 그에 반해 라클라우는 이름이 자신의 수행성을 통해 형성된다고 생각하며, 그래서 그는 지시체를 이름의 가변적 효과로 위치시키는 것처럼 보인다. 실제로 그는 '지시체'를 기의로 재규정하며, 그에 따라 그 용어[지시체]를 헤게모니를 위해 요구된 일종의 가변성에 열어둔다. 크립키의 입장에서 이름은 지시체를 고정하지만, 지젝의 입장에서 이름은 결코 도달할 수 없으며, 또한 획득할 수 없는 실재계로서 폐제된 하나의 지시체를 약속한다. 그러나 만일 '지시체'의 문제가 보류된다면, 그 문제는 더 이상 지시체가 어떤 양상(크립키의 경우에는 실재, 지젝의 경우엔 실재계)으로 존재하는가에 있는 것이 아니라, 오히려 어떻게 이름은 담론 내의 다른 기표들과의 일련의 구별[차별]적 관계를 통해 자신의 기의를 안정화시키는지에 있다.

크립키의 글이 부지불식간에 증명했듯이, 만일 적절한 용법이 부적절한 용법과 구별되는 조건에서만 지시체가 보장된다면, 지시체가 그러한 구별의 결과로 생산되며, 그래서 적절한 언어 사용과 말 오용을 구별하는 그러한 경계의 불안정성은 고유명사의 명시적 기능에 의문을 제기한다. 여기서 '지시체'로 불리는 것은 본질적으로는 지시에 실패하거나 잘못된 방식으로 지시하는 그러한 말 오용적 발화 행위들에 의존하는 것처럼 보인다. 바로 이러한 점에서 기술하는 데 실패하거나 지시하는 데 실패한 정치적 기

표들은 대상의 '상실'을 보여주는 것이라기보다는——그럼에도 불
구하고 이러한 입장은 비록 상실된 지시체라고는 해도, 지시체를
보장한다——, 차라리 헤겔의 저 유명한 정식[부정의 부정]을 슬쩍
바꿔보면 상실의 상실을 보여준다. 만일 '지시성'이 그 자체 적절
한 용법을 언어적으로 강제하는 단속[경찰 행위]의 효과라면, 지
시성의 가능성은 고유명을 부적절하게 사용하자고 주장하는, 즉
땅돼지를 '나폴레옹'이라고 부름으로써 바로 적절한 것의 영역을
확장하거나 아니면 그 영역을 더럽히는, 발화의 말 오용적인 사용
에 의해 논박된다.

상실되고 부적절한 지시체가 말할 때

만일 정치적 담론 내에서 '여성들'이 자신이 명명한 것을 결코
완전하게 기술할 수 없다면, 그것은 그 범주[여성들]가 단지 기술
없이 지시하기 때문이거나, 또는 '여성들'이 상실된 지시체, 즉 '존
재하지 않는' 것이기 때문이 아니라, 그 용어가 동일성[정체성]이
라는 용어를 통해서는 요약될 수 없는 사회적 관계들의 조밀한 상
호 교차를 표시하기 때문이다.[52] 이 용어[여성들]는 그것이 구별된

---

52) 가야트리 스피박은 자신의 글 "Nietzsche and the Displacement of Women", in
   Mark Krupnick, ed., *Displacement*, Bloomington: University of Indiana Press, 1983,
   pp. 169-196에서 '여성' 범주를 언어적 적절성과 관련해 하나의 오류라고 지시한
   다. 비록 그녀 자신이 최근에 의문을 제기했던 그녀의 후기 이론인 전략적 본질주의
   이론이 약간 다른 등록기로 작동한다고는 할지라도, 그녀는 불가능한 총체화를 정

채 남아 있고, 그래서 그러한 구별이 정치적 목표를 제공하는 한에서는 자신의 안정성을 획득하고 또 상실할 것이다. 그러한 구별이 급진적인 젠더 본질주의의 효과를 생산하는 정도만큼, 이 용어[여성들]는 정치적 투여의 다른 담론적 현장들과 맺는 자신의 구성적 연결을 잘라내는 작용을 할 것이며, 그래서 자신이 명명하는 지지자를 강제하고 생산하는 그것의 고유한 능력을 약화시킨다. 이 용어의 구성적 불안정성, 그리고 자신이 명명하는 것을 늘 충분하게 기술할 수 없는 그 용어의 무능력은 정확히 그 규정이 생겨나도록 하기 위해 배제된 바로 그것에 의해 생산된다. 하나의 이름을 잠정적으로 고정할 가능성을 조건 짓는 구성적 배제들이 항상 존재한다는 것이 상실된 지시체 개념을 지닌 그러한 구성적 외부의 필연적 붕괴를, 즉 거세의 법이자, 존재하지 않는 여성에 의해 상징이 된 그러한 '횡선'의 필연적 붕괴를 수반하는 것은 아니다. 그러한 관점은 단지 여성들을 상실된 지시체로, 즉 존재할 수 없는 것으로 물화하기만 하는 것은 아니다. 즉 페미니즘을 그러한 특수한 법의 선포에 저항하는(발화에서의 정신병의 형태, 남근 선망에 대한 저항) 헛된 노력으로 물화하기만 하는 것은 아니다. 그렇지만 여성들을 '상실된 지시체'의 특권화된 형상으로 문제를 제기하는 것은 정확히 그러한 기술을 하나의 가능한 의미화로 재구성하는 것이며, 또한 그 용어를 더 확장적인 재접합을 위한 현장으로서 개방하는 것이다.

역설적인 것은 실재계를 상징화의 구성적 외부라고 주장하는

치적 분석과 대중 동원의 용어로 사용하는 것을 강조하는 것처럼 보인다.

것이 반본질주의를 지지한다고 여겨진다는 점이다. 왜냐하면 만일 모든 상징화가 결여에 근거를 둔다면, 주어진 사회적 정체성에 대한 완전하거나 자기-동일적인 접합은 있을 수 없기 때문이다. 하지만 만일 여성들이 존재할 수 없는 것으로, 아버지 법에 의해 존재로부터 차단당한 것으로 위치 지어진다면, 그렇다면 그것은 그런 폐제된 존재, 그런 상실된 지시체와 여성들을 뒤섞는 것이며, 그것은 확실히 어떠한 형태의 존재론적 본질주의보다도 유해하다.

본질주의가 기표의 미래 가능성을 가로막는 노력이라면, 그렇다면 확실히 과제는 기표를 예측되거나 통제될 수 없는 일련의 재접합을 위한 현장으로 만드는 데 있으며, 나아가 그러한 접합을 위한 현장을 아직 갖지 못한 지지자들을 형성할 미래, 혹은 그러한 현장에 앞서서 미리 자리 잡고 '있지' 않는 미래를 준비하는 데 있다.

여기에서는 환영적 투여를 그러한 모든 기표로 강제하는 통일성만이 기대되는 것은 아니다. 왜냐하면 때때로 재접합의 현장인 기표가 열어낸 미래성의 감각이야말로 희망을 위한 담론적 기회이기 때문이다. 지젝은 일단 정치적 기표가 자신이 약속하는 통일성을 일시적으로 구성했다면, 어째서 그러한 약속이 실현 불가능하다는 것을 입증하는지, 어째서 **비**동일시——이것은 정치적 대중동원이 되지 않을 정도로 파벌화를 생산할 수 있다——가 뒤따르는지를 설득력 있게 서술한다. 그러나 정치적 쟁점화는 비동일시의 극복을 늘 필요로 하는가? **비**동일시를 정치적으로 쟁점화할 가능성은 무엇인가? 이러한 **오인**(misrecognition)의 경험, 누군가가

속하기도 하고 속하지 않기도 하는 하나의 기호 아래에 서 있다는 이러한 불안한 느낌은 무엇인가? 그래서 연대의 약속을 유지하는 바로 그 기표에 의해/를 통해 생산된 이러한 비동일시를 우리는 어떻게 해석해야 하는가? 로런 벌랜트는 이렇게 쓴다. "페미니스트들은 여성 본질의 수준에서 여성적 비동일시의 정책을 포용해야만 한다."[53] 그녀에 따르면, 완전한 인정에 대한 기대는 필연적으로 '괴물스러운 분신'과 '나르시시즘적인 공포'의 장면, 즉 그것이 약속한 것처럼 보이는 인정을 반영하는 용어가 실패한 결과로 장황한 불평과 질책의 장면을 초래한다.[54] 그러나 그 용어가 궁극적인 인정을 제공할 수 없다면——이 점에서 그러한 모든 용어들이 필연적 오인(méconnaisance)에 의지한다는 지젝의 주장은 전적으로 옳다——, 그러한 불이행의 긍정, 그러한 동일시 실패의 긍정은 그 자체로 내적 차이에 대한 보다 민주적인 긍정을 위한 출발점일지 모른다.[55]

정치적 기표를 받아들인다는 것(이것은 항상 우리가 스스로 이미 받아들여지고 구성되며 가입되게 한 기표를 받아들이는 문제이다)은 선

---

53) Lauren Berlant, "The Female Complaint", *Social Text* 19/20, Fall, 1988, pp. 237-259.

54) Berlant, "The Female Complaint", p. 253.

55) 비동일시가 가진 정치적 이점에 대해서는 다음의 글들을 참고하라. Michel Pêcheux, *Language, Semiotics, Ideology*, Boston: St. Martin's Press, 1975; "Ideology: Fortress or Paradoxical Space", in Sakari Hanninnen and Leena Paldan, eds., *Rethinking Ideology: A Marxist Debate*, New York: International Press, 1983; 그리고 chapter three in Rosemary Hennessy, *Materialist Feminism and the Politics of Feminism*, New York: Routledge, 1992.

행하는 언어 용법의 사슬에 들어간다는 것이며, 분명한 기원들이나 궁극적 목표들에 의해 위치 지어질 수 없는 의미화의 한가운데에 자리 잡게 된다는 것이다. 이것이 의미하는 것은 이른바 '행위성'은 결코 그러한 의미화 사슬에 대해 통제하거나 그러한 사슬의 근원적인 저자로 이해될 수 없다는 점, 그리고 그것[행위성]은 일단 그러한 사슬 안에/에 의해 자리 잡고 구성되면, 자신의 미래를 위한 확실한 과정을 설정하는 권력일 수 없다는 점이다. 그러나 여기서 의미화 '사슬'이라 불리는 것은 특정한 지속적인 기표 인용을 통해, 그것에 의해 정치적 기표가 영속적으로 재의미화되는 반복 가능한 실천을 통해, 그리고 의미화 수준에서의 반복 강박을 통해 삭동한다. 실제로 반복 가능한 실천은 우리가 정치적 기표라고 간주한 것이 그 자체 선행하는 기표들의 퇴적이자 그 기표들의 교정 효과임을 보여준다. 그리하여 기표가 선행하는 기표들의 환영적 약속을 끌어들이고, 그 기표들을 '새로운 것'——'새로운 것' 자체는 미래를 의미화하도록 정치권력에게 관습적으로 투여되었던, 습관화된 관습과 과거의 관습에의 의존을 통해서만 확립된다——의 생산 및 약속으로 교정함으로써 그 자신의 선행 사례들을 암묵적으로 인용하는 한에서, 기표는 정치적이다.

그래서 바로 이러한 점에서 정치적 기표는 수행적인 것이라고 공언될 수 있지만, 그러한 수행성은 인용 가능성의 힘으로 다시 생각될 수도 있다. 그렇다면 '행위성'은 어떤 기표 안에서/에 의해 구성되는 이중-운동일 터인데, 이때 '구성된다는 것'은 기표 자체를 '인용하거나 반복하거나 모방하도록 강제된다는 것'을 의미한다. 기표——기표는 자신의 연속을 위해 그러한 인용 사슬의 미래에 의존한다——에 의해 가능해진 행위성은, 반복 가능성 안에서의 '틈새'이자, 반복을 통해 하나의 정체성을 자리 잡게 하는 강요로, 그것은 정체성이 지속적으로 폐제하려고 하는 바로 그 우연성 및 규정되지 않은 간극을 필요로 한다. 지속적으로 폐제하면 할수록, 정체성 기표에 의해 예고된 것의 일시적 비동일성(nonidentity)은 더욱더 악화된다. 그렇지만 정체성 기표의 미래는 오로지 충실하게 반복하는 데 실패한 반복을 통해서만, 즉 자신의 미래를 보장하기 위해 정체성에 반하는 불충실(즉 말 오용)을 범해야만 하는 기표의 재인용을 통해서만 보장될 수 있다. 이때 불충실은 어떠한 정체성의 주술에서도 자기 동일적이지 않게 남아 있는 것을 위해 기표의 반복 가능성을, 즉 기표의 고유한 가능성의 반복 가능한 조건 혹은 일시적 조건을 작동시킨다.

비록 잠정적일지라도 정치적 연대를 이루기 위해, 지젝은 기의의 분열 및 불연속을 중단시키고 일시적인 언어적 통일을 생산할 정치적 수행문을 불러들인다. 그러한 모든 통일의 실패는 어떠한 역사성도 없는 '결여'로, 초역사적인 '법'이라는 결론으로 환원될 수 있지만, 이러한 환원은 사회 관계에 의해 생산되면서도, 항상 기표를 초과하고 또 그것의 배제가 기표의 안정화에 필수적인 그러한 실패 및 불연속을 놓치게 할 것이다. 기표가 자신이 명명하는 것처럼 보이는 통일을 생산하는 데 '실패'하는 것은 실존적인(existential) 공백의 결과가 아니라, 그것이 일련의 우연적 배제를 통해 잠정적으로 안정화시킨 사회 관계를 포함하지 못하는 그 용어가 지닌 무능력의 결과이다. 이러한 불완전성은 부정을 통해 규정된 정체성 주장들을 괴롭히려고 회귀하는 일련의 특정한 사회적 배제의 결과일 것이다. 이 배제들은 그 용어를 민주화하는 반복의 재정형화 및 확장 속에서 읽히고 사용될 필요가 있다. 따라서 '최종적이거나 완전한 포함은 있을 수 없다는 것'은 결코 어떠한 미리 주어진 기술에 의해서도 요약될 수 없으며, 또한 민주적인 이유로 결코 그렇게 되어서는 안 되는 사회적 장의 복잡성과 역사성의 기능이다.

일련의 몇몇 기술[서술]이 정체성의 내용을 채우려고 제시될 때, 그 결과는 불가피하게도 제어가 어렵다. 그러한 포함적 기술[서술]들은 새로운 경합의 현장 및 그 용어와 동일시되는 수많은 저항·기권·거부를 부지불식간에 생산한다. 비-지시적 용어들인 '여성들'과 '퀴어'는 잠정적인 정체성들, 따라서 불가피하게도 잠정적인 일련의 배제들을 도입한다. 기술주의적 이상은 그 형태들의 완전하고 최종적인 열거가 가능하다는 기대를 창출한다. 그 결과 그러한 이상은 정체성 정치로 하여금 어떤 주어진 정체성 범주의 내용을 완전히 고백하는 쪽으로 향하게 한다. 그러한 내용이 제한할 수 없는 것으로 혹은 선제적인 폐제 행위에 의해 제한되는 것으로 드러난다면, 정체성 정치는 자기-규정에 관한 파벌화된 논란으로 인해, 혹은 자기-폭로의 훨씬 더 인격화되고 명시화된 증언들——이 증언들은 [기술주의적] 이상에 시달리다 보니 그 이상을 결코 완전히 만족시키지 못한다——을 제공하라는 요구로 인해 좌초한다.

'여성들'을 영속적인 경합의 현장으로,[56] 또는 경쟁적인 투쟁이

---

56) 이에 대해서는 다음을 보라. Denise Riley, *Am I that Name?*, New York: MacMillan,

벌어지는 페미니즘의 현장으로 이해하는 것은, 그 범주에 대한 어떠한 종결도 있을 수 없다는 것을, 그리고 정치적으로 중요한 이유들로 인해 결코 종결되어서는 안 된다는 것을 상정하는 것이다. 여성 범주가 결코 기술[서술]적일 수 없다는 것이 그 범주가 정치적으로 유효한 바로 그 조건인 것이다. 이런 점에서 기술주의적 이상으로 알려진 관점에서 볼 때 분열과 파벌화로 애도되는 것은 비기술주의적 관점에서 보면 그 범주를 개방하고 민주화하는 잠재력으로 **긍정**된다.

여기서 '여성들'의 편에서 '여성들'이라는 이름으로 제시된 기술[서술]들을 받아들이는 것에 대한 무수한 거부는 편파적인 개념이 실행하는 특정한 폭력을 저지할 뿐만 아니라, 또한 불편부당하거나 포괄적인 개념 혹은 범주의 구성적 불가능성을 저지하기도 한다. 그러한 불편부당한 개념이나 기술[서술]을 성취했다는 주장은 자신이 소진했다고 주장하는 바로 그 정치적 장을 폐제함으로써 스스로를 강화한다. 이러한 폭력은 합목적성과 '모두-포함(all-inclusiveness)'을 주장하는 기술[서술]에 의해 수행되고 또 그와 동시에 소거된다. 이러한 폭력을 개선하고 교정하기 위해서는 다음과 같은 이중 운동을 배우는 것이 필요하다. 즉 한편으로는 그 범주에 호소하고, 따라서 잠정적으로 하나의 정체성을 도입하면서도, 동시에 다른 한편으로는 그 범주를 영속적인 정치적 경합의 현장으로 개방하는 것이 그것이다. 그 용어가 의심스럽다는 것은 우리가 그것을 사용하지 말아야 한다는 것을 의미하지 않는다.

1989.

하지만 또한 그 용어를 사용할 필요가 있다는 것은 우리가 그것을 앞으로 나아하게 하는 배제들을 지속적으로 따져 묻지 말아야 한다는 것을 의미하는 것이 아니며, 민주적 경합[쟁론]의 문화 속에서 정치적 기표의 우연성을 살려낼 방법을 배우기 위해서 배제를 따져 물어야만 한다는 것을 말하는 것이다.

담론은 삶이 아니다. 그것의 시간은 당신의 것이 아니다.

──미셸 푸코, 『정치와 담론연구』

8장 비판적으로 퀴어하기*

마지막 장을 '퀴어'에 할애하는 것이 가진 위험은 이 용어가 앞 장의 논의들을 개괄하는 계기로 간주될 것이라는 점에 있다. 하지만 나는 그런 하나의 사례를 만들고 싶은데, 이는 어쩌면 근래에 들어서는 유일한 것일지 모르겠다. 사실 내가 여기 이 책에서 관심을 두었던 것은 그 용어[퀴어]의 시간성이다. 즉 전에는 비하를 나타냈던 이 용어가 어떻게 새롭고 긍정적인 일련의 의미를 나타내는 것으로, 브레히트에 따르면 "재기능하게 된" 것으로 바뀌었을까? 이것은 단순히 '퀴어'가 과거에는 비하의 의미였으나 현재나 미래에는 긍정의 의미라는 식의 가치 전도일까? 이 가치 전

* 이 글은 원래 《게이 · 레즈비언 연구》(통권 1권, 1993년 가을호)에 발표되었다. 이 자리를 빌려 편집상 유용한 제안을 해준 데이비드 핼퍼린과 캐롤린 딘쇼에게 감사를 전한다. 이 장은 그 글의 수정본이다.

도는 이 용어의 비체화된 역사를 유지하면서 반복하는 전도인가?
이 용어가 상대를 마비시키는 경멸의 말로, 병리화된 섹슈얼리티
를 저속하게 호명하는 말로 쓰일 때, 그것은 그 말을 규범[정상]
화의 상징이자 매개체로 삼는 사용자를 생산했으며, 또한 그 말
의 발화가 성적인 합법성의 경계를 담론적으로 규제할 기회를 생
산했다. 이성애로 가득한 세상은 이 용어의 수행적 힘을 통해 거
절하고자 애썼던 '퀴어한 자들(the queers)'을 늘 필요로 했다. 만일
'퀴어'라는 말이 이제는 재전유의 대상이라면, 그러한 의미 전도
의 조건과 한계는 무엇인가? 그러한 전도[역전]는 자신을 알에서
부화시킨 거절의 논리를 반복하는가? 이 용어는 자신을 구성하는
상처의 역사를 극복할 수 있는가? 그것은 역사적 보상이라는 강
한 매력을 지닌 환상을 갖게끔 담론적 기회를 주는가? 근래에 얼
마간 교정의 노력이 있었다고는 해도, '깜둥이(nigger)' 같은 말이
할 수 있는 건 기껏해야 그 말이 준 고통을 되새기는 것뿐인 데 반
해, '퀴어'와 같은 말은 언제 그리고 어떻게 긍정적인 재의미화의
대상이 된 것일까? 이렇게 어떤 주어진 말을 재맥락화하고 재의
미화하려는 다양한 노력들이 더 잔인하고 더 무자비하게 반복되
는 형태를 띠며 그 한계에 부딪친다고 한다면, 도대체 담론은 어
떻게 어디에서 상처를 반복하는 것인가?[1]

『도덕의 계보』에서 니체는 '기호-사슬'이라는 개념을 도입한다.
우리는 담론 권력에 대한 푸코의 생각에서 다시 등장하는 이 개념

---

1) 이것이야말로 최근에 문제가 되는 '혐오 발화'와 연관해서 [해결해야 할] 가장 시급
   한 문제이다.

을 통해 유토피아가 담론에 투여된다는 점을 읽을 수 있다. 니체에 따르면, "어떤 '사물', 어떤 기관, 어떤 관습의 역사 전체는 항상 새로운 해석들과 적용들의 연속적인 기호-사슬일 수 있는데, 이것의 원인들은 반드시 서로 연관 맺어야 하는 것이 전혀 아니며, 오히려 어떤 경우들에는 순전히 우연한 방식으로 서로를 뒤따르고 서로 교대한다."[2] '항상 새로운' 재의미화의 가능성은 그 용어가 상정하는 역사적 불연속성에서 파생된다. 하지만 이러한 상정 자체가 의심쩍지 않던가? 재의미화의 가능성은 '기호들'의 순수한 역사성에서 파생될 수밖에 없지 않은가? 아니면 재의미화가 사회적 권력 관계에서 '항상 낡은' 것으로 회귀하려는 성향이 있음을 고려한 재의미화에 대한/안에서의 강제에 관해 생각할 방법이 있기는 한 것인가? 그리고 여기서 푸코는 우리를 도울 수 있는가? 아니 오히려 그는 니체의 희망에 찬 전망[새로운 재의미화]을 권력 담론 안에서 반복하지 않던가? 권력에 일종의 생기론을 부여함으로써 푸코는 다음의 방식으로 니체의 말을 반복한다. 권력은 "끝없는 투쟁들과 대결들이며, (……) 한순간에서 다음 순간까지의 모든 지점에서, 아니 오히려 한 지점에서 다른 지점까지의 모든 관계에서 생산된다."[3]

권력도 담론도 매순간 새로워지는 것은 아니다. 즉 그것들은 급

---

2) Friedrich Nietzsche, *On the Genealogy of Morals*, tr. Walter Kaufmann, New York Vintage, 1969, p. 77. [한글본] 프리드리히 니체, 『선악의 저편, 도덕의 계보』, 김정현 옮김, 책세상, 2002, 422쪽.

3) Foucault, *History of Sexuality*, Volume One, pp. 92-93. [한글본] 푸코, 『성의 역사』 1권, 이규현 옮김, 나남출판, 2001, 106-107쪽.

진적 재의미화라는 유토피아적인 생각들이 암묵적으로 보여주는 것처럼 그렇게 무게감 없이 떠다니지 않는다. 그렇지만 우리는, 스스로를 교정하도록 강제하면서도 스스로의 교정을 가능하게 하는 언어 사용의 축적된 효과인, 권력과 담론이 지닌 흡인력을 어떻게 이해해야만 하는 것일까? 겉보기에는 상처를 주는 담론의 효과들이 어째서 고통스러운 재료가 되어 재의미화의 실천을 만들어 내게 하는 것일까? 여기서 문제는 담론이 어떻게 신체에 상처를 입히는지의 문제뿐만 아니라, 또한 특정한 상처들이 활용할 만한 존재론 및 활용할 만한 인식 가능성의 도식이라는 한계 안에서 어떻게 특정한 신체를 확립하는지의 문제이면서, 나아가 비체화된 이들은 자신들이 거절하려 했던 담론을 통해/에 맞서 어떻게 자신들의 주장을 내세우기에 이르는지의 문제이기도 하다.

수행적 권력

이브 세지윅의 퀴어 수행성에 대한 최근의 성찰들은 우리에게 다음의 문제를 생각하게 한다. 즉 특정한 발화 행위 이론은 어떻게 퀴어 실천에 적용되는가? 이뿐만 아니라 그 이론은 '퀴어링'을 어떻게 수행성의 규정적 계기로서 지속하게 하는가?[4] 수행성에 대한 오스틴의 사례들에서 결혼식이 가진 중요성은, 자신이 명명한

---

4) 이에 대해서는 Eve Kosofsky Sedgwick, "Queer Performativity", in *GLQ*, vol. 1, no. 1, Spring 1993을 참고하라. 나로 하여금 젠더와 수행성의 관계를 재고하게끔 자극을 준 것은 그녀의 이 도발적인 작업 덕분이었다.

것을 야기하는 그러한 발화 행위에 있어서 패러다임적 형태는 사회적 유대의 이성애화임을 제시한다는 데 있다. "나는 여러분에게 ……을 선언합니다"라는 말은 자신이 명명한 관계를 실행한다. 그러나 그러한 수행문은 언제, 어디에서부터 자신의 힘을 끌어내는가? 그리고 만일 그러한 수행문의 목적이 바로 이성애 결혼식의 상정된 힘을 허무는(undo) 것에 있다면, 그 수행문에 일어나는 일은 무엇인가?

수행적 행위들은 권위적인 발화 형태들이다. 예를 들어 대부분의 수행문들은 말을 하는 가운데 일정한 행동을 수행하면서 구속력을 행사하는 진술들이다.[5] 허가(authorization)나 처벌의 네트워크에 연루된 수행문들은 판결문, 세례, 취임사, 소유권 고지문 등을 포함하는 경향이 있는데, 이 진술들은 어떤 행위를 수행할 뿐만 아니라 또한 그렇게 수행된 행위에 구속력을 부여한다. 만일 담론

---

5) 물론 언어나 담론이 '수행한다'는 말은 완전히 틀린 말이다. 왜냐하면 언어가 애당초 일련의 '행위들'로 구성되는 것인지 어떤지가 불분명하기 때문이다. 결국 어떤 '행위'에 대한 이러한 기술은 그 행위를 특이한 사건으로 확립했던 비유(trope)를 통해서는 유지될 수 없다. 왜냐하면 그 행위는 이전의 행위들을 지시하거나, '행위들'의 반복 혹은 더 적절히 묘사하자면 '인용 사슬'을 지시하는 것으로 밝혀질 것이기 때문이다. 폴 드 만은 「설득의 수사학」이라는 글에서 진술적 발화와 수행적 발화의 구별이 그 둘의 허구적 위상으로 인해 틀린 것으로 입증된다고 지적한다. "(……) 언어를 수행할 가능성은 마치 언어를 단언할 가능성만큼이나 허구적이다."(p. 129[179-180쪽]). 더욱이 그에 따르면, "수사학을 설득으로 생각하면 그것은 수행적이지만, 비유의 체계로서 생각하면 그것은 자신의 수행성을 해체한다."(pp. 130-131[181-182쪽]), Paul de Man, *Allegories of Reading*, New Haven: Yale University Press, 1987. [한글본] 폴 드 만, 『독서의 알레고리』, 이창남 옮김, 문학과지성사, 2010, 166-182쪽.

권력이 자신이 명명한 것을 생산하는 일이 수행성의 문제와 연결된다면, 수행문은 권력이 담론**으로서** 작용하는 영역인 것이다.

그렇지만 중요한 것은 하나의 주체로 해석된 권력이란 존재하지 않는다는 점이다. 주체는 행위를 하지만, 앞에서 말한 구절을 반복하자면, 오로지 자신의 지속성과 불안전성에서 권력으로 **있는** 반복된 행위하기일 뿐이다. 이것은 개별적이고 의도적인 '행위'라기보다는 권력의 담론적 몸짓을 반복·모방하는 권력과 담론의 연쇄이다. 그러므로 자신이 명명한 상황을 허가하고 설정하는 판관은 자신이 적용하는 법을 늘 **인용**하며, 바로 이러한 인용의 권력이 수행문에 그것의 구속력이나 수여 능력을 제공한다. 그래서 설혹 판관의 말이 지닌 구속력이 그의 의지력이나 그의 이전 권위에서 유래된 것으로 보일지라도, 그 정반대가 더 사실에 가깝다. 즉 바로 이러한 법의 인용을 **통해** 판관의 '의지'라는 형상이 생산되며, 원문의 권위의 '우선성'이 확립되는 것이다.[6] 실제로 판관의 말하는 행위는 바로 이 관습의 소환(invocation)을 통해 자신의 구속력을 끌어낸다. 그리고 그러한 구속력은 판관 주체나 그의 의지에서 발견되는 것이 아니라, 현재의 '행위'가 구속력 있는 관습들

---

6) 이어지는 논의에서는 오스틴이 '발화 수반적(illocutionary)'이라고 부른 일련의 수행문들이 다뤄질 것이다. 이러한 발화 수반적 수행문들에서는 그 행위의 구속력이 화자의 의도나 의지에서 유래되는 것처럼 **나타난다**. 「서명 사건 맥락」에서 데리다는 오스틴이 그러한 발화 수반적 행위에서 화자의 의도에 부여한 구속력은 좀 더 적절하게는 말하기의 인용적 힘에 기인한다고, 즉 발화 행위의 권위를 확립하지만, 그러한 행위의 비-개별적 성격을 확립하는 반복 가능성에 기인한다고 주장한다. 이런 점에서 모든 '행위'는 목소리의 반복이거나 인용 사슬이며, 바로 이 행위의 인용 가능성이 행위의 수행적 힘을 구성한다.

의 시슬이라는 맥락에서 나오게 하는 인용의 유산에서 발견되는
것이다.

발화하거나 말하는, 그래서 담론에서 효과를 생산하는 '나'가
있는 곳에는, 무엇보다도 그러한 '나'에 선행하면서도 그러한 '나'
를 가능하게 하는 담론이 있으며, 또한 언어 안에서 그런 '나'의
의지가 따르는 궤적을 형성하는 담론이 있다. 따라서 담론의 **배후**
에 있으며, 담론을 **통해** 자신의 자유 의지(volition)나 의지를 실행
하는 '나'란 존재하지 않는다. 그와는 달리, '나'는 호출되고, 이름
이 불리며, 알튀세의 말을 빌리면 호명됨으로써 생겨날 뿐인데,
이런 식의 담론적 구성은 '나' 이전에 발생한다. 다시 말해 그것
은 이행적인(transitive) '나'의 소환이다. 실제로 처음에 누군가 내
게 말을 걸고, 그래서 그러한 말 걸기가 나의 자리를 말하기로 옮
겨 놓는 한에서만 나는 '나'를 말할 수 있다. 역설적인 것은 사회
적 인정이라는 담론의 조건이 주체 형성에 **선행하고** 주체 형성을
조건 짓는다는 점이다. 즉 인정은 한 주체에게 부여되는 것이 아니
라, 그러한 주체를 형성한다. 더욱이 완전한 인정이 불가능하다는
것, 즉 누군가의 사회적 정체성을 개시하고 동원하는 이름에 늘
완전하게 머물 수 없다는 것은 주체-형성의 불안정성과 불완전함
을 함축한다. 따라서 '나'란 말하기에서의 '나'의 자리의 인용인데,
이러한 말하기에서의 '나'의 자리는 그것이 생명을 불어넣은 삶과
관련해 일정한 우선성과 익명성을 갖는다. 다시 말해 나에 선행하
고 나를 초과하는 것은 역사적으로 변경할 수 있는 하나의 이름의
가능성이며, 이 가능성이 없다면, 나는 말을 할 수 없다.

퀴어 트러블

'퀴어'라는 용어는 수행성 **내에서** 힘과 대립의 위상, 안정성과 가변성의 위상이라는 문제를 제기하는 하나의 호명으로 출현한다. '퀴어'라는 용어는 그 목적이 이름 불린 주체에게 수치감을 주는, 아니 오히려 그러한 수치스러운 호명을 **통해** 어떤 주체를 생산하는 하나의 언어적 실천으로 작동해 왔다. '퀴어'는 엄밀히 말해 반복된 소환을 통해 자신의 힘을 끌어내는데, 이 반복된 소환을 통해 그것은 고발, 병리화, 모욕과 연결된다. 이것은 동성애를 혐오하는 공동체들 간의 사회적 유대가 각 시대마다 형성되게 하는 하나의 소환이다. 호명은 과거의 호명들을 반향하며, 마치 화자들이 시대를 가로질러 합심해서 말하자고 한 것처럼 화자들을 묶어 준다. 이러한 점에서 그것은 항상 '퀴어!'라고 조롱하는 상상적 합창곡이다. 그렇다면 '퀴어'라는 수행문은, 결혼식의 "나는 여러분에게 ……을 선언합니다"라는 말의 변형으로서 어느 정도로 그와 나란히 작동했던 것일까? 만일 그 수행문이 사회적 유대의 이성애화를 수행하는 [법적] 승인으로 작동한다면, 아마도 그것은 또한 바로 그러한 사회적 형태에 저항하거나 대립하는 사람들뿐 아니라, 헤게모니적인 사회적 승인 없이 그 자리를 차지한 사람들을 '망쳐 놓는(queer)' 수치스러운 금기로 작동할 것이다.

그럼 이쯤 해서, 되풀이[반복](reiteration)란 단순히 같은 것의 복제가 아니라는 점을 상기해 보자. 하나의 이름으로 하여금 일련의 사회적 관계나 성적 관계들을 허가하거나 불허하게 하는 '행위'는 필연적으로 **하나의 반복**(repetition)이다. 데리다가 물었듯이, "만일 어떤 수행문이, 그것의 정형화가 '코드화'되거나 반복 가능한 발화를 반복하지 않는다면, (……) 그리고 그것이 어떤 식으로든 '인용'으로서 동일시될 수 없다면, 수행에 성공할 수 있을까?"[7] 만일 어떤 수행문이 잠정적으로 성공한다면(내가 제시하고 싶은 것은 이때의 '성공'이란 항상 그리고 오로지 잠정적일 뿐이라는 점이다), 그것은 어떤 의도가 말하기의 행동을 성공적으로 지배하기 때문이 아니라, 오로지 그러한 행동이 이전의 행동들을 반향하고, 그래서 **이전에 행해진 일련의 권위적 실천을 반복하거나 인용함으로써 권위의 힘을 축적하기** 때문이다. 그렇다면 이것이 의미하는 것은, 수행문은 자신을 가동시키는 구성적 관습에 **의존하고** 그 관습을 **은폐하는** 한에서 '작동한다'는 점이다. 이러한 점에서, 어떠한 용어나 어떠한 진술도 권력을 축적하고 위장하는 역사성 없이는 수행적으로 기능할 수 없다.

수행성에 관한 이러한 관점은 담론이 자신의 현재적 용법들에 선행할 뿐만 아니라 또한 조건 짓는 하나의 역사[8]를 갖는다는 점을 함축하며, 또한 이러한 역사가 주체를 말해진 것의 유일한 기원이자 소유자로 보는 현재주의적 관점을 효과적으로 분산시킨

---

7) "Signature, Event, Context", p. 18. [한글본] 자크 데리다, 「서명 사건 맥락」, 김우리 옮김, 『문화연구』, 제9권 1호, 2021, 95쪽.

8) 담론의 역사성이란 역사가 담론 자체가 되는 방식을 의미한다. 그것이 담론들이 역사 **안에** 위치 지어진다는 점뿐만 아니라, 또한 그것[담론]들이 자기 자신의 구성적인 역사적 성격을 갖는다는 점을 의미한다. '역사성'이란 담론적 실천에서 역사의 구성적 성격을 직접적으로 함축하는 하나의 용어이다. 즉 역사성이란 어떤 '실천'이 그것에 의해 생산되면서도 읽힐 수 있게 되는 관습들의 퇴적과 분리되어 존재할 수 없는 하나의 조건이다.

다는 점을 함축한다.[9] 또한 그것이 의미하는 것은, 그럼에도 불구
하고 우리가 권리를 주장하는 용어들, 그리고 우리로 하여금 정체
성과 욕망을 계속해서 정치적으로 쟁점화하는 용어들이 종종 이
러한 구성적 역사성에 **반대할** 것을 요구한다는 점이다. 그래서 현
시대의 정체성 범주들에 담긴 현재주의적 떠맡음[가정]을 문제시
했던 우리들 중 일부는 때때로 이론을 탈정치화한다는 비난을 받
은 바 있다. 하지만 만일 주체에 대한 계보학적 비판이 현 시대의
담론적 재원을 형성시킨 그러한 구성적·배타적 권력 관계에 의
문을 제기하는 것이라면, 그 귀결은 퀴어 주체에 대한 비판이야말
로 퀴어 정치의 지속적인 **민주화**에 결정적이라는 점이다. 정체성
용어들이 사용되어야 하고, 또한 '외부성[외부로 드러냄](outness)'
이 긍정되어야 하는 만큼, 그와 동일한 개념들은 그들 자신을 생
산하는 배제 작용에 대한 비판에 종속되어야 한다. 외부성[외부로
드러냄]은 누구에게 역사적으로 이용 가능하고 또 알맞은 선택지
인가? 보편적 '외부성[외부로 드러냄]'을 요구하는 표시되지 않는

---

9) 내가 이해하는 현재주의(presentism)에 대한 고발은 다음과 같다. 즉 어떤 연구가
   (a) 보편화에 대한 역사적·문화적 도전들에 아랑곳하지 않고 일련의 주장들을 보
   편화하거나, (b) 역사적으로 특정한 일련의 용어들을 사용해 그것들을 그릇되게 보
   편화하는 한, 그것은 현재주의적이다. 아마도 어떤 주어진 사례에서 이 두 태도들
   은 동일할 수 있다. 하지만 그렇다고 모든 개념적 언어나 철학적 언어가 '현재주의
   적'이라고 주장하는 것은 잘못일 것이다. 그러한 주장은 모든 철학이 역사가 된다고
   규정하는 것이나 다름없을 것이다. 내가 이해하는 푸코의 계보학 개념은 그것이 그
   릇된 보편자의 가설이나 작동을 추적 및 폭로하는 특정한 철학적 실행이라는 점이
   다. 이러한 발상을 내게 설명해 준 메리 푸베이(Mary Poovey)와 조안 스콧(Joan W.
   Scott)에게 고마움을 전한다.

계급적 성격이란 존재하는가? **어떤 방식으로든** 그 용어를 사용함으로써 재현되는 것은 누구이며, 또 배제되는 것은 누구인가? 그 용어는 인종적·민족적·종교적 친연성과 성 정치 사이의 불가능한 갈등을 누구에게 나타내 주는가? 어떤 종류의 정책들이 어떤 종류의 언어 사용에 의해 가능해지며, 또 어떤 것이 배경으로 밀려나거나 시야에서 사라지는가? 이러한 점에서 퀴어 주체에 대한 계보학적 비판은 퀴어 정치에 핵심적일 것이다. 그것이 퀴어 행동주의 안에 자기 비판적 차원을 구성하고, 퀴어 행동주의가 가장 소중히 여기는 현 시대의 전제들 중 하나가 지닌 배제적 힘을 곰곰이 생각하게끔 지속적인 암시를 주는 한에서 그렇다.

정체성 범주에 의존해 정치적 요구를 주장하는 것, 그리고 스스로를 명명하는 권력 및 그 이름이 사용된 조건들을 규정하는 권력에 대해 권리를 주장하는 것이 필연적인 만큼이나, 담론 내에서 그 범주들의 궤적에 대해 그런 식의 지배권을 유지하는 것 역시 불가능하다. 이것은 정체성 범주를 사용하는 것에 **반대하는** 논증이 아니라, 그러한 모든 [정체성 범주의] 사용에 수반되는 위험을 암시하는 것이다. 자기-명명이 불러일으키는 자기-규정에 대한 기대는 역설적이게도 이름 자체의 역사성에 의해 이의가 제기된다. 즉 그러한 기대는 언어 사용의 역사——이것은 어느 누구도 통제하지 못하지만, 이제는 자율성을 상징하는 바로 그 용례를 제한한다——에 의해 이의가 제기되며, 또한 현재의 노력에 어긋나게 그 용어를 배치하는 미래의 노력에 의해 이의가 제기된다. 그래서 그것은 그 용어들의 과정을 현재 안에 설정하려는 이들의 통제를 초과할 것이다.

만일 '퀴어'라는 용어가 집단적 경합의 장소이지, 일련의 역사적 반성들 및 미래의 표상(imagining)들을 위한 출발점이 되어야 한다면, 그것은 현재에는 결코 완전하게 소유되지 않았지만, 항상 그리고 오로지 이전의 언어 사용에서 급박하고 확장적인 정치적 목적들을 향해 재배열되고, 뒤틀리고, 퀴어한 것으로 남아 있어야 할 것이다. 또한 이것이 의미하는 바는 의심의 여지 없이 '퀴어'가 그러한 정치적 작업을 더욱 효과적으로 행하는 용어들에게 자리를 내주어야만 할 것이라는 점이다. 그러한 자리 내줌은, 결코 미리 완전히 예상될 수 없는 방식으로 그 운동의 윤곽을 다시 그리면서 또한 변경할 민주화하는 경합들에 적응(길들여지는 것이 아니라)하기 위해서라도 필수적인 것이 될 것이다.

자기-명명이 함축한 자율성이라는 자만은 패러다임상으로는 현재주의적 자만, 즉 역사 없이 세상과 담론에 도달하는 사람이 있으며, 이 사람은 이름의 마법으로/을 통해 스스로를 만들어 낸다는 믿음일 것이며, 또한 언어가 변함없이 양가적인 재원—이 재원을 통해 퀴어 및 퀴어링의 행위성이 단련되고 교정된다—을 구성하는 권력과 담론의 복잡하고 구성적인 역사라기보다는 오히려 어떤 '의지'나 '선택'을 표현한다는 믿음일 것이다. 따라서 퀴어 행위성을 이러한 역사성의 사슬 안에서 개조하는 것은 행위성의 **한계들**과 동시에 그것의 최선의 **가능 조건들**을 표시하는 과거와 미래에 대한 일련의 강제를 솔직히 인정하는 것이다. '퀴어'라는 용어가 확장적인 것으로 의도되는 만큼, 그것은 또한 일련의 중첩되는 분할을 강제하는 방식으로 사용된다. 즉 어떤 맥락에서 그 용어는 때때로 '레즈비언과 게이'로 나타나는, 더욱 제도화된 개혁주의적 정치에 저항하고자 하는 젊은 세대에게 호소력을 지니며, 또한 어떤 맥락에서 그리고 때로는 같은 맥락에서, 그것은 '퀴어'가 비-백인 공동체 내에서 놓아지는 방식 혹은 놓아지는 데 실패하는 방식을 충분히 다루지 못했던 대부분의 백인 운동을 표시했다. 그에 반해 몇몇 경우들에서 '퀴어'는 레즈비언 행동주의[10]를 추동시켰으며, 또 다른 경우들에서 그 용어는 여성들과 남성들의 그릇된 단결을 재현했다. 실제로 이 용어에 대한 비판은 레즈비언·게이 정치 내에서 페미니즘의 대중 동원과 반인종주의의 대중 동원을 부활시키거나, 이 지지자들이 근본적으로 서로 다르다고 가정하지 않는 연합 동맹을 위한 새로운 가능성을 열어 낼 수도 있다. 이 용어가 사람들을 동원시킨 바로 그 배제들 때문에 그것에 저항하는 요구들에 자기 자리를 내주는 한에서, 그 용어는 수정되고 잊히고 아니면 폐기될 것이다.

우리는 우리의 '자유'를 재현할 정치적 용어들을 무에서 창출해 내기보다는 사회적 상처의 고통을 담은 용어들을 책임지는 것이 더 낫다. 하지만 그 결과로, 이 용어들 중 어느 것도 정치적 담론 내에서 작업하고 교정[재작업]할 필요가 없어지는 것은 아니다.

이러한 점에서 '여성들', '퀴어', '게이', '레즈비언'의 권리를 요구하는 것이 정치적으로 필요하다는 점이 남는데, 그 이유는 말하자면 이 용어들이 우리의 완전한 앎에 선행해서 우리에게 자기들의 권리를 요구한다는 데에 있다. 그러한 용어들의 권리 요구는

---

10) 이에 대해서는 Cherry Smyth, *Lesbians Talk Queer Notions*, London: Scarlet Press, 1992를 참고하라.

역으로 법, 공공 정책, 거리, '사적인' 삶 등에서 그 용어들에 대한 동성애 혐오적 배열에 반발하는 데에 필요할 것이다. 그러나 (스피박의 말을 빌리면) '정체[동일]성의 필연적 오류'를 동원할 필요성은 그 용어의 민주적 경합——이것은 인종차별적이고 여성 혐오적인 담론 체제 안에 자신이 배열되는 것에 반대한다——과 늘 긴장 관계에 놓일 것이다. 만일 '퀴어' 정치가 이러한 다른 권력 양상들과 자신을 분리하는 자세를 취한다면, 그것은 자신의 민주화하는 힘을 상실할 것이다. '퀴어'의 정치적 탈구축[해체]은 그 용어의 사용을 마비시키는 데에 있는 것이 아니라, 이상적으로는 그것의 범위를 확대하면서, 또한 그 용어들이 어떤 대가를 치르고 어떤 목적들로 사용되는지를, 그래서 어떤 권력 관계를 통해 그러한 범주들이 작용하는지를 우리로 하여금 생각하게 하는 데에 있다. 최근의 일부 인종 이론들은 '인종차별주의'에 기여하는 '인종'의 사용을 강조했으며, 그래서 **인종화** 과정, 즉 인종의 형성에 대한 정치적으로 정통한 연구를 제시했다.[11] 그러한 연구는, 비록 인종 형성에 대한 연구가 오늘날 그 용어의 성패를 좌우하는 것은 무엇인가라는 문제와 연결된다고 주장할지라도, 그 용어를 유예시키거나 금지하지 않는다. 이 점은 또한 퀴어 연구에도 채택될 수 있는데, '퀴어링'이 다음과 같은 연구에 신호를 보낼 것이라는 점에서 그렇다. (a) 동성애자들의 **형성**에 대한 연구(그 용어의 안정성을 당연한 것으로 간주할 수 없는——비록 정치적 압력은 당연한 것으로 간주

---

11) 이에 대해서는 Omi and Winant, *Racial Formation in the United States: From the 1960s to the 1980s*, New York: Routledge, 1994를 참고하라.

하고 있을지라도——역사 연구), (b) 그 용어가 현재 향유하는 **기형적**
이고 **오용적**인 권력에 대한 연구. 그러한 역사에서 관건이 되는
것은, 인종 관계와 재생산 관계가 어떻게 서로 접합되는지의 문
제를 포함해, 인종 경계를 가로지르는 동성애의 차별적 형성일
것이다.

누군가는 정체성 범주들이 불충분하다고 말하고 싶은 유혹을
받을 수 있다. 모든 주체 위치는 단성적(univocal)이지 않은 수렴적
권력 관계들의 현장이기 때문이다. 그러나 그러한 정형화는 수렴
적 권력 관계들이 함의하는 주체에 대한 근본적인 도전을 과소평
가한다. 왜냐하면 그러한 수렴적인 관계들에 기거하거나 그 관계
들을 담지하는 자기-동일적인 주체는 존재하지 않으며, 또한 그
러한 관계들이 수렴하는 현장이 존재하지 않기 때문이다. **이러한
수렴과 상호 접합은 오늘날의 주체의 숙명이다**. 다시 말해 자기-동
일적인 독립체로서의 주체는 더 이상 존재하지 않는다.

바로 이러한 의미에서 정체성 범주에 의해 수행된 일시적 총체
화는 필연적인 오류이다. 그리고 만일 정체성이 필연적 오류라면,
'퀴어'에 대한 주장은 친연성의 용어로서 필연적일 것이지만, 그
용어가 재현한다고 알려진 이들을 충분히 기술[서술]하지는 못할
것이다. 그 결과 그 용어의 우연성을 긍정하는 것이 필연적일 것
이다. 즉 그 용어에 의해 배제되지만 그것에 의해 재현을 정당
게 기대하는 이들에 의해 정복되도록 뇌두는 것, 그리고 젊은 세
대에 의해서 지금은 예상될 수 없는 의미를 띄도록——젊은 세대
들의 정치적 어휘는 아마도 바로 그 상이한 일련의 투여[의미 부
여]를 담을 것이다—— 뇌두는 것이 필연적일 것이다. 실제로 '퀴

어'라는 용어 자체는 엄밀히 말해 젊은 레즈비언들과 젊은 게이 남성들을 위한 담론적 집결지였으며, 또 어떤 맥락에서는 레즈비언의 개입을 위한, 또 다른 맥락에서는 그 용어가 동성애 혐오에 반대하는 정치와의 친연성을 표현한다는 점에서 양성애자들과 이성애자들을 위한 담론적 집결지였다. '퀴어'가 그 말의 사용이 사전에 철저히 제약받지 않는 그러한 담론적 현장이 될 수 있다는 점은 안전하게 보장되어야만 하는데, 이는 퀴어 정치를 계속해서 민주화하기 위한 것이기도 하지만, 또한 그 용어의 특정한 역사성을 계속해서 폭로·긍정·교정하기 위한 것이기도 하다.

젠더 수행성과 드랙

그렇다 하더라도, 담론적 재의미화라는 생각은 어떻게 젠더 패러디나 젠더 흉내 내기라는 생각과 연결되는가? 우선 젠더를 흉내 내기로 이해한다고 하는 것은 무엇을 의미하는가? 이것은 누군가 가면을 쓰거나 어떤 인물[페르소나]을 연기하는 것, 그래서 그러한 '옷 걸치기'에 선행하는 '누군가', 즉 처음부터 자신의 젠더와는 다른 어떤 것인 '누군가'가 있음을 의미하는가? 아니면 이러한 모방, 이러한 흉내내기는 굳이 없어도 상관없는 그 누군가의 기교라기보다는 오히려 그를 형성하는 선결 조건으로 작동하면서, '누군가'에 앞서고 '누군가'를 형성하는가?

첫 번째 모델에 따라 젠더를 드랙으로 해석하는 것은 다수의 주변 환경의 효과인 것처럼 보인다. 나는 드랙을 수행성의 한 사례로 인용함으로써, 그래서 몇몇 사람들에 의해 수행성의 **전형**이라고 간주되었던 움직임으로 인용함으로써 나 스스로가 그 주변 환경 중 하나를 야기했다. 드랙이 수행적이라고 해서, 모든 수행성이 드랙으로 이해되어야 한다는 것을 의미하는 것은 아니다.『젠더 트러블』이라는 출판물이 '옷이 여자를 만든다'고 주장하는 다수의 출판물과 엇비슷하다고 해서, 내가 '젠더는 옷 같은 것이다'라거나 '옷이 여자를 만든다'라고 생각하는 것은 아닌 것처럼 말이다. 그렇지만 이것[주변 환경]들에 덧붙여져 새롭게 나타난 퀴어 운동의 정치적 욕구가 있는데, 그 욕구에서는 연극적 행위성의 공론화가 아주 핵심적인 것이 되었다.[12]

젠더화를 발생시키는 실천, 규범들의 체화(體化)는 강제적인 실천이자 강요하는 생산이지만, 바로 그런 이유로 인해 충분히 규정적이지 않다. 젠더가 할당인 한, 그것은 전혀 기대한 대로 이행되

---

12) 연극성(theatricality)은 그런 이유로 전혀 지향적인(intentional) 것이 아니다. 하지만 내가 「수행적 행위와 젠더구성」에서 젠더를 "지향적이면서도 지시적인 것은 아닌 것"으로 언급한 것이 그러한 독해를 가능하게 했을지 모르겠다. 참고로 「수행적 행위와 젠더구성」은 Sue-Ellen Case, ed., *Performing Feminisms*, Baltimore: Johns Hopkins University, 1991, pp. 270-282에 수록되었다. 나는 '지향적'이라는 용어를 현상학 특유의 의미로 사용한다. 현상학에서 '지향성'은 자발적이라거나 고의적인 것을 의미하는 것이 아니라, 오히려 의식(이나 언어)을 **어떤 대상을 갖는 것**, 좀 더 구체적으로 말하자면 존재하거나 존재하지 않을 어떤 대상을 향하는 것으로 특징짓는 방식이다. 이러한 점에서, 하나의 의식 행위는 하나의 **상상적** 대상을 지향(정립, 구성, 파악)할 것이다. 젠더는 그것의 이상적 성격에서, 하나의 지향적 대상으로, 즉 구성되지만 존재하지는 않는 이상(理想)으로 해석될 수 있다. 이런 점에서, 젠더는 드루실라 코넬이 하나의 불가능성으로 논의한 '여성적인 것'과 같을 수 있다. 이에 대해서는, Drucilla Cornell, *Beyond Accommodation*, New York: Routledge, 1992를 보라.

지 않는 할당이며, 그러한 할당의 수신인은 결코 그녀/그가 그에 근접하도록 강제받은 그러한 이상대로 살지 않는다. 더욱이 이러한 체화는 어떤 반복된 과정이다. 그래서 우리는 반복을, 정확히 말해 언어 안에서 주체에 의해 지칭된 주의주의적 지배의 자만을 **침식하는** 것으로 해석할 수 있을 것이다.

「파리는 불타고 있다」가 분명하게 보여주듯이, 드랙은 아무런 문제 없이 전복적인 것이 아니다. 드랙은 이성애적으로 이상적인 젠더를 수행하고 자연화시키는 세속적인 흉내 내기를 반영하는 한에서, 그리고 그러한 [이성애 이상의] 폭로를 야기함으로써 그것[젠더]의 권력을 침식하는 한에서, 전복적 기능에 기여한다. 그러나 이성애의 자연화된 위상을 폭로하는 것이 그것의 전복에 이르게 하리라는 보장은 없다. 이성애는 우리가 이성애 규범에 의문을 제기하는 일 **없이** 그 규범을 재이상화하는 탈자연화 패러디들에서 보게 되듯이, 탈자연화를 **통해** 자신의 이성애 헤게모니를 증대시킬 수도 있다.

설혹 그렇다 하더라도 다른 경우들에서, 젠더 이상이나 젠더 규범의 전이 가능성은 그런 이상이나 규범을 지탱하는 비체화하는 권력에 의문을 제기한다. 왜냐하면 인구를 비체화하는 데 사용되었던 어떤 용어의 점유나 재영토화는 저항의 현장이 될 수 있으며, 또한 사회적·정치적 재의미화를 해낼 가능성이 될 수 있기 때문이다. 그리고 이런 일은 어느 정도는 '퀴어' 개념에서 일어났다. 오늘날의 재배열은 바로 그 용어[퀴어]로부터/를 통해 어떤 상이한 가치들의 질서 및 정치적 긍정을 낳음으로써 자기 자신과 반대되는 금지나 비하를 실행한다. 비록 그 용어는 이전의 용법에서 그 최종

목적으로 정확히 그런 식의 긍정을 근절하려 했었지만 말이다.

　그러나 젠더 규범을 체화 혹은 수행하는 것과 담론의 수행적 사용 사이에는 어떤 차이가 있는 것처럼 보일 수 있다. 이것들은 '수행성'에 대한 두 개의 다른 감각들인가? 아니면 그것들은 특정한 사회적 정언 명령의 강제적 성격이 좀 더 미래가 유망한 규제 완화(deregulation)에 종속되는 인용 가능성의 양태들로 수렴하는가? 젠더 규범은 여성성과 남성성이라는 특정한 이상의 [신]체화를 요구함으로써 작동하는데, 이때의 이상은 거의 항상 이성애적 유대의 이상화와 관련된다. 이러한 점에서, "여자애다!"라는 최초의 수행문은 "나는 당신들에게 남자이고, 아내임을 선언한다"라는 [법적] 승인에 궁극적으로 도달한다는 것을 예감케 한다. 그래서 또한 갓난아이가 대화 중에 "레즈비언이다!"라고 최초로 호명되는 풍자만화는 묘한 즐거움을 준다. 수행문의 퀴어적 전유는 본질주의적인 농담이기는커녕, 이성애화하는 법의 구속력 **그리고 그것의 도용 가능성** 모두를 모방하고 폭로한다.

　'여자애'라는 이름 붙이기가 이행적[타동사적]인 한에서, 즉 특정한 '여자애화(girling)'가 강제되는 과정을 개시하는 한에서, '여자애'라는 용어 아니 오히려 그 용어의 상징적 권력은 결코 완전히 그 규범에 근접하지 못하는 육체적으로 실행된 여성성의 형성을 지배한다. 하지만 이처럼 '여자애'는 어떤 생존할 수 있는 주체에게 자격을 부여하고 그런 주체로 남기기 위해 규범을 '인용'하도록 강제당한 사람이다. 따라서 여성성은 어떤 선택의 산물이 아니라, 강요당한 규범의 인용인데, 이 규범의 복잡한 역사성은 훈육·규제·처벌의 관계와 분리될 수 없다. 실제로 젠더 규범을 떠안는 '누군가[아무개]'는 존재하지 않는다. 그와는 반대로 이리한 젠더 규범의 인용은 '누군가'로서 자격을 부여받고, '누군가'로서 생존하기 위해 필요한데, 여기서 주체-형성은 합법적인 젠더 규범의 선행 작용에 의존한다.

젠더 수행성 개념을 재사유하게 하는 것은, 생존할 수 있는 주체가 생산되도록 하기 위해 특정한 '인용'을 강제하는 규범에 의해서다. 그리고 바로 그러한 강제적 인용 가능성과의 관계에서, 젠더의 연극성 역시 설명될 수 있다. 연극성을 자기-전시(self-display)나 자기-창작(self-creation)과 혼동해서는 안 된다. 퀴어 정치 내에서, 실제로는 '퀴어'한 바로 그 의미화 내에서 우리는 재의미화 실천을 읽게 되는데, 재의미화 실천에서는 '퀴어'라는 이름을 승인하지 않는(de-sanctioning) 권력이 성적 합법성의 용어와의 경합을 승인하는 것으로 역전된다. 역설적인 것이지만 또한 미래가 유망한 것은, 다양한 종류의 동성애 혐오적 호명들을 통해 공적 담론으로 '내몰아진(queered)' 주체는 어떤 대립을 위한 담론적 토대로서 바로 그 용어를 **채택**하거나 **인용**한다. 이런 식의 인용은 그것이 담론적 관습——이것은 또한 **역전된다**——을 **모방하면서 동시에 과장되게 하는** 한에서 **연극적인 것**으로 출현할 것이다. 과장된 몸짓은 '법', 즉 그 자신의 비체화 전략의 용어를 더 이상 통제할 수 없는 동성애 혐오적인 '법'을 폭로하는 데 있어 결정적이다.

내가 주장하고 싶은 것은, 오늘날의 퀴어 정치 내에서는 연극적인 것과 정치적인 것을 대립시키기가 불가능하다는 점이다. 즉 '다이-인'[시체-시위] 행사가 보여주는 과장된 죽음 '퍼포먼스'와 연극적인 '외부성'에 의한 퀴어 행동주의는 공적 공간과 사적 공간 사이의 은밀한(벽장 속에 가둔) 구별을 붕괴시켰으며, 공적 영역 전체에 정치적 쟁점화 및 에이즈 인식의 현장을 증대시켰다. 실제로 퀴어들에게 있어 연극성이 **지닌** 정치적 이슈화의 증가 정도에 그 성패가 달린 일련의 중요한 역사들이 얘기될 수 있을 것이다(내 생각에 이것이 퀴어성 내에 대립하는 두 양극단을 주장하는 것보다 더 생산적이다). 그러한 역사에는 다음의 전통들이 포함될 수 있을 것이다. 크로스-드레싱, 드랙 볼, 매춘부 행진, 부치-펨 가장 행렬, 뉴욕시의 '행진' 및 그와 연동된 샌프란시스코의 퍼레이드 등등, 그리고 〈액트업〉의 '다이-인'들과,[13] 〈퀴어 네이션〉의 '키스-인' 시위,[14] 에이즈 환자들을 위한 자선 드랙 퍼포먼스(나는 여기에 립싱카와 라이자 미넬리의 퍼포먼스 역시 포함시키고 싶다. 라이자 미넬리는

---

13) [옮긴이] 〈액트업(ACT UP[AIDS Coalition To Unleash Power])〉은 에이즈를 종식하기 위해 노력하는 국제적인 활동가 단체이다. 이 단체는 직접 행동, 의학 연구 및 치료, 에이즈인들의 옹호를 통해 에이즈 환자의 삶을 개선하고 법률 및 공공 정책을 변경하기 위한 활동을 벌이고 있다. 이들은 활동의 일환으로 '다이-인(die-ins)' 시위——이는 참가자들이 거리나 정부 청사 같은 공공장소에 피켓을 안고 죽은 듯 누워 있는 퍼포먼스이자 시위——를 벌였는데, 이는 에이즈 사망자 수 증가를 상징하고 정부의 관련 기관으로 하여금 에이즈 확산 방지 조치를 촉구하는 목적을 갖고 있다.

14) [옮긴이] 〈퀴어 네이션(*Queer Nation*)〉은 1990년 3월 뉴욕에서 〈액트 업〉의 에이즈 활동가들에 의해 설립된 LGBTQ 활동가 단체이다. 이 단체는 직접 대치 전술, 인상적인 슬로건, 아웃팅 실천, 키스-인(kiss-in) 시위 등으로 잘 알려져 있다. 키스-인 시위는 동성애 혐오에 항의하고, LGBTQ+들에 씌워진 낙인을 벗기고, 퀴어의 법적 권리를 보장받기 위해 벌인 것으로, 이는 "우리 여기 있다! 우리는 퀴어다! 익숙해 지시오!"("We're Here! We're Queer! Get Used to It!")라는 슬로건이 담긴 피켓을 들고 아카데미 시상식 같은 공개적인 장소에서 집단 키스를 하는 방식의 시위이다.

퍼포먼스 마지막에 주디 분장을 하고 등장한다.[15, 16]), 연극 공연의 연극 행동주의로의 수렴,[17] 레즈비언의 탈성애화에 효과적으로 대응하는 과장된 레즈비언 섹슈얼리티 공연 및 레즈비언 아이콘 전시,[18] 레즈비언·게이 활동가들이 벌인 공개 포럼 방해 전술——이는 정부가 에이즈 연구 및 환자 지원 기금 마련에 실패한 일을 두고 대중적 관심과 분노를 끌어낼 목적으로 실행되었다——등등.

에이즈 문제에 대한 공공 정책 입안자들의 살인적인 무관심에

---

15) 이에 대해서는 David Román, "'It's My Party and I'll Die If I Want To!': Gay Men, AIDS, and the Circulation of Camp in U.S. Theatre", *Theatre Journal* 44, 1992, pp. 305-327; Román, "Performing All Our Lives: AIDS, Performance, Community", in Janelle Reinelt and Joseph Roach, eds., *Critical Theory and Performance*, kan Arbor: University of Michigan Press, 1992를 보라.

16) [옮긴이] 립싱카(Lypsinka)는 미국의 드랙 아티스트이자 보컬리스트로 활동하는 존 에퍼슨(John Epperson: 1955-)의 무대 캐릭터 이름이다. 라이자 미넬리(Lisa Minnellis: 1946-)는 배우였던 어머니 주디 갈랜드와 영화 감독 아버지 빈센트 미넬리 사이에서 외동딸로 태어났다. 여러 편의 음반을 출시했으며 다수의 영화에 출연했다. 1973년에 영화 「카바레」로 아카데미 여우주연상을 수상했으며 뮤지컬 배우이자 팝 아티스트로 에미상, 그래미상, 골든 글로브상, 토니상 등 다양한 수상 경력을 갖고 있다.

17) 이에 대해서는 Larry Kramer, *Reports from the Holocaust: The Making of an AIDS Activist*, New York: St. Martin's Press, 1989; Douglas Crimp and Adam Rolston, eds., *AIDSDEMOGRAPHICS*, Seattle: Bay Press, 1990; Doug Sadownick, "ACT UP Makes a Spectacle of AIDS", *High Performance* 13, 1990, pp. 26-31을 보라. 내게 위의 마지막 논문을 알려준 데이빗 로만에게 고마움을 전한다.

18) [옮긴이] 원문은 'iconography[도상학(圖像學)]'인데, 의미를 쉽게 전달하기 위해서 흔히 '상징적 인물'을 뜻하는 '아이콘'으로 옮겼다. 아이코노그래피는 고대 그리스어 '에이콘(eikon)'에서 유래되었으며, 이미지와 기호의 내용과 상징적 의미를 해석하고 연구하는 미술사의 분과이자 전시의 한 기법을 말하기도 한다.

대응해 점점 늘어나는 정치적 분노의 연극화는 '퀴어'의 재맥락화 안에서 알레고리[우화]화되는데, 이때 재맥락화란 비체화와 근절이라는 동성애 혐오 전략 내에 놓인 퀴어의 자리를, 수치심을 유발하는 그러한 호명과의 지속적이고 공적으로 단절하는 쪽으로 옮겨 놓는 것을 말한다. 에이즈에 대한 낙인뿐만 아니라, 퀴어성의 낙인으로서 수치심이 생산되는 한——퀴어에 대한 낙인은 동성애 혐오적인 인과적 관계를 수립해 동성애를 에이즈의 '원인'이자 '징후'로 이해한다——, 연극적 분노는 그러한 수치스러운 호명에 대한 공적인 저항의 일부를 이룬다. 동성애 혐오의 상처로 발동된 연극적 분노는 그러한 상처들을 정확히 어떤 '연출[행동 표출]'(acting out)을 통해 반복한다. 즉 그러한 상처들을 반복하거나 재인용하는 것만이 아니라, 에이즈와 그 고통의 시각적 전형에 대한 인식적 저항을 압도하는 죽음과 상처의 과장된 전시를 전개하거나, 혹은 점점 더 시각적으로 전형적·공적이 되는 동성애에 대한 인식적 맹목성을 부수는 과장된 키스 전시를 전개하기도 한다.

우울증 그리고 수행의 한계들

'드랙'의 비판적 잠재력은 핵심적으로는 지배적인 '성'의 진리-체제——나는 이 체제가 넘치도록 이성애주의적이라고 간주한다——에 대한 비판과 관련 있다. 즉 정신적 기질이나 자아-중핵으로 사고되는 여성성의 '내부' 진리와, 현상[나타남]이나 현시(現示)로 사고되는 '외부' 진리 사이의 구별은, 어떠한 고정된 '진리'도 확립될 수 없는 모순적인 젠더 형성체를 생산한다. 젠더는 '내적'이고 '숨겨진' 것으로 생각되는 순수한 정신적 진리도 아니고, 어떤 표면적 현상으로 환원될 수 있는 것도 아니다. 이와는 반대로 젠더의 결정 불가능성은 정신과 현상[나타남](이 후자에는 **말[언어]에서** 나타난 것이 포함된다) **사이의** 놀이로 기술되어야만 한다. 더욱이 이러한 '놀이'는 이성애주의적 강제들에 의해 규제——바로 그런 이유로 놀이가 강제들로 완전히 환원되는 것은 아닐지라도——될 것이다.

따라서 그 어떠한 의미에서도 수행되는 젠더의 일부가 젠더의 '진리'라고 결론 지을 수는 없다. 한정 지어진 '행동'으로써 퍼포먼스[수행]는 수행성(perfomativity)과 구별되는데, 수행성이 규범의 반복인 한에서 즉 수행자에 선행하고 수행자를 강제 및 초과하며, 그런 점에서 수행자의 '의지'나 '선택'이 만들어 낸 것으로 간주될 수 없는 규범의 반복인 한에서 그렇다. 더욱이 '수행되는' 것은 불투명하고, 무의식적이며, 수행 불가능한 것으로 남아 있는 것을, 부인하지는 않을지라도, 감추도록 작동한다. [그래서] 수행성을 퍼포먼스[수행]로 환원하는 것은 오류일 것이다.

그러나 표현적인 드랙 모델——어떤 내부적 진리가 퍼포먼스[수행]를 통해 외부화된다고 주장하는——을 거부하기 위해서는, 젠더가 어떻게 **나타나는지**와 젠더가 무엇을 **의미화하는지**가 맺는 관계를 정신분석학적으로 고찰한 내용을 언급할 필요가 있다. 정신분석학의 주장에 따르면, 무의식적인 것의 불투명성은 정신의 외부화에 한계를 설정한다. 또한 내 생각에 정신분석학이 올바른 점은, 그것이 외부화되는 것이나 수행되는 것이 기표에서 제외되거나 육체적 독해 가능성의 영역에서 제외된 것에 대한 참조를 통해서만 이해될 수 있다고 주장한다'는 점이다.

그렇다면 거절된 동일시 즉 '보이지' 않는 동일시는 어떻게 보이는 동일시를 한계 설정하고, 물질화하는가? 여기서는 '드랙-으로서의-젠더' 개념을 젠더 우울증에 대한 분석으로 재사유하는 것이 유용한 것처럼 보인다.[19] 우울증적인 드랙 퀸이라는 아이콘적 형상을 고려해 보면, 우리는 또한 이 용어들[드랙, 우울증, 젠더]이 함께 작동하는지 어떤지, 그리고 작동한다면 어떻게 작동하는지를 사고할 수 있겠다. 여기서 또한 우리는 퍼포먼스[수행]를 야기하고, 퍼포먼스[수행]를 실행한다——여기서 퍼포먼스[수행]는 정신분석학적인 의미에서 '연출[행동 표출]'과 관련 있다——고 얘기될 법한 그러한 부인(否認) 이후에 대해 물을 수도 있겠다.[20] 만일 프로이트에게서 우울증이 애도되지 않은 상실(이것은 상실된 대상/**타자**를 하나의 정신적 형상으로 유지하는 것으로, 그것은 그러한 **타자**와의 고조된 동일시, 자책, 그리고 해소되지 않은 분노와

---

19) *Gender Trouble*, pp. 57-65. [한글본] 『젠더 트러블』, 196-211쪽. 또한 나의 글 "Melancholy Genders, Refused Identifications", in *Psychoanalytic Dialogues* (forthcoming) 역시 참고하라. [한글본] 여성문화이론연구소 정신분석세미나팀, 「우울증적 젠더/부인된 동일시」, 『페미니즘과 정신분석』, 여성문화이론연구소, 2003, 353-371쪽.

20) 나로 하여금 수행성과 부인의 관계를 생각하게끔 질문해 준 로라 멀비(Laura Mulvey)에게 감사를 전한다. 또한 웬디 브라운은 나로 하여금 우울증과 드랙의 관계에 관해 생각하도록 자극을 주었고, 젠더 규범들의 탈자연화가 그 규범들의 전복 같은 것인지 아닌지에 대해 질문해 주었다. 또한 맨디 머크(Mandy Merck)에게도 고마움을 전하고 싶은데, 그녀는 부인이 수행성을 조건 짓는다면, 아마도 젠더 자체는 물신 숭배 모델로 이해될 것이라는 점을 떠올리게 한 것을 포함해서, 나를 이런 식의 숙고들에 이르도록 일깨워 주는 많은 의문을 던져 주었다.

사랑의 연출[행동 표출] 등으로 귀결한다)[21]의 효과라면, 그것은 아마도 '연출[행동 표출]'로 이해된 퍼포먼스[수행]가 인식되지 않은 상실의 문제와 아주 많이 연관되어 있음을 말하는 것일 수 있다. 드랙 퍼포먼스에서 애도되지 않은 상실이 있다면(그리고 확신하건대 그러한 일반화는 보편화될 수 없다), 아마도 그러한 상실은 수행된 동일시—이는 젠더화된 이상화 및 그것의 근본적 거주 불가능성(uninhabitability)을 반복한 것이다—에서 거부되어서 구현되지 못한 것이다. 이것은 남성적인 것에 의한 여성적인 것의 영토화도 아니고, 또한 여성적인 것에 의한 남성적인 것의 '선망'도, 젠더의 본질적인 가소성(可塑性)의 기호도 아니다. 그것이 암시하는 것은 젠더 퍼포먼스가 자신이 애도될 수 없는 상실을 알레고리[우화]화하고, 구현되지 않은 우울증의 환상—이 우울증의 환상에 의해 하나의 대상은 환영적으로 받아들여지거나 아니면 내버려두기를 거부하는 방식으로 떠안겨진—을 알레고리[우화]화한다는 점이다.

지금까지의 분석은, 그것이 여성성을 수행하는 '남자'나 남성성을 수행하는 '여자'에게 있어서(후자[남성성을 수행하는 여자]는 여성성이 종종 볼거리가 있는 젠더로 묘사된다는 점을 고려했을 때, 사실상 항상 약간 더 적게 수행된다) 남자에 의한 여성성 형상에의 애착, 혹은 여자에 의한 남성성 형상에의 애착, 그리고 그 형상의 상실이나 거부가 존재한다는 점을 암시하기 때문에 위험한 면이 있다. 그러므로 드랙은 교차-젠더화된 동일시를 극복하려는 노력이

---

21) 이에 대해서는 "Freud and the Melancholia of Gender", in *Gender Trouble*. [한글본] 주디스 버틀러, 「프로이트와 젠더 우울증」, 『젠더 트러블』, 196-211쪽을 참조하라.

지, 교차-센더화된 동일시가 동성애에 관한 사유의 하나의 패러다임일 수는 있으나 전형적인 패러다임은 아니라는 점을 강조하는 것은 중요하다. 이러한 점에서 드랙은 **젠더**를 안정화시키는, 구현되지 않은 일련의 몇몇 우울증적 환상들을 알레고리[우화]화한다. 엄청나게 많은 수의 드랙 수행자들이 이성애자이기도 한데, 그렇기에 동성애가 드랙 수행성을 통해 가장 잘 설명된다고 생각하는 것은 오류일 것이다. 그렇지만 이러한 분석에서 유용한 것처럼 보이는 것은 드랙이 정신적이면서 수행적인 일상적 관습을 폭로하거나 알레고리[우화]화한다는 점이다. 이 일상적 관습에 의해서 이성애화된 젠더들은 동성애의 **가능성**을 포기하는 것을 통해, 즉 이성애적 대상들의 장을 생산하는 동시에 사랑하기가 불가능한 이들의 영역을 생산하는 그러한 폐제를 통해 그들 자신을 형성한다. 따라서 드랙은 **이성애적 우울증**을 알레고리[우화]화하는데, 이 우울증에 의해 남성 젠더는 사랑의 한 가능성으로서 남성적인 것에 슬퍼하길 거부하는 일에서부터 형성된다. 여성 젠더는 여성적인 것을 사랑의 한 대상으로 배제시키는, 구현되지 않은 환상을 통해 형성된다(떠안는다/떠맡아진다). 이때 사랑 대상으로의 배제는 결코 슬픔에 빠지지 않으며, 여성적 동일시 자체의 강화를 통해 '보존된다.' 이러한 점에서 우울증을 앓는 '가장 진실한' 레즈비언은 엄격히 말하자면 이성애자 여자이며, 우울증을 앓는 '가장 진실한' 남성 게이는 엄격히 말하자면 이성애자 남자이다.

　하지만 드랙이 폭로하는 것은 젠더 현시의 '정상적' 구성이며, 이러한 구성에서 수행된 젠더는 '수행 불가능한 것'의 상이한 영역을 구성하는 일련의 부인된 애착이나 동일시에 의해 여러 가지 방식으로 구성된다. 실제로 **성적으로** 수행할 수 없는 것을 구성하는 것은 그 대신 **젠더 동일시**로서 수행되는 것일 수 있다.[22] 동성애적 애착이 규범[정상]적 이성애 안에서 인식되지 않은 채 남아 있는 한, 그 애착은 단지 불현듯 나타났다가 이후에는 금지되는 그런 욕망으로서만 구성되는 것이 아니다. 오히려 이러한 욕망은 처음부터 배척된다. 그래서 그런 욕망이 검열과 멀리 떨어진 쪽에서 출현한다면, 그것은 아마도 그 욕망을 갖는 것을 불가능하게 하는 표시를, 말하자면 가능한 것 내에서 불가능한 것으로서 수행하는 것의 표시를 지닐 것이다. 마치 그 욕망이 공공연하게 슬퍼할 애착이 아니기라도 하는 양 말이다. 그렇다면 이것은 슬퍼하길 **거부하는 것**(그에 포함된 선택을 강조하는 공식)이라기보다는, 동성애적인 사랑의 상실을 승인하기 위한 문화적 관습의 부재에 의해 수행된 슬픔의 선취이다. 그리고 바로 이러한 부재가 이성애적 우울증의 문화를 생산하는데, 이 문화는 이성애적인 일상적 남성성과 여성성이 스스로를 확인하는 과도한 동일시에서 읽힐 수 있다. 이성애자 남자는 그가 '결코' 사랑에 빠지지도 슬픔에 빠지지도 '않은' 남자가 **된다**(남자의 지위를 모방·인용·전유하거나 떠맡는다). 이성애자 여자는 그녀가 '결코' 사랑에 빠지지도 슬픔에 빠지지도 '않은' 여자가 **된다**. 그렇다면 바로 이러한 점에서, 가장 분명하게 젠

---

22) 이러한 주장은 어떤 배제적 모체(母體)가 사람들이 동일시하는 방식과 사람들이 욕망하는 방식을 엄격하게 구별한다고 말하는 것은 아니다. 즉 이성애적 교환이나 동성애적 교환에서 혹은 양성애적인 성적 실천의 역사에서는 동일시와 욕망을 중첩시켰을 가능성이 다분히 있다. 더욱이 '남성성'과 '여성성'은 성애화된 동일시나 성애화된 욕망 중 어떤 것도 없애 버리지 않는다.

너로 수행되는 것은 구석구석 스며든 부인의 기호이자 증상이다.

더구나 게이 우울증(일간지들이 이른바 '우울(depression)'이라고 일반화하는)의 바로 이 구석구석 스며든 문화적 위험에 대응하기 위해, 에이즈로 죽은 사람들에 대한 슬픔의 지속적인 공개 및 정치화가 있어 왔다. '네임스 프로젝트 에이즈 메모리얼 퀼트'[23]가 전형적인 사례인데, 이 작품은 상실의 한계 없음을 공개적으로 승인하는 하나의 방식으로서 이름 자체를 의례화하고 반복한다.[24]

슬픔이 말해질 수 없는 것으로 남아 있는 한, 상실에 대한 분노는 승인받지 못한 채 남아 있는 것에 의해 배가될 수 있다. 그리고 바로 그러한 상실에 대한 분노가 공개적으로 배척당한다면, 그러한 배척의 우울증적 효과는 자살률을 높일 수 있다. 따라서 슬픔에 대한 집단적 제도들의 출현은 생존에 있어 결정적이며, 또한 공동체의 재결집, 친족의 교정, 부양 관계를 재조립하기 등에 있어 결정적이다. 그리고 이러한 제도들이 죽음의 공개 및 극화를 포함하는 한, 그것들은 문화적으로 좌절되고 배척당한 슬픔 과정의 정신적 결과들에 대해, '삶을 긍정하는' 응답을 주는 것으로 읽힌다.

---

23) [옮긴이] '네임스 프로젝트 에이즈 메모리얼 퀼트(NAMES Project AIDS Memorial Quilt)'는 종종 '에이즈 메모리얼 퀼트(AIDS Memorial Quilt)'나 '에이즈 퀼트(AIDS Quilt)'로 약칭되며 에이즈로 사망한 사람들의 삶과 그 이름을 기억하고 애도하기 위한 조각보 전시물을 말한다. 무게가 약 54톤에 달하는 이 작품은 현재 세계에서 가장 큰 공동체 예술 작품 중 하나로 불린다. 이 작품은 에이즈 팬데믹 초기에 사회적 낙인으로 인해 많은 에이즈 피해자가 장례식을 치르지 못했던 시기인 1985년에 고안되었다.

24) 이에 대해서는 Douglas Crimp, "Mourning and Militancy", *October* 51, Winter 1989, pp. 97-107을 참조하라.

젠더화된 수행성과 성적인 수행성

그렇다면 우리는 어떻게 담론이 '수행하는 것'으로 서술되는 비유와 젠더 규범의 과장된 위상이 핵심적인 것처럼 보이는 퍼포먼스[수행]의 그러한 연극적 의미를 연결할 것인가? 물론 드랙으로 '수행되는' 것은 젠더의 **기호**로, 이 기호는 자신이 형상화한 몸 같은 것이 아니라, 그것[몸]이 없이는 읽힐 수 없는 것이다. 젠더의 정언명령으로 이해된 기호("여자애군!")는 [성의] 할당이기보다는 명령으로 읽히며, 그렇기 때문에 자기 자신의 불복종을 생산한다. 명령에 대한 과장된 순응은 규범 자체의 과장된 지위를 드러낼 수 있으며, 실제로 그러한 문화적 정언명령을 읽을 수 있게 하는 문화적 기호가 될 수 있다. 또한 이성애적 젠더 규범이 접근이 불가능한 이상을 생산하는 한, 이성애는 과장된 형태의 '남자'·'여자'의 규제된 생산을 통해 작동한다고 얘기될 수 있다. 이것들['남자'·'여자']은 대부분 강제적인 수행들인데, 이 수행들은 우리 중 누군가가 선택한 것이 아니라, 우리들 각각이 협상하도록 강제된 것이다. 나는 "협상하도록 강제된"이라고 썼는데, 왜냐하면 그러한 규범들의 강제적 성격이 늘 그것들을 유효하게 하는 것은 아니기 때문이다. 그러한 규범들은 끊임없이 그들 자신의 무력함에 시달린다. 따라서 그러한 규범들은 자신들의 사법권(司法權)을 설치하고 늘리고자 하는 근심스럽게 반복되는 노력이다.

따라서 규범들의 재의미화는 규범들이 지닌 **무력함**의 한 기능이며, 그래서 전복의 문제, 즉 **규범에서의 취약성의 작동**이라는 문제는 그것[규범]의 재접합 실천을 거주하게 하는 문제가 된다. 드랙의 결정적인 약속은, 마치 단순한 수적 증가가 성공인 양, 젠더들의 증식과 관련이 있는 것이 아니라, 오히려 늘 완전하게 그들 자신의 이상을 법적으로 제정하거나 포함하는 이성애 체제의 폭로나 실패와 관련 있다. 그러므로 드랙은 이성애에 **대립하는** 것이 아니며, 드랙의 증식이 이성애를 파멸시키는 것도 아니다. 그와는 반대로 드랙은 이성애와 그것의 구성적 우울증을 알레고리[우화]화하는 경향이 있다. 과장된 것을 통해 작용하는 우화로서의 드랙은 결국 과장된 것—즉 당연한 것으로 간주된 이성애 수행성의 특성이 축소된 것—과의 관계를 통해서만 규정된 것을 두드러지게 한다. 그렇다면 드랙의 참모습은 과장된 규범들이 이성애적이고 평범한 것으로 위장되는 방식으로 읽힐 수 있다. 동시에 이 동일한 규범들은 복종되어야 할 명령들로서가 아니라 '인용'되고, 뒤틀리고, 망쳐질(queered) 정언명령으로 간주되며, 또한 이성애적 정언명령으로 두드러지게 된 규범들은 바로 그런 이유로 그 과정에서 필연적으로 전복되지 않는다.

비록 이성애가 일정 부분 젠더 규범의 안정화를 통해 작동한다고 할지라도, 젠더가 의미화—이성애적 모체를 포함하면서 초과하는—가 밀집되는 현장을 지칭한다는 점을 강조하는 것은 중요하다. 비록 섹슈얼리티의 형태들이 젠더를 일방적으로 규정하지는 않는다고 할지라도, 그럼에도 불구하고 섹슈얼리티와 젠더 간의 비인과적이고 비환원적인 연결을 주장하는 것은 결정적이다. 동성애 혐오가 종종 동성애자들에게 손상되고 실패한 젠더 혹은 그게 아니라면 비체적 젠더를 속성으로 부과하는 것을 통해—즉 게이 남성들을 '여성적'이라고 부르거나 레즈비언들을 '남성적'이

라고 부름으로써―― 작동하기 때문에, 그리고 동성애적 행동을 수
행하는 것에 대해, 그리고 그 행동이 존재하는 곳에 대해 가해지
는 동성애 혐오 테러가 또한 종종 적절한 젠더를 상실한 것("더 이
상 진짜 남자나 적절한 남자가 아니군" 혹은 "더 이상 진짜 여자나 적절
한 여자가 아니군")에 대한 테러이기 때문에, 젠더를 단속하거나 수
치스럽게 만듦으로써 어떻게 섹슈얼리티가 규제되는지를 설명할
이론적 장치를 유지하는 것은 결정적인 것처럼 보인다.

우리는 특정한 종류의 성적 실천[관행]이 젠더 친연성보다 더
강력하게 사람들을 연결한다고 주장하고 싶은 것일지 모른다.[25]
하지만 그러한 주장은 친연성을 위한 특정한 기회와 관련해서만
협상―그 주장이 그렇게 할 수 있다면―될 수 있다. 즉 성적 실
천[관행]이나 젠더 둘 중 어떤 것도 하나를 다른 하나에 대해 특
권화할 만한 것은 없다. 그렇지만 성적 실천[관행]은 그것이 나타
나는 젠더 관계에 따라 늘 상이하게 경험될 것이다. 그래서 '남성
적인 것'과 '여성적인 것'의 범주를 넘어서는 어떤 이론화를 필요
로 하는 동성애 내에서의 젠더 형태들이 있을 것이다. 만일 우리
가 성적 실천[관행]을 젠더를 초월하는 하나의 방식으로 특권화
하고자 한다면, 우리는 두 영역의 **분석적인** 분리 가능성이 사실상
하나의 구분으로 간주되는 데에 어떤 희생이 따르는지 물을 수 있
다. 젠더 차이를 모두 초월할 성적 실천―이 실천에서 남성성과
여성성의 표시는 더 이상 독해될 수 없다―이라는, 그러한 환상

---

25) 이에 대해서는 Sedgwick, "Across Gender, Across Sexuality: Willa Cather and
Others"를 보라.

을 자극하는 특정한 젠더 고통이란 있는가? 바로 이것이 패러다임상 물신 숭배적인 성적 실천——그것이 무엇을 알고 있는지 알려고 애쓰지는 않겠지만, 그럼에도 여전히 그것을 알려고 애쓰는 것——이지 않을까? 이러한 물음은 물신 숭배적인 것의 품격을 떨어뜨리려는 의도가 아니라(그것[물신 숭배적인 것]이 없다면 우리는 어디에서 있을 수 있는가?), 섹슈얼리티와 젠더의 근본적 분리 가능성이 사유될 수 있는 것은 오로지 물신 숭배적인 것의 논리에 따를 때에만 가능한 것인지 여부를 묻기 위함이다.

캐서린 맥키넌 부류의 이론들에서는 성적 종속 관계[S/M]가 차별적인 젠더 범주——이 범주에서 '남성'은 성적으로 지배적인 사회적 위치에 있는 자, '여성'은 종속당하는 자로 규정된다——를 확립한다고 이해된다. 고도로 결정론적인 맥키넌의 설명은 젠더 차이의 고정된 틀과 별개로 이론화될 수 있는 섹슈얼리티 관계의 여지를 남기지 않으며, 혹은 젠더를 자신들의 제1의 대상으로 취하지 않는 성적 규제(즉 남색(男色), 공개 섹스, 합의적 동성애[26] 등의 금지)의 여지를 남기지 않는다. 그러므로 잘 알려져 있듯이 게일 루빈이 「성을 사유하기」에서 섹슈얼리티 영역과 젠더 영역을 구분한 것과 세지윅이 이 입장을 재정식화한 것은 구조주의라는 결정론적 형식을 지닌 맥키넌의 입장과 중요한 이론적 대립을 이루었다.[27]

---

26) [옮긴이] '합의적 동성애(consensual homosexuality)'는 동성의 성인들이 사적이고 비상업적인 형태의 성행위를 상대방에게 강요하지 않고 자발적으로 행하는 것을 말한다. 이것은 전 세계적으로 법적 논쟁의 핵심에 있는데, 그러한 합의를 행할 당사자에 법적 미성년자도 포함되기 때문이다.

27) 이에 대해서는 Gayle Rubin, "Thinking Sex: Notes for a Radical Theory of

내 생각에, 퀴어 이론과 페미니즘 사이에 그어진 선들을 헝클어 뜨리기 위해서는 바로 이 대립이 다시 생각될 필요가 있다.[28] 왜냐하면 확실히 성적 종속 관계들이 젠더 위치를 규정한다고 주장하는 일이 받아들여질 수 없는 것처럼, 섹슈얼리티 형태를 젠더 규범의 작용과 근본적으로 분리하는 것 역시 받아들여질 수 없기 때문이다. 성적 실천과 젠더가 맺는 관계는 분명 구조주의적으로 결정되는 관계는 아니지만, 바로 그러한 구조주의의 이성애적 상정을 탈안정화시키는 일은 그 두 가지를 서로에 대한 역동적 관계로 생각할 어떤 방식을 여전히 필요로 한다.

정신분석학의 용어를 빌리면, 젠더와 섹슈얼리티의 관계는 동일시와 욕망의 관계에 대한 의문을 통해 일정 부분 협상[타협]이 된다. 그래서 여기서 두 영역 사이에 인과적 함축의 선을 긋기 거부하는 일은 그것들의 복잡한 상호 함축에 대한 연구를 열어젖힐 중요한 근거가 된다는 것이 분명해진다. 왜냐하면 한 명의 여성과 동일시한다고 해서 반드시 그녀가 한 남자를 욕망하는 것이 아니

<hr>

the Politics of Sexuality", in Carole S. Vance, ed., *Pleasure and Danger*, New York: Routledge, 1984, pp. 267-319. [한글본] 게일 루빈, 「성을 사유하기: 급진적 섹슈얼리티 정치 이론을 위한 노트」, 『일탈: 게일 루빈 선집』, 임옥희 외 옮김, 현실문화, 2015와 Eve Kosofsky Sedgwick, *Epistemology of the Closet*, pp. 27-39를 참고하라.

28) 「성을 사유하기」를 이론적으로 간단히 결론 짓는 부분에서 루빈은 다음같이 제안함으로써 페미니즘으로 되돌아오는 제스처를 취한다. "결국 젠더 위계에 대한 페미니즘의 비판은 급진적인 성 이론으로 병합되어야 하며, 그래서 성 억압에 대한 비판은 페미니즘을 풍부하게 할 것이다. 그러나 섹슈얼리티 영역 특유의 이론과 정치는 자율적으로 발전되어야 한다." Rubin, "Thinking Sex", p. 309. [한글본] 게일 루빈, 「성을 사유하기: 급진적 섹슈얼리티의 정치 이론을 위한 노트」, 『일탈: 게일 루빈 선집』, 352쪽.

라면, 그리고 한 여성을 욕망하는 것이, 그것이 무엇이든 반드시 남성적 동일시의 구성적 현존을 지시하는 것이 아니라면, 이성애적 모체는 그 자신의 제어 불가능성이 지속해서 따라 나오는 **상상적** 논리임이 입증되기 때문이다. 그러한 동일시와 욕망을 서로에게서 배제할 필요가 있는 이성애의 논리는 이성애 중심주의에서 가장 환원적인 심리적 도구 중 하나이다. 만일 우리가 어떤 주어진 젠더 **자격과** 동일시된다면, 우리는 다른 젠더를 욕망해야만 한다. 한편으로 동일시할 어떤 것을 지닌 여성성은 어디에도 없다. 말하자면 레즈비언 펨의 가능성이 더 많이 늘어난 것이 증명했듯이, 스스로가 다수의 동일시 현장을 제공할 그런 여성성은 어디에도 없다. 다른 한편으로 동성애적 동일시가 서로를 '미러링'하거나 복제한다고 상정하게 되면, 레즈비언·게이 관계의 복잡하고 역동적인 교환을 서술하기가 극히 어려워진다. 동성애 내에서 이루어지는 어려운 역할극(difficult play), 크로싱, 그리고 남성 동일시와 여성 동일시의 불안정화 등을 기술[서술]하는 어휘가 이론적인 언어 안에서 이제 막 출현하기 시작했다. 여기서는 게이 공동체들에 역사적으로 스며들어 있는 비학술적 언어가 훨씬 더 유익하다. 동성애 **내에서** 성차에 대한 생각은 아직까지는 그것의 복잡성에 맞게 충분히 이론화되어 있지는 않다.

이제 우리가 다루어야 할 쟁점은, 대립적인 분석이 계속해서 자신들의 상호 관계를 이론화하려는 압박하에 놓여 있듯이, 규제, 비체화, 규범[정상]화 등의 사회적 전략이 젠더와 섹슈얼리티를 계속해서 재연결하는지의 여부일 것이다. 이 문제는 젠더를 성적 관계의 지배적 형태로 환원하는 것——누군가가 '있다'는 것은 누군가가 점유한다고 얘기되는 성적 위치의 효과이다라고 말하는 것같이——과 동일한 것은 아닐 것이다. 그러한 환원에 저항하기 위해서는, 젠더와 섹슈얼리티의 비인과적 · 비환원적인 일련의 관계를 주장하는 것이 가능해져야 한다. 즉 두 분리된 기획들을 연결하듯이 페미니즘과 퀴어 이론을 연결할 뿐만 아니라, 또한 그것들 간의 구성적 상호 관계를 확립하는 것이 가능해져야 한다. 이와 마찬가지로 동성애 연구와 젠더 연구는 더 복잡한 권력의 지도 제작——이것은 특정한 인종 체제와 지정학적 공간화 안에서 각각의 형성[과정]을 탐문한다——에 기여하도록 **두 용어**의 우선성을 양도할 필요가 있을 것이다. 물론 이 과제는 여기서 끝나지 않는다. 왜냐하면 두 용어 중 어떤 것도 토대의 역할을 할 수 없기 때문이며, 또한 미리 주어진 분석——두 용어 중 어느 하나에 집중하는——이 성공한다는 것은 그 자신의 한계를 배제적인 출발점으로 표시하는 것일 수 있기 때문이다.

그렇다면 이러한 분석의 목표는 마치 정치 투쟁을 확립하고 지시하기에는 어떤 토대의 침식만으로 충분한 것처럼, 순수하게 전복적일 수는 없다. 담론과 권력을 탈자연화나 확장의 용어가 아니라 미래의 용어로 생각하는 문제는 다음같이 여러 갈래의 길이 있는 것 같다. 권력을 규제 · 지배 · 구성 관계의 수렴이나 상호 접합으로 생각하는 것과 더불어 권력을 또한 재의미화로 생각하는 것은 어떠한가? 이러한 힘겨운 작업이 지니는 무게와 어려움에도 불구하고 무엇이 긍정적 재의미화로서 자격을 부여받을 수 있는지 알고자 하는 것은 어떠한가? 그리고 비체를 그와 대립하는 현장에 다시 가설할 위험을 무릅쓰고서라도 그것을 해보는 것은 어떠한가? 그러한 또한 중요한 신체(bodies that matter)를 확립하고 유지하는 용어들을 다시 생각해 보는 것은 어떠한가?

영화 「파리는 불타고 있다」가 흥미로웠던 것은 그것이 백인성과 이성애적 젠더 규범을 재이상화하기 위해 탈자연화 전략을 전개하는 방식이 아니라, 그것[백인성과 이성애적 젠더 규범]이 야기한 덜 안정적인 친족의 재접합을 읽어 내게 한다는 점이다. 드랙 볼 자체는 때때로 백인성의 한 기능인 과도한 여성성을 생산하며, 이성애적 교환의 특정한 부르주아적 형태들을 **재이상화**하는 트랜스젠더화를 통해 동성애를 굴절시킨다. 하지만 만일 이러한 퍼포먼스[수행]가 직접적으로나 명확하게 전복적이지 않다면, 어쩌면 그것은 오히려 바로 그 **친족의 재정형화** 안에서, 특히 '하우스'와 그것의 집단화 형태들인 엄마 노릇하기, 옷 훔치기, 리딩[읽기], 그리고 전설-되기 등의 재규정 안에서 지배 문화의 카테고리[범주]에 대한 전유 및 재배열은 대립 담론으로서 매우 보조적으로 기능하는 친족 관계를 형성하게 할 것이다. 이런 점에서 「파리는 불타고 있다」를 반대로 읽어 내는 것, 말하자면 낸시 초도로우의 『모성의 재생산』[29]과 대립해서 읽어 내는 것, 그래서 그 결과로 정신분석과 친족에게 무슨 일이 일어나는지 묻는 것은 흥미로운 일일 수 있다. 「파리는 불타고 있다」에서 '하우스'와 '엄마'와 같은 범주들은 가족적인 장면에서 유래된 것이지만, 또한 대안적인 가정과 공동체를 형성하기 위해 배열되기도 한다. 이러한 **재의미**

---

29) [한글본] 낸시 초도로우, 『모성의 재생산』, 김민예숙 · 강문순 옮김, 한국심리치료
연구소, 2008.

화는 어떤 행위성의 작용을 표시하는데, 이때 행위성의 작용은 (a) 주의주의 같은 것이 아니며, (b) 비록 그것이 경쟁하고자 하는 바로 그 권력 관계들에 **함축된** 것일지라도, 결과적으로는 그러한 지배적 형태로 환원될 수 없다.

수행성은 이렇게 우리가 반대하는 것에 함축되어 있는 관계를 서술하며, 또한 권력의 대안적 양상을 생산하기 위해서 그리고 일종의 정치적 경합[쟁론]——이것은 '순수한' 대립이나 오늘날의 권력 관계에 대한 '초월'이 아니라, 필연적으로 순수하지 않은 재원들에서 어떤 미래를 주조하는 힘겨운 작업이다——을 확립하기 위해서 그 자신에 반대하는 권력의 전회(轉回)를 서술한다.

우리는 어떻게 우리가 촉진하는 권력과 우리가 반대하는 권력의 차이를 알 수 있는가? 이것은 '앎'의 문제——누군가 여기에 또 [꼬리에 꼬리를 물고] 합류하겠지만——인가? 왜냐하면 우리가 만일 그렇다고 대답할 수 있다면, 그 이유는 누군가 권력에 대립한다고 할지라도 그는 이 권력 내에 있을 것이며, 누군가 그 권력을 교정하려고 하는 만큼 그는 그 권력에 의해 형성될 것이고, 바로 이 동시성이야말로 우리의 당파성의 조건이면서 우리의 정치적 몰인식(unknowingness)의 척도이자 행동 자체의 조건이기 때문이다. 행위의 계산 불가능한 효과는 그 효과가 지닌 전복적 약속의 일부분일 뿐만 아니라, 우리가 미리 계획한 효과이기도 한 것이다.

담론적 생산물로 이해되는 수행문의 효과는 어떤 주어진 진술이나 발화의 종착지(terminus)로, 즉 입법안의 통과나 출생의 공표[출생 신고]로 귀결하지 않는다. 그 효과의 의미화 가능성이 어디에 도달할지는 발화를 하는 사람이나 글을 쓰는 사람에 의해 통제될 수 없다. 왜냐하면 그러한 [담론] 생산물은 그것을 발화하는 사람에 의해 소유되지 않기 때문이다. 담론 생산물은 계속해서 그것의 저자와 무관하게, 때로는 그 저자들의 가장 소중한 의도에 반해서 의미화된다.

누군가의 글쓰기를 필연적이고 불가피한 박탈(expropriation)의 현장이라고 여기는 것은 주체의 탈중심화가 지닌 양가적인 함의 중 하나이다. 그러나 누군가가 글을 쓴다는 것에 대한 이러한 소유권 양도는 중요한 일련의 필연적인 정치적 귀결을 갖는다. 왜냐하면 누군가의 말을 받아들이고, 수정하고, 변형하는 것은 힘들고 어려운 공동체의 미래 영역을 열어 내는 것이기 때문이다. 이 미래 영역에서는 누군가 그 용어들에 의해 의미화함으로써 자기 자신이 늘 완전하게 인정받으리라는 희망이 좌절될 수밖에 없다. 그러나 이렇게 누군가의 말을 소유하지 못하는 일은 처음부터 있었다. 왜냐하면 말하기는 늘 어떤 식으로든 낯선 자가 그 자신을 통해/으로서 말하는 것이기 때문이며, 또한 누군가가 선택한 적 없는 언어, 누군가가 어떤 도구로 사용되리라고 생각하지 못한 언어, 하지만 바로 그 '누군가'와 바로 그 '우리'라고 하는 불안정하고 지속적인 조건이자 그렇게 묶어 주는 권력의 양가적인 조건으로서 누군가가 사용되면서도 또한 그렇게 박탈되는 언어의 우울증적인 반복이기 때문이다.

참고문헌

Abraham, Nicolas, and Maria Torok, *L'Écorce et le noyau*, Paris: Flammarion, 1987.

Alarcón, Norma, "The Theoretical Subject(s) of *This Bridge Called My Back* and Anglo-American Feminism", in Gloria Anzaldua, ed., *Making Face, Making Soul- Haciendo Caras*, San Francisco: Aunt Lute, 1990.

Albertini, Virgil, "Willa Cather and the Bicycle", *The Platte Valley Review*, Vol. 15 no. 1, Spring 1987, pp. 12-22.

Alexander, M. Jacqui, "Redrafting Morality: The Postcolonial State and the Sexual Offences Bill of Trinidad and Tobago", in Chandra Talpade Mohanty, Ann Russo, Lourdes Torres, eds, *Third World Women and the Politics of Feminism*, Bloomington: Indiana University Press, 1991.

Althusser, Louis, *Lenin and Philosophy and Other Essays*, New York: Monthly Review Press, 1971. [한글본] 루이 알튀세, 『레닌과 철학』, 이진수 옮김, 백의, 1997.

Anzaldúa, Gloria, *Borderlands/La Frontera*, San Francisco: Spinsters, Aunt Lute, 1987.

Appiah, Anthony, "The Uncompleted Argument: Du Bois and the Illusion of

Race", in Henry Louis Gates, Jr., ed., "Race", *Writing and Difference*, Chicago: University of Chicago Press, 1986, pp. 21-37.

Aristotle, *The Basic Works of Aristotle*, tr, Richard McKeon, New York: Random House, 1941. [한글본] 아리스토텔레스, 『영혼에 관하여』, 유원기 옮김, 궁리, 2001; 아리스토텔레스, 『형이상학』, 김진성 옮김, 이제이북스, 2007; 아리스토텔레스, 『자연학』, 허지현 옮김, 허지현연구소, 2022.

Austin, J. L., *How to Do Things With Words*, J.O. Urmson and Marina Sbisà, eds. Cambridge, Mass.: Harvard University Press, 1955. [한글본] J. L. 오스틴, 『말과 행위: 오스틴의 언어철학, 의미론, 화용론』, 김영진 옮김, 서광사, 2005,

—————, *Philosophical Papers*, Oxford: Oxford University Press, 1961.

A. Baker, Houston, Jr., *Modernism and the Harlem Renaissance*, Chicago: Chicago University Press, 1987.

Berlant, Lauren, "The Female Complaint", *Social Text* 19/20, Fall, 1988.

Bersani, Leo, *The Freudian Body: Psychoanalysis and Art*, New York: Columbia University Press, 1986. [한글본] 리오 버사니, 『프로이트의 몸: 정신분석과 예술』, 윤조원 옮김, 필로소픽, 2021.

Bhabha, Homi, "Of Mimicry and Man: The Ambivalence of Colonial Discourse", in *October* 28, Spring 1984, pp. 125-133. [한글본] 호미 바바, 「모방과 인간: 식민지 담론의 양가성」, 『문화의 위치』, 나병철 옮김, 소명출판, 2005.

Bloch, Ernst, *The Principle of Hope*, tr. Neville Plaice, Stephen Plaice, and Paul Knight, Cambridge, Mass.: MIT Press, 1986. [한글본] 에른스트 블로흐, 『희망의 원리』(1-5권), 박설호 옮김, 열린책들, 2004.

Bone, Robert, *The Negro Novel in America*, New Haven: Yale University Press, 1958.

Brennan, Teresa, *History After Lacan*, London: Routledge, 1993.

Borch-Jacobsen, Mikkel, *The Freudian Subject*, tr. Catherine Porter, Stanford: Stanford University Press, 1988.

Brown, Wendy, *Manhood and Politics*, Totowa, N. J.: Rowman & Litdefield, 1988. [한글본] 웬디 브라운, 『남성됨과 정치』, 황미요조 옮김, 나무연필, 2021.

Butler, Judith, *Gender Trouble: Feminism and the Subversion of Identity*, New York: Routledge, 1990. [한글본] 주디스 버틀러, 『젠더 트러블: 페미니즘과 정체성의

전복』, 조현준 옮김, 문학동네, 2008.

─────────, "The Force of Fantasy: Mapplethorpe, Feminism, and Discursive Excess", *Differences*, 2:2, 1990.

─────────, "Performative Acts and Gender Constitution: An Essay in Phenomenology and Feminist Theory", Sue-Ellen Case, ed., *Performing Feminisms*, Baltimore: Johns Hopkins University, 1991.

─────────, "Sexual Inversions", in Domna Stanton, ed., *Discourses of Sexuality*, Ann Arbor: University of Michigan Press, 1992, pp. 344-361.

─────────, "Contingent Foundations: Feminism and the Question of Postmodernism", in Judith Butler and Joan Scott, eds., *Feminists Theorize the Political*, New York: Routledge, 1992. [한글본] 주디스 버틀러, 「우연적 토대」, 단감/페미니즘 번역모임 옮김, 웹진 <인-무브> https://en-movement.net/231.

─────────, "Subjection and Resistance: Between Freud and Foucault", in John Rajchman, ed., *The Question of Identity*, New York: Routledge, 1994. [한글본] 주디스 버틀러, 「예속화, 저항, 재의미화: 프로이트와 푸코 사이에서」, 『권력의 정신적 삶』, 강경덕·김세서리아 옮김, 그린비, 2019, 125-155쪽.

─────────, "Melancholy Genders, Refused Identifications", in *Psychoanalytic Dialogues*, 5(2): 1995, pp. 165-180. [한글본] 「우울증적 젠더/부인된 동일시」, 『페미니즘과 정신분석』, 여성문화이론연구소 정신분석세미나팀, 여성문화이론연구소, 2003, 353-371쪽.

Carby, Hazel, *Reconstructing Womanhood: The Emergence of the Afro-American Woman Novelist*, London and New York: Oxford University Press, 1987.

Caruth, Cathy, "The Claims of Reference", *The Yale Journal of Criticism*, vol. 4, no. 1, Fall 1990, pp. 193-206.

Cather, Willa, "Paul's Case", *Five Stories*, New York: Vintage, 1956. [한글본] 윌라 캐더, 「폴의 사례」, 『그녀들의 이야기』, 구원 옮김, 코호북스, 2020.

─────────, "Tommy the Unsentimental", in *Willa Cather: 24 Stories*, ed., Sharon O'Brien, New York: Penguin, 1987, pp. 62-71. [한글본] 윌라 캐더, 「감상적이지 않은 토미」, 『실크 스타킹 한 켤레: 19, 20세기 영미 여성 작가 단편선』, 버지니아 울프 외, 정소영 옮김, 문학동네, 2021, 122-135쪽.

─────────, *My Ántonia*, Boston: Houghton Mifflin, 1988. [한글본] 윌라 캐더, 「나

의 안토니아』 전경자 옮김, 2011.

Chodorow, Nancy, *The Reproduction of Mothering: Psychoanalysis and the Sociology of Gender*, University of California Press, 1999. [한글본] 낸시 초도로우, 『모성의 재생산』 김민예숙·강문순 옮김, 한국심리치료연구소, 2008.

Chow, Rey, *Woman and Chinese Modernity: The Politics of Reading Between East and West*, Minnesota: University of Minnesota Press, 1991.

Christian, Barbara, *Black Women Novelists: The Development of a Tradition 1892-1916*, Westport, Ct: Greenwood Press, 1980.

──────────, "Trajectories of Self-Definition: Placing Contemporary Afro-American Women's Fiction", in Marjorie Pryse and Hortense J. Spillers, eds., *Conjuring: Black Women, Fiction, and Literary Tradition*, Bloomington: Indiana University Press, 1985.

──────────, "The Race for Theory" in *The Nature and Context of Minority Discourse*, New York: Oxford University Press, 1990.

Cope, Karin, "'Publicity Is our Pride': The Passionate Grammar of Gertrude Stein", *Pretext*, Summer 1993.

Cornell, Drucilla, *Beyond Accommodation: Ethical Feminism, Deconstruction, and the Law*, New York: Routledge, 1991.

Crimp, Douglas, "Mourning and Militancy", *October* 51, Winter 1989, pp. 97-107.

Crimp, Douglas, and Adam Rolston, eds., *AIDSDEMOGRAPHICS*, Seattle: Bay Press, 1990.

Derrida, Jacques, *Positions*, ed., Alan Bass, Chicago: University of Chicago, 1978. [한글본] 자크 데리다, 『입장들』 박성창 옮김, 솔출판사, 1992.

──────────, "Otobiographies: The Teaching of Nietzsche and the Politics of the Proper Name", in Peggy Kamuf ed., *The Ear of the Other*, trans. Avital Ronell, Lincoln: University of Nebraska Press, 1985.

──────────, *Poikilia. Études offertes à Jean-Pierre Vernant*, Paris, EHESS, 1987.

──────────, "Signature, Event, Context", in *Limited, Inc.*, Gerald Graff, ed./ tr. Samuel Weber and Jefferey Mehlman, Evanston: Northwestern University Press, 1988. [한글본] 자크 데리다, 「서명 사건 맥락」 김우리 옮김, 『문화연구』 제9권

1호, 2021.

Doane, Mary Ann, "Commentary: Post-Utopian Difference" in Elizabeth Weed, ed., *Coming to Terms: Feminism, Theory, Politics,* New York: Routledge, 1989.

―――――――, "Misrecognition and Identity", in Ron Burnett, ed., *Explorations in Film Theory: Selected Essays from Ciné-Tracts*, Bloomington: Indiana University Press, 1991, pp. 15-25.

Douglas, Mary, *Purity and Danger*, London: Routledge & Kegan Paul, 1978. [한글본] 메리 더글러스, 『순수와 위험』 유제분·이훈상 옮김, 현대미학사, 1997.

DuBois, Page, *Sowing the Body*, Chicago: University of Chicago Press, 1988.

DuBois, W.E.B., *Voices of a Black Nation: Political Journalism in the Harlem Renaissance*, Theodore G. Vincent, ed., San Francisco: Ramparts Press, 1973.

Ellis, Havelock, *Studies in the Psychology of Sex*, Vol. I, Philadelphia: Davis Co., 1928. [한글본] 해블록 엘리스, 『섹스의 심리학』, 정명진 옮김, 부글북스, 2020; 해블록 엘리스, 존 애딩턴 시민즈, 『성의 역진』, 박준호·이호림·임동현·정성소 옮김, 아모르분디, 2022.

Fanon, Frantz, *Black Skin, White Masks*, New York: Grove Press, 1967. [한글본] 프란츠 파농, 『검은 피부, 하얀 가면』, 노서경 옮김, 문학동네, 2022.

Felman, Shoshana, *The Literary Speech-Act: Don Juan with J.L. Austin, or Seduction in Two Languages*, tr. Catherine Porter, Ithaca: Cornell University Press, 1983.

Fineman, Joel, "Shakespeare's *Will*: The Temporality of Rape", *Representations*, no. 20, Fall 1987, pp. 25-76.

Fletcher, John, and Andrew Benjamin, eds., *Abjection, Melancholia and Love: The Work of Julia Kristeva*, New York and London: Routledge, 1990.

Foucault, Michel, *Surveillance et punir*, Paris: Gallimard, 1975. trans. Michel Foucault, *Discipline and Punish: The Birth of the Prison*, by Alan Sheridan, New York: Pantheon, 1977. [한글본] 미셸 푸코, 『감시와 처벌』, 오생근 옮김, 나남출판, 2000.

Foucault, Michel, *The History of Sexuality*, Volume One, Tr. Robert Hurley, New York: Vintage, 1978. [한글본] 미셸 푸코, 『성의 역사1: 지식의 의지』, 이규현 옮김, 나남출판, 2020.

──────────, *Power/Knowledge: Selected Interviews and Other Writings 1972-1977*, edit/trans. Colin Gordon, New York: The Harvester Press, 1980. [한글본] 미셸 푸코,『권력과 지식』콜린 고든 편집, 홍성민 옮김, 나남출판사, 1991.

──────────, "Interview with Foucault", *Salmagundi*, Winter 1982-83.

──────────, "The Subject and Power", Hubert Dreyfus and Paul Rabinow, eds., *Michel Foucault: Beyond Structuralism and Hermeneutics*, Chicago: Northwestern University Press, 1983. [한글본] 미셸 푸코,「주체와 권력」,『미셸 푸코의 권력이론』, 정일준 편역, 새물결, 1994, 85-98쪽.

──────────, "End of the Monarchy of Sex", in Sylvere Lotringer, ed., *Foucault Live*, trans. John Johnston, New York: Semiotext(e), 1989.

Sigmund Freud, *Gesammelte Werke*, vol. 10, London: Imago, 1946. trans. *The Standard Edition of the Complete Psychological Works of Sigmund Freud*, vol. 14, by James Strachey, London: Hogarth, 1961. [한글본] 지그문트 프로이트,『정신분석학의 근본개념』, 윤희기·박찬부 옮김, 열린책들, 2003.

──────────, *The Ego and the Id*, James Strachey, ed; tr. Joan Riviere, New York: Norton, I960. [한글본] 지그문트 프로이트,『정신분석학의 근본개념』, 윤희기·박찬부 옮김, 열린책들, 2003.

──────────, "Some Neurotic Mechanisms in Jealousy, Paranoia and Homosexuality", *SE*, Vol. 18, 1922. [한글본] 지그문트 프로이트,「질투, 편집증, 그리고 동성애의 몇 가지 신경증적 메커니즘」,『정신병리학의 문제들』, 황보석 옮김, 열린책들, 2010.

──────────, *The Standard Edition*, vol. 12; "Contributions to the Psychology of Love"(1910), tr. Joan Riviere, *Sexuality and the Psychology of Love*, New York: Collier, 1963. [한글본] 지그문트 프로이트,『성욕에 관한 세 편의 에세이』, 김정일 옮김, 열린책들, 1997/2004.

──────────, "Analysis Terminable and Interminable", in *Therapy and Technique*, tr. Joan Riviere, New York: MacMillan, 1963; *Gesammelte Werke*, Vol 16. [한글본] 지그문트 프로이트,『끝낼 수 있는 분석과 끝낼 수 없는 분석: 정신분석 치료기법에 대한 논문들』, 이덕하 옮김, 도서출판b, 2004.

Fuss, Diana, "Freud's Fallen Women: Identification, Desire, and 'A Case of Homosexuality in a Woman'", in *The Yale Journal of Criticism*, vol 6, no. 1, 1993, pp. 1-23.

Gallop, Jane, *Thinking through the Body*, New York: Columbia University Press, 1990.

Garber, Marjorie, *Vested Interests: Cross-Dressing and Cultural Anxiety*, New York: Routledge, 1992.

Gates, Henry Louis, Jr., *Figures in Black Words, Signs, and the "Racial" Self*, New York and London: Oxford University Press, 1987.

Gilroy, Paul, "'Race', Class, and Agency", in *"There Ain't No Black in the Union Jack": The Cultural Politics of Race and Nation*, London: Hutchinson, 1987, pp. 15–42.

Gomez, Jewelle, "A Cultural Legacy Denied and Discovered: Black Lesbians in Fiction by Women", *Home Girls: A Black Feminist Anthology*, Latham, NY: Kitchen Table Press, 1983.

Grosz, Elizabeth, *Sexual Subversion*, London: Routledge, 1991.

—————, *Volatile Bodies*, Bloomington: Indiana University Press, 1993. [한글본] 엘리자베스 그로스, 『몸 페미니즘을 향해: 무한히 변화하는 몸』 임옥희·채세진 옮김, 꿈꾼문고, 2019.

Guillaumin, Colette, "Race and Nature: The System of Marks", *Feminist Studies*, vol 8, no. 2, 1988, pp. 25–44.

Halperin, David, *One Hundred Years of Homosexuality*, New York: Routledge, 1990.

Harris, Jeane, "A Code of Her Own: Attitudes toward Women in Willa Cather's Short Fiction", *Modern Fiction Studies*, vol. 36, no. 1, Spring 1990.

Hennessy, Rosemary, *Materialist Feminism and the Politics of Feminism*, New York: Routledge, 1992.

Hooks, Bell, *Black Looks: Race and Representation*, South End Press, 1992.

Huggins, Nathan, *Harlem Renaissance*, New York and London: Oxford University Press, 1971.

Hull, Gloria, *Color, Sex, and Poetry: Three Women Writers of the Harlem Renaissance*, Bloomington: Indiana University Press, 1987.

Irigaray, Luce, *Ce sexe qui n'en est pas un*, Paris: Editions de Minuit, 1977. trans. *This Sex Which Is Not One*, by Catherine Porter with Carolyn Burke, Ithaca:

New York, 1985. [한글본] 이리가레, 『하나이지 않은 성』, 이은민 옮김, 동문선, 2000.

──────────, *Amante Marine de Friedrich Nietzsche*, Paris: Éditions de Minuit, 1980. trans. *Marine Lover*, by Gillian Gill, New York: Columbia University Press, 1991.

──────────, *La Croyance même*, Paris: Éditions Galilée, 1983.

──────────, *Éthique de la différence sexuelle*, Paris: Éditions de Minuit, 1984. trans. *An Ethics of Sexual Difference*, by Carolyn Burke, Ithaca: Cornell University Press, 1993.

──────────, *Speculum: De L'autre Femme*, Paris: Les Éditions De Minuit, 1974, trans. *Speculum of the Other Woman*, by Gillian Gill, Ithaca: Cornell University Press, 1985. [한글본] 뤼스 이리가레, 『반사경』, 심하은·황주영 옮김, 꿈꾼문고, 2021.

JanMohammed, Abdul, "Sexuality on/of the Racial Border: Foucault, Wright and the Articulation of 'Racialized Sexuality'", in *Discourses of Sexuality*, pp. 94-116.

Jewett, Sarah Orne, *Letters of Sarah Orne Jewett*, ed. Annie Fields, Boston: Houghton-Mifflin, 1911.

Johnson, Barbara, "Poetry and Performative Language: Mallarmé and Austin", in *The Critical Difference: Essays in the Contemporary Rhetoric of Reading*, Baltimore: Johns Hopkins University Press, 1980, pp. 52-66.

Kafka, Franz, *Parables and Paradoxes*, New York: Schocken, 1958. [한글본] 프란츠 카프카, 『변신: 카프카 전집 1』, 이주동 옮김, 솔출판사, 2017.

Keller, Evelyn Fox, *Reflections on Gender and Science*, New Haven: Yale University Press, 1985. [한글본] 이블린 폭스 켈러, 『과학과 젠더』, 이현주 옮김, 동문선, 1996.

Kellner, Bruce, *The Harlem Renaissance: A Historical Dictionary for the Era*, Greenwood, 1984.

Kojève, Alexandre, *Introduction to the Reading of Hegel*, tr. James Nichols; Allan Bloom, ed., Ithaca: Cornell University Press, 1980.

Kramer, Larry, *Reports from the Holocaust: The Making of an AIDS Activist*, New York: St. Martin's Press, 1989.

Kripke, Saul, *Naming and Necessity*, Cambridge, Mass.: Harvard University Press, 1980. [한글본] 솔 크립키, 『이름과 필연』, 정대현·김영주, 서광사, 1986.

Kristeva, Julia, *La révolution du language poétique*, Paris: Éditions du Seuil, 1974. trans. *Revolution in Poetic Language*, by Margaret Waller, New York: Columbia University Press, 1984. [한글본] 줄리아 크리스테바, 『시적 언어의 혁명』, 김인환 옮김, 동문선, 2000.

──────, *Desire in Language: A Semiotic Approach to Literature and Art*, trans. Thomas Gorz, Alice Jardine, and Leon Roudiez, New York: Columbia University Press, 1980.

──────, *Powers of Horror: An Essay on Abjection*, tr. Leon Roudiez, New York: Columbia University Press, 1982. [한글본] 줄리아 크리스테바, 『공포의 권력』, 서민원 옮김, 동문선, 2001.

Lacan, Jacques, *Écrits*, Vol. I, Paris: Seuil, 1971. trans. *Écrits: A Selection*, by Alan Sheridan, New York: Norton, 1977. [한글본] 자크 라캉, 『에크리』, 홍준기·이종영·조형준·김대진 옮김, 새물결, 2019.

──────, *Le Séminaire de Jacques Lacan, Livre I: Les écrits techniques de Freud*, Paris: Seuil, 1975. trans. *The Seminar of Jacques Lacan, Book 1: Freud's Papers on Technique, 1953-54*, by Alan Sheridan, New York: Norton, 1985. [한글본] 자크 라캉, 『자크 라캉 세미나 1: 프로이트의 기술론』, 맹정현 옮김, 새물결, 2016.

──────, *The Seminar of Jacques Lacan, Book II: The Ego in Freud's Theory and in the Technique of Psychoanalysis 1954-1955*, trans. Sylvana Tomaselli, New York: Norton, 1991.

──────, *Encore: Le séminaire Livre XX*, Paris: Éditions du Seuil, 1975.

──────, *The Four Fundamental Concepts of Psychoanalysis*, ed. Jacques-Alain Miller, tr. Alan Sheridan, New York: Norton, 1978. [한글본] 자크 라캉, 『자크 라캉 세미나 11: 정신분석의 4가지 근본개념』, 맹정현·이수련 옮김, 새물결, 2008.

──────, "The Meaning of the Phallus", *Feminine Sexuality: Jacques Lacan and the École Freudienne*, tr. Jacqueline Rose, Juliet Mitchell, ed. New York: Norton, 1985.

──────, *The Psychoses: The Seminar of Jacques Lacan Seminar III 1955-1956*, Edit. Jacques-Alain Miller, trans. Russell Grigg, W.W. Norton & Company, 1993.

Laclau, Ernesto, *New Reflections on the Revolution of our Time*, London: Verso, 1991.

Laclau, Ernesto, and Chantal Mouffe, *Hegemony and Socialist Strategy*, London: Verso, 1985. [한글본] 에르네스토 라클라우, 샹탈 무페, 『헤게모니와 사회주의 전략』, 이승원 옮김, 후마니타스, 2013.

Laplanche, Jean, and J.-B. Pontalis, *Vocabulaire de la psychanalyse*, Paris: Presses Universitaires de France, 1967. [한글본] 장 라플랑슈·장 베르트랑 퐁탈리스, 「폐기」『정신분석 사전』 임진수 옮김, 2005.

——————, "Fantasy and the Origins of Sexuality", in Victor Burgin, James Donald, Cora Kaplan, eds., *Formations of Fantasy*, London: Methuen, 1986.

Laqueur, Thomas, *Making Sex: Body and Gender from the Greeks to Freud*, Cambridge, Mass.: Harvard University Press, 1990. [한글본] 토머스 월터 라커, 『섹스의 역사』 이현정 옮김, 황금가지, 2000.

Larsen, Nella, *Passing*, in *An Intimation of Things Distant: The Collected Fiction of Nella Larsen*, Charles Larson, ed., forward by Marita Golden, New York: Anchor Books, 1992. [한글본] 넬라 라슨, 『패싱』 서숙 옮김, 글빛, 2006.

Lauretis, Teresa de, "Freud, Sexuality, Perversion", in Domna Stanton, ed., *Discourses of Sexuality*, Ann Arbor: University of Michigan Press, 1993.

——————, *Practices of Love*, Bloomington: Indiana University Press, 1994.

Lee, Hermione, *Willa Cather: Double Lives*, New York: Vintage, 1989.

Leys, Ruth, "The Real Miss Beauchamp: Gender and the Subject of Imitation", in Judith Butler and Joan Scott, eds., *Feminists Theorize the Political*, New York: Routledge, 1992, pp. 167-214.

Liddell, H. G., and Robert Scott, *Greek-English Lexicon*, Oxford: Oxford University Press, 1957.

Lloyd, David, "Race Under Representation", *Oxford Literary Review* 13, 1991, pp. 62-94.

Lloyd, G.E.R., *Science, Folklore, Ideology*, Cambridge: Cambridge University Press, 1983.

Lowe, Lisa, *Critical Terrains: French and British Orientalisms*, Ithaca: Cornell University Press, 1991.

Lyotard, Jean-François, *The Inhuman: Reflections on Time*, tr. Geoffrey Bennington and Rachel Bowlby, Stanford: Stanford University Press, 1991.

Man, Paul de, *Allegories of Reading*, New Haven: Yale University Press, 1987. [한글본] 폴 드 만, 『독서의 알레고리』, 이창남 옮김, 문학과 지성사, 2010.

Marcus, Sharon, "Fighting Bodies, Fighting Words: A Theory and Politics of Rape Prevention", in Judith Butler and Joan Scott, eds., *Feminists Theorize the Political*, New York: Routledge, 1992, pp. 385-403.

Marks, Patricia, *Bicycles, Bangs, and Bloomers: The New Woman in the Popular Press*, Lexington: Kentucky University Press, 1990.

Marx, Karl, *Writings of the Young Marx on Philosophy and Society*, tr. Lloyd D. Easton and Kurt H. Guddat, New York Doubleday, 1967. [한글본] 카를 마르크스, 『독일 이데올로기 1권』, 이병창 옮김, 먼빛으로, 2019.

McDowell, Deborah E., "Introduction" in *Quicksand and Passing*, New Brunswick: Rutgers University Press, 1986.

——————, "'That nameless… shameful impulse': Sexuality in Nella Larsen's *Quicksand* and *Passing*", in Joel Weixlmann and Houston A. Baker, Jr., eds., *Black Feminist Criticism and Critical Theory: Studies in Black American Literature*, vol. 3, Greenwood, Fla.: Penkevill Publishing Company, 1988.

McLendon, Jacquelyn Y., "Self-Representation as Art in the Novels of Nella Larsen", in Janice Morgan and Colette T. Hall, eds., *Redefining Autobiography in Twentieth-Century Fiction*, New York: Garland, 1991.

Merleau-Ponty, Maurice, *The Visible and the Invisible*, tr. Alphonso Lingis; Claude Lefort, ed. Evanston: Northwestern University Press, 1968. [한글본] 모리스 메를로 퐁티, 『보이는 것과 보이지 않는 것』, 남수인 옮김, 동문선, 2004.

Mercer, Kobena, "Skin Head Sex Thing: Racial Difference and the Homoerotic Imaginary" in Bad Object-Choices, ed., *How Do I Look? Queer Film and Video*, Seattle: Bay Press, 1991, pp. 169-210.

——————, "Looking for Trouble", reprinted in Henry Abelove, Michèle Barale, and David M. Halperin, eds., *The Lesbian and Gay Studies Reader*, New York: Routledge, 1993. Originally published in *Transition* 51, 1991.

——————, "Engendered Species", *Artforum*, vol. 30, no. 10, Summer 1992.

Miller, James, *The Passion of Michel Foucault*, New York: Simon and Schuster, 1992. [한글본] 제임스 밀러, 『미셸 푸꼬의 수난』 김부용 옮김, 인간사랑, 1995.

Miller, Richard, *Bohemia: The Protoculture Then and Now*, Chicago: Nelson-Hall, 1977.

Mohanty, Chandra, Ann Russo, and Lourdes Torres, eds., *Third World Women and the Polities of Feminism*, Bloomington: Indiana University Press, 1991. [한글본] 찬드라 탈파드 모한티, 『경계없는 페미니즘』, 문현아 옮김, 여성문화이론연구소, 2005.

Morrison, Toni, *Sula*, New York: Knopf, 1973. [한글본] 토니 모리슨, 『술라』 송은주 옮김, 문학동네, 2015.

──────, ed., *Race-ing Justice, En-gendering Power: Essays on Anita Hill, Clarence Thomas, and the Construction of Social Reality*, New York: Pantheon, 1992.

──────, *Playing in the Dark: Whiteness and the Literary Imagination*, Cambridge: Harvard University Press, 1992.

Mouffe, Chantal, "Feminism, Citizenship, and Radical Democratic Politics", in *Feminists Theorize the Political*, New York: Routledge, 1992, pp. 369-384. [한글본] 샹탈 무페, 「여성주의와 시민권, 급진민주주의 정치」, 『정치적인 것의 귀환』 이보경 옮김, 후마니타스, 2007.

Nancy, Jean-Luc, and Philippe Lacoue-Labarthe, *The Title of the Letter: A Reading of Lacan*, trans. Francois Raffoul and David Pettigrew, Albany: SUNY Press, 1992. [한글본] 장-뤽 낭시, 필립 라쿠-라바르트, 『문자라는 증서: 라캉을 읽는 한 가지 방법』 김석 옮김, 문학과지성사, 2011.

Nietzsche, Friedrich, *On the Genealogy of Morals*, tr. Walter Kaufmann, New York Vintage, 1969. [한글본] 프리드리히 니체, 『선악의 저편, 도덕의 계보』 김정현 옮김, 책세상, 2002.

Niranjana, Tejaswini, *History, Post Structuralism, and the Colonial Context*, Berkeley: University of California Press, 1992.

Nunokawa, Jeff, "In Memorium and the Extinction of the Homosexual", *ELH* 58, Winter 1991, pp. 130-155.

O'Brien, Mary, *The Politics of Reproduction*, London: Routledge, 1981.

O'Brien, Sharon, *Willa Cather: The Emerging Voice*, New York: Ballantine, 1987.

Omi, Michael and Howard Winant, *Racial Formation in the United States: From 1960s to the 1980s*, New York: Routledge, 1986.

Ortner, Sherry, "Is Female to Male as Nature is to Culture?", in *Woman, Culture, and Society*, Michele Rosaldo and Louise Lamphere, Stanford: Stanford University Press, 1974, pp. 67-88. [한글본] 오르트너, 「여성은 자연? 남성은 문화?」 배은영 옮김, 『한국여성신학』 제15호, 1993, 22-33쪽.

Oxford English Dictionary, second edition.

Pêcheux, Michel, *Language, Semiotics, Ideology*, Boston: St. Martin's Press, 1975.

───────, "Ideology: Fortress or Paradoxical Space", in Sakari Hanninnen and Leena Paldan, eds., *Rethinking Ideology: A Marxist Debate*, New York: International Press, 1983.

Plato, *Plato: The Collected Dialogues*, Edith Hamilton and Huntington Cairns, eds., Bollingen Series 71. Princeton: Princeton University Press, 1961. [한글본] 플라톤, 『티마이오스』 박종현·김영균 옮김, 서광사, 2000. [한글본] 플라톤, 『향연』 강철웅 옮김, 이제이북스, 2011.

Plotinus, *Plotinus' Enneads*, tr. Stephen MacKenna, 2nd ed., London: Faber & Faber, 1956.

Pratt, Mary Louise, *A Speech Act Theory of Literary Discourse*, Bloomington: Indiana University Press, 1977.

Rich, Adrienne, "For Julia in Nebraska", in *A Wild Patience Has Taken Me This Far*, New York: Norton, 1981.

Riley, Denise, *Am I that Name?*, New York: MacMillan, 1989.

Robinson, Phyllis C., *Willa: The Life of Willa Cather*, New York: Doubleday, 1983.

Román, David, "'It's My Party and I'll Die If I Want To!': Gay Men, AIDS, and the Circulation of Camp in U.S. Theatre", *Theatre Journal* 44, 1992.

───────, "Performing All Our Lives: AIDS, Performance, Community", in Janelle Reinelt and Joseph Roach, eds., *Critical Theory and Performance*, kan Arbor: University of Michigan Press, 1992.

Rose, Jacqueline, *Sexuality and the Field of Vision*, London: Verso, 1986.

Rubin, Gayle, "Thinking Sex: Notes for a Radical Theory of the Politics of

Sexuality", in Carole S. Vance, ed., *Pleasure and Danger*, New York: Routledge, 1984, pp. 267-319. [한글본] 게일 루빈, 「성을 사유하기: 급진적 섹슈얼리티 정치 이론을 위한 노트」 『일탈: 게일 루빈 선집』, 임옥희 외 옮김, 현실문화, 2015.

Sadownick, Doug, "ACT UP Makes a Spectacle of AIDS", *High Performance* 13, 1990.

Sartre, Jean-Paul, *The Transcendence of the Ego*, trans and intro., Forest Williams and Robert Kirkpatrick, New York: Noonday, 1957. [한글본] 장 폴 사르트르, 『자아의 초월성』, 현대유럽사상연구회 옮김, 민음사, 2017.

Sato, Hiroko, "Under the Harlem Shadow: A Study of Jessie Faucet and Nella Larsen", in Arno Bontemps, ed., *The Harlem Renaissance Remembered*, New York: Dodd, 1972, pp. 63-89.

Schor, Naomi, "This Essentialism Which Is Not One: Coming to Grips with Irigaray", *Differences: A Journal of Feminist Cultural Studies* 2:1, 1989, pp. 38-58.

Sedgwick, Eve Kosofsky, "Across Gender, Across Sexuality: Willa Cather and Others", *South Atlantic Quarterly*, vol. 88: no. 1, 1989, pp. 53-72.

——————, *Epistemology of the Closet*, Berkeley: University of California Press, 1990.

——————, "Queer Performativity", in *GLQ*, vol. 1, no. 1, Spring 1993.

Kaja Silverman, *Male Subjectivity at the Margins*, New York: Routledge, 1992.

——————, "The Lacanian Phallus", *differences: A Journal of Feminist Cultural Studies*, vol. 4; no. 1, 1992, pp. 84-115.

Singer, Linda, *Erotic Welfare: Sexual Theory and Politics in the Age of Epidemic*, New York: Routledge, 1992.

Singh, Amritjit, *The Navels of the Harlem Renaissance*, State College: Pennsylvania State University Press, 1976.

Smyth, Cherry, *Lesbians Talk Queer Notions*, London: Scarlet Press, 1992.

Spelman, Elizabeth, "Woman as Body: Ancient and Contemporary Views", *Feminist Studies* 8:1, 1982, pp. 109-131.

Spillers, Hortense J., "'The Permanent Obliquity of the In(pha)llibly Straight': In the Time of the Daughters and the Fathers", in Cheryl Wall, ed., *Changing Our*

Own Words, New Brunswick: Rutgers, 1989, pp. 127-149.

Spivak, Gayatri Chakravorty, "Nietzsche and the Displacement of Women", in Mark Krupnick, ed., *Displacement*, Bloomington: University of Indiana Press, 1983.

──────────, *In Other Worlds: Essays in Cultural Politics*, New York: Routledge, 1987. [한글본] 가야트리 차크라보르티 스피박, 『다른 세상에서: 문화정치적 에세이』 태혜숙 옮김, 여성문화이론연구소, 2008.

──────────, "Can the Subaltern Speak?", in Cary Nelson and Lawrence Goldberg, eds., *Marxism and the Interpretation of Culture*, Urbana: University of Illinois Press, 1988. [한글본] 가야트리 차크라보르티 스피박, 「서발턴은 말할 수 있는가?」 『서발턴은 말할 수 있는가?: 서발턴 개념의 역사에 관한 성찰들』 로절린드 C. 모리스 엮음, 태혜숙 옮김, 그린비, 2013.

──────────, "Subaltern Studies: Deconstructing Historiography", in Ranajit Guha and Gayatri Chakravorty Spivak, eds., *Selected Subaltern Studies*, London: Oxford University Press, 1988.

──────────, "French Feminism Revisited: Ethics and Politics", in *Feminists Theorize the Political*, 1992, pp. 54-85.

Stallybrass, Peter, and Allon White, *The Politics and Poetics of Transgression*, Ithaca: Cornell University Press, 1986. [한글본] 피터 스털리브래스·앨런 화이트, 『그로테스크와 시민의 형성: 경계이월의 정치학과 시학』 이창우 옮김, 커뮤니케이션북스, 2019.

Tate, Claudia, "Nella Larsen's *Passing*. A Problem of Interpretation", *Black American Literature Forum*, 14:4, 1980.

Thackeray, William Makepeace, *Vanity Fair*, Oxford University Press, 2015 (Original 1847). [한글본] 윌리엄 메이크피스 새커리, 『허영의 시장』 서정은 옮김, 웅진지식하우스, 2011.

Thornton, Hortense, "Sexism as Quagmire: Nella Larsen's *Quicksand*", *CLA Journal* 16, 1973.

Torok, Maria, "The Meaning of Penis-Envy in Women", tr. Nicholas Rand, in *difference: A Journal of Feminist Cultural Studies*, vol. 4, no.1, Spring, 1992, pp. 1-39.

Vattimo, Gianni, "Au dela du matière et du text", in *Matière et Philosophie*, Paris: Centre Georges Pompidou, 1989.

Wall, Cheryl, "Passing for What? Aspects of Identity in Nella Larsen's Novels", *Black American Literature Forum*, vol. 20, nos. 1-2, 1986.

Walsh, Michael, "Reading the Real", in Patrick Colm Hogan and Lalita Pandit eds., *Criticism and Lacan*, Athens: University of Georgia Press, 1990.

Washington, Mary Helen, *Invented Lives: Narratives of Black Women 1860-1960*, New York: Anchor-Doubleday, 1987.

Weed, Elisabeth, "The Question of Style", in Carolyn Burke, Naomi Schor, and Margaret Whitford, eds., *Engaging with Irigaray*, New York: Columbia University Press, 1994.

Whitford, Margaret, *Luce Irigaray: Philosophy in the Feminine*, London: Routledge, 1991.

Williams, Patricia J., "On Being the Object of Property", *Signs*, Vol. 14, No. 1, 1988, pp. 5-24.

──────────, *The Alchemy of Race and Rights*, Cambridge: Harvard University Press, 1991.

Williams, Walter L., *The Spirit and the Flesh: Sexual Diversity in American Indian Culture*, Boston: Beacon Press, 1986.

Winkler, John J., "Phusis and Natura Meaning 'Genitals'", in *The Constraints of Desire: The Anthropology of Sex and Gender in Ancient Greece*, New York: Routledge, 1990.

Wittgenstein, Ludwig, *Philosophical investigations*, tr. G.E.M. Anscombe, New York: Macmillan, 1958. [한글본] 루트비히 비트겐슈타인, 『철학적 탐구』 이영철 옮김, 책세상, 2019.

Wollheim, Richard, and James Hopkins, eds., *Philosophical Essays on Freud*, New York and London: Cambridge University Press, 1982.

Wynter, Sylvia, "On Disenchanting Discourse: 'Minority' Literary Criticism and Beyond", in Abdul R. JanMohammed and David Lloyd, eds., *The Nature and Context of Minority Discourse*, New York: Oxford University Press, 1990, pp. 432-469.

Žižek, Slavoj, *The Sublime Object of Ideology*, London: Verso, 1989. [한글본] 슬라보예 지젝, 『이데올로기의 숭고한 대상』, 이수련 옮김, 새물결, 2013.

―――――――, "Beyond Discourse Analysis", in Ernesto Laclau, *New Reflections on the Revolution of Our Time*, London: Verso, 1990.

―――――――, *For They Know Not What They Do*, London: Verso, 1991. [한글본] 슬라보예 지젝, 『그들은 자기가 하는 일을 알지 못하나이다』, 박정수 옮김, 인간사랑, 2004.

―――――――, *Looking Awry: An Introduction to Jacques Lacan through Popular Culture*, Boston: MIT Press, 1991. [한글본] 슬라보예 지젝, 『삐딱하게 보기: 대중문화를 통한 라캉의 이해』, 김소연·유재희 옮김, 시각과 언어, 1995.

중요한 몸들:
어떤 몸은 왜 중요하며, 어떤 몸은 왜 존재하지 않는가?

"의미를 체현하는 육체"라고 번역되어 왔던 주디스 버틀러의 *Bodies That Matter: On the Discursive Limits of "Sex"*(1993)가 다시 번역·출간되었다. 새로 번역된 이 책의 제목은 『중요한 몸』으로 고쳐 지어졌다.

『젠더 트러블』에서 『중요한 몸』으로[1]

1990년에 쓰인 『젠더 트러블(*Gender Trouble: Feminism and the Subversion of*

---

1) 이 장은 김은주, 「규범으로서의 젠더에서 장치로서의 젠더로」, 『철학연구』 131, 2020, 113–118쪽을 참고하여 주요 내용을 요약했다.

Identity)』에서 버틀러는 젠더라는 용어에 질문한다. 버틀러에 따르면 젠더는 페미니즘 정치에 제일 중요한 추동력이자 다양한 관점이 경쟁하는 장이다. 이러한 젠더라는 용어에 대해서는 "그 용어가 어떤 기능을 하는지, 어떤 투자를 부담하는지, 어떤 목적을 달성하는지, 어떤 변화를 겪고 있는지"[2]에 관해 탐구하는 것이 중요하다.

『젠더 트러블』에서 버틀러가 문제 삼고 있는 것은 젠더 실재론이다. 젠더 실재론은 어떤 젠더의 표현을 이상화함으로써 새로운 위계와 배제의 형식을 만들어 낼 뿐 아니라, "배타적 젠더 규범을 설정하면서 그것이 때로는 호모포비아"[3]를 야기한다. 버틀러는 젠더 실재론을 일종의 젠더 물화(reification)로 분석하고, 젠더의 계보학을 통해 젠더가 어떻게 생산되고 재생산되는지를 질문한다.[4] 젠더 실재론이 전제하는 이분법 젠더 개념은 배타적 젠더 개념이며 이 뒤에는 규범적 섹슈얼리티이자 "젠더화된 삶이 습관적이고 폭력적인 전제"[5]인 강제적 이성애가 작동하면서 '이성애적 인식론 체

---

2) 주디스 버틀러, 『젠더 허물기』, 조현준 옮김, 문학동네, 2015, 86쪽.

3) 이러한 버틀러의 젠더 연구는 젠더 개념에 얽힌 성, 섹슈얼리티의 관계가 내포한 전제를 분석한 게일 루빈(Gayle Rubin)의 여성 거래에서 영향을 받은 것이다. 루빈은 이분법적 젠더 체계가 규범적 이성애의 조건하에서 성립하며, 이러한 젠더 이분법이 이성애를 안정되게 만드는 방법으로 활용되며 이로 인해 섹슈얼리티의 위계적 억압을 야기한다고 비판한다.

4) 주디스 버틀러, 『젠더 트러블』, 조현준 옮김, 문학동네, 2008, 67쪽. 물화(reification/verdinglichung)는 마르크스의 『자본론』에 등장한 개념으로 자본주의적 생산 관계에서 노동이 자본의 형태를 취하면서 실제 생산자와는 독립적이 되고, 인간 노동의 사회적 특징이 상품 형태로 등장하면서, 상품에 가치를 부여하는 사회적 관계는 지워지고, 상품 그 자체에 가치가 있는 것처럼 제시되는 현상을 뜻한다.

5) 버틀러, 『젠더 트러블』, 45쪽.

계'의 성립으로 이분법적 젠더를 자연화한다.[6]

　버틀러에 따르면, 이성애적 인식론 체계가 작동하는 핵심 기제에는 폐제(foreclosure)된 동성애가 있다.[7] 이성애적 인식론 체계는 동성애가 폐제되면서 성립되었고, 성, 젠더, 욕망 사이에 인과론적 관계를 전제하면서 젠더를 성에서 기인한 본질적인 것의 파생물이자 자연스러운 것 그 자체로 이해하게 한다.

　하지만 버틀러는 젠더가 단순히 해부학적 사실에 기인하여 식별될 수 없으며 그 의미는 당대의 지배적 담론이 만든 인식과 인정 가능성에서 얻어진다고 분석한다. 다시 말해 젠더는 정치적 문화적 접점에서 분리해 내기란 불가능하며, "늘 바로 그 접점에서 생산되고 유지"[8]된다는 것이다.

　젠더 정체성의 범주는 다양한 산발적 출발점을 가진 제도, 실천, 담론의 효과이다. 이는 젠더 특징에 대한 기술(description)이 '젠더라면 이래야 한다'는 규범적 당위와 분리되지 않음을 뜻한다. 젠더에 관해 당연시된 사실과 지식은 규범적 권력의 폭력적 경계선에서 작동하며, 이러한 젠더는 더 이상 내적 본질이 아니라 사실

---

6) 버틀러, 『젠더 트러블』, 74쪽.

7) 『중요한 몸』에서도 등장하는 폐제 개념은 버틀러의 이론에서 주요한 위상을 갖는다. 폐제는 프로이트의 용어인 배제 혹은 배척으로 번역되는 'Verwerfung'을 라캉이 다시 해석한 용어이다. 이는 어떤 요소가 마치 결코 존재한 적이 없었던 것처럼 상징계 외부로 거부되는 과정이다. 폐제는 억압과 구별되는데, 폐제된 요소는 무의식 속에 파묻혀 있는 게 아니라 무의식으로부터 완전히 축출된다. 내부를 외부로 향하게 하는 투사와 달리, 폐제는 폐제된 요소를 그 외부에서 안으로 되돌아오게 한다.

8) 버틀러, 『젠더 트러블』, 89쪽.

상 낭위로 부과되는 규범이다.[9] 그런 점에서, "무엇이 젠더의 자격을 부여하는가 하는 질문은 이미 그 자체가 폭넓게 규범적인 권력 작용을 입증하는 질문"[10]이다. 규범과 분리 불가능한 젠더는 소위 '정상적' 젠더에서 벗어난 경험을 배제하는 습관적 방식으로 작동한다.

『젠더 트러블』을 통해 버틀러가 강조하고자 한 바는 강제적 이성애를 근간으로 하는 젠더 이분법으로 말미암아 이로부터 벗어난 존재로 자신의 젠더를 감지한 사람들이 감추어지고 이들은 비정상으로 분류된다는 것이다. 이로 인해 사람들의 정체성은 모두 이성애의 방식으로만 해석되면서 차별과 폭력이 생겨난다.

그렇다면 성에 대한 버틀러의 견해는 어떠한 것인가? 『젠더 트러블』에서 버틀러는 성 역시도, 실상 젠더와 구별될 수 없는 것이며, 성은 젠더만큼이나 문화적으로 구성된다고 설명한다.[11] 『젠더 트러블』에서 제시된 성에 관한 이와 같은 설명은 이후 성과 관련된 몸과 물질을 둘러싼 수많은 질문을 야기했으며, 그로부터 3년 뒤, 성, 몸, 물질에 관한 논의를 주요하게 다룬 『중요한 몸』이 출간된다.

---

9) 자연스러운 것처럼 여겨지는 "젠더 규범(이상적 이분법 형태론, 몸의 이성애적 상보성, 적합하고 부적합한 남성성과 여성성이라는 이상과 규칙, 이 종잡혼에 반대하는 순수성과 금기의 인종적 코드로 강조되는 많은 것들)은 인식 가능한 인간이 무엇인지 또 실재로 간주될 것과 간주되지 않을 것"은 무엇인지를 설정한다. 버틀러, 『젠더 트러블』, 67-68쪽.

10) 버틀러, 『젠더 트러블』, 65쪽.

11) 버틀러, 『젠더 트러블』, 97쪽.

'matter'의 두 가지 이해

신체는 자기 자신을 넘어서는 어떤 세계를 지시하는 경향이 있을 뿐만이 아니라, 또한 신체의 고유한 경계를 넘어서는 이러한 운동이, 즉 경계 자체가 움직인다는 것이 '신체란 무엇인가'를 논하는 데 있어 상당히 핵심적인 것처럼 보였다. 나는 이 주제의 경로를 계속해서 벗어났다. 내가 훈육에 저항한다는 것이 드러난 것이다. 나는 불가피하게도 이 주제를 고정시키는 것에 대한 저항이 이 책에서 다루려는 문제/물질(matter)의 본질이지 않을까라고 생각하기 시작했다.(『중요한 몸』, 8쪽)

『젠더 트러블』 이후 제기된 비판, "그렇다면 물질적 몸은 어디 있는가?"에 대한 응답으로 쓰인 『중요한 몸』은 몸을 담론의 산물이 아니라, 규범을 통해 '물질화되는 과정'으로 설명한다. 물질화되는 그 '물질'에 관해 버틀러는 다음과 같이 쓴다. "물질 개념은 현장이나 표면으로서의 물질 개념이 아니라, **우리가 물질이라 부르는 경계·고정성·표면의 효과를 생산하기 위해 시간이 흐르면서 안정화되는 물질화 과정**으로서의 물질 개념이다."(37쪽)

물질은 물질화 과정이다. 시간이 걸려 행해지면서 안정적인 것이 되어가는 물질화로서 물질은 몸으로 구현되며, 어떤 몸을 의미 있는 것으로 인정하게 한다. 이는 책의 제목인 *Bodies That Matter*에서 'matter'의 두 의미를 통해 강조된다. 버틀러는 'matter'가 지닌 (1) 물질(matter)라는 의미와 (2) 중요함, 가치 있음(to matter)의 이 두 의미를 연결한다. 이로써, "'중요하다는 것(to matter)'은 '물질화'한다는 것(to materialize)'과 '의미 있다는 것(to mean)'을 동시에 의미"(81쪽)하면서, 『중요한 몸』은 몸을 물질화 과정이자 가치 있는 물질, 중요한 물질로서 탐구한다.

출간 후 인터뷰에서 『중요한 몸』이 "몸의 물질성을 구성주의적으로 설명한 책인가"라는 질문을 받자, 버틀러는 물질성은 담론으로 완전히 환원되지 않는다고 답한다. 그러나 담론 없이 접근 가능한 '순수한 물질' 역시 존재하지 않는다고 설명한다. 버틀러는 구성주의/본질주의의 대립 자체를 잘못된 문제 설정이라고 진단한다. 『중요한 몸』의 주안점은 왜 이 대립이 반복적으로 실패하는지를 보여주는 작업에 가깝다.

버틀러에게 몸의 물질성은 자연적 사실이 아니라 권력에 의해 시간을 거치면서 안정화된 효과이자, 어떤 몸이 '삶'으로 인정되는가를 둘러싼 정치의 핵심 문제이다. "'어떤 몸은 왜 '중요한 몸'이 되고, 어떤 몸은 왜 배제되거나 비가시화되는가"라는 질문에서 알 수 있듯, 몸의 인식 가능성은 사회적 가독성과 정상성의 범주에 따른다. 『중요한 몸』은 그 인식 가능성을 어떤 몸들이 살 수 있는가라는 질문과 연결한다.

이러한 점에서, 버틀러는 『중요한 몸』을 '철학적 상상계(political imaginary)'의 차원에서 일어나는 철학적 작업으로 규정한다. 이러한 상상계에서 어떤 몸을 살아 있는 것으로 인정하지 않게 만드는 합법성의 코드가 그 내부로부터 해체될 수 있는 내적 가능성이 출현한다. 『중요한 몸』은 몸의 존재론을 해명하려는 글이 아니라, 존재론 자체가 권력에 의해 배분되는 그 방식을 교란하기 위한 철학

적 수행이나 정치적 개입으로 이해되어야 한다.[12]

물질화된 몸

물질화된, 의미 있는 몸의 정상적 성과 정상적 젠더는 정상성의 외부를 만들어 내는 규범을 통해 비정상, 비가독, 말해질 수 없는 몸을 반드시 배제한다. 이 배제된 몸들은 단순한 바깥이 아니라, 주체의 지위를 누릴 수 없으면서, 주체 영역의 경계를 설정하는 비체(abject)적 존재이다. 규범은 항상 규범 그 자체가 배제한 것에 의존한다. 바로 비체적 존재가 규범을 가능하게 만드는 배제된 것인 구성적 외부(constitutive outside)이다.

> [사유 불가능하고 비체적이며 생존 불가능한] 신체 영역은 전자의 [인식 가능한] 신체 영역의 대립항이 아니다. 대립이란 결국 인식 가능성의 일부이기 때문이다. 이 후자의 신체 영역은 인식 가능성에 들러 붙어 있는 불가능성의 유령으로서, 인식 가능성의 바로 그 한계로서, 인식 가능성의 구성적 외부로서 전자의 영역에 출몰하는 배제되고 판독이 불가능한 영역이다.(13쪽)

버틀러는 몸을 문화가 덧입혀진 백지와 같은 것으로 여기는 견

---

12) Irene Costera Meijer and Baukje Prins, "How Bodies Come to Matter: An Interview with Judith Butler", *Signs*, Vol. 23, No. 2 (Winter, 1998), pp. 275-286.

해와 거리를 둔다. 몸으로 존재히기 위해서는 이미 규범이 관동한 물질성의 형식 안에서만 몸이 성립할 수 있다. 물질화된 몸의 '물질'은 어떤 원초적 사실이 아니라, 권력의 역동적 작용이 시간을 거쳐 빚어낸 효과이다. 물질화로서 어떤 표면으로 안정된 몸은 이미 규칙, 법, 규범과 분리될 수 없는 방식으로 구축된 물질인 것이다. 이때 말하는 규범은 단지 도덕이나 관습의 수준이 아니라, 누가 인간으로 인정되는지, 어느 몸이 정상이고 어느 몸이 병리나 기형으로 여겨지는지, 어떤 성이 '가능한 것'이고 어떤 성은 상상 불가능한 것으로 배제되는지까지 결정하는 힘을 가진다.

이 과정에서 버틀러는 반복되는 수행성(performativity)의 역할을 강조하며 그 작동을 인용적인 것으로 설명한다. 『젠더 트러블』에서도 수차례 설명했듯, 수행성은 주체가 마음먹고 행위해서 무엇인가를 해내는 능동적 행위거나 의식적으로나 의도적으로 흉내내는 것이 아니다.

수행성은 "법에 의해 동원된, 말하자면 물질적 효과를 생산하는 법을 인용하는 축적 및 위장, 그런 효과들의 체험된 필연성, 그러한 필연성의 체험된 경합 등등에 의해 동원된 일련의 행동"(44쪽)이다. 수행성은 반복 가능성의 과정 바깥, 즉 규칙화되고 강제된 규범들의 반복 바깥에서는 이해될 수 없다. 이러한 수행성은 반복하면서, 자신이 수행하는 법을 실행하고 생산한다.

수행성은 주체가 이미 주어진 담론을 인용하듯 반복함으로써 그 담론이 규제하는 현상들을 계속해서 생산해 내는 것이다. 그러하기에 이러한 반복적 수행성이자 시간 속에서 발생하는 "그러한 퇴적의 과정 혹은 우리가 **물질화**라고 부르는 것은 일종의 인용성”
(51쪽)이다. 인용성은 “권력의 인용을 통한 존재 획득이나 ‘나’의
형성에서 권력과의 근원적 공모를 확립”(51쪽)시킨다. 그러나 인
용적인 것인, 반복적 수행성은 물질화 과정이 완전할 수 없고 몸도
물질화의 규범에 완전히 순응하지 않음을 반증하기도 한다. 그러
하기에 물질화는 불완전성과 재물질화의 과정에 열려 있다.

성의 수취와 동화, 성적으로 구별된 몸

인용성으로서 수행적 반복에 따른 물질화된 몸에서 성은 자연
적으로 ‘주어진 것’일 수 없다. 버틀러는 “[젠더] 규범이 젠더의 효
과뿐 아니라 성의 물질성도 생산 및 안정화시킨다는 점을 우리는
어떻게 정확히 이해할 수 있는가?”(12쪽)라고 묻는다.

‘성’ 개념은 그 자체 트러블이 일어나는 지형인데, 이러한 트러블
은 두 성별을 구별할 결정적 기준이 무엇인지를 두고 벌이는 일련의
경합을 통해 형성되는 것이니 말이다. 성 개념은 역사를 가지지만,
이 역사는 성이 각인의 현장 혹은 표면으로 형상화되면서 철저히 은
폐된다. 또한 그러한 현장이나 표면으로 형상화되는 자연적인 것은
가치가 없는 것이라고 해석된다. 더욱이 자연적인 것은 자신에게 부
여되는 가치를 떠맡는 동시에 자신의 사회적 성격도 떠맡는데, 이는
자연이 자연적이기를 스스로 포기한다는 것을 말한다.(28쪽)

성은 특정한 몸 부위, 특히 성기를 가리키는 해부학적 범주로 이해되어 왔지만, 버틀러는 성을 성기 중심주의로 설명하는 의견을 정면으로 비판한다. 성은 페니스와 자궁 유무로 결정되는 것이 아니다. 그러나 성은 젠더와 동일한 것도 아니다. 성은 분명 규범으로 기능하나, 그 규범에 의해 지배되는 신체를 생산한다는 점에서 성은 물질화된 몸과 불가분의 관계를 맺는다.

성은 몸 위에 붙어 있는 단순한 표지를 의미하지 않는다. 오히려 성은 몸이 물질로서 나타나게 되는 '형식' 전체를 관리, 분류, 정상화하는 규범으로 작용한다. 물질화된 몸은 단순한 몸이 아니라 성적으로 구별된, '성별화된 몸(sexed body)'(44쪽)으로만 안정화되어 존재하고 인식된다. 몸 자체에 관한 인식은 이미 성적인 것으로 된 물질성의 코드 속에 있기 때문이다.

따라서 성은 있는 그대로의 몸적 사실이나 진실이 아니라, "시간을 통해 강제적으로 물질화되는 이상[이념]적 구축물"(22쪽)이다. 이에 따르면, 몸은 헤테로섹슈얼한 규범 질서를 통과한 성으로 구별된 몸으로만 사회적으로 인식되고 승인된다. 간성(intersex) 아동을 어떻게 '정상화(normalization)'할 것인가를 둘러싼 의료적 실천만 보아도, 성이 얼마나 강력한 규범의 이름인지를 알 수 있다. 몸을 있는 그대로 두기보다는, 수술을 통해 둘 중 하나의 성으로 '정리'해야 한다고 느끼는 충동이 바로 정상화의 논리이며, 이 논리가 곧 성의 물질성에 대한 사회적 강요라는 것이다.

성은 몸이 어디까지가 '나'의 몸이며 어떤 감각이 '나'의 성적 쾌락과 연결되는지, 몸의 경계를 어떻게 그리고, 감각을 어떻게 분배할 것인가를 규정하는 도식과 깊이 얽혀 있다. 성감대, 촉각의 배치, 목선, 어깨선, 손가락, 걸음걸이까지 성적 의미가 덧입혀지는 방식 자체가 이미 성적 구별화를 전제한다.

버틀러는 성적으로 구별된 몸을 받아들이는 과정을 '성의 수취(assuming a sex)'로 설명하는데, 이는 단순한 선택이 아니라, 주체 형성 그리고 정체화 과정과 얽혀 있다. 버틀러는 이 과정을, 내가 이미 있는 성을 받아들이는 자연스러운 과정이 아니라, 헤테로섹슈얼한 정언명령(heterosexual imperative)이 허용하는 성적으로 구별된 동일시만을 승인하고 다른 방식의 동일시는 구조적으로 배제하고 부인하는 과정을 거치는 것으로서 설명한다. 주체는 성을 이미 가진 존재가 아니라, 성적 규범이 수행되고 호명되면서, 성적으로 구별된 정상적 몸을 지닌 주체가 될 수 있다.

성적으로 구별된 몸에 관한 논의는 단지 문화적 표상 차원에서만이 아니라, '나의 몸' 그 자체, '내'가 '내' 몸을 느끼고 경계를 인식하는 과정, 즉 몸 도식(body schema)과 결부된다.[13] 프로이트의 육체적 자아(ego)와 라캉의 거울 단계를 통해 버틀러는 몸 도식과 관련하는 자아 형성을 설명한다. 이 자아는 "자기와 동일시한 실체가 아니라 자아의 중심을 자기 바깥, 즉 신체적 윤곽을 부여하고 생산하는 외부화된 이마고에 위치시키는 상상적 관계의 퇴적된 역사"

---

13) 젠더에 관한 버틀러의 초기 논의가 비교적 쉽게 받아들여졌던 이유는, 젠더가 옷, 머리 모양, 말투, 태도, 이미지 등의 문화적 표상과 연관되어 있기 때문이다. 사람들은 젠더를 바꾸거나 전복하는 실험(다른 옷을 입고, 다른 태도를 취하며, 다른 역할을 연기하는 행위)을 어느 정도 직관적으로 상상할 수 있다.

(166쪽)로 이해하고 이를 정체화한다. 이러한 정체화는 의식적 '모방'이 아니라, 자아를 자아로서 유지 지속하게 하는 애착에서 비롯한 무의식적 '동화(assimilation)'(47쪽)이다.

이제 성은 내가 나의 몸을 어떻게 느끼는지, 나의 몸의 경계를 어디까지로 설정하는지, 나와 타자가 어떻게 떼어지거나 이어져 있다고 감각하는지, 반복되는 감각 경험, 운동, 상호작용, 애착과 불안, 상실과 회복의 경험이 복잡하게 얽히면서, 정교한 몸 도식이 형성해 내는 몸의 형태학과 관련한다. 이러한 성은 몸의 특정 부위에만 붙어 있는 라벨이 아니라, 몸 전체를 하나의 성적으로 구별된 장으로 구성하는, 규범적, 무의식적 배치로서 작동하는 것이다. 그리고 바로 이 배치 위에서 자아가 자신을 인식한다.

『중요한 몸』, 그 후

버틀러의 작업은 젠더 수행성의 이론에서 한 걸음 더 나아가, 젠더보다 더 깊은 층위에서 작동하는 몸의 물질화와 성적으로 구별된 몸을 제시하고, 몸, 무의식, 규범 그리고 정체성이 서로 배타적 영역이 아니라는 것을 설명한다. 정신은 몸으로부터 분리된 자율적 실체가 아니라, 몸의 성장과 감각의 발달에 의해 형성되며, 이때 형성되는 몸 도식과 무의식적 애착의 방식이 곧 자아의 구조가 된다. 그리고 그 몸 도식과 애착 구조는 헤테로섹슈얼한 규범, 성적 구별의 문화적 도식, 성적 구별된 몸을 둘러싼 사회적 승인과

떼어낼 수 없다.

이렇게 볼 때, 몸이란 단순한 물질적 토대 위에 문화가 덧입혀진 결과가 아니라, 처음부터 규범과 권력, 무의식이 함께 엉켜 있는 물질화의 장소이다. 물질화하는 몸에서 성을 수취하는 과정은 곧 주체가 되는 과정이다. 그러나 몸을 성화된 물질성과 거의 동일시해 버리는 버틀러의 입장에는 비판의 여지도 열려 있다.

과연 몸은 성적으로 구별된 물질성의 전부인가? 성적으로 구별됨으로써도 포획되지 않는 다른 물질성, 다른 몸의 잠재성은 어디에 놓일 수 있는가?와 같은 질문이 그것이다. 차이를 존재론적 역량으로 이해하며, 페미니즘의 지평을 신유물론과 긍정(affirmation)의 역량으로 설명하는 로지 브라이도티의 비판도 이러한 물음의 선상에 있다.[14] 캐런 바라드는 버틀러의 물질화에 대한 사유가 수동-능동, 자연-문화 이원론을 넘어서는지에 관해 의문을 갖는다. 그는 버틀러의 물질화로서 물질이 담론이 물질이 되는 방식을 분석했으나, 물질이 어떻게 물질이 되는지에 관한 설명에 실패한다고 비판한다. 그는 또한 인간-비인간 신체들의 물질화를 고려하는 행위성의 측면에 대해서도 질문한다.[15]

그러나 버틀러의 기여는 분명하다. 그는 '자연적인 몸'이라는 통념을 무너뜨리고, 몸의 물질성을 권력, 규범, 무의식, 정체화의 접합 지점으로 재구축함으로써, 섹스를 자연으로 젠더를 문화로 구별하는 이분법의 허구를 폭로 · 비판하고, 몸, 성 그리고 젠더의 질

---

14) 로지 브라이도티, 『변신: 되기의 유물론을 향해』, 김은주 옮김, 꿈꾼문고, 2020.

15) Karen Barad, *Meeting the Universe Halfway*, Duke University Press, 2007.

서를 급진적으로 사유한다. 몸들을 정치적으로 분배하는 어떤 '몸의 존재론'을 비판하면서, 버틀러의 사유는 이로부터 더 나아가 이 존재론을 흔들고 교란하면서 삶의 가능성을 확장하도록 재배치하는 정치적 효과를 창출하는 점에서, 중요한/물질적(matter) 의미를 지닌다.

김은주(철학 연구자)

비체의 삶은 중요하다

이 책에서 주디스 버틀러가 자기 글의 궤적을 제시하는 말 중 하나는 "퀴어 이론과 페미니즘 사이에 그어진 선들을 헝클어뜨리기"(488쪽)일 것이다. 이 방향성을 이해하기 위해서는 다음과 같은 게일 루빈의 말을 끌어오는 것에서 시작하는 것도 괜찮을 것이다. 게일 루빈은 내가 한 명의 연구자이자 번역자로서 어떤 글을 생산할 때 가슴 깊이 새기는 생각을 가장 명료하게 표현한 사람 중 하나이기 때문이다. 번역과 교정을 끝마치고 출판을 앞둔 지금, 다시금 그의 말이 나를 사로잡는다. 루빈은 자신의 책 『일탈』 서문에서 이렇게 말한 바 있다.

텍스트는 특정한 역사적 계기와 가능성이라는 특수한 지평과 더

불어 생산한다. 텍스트는 대화, 질문, 가정, 정치적 환경, 이용 가능한 자료, 이론적 자원이라는 레퍼토리의 일부이다. 이와 같은 담론의 집적물은 시간이 경과함에 따라 변한다. 때로는 천천히 증가하고 때로는 격렬하게 요동친다. 새로운 구성체가 익숙한 지형으로 바뀌게 되면, 사유 가능했던 것들과 중요한 것처럼 보였던 것들이 서로 결합하여 빚어낸 과거의 풍경들은 기억하기 어렵게 된다. 오래 지속된 텍스트는 새로운 역사적 맥락 속에서 새로운 의미를 찾게 되고 관심사는 진화한다. 하지만 어떤 텍스트가 새로운 환경 아래서 읽히게 되면 그 텍스트를 구성했던 과거의 이슈들은 종종 잊히게 되고 과거의 풍경 속에서 날카로웠던 모서리들은 시간이 경과함에 따라 마모된다.[1]

루빈이 잘 말해 주었듯이, 텍스트는 시간 속에서 만들어지고 자기 내부의 시간성을 구성한다. 다시 말해 모든 텍스트는, 그것이 어떤 장르에서 생산되든 또 어떤 형태로 표현되든 상관없이, 한편으로 특정한 역사적 맥락 속에서 제작되어 그 맥락에 상응하는 의미를 생산하며, 또한 다른 한편으로 텍스트들은 그 자체로 자신들만의 고유한 역사성을 가진다는 의미에서 그렇다. 그렇다면 우리가 이제 막 출판하고자 하는 이 책은 어떤 역사적 맥락에 놓여 있으며, 어떤 시간성을 가질 수 있는 것일까? 이것을 논하기 위해서라도 첫 한국어 번역서였던 『의미를 체현하는 육체』[2]의 시간성을

---

1) 게일 루빈, 『일탈: 게일 루빈 선집』, 신혜수 · 임옥희 · 조혜영 · 허윤 옮김, 현실문화, 2015, 31-32쪽.
2) 주디스 버틀러, 『의미를 체현하는 육체』, 김윤상 옮김, 인간사랑, 2003.

이해하면서 그 책의 역사적 의미를 논할 필요가 있겠다.

책이 절판되어 새로운 번역서가 필요하다는 사정과는 별개로, 솔직히 나는 『의미를 체현하는 육체』의 번역에 대한 '치기 어린 불만'으로 재번역을 시작했다. 우선 그 제목부터 썩 만족스럽지 못했다. "*Bodies That Matter*"는 물론 번역하기 어려운 말이고 특히 'matter'를 어떻게 번역해야 할지 고민을 불러일으키지만, 그것이 "문제가 되는 신체들"(혹은 버틀러의 이전 책인 『젠더 트러블』을 연상시키거나 그것과의 연속성을 살리며 '트러블을 일으키는 신체', '신체 트러블')이나 아니면 'that'을 'that (is)'로 해석해 '몸 즉 물질'이나 '몸은 물질이다'로, 그리고 마지막으로 지금 우리 책의 제목인 『중요한 몸』으로 번역하는 것이 이 책이 받아들여야만 하는 '정확한' 번역이라고 생각했다. 제목에서부터 시작된 이전 번역과의 트러블은 '정신분석학'으로부터 차용한 용어들('폐제', '트라우마', '남근', '투사', '전치', '카섹시스', '신경증')이나 현대의 언어철학과 포스트구조주의가 발전시킨 여러 용어들('호명', '대리 보충', '기표', '발화 수반적 행위', '교차성'), 그리고 퀴어 실천의 고유한 지시어들인 '다이크, 부치, 펨, 크로스드레싱' 등의 번역어에서도 일어났다. 그뿐 아니다. 본문에서 인용되는 여러 텍스트들인 『반사경』, 『에크리』, 『벽장의 인식론』, 「감상적이지 않은 토미」, 『나의 안토니아』, 「파리는 불타고 있다」, 『패싱』, 『이데올로기의 숭고한 대상』 등에 담긴 고유한 개념, 이야기, 사례, 분석, 비판 등이 충분히 참고되거나 해설되지 못한 상태로 옮겨졌다는 점, 버틀러 자신이 힘주어 표현하면서 책 곳곳에서 여러 번 활용하는 개념들인 '접합', '비체(화)', '되건너가기'의 의미가 불충분하게 전달되었다는 점, 나아가 버틀러가 일관되게 사용하는 용어들('떠맡음', '전위', '대체')이 명사일 때와 동사일 때가 너무 다르게 번역되어 의미가 서로 연결되지 못한다는 점, 그리고 사소하게는 원문에서 이텔릭체로 강조한 내용을 너무 많이 누락했다는 점 등, 『의미를 체현하는 육체』와 나의 갈등은 처음 이 번역서를 준비했던 순간부터 시작되어 번역을 진행하던 내내 계속되었다.

하지만 모든 번역을 종료하고 책의 출판을 앞둔 지금 나의 그러한 불만들은 너무 어리숙한 태도에서 비롯되었다는 자각과 반성으로 바뀌었다. 이제 막 지식의 전문가 과정에 진입한 사람들에게서 주로 나타나는 그러한 불만은 '이 책 번역 너무 형편없어', '이 번역서를 볼 것이라면 차라리 원문을 보겠어', '나는 이런 수준의 번역 실력을 가진 사람은 절대 책을 내게 해서는 안 된다고 생각해'와 같이 짧고 간결하게 그리고 비아냥거리는 훈계조의 말투로 발화되곤 한다. 사실 이런 말 모두는 나와 내 동료들이 오랜 시간 동안 내뱉었던 말이고 지금도 가끔 내 주변에서 들려오는 말이기도 하다. 나를 비롯한 그들은 왜 그런 말을 하게 되었던 것일까? 지적 자만심과 우월감이 담긴 저 말들은 타인(번역자)의 인격과 능력을 비하하는 말이면서도 동시에 그 말이 발화되는 순간 속에서 자기 자신을 (최소한 번역자보다 더 상위의 지위로) 격상하는 말이며, 근본적으로는 그들 자신의 지적 게으름을 표현하는 말일 것이다. 그렇게 말하는 그 시간 그가 불만을 표출한 그 책의 새로운 번역서를 직접 만들어 내거나 아니면 그 책을 잘 이해한 뒤에 더 탁월한 책을 작성해 출판하면 그만이기 때문이다. 나를 비롯한 그 말들의 발화자들은 자기 자신을 뛰어난 지적 존재로 인정받기를 내심 욕망하고 그런 얼굴의 가면을 쓰면서 지성인의 패러디를 시도할 뿐, 그들의 내면 깊숙한 곳에서는 창조적인 지식과 지혜를 생산하기에는 자신의 능력이 한없이 부족하다는 생각이 열등감과 함께 똬리를 틀고 있을 것이다. 다른 사람들은 어떨지 몰라도 적어도 나에게는 그것이 분명한 사실이었다.

하지만 문제는 여기서 그치지 않는다. 내가 표출한 저 불만의 말들 안에는 더 불쾌하고 문제적인 것이 숨겨져 있기 때문이다. '정확한' 번역이라는 환상이 그렇다. 기표는 '저자'라고 불리는 어떤 주어(주체) 자리를 차지하는 사람의 의도를 담고 있고 그러한 의도는 유일한 하나의 의미로 표현되며 따라서 번역은 바로 이 단 하나의 의미를 다른 언어로 '옮겨야만 한다'는 것이 그 환상의 핵심을 구성한다. 이 환상은 현실에서 실현될 수 있는 것일까? 아니 그런 환상에 따르면 AI가 잘 발달된 지금 모든 번역은 이제 자동 기계들에게 양보하는 것이 더 나은 것이 아닐까? 번역은 그것이 특정한 몸을 가진 어떤 인간(성과 젠더, 섹슈얼리티, 인종, 계급에 속한다고 전제되는 인간)이 수행하는 것이기에 '정확성'에 도달하기 힘들고 근사치만을 추구해야 하겠지만, 그럼에도 계속해서 정확성의 환상을 집착적으로 추구하게 된다면 번역이라고 하는 신체적·물질적 과정은 점점 더 불필요해지게 되는 것이 아닐까?

우리들이 가진다고 말해지는 신체는 이전 번역서의 제목이 말해 주었듯이 '의미를 체현'한다. '의미'는 기표와 함께 그 기표가 발화되고 거주할 살아 있는 현실적 신체를 필요로 한다. 하지만 '정확성의 환상'은 늘 도달 불가능한 진리(초월적 진리관)를 전제하고, 따라서 신체를 불필요한 무엇인가로 바라보게 만들며, 이 세계의 물질적 맥락을 누락시키고 신체들이 수행하는 진행의 과정을 삭제하게 만든다. 그런 진리관에 따르면, 'A는 A'이지 'A 그리고 B'이거나, 'A일 수도 A 아닐 수도 있다'가 되어서는 안 된다. 'A'는 누가·왜·언제·어디서 발화하든 늘 'A'이고 반드시 다른 무엇도 아닌 바로 그 'A'여야만 한다. 그런데 번역은 'A'를 반드시 다른 무엇인가('에이'나 '아')로 옮기는 일이고 그런 옮기는 과정에서 말의 어떤 의미를 추가하거나 탈락시켜야 하는 일이 아닌가? 가령 'man'은 '맨'(슈퍼맨의 '맨'처럼)이기도 하고, '인간'이기도 하고, '남자'이기도 하며, 때로는 'wo'(혹 자궁womb의 'wo'였을까?)를 끌어와 그 말에 붙여 여자(wo-man)의 자리를 만들어 내기도 해야 하지 않을까? 아니 번역 이전에 애당초 저자 자신이 자신의 의도와 생각을 어떤 특정한 기표로 정확히 표현한다고 말하는 것이 가능한 일이기는 할까? 그런 점에서 '정확성의 환상'은 그와 연결되는 다른 여러 환상들과 함께 작동한다고 이해될 필요가 있다. '모든 기표는 저자가 만들고 저자만이 기표의 기원이라는 환상'(기원으로서의 저자라는 환상), '저자는 자기가 원하고 의도한 바를 어떤 기표로 정확히 표현한다는 환상'(기의와 기표의 일치라는 환상), '그렇게 표현되는 기표는 늘 언제나 동일한 의미를 보존할 것이라는 환상'(동일성의 보존이라는 환상), '기표를 다른 기표로 옮길 때에는 누구든 정해진 언어적 규범을 준수해야 한다는 환상'(언어 규범의 정당성이라는 환상), '옮겨진 말은 다른 누군가에게 또한 동일한 의미로 받아들여질 것이라는 환상'(의미 보편성의 환상) 등.

물론 우리는 기표와 의미화 없이는 타인과 어떤 말도, 소통도 할 수 없다. 그렇기 때문에 저 모든 환상들은 거짓된 사유의 이미지로서만 기능하는 데 그치지 않고 하나의 현실로서 작동하고, 나아가 그 현실이 누군가로 하여금 삶을 영위하게 만드는 근거가 되기도 한다. 국가, 주체, 남근, 진리, 성별, 이성애 등등과 같은 특정한 기표(및 담론)들은 우리의 환상을 구성하고 우리로 하여금 그것에 머물고 그것으로 살아가게 만든다. 인간은 기표 안에서 의미를 먹고 산다. 단 그의 환상 안에서. 이러한 환상에 사로잡혀 있는 이들에게는 기표가 주체의 자유 의지에 따라 발화되기 이전에 이미 주체를 잡아먹고 있다는 사실을 이해할 수 없다. 본문 5장에서 다루고 있는 윌라 캐더의 「감상적이지 않은 토미」가 말해 주는 것은 바로 이 점이다. "당당한 소녀인 나 토미는 비열한 남자 너 제이 엘링턴을 사랑한다" 속에서 '토미'는 여자와 이성애라는 기표에 사로잡혀 있을 때에만 비로소 화자로서 말하고 자기의 자유 의지를 '사랑'이라는 기표로 표현할 수 있다. 따라서 기표를 생산하는 순수한 저자란 있을 수 없고, 저자는 자신에 앞서 오로지 성과 섹슈얼리티가 권력으로 작동하는 맥락 속에서만 기표를 생산할 수 있다. 하지만 그렇게 생산된 사랑이라는 기표가 저자의 의도와 욕망을 정확히 반영한 것이 아닐 수 있다. 왜냐하면 "당당한 소녀 나 토미"는 "조그만 얼치기 소녀 제시카"를 향한 동성애적 욕망을 그 누구도 알아차릴 수 없게 숨겨야만 하고 따라서 그녀의 사랑 기표는 욕망

(의도)과 불일치할 수 있기 때문이다. 따라서 그녀가 사랑을 표현할 때 그것은 주관적 진실과 객관적 사실을 말해야 한다는 언어적 규범을 위반하는 것이며, 그러한 위반 속에서만 토미는 자신의 욕망을 숨기고 자신의 지위와 생존을 보장받을 수 있다. 토미는 제이 엘링턴의 채무 위기를 벗어나게 해주는 형태로 위장된 이성애적 사랑을 표현하지만 그러한 사랑의 기표 역시 부재중인 아버지 토마스 셜리의 이름을 떠맡은 자(남자의 가면을 쓰고 아버지의 서명을 대신하는 자)로서만 가능하며, 이러한 이름의 전위를 통해서만 위장된 사랑의 기표는 유효할 수 있다.

이런 점에서 '정확한 번역'이라는 환상은 실현이 불가능하다는 현실과 마주하게 되고, 더 나아가 기표가 늘 미끄러지고 대체되고 위장되고 은폐된다는 사실 앞에서 흔들릴 수밖에 없다. 초월적 진리관에 사로잡힌 이들은 언어가 언제나 위반의 가능성을 내장하고 있다는 점, 기표에 대한 말 오용을 통해 누군가는 자신이 생존할 자리를 만들어 낼 수도 있다는 점, 나아가 오독과 오역을 통해서 누군가는 텍스트의 의미를 새롭게 생산할 수도 있다는 점, 번역의 과정에는 반드시 살아 있는 신체를 가진 누군가—따라서 특정한 역사적 맥락 속에서 성, 젠더, 계급, 섹슈얼리티, 인종이 각인된 누군가—가 자신의 경험에 기반해 말을 옮길 수밖에 없는 물질적 조건을 가진다는 점을 이해하지 못한다.

초월적 진리관에 사로잡힌 자는 바로 과거의 나 자신이었으며 버틀러 책의 번역을 마무리한 지금 이 순간에도 그러한 세계관은 나를 초조함과 불안감에 시달리게 하고 언어 앞에서 주저하게 하기도 한다. 그럼에도 한 가지 분명한 것은 내가 번역을 마무리할 수 있기까지 가장 힘이 되었던 것은 『의미를 체현하는 육체』였다는 점이다. 이 책은 나를 주디스 버틀러의 사상에 처음 입문할 수 있도록 도와주었고 너무나도 난해했던 버틀러의 철학에 갈피를 잡을 수 있도록 안내를 해주었으며 또한 마르크스주의나 생태주의, 자율주의와 소수자 정치에 대한 실천적 관심이 페미니즘과 퀴어 이론의 범위에서 멀리 벗어나지 않는 한에서 전개될 수 있도록 이끌어주었다. 그것은 나의 부족한 능력으로 인해 발생한 버틀러 텍스트들에 대한 오독과 오인이 혼란에 머물지 않게 기준이 되어주고 표지판의 역할을 해주었다. 한국 사회에서 버틀러 연구를 수십 년 앞당겨준 그 책의 소중함을 이해할 수 있는 이는 그 책을 읽고 고민하고 토론한 이들에 한정된 것일지 모른다. 하지만 그러한 소중함과는 별개로 재번역서를 내고자 하는 이유에는 텍스트의 시간성을 형성하는 역사적 맥락이 변경되었고 이제 새로운 의미화가 생산될 필요가 있기 때문이다. 텍스트의 시간성에 대해 생각해 보자.

『의미를 체현하는 육체』는 23년 전인 2003년에 초판이 발행되었는데, 그 당시의 한국 사회는 새롭게 등장한 정치적·사회적 실천으로 과거와는 완전히 다른 풍경이 조성되던 때였다. 1990년대 중후반에 출현한 영 페미니스트들이 바로 그러한 풍경을 조성한 주요 행위자들일 것이다. 영 페미니스트들은 기존의 학생운동과 사회운동 진영의 저항 담론이 민족과 노동 중심으로만 의제 설정되는 데 강하게 반발했으며, 여성에게 가해지는 억압과 차별을 문화영역에 한정하면서 부차적 요소로 격하하는 일에 맞서면서 다양한 형태의 저항을 만들어 냈다. 1970-1980년대 여성 활동가들이 오랫동안 축적해 왔던 이론적 잠재력을 자신들의 시대에 폭발시켰던 영 페미니스트들은, 여성으로 살아가면서 직접 체험했던 고통과 상처들에 대해 말하기 시작했고 그런 상처가 각인되어 있는 바로 그 여성 몸을 구심점 삼아 새로운 저항을 조직했다. 그녀들은 대학의 기성 커리큘럼에는 포함되지 않았던 페미니즘과 성 정치학을 학습하기 위해 스스로 강좌를 기획하고 자신들의 몸을 읽어낼 교사를 생산했고(제2 대학들), 여성 몸에 가해진 부당하고 오인된 저주에 맞서기 위해 의미를 역전시키는 새로운 형태의 축제를 창안해 냈다(월경 페스티벌). 나아가 여성의 계보를 원천적으로 삭제하는 이름의 굴레 속에서 엄마의 자리를 만들어 내거나(부모 성 함께 쓰기) 아니면 물려받은 이름이 아닌 새로운 이름을 만들어 쓰면서 나이·성·지위에 구애받지 않는 수평성을 구축하고 그것을 막 발아하던 인터넷 문화 안으로 유입시켰다(비격식의 반말 문화). 또한 거리와 학교와 회사에서 무턱대고 따귀를 때리던 지긋지긋한 가부장 치안 판사들에 맞서 도발적인 흡연 시위를 기획했으며(여성 흡연권 거리행진), "개돼지와 다름없다"고 막말하던 유림의 올드 보이들에 맞서 가족 내 상속과 소유권 문제를 둘러싼 불평등 구조에 도전했다(호주제 폐지 운동).

영 페미니스트들과 그들의 선배들은 바로 이러한 활동 속에서 자신들이 머물고 거주할 쉼터, 카페, 인터넷 커뮤니티, 자신들의 언어로 뉴스를 생산하는 새로운 언론, 그리고 인문학과 예술을 통해 여성성을 표현하는 현장인 잡지와 연구 서적, 영화제를 만들어 냈다. 카페 고마, 언니네, '페미니스트 저널 일다', 《이프(IF)》와 《여/성이론》, '여성영화인모임'과 더불어 새롭게 출범한 다양한 여성영화제들(가령 여성영화제, 서울국제여성영화제, 여성노동영화제), 그리고 대학과 직장 내 여성 휴게실, 성폭력 상담소, 인권센터들의 설립 및 강화 등 거점(그리고 여성들이 자유롭게 기대고 휴식하고 말하고 생산하는 장소)들의 목록은 끝없이 이어졌다. 페미니즘 운동의 이러한 풀뿌리 활동들은 한편으로는 국가 권력 기관들과 정당, 지자체들이 '여성부'를 필두로 여러 형태의 여성위원회를 신설하게 만드는 압력으로 작용했으며, 다른 한편으로는 '100인위'(운동사회 성폭력 뿌리뽑기를 위한 100인 위원회)의 활동, 즉 각 대학의 총학생회, 노동조합, 시민사회 운동 단체 등에서 벌어진 남성 지도자들의 성폭력 사건을 공개 조사하고 그 명단을 폭로하는 계기로도 기능했다. 그리고 그것은 또한 다시금 잠재력으로 자리 잡아 이후 #미투운동에 지지와 성원을 보내는 풀뿌리 기반이 되었을 것이다.

이 모든 활동의 공통점은 여성과 그 물질적 몸이 사건이 일어나는 현장 자체라는 점이다. 세상의 절반임에도 1990년대 후반까지 한국 사회에서 '여성'은 지워지고 망각되고 상실된 이름의 지위에 처해 있었고 그 몸에 '의미를 부여하는 활동'이 폭발하고 나서야 비로소 육체는 '의미를 체현'하기 시작했다. 바로 이 역사적 맥락이 "*Bodies That Matter*"를 『의미를 체현하는 육체』로 옮기는 결정적 계기였다고 나는 생각한다. 그리고 그것은 버틀러 자신의 말에서 비롯된 것이기도 하다.

물질화의 원리는 정확히 그 몸과 관련해 '중요한' 것, 바로 그 인식 가능성이다. 이러한 의미에서 뭔가의 의미를 안다는 것은 그것이 왜 어떻게 중요한지 아는 것이며, 여기서 '중요하다는 것'은 '물질화한다는 것'과 '의미 있다는 것'을 동시에 의미한다.(81쪽)

그런데 버틀러의 책은 또 다른 의미의 장으로 진입할 필요성을 제기하기도 하는데, 그것은 새롭게 번역되는 2026년 지금 현재에 더 유효한 의미일지도 모르겠다.

주체들이 형성되는 이러한 배타적 모체는 비체적 존재들 즉 아직 '주체들'은 아니지만 주체 영역의 구성적 외부를 형성하는 이들의 영역을 동시적으로 생산할 것을 요구한다. 여기서 비체는 엄밀히 말해 '살 수 없고' '거주할 수 없는' 사회적 삶의 지대에 있는 이들을 지칭한다. 그럼에도 불구하고 이 지대에는 주체의 지위를 누리지 못하는 이들이 밀집해 살고 있는데, 단 그들의 삶은 '살 수 없음'의 기호하에서 주체 영역의 경계를 설정할 것을 요구받는다.(24-25쪽)

비체적 존재들 즉 '의미를 체현하지 못한 육체'는 '여성'이라는 기표를 뛰어넘어 '퀴어', '소수자', '버려진 자들', '이주민', '비주체적 존재'를 포괄한다. 그 몸들은 파시즘의 기운이 전 세계를 휘어감고 있는 2026년 현재 가장 문제가 되는 몸들이다. 여성 혐오는 여전하고 그렇기에 여성의 지위는 늘 불안정하지만, 그 여성은 생물학적 몸으로 규정되는 그 존재로 한정될 수 없다. 여성은 섹슈얼리티와 교차하고, 인종 및 계급과 접합되며, 버려지고 이주하는 이들과 중첩된다. 여성의 신체가 의미를 체현하기 위해서라도 의미를 체현하지 못한 신체를 중요한 몸으로 이해하고 그 속에서 새로운 연합의 가능성을 모색해야 한다. 흑인 동성애자, 레즈비언 여성, 가난한 이주민들, 정리해고되고 최저임금에 시달리는 이성애자[를 모방하는 이]들은 거리에서, 공항 검색대에서, 인터넷 게시판에서, 밀실에서 물리적 폭력과 언어폭력에 일상적으로 노출되어 있으며, 극우주의와 파시즘으로 물든 국가 권력은 바로 이 '의미를 체현하지 못한 물질적인 몸'을 과녁 삼아 증오와 혐오의 화살을 날리고 그 몸에 죽음의 그림자를 드리우고 있기 때문이다. 그렇기에 우리의 책은 비체들의 결집지로서, 정상성을 위반하는 저항을 학습하는 장으로서, 그래서 버림받고 상처받은 신체를 새로운 의미로 구성하는 현장으로서, 자기의 역사를 만들어 내길 바란다. 블랙라이브스매터가 만들어 낸 저항의 흐름은 더 폭넓은 흐름으로 확장될 필요가 있다. '흑인의 삶이 중요한(Black Lives Matter)' 그 이상으로 그들을 포괄하는 '비체의 삶은 중요(Abject Lives Matter)'하기 때문이다.

이 책은 무수한 사람들의 도움으로 번역될 수 있었다. 앞서 언급했듯 먼저 김윤상 선생님에게 고마움을 전하고 싶다. 버틀러에 대한 나의 관심과 이해는 그의 번역서를 통해 구성되었고, 그러한 조건 속에서 다시 새로운 번역을 해낼 수 있었기 때문이다. 처음 재번역을 기획하고 초벌 번역에도 참여했지만 개인적 사정으로 끝까지 함께하지 못한 유민석, 정유진에게도 감사의 마음을 전하고 싶다. 주현은 초벌 번역을 같이 검토해 주고 나아가 생경한 정신분석학의 용어들을 이해하는 데 큰 도움을 주었다. 한국철학사상연구회 여성과철학분과 연효숙, 김세서리아, 유가연, 주현은 책의 중요한 테마인 이리가레의 『반사경』을 함께 읽음으로써 책이 번역될 수 있는 기반을 제공했으며, 또한 한철연의 신유물론분과, 생태적지혜연구소의 페미니즘 세미나팀, 신유물론 세미나팀 등도 책을 출판하는 데 있어 많은 조언과 도움을 주었다. 페미니즘의 다양한 영역에 접근할 수 있도록 도움을 주었으며 이 책의 해제와 감수를 해준 김은주 선생님에게도 감사를 전한다. 페미니즘 운동 속에서 버틀러의 책이 어떤 위상을 가질 수 있는지 깨닫게 해준 김홍미리와 책이 처음 기획되는 순간 알렙 출판사와 연결해 주면서 책의 의미에 대해 설득해 주었던 고(故) 신승철은 1995년 이래로 늘 내 삶을 이끌어준 사람들이다. 그리고 책 출판의 마지막 순간에 작업에 집중할 수 있도록 삶의 시간을 희생해 준 이윤경, 그리고 큰 인내심으로 기다려준 생태적지혜연구소 이사회 및 조합원들에게도 큰 빚을 졌다. 마지막으로 게으른 번역자를 밤새 기다리고 다독이면서 매 순간 응원을 아끼지 않았으며, 교정과 교열, 출판까지의 모든 과정을 총괄한 알렙 출판사 조영남 대표님께도 감사를 전한다.

2026년 1월

이승준

마

333, 335-336, 458, 488

셰익스피어, 윌리엄(William Shakespeare) 308

소크라테스(Socrates) 102, 125

손튼, 오스탕스(Hortense Thornton) 359, 509

쇼어, 나오미(Naomi Schor) 6, 94, 111

스마이스, 체리(Smyth Cherry) 467, 508

스콧, 조앤 W.(Joan W. Scott) 5, 464

스트로슨, 피터 프레더릭(Peter Frederick Strawson) 433

스펠만, 엘리자베스(Elizabeth Spelman) 92, 508

스피박, 가야트리 차크라보르티(Gayatri Chakravorty Spivak) 20, 57-58, 70, 74, 248, 255, 445, 468, 509

스필러스, 오스탕스(Hortense J. Spillers) 359, 371, 498, 508

실버만, 카자(Kaja Silverman) 228

아

아리스토텔레스(Aristotle) 15, 54, 80-84, 88, 91, 95-96, 99-100, 107, 129, 433, 437, 443, 496

아리스토파네스(Aristophanes) 423

아브라함, 니콜라스(Nicolas Abraham) 179

아피아, 앤서니(Anthony Appiah) 56, 495

안잘두아, 글로리아(Gloria Anzaldúa) 246, 258

알라르콘, 노르마(Norma Alarcón) 378

알렉산더, M. 재키(M. Jacqui Alexander) 247, 495

알튀세, 루이(Louis Pierre Althusser) 88, 156, 252-254, 390, 395-397, 461

에퍼슨, 존(John Epperson)[립싱카(Lypsinka)] 476

엘리스, 해블록(Havelock Ellis) 325, 499

오미, 마이클(Michael Omi) 6, 94, 111

오브라이언, 메리(Mary O'Brien) 6, 131, 358, 464, 499

오브라이언, 샤론(Sharon O'Brien) 294

오스틴, 존 랭쇼(J. L. Austin) 38, 45, 458, 460, 496

오트너, 셰리 B.(Sherry Ortner) 27, 507

자

잔모하메드, 압둘 R.(Abdul R. JanMohammed) 247
존슨, 바바라(Barbara Johnson) 345, 358, 378, 384
존스, 어니스트(Ernest Jones) 179, 433
주잇, 세라 온(Sarah Orne Jewett) 91, 310-311
지젝, 슬라보예(Slavoj Žižek) 61-62, 314-315, 389-413, 415-417, 419-420, 422-424,
    426-432, 438, 441-444, 447-448, 450, 511

차

초도로우, 낸시(Nancy Chodorow) 491, 498
초우, 레이(Rey Chow) 247, 262, 360, 363-364, 475

카

카루스, 캐시(Cathy Caruth) 35, 497
카비, 헤이즐(Hazel Carby) 358-359, 361, 363, 371
카프카, 프란츠(Franz Kafka) 231, 302, 502
칸트, 임마누엘(Immanuel Kant) 151
코넬, 드루실라(Drucilla Cornell) 5, 7, 397, 471
코프, 카린(Karin Cope) 6, 307, 410
크레이머, 레리(Larry Kramer) 476, 502
크레인, 헬가(Helga Crane) 360, 370
크리스찬, 바바라(Barbara Christian) 358, 378, 384
크리스테바, 줄리아(Julia Kristeva) 34, 104, 157-158, 503
크림프, 더글라스(Douglas Crimp) 476, 483, 498
크립키, 솔(Saul Kripke) 314-315, 426, 430-437, 439, 441-442, 444, 502

가

그루터기(la souche) 165-166

근사치(approximation) 48-50, 143-144, 180, 192, 221, 263, 269, 287

근접성(proximity) 114, 117, 158, 353

금기(taboo) 124, 130, 161, 205, 208, 210, 229, 346, 400

급진민주주의(radical democracy) 53, 394-398, 401, 430, 432, 506

기반[근거](ground) 48, 53, 55, 72, 156, 203, 243, 246, 249-250, 262, 264, 270, 288, 387, 394-398, 401, 410-411, 427, 430, 432, 506

기의/기표(signified/signifier) 11, 31, 42, 53, 59, 61, 86, 88, 96, 111, 131, 135, 153, 155, 162, 165, 182-183, 197, 205, 212, 216, 226-227, 283, 285, 297, 300, 307, 309-310, 314, 324, 334, 336, 348, 357, 361, 390, 400, 403-407, 412, 414, 417, 421-422, 424-427, 429-431, 442-444, 450, 460, 463, 511

기형(deformation) 52, 103, 469

기획(project) 5-7, 11, 30, 64, 71, 89, 92, 163, 174, 225, 228, 256, 260, 273, 357, 397, 401, 404-405, 407, 423, 432, 490

나

나르시시즘(narcissism) 53, 134-136, 138-139, 142-143, 146, 148, 159-160, 162-163, 166, 171-176, 188, 215, 313-314, 374-375, 448

남근/남근 로고스 중심주의/남근형태주의(phallus/phallogocentrism/phallomorphism) 16, 54-55, 89-90, 95, 98, 106, 108, 111-112, 114-118, 124-126, 131-134, 140-145, 147, 163-164, 168, 172-176, 177-199, 207-208, 216-220, 222-223, 228, 235, 258, 280-282, 286-288, 309, 315, 327-328, 383, 402, 405-406, 416, 421, 446

네임스 프로젝트 퀼트(NAMES Project AIDS Memorial Quilt) 483

노에마(noema) 411

논박(refutation) 25, 445

논쟁/논쟁하기(argumentation/arguing with) 17, 31, 35, 42, 59, 62-63, 71-72, 86, 125, 129, 179, 202-203, 213, 328, 387, 389, 487

누빔점[고정점](points de capiton) 426-427, 431, 441

늑대인간(Wolf Man) 419

다

다시 자리 잡다(replace) 342

다이크(dyke) 207, 219, 235

대리 보충/보충(supplément/supplement) 400

대체[교체](substitution) 29, 36, 50, 80, 87, 92, 95, 102, 106, 114-115, 117, 129, 139-140, 143, 145, 147, 178, 180, 185-186, 195, 212-213, 233, 250, 267, 275, 296, 305, 310, 314, 316, 334, 347, 402, 408, 414, 417, 433, 456

대타자[타자](Other) 97, 158, 165, 170-173, 188, 238, 383

대항-전략(counterstrategy) 193

데코메논[밀랍](dechomenon) 99

도용 가능성(expropriability) 142, 473

동성애/동성애 혐오(homosexuality/homophobia) 147, 190, 211, 228, 249, 262-266, 270-271, 275-276, 327-328, 468, 470, 474-475, 477, 486

동일성[정체성]/동일시(identity/identification) 40, 117-118, 123, 154, 184, 186, 194, 196-197, 214, 288, 314-315, 317, 397, 412, 419, 442, 445, 450

되건너가기(crossing back/retraversée) 113, 116

되풀이[반복]/되풀이하다(reiteration/recur[rehearse]) 40, 73, 112, 157, 159, 197-198, 204-205, 218, 226, 228-229, 238-239, 260, 268, 304, 307, 312, 332, 339-340, 462

드랙/드랙 볼(drag/drag ball) 266, 268, 270-271, 273, 275-280, 282-283, 475, 491

디아스키마티조메논[모델화/형성](diaschematizomenon) 100

디케스타이[받아들이기](dechesthai) 100

떠맡음[떠맡기](assumption) 16, 29, 44, 46, 48-50, 54-55, 59, 91, 139, 151, 187, 201, 207, 213-214, 216, 218, 221, 231, 236-238, 296, 346-347, 353, 377, 400, 406, 464

라

레즈비언/레즈비언 남근(lesbian/lesbian phallus) 16, 54, 133-134, 145, 147, 164, 178, 186-187, 190-193, 197-199, 258, 421

로고스(logos) 9, 55, 70, 89-90, 95, 98, 106, 112, 114-118, 125

리비도(libido) 47, 134-136, 138-139, 145, 148, 162, 165, 168, 171, 174, 376

마

마비(paralysis) 245, 248, 376, 456, 468

말 오용(catachresis) 93-94, 98, 108, 116, 183, 248, 407, 435-436, 438-440, 444-445, 450

모성/모체(mothering/matrix) 104, 112, 114, 158, 160, 174, 295, 491, 498

문제/문제시하다[중요하다](problem[matter]/matter) 8-9, 11, 13-14, 16-17, 21, 24, 26, 29-30, 32-35, 37-40, 42, 48, 52, 54, 57, 59-62, 64, 67, 72-73, 75-78, 88, 91, 98, 102-103, 105, 116, 120-121, 129-130, 137, 140, 149, 153, 160-161, 163, 172, 186, 190, 202, 205-206, 224, 227, 231, 233, 240, 242-243, 245-246, 248, 250-251, 253, 263-264, 272, 285, 294-295, 297, 299, 307-308, 311-312, 315, 317, 324, 328, 334, 345, 348-349, 352, 362, 364-365, 367, 371, 373, 375-378, 389-391, 393, 395, 397, 399, 401-402, 406, 414, 418, 425, 435, 438, 441, 444, 446, 449, 456, 458, 460, 462, 464, 468-469, 472, 476, 480, 485, 490, 492, 500

물신화[물신 숭배](fetishism) 62, 284

물질/물질성/물질화(matter/materiality/materialization) 8-9, 11-12, 14-15, 21-24, 26-27, 37, 41-42, 44, 48, 51-55, 64, 67, 70-79, 80-89, 92, 95-99, 100-103, 105-108, 114-117, 119-123, 125-130, 146, 150-158, 166, 229, 338, 354, 387-388, 407, 419, 479

미끄러짐(slide) 141, 183, 255, 299, 332, 408, 426

미래성(futurity) 170, 394, 397, 401, 447

미러링(mirroring) 168, 178, 180, 338, 489

미메시스/미메타(mimesis/mimeta) 164

민족성(ethnicity) 246

민주주의/민주화(democracy/democratization) 53, 61-62, 394-398, 401, 423, 429-430, 432, 506

바

바위(rock) 17, 405, 407-413

반박하다(dispute[refute]) 12, 25, 30, 54, 75, 189, 239, 261, 413

반복/반복 가능성(repetition/iterability) 12, 14, 16, 22-24, 33, 37-40, 42, 44-46, 49-51, 55, 61, 65-66, 75, 87, 91, 102, 106, 111-117, 122, 144, 153, 158-159, 196-197, 204-205, 208-209, 211, 218, 221, 225, 229, 231-232, 241, 250, 255, 257-261, 268, 273, 276, 284-285, 293, 299, 304-305, 312, 320, 322, 331, 341, 354, 366, 372, 383, 387-389, 405, 411, 417, 427, 434, 436-438, 440, 449-451, 456-457, 459-460, 462-463, 472, 477-478, 480, 483, 485, 495

반사적(specular) 54, 56, 70, 89, 97-98, 115, 126, 149, 161-162, 165-168, 170-172, 174-178, 180, 183, 195, 220, 333

발원(origination) 78, 112, 230, 408

매열(configuration) 40, 56, 58, 78, 81, 84, 114, 151, 155, 195, 199, 206, 224, 229, 235, 248, 276, 346, 397, 439, 466, 468, 472, 491-492

밴대질(tribadism) 324-325

벽장(closet) 11, 60, 296

보헤미안(bohemian) 305-306, 323

복사(본)/복제(copy/replication) 108, 124-125, 127

복수성(plurality) 246

본질주의(essentialism) 34-35, 95, 116, 201-203, 401, 427, 430-432, 445-447, 473

부계/부성(父性)(patrilineage/paternity) 91, 101, 108, 162, 315-317, 320, 434, 437-438, 440

부인/부인하다(disavowal/disavow[disallow/denial]) 10, 24-26, 41, 98, 108-109, 114, 116, 126, 152, 162, 184, 193, 237, 239-241, 244, 283, 349, 353-355, 368, 384, 478-479, 482-483, 497

부정/부정하다(negation[denial]/negate) 25, 41, 64, 75, 92, 102, 134, 144-145, 148, 152, 170, 173, 176-182, 184, 186, 194, 213, 216, 219, 224-225, 234, 239, 249, 256, 275, 322, 327, 354, 363, 368, 392, 399, 401-402, 408, 420, 423, 445, 450

불복종(disobedience) 63, 112, 226, 254-255, 484

불안정성/불안정화(instability/destabilization) 16, 22, 26, 37-38, 53, 194, 206, 226,

244, 285, 313, 444, 446, 461

불화(dissension) 165, 249, 389

비모순율(logic of non-contradiction) 144, 164, 195, 249

비신체화된(disembodied) 9, 119, 280, 282

비유(trope) 31, 95, 99, 123, 143, 192, 211, 278, 280, 316, 335, 459, 484

비체(卑體)/비체화(abject/abjection) 13, 24-26, 34-35, 50, 52, 63, 187, 191, 207-208, 215-216, 219-220, 233, 235-242, 245, 258, 274-276, 281, 283, 388, 393, 403, 421-422, 456, 458, 472, 474, 477, 486, 490-491

비형상화(disfiguration) 103

사

사도마조히즘(sadomasochism) 212, 421-422

사변적[관조적](speculative) 84, 89-91, 116, 124, 375

상상계(the imaginary) 16, 54, 133, 136, 138, 141, 161-163, 167, 169-170, 173, 175-177, 192, 198-199, 217, 223, 225-228, 235-237, 287, 390, 405, 421

상정(想定)[전제](presumption) 29, 31-32, 36, 40, 50, 65, 72-73, 75, 79, 85, 114, 130-131, 139, 145, 191, 193, 205, 209, 212, 235, 243, 264, 294-295, 297, 352-353, 430-431, 434-436, 443, 452, 457, 459, 488-489

상징계(the symbolic) 43, 48-49, 50-53, 55, 60-61, 63, 158, 160-161, 164, 167, 175-177, 185, 187, 192, 194, 196, 199, 206-210, 216-218, 220-223, 225-230, 232-238, 241-242, 272-274, 285-288, 313, 316, 331, 377-378, 383, 386, 390, 399, 403-404, 417-420

상투어(formula) 46

생태학[생태주의](ecology) 27

서발턴(subaltern) 58, 245, 248, 509

서출(庶出)적(bastard) 96, 101, 410, 500

선머슴(tomboy) 297, 318

성감대/성감성/성감화(erotogenic zone/erotogenicity/erotogenization) 134, 136, 139-141, 147, 163, 183

성애화(eroticization) 53, 64, 66, 135, 145, 198, 208, 211-212, 220, 234-235, 246,

아

아버지 법(law of the father) 161, 288, 403, 441, 447

알맹이(kernel[le noyau]) 407-408, 411-414, 417

액트업(ACT UP=AIDS Coalition To Unleash Power) 475

언어 만능주의/언어 일원론(linguisticism/linguistic monism) 35

언표 행위(l'énonciation) 46, 242, 426

얼룩(stain) 62, 403, 417

에로티시즘/성애화하다(eroticism/eroticize) 113-114, 135, 195, 288, 343, 362

에이즈 메모리얼 퀼트(AIDS Memorial Quilt) 483

에일레펜[떠맡다](eilephen) 121-122

엑스타시(ekstasis) 170

엑시스타타이 디나메오스[그녀 자신의 본성을 벗어나다](existhathai dynameos)
     122

여성성(femininity) 10, 15, 54, 78, 97, 101-103, 106, 122, 128, 187, 220, 248, 267-
     268, 274, 277, 279-280, 288, 317, 377, 473, 477, 480, 482, 487, 489, 491

여성 혐오(misogyny) 190-191, 262-264, 266, 276, 332-333, 468

역전[자리 바꿈](reversal) 124, 126, 140, 145, 175, 181, 195, 215, 228, 257, 263,
     265, 317, 320, 325, 327, 353, 423, 456, 474, 499

연쇄 38, 40, 63, 83, 143, 188, 204, 211, 224, 228, 271, 397, 460

영혼 50, 80-82, 84-85, 87, 89, 99, 108, 131, 135-136, 150-151, 153, 157, 162, 164,
     170, 206, 279, 362, 368, 379, 496

오이디푸스(oedipus) 62, 187, 207-208, 211, 402, 404-405, 412, 417

오인(誤認)(misrecognition[méconnaisance]) 162, 169, 193, 254, 285, 394, 447-448

오해(misapprehension) 14, 168

온전함(integrity) 25, 60, 161-162, 167-168, 173-174, 176, 188, 241

올바른 마음[이성애](straight mind) 190

외삽(extrapolation) 136, 166, 173-175, 178-179, 433

외재화(exteriorizing) 54, 198

우연성(contingency) 17, 288, 395-404, 407, 415, 427, 450, 453, 469

우울/우울(증)(depression/melancholy) 17, 149, 159, 265, 477, 479-483, 485, 493,

이성애(heterosexuality)　14, 22, 24, 43-44, 48, 50-55, 57, 59, 62, 64, 66, 123-126, 129, 133, 144, 146, 149, 164, 174, 188-195, 197-199, 202, 207, 209, 211-213, 220, 227-228, 233, 235-241, 244, 257, 260-266, 267-268, 270-271, 275, 277, 283-284, 288, 295, 298, 301, 312, 316, 319, 323, 328, 332, 334, 337, 346, 373, 381-382, 390, 405, 421, 423, 456, 459, 462, 470, 472-473, 477-478, 481-482, 484-485, 488-489, 491

이음매[접점](juncture)　258-259

이해(포괄)하기(comprehend)　5, 12-14, 22-24, 31-32, 36, 38-40, 48, 50, 55, 61, 63, 65-67, 70-72, 75-77, 79, 82-85, 87, 90, 97, 100-101, 108, 114-115, 117, 122, 126, 130-131, 134, 140, 143, 146, 151, 153, 156-158, 160, 164, 172-173, 175, 182-183, 185, 187-189, 196, 202-204, 210-211, 223, 225-226, 229, 232-233, 241, 243, 248, 258-260, 264, 268, 285-287, 296, 305, 307, 310, 314, 319, 330-331, 346-347, 363, 372, 374, 377, 383, 387, 389, 393, 396-397, 399-402, 405, 410, 412-414, 416-419, 423, 429, 432-433, 437, 439, 441-442, 449, 452, 458, 464, 470-471, 477, 479-480, 484, 487, 493

이행적 지시 작용(transitive referring)　31

인간주의(humanism)　11, 32, 36, 245, 249-250

인공물(artifice)　12, 32, 80, 203

인식/인식 가능성(cognition/intelligibility)　13-14, 23, 26, 28, 30, 32, 48, 53, 55, 58, 60, 65-66, 72, 76, 80-83, 86-88, 95-98, 110-111, 118, 125-126, 130-131, 136-137, 140, 145, 150-151, 159, 162-163, 168, 170-171, 173-175, 208, 222, 228, 238, 245, 252, 278, 286, 288, 296, 313-315, 319, 342, 363, 367, 370, 388, 391, 393, 396, 411, 419, 423, 425, 428, 458, 475, 477, 480, 482, 492

인용성(citationality)　15, 44, 46, 48, 51, 62-63

인접성(closeness)　31, 41, 63, 70, 110, 114-115, 121, 133, 158, 217, 239, 242, 254, 258, 261, 270, 277, 280, 295, 313-314, 325, 367, 372, 389, 394, 421, 434, 442, 448, 461, 466, 493

인정(recognition)/인정(認定)하다(admit)　31, 41, 63, 110, 121, 133, 217, 239, 242, 254, 258, 261, 270, 277, 280, 295, 313-314, 325, 367, 372, 389, 394, 421, 434, 442, 448, 461, 466, 493

인종차별주의(racism)　257, 276, 353, 362, 371, 376, 384, 468

자

자가[자체] 발생(autogenesis) 23, 36, 41-42, 86, 89, 103, 108, 116, 129, 139, 143, 150-151, 173-174, 188, 212, 219, 224-225, 228, 230, 235, 242, 255, 263, 270-271, 281, 293, 295, 298, 300, 303-304, 310-311, 321-322, 336, 342, 349, 362, 367, 435, 439, 482-483, 486, 493

자궁(womb) 78, 103, 109, 128

자기-근거(self-ground) 26, 92

자리 바꿈(reversal) 35

자아-이상(ego-ideal) 148, 165, 169, 375-376

잘못 붙여진 이름(misnomer) 31

저항(resistance) 8, 51, 57, 61-62, 65, 88, 105, 127, 158, 208, 211, 218, 222-223, 225-228, 233, 236, 275-276, 310, 318, 336, 357, 364, 367, 369, 371, 379, 396, 401, 407, 410, 412, 417, 419-420, 424-425, 438, 446, 451, 462, 467, 472, 477, 490, 497

전위[자리 바꿈](displacement) 72, 92, 103, 112, 114, 122, 124, 129, 140, 143, 157-159, 166, 187, 195, 197, 199, 210, 212, 215, 219, 225, 242, 245, 249, 257, 260, 262, 264-265, 276, 298, 300-302, 304-305, 311-312, 316-317, 320, 323, 333-334, 342, 362-363, 372, 374, 376, 379, 405-406, 408, 428

전유[횡령](appropriation) 16, 24, 33, 44, 51, 59, 113-114, 120, 209, 224, 245, 253, 262, 264-266, 269, 284, 298, 307, 316, 320, 333, 375, 392, 402-403, 406, 441, 456, 473, 482, 491

전이 가능성(transferability) 142-144, 472

전제(presupposition[presumption]) 24, 26-28, 30-33, 37-39, 42-43, 51, 58-59, 73, 75, 94, 98, 101, 136, 175, 197, 208, 217, 228, 237-238, 260, 287, 346-347, 377, 395, 401, 420, 431, 439-440, 442, 465

절단(cut(la copure)) 70, 114, 423

접근/접근 가능성(accession/accessibility) 20, 30, 34, 48-50, 101, 138, 140, 143, 145, 150-151, 155, 165, 169, 171, 173-174, 177, 217-218, 275, 278, 484

접합(articulation) 12, 14, 22, 26, 34, 50-52, 56-57, 59-61, 67, 73, 107, 115, 126, 137, 142, 163, 207, 224, 228-229, 233, 237-240, 242, 247-248, 250, 254-256,

258, 271, 275-276, 279, 288, 346, 378-379, 393-394, 396-397, 401-402, 404-406, 421, 423, 431-432, 446-447, 469, 485, 490-491

정신병/『정신병』(psychosis/Les Psychoses) 24-25, 50, 158, 202, 210-212, 373, 386, 391-392, 396, 411, 417, 419, 422, 428, 438-439, 446, 500

정신분석(학)(psychoanalysis) 16, 24-25, 47-48, 59, 61-62, 64-66, 93, 105, 114, 130, 134-137, 148, 164, 179-180, 190, 201, 206, 208, 211-212, 226-227, 236, 240, 243, 265, 272, 285, 345, 347, 357-358, 371, 374-375, 377-379, 389-391, 394-395, 404-405, 410, 412, 415, 420, 478-479, 488, 492, 496-497, 500, 503-504

정신적/육체적(psychic(al)/physical) 149, 156, 225, 240, 318, 473, 479

제3 세계(Third World) 58

제국주의(imperialism) 58, 163, 245, 247, 249

제유(법)(synecdoche) 94, 128, 131, 286-287, 307

젠더/젠더 수행성/젠더화(gender/gender performativity/gendering) 9, 11-14, 16-17, 21-24, 27-35, 37, 43, 51, 59-61, 64, 72-73, 75, 80-81, 102, 123-124, 149, 161, 188, 199, 201-202, 207, 212, 219, 235-236, 245-247, 253, 257, 259-261, 263, 266-267, 270-271, 277, 279, 284, 288, 293-297, 311, 317, 319-320, 329-331, 333-337, 340, 347, 375, 378-379, 390, 446, 458, 470-474, 478-481, 482-485, 486-487, 488-491, 497, 502

주의주의(主意主義)(voluntarism) 32, 202-203, 472, 492

주체[예속]화(assujetissement) 11, 24-26, 31-38, 40, 45-46, 48-52, 57, 65-66, 70, 73, 79, 84-85, 87, 103, 148, 151, 158-159, 162, 164-165, 167-171, 177-178, 189, 200, 203-205, 208-212, 218, 223-225, 229, 233, 235, 237-246, 249, 253-256, 258-259, 272-274, 281, 311-314, 316, 355, 388-389, 391-394, 398, 401, 409, 416, 418-420, 422, 425, 427, 429-430, 460-462, 464-465, 469, 472-474, 493, 500

주체화된/종속된(subjectivated/subjected) 11, 24-26, 31-38, 40, 45-46, 48-52, 57, 65-66, 70, 73, 79, 84-85, 87, 103, 148, 151, 158-159, 162, 164-165, 167-171, 177-178, 189, 200, 203-205, 208-212, 218, 223-225, 229, 233, 235, 237-246, 249, 253-256, 258-259, 272-274, 281, 311-314, 316, 355, 388-389, 391-394, 398, 401, 409, 416, 418-420, 422, 425, 427, 429-430, 460-462, 464-465, 469, 472-474, 493, 500

중복[이중화](redoubling) 103, 209

지시성(referentiality) 35, 41, 287-288, 430, 445

지시체[지시 대상]/지시 작용(referent/referring) 17, 73, 79, 86, 155, 158, 186, 198, 217, 229, 255, 317, 414, 425-426, 428, 431, 433-437, 439-440, 443-447

지형학(topography) 73, 91, 105, 107

진리-체제(truth-regime) 127, 477

집결지(rallying point) 389-390, 394, 397, 409, 427, 470

집시(gypsy) 61, 306

차

찬탈(usurpation) 93

처녀 자리(virgin spot) 103

철학적 공리(philosophemes) 112

초자아(super-ego) 375-377, 379

치환(permutation) 147, 405

친밀성(intimacy) 114

친족(kinship) 33, 156, 161, 206, 214, 228, 258-259, 279, 283, 285, 316, 439-441, 483, 491

침범하다(trespass) 60, 262, 280, 318, 371

침투 가능성(penetrability) 122

카

카섹시스(cathexis) 148, 233

코라(chora) 54, 96, 98, 101-102, 104, 106-107, 117-118, 422

코제브(Kojève) 169

퀴어/퀴어함(queer/queerness) 14, 16-17, 26, 59, 61, 63, 149, 258-259, 262, 265, 270, 275, 293, 345, 364-366, 369, 384, 451, 455-456, 458, 462, 464-469, 470-475, 477, 488, 490

페르키피(percipi) 161, 170, 179, 314

페미니즘(feminism) 11, 14, 26-28, 58, 71-76, 83, 92, 114, 120-121, 129, 133, 137,
       180, 190-191, 193, 201, 247-248, 262-264, 345, 377, 389, 404-405, 412, 417,
       422, 446, 452, 467, 479, 488, 490, 497, 501, 506

편집증(paranoia) 373, 500

폐기(Verwerfung) 24-25, 504

폐제(foreclose) 24, 26, 33-35, 38-39, 51, 64, 66, 73, 75, 113, 118, 188, 191, 220,
       243, 245, 284, 332-333, 343, 373, 388, 391-393, 400, 403-404, 406, 409, 412,
       417-420, 425, 427-428, 444, 447, 450-452, 481

포기하다(relinquish) 28-29, 135, 188, 218, 222-223, 440, 481

포스트구조주의(post-structuralism) 44, 71-72, 75-76, 390-391, 405, 407, 411-412,
       420, 422-423

표시/표시태(mark/marker) 9, 21, 28-29, 43, 46, 62, 65, 71, 96, 102-103, 116, 139,
       141, 144, 156, 161-163, 169, 171, 178, 186-187, 198, 202, 207, 209-210, 216-
       218, 221-223, 242, 245-246, 249, 256, 267, 271, 281, 301-302, 318-319, 330,
       347, 352, 377, 386, 396, 443, 445, 464, 466-467, 482, 487, 490, 492

푸이상스(Puissance) 168

프시케[영혼](psyche) 131, 136, 164

피지스/퓌시스(physis/phusis) 100

하

한계 설정(delimitation[circumscription]) 34, 42-43, 55, 177, 198, 479

할렘/할렘 르네상스(harlem/Harlem Renaissance) 266-267, 352, 358, 360, 370

합법성(legitimacy) 26, 63, 258, 268, 313, 316, 456, 474

해부학(anatomy) 141, 143, 146, 150, 152, 164, 168, 174, 176, 178, 187, 196-199,
       206, 208-209

해체(dissolution[deconstruction]) 25, 35, 38, 57, 66, 70-71, 73, 75, 81, 230, 242,
       288, 343, 397, 407-409, 411, 420-421, 459, 468

핵가족(nuclear family) 412

행위성/행위자(agency/agent[actor]) 11-12, 24, 27, 31-33, 36, 44, 51, 63, 169, 221,

중요한 몸
성의 담론적 한계에 관하여

1판 1쇄 발행 2026년 1월 29일

지은이 | 주디스 버틀러
옮긴이 | 이승준

펴낸이 | 조영남
펴낸곳 | 알렙

출판등록 | 2009년 11월 19일 제410-251002009000156호
주소 | 경기도 고양시 일산서구 주엽로134 시대프라자 704-1호
전자우편 | alephbook@naver.com
전화 | 031-913-2018, 팩스 | 031-913-2019

ISBN 979-11-24300-00-8 03100

＊책값은 뒤표지에 있습니다.
＊잘못된 책은 바꾸어 드립니다.